कैलाश गौतम समग्र

खण्ड-3

सम्पादक

श्लेष गौतम

भूमिका

श्रीलाल शुक्ल

लोकभारती पेपरबैक्स

पहला पेपरबैक संस्करण : 2017

लोकभारती पेपरबैक्स : उत्कृष्ट साहित्य के लोकप्रिय संस्करण

लोकभारती प्रकाशन
पहली मंजिल, दरबारी बिल्डिंग, महात्मा गाँधी मार्ग,
इलाहाबाद-211 001

वेबसाइट : www.lokbhartiprakashan.com
ईमेल : info@lokbhartiprakashan.com
शाखाएँ : 1-बी, नेताजी सुभाष मार्ग, दरियागंज, नई दिल्ली-110 002
अशोक राजपथ, साइंस कॉलेज के सामने, पटना-800 006 (बिहार)
36-ए, शेक्सपियर सरणी, कोलकाता-700 017

ग्राफिक क्रिएशन्स प्रा.लि.
टैगोर टाउन, इलाहाबाद द्वारा मुद्रित

तीन खण्डों का संयुक्त
मूल्य : ₹ 1800

KAILASH GAUTAM SAMGRA
VOL. III
Edited by Dr. Shlesh Gautam

ISBN : 978-93-5221-130-2

भूमिका | श्रीलाल शुक्ल

श्री कैलाश गौतम की कविताओं का मैं प्रशंसक रहा हूँ। विशेष रूप से उनका सौम्य परिहास, लोकोन्मुखता और नज़ीर के काव्य की-सी सहजता मुझे बराबर आकर्षित करती रहती है। अपने व्यंग्य-निबन्धों और कथाओं के इस संग्रह-चिन्ता नये जूते की द्वारा अब वे गद्य के क्षेत्र में सक्रिय हुए हैं। इसमें भी रचनाओं के आकर्षण के बिन्दु मुख्यतः वही हैं जो उनकी कविताओं को विशिष्ट बनाते हैं।

हिन्दी में व्यंग्य-कथाओं और निबन्धों के संग्रह प्रतिवर्ष दर्जनों की संख्या में निकल रहे हैं और वस्तु और शिल्प आदि के स्तर पर वे प्रायः गतानुगतिक और रूढ़िग्रस्त होते जा रहे हैं, किन्तु यह संग्रह कुछ अर्थों में बहुत विशिष्ट है। इसकी अनेक रचनाओं का लोकधर्मी रंग और ग्राम संस्कृति का टटकापन उन्हें एक ऐसी भंगिमा देता है जो आसानी से इस विधा के दूसरे रचनाकारों में नहीं मिलती। इस दृष्टि से कैलाश गौतम की ये रचनाएँ विशेष रूप से पढ़ने योग्य हैं और पढ़नेवालों के मन में उनकी भावी सृजनशीलता के प्रति सहज आश्वस्ति पैदा कर सकती हैं।

—श्रीलाल शुक्ल

कैलाश गौतम

राष्ट्रीय स्तर के काव्य मंचों के प्रतिष्ठित, लोकप्रिय, जनकवि के रूप में विख्यात तथा भोजपुरी के ख्यातिलब्ध बहुचर्चित कवि कैलाश गौतम का जन्म दिनांक 8 जनवरी, 1944 ई. को वाराणसी के डिग्घी, चन्दौली में हुआ। उन्होंने बी.ए. की शिक्षा बनारस हिन्दू विश्वविद्यालय से, बी.एड. गोरखपुर विश्वविद्यालय से तथा एम.ए. की शिक्षा इलाहाबाद विश्वविद्यालय से ग्रहण करने के उपरान्त आकाशवाणी से बतौर वरिष्ठ उद्घोषक, विभागीय कलाकार के रूप में 1967 से 2004 तक कार्य किया। तत्पश्चात् हिन्दुस्तानी एकेडमी के अध्यक्ष पद का कार्यभार सँभाला।

उत्तर प्रदेश सरकार का यश भारती सम्मान, उत्तर प्रदेश हिन्दी संस्थान का लोकभूषण सम्मान तथा राहुल सांकृत्यायन सम्मान, नई दिल्ली परम्परा के ऋतुराज सम्मान, मुम्बई के परिवार सम्मान, निराला सम्मान व महादेवी सम्मान से विभूषित।

निधन : 9 दिसम्बर, 2006

अनुक्रम

चिन्ता नये जूते की

ब्याह काटना भी एक कला है

जी हाँ, ब्याह काटना भी एक कला है। यह कला सबको नहीं आती। हजारों में कोई-कोई पारंगत होता है इस कला में। ब्याह काटनेवाला चाँदी काटनेवाले की भी नींद हराम कर देता है। चाँदी काटनेवाला बेचारा बन जाता है। कुछ नहीं कर पाता बस होंठ काटकर रह जाता है। क्योंकि यह काट ही ऐसी होती है। इस काट की कोई काट नहीं है। वैसे तो ब्याह काटने की प्रथा पूरे भारतीय समाज में प्रचलित है। लेकिन गाँवों में इसका प्रचलन बहुत अधिक है। हर साल हर गाँव में अगर दस-बीस ब्याह तय होते हैं तो वे सब-के-सब हो नहीं पाते। उनमें से दस-बारह तो नहीं-नहीं में कट ही जाते हैं। हर गाँव अपना एक ब्याह कटवा रखता है। बल्कि यह कहना ज्यादा सही होगा कि गाँव की हर बिरादरी अपना-अपना ब्याह कटवा रखती है। ब्याह काटनेवाला पूरी तरह से अपनी बिरादरी पर ही निर्भर रहता है। जैसे अपने गाँव में लौटू बाबू हैं। इतनी बारीकी से ब्याह काटते हैं कि बस पूछिये मत। जैसे कच्चे धागे से तुरन्त का तैयार बर्तन चाक पर कुम्हार काटता है। यही हाल लौटू बाबू का है। ऐसी सफाई से जुबान चलाते हैं कि लोग कसमसाकर रह जाते हैं।

गाँव का हर कुंवारा लड़का लौटू बाबू को दूर से ही प्रणाम करता है और ऐसे लड़कों के बाप तो उन्हें दण्डवत् करते हैं दण्डवत्। इतने से कम में उन्हें विश्वास ही नहीं होता। फिर भी ये प्रणाम और दण्डवत् मौके पर धोखा खा ही जाते हैं। अब तो लोग यह भी कोशिश करते हैं कि लौटू बाबू को पता न चले और विवाह तय भी हो जाय। लेकिन लौटू बाबू भी बहुत अगमजानी हैं। लोग उन्हें देखने में गिद्ध, सुनने में साँप और सूँघने में कुत्ता बताते हैं। आजकल लौटू बाबू की चाँदी है। अपने गाँव में रोज ही किसी-न-किसी के देखुआर आते रहते हैं और देखुआरों की खातिरदारी का कहना ही क्या? लोग उन्हें जमकर खिलाते-पिलाते हैं ताकि बात बिगड़ने न पाये। लौटू बाबू भी उन्हीं देखुआरों के साथ-साथ चाय, पकौड़ी और हलुआ काटते हैं। इतनी किसकी मजाल जो उन्हें न दे बल्कि लोग उन्हें पहले ही परसते हैं और मजे की बात यह कि इतना खिलाने-पिलाने के बाद भी ब्याह काटने-न-काटने की गारण्टी नहीं होती।

रमेसर का ब्याह तो देखुआरों के साथ चाय पीते-पीते ही लौटू बाबू ने काट दिया। लेन-देन तिथी मिती सब-कुछ तय हो चुका था बस बरच्छा रखना बाकी था। उसके लिए भी पण्डित जी आ गये थे। लोग चाय-पानी कर ही रहे थे कि तब-तक लौटू बाबू प्रगट हो गये। रमेसर के बाबू ने बड़े प्रेम से लौटू बाबू को चारपाई पर बैठाया और चाय, पकौड़ी, हलुआ उन्हें दिया। हलुआ खाने के बाद लौटू बाबू पकौड़ी खाने के साथ-साथ चाय का घूँट भी लेने लगे। फिर उन्होंने पूछा—मेहमान लोग कैसे आये हैं? रमेसर के बाबू ने कहा—'ये लोग बिरदीपुर के रहनेवाले हैं और रमेसर के ब्याह के लिए आये हैं। ब्याह करीब-करीब ठीक हो गया है। अच्छे लोग हैं, हम लोगों को भी रिश्ता पसन्द है। फिर उन्होंने रमेसर से कहा—बेटे, बड़का बाबू के पैर छूकर आशीर्वाद ले लो।' और लौटू बाबू ने उसके सिर और पीठ पर हाथ फेरते हुए कहा—'जियो बेटा खुश रहो और भगवान् करें तुम्हारी मिरगी भी ठीक हो जाय।' इतना कहकर लौटू बाबू उठे और चल दिये, उन्हीं के साथ-साथ मेहमान भी उठकर चले गये। न बरच्छा रखा गया न लगन पत्रिका लिखी गयी और ब्याह गया कट।

ऐसे ही बात-बात में लौटू बाबू ने रामनाथ का भी ब्याह काटा था। आज तक रामनाथ उन्हें गाली देता है। ऐसे ही जाड़े के दिन थे, लोग अलाव के पास बैठे थे। लगभग शाम हो चुकी थी। लौटू बाबू भी रामनाथ के दरवाजे के पास आ गये और उसी अलाव के पास बैठ गये। बहुत देर तक लोग आपस में तरह-तरह की बातें बतियाते रहे। अलाव के पास ही वे लोग बैठे थे जो रामनाथ का ब्याह तय करने आये थे। लौटू बाबू के बैठते ही रामनाथ के पिता के कान खड़े हो गये। वे भूलकर भी लौटू बाबू के सामने बेटे के ब्याह की चर्चा नहीं करना चाहते थे। कहो जूठन, आज तुम्हारे यहाँ कहीं से मेहमान आये हैं क्या? इतना सुनते ही जूठन यानी रामनाथ के बाबू जैसे सनाका खा गये। कहना ही पड़ा—हाँ भइया, गंगा पार से कुछ लोग रामनाथ के ब्याह के लिए आये हैं। इतना सुनते ही लौटू बाबू खूब ठठाकर हँसे और बोले—जूठन, तुम्हारा रामनथवा बड़ा चालाक है भाई। अभी मिला था धनराज की दुकान पर। दस रुपये का देशी घी, सेर भर पुराना चावल और आधा सेर अरहर की दाल खरीद रहा था। मुझे तभी शक हुआ। मैंने पूछा भी—का रे कहाँ से मेहमान आये हैं? लेकिन वह कुछ बोला ही नहीं। अच्छा है भाई कर दो ब्याह यही सब तो सुख है। और ब्याह की सच पूछो तो असली उमर भी यही है। सिवान में कभी धरा-पकड़ा जाय इससे तो अच्छा है ब्याह दो। इतना कहकर लौटू बाबू चले गये। जूठन के माथे पर जाड़े में भी पसीना फूट आया। मेहमान रात में खाना तो खाये लेकिन अँधेरे मुँह ही चले गये।

इसी तरह लौटू बाबू ने बात-ही-बात में राघव का भी ब्याह काटा था। राघव के ब्याह में तो सब-कुछ तय हो गया था। बरच्छा भी एक हजार एक रखा गया

था। लगन-पत्रिका भी दे दी गयी थी। लेकिन राघव का दुर्भाग्य देखिये। जिस समय मेहमान चलने-चलाने लगे ठीक उसी घड़ी पता नहीं कहाँ से लौटू बाबू भी टपक पड़े। लौटू बाबू के आ जाने से लोग फिर बैठ गये। और हाल-चाल होने लगा। इसी में बात चल पड़ी हिताई-नताई की। हिताई-नताई की चर्चा जब चली तो इस नयी हिताई का भी जिक्र आ गया जहाँ राघव का ब्याह तय हुआ था। लौटू बाबू मुस्करा पड़े। बिना बोले उनसे नहीं रहा गया। लौटू बाबू ने राघव के पिता से कहा—कहो सिद्धू, आज गंगा पार के पण्डित रामदूलार बता रहे थे कि तुम्हारे यहाँ दो-तीन दिन ओझाई हुई है। और एक बरम, दुई गड़न्त, तीन मरी हैं तुम्हारे घर में। भइया इसे साफ क्यों नहीं करवा डालते। बरमवाली बात तो सभी जानते हैं लेकिन ये गड़न्त और मरीवाली बात तो मैं आज ही सुन रहा हूँ। मेरे घर में यह सब होता तो मुझे नींद न आती। मैं तो ब्याह के बाद उन्हें तुरन्त गया बिठाता। तुम भी ब्याह से पहले अगर इन्हें गया बिठा दो तो अच्छा रहेगा। वर्ना दूसरे परिवार की लड़की बहू बनकर आयेगी और रहेगी तो इसी घर में। पता नहीं उस बेचारी पर क्या बीते क्या न बीते। यह भी तो सोचो। और झट मेहमानों से पूछ बैठे क्यों भाई! क्या टाइम हो रहा है? आप लोग तो घड़ी बाँधे हैं। किसी ने कहा करीब-करीब १० बज रहे हैं। लौटू बाबू यह कहकर उठ गये—अरे भई मेहमानों को खिलाओ-पिलाओ अब कब खिलाओगे! जाड़े की रात है न? और चले गये।

दरअसल बात यह है कि ब्याह काटनेवालों की मेहरबानी से लौटू बाबू भी आज तक कुँवारे हैं। इसीलिए दूसरों का ब्याह वह बड़े मन और शौक से काटते हैं। वैसे आजकल शादी-ब्याह ठीक होने के दिन हैं। आपके भी पास-पड़ोस में कोई-न-कोई लौटू बाबू अवश्य होंगे। आप सबसे निवेदन है कि अपने-अपने लौटू बाबू से सावधान और सतर्क रहिये वर्ना मैं नहीं जानता। मेरा काम था आप सबको सचेत करना मैंने कर दिया। अब आप जानें और अपना काम जाने।

किस्सा जौनपुर की मूली का

जैसे बरेली कई चीजों के लिए मशहूर है। बाँस के लिए, पागलखाने के लिए और किशन सरोज के लिए वैसे ही जौनपुर भी कई चीजों के लिए मशहूर है इत्र के लिए, इमरती, मकई, परवल, खरबूजा और मूली के लिए और एक-एक बिगहा लम्बे गीत लिखनेवाले क्षेम जी और मुक्तकों के बादशाह रूपनारायण जी के लिए। अपनी तमाम विशेषताओं के बावजूद जौनपुर मूली के लिए वैसे ही मशहूर है जैसे बाँस के लिए बरेली। जैसे बरेली का बाँस कोई मामूली बाँस नहीं होता वैसे ही जौनपुर की मूली कोई मामूली मूली नहीं होती। बल्कि यह कहिये कि मामूली मूली भी मूली होती है और अगर सँभालकर रखी जाय तो एक मूली बहुत दिनों तक चलती है। दिनों क्या बरसों चलती है। किस्से-कहानियों की तरह पीढ़ी-दर-पीढ़ी तक चलती है। मेरे घर में तो जौनपुर की मूली लगभग तीन-चार सौ साल से चलती चली आ रही है और आगे भी इसी तरह चलती रहेगी।

जौनपुर की मूली कैसे मेरे घर आयी इसका भी एक किस्सा है। मेरे बाबा के बाबा के बाबा का ब्याह करने के ख्याल से कुछ लोग जौनपुर से आये। वे बहुत देर तक भूखे-प्यासे दरवाजे पर बैठे रहे लेकिन उन्हें कोई दिखायी ही नहीं दिया। वे लोग ऊबकर जाने ही वाले थे कि तब तक हमारे बाबा के बाबा के बाबा अपने भाइयों के साथ काम करके दोपहर में घर लौटे। वे लोग सात भाई थे और सब-के-सब पहलवान थे। धूल-माटी में सने, कन्धे पर हल-फावड़ा हेंगा-जुआ लादे लौटे तो मेहमानों ने उन्हें नौकर-चाकर समझकर पूछा कि अरे भाई! कहाँ हैं तुम लोगों के मालिक लोग। हम लोग कई घण्टे से यहाँ बैठे हैं। कोई दिखायी नहीं दे रहा है....। मेहमानों की ऐसी बातें सुनकर सातों पहलवानों का पारा गरम हो गया लेकिन बड़ी समझदारी से काम लिया और मुस्कराकर कहा, अरे साहेब! आप लोग अपना काम बताइये। मालिक भी हमीं लोग हैं और नौकर-चाकर भी हमीं लोग हैं। यह घर, दरवाजा, चरनी, बैठक, गाय, भैंस, बैल सब अपने ही हैं। इतना सुनते ही मेहमान कुछ झेंप-से गये। उन्होंने अपना परिचय दिया। दण्ड-परनाम हुआ। घरवालों ने बताया कि आजकल महीने भर से कुएँ की खुदाई चल रही है। उसी में हम लोग

लगे हुए हैं। बस दो-चार रोज की और बात है। इतना सुनकर मेहमान मुस्कुराये और व्यंग्य करते हुए बोले, वाह साहेब! महीने भर से खुदाई हो रही है और अभी भी कुआँ पूरा नहीं हुआ? कैसी जमीन है? क्या यहाँ पानी काफी नीचे है? या ऐसा तो नहीं कि नीचे पत्थर पड़ गया है? हमारे यहाँ जौनपुर में तो मिनटों में कुआँ तैयार होता है। रोज एक कुआँ खोदते हैं रोज पानी पीते हैं। ताजा कुआँ ताजा पानी। हमारे घरवाले इतना सुनकर अचरज में पड़ गये कि ऐसा कैसे हो सकता है। इतनी जल्दी तो कहीं कुआँ नहीं बनता। मशीन से खुदाई करने पर भी सम्भव नहीं है। इसका मतलब है कि जौनपुर में पानी बहुत ऊपर है। हल्का-सा कुरेदने पर भी भलभलाकर पानी बहने लगता है...। मेहमानों ने कहा—नहीं ऐसी बात नहीं है। दरअसल हमारे यहाँ मूली की खेती होती है। मामूली-सी-मामूली मूली भी जब उखड़ती है तो उसकी जगह एक कुआँ बन जाता है। इधर मूली निकलती है उधर पानी का फव्वारा फूटता है। यानी मूली-मूली नहीं हुई ठेंपी हो गयी। उन लोगों की बातें सुनकर हमारे घरवालों के अचरज का ठिकाना नहीं रहा। वे हैरानी में पड़ गये और बोले—अगर ऐसी बात है तब तो मूली देखनी चाहिए। मेहमानों ने कहा—आप हमारी बात रख लीजिये हम आपकी रख लेते हैं। बात पक्की हो गयी। लेकिन इस शर्त के साथ कि वे लोग ब्याह में कुछ लेंगे नहीं बस उसी तरह की एक मूली ले आयेंगे। उन लोगों ने भी कहा—एवमस्तु बशर्ते कि आप लोग उसे यहाँ तक ला सकें। हमें कोई एतराज नहीं है। क्योंकि अगर वह आसानी से आने-जानेवाली मूली होती तो सिर्फ जौनपुर तक ही रह जानेवाली नहीं होती। यही तो उसके साथ दिक्कत है। लेकिन घरवालों ने जब बीड़ा उठा लिया तो उठा लिया फिर ताक-झाँक कैसी।

बहरहाल साहेब वह विवाह हुआ। चूँकि तब पैदल का जमाना था। बारात पैदल गयी। दूल्हा भी पैदल ही गया हालाँकि डोली-कहार थे लेकिन दूल्हे के सभी भाई भी पैदल थे बारातियों के साथ, इसीलिए वह भी पैदल ही चलता रहा। वापसी में भी यही हुआ डोली में सिर्फ दुल्हन। दूल्हा और उसके सभी भाई तो कन्धे पर मूली उठाये हुए थे। हटो, बचो देख-भाल के, गिरे न भइया, पकड़े रहना की आवाज लगाते गोमती किनारे पहुँचे। मूली को नदी पर बिछा दिया। पूरी बारात उस पार से इस पार आ गयी। फिर मूली उठा ली गयी। इसी तरह जफराबाद में सई नदी पार की गयी। बनारस में वरुणा पार की गयी। तब राजघाटवाला गंगा का पुल नहीं बना था। मूली गंगा नदी पर बिछा दी गयी। देखनेवालों की भीड़ लग गयी। इन लोगों को इस तरह गंगा पार करते देखकर इक्केवाले, बैलगाड़ीवाले, ट्रकवाले चिरौरी करने लगे कि उन्हें भी उस पार निकल जाने दीजिये। बहुत देर तक ये लोग इसी लफड़े में पड़े रहे। ब्याह की खुशी और अद्‌भुत मूली जैसा दहेज पाकर ये लोग फूले नहीं समा रहे थे। अखबारवालों ने, फोटोवालों ने, रेडियो और

टी.वी.वालों ने घेर लिया। इसी में कुछ देर हो गयी और दूल्हा-दुल्हन, बाराती और मूली सब तीसरे दिन गाँव पहुँचे।

अब सवाल उठा कि मूली रखी कहाँ जाय? सर्वसम्मति से तय हुआ कि मूली को दरवाजेवाले कुएँ में खड़ी रख दिया जाय मूली के पड़ते ही कुएँ का पानी एकदम ऊपर आ गया, लहराने लगा। पानी के ऊपर मूली के हरे-हरे पत्ते तैरने लगे। इससे एक फायदा यह भी हुआ कि पानी खींचने की झंझट से घरवाले बच गये। बस बाल्टी-गगरा-गगरी और लोटा-बटलोई ले आते, डुबोते और पानी भरकर ले जाते। रस्सी की जरूरत नहीं रह गयी। मूली ने इस तरह से कुआँ ढंक लिया कि बहुतों को कुआँ दिखायी ही नहीं देता था। कुछ लोगों ने तो यहाँ तक शोर कर दिया कि कुआँ दिखायी ही नहीं दे रहा है। मूली के पत्ते से पशुओं के चारे का काम चलने लगा। हमारे घर या पास-पड़ोस और गाँव में हरे चारे की बुवाई बन्द हो गयी। इतना पत्ता फेंकती वह मूली कि बस पूछिये मत। मूली देखने के लिए लोग दूर-दूर से आने लगे। घरवालों के लिए समस्या पैदा हो गयी कि अब इस भीड़ को कैसे रोका जाय। घरवालों ने आपस में राय करके मूली दिखाने का रेट तय कर दिया चार आना प्रति आदमी एक झलक। बच्चों के लिए एक आना था। अब आप समझिये कि पैसा बरसने लगा और जब पैसा बढ़ा तो घरवालों का दिमाग सातवें आसमान पर हो गया। रोज आपस में किचकिच होने लगी। नौबत मार-पीट और लड़ाई-झगड़े की आ गयी जैसा कि हर परिवार में होता है। हमारे परिवार में भी वही हुआ यानी बँटवारा हो गया। एक हिस्सेदार को कुआँ मिला दूसरे हिस्सेदार को मूली।

जिसको मूली मिली उसके सामने समस्या थी कि उसे रखा कहाँ जाय क्योंकि जिनका कुआँ था वह मूली रखने का किराया माँगने लगे—एक रुपया रोज। बहरहाल मूलीवाले हिस्सेदार ने मूली कुएँ से निकालकर बल्ली की तरह दीवारों पर रख दिया और उसी पर डाल दिया खूब बड़ा-सा छप्पर। अब उसी छप्पर में भोज-भात होता है। बारातें ठहरती हैं। नाटक-नौटंकी के आयोजन होते हैं। तब से अब तक न जाने छप्पर कितनी बार नया-पुराना हुआ लेकिन वह मूली ज्यों-की-त्यों आज भी वहीं पड़ी हुई है। बस फर्क इतना है कि बेचारी सूखकर काठ हो गयी है या यह कहिये कि उसे काठ मार गया है। कोई देखकर यह नहीं कह सकता कि यह कभी मूली रही होगी बिलकुल यूकीलिप्टस की बल्ली लगती है। लेकिन मैं इसका इतिहास जानता हूँ इसलिए डंके की चोट पर कह सकता हूँ कि यह भी जौनपुर की मूली थी। वैसे जौनपुर की मूली की एक खासियत और है कि वह जब जमीन के भीतर रहती है तो मूली लगती है और ऊपर रहती है तो यूकीलिप्टस की बल्ली लगने लगती है।

साहेब को कुत्ता चाहिए

अगर आपकी जानकारी में कहीं कोई कुत्ता हो तो हमें बताइयेगा। हमारे साहेब को एक कुत्ता चाहिए। लेकिन कुत्ता, कुत्ता हो—कुत्ते की दुम नहीं। हालाँकि दुम से ही कुत्ते की पहचान होती है लेकिन दुम दुम है कुत्ता कुत्ता है। फिर कुत्ते की दुम कभी सीधी नहीं होती जब तक हाथ में है सीधी है छोड़ दीजिये फिर टेढ़ी हो जायगी। ऐसा एक कुत्ता है साहेब के पास। लेकिन बेकार है। उसकी दुम बराबर टेढ़ी ही रहती है। साहेब ने उसके पीछे दूसरा कुत्ता लगा दिया है। अब दूसरा कुत्ता पहले कुत्ते की दुम अपने मुँह में दबाये है। पहला कुत्ता भौंक नहीं रहा है क्योंकि साहेब का मामला है और दूसरा कुत्ता दुम छोड़ नहीं रहा है क्योंकि साहब का मामला है। वैसे अब तक पता नहीं कितने कुत्ते आये और गये। कभी कुत्ते खुद भाग-परा गये। कभी साहेब ने ही लात मार दिया। यानी बहुत दिनों तक कोई कुत्ता टिका नहीं। साहेब ने देशी पाला, विदेशी पाला, ताजिया पाला, अलसेसियन पाला। साहेब कुत्तों की नस्ल पहचानते हैं।

शुरू-शुरू में साहेब ने एक देशी कुत्ता पाला था। बिलकुल ठेठ गाँव का था। गलती से भागकर शहर आ गया था। और एक दिन साहेब जब लुंगी-गंजी पहने लान में कुर्सी पर बैठे-बैठे धूप खा रहे थे यह कुत्ता चुपके से उनके बँगले में घुस गया और लगा साहेब के तलवे चाटने। चाटते-चाटते उसकी निगाह टूटकर गिरे जूठे बिस्कुट पर पड़ गयी और उसने बिस्कुट का जूठा टुकड़ा मुँह में भर लिया। साहेब भाँप गये कि कुत्ता भूखा है और झट रोटी की टुकड़ा डाल दिया। रोटी का टुकड़ा पाते ही कुत्ता गद्‌गद। उछलने लगा। कभी साहेब के पैरों में लेटता? कभी मेम साहेब के पैरों में लेटता। मेम साहेब को कुत्ता पसन्द आ गया। उन्होंने साहेब से कहा—क्योंजी! ऐसा ही अपना वह गाँववाला कुत्ता भी था न, सोनू? यह बिलकुल सोनू जैसा ही लगता है? साहेब ने कहा—ठीक है बाबा अब इसे ही सोनू पुकारा करो। यह यहीं रहेगा और कुत्ता साहेब के यहाँ पलने लगा। और साहेब! उस कुत्ते ने कुछ ही दिनों में साहेब के घर में अपनी एक जगह बना ली। सोनू का कमरा हो गया, सोनू का बिस्तरा हो गया, सोनू का कटोरा हो गया।

हर काम मे सोनू आगे-आगे। जहाँ-जहाँ साहेब जाते, वहाँ-वहाँ सोनू जाता। साहेब अगर कार में होते तो सोनू भी कार में सिर निकाले दिखायी देता। वह दूसरों को दिखाता कि देखा मैं क्या था क्या हो गया। साहेब पैदल तो सोनू पैदल। सोनू साहेब के साथ-साथ पार्टियों में, सभाओं में और समारोहों में भी जाने लगा। सोनू की चाँदी-ही-चाँदी हो गयी। जिसे साहेब देखते उसे सोनू भी देखता। जिसे साहेब छूते उसे सोनू भी छूता। घर लौटकर साहेब अपने गले की माला सोनू के गले में डाल देते। सोनू फूला नहीं समाता। घण्टों आईने के सामने गले की माला निहारता रहता। लोग अक्सर, मुझसे कहते कि यार! तुम्हारे साहेब तो बिना कुत्ते के कहीं निकलते ही नहीं। मैंने साहेब से कहा भी। लेकिन तब यह कुत्ता साहेब के दिमाग में इतना छाया हुआ था कि साहेब ने कभी न उस तरफ देखा न सोचा। साहेब की आँख तो तब खुली जब कुत्ते पर ढेले चलने लगे। साहेब ने एक दिन अकेले में उसे खूब फटकारा, गालियाँ दीं और शायद बेंत से मारा भी जैसा कि कुत्ते को देखने से लगता भी है। वह साहेब पर गुर्राने लगा, भौंकने, चिल्लाने और कीचड़ उछालने लगा। साहेब ने उसके गले से अपना पट्टा उतार लिया और एक लात मारकर गेट के बाहर कर दिया। संस्कार अच्छे नहीं होने पर यही होता है। साहेब का वह कुत्ता अब सिर्फ मुहावरे में रह गया है यानी धोबी का कुत्ता न घर का न घाट का। अत: एक बात आप गाँठ बाँध लें कि साहेब को ऐसा कुत्ता भी नहीं चाहिए जो संस्कारहीन हो। हालाँकि अब साहेब पूछने पर हँसकर बताते हैं कि भाई मेरा क्या गया। मेरी तो सिर्फ हाँड़ी गयी लेकिन कुत्ते की जात पहचानी गयी।

इसके बाद साहेब ने एक छोटा-सा मोटा-सा झबरा कुत्ता पाला। उसके मुँह और कन्धे पर बाल-ही-बाल लहराते थे। देखने में बड़ा अच्छा लगता था। कभी वह खुद उछलकर साहेब की गोद में चढ़ जाता, कभी साहेब ही थोड़ा-सा झुक जाते और उसे गोद में उठा लेते लेकिन कुत्ता तो कुत्ता वह धीरे-धीरे साहेब के सिर पर चढ़ने लगा। साहेब समझ गये कि इसकी मन्शा क्या है? यह कुत्ता कम है भेड़िया ज्यादा है। साहेब मौका तलाशने लगे। क्योंकि कभी किसी साहेब ने अपने सिर पर कुत्ता नहीं बर्दाश्त किया है। यही उसके साथ भी हुआ। अत: आप नोट कर लीजिये कि वैसा कुत्ता भी नहीं चलेगा। झबरा हो लेकिन कुत्ता हो, काइयाँ नहीं।

एक बार एक साहेब ने, साहेब को पहाड़ी कुत्ता भी दिया। साहेब खुश कि मोटा-ताजा लम्बा-तगड़ा कुत्ता खूब दौड़ेगा। साहेब ने उसे दौड़ाया भी, लेकिन दो ही चार हफ्ते में उसकी पोल खुल गयी। बस नाम-ही-नाम का पहाड़ी था, था वह पक्का ढ्राबे का। कहीं-न-कहीं से साहेब को यह पता चल ही गया कि यह पहाड़ी कुत्ता और साहेबों के पास भी आता-जाता है। एक दिन वह दूसरे

साहेब के साथ दिखायी भी पड़ा हमारे साहेब को तो जैसे आग लग गयी। जानते हैं क्या हुआ? साहेब ने उसे पुचकारकर बुलाया और उसका कान काटकर अपने पास रख लिया और मुँह में गुड़ पकड़ाकर बाहर कर दिया। आजकल वह मारा-मारा सड़कों पर घूमता है। मक्खियाँ भी उसे देखकर बोली बोलती हैं। एक-दूसरे से कहती हैं कि अरी पैदल चलोगी या कुत्ता कर लें। अतः ऐसा कुत्ता भी नहीं चलेगा जिसकी देह पर मक्खियाँ भिनभिनाती हों।

आपको यह जानकर आश्चर्य होगा। कि एक पुराने और अधेड़ कुत्ते ने तो अपनी फोटू और अर्जी भी भेजी है। उसने तो साफ लिखा है कि हुजूर मैं खानदानी कुत्ता हूँ। सूँघने की कला में मैं पारंगत हूँ। प्रमाण-पत्र भी मौजूद है। मैं पुलिस के भी कुत्तों के कान काटता हूँ। मेरी बड़ी इच्छा थी इस जनम में कुत्ता होने की। इसके लिए मैंने प्रार्थनाएँ कीं, मनौतियाँ कीं। पिछले जनम में जब मैं आदमी था, मुझे गाना सुनने का बड़ा शौक था। मुझे गानेवाले तवे पर बैठा कुत्ता अच्छा लगा। और उसे मैंने अपना लक्ष्य मान लिया। उस जनम की साध इस जनम में पूरी हुई। अब बस एक ही साध रह गयी है कि जब साहेब का तवा बने तो उस पर मेरी भी फोटू इसी तरह लगे। मैं वादा करता हूँ कि पूरी वफादारी से साहेब की सेवा करूँगा। अभी तक लोगों ने मुझे रिकग्नाइज नहीं किया। आप चाहें तो मेरी भी इमेज बन सकती है। अब सोचिये ये कुत्ते अपने को रिकग्नाइज कराना चाहते हैं, अपनी इमेज बनाना चाहते हैं। अरे इमेज क्या रोज-रोज बनती है जो बननी थी बन गयी। मैं जानता हूँ साहेब ऐसा कुत्ता भी पसन्द नहीं करेंगे लेकिन जब कोई कुत्ता नहीं मिलेगा तब क्या होगा। मुझे साहेब से पूछ लेना चाहिए था कि सर अगर कोई अच्छा-सा कुत्ता नहीं मिला तो क्या कोई अच्छी-सी कुतिया नहीं पालेंगे? अच्छा कुतिया के बारे में अगर जरूरत पड़ी तो फिर कभी बताऊँगा। तब तक आप कुत्ता ही खोजिये और अगर फिर भी अच्छा कुत्ता नहीं मिलता तो साहेब से पूछकर कुत्तों का एक मेला लगवा दूँगा और साहेब से सिफारिश करूँगा कि सर निकाले गये कुत्तों को भी एक चान्स दे दीजिये शायद कोई सुधर गया हो। बहरहाल यह मैं कह रहा हूँ साहेब नहीं, इसलिए निकाले गये कुत्तों की इण्ट्री के बारे में साहेब ही निर्णय लेंगे मैं नहीं।

शिवा को सराहौं कि सराहौं छत्रसाल को

मेरी उनकी मुलाकात रेलवे प्लेटफार्म पर हुई। वह अपने से नहीं मिले बल्कि मुझे ही दौड़कर उनसे मिलना पड़ा। वैसे तो रेलवे प्लेटफार्म पर हमेशा तरह-तरह के लोग दिखायी पड़ते हैं और उस दिन भी दिखायी दिये। लेकिन जिस तरह से उन्होंने मेरा ध्यान अपनी ओर खींचा उस तरह से अपनी ओर मेरा ध्यान कभी किसी ने नहीं खींचा और उन्होंने भी क्या खींचा, खींचा तो उनकी पीठ पर लदे झोले ने जसमें पीढ़ा कसा हुआ था फिर भी आधा पीढ़ा झोले के बाहर था और वह बार-बार प्लेटफार्म पर इधर-से-उधर आ-जा रहे थे। अच्छा खासा सफारी पहने हुए थे। इसलिए मुझे और आश्चर्य हुआ यह विचित्र संयोग देखकर। सफारी पहने पीठ पर झोले में पीढ़ा लादे इधर-से-उधर एक ही स्पीड में टहलते रहना। यह सब देखकर मैंने बहुत दिमाग लगाया कि पीढ़ा इस तरह ढोने का कारण क्या हो सकता है? या तो ये सज्जन कहीं पटरी छाप सैलून चलाते हों और ग्राहक को इसी पीढ़े पर बैठाकर मूँड़ते हों, लेकिन पीढ़ा भी बड़ा पच्चीकारी किया हुआ था जैसे—ब्याह-गौने का पीढ़ा हो, और उनकी वेश-भूषा देखकर यह कहने का साहस नहीं हो रहा था कि ये पटरी छाप सैलून चलाते हैं।

फिर सोचा कि हो सकता है सफर वगैरह में रेल-बस में सीट नहीं मिलने पर इसी पीढ़े पर बैठकर चलते हों क्योंकि आजकल रेल बस में बैठकर चलनेवालों की अपेक्षा खड़े-खड़े चलनेवालों की संख्या बहुत ज्यादा होती है। सीट नहीं मिलने पर लोग आस-पास टीन, कनस्तर, बोरी, बक्सा देखते रहते हैं अगर बैठने लायक कुछ भी दिखायी दिया तो झट बैठ भी जाते हैं। कभी-कभी इस तरह के सामानों पर लोग बैठने भी नहीं देते और यह कहकर उठा देते हैं कि माफ करियेगा टूट जायगा। आदमी को उठना ही पड़ता है। अगर बैठनेवाला जल्दी नहीं उठता है तो उसे उठाने के लिए सामानवालों को ही उठना पड़ता है। हो सकता है ये सज्जन कभी ऐसे संकट से गुजरे हों और तब से संकल्प ले लिये हों कि हमेशा अपना आसन अपने साथ रखना चाहिए। तब से बराबर अपना पीढ़ा पीठ पर लिये रहते हैं। जहाँ जरूरत पड़ी बिछा लिये और जब चाहा उठा लिये।

आसन ऐसी चीज ही है। आसन नहीं मिलने पर बड़ी परेशानी होती है। अपना आसन जल्दी कोई दूसरे को नहीं देता। जिसे आसन मिल जाता है वह उस पर आसन मारकर बैठ जाता है। लेकिन इन्हें आसन मारकर बैठने की आदत होती तो अब तक ये आसन पर ही होते। इस तरह उसे पीठ पर लेकर दिखाते न फिरते। इसका मतलब यह हुआ कि इन्हें आसन से उतना गहरा लगाव नहीं है जितना कि मैं सोच रहा हूँ यानी मैं इनके बारे में गलत सोच रहा हूँ। इनके बारे में सही सोचने की जरूरत है। फिर मैंने सोचा कि हो-न-हो ये कोई पहुँचे हुए आधुनिक सन्त-महात्मा या तान्त्रिक हों। और पीठ पर पीढ़ा इनकी खास पहचान है। अभी नये-नये हैं, उम्र से भी, ड्रेस से भी और पीढ़े से भी लोग इन्हें पूरी तरह से नहीं जानते हैं। कालान्तर में शायद यही पीढ़ा बाबा कहे जायँगे लेकिन मेरा मन इस तर्क पर भी पूरी तरह से नहीं ठहर रहा था, इसलिए मैं और उत्सुक था, सब-कुछ पूरी तरह से जानने-समझने के लिए।

इसलिए लपककर उनके पास पहुँचा। भाई साहब अगर अन्यथा न लें तो मैं आपसे एक बात पूछना चाहता हूँ। बताइयेगा? मेरे इसी सवाल पर वह सज्जन बिछ गये और मैं उनकी इस बिछनेवाली अदा पर बिछ गया। वह भरपूर खिलखिलाकर बोले—पूछिये जी, जी खोलकर पूछिये संकोच किस बात का? देश की किस समस्या के बारे में पूछना चाहते हैं? इकोनॉमिक, एजूकेशनल, सर्विस प्राब्लम या गरीबी? मैंने कहा—अजी नहीं, इतनी बड़ी मेरी समस्या नहीं है, मैं तो बस इस पीढ़े के बारे में जानना चाहता था, जिसे आप पीठ पर लादे हुए हैं? यह कोई अनुष्ठान है क्या आपका? वह और मुस्कराने लगे और बोले—यह पीढ़ा मेरे ब्याह का पीढ़ा है। वह कुछ और कहने जा रहे थे लेकिन मैंने उनकी बात काट दी—माफ करियेगा जब आपको ससुराल का पीढ़ा इतना प्यारा है तो फिर और चीजें कितनी प्यारी होंगी? हर वक्त आप पीठ पर लिये-लिये फिर रहे हैं और सर पर जिसे लिये फिरते होंगे वह कितना प्यारा होगा। मुझे तो आपको देखकर जलन हो रही है। सचमुच आप बहुत भाग्यशाली हैं। वह ठठाकर हँसे और बोले—आपका अन्दाज गलत है। दरअसल आज मेरी बीवी ने मुझे इसी पीढ़े से मारा है। मैं आज ससुराल जा रहा हूँ। इस बात की जानकारी देने। सबूत के लिए पीढ़ा भी साथ लिये जा रहा हूँ। मैं कोई काम कच्चा नहीं करता। मैं एकटक उन्हें देखने लगा। मेरे आश्चर्य का ठिकाना न रहा। अभी भी पृथ्वी पर सच बोलनेवाले हैं तभी यह पृथ्वी भी टिकी हुई है। भला सोचिये बीवी से मार खाने की बात कभी कोई भकुआ किसी से कहता है? लेकिन यह ईमानदारी देखिये मैंने तो एक बार अपने पड़ोसी को बीवी से पिटते हुए देखा और दौड़कर बचाने भी गया लेकिन पड़ोसी ने यह कहा कि आप भी इसी समय आ गये, हम लोग तो भरपूर रोमान्स के मूड में थे।

हे हे हे हे करने लगे, वह भूल गये कि उनके सिर से खून बह रहा है। मैं उल्टे पाँव लौट आया।

कम-से-कम यह आदमी बिना किसी झेंप या संकोच के असलियत बता रहा है। सचमुच यह महान् है, यह पीढ़ा गुल खिलायेगा। मार खाये व्यक्ति को एक दिन सचमुच महान् बनायेगा क्योंकि कहा गया है कि—होनहार बिरवान के होत चीकने पात। फिर अभी तो इस मार खाये पति की उमर ही क्या है? ऐसी उपलब्धियों के लिए सारी उम्र पड़ी है। रात जितनी ही संगीन होगी सुबह उतनी ही रंगीन होगी। अरे वह भी कोई पति है जो बीवी की झिड़की भी नहीं सहन कर सकता? इस पति ने तो मार सहन की है, वह भी पीढ़े की मार। इस सदी में और भी कोई पति ऐसा है जिसकी काठी इतनी मजबूत हो? कोई नहीं होगा। ऐसे बहादुर निराले होते हैं, इन्हें खोजना टेढ़ी खीर है। अपने से ही पहचान में आ गये तो आ गये वरना टापते रहिये। तपस्या से प्रकट होनेवाले ये देवता नहीं हैं, उनसे बहुत ऊपर हैं। सहसा उनकी टेट्ठन आ गयी और वह टेट्ठन की ओर लपक गये। सौभाग्य कहिये या दुर्भाग्य उसी टेट्ठन का इन्तजार मुझे भी था। मैं अपने मेहमान को जो उसी टेट्ठन से आ रहे थे लेने गया था। कुछ देर में मेरे मेहमान दिखायी दे गये। मैं उन्हें लेकर घर चला आया।

एक दिन फिर किसी काम से रेलवे स्टेशन गया और बुक स्टाल पर खड़ा होकर पत्र-पत्रिकाएँ देखने लगा। इसी बीच एक टेट्ठन आकर रुक गयी। मेरा ध्यान बँट गया। देखता क्या हूँ कि वही पीढ़ेवाले सज्जन जो दो-चार दिन पहले इसी प्लेटफार्म पर मिले थे, इसी टेट्ठेन से उतरे हैं और बाहर की ओर जा रहे हैं, लेकिन इस बार पीठ सूनी है, यानी पीठ पर पीढ़ा नहीं है, मेरा माथा ठनक उठा कि आखिर माजरा क्या है? मैं उनकी तरफ लपक गया, वह देखते ही ठिठक गये और बोले, अरे उस दिन से आप यहीं हैं कहीं गये ही नहीं? मैंने उनके सवाल का जवाब नहीं दिया, अलबत्ता उनसे सवाल ही पूछ लिया क्या हुआ पीढ़ा आपका? वही तो सबूत था। वह उसी तरह मुस्कराये। आप चिन्ता न करें। अब और मजा आयेगा, ससुराल में जो आवभगत हुई कि बस पूछिये मत। मैंने उनकी बात काट दी। उस पीढ़े का क्या हुआ? वह तो दहेज में मिला पीढ़ा था। उसे क्यों छीन लिया ससुरालवालों ने? वह अपने साथवाले कुली को देखकर मुस्कुराये, दरअसल ससुराल से दूसरा पीढ़ा मिला है वह काफी वजनदार है मुझसे नहीं उठा इसलिए मैंने कुली कर लिया। इतना कहकर वह आगे बढ़ गये और मैं भूषण कवि को बहुत देर तक सराहता रहा कि—शिवा को सराहौं कि सराहौं छत्रसाल को।

(यह किस्सा मेरे मित्र और पड़ोसी श्री शिवप्रसाद मिश्र का सुनाया हुआ है)

मतदान क्षेत्रे शुभचिन्तक महिमा

अब तक मैं सबसे आसान काम वोट देना ही समझता था। लेकिन, समय ने ऐसा पलटा खाया कि सबसे कठिन काम अब वोट देना ही साबित हो रहा है। जिसे मैं बायें हाथ का खेल समझता था वह अब टेढ़ी खीर बन चुका है। मैं बड़े हौसले से गया था वोट देने। बीवी भी साथ गयी थी। घर के बहुत-सारे काम ज्यों-के-त्यों पड़े रह गये थे, इतनी जल्दी थी। फिर भी पहुँचने पर लम्बी लाइन में खड़ा होना पड़ा। बीवी ने तो औरत होने का फायदा उठाया और 'बाईपास' की सुविधा के नाते पन्द्रह-बीस मिनट में वोट देकर हँसती-मुस्कराती बाहर चली आयी। मैं ही खजूर में अटका रहा। सिर पर चिलचिलाती धूप, धारोधार पसीने में नहायी देह और प्यास ऐसी की हाय, हाय, थूक निगलना भी दुश्वार था। लाइन में खड़ा आदमी खिसकते-खिसकते खिसकता था—मेहमान की तरह। एक आदमी तो गश खाकर लाइन में ही गिर पड़ा। आस-पास के तमाम एजेण्टनुमा जीव उस गिरे पड़े मतदाता पर टूट पड़े। लेकिन, मिनटों में वे अलग भी हो गये। गिरे हुए मूर्च्छित मतदाता के हाथ में विरोधी उम्मीदवार की पर्ची देखकर लगभग सभी एजेण्ट किनारा कर गये। मतदाताओं ने ही इसे लाइन से उठाकर छाँह में लिटा दिया। यह देखकर मैं बड़े चक्कर में पड़ गया कि मेरे पास तो किसी पार्टी की पर्ची नहीं है। मैं अगर बेहोश होकर गिरूँगा तो मेरा क्या होगा? लेकिन, मेरे बेहोश होने की नौबत नहीं आयी।

मैं धीरे-धीरे पहुँच ही गया छाँह में—प्रेसाइडिंग आफिसर की टेबुल के पास। नाम, पिता का नाम, मकान नम्बर और मतदाता संख्या बताकर मैं चुप लगा गया। वह साहब कभी मेरी ओर देखते, कभी वोटर लिस्ट की ओर। फिर हम दोनों ने एक-दूसरे को खूब घूरकर देखा। वह भी मुस्कराये मैं भी मुस्कराया। वह बोले, गौतम जी आपका वोट तो पड़ चुका है। मैं हक्का-बक्का रह गया। बीवी ने व्यंग्य करते हुए कहा, अजी! आपके शुभचिन्तकों की कमी थोड़े ही है। अब ऐसे मौके पर काम नहीं आयेंगे तो कब आयेंगे...? मुझे भी विश्वास हो गया कि हाँ, अभी मेरे शुभचिन्तक मरे नहीं हैं, जिन्दा हैं। लगता है ऐसे ही शुभचिन्तकों की महती

कृपा से ऊबकर पण्डित नरेन्द्र शर्मा, डॉ. हरिवंश राय बच्चन, डॉ. धर्मवीर भारती, डॉ. लक्ष्मी नारायण लाल, कमलेश्वर और सर्वेश्वर जैसे लोगों ने एक ही झटके में इलाहाबाद को प्रणाम कर दिया। सचमुच इलाहाबाद शुभचिन्तकों का शहर है। और ऐसे मौकों पर तो शुभचिन्तकों की संख्या और बढ़ जाती है। मेरा वोट मेरे किसी शुभचिन्तक ने डाल दिया, मुझे अच्छा लगा। लेकिन मलाल सिर्फ इतना है कि मैं उन तथाकथित शुभचिन्तक महोदय का नाम-पता, रंग-रूप नहीं जान सका।

अब मैं इस उपकार के लिए धन्यवाद दूँ तो किसे दूँ? आभार प्रकट करूँ तो किसके प्रति करूँ? आखिर मेरी भी तो कुछ नैतिक जिम्मेदारी है। यह बोझ मैं कब तक अपने सीने पर लिये रहूँगा? भला सोचिये उन्हें मेरे लिये कितनी तकलीफ उठानी पड़ी होगी? मैं तो चार बजे भोर से तैयारी में लगा था तब जाकर आठ बजे पहुँचा, फिर भी लाइन में लगना पड़ा। वह सज्जन तो (कि दुर्जन कहूँ?) रात के बारह बजे से ही तैयारी में लगे रहे होंगे या हो सकता है शाम से ही बेचारे बिना खाये-पिये वहीं पड़े रहे होंगे। सही-सही जानकारी तो वही दे सकते हैं। मेरे पिता को उन्होंने अपना पिता बताया होगा। वह मिलते तो यह रहस्य भी मैं जान जाता कि क्या सचमुच उनके पिता कोई और हैं या मेरे पिता उनके भी पिता होते थे। दुर्भाग्य देखिये कि मेरे पिता जी भी बेचारे चार साल पहले गुजर गये, वर्ना वही इस रहस्य पर कुछ प्रकाश डालते। फिर भी मेरे शुभचिन्तक ने मर्दाना काम किया है, और धन्य हैं मेरे पिता जो मरकर भी दूसरों के बाप बन रहे हैं।

मैं मन मसोसकर बाहर निकलने की सोच ही रहा था कि तब तक दूसरी ओर एक हमउम्र महिला ने पूरे मतदान केन्द्र का ध्यान अपनी ओर खींच लिया। जब वह वोट डालने पहुँची तो लिस्ट से उसे पता लगा कि उसके पति भी वोट डाल गये हैं। उसके आश्चर्य का ठिकाना नहीं रहा। क्योंकि उसके पति श्रीनगर में थे, वह कैसे आये और बिना बाल-बच्चों से मिले, वोट देकर चले भी गये। फिर उस भद्र महिला ने कमाण्डर की तरह अपनी प्लाटून को आर्डर दिया कि दीपू, पिण्टू, पप्पू, सप्पू, डब्बू, गब्बू जल्दी दौड़कर सड़क पर जाओ और देखो तो तुम्हारे पापा कहाँ हैं? उनकी यह मजाल कि आये तो सीधे मतदान केन्द्र पर आये, घर नहीं आते बना उनसे...।

उसके सुख के आगे मुझे अपना सुख छोटा लगा और मेरा घमण्ड चूर-चूर हो गया। मैं समझता था कि केवल मेरे ही शुभचिन्तक यहाँ हैं लेकिन धीरे-धीरे पता चला कि यहाँ बहुतों के शुभचिन्तक आज टहल-घूम रहे हैं, वैसे ही जैसे सादे कपड़ों में पुलिस टहलती है या जैसे कोई दानी गुप्तदान करता है, अपना नाम नहीं जाहिर होने देता। वह भद्र महिला अभी भी लोगों के बीच खड़ी थी। कोई कहता जल्दी रही होगी, कोई कहता, कौन जाने आप इधर आयीं और आपके पति

वोट देकर घर चले गये हों। लेकिन, उस महिला को तो बस एक ही झक सवार थी कि कबड्डी के खिलाड़ी की तरह पाला छूकर भागने की आदत तो उनकी थी नहीं। फिर कोई सूचना भी नहीं दी उन्होंने कि मैं आ रहा हूँ। अभी परसों ही चिट्ठी आयी है कि अब जुलाई में आऊँगा।

शुभचिन्तकों की कृपा एक ऐसी बुढ़िया पर भी हुई जिसका पति दो साल पहले मर चुका था, वह भी वोट के दिन जी गया और वोट भी डाल गया। जब बुढ़िया को इसका पता चला तो वह पछताने लगी कि हाय-हाय! कैसा निकला निर्दयी। बनिये ने उधार वसूलने के लिए कुर्की करा ली तब वह नहीं आये, पास-पड़ोस में बीसियों तेरही-बरही और गौने-ब्याह के मौके आये, एक में भी वह नहीं आये—मैं सबसे कहती रह गयी कि आज मेरे वो होते तो कितना मजा आता, लेकिन मेरे वो आये भी मरकर तो सिर्फ वोट देने के लिए। अरे मुझसे भी मिलकर चले जाते तो क्या बिगड़ जाता...। नहीं चाहते हुए भी मेरे मुँह से निकला—को कहि सकइ प्रयाग प्रभाऊ। सब हँसने लगे। बुढ़िया भी हँस पड़ी। बाहर निकलने पर क्या देखता हूँ कि भगदड़ मची हुई है। जिसकी जिधर सींग समा रही है वह उधर ही भाग रहा है। आवाज से मुझे लगा पटाखे छूट रहे हैं लेकिन चीख-पुकार से पता चला कि बम फूट रहे हैं। हालाँकि, पुलिस आस-पास ही थी लेकिन उसे आने में समय लगा। पुलिस ने आते ही माहौल अपने हाथ में ले लिया। एम्बुलेन्स आयी। घायलों को अस्पताल पहुँचाया गया। कुछ देर के लिए सड़क सूनी हो गयी थी लेकिन फिर वही भीड़, वही पुलिस और मतदाताओं के शुभचिन्तक दिखायी देने लगे। पत्नी ने धीरे से कहा, अजी घर चलो, वोट देना आसान नहीं है। मैंने भी कहा, हाँ जी, वोट देना आसान नहीं है। सब वोट नहीं डाल सकते। इतना बड़ा जोखिम शुभचिन्तक ही उठा सकते हैं, हम नहीं।

मेरी होली चूहा ले गया

हालाँकि लोग विश्वास नहीं करेंगे लेकिन यह सच है कि एक बार चूहा मेरी समूची होली ले गया, और मैं चूहे का कुछ नहीं बिगाड़ सका। वैसे तलाश अभी भी है। काश वह चूहा मिल जाता। मैं उसे मजा चखा देता। हुआ यह कि बच्चे घर में होली का माहौल बनाने में लगे थे कि सहसा रंगों पर पानी फिर गया। पता नहीं उन्हें क्या सूझी कि वे बिलों में भी पिचकारी से रंग डालने लगे और देखते-देखते हँसी-हँसी में हादसा हो गया। घर में चूहा क्या निकल आया कि सबके घाव हरे हो गये। सबको बदला लेने का मौका मिल गया। बीवी को अपनी नयी कढ़ी हुई साड़ी याद आ गयी। बड़ी बिटिया को अपना शाल याद आ गया। बेटे को अपना स्कूली ड्रेस और मुझे चलनी हो गये ढेर-सारे कपड़े एक साथ रुला गये। आज बिना मारे नहीं छोड़ेंगे इस संकल्प के साथ सबने हथियार उठा लिये। बेटा आया, पालिश किया हुआ स्कूली बूट हाथ में लेकर खड़ा हो गया। बिटिया ने कपड़ा धोनेवाला लकड़ी का पिटना उठा लिया। मैंने पेपरवेट और संयोग से बीवी उस समय मसाला पीस रही थी, उसने भी लोढ़ा तान दिया। हम सब अपने-अपने हथियारों से लैस कोने में दुबके चूहे के बाहर आने की प्रतीक्षा करने लगे। क्योंकि वहाँ निशाना सध नहीं रहा था। बेटे ने ट्रायल लिया-लेकिन यह क्या चूहा उस कोने से भागकर इस कोने में आ गया और उस कोने में स्टूल पर रखा हुआ काँच का गुलदस्ता चकनाचूर हो गया। लेकिन उस समय हमें अपना नुकसान थोड़े ही देखना था। हमें तो अपनी सेना का मनोबल बढ़ाना था। गुलदस्ते का घाव भूलकर हम सब और दुगने उत्साह से ललकारने लगे। मारो, मारो, डरो मत, यही मौका है, करो या मरो, लेकिन साहेब चूहा भी कम नहीं था। राणाप्रताप का चेतक समझिये। पलक गिरते ही इधर-से-उधर हो जाता था और हम सब देखते ही रह जाते थे। एक बार तो ऐसा लगा कि बस मत चूको चौहानवाला असली मौका है गौतम बाबू! चला दो पेपरवेट। मैंने आँख मूँदकर ईश्वर से प्रार्थना की। हे भगवान्! वार खाली न जाय। वरना नाक कट जायगी। मेरे निशाने की बड़ी धाक है घर में। आज अगर विश्वास उठ गया तो क्या होगा?

मैंने पूरा जोर लगाकर पेपरवेट फेंका। लेकिन धूर्त, मक्कार और चालबाज चूहा फिर कावा काट गया। पेपरवेट सीधे रंगीन टी.वी. के शीशे को चकनाचूर करता हुआ उसके भीतर चला गया। और चूहा उधर से उछलकर मेरे पीछे की तरफ आ गया और मेरे पीछे से होता हुआ बरामदे में चला गया। उधर पहले से ही बिटिया तैनात थी हाथ में लकड़ी का पिटना लिये हुए। उसने भी जोर लगाकर पिटना चलाया लेकिन जिधर उसका पिटना गया उधर चूहा नहीं गया। और पिटने से वाशबेसिन का शीशा टूट गया। इतनी तहस-नहस देखकर बीवी आपे से बाहर हो गयी। इतना निश्चित था कि अगर पकड़ लेती तो चूहे को कच्चा खा जाती। लेकिन नहीं पकड़ सकी। चूहा बरामदे से भागकर फिर ड्राइंग रूम की तरफ आ गया और ड्राइंग रूम से होता हुआ बाहर की ओर भागने लगा जहाँ मैं पहले से घात लगाये खड़ा था। पेपरवेट की जगह अब मेरे हाथ में झाड़ू था। यानी एक तरह से मैं राडार से सम्पन्न था और काफी दूर तक मैं मार कर सकता था लेकिन मैंने ऐसा किया नहीं। मैं समय के माफिक होने का इन्तजार करने लगा। और चूहा बाहरी खुले किवाड़ पर चढ़ने लगा। मैं दबे पाँव धीरे-धीरे उधर ही बढ़ने लगा कि उसे पता भी न चले और काम भी बन जाय। लेकिन मुझसे ज्यादा परेशान थी बीवी और चूहा इस समय उसकी नाक की सीध में था। उसे मिला मौका। उसने अब तक एक भी वार नहीं किया था। हाथ में लोढ़ा लिये-लिये ऊब गयी थी। कभी दायें बढ़कर निशाना साधती कभी पीछे हटकर, कभी बैठकर, कभी झुककर न तो उसका निशाना सध रहा था और न तो वह वार कर पा रही थी। बेटे को भी स्कूल जाने की जल्दी थी। वह भी इस ऐतिहासिक चूहा मारो अभियान का अन्त देखकर ही जाना चाहता था। उसने फिर जूता उठा लिया था। दोनों ने अपना-अपना हथियार एक साथ चलाया। बेटे ने जूता और बीवी ने लोढ़ा। लेकिन हाय रे किस्मत! दोनों का निशाना बस जरा-सा चूक गया। चूहा दरवाजे के पीछे की ओर भाग गया और लोढ़ा दरवाजे के बाहर की ओर। दरवाजे के बाहर हमारे मकान मालिक खड़े थे। लोढ़ा उनके माथे पर चौचक बैठ गया। वह बेचारे वहीं सिर पकड़कर बैठ गये। इसी बीच लड़के ने जो बूट फेंककर मारा था वह भी मकान मालिक की गोद में गिरा। बिटिया भी पिटना लिये-लिये यह कहती हुई कि अच्छा हुआ चूहा मर गया उधर ही आ गयी। लेकिन यहाँ तो माजरा ही कुछ और था। हम सब सकते में आ गये कि हे भगवान्! अब क्या होगा? मकान मालिक बेचारे यह कहते हुए उठे, अरे भाई, मैं किराया माँगने थोड़े ही आया था। मैं तो हल्ला सुनकर आ गया यह देखने के लिए कि आखिर हो क्या रहा है? गनीमत उनकी चोट हल्की थी।

मैं बड़े पशोपेश में था कि हँसू कि रोऊँ? दुश्मन बचकर भाग निकला था, घर में हजारों का नुकसान हुआ सो अलग और अनजाने में हुई भूल के लिए अब

मकान मालिक से माफी कैसे माँगी जाय? बहता हुआ खून देखकर हम सब और परेशान हो गये कि कहीं थाने-कचहरी की नौबत न आ जाय? बगल में ही दवाखाना था। मकान मालिक को समझा-बुझाकर उठा-पकड़कर, हम सब दवाखाने ले गये, मरहम-पट्टी होने लगी। जो देखता वही पूछता क्या हुआ? क्या हुआ? इनकी उस तेज-तर्रार नयी बहू ने मारा है क्या? क्योंकि इनके घर का यहाँ कोई दिखायी नहीं दे रहा है? एक साहेब ने च् च् करके कहा क्या जमाना आ गया। सीधे आदमी की घर में यही दुर्दशा होती है—राम-राम आप लोग न होते तो इनकी मरहम-पट्टी भी न होती। आखिर ऐसे बेटे-बहू किस काम के?...

इसी बीच एक और पड़ोसी अपना सिर पकड़े आ गये। उन्हें भी माथे में चोट लगी थी। खून बह रहा था। मैं उनसे कुछ पूछना ही चाह रहा था कि तब तक मेरे बेटे ने ही पूछ लिया, अंकल! आप किसके मकान मालिक हैं? कैसे हैं आपके किरायेदार, उन्हें आना चाहिए था न? या आप भी घर में चूहा मार रहे थे...?

वह बेचारे कुछ बोले नहीं सिर्फ मुस्कराकर रह गये। पास में खड़ी उनकी बीवी बोली। ये क्या खाकर चूहा मारेंगे, इनके खानदान में अब तक लोग सिर्फ मक्खी मारते आये हैं। चूहा मारना आसान है क्या? अरे, जिसकी तकदीर में होता है वही करिश्मा दिखाता है सब नहीं। ये छोटे बच्चों के साथ पतंग लूट रहे थे उसी का नतीजा है। किसी का ढेला भरपूर बैठ गया। फिर मेरी ओर देखकर बोली, भाई साहेब इनको कैसे चोट लगी। ये भी पतंग लूट रहे थे न? बूढ़े लोग जब लड़कों जैसी हरकत करेंगे तो यही हुआ करेगा। किसने कहा था जाइये पतंग लूटिये? बिना कमर पर हाथ रखे उठ-बैठ नहीं सकते लेकिन पतंग लूटने में बच्चों के भी बच्चे बन जायँगे। अब आप ही बताइये कि आखिर औरतें क्या-क्या करें? बच्चों को सम्हालें कि बूढ़ों की निगरानी करें?

मेरे मकान मालिक कुछ कहना चाह रहे थे। मैंने उन्हें इशारे से मना किया और कहा, सुना आपने? भाभी जी कितने काम की बात कह रही हैं? आइये चलिये आपको घर पहुँचा दूँ। और अपने मकान मालिक को लेकर मैं दवाखाने से बाहर निकल आया। लेकिन मकान मालिक हमेशा मकान मालिक ही होता है। वह कभी बदल नहीं सकता। मेरे मकान मालिक ने हम लोगों पर मुकदमा चला दिया—अटेम्प्ट टू मर्डर। लेकिन चश्मदीद गवाह कोई नहीं मिल रहा है। पुलिस ने चूहे के नाम भी वारण्ट जारी कर दिया है। मैंने भी मोहलत माँगी है कि जब तक चूहा हाजिर नहीं होता तब तक मुझे इस मकान में रहने दिया जाय, देखिये ऊँट किस करवट बैठता है। देखना है चूहा किसका साथ देता है। मेरा या मेरे मकान मालिक का?

वैसे मैं अब इस नतीजे पर पहुँचा हूँ कि चूहा कभी भी घर में नहीं मारना चाहिए और किराये के घर में तो चूहा मारना अपराध घोषित कर देना चाहिए।

क्योंकि यह हक मकान मालिक का है। किरायेदार को मकान मालिक का हक नहीं मारना चाहिए और अगर घर में चूहा मारना आवश्यक ही हो तो अस्त्र-शस्त्र का इस्तेमाल कदापि नहीं करना चाहिए और अगर हथियार उठाना भी आवश्यक हो तो अकेले ही यह काम करना चाहिए। गोल बनाकर नहीं वर्ना कुछ भी घटित हो सकता है और अगर गोल बनाकर चूहा मारना आवश्यक लगे तो चूहे को पहले मैदान में निकलने को विवश करिये। फिर देखिये यह महाभारत कितने दिनों तक चलता है। उस दिन मैंने इन बातों पर ध्यान नहीं दिया था। अगर अकेले ही मैं चूहा मारता होता तो भले घर में कुछ और सामान टूटते-फूटते लेकिन मकान मालिक से सम्बन्ध तो अच्छे बने रहते। मुकदमा लड़ने की नौबत तो नहीं आती और मेरी होली भी सुरक्षित रहती।

उठो लाल अब आँखें खोलो

मुझे अच्छी तरह से याद है कि जब मैं घर से निकला था होली खेलने के लिए, तो मेरी देह पर इतने कम कपड़े नहीं थे जितने इस समय दिखायी दे रहे हैं। अच्छा खासा पैण्ट था जिसकी जगह इस समय सवा पैर का पायजामा दिखायी दे रहा है, वह भी चौराहे के अखबार की तरह कुछ इधर से फटा है कुछ उधर से फटा है। न देह पर बनियाइन है न पूरी बाँह की कमीज है और चेहरा तो बस पूछिये मत। अगर ऐसे में कोई यह कहे कि भले बने हो नाथ, तो मैं कतई बुरा नहीं मानूँगा। क्योंकि गुल्लो ने शीशा दिखाते हुए यही जुमला उछाला था—भले बने हो नाथ। मैंने तभी कहा था कि गुल्लो अब तुम्हारी दीदी मुझे पहचान नहीं सकती। और अन्ततः वही हुआ जिसका मुझे डर था। मेरी मुसीबत देखिये ससुराल से होली खेलकर जब अपने दरवाजे पर पहुँचता हूँ तो मुझे देखते ही पत्नी ने यह कहा कि बाप रे, कहाँ का पागल आ गया। भड़ से दरवाजा बन्द कर दिया और गली में रंग खेल रहे बच्चों को खिड़की से झाँककर बुलाया और कहा, गुड्डू, पप्पू, सोनू, मोनू, रिंकू, पप्पी कान खोलकर सुन लो जब यह पागल चला जाय तब आना, अभी दरवाजा नहीं खुलेगा। उन बच्चों ने मुझे एक बार गौर से देखने की हलकी-सी कोशिश की। लेकिन उनके पास इतना समय कहाँ था कि वे मेरे आस-पास आयें और मुझे पहचानें। वे मातृभक्त बालक आगे बढ़ गये और रंग खेलने लगे। मैं बड़े संकट में पड़ गया कि अब क्या करूँ बीवी पहचान ही नहीं रही है और ऐसे में दूसरी जगह जाना भी ठीक नहीं है। एक बार मन में आया कि ससुराल ही लौट जाऊँ लेकिन यह सोचकर जी डर गया कि जब पूरे कपड़े में निकला था तो चौथाई कपड़ों में वापस आया हूँ। अब अगर चौथाई कपड़ों में वापस जाऊँगा तो कितने कपड़ों में वापस आऊँगा, यही सोचकर दुबारा ससुराल जाने का इरादा मैंने छोड़ दिया। लेकिन मेरी चिन्ता और बढ़ गयी कि जब तक रंग रोगन छूटेगा नहीं तब तक बीवी मुझे पहचानेगी नहीं। और वह नहीं पहचानेगी तो मैं जाऊँगा कहाँ?

मैंने हिम्मत करके दरवाजा थपथपाया और कहा खोलो मैं हूँ मैं। बन्द दरवाजे से ही पत्नी बोलती है भाई साहेब! शायद आप होश में नहीं हैं। आप भूल कर रहे हैं। यह आपका घर नहीं है। आपको भ्रम हो गया है।

मैंने गिड़गिड़ाकर कहा, थोड़ी ही देर के लिए मैं घर से बाहर गया और तुमने रिश्ता और सम्बोधन दोनों बदल दिया? सोचो तुम्हारे ही कहने से तो मैं होली खेलने तुम्हारे मायके गया था। वर्ना मुझे पागल कुत्ते ने काटा था क्या? अरे मेरी दुर्दशा तुम्हारी बहन, भौजाई ने मिलकर की है। अगली बार मैं गुल्लो को ऐसा रंगूँगा कि वह जिन्दगी भर याद करेगी। वह तुमसे भी चार हाथ आगे है... वैसे गुल्लो ने हमें-तुम्हें आज शाम को खाने पर बुलाया है।

पत्नी बोलती है, वाह। भाई साहेब वाह। मेरी बहन का नाम किसने बता दिया? लगता है कुछ दाल में काला है। अब तो दरवाजा बिलकुल ही नहीं खुलेगा। अच्छाई इसी में है कि आप खिसक लीजिये वर्ना अभी मेरे वो आते ही होंगे, फिर तो आपकी ऐसी स्थिति होगी कि देखते ही बनेगी... मान-न-मान बड़े मियाँ सलाम...। अब मैंने अचूक बाण चलाना ही उचित समझा, क्योंकि ऐसे कब तक बाहर खड़ा रहता? गली से आने-जानेवाले बड़े गौर से देखते फिर आगे बढ़ जाते। मैंने बड़े सधे अन्दाज में कहा, ठीक है, दरवाजा नहीं खोलती हो तो कोई बात नहीं। लेकिन फिर पछताना नहीं। मैं भी कुसुम के यहाँ जा रहा हूँ। सुना है आजकल वह यहीं रह रही है। दरअसल पिछले दो-एक दिनों में कुसुम मेरे घर आयी थी, लेकिन मुझसे उसकी मुलाकात नहीं हुई थी। इतना कहकर मैं दो-चार कदम आगे बढ़ गया, सिर्फ यह जानने के लिए कि देखें इस वाक्य का क्या असर होता है। अरे साहब! पूछिये मत, बिलकुल रामबाण की तरह इसका असर हुआ। पत्नी ने भड़ से दरवाजा खोला और बोली, सुनिये! जरा इधर तो आइये। मैं दरवाजे के पास आ गया, पत्नी ने मुझे नये सिरे से देखना शुरू किया। ऊपर-नीचे, अगल-बगल, दायें-बायें चारों तरफ से निहारा, जब उसे पूरा विश्वास हो गया कि मैं ही हूँ तब बोली, हाय राम आज तो अनर्थ हो जाता, अगर तुम चले जाते तो क्या होता? तुम्हारे वे कपड़े कहाँ गये जो घर से पहनकर तुम गये थे? और तुम्हारी यह हालत किसने बनायी है? कौन थी वह चुड़ैल? जरा उसका नाम तो बताओ? मैंने कहा, अरी भाग्यवान्! क्यों उतावली हो रही हो? तुमने पहचान लिया बस सब ठीक है। यह सब करामात तुम्हारी गुल्लो रानी की है और बीच-बीच में गुल्लो का हाथ बँटाने आ जाती थीं तुम्हारी भौजाई जी।

इतना सुनते ही मेरी बीवी आपे से बाहर हो गयी। अच्छा! यह सब गुल्लो ने किया है? और तुम्हारे हाथों में मेंहदी लगी थी, दही जमा था? ऐसे तो बहुत तीस-मार खाँ बनते हो और गुल्लो के आगे नानी मर गयी? तुमने तो मेरी आज नाक कटा दी छी-छी, राम-राम। मैं जब मायके जाऊँगी तो गुल्लो को क्या मुँह दिखाऊँगी...।

मैंने कहा, अजी नाक मेरी नहीं कटी, कटी तो गुल्लो की ही। झपटा-झपटी में उसकी झुलनी खिंच गयी और नाक से खून बहने लगा। इतना सुनते ही बीवी का पारा थोड़ा शान्त हुआ। वह बोली, अच्छा किया तुमने, मेरी देखा-देखी करने के लिए उसने अम्माँ से लड़कर झुलनी बनवायी थी। जब से झुलनी बनी थी फूली नहीं समाती थी। नयी-नयी झुलनी दिखाती फिरती थी अब शान्त रहेगी कुछ दिन... वैसे उसकी झुलनी का मोती बहुत अच्छा है। तुमने तो देखा होगा? अच्छा है न? रोयी भी खूब होगी? क्योंकि वह रोती बहुत जल्दी है...।

मैंने कहा, हाँ, जी, एकदम लिपटकर रोने लगी, जीजा जी! मेरी झुलनी खोज दीजिये। खैर मैंने खोजकर उसे दे दिया। वह तुरन्त हँसने भी लगी। बीवी बोली, हाँ, वह रोती भी जल्दी है और हँसती भी जल्दी है... और भाभी ने क्या किया?

मत पूछो जी! बस मैं लौट आया यही बहुत है। मेरी पैण्ट-शर्ट तुम्हारी भाभी के पास गिरवी है। उन्होंने कहा है कि जब शाम को बीवी जी के साथ आइयेगा तो कपड़े वापस कर दूँगी वर्ना नहीं। वैसे तुम्हारी भौजाई को भी चोट आ गयी है। आँगन में बिछल पड़ीं और लद्द से पसर गयीं। पैर में कुछ मोच आ गयी है।

इतना सुनते ही पत्नी खिलखिलाकर हँस पड़ी, अच्छा हुआ, वह अपने आगे किसी को कुछ नहीं समझती। अभी भी उछलती हुई चलती है... वैसे ज्यादा चोट तो नहीं आयी है। वर्ना गुल्लो तो दो ही चार रोज में चली जायगी फिर मुझे ही जाकर सब-कुछ सम्हालना पड़ेगा...? सहसा मुझे लगा कि कोई मेरे चेहरे पर कुछ मल रहा है। गीली हथेलियों की छुवन से मेरी आँख खुल गयी...देखता क्या हूँ कि बीवी रंग पोत रही है और आँख नचा-नचाकर कह रही है, यह कल का बदला है। और मैं भौचक-सा टुकुर-टुकुर उसे देख रहा हूँ। मेरा रंगीन सपना यकायक ब्लैक एण्ड ह्वाइट में बदल जाता है। पूरे घर में पत्नी का स्वर गूँज रहा है उठो लाल अब आँखें खोलो...।

जियो हजारों साल हमारी समधिन जी

मेरी समधिन का ढूँढ़ने से भी जोड़ा नहीं मिल सकता। वह लाखों में क्या करोड़ों में एक हैं। भगवान् ऐसी समधिन सबको दे, मैं यही मनाता रहता हूँ। मेरी समधिन हँसती हैं, तो फूल झरते हैं और जब बोलती हैं, तो कहने ही क्या! लगता है—जैसे शहद की कटोरी कानों से लगा दे रही हैं। बोली में क्या मिठास है! मैं तो बस भँवर की नाव होकर रह जाता हूँ— कभी ऊपर, कभी नीचे झोंके खाने लगता हूँ। बातों में कितना रस है? लगता है जैसे रस का झरना झर-झर झर-झर झर रहा हो और मैं उसी में डूब-उतरा रहा हूँ। एक मन होता है अभी और इसी खुले मनपसन्द वातावरण में डूबूँ-उतराऊँ, लेकिन जब निगाह घड़ी पर जाती है, और समधिन की बातों का विश्लेषण करके निर्णय लेने का मन होता है तो फिर मुझे बिटिया की माई याद आ जाती है। गुनगुनाने का मन होता है, चलो मन गंगा जमुना तीर। पर गुनगुना भी नहीं पाता यह सोचकर, कि कहीं समधिन इसे मेरा आग्रह या निवेदन न मान लें, वरना सोने में सुहागा होते देर नहीं लगेगी।

आज मैं यह सोचकर आया था, कि हँस-बोलकर, रो-गाकर उन्हें पटिया ही लूँगा और स्कूटर की माँग जो पहले नहीं थी वर-रक्षा की रस्म पूरी होने के बाद पैदा हुई, उसे जैसे-तैसे खत्म ही करा दूँगा। पर समधिन के आगे मेरी एक न चली। वह कहती गयीं, कहती गयीं, कहती गयीं और मैं आँख मूँदे कान खोले भागवत की कथा जैसी समधिन की बातें सुनता गया, सुनता गया, सुनता गया....मैं सच कह रही हूँ आपसे, आप तो अब अपने रिश्तेदार ही हो रहे हैं, फिर मेरे पास भगवान् का दिया सब-कुछ है। मैं किसी से क्या माँगूँ और क्यों माँगू? रही बात स्कूटर की, वह आपके होनेवाले दामाद की माँग है, हालाँकि मैं जानती हूँ कि अगर एक बार भी उसे मना कर दूँ तो वह दुबारा मुँह नहीं खोल सकता, लेकिन भाई साहब, बात यह है कि उसके भी संगी-साथी हैं, उसका भी शौक है। मैं बेटे का मन तोड़ना नहीं चाहती। अब तक उसकी हर इच्छा मैं पूरी करती रही हूँ, इसीलिए स्कूटर के लिए मना करने से मन थोड़ा हिचकता है कि कहीं बुरा न मान जाय। इसीलिए हम सब भी उसकी हाँ-में-हाँ कर रहे हैं। वरना स्कूटर-फिस्कूटर में

क्या रखा है? अरे, है तो लोहा-लक्कड़ ही। कोई सोना-चाँदी थोड़े ही है। आप स्कूटर दे देंगे, तो भी वाह-वाह, नहीं देंगे तो भी वाह-वाह! मेरे घर में स्कूटर के लिए न बहू सतायी जायगी, न जलायी जायगी। इतना सुनते ही मैं भीतर से काँप जाता हूँ और तुरन्त पूछता हूँ, नहीं! नहीं! ऐसा करने की क्या जरूरत है? स्कूटर तो देनी-ही-देनी है, वह तो फाइनल है। हम तो अब इसलिए आये हैं कि अगर आप अपनी ओर से एक लिस्ट बना दें, तो हम सबको सहूलियत होगी और बार-बार दौड़ना नहीं पड़ेगा। देने को तो हम अपनी हैसियत के अनुसार आपको देंगे ही देंगे। अब जैसे सोफा है, अलमारी है। रस का वही झरना फिर झरने लगा...यह सब आप एक भी मत दीजिये। मेरे पास जगह कहाँ है? इसलिए फर्नीचर तो बिलकुल ही मत दीजिये। न सोफा, न टेबुल-कुरसी, न चौकी, न बेड, न अलमारी। यह सब कबाड़ मैं कहाँ रखूँगी? आप क्यों बेकार पैसा फँसा रहे हैं। हाँ, अब यह बात और है कि अगर आपने बिटिया-दामाद के लिए कुछ संकल्प ही कर लिया है, तो मैं आपका मन नहीं दुखाऊँगी, उसी पैसे में कुछ और मिला-जुलाकर एक फ्रिज ले लीजिये। जहाँ आप बैठे हैं वहीं रख दूँगी जगह भी कम घिरेगी और इसी बहाने आपको भी आने पर ठण्डा पानी मिलेगा। हमारे बगलवालों के यहाँ भी तो यही हुआ है। उन्होंने भी आँय-बाँय-साँय सब मना कर दिया था, लेकिन भगवान् उनके जैसा समधी सबको दे। उनके समधी करोड़ों में एक हैं। मना करने पर भी उन्होंने सोफा दिया, डाइनिंग टेबुल दी, अलमारी दी, डबलबेड दिया और फ्रिज ऊपर से! इतना ही नहीं, बेचारे हाथ जोड़कर कहते रहे कि दरअसल लकड़ी का सारा सामान पहले से तैयार था, इसलिए उसे तो रख ही लीजिये। मैंने बगलवाले भाई साहब से कहा कि उनकी इच्छा है उसे स्वीकार कर लीजिये। इनकार मत कीजिये, वरना उनको बहुत दु:ख होगा.... अच्छा किया, आप पहले आ गये। मैं समझती हूँ, कि आपके यहाँ तो यह सब फालतू चीजें पहले से नहीं ही बनी होंगी? मैं मारे घबराहट के पूरा जग पानी पी गया। लगता था जैसे चारों तरफ अंगारे दहक रहे हैं और मैं कभी इधर झाँकता, कभी उधर झाँकता। राहत किसी तरफ भी नहीं मिलती थी।

मैंने पागल हँसी हँसकर कहा, वाह! आपके मुँह में घी-शक्कर! यही सब तो मैं जानना चाहता था, कि आपकी हार्दिक इच्छा क्या है। अब थोड़ा-सा तिलक के बारे में भी कुछ इशारा कर दें। यह तो मेरी कुण्डली में लिखा है और ज्योतिषियों ने भी बताया है, कि मुझे पत्नी से कहीं ज्यादा अच्छी समधिन मिलेगी। और वह मैं साक्षात् देख रहा हूँ। प्रत्यक्षम् किम् प्रमाणम् दीया लेकर ढूँढ़ने पर भी दुनिया में हमारे जैसे समधी-समधिन नहीं मिलेंगे। यह सब अच्छे कर्मों का फल

है। जिसका बहुत पुण्य उदय होगा, उसे आप जैसी समधिन मिलेगी। मुझे आप इतनी आसानी से मिल गयीं, इसे मैं भगवान् की कृपा ही मानता हूँ...रस का झरना फिर झरने लगा, आप भी तो मुझे भाग्य से ही मिले हैं। वैसे बगलवाले के समधी का भी कोई जवाब नहीं है। उन्होंने जो तिलक चढ़ाया, कि देखनेवाले दंग रह गये। सबको जैसे काठ मार गया। मैं तो दाँतों तले उँगली दबाये बस एकटक तिलक का सामान देखती ही रह गयी। हे भगवान्! सारा आँगन एकदम से भर गया था। चारों तरफ जगर-मगर। खूब बड़ा-सा कुम्हार के चाक से भी बड़ा ही समझिये फूल का चमचमाता थाल था, चाँदी की अच्छी-खासी तश्तरी, उसी में चाँदी का नारियल, चाँदी के पाँच पान.... बाप-रे-बाप! और थान का तो कहना ही क्या। क्या नहीं था। घर भर के लिए गरम सूट के कपड़े, सिल्क के थान, अलग-अलग रंग और किस्म के बनारसी सिल्क, असमिया सिल्क, मद्रासी सिल्क और कितना तो न जाने। रिश्तेदारों तक के लिए कपड़े देखकर जी खुश हो गया। अब इसे कहते हैं पानेवाले का भाग्य और देनेवाले की हैसियत और उसका हौसला। लेकिन इसका यह मतलब नहीं कि वही सब आप भी कीजिये। न! न! न। बिलकुल नहीं। आप अपनी सीमा में कीजिये और अपने ढंग से कीजिये। थाल और थान यही दो तो तिलक की शोभा हैं, आपको क्या समझाना? अरे, उतना बड़ा थाल हम कहाँ रखेंगे? पर अगर आपने खरीद लिया हो, तो कोई बात ही नहीं। तब तो मजबूरी ही है, रख ही लूँगी। रही बात चाँदी की तश्तरी वगैरह की, वह आप छोटी-बड़ी देख लीजियेगा।

मुझे लगा कि चक्कर आ जायगा और गिर पड़ूँगा। मैंने अपने को सँभाला और फिर बनावटी हँसी हँसकर बोला, आपने तो मेरी समस्या ही हल कर दी। मैं इतना चिन्तित था, कि बस पूछिये मत। उसी रौ में मैंने यह भी पूछ लिया कि सब हो गया या अभी कुछ कोर-कसर बाकी है। अगर बाकी हो तो उसे भी आप इसी समय बता दें। (मैंने मन में कहा बहुरि नहिं आवना या देस), तो बड़ी कृपा होगी। सच मानिये, आपने जी हल्का कर दिया। आज मैं चैन की नींद सोऊँगा। आप भी कमाल करते हैं। अरे, अब क्या बाकी रहा। सब तो हो गया। वैसे तो देना-लेना जिन्दगी भर लगा रहेगा। आप देंगे हम लेंगे पर इसे कोई नहीं देखेगा। देखेंगे तो बारात में ही देखेंगे। अब यह जो हमारे बगलवाले के समधी हैं, उन्होंने बारातियों को खुश कर दिया। पास-पड़ोस के जो लोग बारात में गये थे अब तक गा रहे हैं, कि ऐसी बारात तो उन्होंने जिन्दगी में की ही नहीं।

दरअसल बात भी सही है, बाराती तो केवल अपनी सुविधा को ही सब-कुछ मानते हैं। लड़कीवाले ने लड़केवाले को क्या दिया क्या नहीं दिया, इससे उन्हें क्या

लेना-देना। हर बाराती के लिए होटल में कमरा, उसी में नहाना-धोना और कमरा कैसा? एयरकण्डीशण्ड! खाने-पीने की ऐसी सुविधा, कि बस पूछिये मत! जिसके जी में जो आये, सो खाये। बादाम की, पिश्ते की, काजू की बर्फी, भुने काजू की नमकीन, फ्रूटजूस, चाय, कॉफी और शाकाहारी-मांसाहारी हर तरह का भोजन यानी आप समझिये कि छप्पनों प्रकार का व्यंजन हर वक्त तैयार रहता था, घण्टी बजाइये सामान हाजिर। शिकायत का तो उन्होंने मौका ही नहीं दिया। पर आप इन सबके चक्कर में मत पड़ियेगा। होटल में बारात ठहरायें इसके लिए मैं दबाव नहीं डालूँगी। अगर आसानी से हो सके और कहीं जगह न मिले, तब। हाँ, खाने-पीने में थोड़ा-सा दिल खोल दीजियेगा, क्योंकि ये बाराती किसी के होते नहीं। मुँह पर ही सुना देते हैं— भले घर में रोटी-दाल तोड़ लेंगे, लेकिन बाहर उनकी जीभ हाथ भर की हो जाती है। जरा-सी भी कमी रहती है, तो उसे तिल का ताड़ बना देते हैं। फिर आपके दामाद के तो ऐसे-ऐसे दोस्त हैं कि उन्हें बारात के लिए कहने में जी डर रहा है कि, कहीं किसी चीज की उन्हें कमी न पड़ जाय, लेकिन भगवान् आपको बनाये रखे! जैसा दिल आपका है वैसा सभी का नहीं होता है। मैं जानती हूँ— खिलाने-पिलाने में तो आप मर मिटेंगे, कोई कसर नहीं उठा रखेंगे। फिर भी बता दूँ, कि बहुत बड़े पैमाने पर यह सब करने की जरूरत नहीं है। बारात लोकल है तो क्या हुआ? कोई रैली थोड़े ही करानी है। बगलवाले की बारात में करीब चार सौ लोग गये थे और यह मैं आपको विश्वास दिलाती हूँ कि इससे एक आदमी भी ज्यादा नहीं होगा। यों कोशिश मेरी यही रहेगी, वैसे जहाँ चार वहाँ साढ़े चार की व्यवस्था तो होती ही है। ईश्वर की कृपा होगी, तो सब इसी में पार हो जायगा। बारात से न तो कभी कोई भूखा लौटा है, न लौटेगा। बगलवाले के समधी तो आप समझिये भाई साहब, कि जब विवाह तय नहीं हुआ था तब भी और अब भी खाली हाथ कभी नहीं आये। चार-पाँच किलो अच्छी मिठाई और सेब, केला, अनार, अंगूर, सन्तरा, आम कई टोकरियों में तो रहता-ही-रहता है। पूरे मोहल्ले में पता चल जाता है कि बगलवाले के समधी आये हैं। पता नहीं, भगवान् ने उन्हें कितना बड़ा दिल दिया है। एक बार उनकी बिटिया ने चिट्ठी लिख दी कि यहाँ पाउडर के दूध की चाय बनती है, दूसरे ही दिन एक दुधारू गाय दरवाजे पर आ गयी। एक बात और है बगलवाले के समधी अपनी बिटिया को मानते बहुत हैं। कोई बाप अपनी बिटिया को उतना नहीं मानेगा, जितना वह मानते हैं। अगर बिटिया कह दे, कि बाबू जी हवाई जहाज चाहिए, रेल गाड़ी चाहिए तो बाबू जी पानी बाद में पीयेंगे पहले बिटिया की इच्छा पूरी करेंगे। बहरहाल, बाप बिटिया का तो रिश्ता ही ऐसा है कि बस पूछिये मत!

मैंने समधिन के पाँव छुए आशीर्वाद लिया और बिना ब्रेक की साइकिल पर थाने से छूटे शरीफ आदमी की तरह भागा। कहाँ टकराया, कहाँ लहराया, कहाँ भहराया और किसने उठाया, कुछ पता नहीं। सवेरे बीवी ने बताया कि बिना खाये-पिये मैं रात भर चारपाई पर बड़बड़ाता रहा जियो हजारों साल हमारी समधिन जी।

चिन्ता नये जूते की

जब से मैंने नया जूता खरीदा है मेरी परेशानी बढ़ गयी है। मैं ऐसी जगहों पर बहुत कम जाता हूँ जहाँ जूते उतारकर बैठना पड़ता है। नया जूता कमबख्त कहीं चैन से बैठने भी नहीं देता। बराबर खटका लगा रहता है कि जूते किसी ने उठा तो नहीं लिये। हर वक्त दिमाग में जूते ही घूमते रहते हैं। मन्दिर में तो और भी शान्ति नहीं मिलती। चौकन्ना रहना पड़ता है। होंठों पर भूत पिचास निकट नहिं आवै और आँखों में डोलते रहते हैं बाहर उतारे गये जूते। बार-बार कनखियों से पीछे की ओर देखना पड़ता है। इस मुई कनखी के कारण कई बार झगड़े की नौबत भी आ चुकी है। हाथ जोड़कर सफाई देनी पड़ी है कि मैडम! आपको नहीं मैं अपने जूतों को देख रहा था। मन्दिर में आकर सिर्फ सामने देखने से काम नहीं चलता। जेबों की सुरक्षा के लिए अगल-बगल और जूतों की सुरक्षा के लिए पीछे देखना ही पड़ता है।

मन्दिर में जाकर लोग भगवान् से न जाने क्या-क्या माँगते हैं। मैं सिर्फ यही प्रार्थना करता हूँ कि हे भगवान्! विश्वास की रक्षा करना। घर नंगे पाँव न जाना पड़े। क्योंकि नये जूते पर लोगों की नजर बहुत जल्दी लगती है और जिसकी नजर लगती है वह मिनटों का काम सेकेण्डों में करता है। देखते-देखते नौ-दो ग्यारह हो जाता है। इन्हीं सब बातों को सोचकर मैं सभा-सोसाइटी में जाने से कतराता हूँ। क्योंकि, अभी उतना साहस नहीं आ पाया है कि मैं मंच पर चढ़ते समय जूते उतारकर हाथों में ले लूँ और मसनद के नीचे छुपाकर बैठ जाऊँ। एक साहब को तो जैपुरिया कामदार नागरा शेरवानी की दोनों बगली जेबों में ठूँसते-घुसाते देखकर मैं हैरत में पड़ गया कि बाप-रे-बाप क्या दिमाग है, क्या सोच है। यह तो खैर नागरा है अगर बूट भी होता तो ये कहीं-न-कहीं जरूर छुपा लेते। मेरे मन में आया कि उनसे पूछूँ कि हुजूर जेब में एक जोड़ी की और गुंजाइश है क्या? लेकिन मेरे पूछने से पहले ही एक घटना घट गयी। श्रोताओं में बैठा एक आदमी उठकर बोला, क्या भैया यही शराफत है? आपको शेरवानी मैंने मुशायरे के लिए दी है न कि जूते छुपाने के लिए? तब मेरी समझ में यह बात आयी कि अगर दूसरे

की शेरवानी हो तो उसकी जेब में जूते छुपाकर मंच पर बैठा जा सकता है। शेरवानीवाला चिल्लाता रहे मेरे ठेंगे से, उधर देखना ही नहीं है। अगल-बगलवालों से खूब खिलखिलाकर बतियाते रहिये। चिल्लानेवाला अगर शरीफ होगा तो खुद ही चुप हो जायगा।

शायद इसी डर के मारे लोग अब खाते समय भी जूते नहीं उतारते। क्योंकि, खाना तो कहीं भी मिल जायगा लेकिन जूता तो कहीं-कहीं ही मिलेगा। महँगा-से-महँगा खाना बीस-पच्चीस रुपये में पड़ेगा (इलाहाबाद में) जबकि सस्ता-से-सस्ता जूता भी सौ रुपये से कम में नहीं पड़ेगा। अगर आपने कभी जूता खरीदा होगा तो आपको पता होगा। जूते की दुकान से निकलने पर यही लगता है कि जूता खरीदकर नहीं बल्कि खाकर निकल रहे हैं। उतरा चेहरा, झुँझलायी हुई तबीयत और खाली हो गयी जेब। मुँह का स्वाद बिगड़ जाता है, पान खाने का भी उत्साह नहीं रह जाता, आँखों के आगे अँधेरा-सा छा जाता है। अब जाहिर है कि इतनी महँगी चीज का इस्तेमाल भी कायदे से किया जायगा और निगरानी और चौकसी का तो कहना ही क्या? मैंने बहुत-से समारोहों में देखा है कि अव्वल तो मन्त्री, अधिकारी जूते उतारते ही नहीं, मंच पर चढ़ जाते हैं। जूते पहने-पहने ही सरस्वती के चित्र पर, गाँधी, नेहरू, सुभाष के चित्र पर, सूर-तुलसी-गालिब और टैगोर के चित्र पर, मुस्करा-मुस्कराकर मालाएँ पहनाते हैं लेकिन ऐसों में भी कुछ अपवाद होते हैं वे वही काम जूते उतारकर करते हैं लेकिन वे जहाँ जूते उतारते हैं वहाँ पी.ए.सी. की बटालियन लगी रहती है और न जाने कितने दारोगा, सिपाही आस-पास खड़े रहते हैं। हमारे जैसे सामान्य आदमी को भला ऐसी सुविधा कहाँ मिलेगी? अपने जूते की सुरक्षा खुद करनी पड़ती है। क्योंकि, क्या मन्दिर, क्या मंच और क्या रिश्तेदारी। ससुराल में शादी की रात कोहबर में सालियाँ-सरहजें दूल्हें के जूते चुराती हैं। लेकिन, ऐसे-वैसे वायदे कराकर भोर होते-होते वापस कर देती हैं। बस यही होता है कि एक अच्छी खासी रात जूतों में चली जाती है। मेरे साथ ईश्वर की असीम अनुकम्पा से बस एक बार ऐसा हुआ है। जूते वापस करते समय वे हँस रही थीं, मैं खिसिया रहा था। सिवा खिसियाने के उस समय मैं और कर ही क्या सकता था। जूता चुराने की यह रस्म अच्छी लगती है, क्योंकि इसमें मिलने की पूरी गारण्टी रहती है।

जूतों के मामले में बच्चे कुछ ज्यादा ही लापरवाह होते हैं। शायद इसलिए कि उनके जूते चोरी नहीं होते। इसका मतलब यह हुआ कि बच्चे जूता चोर नहीं होते। यह काम केवल मर्द ही करते हैं। यानी जूते चुराना एक मर्दाना काम है। लगता है जूता चुराने में अक्ल और साहस की बहुत जरूरत पड़ती है इसलिए औरतें इस काम में हाथ नहीं लगातीं, हो सकता है कि आनेवाली सदी में कोई

साहसी और अक्लमन्द महिला पैदा हो जो ऐसे मर्दों के भी नाक-कान काट ले लेकिन अभी तक तो इस धन्धे में केवल मर्दों की ही तूती बोल रही है। अब कोई जूता-चोर अपने से अपनी नाक कटा ले तो मैं क्या कर सकता हूँ। वैसे एक बात आप सबसे पूछना चाहूँगा कि क्या आपने कभी ऐसे मर्दों को देखा है कि जो जूते चुराते हैं। नहीं न? हाँ, इनको पहचानना बड़ा मुश्किल होता है। ये जूता-चोर साथ-साथ हँसेंगे, बोलेंगे, बतियायेंगे, चाय पियेंगे, पान खायेंगे लेकिन इनके मन में क्या है यह नहीं बतायेंगे बस इन्तजार करेंगे जूते उतारकर बैठने का। जूता-चोर अपनी जगह से दबे पाँव उठते हैं और सिर पर पाँव रखकर भागते हैं।

आज मुझे गाँव की बारातें याद आ रही हैं। जब-जब महफिलें लगती थीं तब-तब जूते उतारकर महफिलों में बैठना पड़ता था। हम सब लोग निश्चिन्त होकर दूल्हे के आस-पास अपने-अपने जूते उतारकर उसे यानी दूल्हे को दिखाकर कि गुरू देखते रहना, नाच-गाने में भूल जाते थे। लेकिन, वे दिन भी अब हाथ से निकल गये। तब के दूल्हे भले नाच-गाना बड़े बूढ़ों की आँख बचाकर देखते रहे हों लेकिन भैया आस-पास उतारे गये जूतों को तो आँख गड़ाकर ही देखते थे अब न वैसी बारातें रहीं न वैसे दूल्हे रहे। यह भी कैसी विडम्बना है कि बारातों और दूल्हों के स्तर में काफी गिरावट आयी है—जबकि जूतों का स्तर काफी ऊपर उठा है। हमारे लल्लू काका तो नये जूतों को या तो लाठी में टाँगकर, लाठी कन्धे पर ले लेते थे या फिर झोले में रखते थे और चल पड़ते थे नंगे पाँव। पाँव भले लहूलुहान हो जाते थे लेकिन जूतों पर तनिक भी आँच नहीं आती थी। जब मंजिल करीब आ जाती थी पास-पड़ोस के ताल-पोखरे, कुएँ-बावली पर हाथ-मुँह धोकर जूते पहनते थे। बारातों में तो जूतेवाला झोला ही उनके लिए तकिये का काम करता था।

एक बार बेचारे जनवासे में आयी पंचमेल मिठाइयों के कई दोने भी उसी झोले में रखे थे और जूते भी। नींद आयी तो सो गये। झोला नीचे आ गया और किसी कुत्ते ने उसे सूँघ लिया। सुबह उन्होंने आस-पास के तमाम खेत छान मारे, झोला कई टुकड़ों में बिखरा मिला नहर किनारे ईख के खेत में और जूतों का हाल तो मत पूछिये। नीचे का हिस्सा मिला तो ऊपर का गायब, ऊपर का हिस्सा मिला तो नीचे का गायब। उस हादसे के बाद से न तो उनके घरवालों ने उन्हें जूता दिया और न तो वे फिर कभी किसी बारात में गये। वैसे लल्लू काका की यह तरकीब अपनायी तो जा सकती है। लेकिन इसके लिए पहले मीलों नंगे पाँव चलने का अभ्यास करना पड़ेगा और झोले को गठरी या तकिये की तरह सिरहाने नहीं बल्कि थाती की तरह छाती से लगाकर रखना पड़ेगा। वरना मेरे साथ भी वही होगा... वैसे आप सबके रहते क्या अब जूते ही छाती से लगाने लायक रह गये हैं।

मुझे जूता उतारने का यह तरीका भी पसन्द नहीं है कि दाहिना इस ओर तो बायाँ उस ओर। इसमें परेशानी और बढ़ जाती है एक बार इसे देखो फिर एक बार उसे देखो। चकर-पकर देखते ही रहो। ऐसे में जो मुसीबत अलग-अलग स्कूलों में टिफिन पहुँचानेवाले की होती है वही मुसीबत मेरी होती है। अब आप ही बताइये मैं क्या करूँ? आपकी महफिल में बैठ गया हूँ लेकिन मन जूते में अटका हुआ है, जूते बेचारे बाहर पड़े हुए हैं। उन पर क्या बीत रही होगी, राम जानें।

जब मैंने स्कूटर खरीदा

पहले मुझे स्कूटर खरीदना ही पहाड़ लगता था। लेकिन धीरे-धीरे मैंने इस पहाड़ को तोड़ना शुरू किया। एक दिन यह पहाड़ भी टूट गया यानी मैंने स्कूटर खरीद लिया। और जब स्कूटर खरीद लिया तब सवाल उठा उसे चलाने का। मैं बड़े पशोपेश में पड़ा कि अब क्या होगा। कहाँ तो स्कूटर खरीदना ही पहाड़ था और अब उसे चलाना और पहाड़ लग रहा है। उस दिन तो दुकानदार ने अपने मिस्त्री से स्कूटर मेरे घर तक पहुँचवा दिया। स्कूटर मेरे घर आ गया। माफ करियेगा यहाँ मैं थोड़ा-सा झूठ बोल रहा हूँ स्कूटर घर नहीं आ गया बल्कि घर के नीचे आ गया क्योंकि मैं ऊपरी मंजिल में रहता था। बीवी, जो नहा रही थीं, गीले कपड़े में ही दौड़ीं—'हाय स्कूटर आ गया।'

बच्चे जो जहाँ थे वहीं से दौड़े। कोई एक ही पाँव में चप्पल डाले था, तो कोई दोनों चप्पलें हाथ में लेकर भागा आया। उसी रफ्तार में अड़ोसी-पड़ोसी भी आ धमके और लगे बधाई-पर-बधाई देने। कोई नये माडल की तारीफ करता तो कोई 'कलर' की। कोई कहता इसका 'पिकअप' अच्छा है। कोई कहता 'ब्रेक' बड़ा सटीक लगता है। एक साहेब ने कहा—बहुत भागती है। मैंने धीरे से उनके कान में कहा—यार, इसे मत भगाना। वह बेचारे कुछ झेंप-से गये क्योंकि अब तक न जाने कितने स्कूटरों को वह दिनदहाड़े भगा चुके हैं। बहुत दिनों तक पुलिस उनके पीछे भागती रही थककर बैठ गयी। गुल्लो की अम्माँ ने अपनी अधखुली खिड़की से स्कूटर देखा और पता नहीं क्या सोचकर खिड़की को झटके से बन्द कर लिया।

सबका ध्यान उधर खिंच गया-इतनी जोर से खिड़की बन्द हुई थी। लेकिन वह खिड़की तुरन्त एक झटके में खुली। गुल्लो की अम्माँ बोली—गुल्लो, क्या तुमने स्कूटर नहीं देखा है। चल हट वहाँ से। इसका कोई ठीक है? कब किससे लड़ जाय। कभी बस से, कभी ट्रक से, कभी रिक्शे से, पुल से, बिजली के खम्भे से और जहाँ कोई नहीं मिलता वहाँ अपनी ही बिरादरी से लड़ जाती है। रोज ही

तो अखबार में निकला रहता है कि स्कूटर एक्सीडेण्ट—एक मरा, एक घायल। मैं तो जब चाहूँ तब तुम्हारे पापा को खरीद दूँ लेकिन कौन रखे ऐसी सत्यानाशी चीज को, चल भीतर आ वर्ना चलेगी तो सबसे पहले तुम्हें ही चोट करेगी। तुम्हारी ही तरफ उसका मुँह भी है।

गुल्लो की अम्माँ की यह दलील और जली-कटी सुनते ही मेरी बीवी का जैसे पारा गरम हो गया। वह अभी कुछ कहने ही जा रही थी कि तब तक गुल्लो की रसोई में बहुत जोर का धमाका हुआ। पता चला कि कुकर का ढक्कन ऊपर से उड़ गया और दाल चारों ओर दीवारों पर पच्चीकारी की तरह चिपक गयी है। दरअसल खिड़की से स्कूटर का नजारा लेने में चूल्हे पर चढ़ा हुआ कुकर ध्यान से उतर गया था। लेकिन इससे कोई खास फर्क नहीं पड़ा। स्कूटर देखनेवालों का ताँता शाम तक लगा रहा। इतनी भीड़ तो उस दिन भी नहीं हुई थी जिस दिन मैं बीवी ब्याहकर लाया था।

स्कूटर चूँकि मुफ्त देखनी थी और देखनेवालों को मिठाई भी मिलती, चाय भी मिलती, इसलिए लोग रात के दस बजे तक आते रहे। एक साहेब ने तो रात के लगभग एक बजे दरवाजा खटखटाया। हम लोग खा-पीकर सो रहे थे। पता नहीं कब तक दरवाजा पीटते रहे। सहसा मेरी आँख खुली, मैंने दरवाजा खोला। देखा तो बिलकुल बगलवाले पड़ोसी मुस्करा रहे हैं।

मैंने पूछा—कहिये, दुबे जी कैसे? कोई खास बात है क्या? वह बोले—वाह साहेब, आप भी खूब हैं। मैंने सुना है, आप स्कूटर ले आये हैं। कहाँ हैं? मैंने कहा—हाँ ले आया हूँ। इस समय अलमारी में है। सुबह देख लीजियेगा। दुबे मेरी खीझ समझ नहीं पाये और बोले—हाँ-हाँ, सुबह ही सही लेकिन क्या इतना छोटा माडल आने लगा है। मैंने हाँ कहा और दरवाजा झटके से बन्द कर लिया।

सुबह फिर से मुसीबत शुरू हुई। बीवी ने कहा—'आप स्कूटर लेकर कहीं निकल जाइये। आप रहेंगे तो लोग इसी तरह आते रहेंगे। कल लोगों ने बैठकर सोफा भी तोड़ दिया। पप्पू की नयी चप्पल भी गायब हो गयी। मुन्ना का दूध कल भी चाय में सफाचट्ट हो गया और यही हाल रहा तो आज भी सफाचट्ट ही समझिये। मैंने भी हट जाना उचित समझा। लेकिन कहाँ हटें और कैसे हटें? स्कूटर चलाना जानता नहीं था और शायद यह जानते हुए ही बीवी ने कहीं हट जाने की छूट दी थी वर्ना मैं पास-पड़ोस में भी घूमने निकलता था तो यही बीवी किसी-न-किसी बच्चे को पीछे-पीछे लगा देती थी। यह वही बीवी है, जब मैं अपनी महिला मित्र की उपस्थिति में यह कह रहा था कि देखो शायद तुम्हारी दाल किचेन में जल रही है। तपाक से बोली थी—मेरी दाल जल रही है, जल जाने दीजिये लेकिन आपकी दाल मैं गलने नहीं दूँगी। वही आज इतनी उदार हो रही है।

बहरहाल मैंने भी स्कूटर के बहाने घर से निकल जाना ही अच्छा समझा। एक साहेब ने बताया कि इसमें आगे की ओर खूब बड़ा-सा अंग्रेजी का कैपिटल 'एल' किसी दफ्ती पर लिखकर टाँग दीजिये। इससे देखनेवालों को पता चल जायगा कि आप नौसिखिया हैं और अभी सीख रहे हैं। मिनटों में स्कूटर में आगे की ओर 'एल' भी लटक गया। मैं स्कूटर लेकर सड़क पर आ गया। मैंने बीवी को बुलाकर कहा—वह पायजामेवाली क्लिप दे देना। दरअसल साइकिल की आदत थी, बिना क्लिप के साइकिल पर चढ़ता भी नहीं था। बीवी भी हँसने लगी और पास-पड़ोसवाले भी।

जब सब ठठाकर हँस पड़े तब मुझे अपनी भूल का अहसास हुआ। अब शुरू हुआ मेरा ऐतिहासिक 'स्कूटर चलाओ' अभियान। बीवी-बच्चे, अड़ोसी-पड़ोसी सब टकटकी लगाये उस सड़क की ओर निहार रहे थे जिस सड़क पर मैं स्कूटर चलाने की तैयारी में खड़ा था। पहले मेरे एक मित्र ने कुछ दूर तक चलाकर दिखाया, फिर मुझे समझाया कि एक्सीलेटर कहाँ है, गीयर कैसे बदलेगा और ब्रेक के बारे में बताया। फिर वह शुभ घड़ी आयी जब मैं स्कूटर पर बैठा चलाने के लिए। आगे मैं पीछे मेरा मित्र। सड़क कब छूट गयी मुझे पता नहीं चला। हम लोग खूब लम्बे-चौड़े मैदान में आ गये। जब मैदान में आ गये तो मित्र उतर गया और स्कूटर मुझे सौंप दिया 'इण्डिपेण्डेण्ट' रूप से चलाने के लिए।

वह तो एक किक मारकर अलग हो गया मैं भूल गया कि कहाँ एक्सीलेटर है, कहाँ गीयर है, कहाँ ब्रेक है। इधर-से-उधर फर्र-फर्र हवा में उड़ रहा था। राणा प्रताप के घोड़े की तरह मेरा स्कूटर हवा से बातें कर रहा था। मित्र महोदय चिल्लाते रहे धीमा करो, धीमा करो, लेकिन मुझे कुछ सुनायी दे तब न। पता नहीं कब स्कूटर मेरी मुट्ठियों से अलग हो गया और मैं स्कूटर से अलग। हालाँकि कोई खास चोट-चपेट नहीं आयी फिर भी थोड़ी-बहुत मरहम-पट्टी तो हुई ही हुई। उस दिन बस इतना ही सीखना-चलाना हुआ।

दो-चार दिन बाद जब शरीर की पीड़ा कुछ कम हुई तो फिर निकला स्कूटर लेकर। सड़क पर बड़ा मजा आता। जो बड़ा-सा लटकता (एल) देखता वही मुस्कराता और सड़क छोड़ देता। मैं फूला नहीं समा रहा था, स्कूटर बढ़ाये फर्राटे से हवा में उड़ता चला जा रहा था। सहसा सामने से स्कूटर पर आते हुए मुझे मेरे 'बास' दिखायी दिये। रोज की आदत के मुताबिक मैंने 'बास' को हाथ जोड़कर प्रणाम करने की कोशिश की कि तब तक मेरा स्कूटर 'बास' की स्कूटर पर चढ़ बैठा। फिर मुझे क्या हुआ, कुछ पता नहीं। पता तो तब चला जब तीसरे दिन होश आया और मैंने अपने को अस्पताल में पाया—सिर में पट्टी, हाथ में पट्टी, पैरों में पट्टी, जिधर देखता देह में पट्टियाँ-ही-पट्टियाँ दिखायी पड़तीं। अभी मैं

अपनी पट्टियाँ निहार रहा था और बीते दिनों के बारे में सोच ही रहा था कि तब तक बगलवाले 'बेड' से आवाज आयीं—कहो बेटा! कैसे हो? उधर जब निगाह गयी तो देखा कि उस बेड पर मेरे 'बास' लेटे हैं और वह जगह–जगह से पट्टियों में लिपटे हुए हैं। वह मुझे देखकर मुस्करा रहे थे और मैं उन्हें देखकर मुस्करा रहा था।

गर्मी का पहाड़

जिन्दगी से परेशान आदमी भले पहचान में आये-न-आये लेकिन गर्मी से परेशान आदमी तुरन्त पहचान में आ जाता है। दफ्तर के बड़े बाबू मिस्टर बी. लाल इसी मौसम में सिर मुँड़ाते हैं और ज्यादातर तेज धूप में ही खड़े होकर बतियाते हैं। घुटे सिर पर शुद्ध सरसों के तेल का गहरा लेप देखते ही बनता है। पहली-पहली बार जब मैंने बड़े बाबू को देखा तो सकते में आ गया। क्योंकि अपने देश-समाज में अमूमन लोग सिर तभी मुँड़ाते हैं जब कोई नहीं रहता। मैं संवेदना प्रकट करने के ख्याल से बड़े बाबू की ओर लपका, बड़े बाबू तेज धूप में खड़े थे, बीड़ी पी रहे थे। मुझे देखते ही मुस्कराये, मैं और सकते में आ गया।

एक तरफ घुटा हुआ सिर, दूसरी तरफ ब्लैकमेल करनेवाली मुस्कराहट। दोनों में तालमेल की कोई गुंजाइश नहीं। फिर भी मैं बड़े बाबू से मुखातिब हुआ। मैंने सकुचाते-सकुचाते ही कहा—बड़े बाबू! ये सिर आपने क्यों? क्या कोई? बड़े बाबू की वह गहरी मुस्कराहट ठहाके में तब्दील हो गयी और मेरे सवाल बैक टू पॅविलियन हो गये। बड़े बाबू ने विस्तार से समझाना शुरू किया, गौतम भाई! सिर मुँड़ाने से गर्मी नहीं लगती वर्ना अब तक मैं इस वक्त इस धूप में एक मिनट भी खड़ा नहीं हो सकता था। मैंने कहा—बड़े बाबू! चलिये बरगद की छाँह में खड़ा हो लिया जाय वर्ना यहाँ तो मैं गिर पड़ूँगा, और सचमुच मैं भाग खड़ा हुआ। लेकिन बड़े बाबू धूप-ही-धूप डोलते रहे। जैसे उनके ऊपर गर्मी का कोई असर नहीं।

हालाँकि बड़े बाबू मुझे कभी पसन्द नहीं आये लेकिन गर्मी काटने का उनका यह स्वयं सिद्ध नुस्खा मुझे बहुत अच्छा लगा, मन-ही-मन मैंने ठान लिया कि इसे आजमाकर देखना चाहिए, और दूसरे ही दिन मैंने सिर मुँड़ा दिया। लेकिन बाप-रे-बाप सिर मुँड़ाते ही ओले पड़ने लगे। और ऐसे-ऐसे ओले कि बस पूछिये मत। कोई किसान क्या झेलेगा जैसा मुझे झेलना पड़ा। कदम-कदम पर लोग रोक-रोककर पूछते अरे यार गौतम कौन? ये? यानी जिस तरह के सवाल मैंने पहली बार बड़े बाबू से पूछा था घुटा सिर देखकर हू-बहू वैसे ही सवाल और वैसी ही आत्मीयता के साथ मुझसे पूछे जाने लगे।

बताते-बताते मैं ऊब गया। मेरी हालत उस आदमी जैसी हो गयी जिसने मेले में बैल खरीदा था और मेले से ही लोग उससे बैल की कीमत पूछने लगे। वह बेचारा बैल की कीमत बताते-बताते तंग आ गया, फिर भी रास्ते भर पूछनेवालों का सिलसिला लगा ही रहा। जैसे-तैसे वह अपने गाँव पहुँचा और बैल को खूँटे में बाँधकर स्वयं कुएँ में कूद पड़ा। सारा गाँव मिनटों में इकट्ठा हो गया। लोगों ने पूछा आपने ऐसा क्यों किया? उसने पूछा—सारा गाँव आ गया कि कोई बाकी है? जब सबने बताया कि हाँ, सारा गाँव आ गया। कोई बाकी नहीं है। तब उस आदमी ने खूब जोर से चिल्लाकर कहा, यह बैल मैंने बाईस सौ में खरीदा है अब इसक़ी कीमत कोई मुझसे दुबारा नहीं पूछेगा।

मैंने सोचा क्यों न कोई प्रेस कॉन्फ्रेन्स बुला ली जाय हर अखबार में यह बात आ जायगी कि मैंने सिर यूँ ही मुँड़ाया है मेरे राशन कार्ड की यूनिट सुरक्षित है लेकिन यह सोचकर कि अखबारवाले तिल का ताड़ बना देते हैं कहीं कुछ और गड़बड़ हो गया तो प्रेस कॉन्फ्रेन्स बहुत महँगी भी पड़ेगी—इससे तो अच्छा है फोटो सहित इश्तहार छपवा देना और यही मैंने किया भी। लेकिन इश्तहार छपवाकर मैंने और मुसीबत मोल ले ली। हुआ यह कि मेरा लिखित बयान छपने से रह गया और फोटो छप गयी। घर पर इष्ट मित्रों का ताँता लग गया। कोई-कोई आदमी रास्ते में मिलता तो बहुत गौर से देखता बल्कि कुछ दूर तक साथ-साथ चलकर देखता। आप खोये हैं कि मरे हैं यह भी सुनने को मिला। मैं मन-ही-मन सबके भावों को समझता लेकिन क्या कहता, साँसों-ही-साँसों में बड़े बाबू को कोसता, जी-भर गालियाँ देता। इन्हीं दिनों एक मजेदार घटना घट गयी। मैं टैम्पो में बैठा था। मेरे सामने मेरे एक परिचित बैठे थे उनका भी सिर घुटा हुआ था। वह मेरी ओर और मैं उनकी ओर देख रहा था। मैंने ही मौन तोड़ा, कौन गुजर गया? वह बोले, बाबू जी नहीं रहे। मैंने कार्ड तो भेजा था आपके पास लेकिन मुझे क्या पता कि आपके यहाँ भी। मैंने बहुत दबी जबान से 'जी हाँ' कहा और चुप लगा गया। सहसा हमारे बगलवाले सज्जन बोल पड़े, आप दोनों लोग एक ही स्टाफ में हैं। उनके इस कथन पर मेरे परिचित अपने बाप का दुःख भूल गये और ठठाकर हँस पड़े। मैं भी बिना हँसे नहीं रह सका। लेकिन तब से मैंने कान पकड़ लिया कि अब इस तरीके से गर्मी नहीं काटूँगा। अच्छा भला आदमी भी बेवकूफ दिखायी देता है।

अन्ततः हुआ वही जिससे मैं अब तक भागता रहा—यानी ले-देकर कूलर लगवाने की नौबत आ ही गयी। केवल पंखे की हवा से परिवार को सन्तोष नहीं हो रहा था। हर साल 'कूलर' की पुकार उठती और मैं बिना कान का हो जाता। लेकिन इस साल कूलर की पुकार कुछ ऐसी धमकी भरी रही कि मेरे कान खड़े

हो गये। मैंने अपने दोस्त का पुराना बिगड़ा कूलर आधे दाम पर खरीद लिया। उधार प्रेम की कैंची है, इस वाक्य की रक्षा मैंने जी-जान से की। पाई-पाई नगद तौल दिया। लेकिन यह सोचकर कूलर नहीं उठाया कि पहले किसी मिस्त्री को दिखा लें और बनवा लें तब घर ले चलें।

गलती से इस बात की चर्चा मैंने घर में कर दी। बीवी हाथ धोकर पीछे पड़ गयी कि बस अभी चलो और मिस्त्री खोजो। फिर भी मिस्त्री खोजने में दो-चार दिन लग ही गये। जब मिस्त्री को लेकर मैं दोस्त के यहाँ गया तो वहाँ दरवाजे पर ताला लगा था और एक स्लिप चिपकायी गयी थी—मैं पहाड़ पर जा रहा हूँ—जुलाई में लौटूँगा, मेरे उत्साह पर पानी फिर गया। लेकिन हिम्मत मैंने नहीं हारी, सोचा इसी बहाने पहाड़ भी देख लूँ और दोस्त के घर की चाबी भी माँग लूँगा—यानी एक पन्थ दो काज हो जायगा। बीवी-बच्चे पिछले ही साल से रट लगाये हैं गर्मी में पहाड़ पर चलिये। लेकिन मैं जानता हूँ पहाड़ पर गर्मी काटना आसान नहीं है। बड़े-बड़ों की भूसी छूट जाती है। मेरी क्या बिसात? कहा भी गया है कि पैसे की माँ पहाड़ चढ़ती है।

पैसेवाला गर्मी भर पहाड़ की छाती पर मूँग दलता है और पसीना तक नहीं आता। मेरी तो पहाड़ पर जाते ही भूसी छूटने लगी, मैं नकियाने लगा, फिर भी भागा नहीं, डटा रहा। लेकिन जब भूसी छूटने के बाद खाल पर आँच आने लगी तो मेरा दिमाग गरम हो गया और दूसरे ही दिन बाल-बच्चों समेत पहाड़ से लौट आया मैदान में। तब से पहाड़ मेरे चित्त से उतर गया है। इतना रुलाया इतना रुलाया इस तथाकथित ने कि छठी का दूध याद आ गया। अब तो हाल यह है कि कभी-कभार अगर यात्रा के दौरान पहाड़ दिख भी जाता है तो घाव हरे हो जाते हैं मैं आँख मूँद लेता हूँ—आँख ओट पहाड़ ओट। बहरहाल जो मुख्य काम था वह हो गया यानी दोस्त से उसके घर की चाबी मिल गयी। काफी दौड़ने-धूपने के बाद किसी तरह वह कूलर बनकर आ गया और कमरे में लग गया। लेकिन किस्मत देखिये कूलर की हवा मेरी किस्मत में कहाँ—

भँवर आय वन खण्ड ते लै-लै जात सुबास।
दादुर बास न पावहीं बसि कमलन के पास।।

जब से कूलर लगा है पड़ोस की बहन जी अपनी पूरी बटालियन के साथ सूरज सिर पर चढ़ने से पहले-पहले मेरे घर हाजिर हो जाती हैं और सूरज डूबने से थोड़ा पहले तक बाकायदा जमी रहती हैं और मैं भरी दुपहरी में कूलर में पानी डालता रहता हूँ और ईश्वर से यही मनाता रहता हूँ। बिजली चली जाती लेकिन बिडम्बना देखिये कि जब कूलर ही हवा में पास-पड़ोस के बच्चे-कच्चे सोते हैं और उनकी भारी-भरकम आयतनवाली पसरी, बैठी माताएँ सोती हैं तब बिजली

नहीं जाती, बिजली तब जाती है जब रात में मैं कूलर की हवा में सोना चाहता हूँ। और मैं फिर 'बैतलवा डाल पर' वाली दशा को प्राप्त हो जाता हूँ। यानी छत पर गर्मी की रात काटनी पड़ती है। गर्मी की रात में छत मजा देती है। नींद आये चाहे न आये लेकिन सुबह-सुबह आस-पास जिधर दृष्टि जाती है हर तरफ नींद की अद्‌भुत मुद्राएँ देखने को मिलती हैं। सच मानिये ऐसी सजीव जीवन्त और रसवन्त मुद्राएँ रावण के अन्तःपुर में हनुमान को भी देखने को नहीं मिली होंगी। कभी-कभी सोचता हूँ कि अगर छत न होती तब क्या होता? कैसे कटती गर्मी? और किस घाट लगता मैं?

क्या करें बीवी का मायका पड़ोस में है!

जितनी सुविधाएँ मेरे पड़ोस में हैं, शायद ही किसी के पड़ोस में होंगी। हो ही नहीं सकतीं। बहुत होगा तो किसी के पड़ोस में रेलवे स्टेशन होगा। लेकिन सिर्फ रेलवे स्टेशन से क्या होगा। बस अड्डा भी तो होना चाहिए। वर्ना अगर टेट्ठन छूट गयी तो, या लेट हो गयी, और हफ्तों नहीं आयी तो? अच्छा चलिये मान लिया कि आपके पड़ोस में बस अड्डा भी है। लेकिन अस्पताल तो नहीं है, पोस्ट आफिस तो नहीं है, टेलीफोन नहीं है, छोटे बच्चों का स्कूल नहीं है, बड़े बच्चों के लिए कॉलेज नहीं है, दूधवाला नहीं है, तरकारीवाली नहीं है। यानी कायदे का बाजार भी नहीं है। और अगर बाजार हो भी तो भी क्या? आपको उधार की ऐसी सहूलियत थोड़े ही होगी जैसी मेरे पड़ोस में है। और तो और साहब! मेरा दफ्तर भी मेरे पड़ोस में है। अब बताइये इतनी सारी सुविधाएँ किसी और के पड़ोस में हो सकती हैं। (अगर किसी के पड़ोस में होंगी तो वह जरूर मेरा पड़ोसी होगा)

अब देखिये न! कभी भी रिक्शे वगैरह में मैं एक पैसा भी जाया नहीं करता। और क्यों करूँ साहेब! मेरे पड़ोस में कोई तो नहीं करता ... अरे दो मिनट में स्टेशन। ढाई मिनट में अस्पताल। तीन मिनट में दफ्तर। वह भी रोज नहीं, कभी-कभी। जब दफ्तर के लाल बाबू छुट्टी पर रहते हैं तब वर्ना वह रोज रास्ते में मिल जाते हैं फिर तो उनकी स्कूटर से डेढ़ मिनट में ही दफ्तर पहुँच जाता हूँ। और चूँकि बच्चों के स्कूल का मुँह देखने की नौबत अभी नहीं आयी। इसलिए मुझे दफ्तर से औरों की तरह बार-बार भागना नहीं पड़ता कि सर पप्पू को पहुँचाना है, गुड़िया को ले जाना है वगैरह-वगैरह। हे राम! लोग अपने-अपने घर भागने के लिए कैसे-कैसे बहाने दफ्तर में करते हैं। इसकी वजह है दूरी। केवल दूरी— घर से दफ्तर की दूरी, दफ्तर से घर की दूरी, बाजार की दूरी, अस्पताल की दूरी, दूरी तो दूरी और इन्हीं दूरियों के चक्कर में पड़कर आदमी दो बच्चों के बीच की सही दूरी भी मौके पर भूल जाता है।

मैंने तो साहेब! यहाँ तक देखा है कि जो लोग पड़ोस के बाहर जाकर मुहब्बत वगैरह करते हैं वे हमेशा सड़क पर ही मिलते हैं। कभी इस सड़क पर कभी उस

सड़क पर उनकी स्कूटर दौड़ती ही रहती है। बाप-रे-बाप कितना पेट्रोल खर्च होता होगा। कई चक्कर तो बेचारे यूँ ही काटकर चले जाते हैं...खाली हाथ। सिर्फ इस खुशी में कि -

नाम लिख आये थे अपना बाग के हर फूल में।
इस तरह उनके गले का हार हम होते रहे।।

यह भी कोई तुक है कि आप हर पाँच मिनट पर डाकखाने दौड़ें और पोस्टमैन से पूछें कि मेरी चिट्ठी आयी, अरे भाई डाक के भी निकलने का समय होता है। आपके पास फालतू समय है आप दौड़िये लेकिन डाक तो अपने समय से ही निकलेगी और समय से ही मिलेगी...। और सच पूछिये तो यही सब सोच-सोचकर मैंने मुहब्बत-वुहब्बत भी अपने पड़ोस में ही कर ली। हाँ, जरा-से काम के लिए कौन जाय दूसरे के पड़ोस का एहसान लेने।

अरे मुहब्बत में होता क्या है सिवा जोखिम उठाने के। मैंने यह जोखिम अपने ही पड़ोस में उठाया। कभी खिड़की की ओट में खड़े होकर, देख-ताक लिये, कभी छत पर जाकर बोल-बतिया आये और कभी गली-वली में हँस-मुस्करा दिये। यही न? बस इतने-से काम के लिए हम दूसरे के पड़ोस में भागें? धत तेरे की! और इतना ही नहीं साहेब! मैंने तो जिससे मुहब्बत की उससे शादी भी की। जबकि ज्यादातर लोग ऐसा नहीं करते। प्रेम किसी और से करते हैं ब्याह किसी और से। मेरी तो भाई छोटी-सी आमदनी। एक ही एकाउण्ट खुल गया वही बहुत है। एक ही पासबुक का पेट नहीं भर पाता। दूसरा एकाउण्ट किस बलबूते पर खोल लूँ। फिर यार! ईमानदारी भी कोई चीज़ है। और इसी से कैरेक्टर बनता है। चूँकि बीवी का मायका पड़ोस में है, इसलिए मेरे लिये यह ईमानदारी, यह कैरेक्टर बहुत जरूरी है।

हम दोनों को एक-दूसरे पर पूरा भरोसा है। जब चाहा तब मैंने भेज दिया। जब चाहा तब मैंने बुला लिया। जैसे ही मेहमान घर में आते हैं बीवी चटपट तैयार हो जाती है और मायके चली जाती है। और मेहमान जब चले जाते हैं तो मैं जाकर बीवी को बुला लाता हूँ। अब सोचिये अगर बीवी का मायका दूर होता तो यह सब कैसे होता। मायका पड़ोस में होने से ही यह सहूलियत है कि जब जी में आया तब चली गयी, जब जी में आया तब आ गयी। कभी-कभी बगैर जी में आये भी वह मायके चली जाती है। इससे उसका भी जी भर जाता है। मेरा भी जी भर जाता है। पड़ोस में ससुराल होने से यही सब तो फायदे हैं। अब सवेरे-सवेरे मेरा छोटा साला हाजिर हो जाता है। मेरा क्या जाता है, सिर्फ एक प्याला चाय ही तो पीता है, लेकिन अपने घर का सारा हाल-चाल दे जाता है। मेरे घर का हाल-चाल ले जाता है। अब यह बात और है कि रोज-रोज अखबार भी लिये चला जाता है।

लेकिन मैं जानता हूँ वह अखबार खा थोड़े ही जायगा। आज नहीं तो कल लेता आयेगा। इसके लिए परेशान होने की क्या बात है? कभी-कभी तो बीवी सिर्फ अखबार लेने के ही बहाने मायके चली जाती है। चूँकि पड़ोस में है इसलिए, वर्ना वही होता कि नौ की लकड़ी नब्बे खर्च।

साला तो साला, सालियाँ भी खूब हैं। जब मैं दरवाजा बन्द करके कोई कायदे का काम करना चाहता हूँ तभी 'खटखटा' देती हैं। मैं समझ जाता हूँ कि मन्नो होगी। और वही होती है। मैं पूछता हूँ, कहो मन्नो जी कैसे आना हुआ। बस यूँ ही चली आयी। घर में बोर हो रही थी—सोचा और मन्नो जी कमरे में घुसकर लगती हैं किताबें पलटने। भला सोचिये यह सुख कहाँ मिलेगा।

दिन में बीसियों बार साली का दरस-परस सिर्फ इसलिए हो जाता है कि बीवी का मायका पड़ोस में है। और मेरी किताबें मेरे घर में रहें तो, मन्नो के घर में रहें तो क्या फर्क पड़ता है? वैसे अगर मन्नो का बस चले तो दोनों घरों की दूरी भी खत्म कर दे। मेरे घर के सामान ही नहीं मुझे भी अपने घर में एडजस्ट कर सकती है। फिलहाल अभी सामान ही ढो रही है। लेकिन अकेली बेचारी कब तक ढोये और कितना ढोये?

अभी पिछले ही महीने तो ट्रान्जिस्टर और टेबुल वाच ले गयी। टेबुल वाच इसलिए कि इम्तिहान की तैयारी करनी है और रेडियो तो सिर्फ एक रात के लिए ले गयी थी बल्कि केवल पन्द्रह मिनट के लिए उसे हवा महल सुनना था। उस दिन अपनी जीजी को भी ले गयी थी...मुझे खूब याद है उस दिन बहुत ठण्ड थी और हवा भी तेज थी। मैंने कहा भी था कि मन्नो कुछ तो मेरे लिये रहने दो लेकिन मन्नो तो मन्नो हँसती हुई चली गयी। बीवी तो दूसरे दिन सुबह आ गयी ... लेकिन घड़ी और ट्रान्जिस्टर अभी बीवी के मायके में ही है। जब चाहूँगा मँगा लूँगा। पड़ोस की तो बात है। एक आवाज पर मन्नो पहुँचा देगी। लेकिन जरूरत ही नहीं है।

यहीं से ट्रान्जिस्टर सुनायी पड़ता है। जब सेल-वेल डाउन हो जायँगे तो अपने आप आ जायगा और घड़ी में रोज-रोज चाबी देने से भी छुट्टी मिली। टाइम भी जानना रहता है सो तो किसी से भी पूछ लेता हूँ। कभी-कभी तो मन्नो से भी टाइम पूछ लेता हूँ। वह तो कहिये कि बीवी का मायका पड़ोस में है वर्ना अपने ट्रान्जिस्टर की आवाज सुनने और अपनी ही घड़ी का टाइम पूछने के लिए मुझे कितना खर्च करना पड़ता! और कितनी दूर जाना पड़ता फिर यह भी तो है कि आँख ओट पहाड़ ओट।

अगर बीवी का मायका आज दूर होता तो फिर यह सान्निध्य कैसे बना रहता कि उधर ट्रान्जिस्टर गिरता है इधर दिल धक् से हो जाता है—कीजे सिसु लीला, अतिप्रिय सीला, यह सुख परम अनूपा। जिस सुख के लिए लोग तरसते हैं मैं उसमें

डूब-उतरा रहा हूँ। अब और क्या चाहिए! इतना क्या कम है? बहुत है साहेब बहुत है। इतना बहुत है। जितना है उतना बना रहे। यही बहुत है। लेकिन उस गौरी को कैसे समझाऊँ। वह मुझे कुँवारा समझती है। क्योंकि वह जब-जब मेरे घर आयी तब-तब मेरी बीवी मायके में थी। वह समझती है कि मैं झूठ बोलता हूँ। गौरी तो गौरी राशनकार्डवाला तो बेचारा दौड़ते-दौड़ते परेशान हो गया। मैं सिर पटककर रह गया लेकिन राशनकार्ड दो यूनिट का नहीं बना। बना एक ही यूनिट का। ऊपर से झूठा भी बनना पड़ा। गौरी भी मुझे एक ही यूनिट मानकर चल रही है। कल तो वह मेरे घर धरना देकर बैठ गयी थी। बड़ी मुश्किल से तो उठी...। हे भगवान्! आज क्या होगा...। अगर बीवी का मायका पड़ोस में है तो हम क्या करें? यही कारण है कि दो से तीन यूनिट नहीं हो पा रहे हैं। क्या करें बीवी का मायका पड़ोस में है।

आप भी प्राम्प्ट और स्मार्ट बनें

बीवी वैसे भी कम मुसीबत नहीं है और शक्की बीवी तो बस नीम चढ़ा करैला समझिये। अगर आप हाँ-में-हाँ मिलाने को तैयार हों तो मैं डंके की चोट पर कह सकता हूँ कि लगभग सभी बीवियाँ शक्की होती हैं। हालाँकि मेरा तजुर्बा तो बस एक ही बीवी का है लेकिन इससे क्या? एक ही चावल से लोग पूरी बटलोई का पता लगा लेते हैं—यह तो महसूस करने की बात है। औरत जब तक बीवी नहीं होती हमेशा पॉजिटिव सोचती है और बीवी होते ही निगेटिव सोचने लगती है। उसके दिलो दिमाग में अचानक यह इजाफा क्यों और कैसे हो जाता है, मैं आज तक नहीं जान पाया। अपनी बीवी से पूछने का मतलब है उसके दिमाग में एक और शक पैदा करना। और यह तो आप जानते ही हैं कि शक की कोई दवा नहीं है। पहले भी नहीं थी यानी लुकमान के पास भी नहीं थी—वह भी बेचारे बहुत परेशान थे लेकिन हुआ-हवाया कुछ भी नहीं। शक की दवा आज भी किसी के पास नहीं है। मेरे पास भी नहीं है। भविष्य के बारे में कुछ भी नहीं कह सकता। क्योंकि मैं ज्योतिषी नहीं हूँ।

दरअसल शक जो है बीवियों के दिमाग में ब्लैक मनी की तरह छाया रहता है। चूँकि वहाँ ह्वाइट मनी बिलकुल ही नहीं होती इसलिए उन्हें कदम-कदम पर इसी ब्लैक मनी का ही सहारा लेना पड़ता है। अब सवाल उठता है कि आखिर यह शक आता कहाँ से है? अरे भाई यह भी कोई दहेज का सामान थोड़े ही है कि बीवी मायके से लेकर आयेगी। जैसे किसी भक्त के हृदय में भगवान् के प्रति कभी भी और कहीं भी अगाध श्रद्धा उमड़ सकती है उसी तरह अपने मियाँ के प्रति बीवी के दिमाग में भी शक उमड़ पड़ता है। आप यानी मियाँ साहेब जब प्यार उमड़ने के इन्तजार में पलक पाँवड़े बिछाये रहते हैं तब बीवी बिना साइलेन्सर की गाड़ी की तरह दूर से ही भड़भड़ाती बड़बड़ाती आती है और कई लीटर शक उँड़ेलकर चली जाती है। एक बार मैंने अपनी बीवी से हल्के से मुस्कराकर पूछा था, तुम मुझ पर शक तो नहीं करती हो? मेरे इस सवाल का उसने जो जवाब दिया कि मैं उसकी सादगी पर पानी-पानी हो गया। उसने कहा, शक तुम पर नहीं

करूँगी तो और किस पर करूँगी। इतना सुनते ही मेरे कान खड़े हो गये। मैं सकते में आ गया और मेरी परेशानी बढ़ गयी। लेकिन मियाँ के परेशान होने से बीवी का शक खत्म हो जाय यह नामुमकिन है। बल्कि ऐसे मौसम में शक और बढ़ जाता है वह बार-बार पूछती है, आजकल तुम पता नहीं क्यों कटे-कटे-से रहते हो? पहले तो ऐसे नहीं थे। हमें तो दाल में कुछ काला नजर आता है। जाहिर है ऐसे फालतू सवालों से तंग आकर मेरे जैसा सीधा-सादा मियाँ बेचारा जब दाल में काला निकालने बैठेगा तो बीवी और लाल-पीली होने लगेगी, यानी मुसीबत में मुसीबत।

बहुत पहले शक का एक सीधा और सपाट कारण होता था मियाँ के कपड़े पर कभी-कभार चिपका हुआ लम्बा बड़ा बाल। बीवी तुरन्त पूछती थी, हाय राम! यह क्या? अरे तुम कहाँ गये थे? इतने बड़े-बड़े बाल किस चुड़ैल के हैं। तब मियाँ की घिग्घी बँध जाती थी, नानी मरने लगती थी। जाड़े की रात में भी पसीना आ जाता था। बेचारा झट से दाँत चियार देता था और हें-हें-हें हें करके पीठ फेर लेता था, लगता था बहाना सोचने। कभी यह वाकया एक वचन में हुआ होगा लेकिन धीरे-धीरे जब यह बहुवचन का विषय बन गया तो रोज-रोज की झूठी सफाई देने की झंझट से साफ-साफ बचने के लिए मियाँ लोगों ने लम्बे बाल रखने का फैशन निकाल लिया और बीवियाँ कटकर रह गयीं कि अब क्या होगा? बालों पर किसी का नाम तो लिखा नहीं रहता। सबै भूमि गोपाल की समझिये। अब बीवी किसका रोना रोये? ले-देकर यही एक तो सबूत मिलता था, वह भी हाथ से जाता रहा। उस पर से यकीन ही उठ गया। अब इसका नतीजा यह हुआ कि मियाँ-बीवी में एक तरह का शीत युद्ध शुरू हो गया। बीवी गाहे-बगाहे मियाँ की टोह लेने उसके दफ्तर भी पहुँचने लगी। दो-एक बार शुरू-शुरू में मियाँ को तो यही लगा कि बीवी तफरीहन आ गयी है लेकिन जब यह सिलसिला कैजुअल से रेग्युलर में बदल गया तो आस-पासवाले यही सोचते रहे कि मियाँ-बीवी में बहुत प्यार है—जोड़ा हो तो ऐसा, बिना एक-दूसरे के दोनों रह नहीं सकते।

लेकिन मैं आपसे बताऊँ कि जितना प्रेम है ऐसे मियाँ-बीवी में वह उनका दिल ही जानता होगा। अगर ये एक-दूसरे को अकेले में पा जायँ तो सच मानिये कच्चा खा जायँगे। बीवी दफ्तर में घुसती है तो गेट से ही सूँघना शुरू करती है—जासूस की तरह। चौकीदार से पूछती है साहेब कब पहुँचे? ठीक-ठाक हैं? आप तो कभी घर भी नहीं आते अरे आइये? फिर साहेब के चपरासी से पूछती हैं, बुद्धू! साहेब अकेले हैं कि कोई और है? इधर आयी थी सोचा कुछ गपशप यहाँ भी करती चलूँ...। ऐसे में, बुद्धू की हालत बहुत दयनीय हो जाती है। राखि सकहि नहिं कहि सक जाहूवाली हालत होती है। वह नाखुश किसी को नहीं करना चाहता

न तो साहेब को और न तो मेमसाहेब को। वैसे इस परम्परा में भी काफी बदलाव आया है। रोज-रोज इतनी कसरत करने के बजाय अब बीवी किसी छोटे बच्चे को जो स्कूल न जाता हो और बहुत-कुछ समझता हो, या स्कूल जाता भी हो तो छुट्टी के दिनों में मियाँ के साथ लगा देती है, समझा भी देती हैं पीठ ठोंककर कि जा बेटा, आज पापा के साथ उनके दफ्तर चला जा और वह मातृभक्त बालक बिना आगा-पीछा सोचे दौड़कर आता है और पापा की स्कूटर पर बैठ जाता है। फिर नौबत आती है—तू डाल-डाल मैं पात-पात की। मियाँ भी कम नहीं। वह अक्सर अपने घर पर ही महिला मित्रों को बुलाने लगता है। बीवी सतर्क हो जाती है कि ये हाथी के दाँत हैं जरूर कुछ घपला होनेवाला है। वह दो कदम और आगे बढ़ जाती है और सन्देश भेजकर अपनी माँ को बुलवा लेती है। बीवी किचेन में सास ड्राइंग रूम में। मियाँ समझते सब हैं पर कहें तो क्या कहें और किससे कहें। आयी हुई महिला मेहमान बहुत प्रभावित होती है कि वाह इनकी सास भी काफी फारवर्ड और नेक हैं। उसे क्या पता कि ये स्वागत में नहीं निगरानी में बैठायी गयी हैं। कभी-कभी तो बीवी भी आ धमकती है—बतियाती भी रहती है और आँख बचाकर कभी अपने मियाँ को देखती है, कभी उनके महिला मित्र को, कभी अपनी माँ की ओर इस भावना से कि देख माँ! यही कारण है जिसके लिए मैंने तुम्हें बुलाया है। ऐसे में मियाँ की स्थिति ठीक उस परीक्षार्थी की होती है जिसकी जेब में चिट होती है और बगल में निरीक्षक भी खड़ा होता है।

इतना ही नहीं घण्टे-दो-घण्टे देर से घर पहुँचने का मतलब है कि आप किसी औरत से ही मिलकर आ रहे हैं, इसके अलावा बीवी और कुछ सोच ही नहीं सकती। हो सकता है आपकी स्कूटर खराब हो गयी हो या दफ्तर के काम से आप रुक गये हों या आपका कोई दोस्त आ गया हो और गपशप में रह गये हों या ऐसा-वैसा कोई भी छोटा-मोटा काम पड़ गया हो और आप नहीं चाहते हुए भी फँस गये हों...इससे बीवी को क्या लेना-देना। वह तो आपके घर पहुँचते ही गुनगुनाने लगती है कहवाँ गँवाई सारी रैन...? क्योंकि उसे तो शक करना है और शक करने के लिए इतना बहाना काफी है। कोई-कोई बीवी तो ऐसी भी होती है कि घर पहुँचते ही मियाँ के कपड़ों की तलाशी लेने लगती है जैसे माँ स्कूल से लौटे छोटे बच्चे की जेब तलाशती है कि किसी जेब में गोली तो नहीं? इस तरह की तलाशी लेने की आदत मेरे एक मित्र की बीवी में थी। नयी-नयी शादी हुई थी मित्र बेचारा कहीं बाहर से थका-हारा लौटा और घर की हालत देखकर अचकचा गया कहीं कप, प्लेट, टेट्ठ पड़े थे, कहीं कपड़े बिखरे थे, किताबें, कहीं अखबार कहीं। यानी सारा सामान तितर-बितर, व्यवस्थित कुछ भी नहीं। सब-कुछ अव्यवस्थित। लेकिन कारण उसकी समझ में नहीं आ रहा था कि आखिर

यह सब क्या है? बड़ी नरमी से बेचारे ने पूछा, नीलू डीयर यह सब क्या है? पहले से भरी आग बबूला बीवी ने चाबी का गुच्छा पकड़ाया अटैची हाथ में उठाकर बोली, सब ठीक है लो चाबी और सम्हालो अपना घर, मैं यहाँ नहीं रहूँगी। एक मिनट भी नहीं रहूँगी जा रही हूँ मम्मी के पास। मैं नहीं जानती थी कि तुम्हारे सम्बन्ध इतनी ढेर-सारी लड़कियों से हैं—आज मेरी आँख खुली है...।

वह बेचारा सुनकर सन्न रह गया। काटो तो खून नहीं। भागा-भागा मेरे पास आया। मैं बगल में ही रहता था। मैंने बिना किसी औपचारिकता के पूछा कि आखिर मामला क्या है? उसकी बीवी उबल पड़ी कि भाई साहेब, मैं नहीं जानती थी कि यह इतने छुपे रुस्तम निकलेंगे। मैं तो इन्हें बहुत सीधा-सादा समझती थी...। इतना कहकर नीलू ने एक डायरी मेरे सामने पटक दी और कहा यह देखिये क्या लिखा है यह देखिये यह देखिये और ये देखिये...। उस डायरी में लड़कियों के नाम-पते लिखे थे शान्ती उम्र २२ वर्ष, रंग गोरा, इकहरा बदन, लम्बाई लगभग ५ फुट पीपल गली, नागपुर। उर्मिला उम्र २४ वर्ष एक बच्चे की माँ काली सड़क, जबलपुर। कुमारी छाया उम्र २७ वर्ष रंग साँवला दुहरे बदन की है कभी लखनऊ, कभी बनारस और कभी कानपुर भी आती-जाती रहती हैं। इस तरह के बीसियों नाम-पते डायरी में लिखे थे और सबके चित्र भी थे। सहसा मेरा मित्र ठठाकर हँस पड़ा। मैं और उलझन में पड़ गया कि आखिर रहस्य क्या है? अभी-अभी तो यह हक्का-बक्का था, सहसा ठठाकर हँसने क्यों लगा? वह खुद ही बोल पड़ा-अच्छा। तो यह बात है? अरी बेवकूफ, मुझसे पूछ लेती? इसमें ऐसी कौन-सी बात थी जो इतना आग बबूला हो गयी? अरे यह सब तो ऐसी औरतों की सूची है जो स्मग्लिंग करती हैं? जासूसी करती हैं, बच्चे चुराती हैं, लड़कियाँ भगाती हैं पुलिस में होने के नाते यह सब तो मुझे करना ही पड़ता है जब सच्चाई सामने आयी तो नीलू का मुँह देखने लायक हो गया था पानी-पानी। मैंने माहौल को और हलका किया कि भाई इतना तो इनका जन्म सिद्ध अधिकार है ही अगर बीवी होकर औरत ने पति पर शक नहीं किया तो फिर क्या किया?

वैसे शक्की बीवी से एक फायदा है, आदमी बहुत ही प्राम्प्ट और स्मार्ट हो जाता है माहौल बराबर आगे मुड़ पीछे चल, दायें देख बायें घूम जैसा बना रहता है। सच पूछिये तो आज शादीशुदा आदमी की औसत जिन्दगी यही है। उपग्रह की तरह दूर रहते हुए भी राडार के दायरे में ही रहता है। ईश्वर करे आप सब भी मेरी तरह बराबर स्मार्ट और प्राम्प्ट बने रहें यही मेरी शुभ कामना है।

हाय! मैं बरसात में छाता न हुआ

छाता संस्कृति धीरे-धीरे लुप्त होती जा रही है। इसकी जगह पर सिर उठा रही है बरसाती संस्कृति यह नितान्त व्यक्तिवादी है—इसमें सिर्फ एक की ही गुंजाइश रहती है जबकि मामूली छतरी में भी इमरजेन्सी में दो सिर एक साथ बारिश में अपने को बचा सकते हैं। और छाते की हैसियत का तो कहना ही क्या? घाटों पर खड़े बरगदाकार बाँसवाले छाते तो बिलकुल समाजवादी होते हैं—सटकर सिमटकर आदमी बैठे तो न जाने कितने इसमें समा जायँगे। इसका मुँह भी बड़ा होता है और दिल भी बड़ा होता है। जरूरत पड़ने पर आला भी खड़ा होता है और अदना भी खड़ा होता है। लेकिन ऐसा छाता अगर कोई लगाकर शहर में निकल पड़े तो लोग पागल और बेवकूफ समझेंगे—क्योंकि जो चीज जहाँ के लायक होती है वहीं शोभा देती है। इससे लगता है कि समाजवाद अब सिर्फ घाट पर रह गया है। उसे हाथ में लेकर यहाँ-वहाँ टहलने की जरूरत नहीं है। घाटवाले छाते का ठीक उलटा है लानवाला साहबीछाता यह मुझे फूटी आँखों भी नहीं भाता। क्योंकि इसका स्वभाव सामन्तवादी है। यह छाता कम चोंचला ज्यादा है। ज्यादातर यह धूप में ही काम आता है। बारिश में यह बँगले से बाहर नहीं निकलता—नानी मरती है। इसे देखते ही मुझे अंग्रेजों की याद आ जाती है। मेरा पारा गरम हो जाता है, खून खौलने लगता है। हालाँकि ऐसे छातों का प्रतिशत बहुत कम है फिर भी अंग्रेजों की नाजायज औलाद की तरह जहाँ-तहाँ गाहे-बगाहे दिख ही जाते हैं। छातों की दुनिया का बादशाह यही है—लानवाला साहबीछाता। हर तरह के छाते इसके आगे नाक रगड़ते हैं, इसके आगे सिर के बल खड़े होते हैं, एक गैर पर नाचते हैं। यानी दबदबा और रुतबा केवल लानवाले साहबी छाते का ही है। सूरजमुखी के फूल की तरह यह छाता भी सूरज के साथ-साथ घूमता है। इसीलिए इसमें पेंच लगी होती है, यह कहना बड़ा मुश्किल है कि यह छाता ज्यादा पेचीदा होता है या वह ज्यादा पेचीदा होता है जिसके सिर पर यह तना होता है। बहरहाल मैं ठहरा साधारण आदमी। और साधारण छाता भी मेरे पास नहीं है। जैसे जाड़े में गरम कपड़े से आदमी की हैसियत का अन्दाज लगाया जाता है उसी तरह से बरसात में छाते से अन्दाज लगाया जाता है।

इस साल लगता है मुझे भी छाता खरीदना पड़ेगा। सोचा था कि इनके-उनके छाते में काम चला लूँगा लेकिन जुगाड़ बैठ नहीं रहा है—किससे-किससे कहता फिरूँ—"अपने छतवा में हमके लियाये चला, पानी से बचाये चला ना...। मेरा निवेदन उस पत्थर दिल महिला ने ठुकरा दिया। केवल ठुकरा ही नहीं दिया बल्कि मुझ पर बरस भी पड़ी। अब उन्हें कौन समझाये कि आदमी ही आदमी की मुसीबत में काम आता है। अगर आज वह अपने छाते में मुझे लिये चलतीं तो कभी मैं भी पैठी कमा देता। जब कभी मेरे पास छाता होता तो सबसे पहले मैं उन्हें ही अपने छाते में लेकर निकलता। क्योंकि कभी गाड़ी नाव में और कभी नाव गाड़ी में-यही दुनिया का दस्तूर है। उन्हें इसकी जानकारी नहीं थी। वरना ऐसा सुलूक नहीं करतीं। फिर भइया बरसात तो मिल-जुलकर काटी जाती है। अकेले की चिन्ता से ही तो घबड़ाकर यक्ष ने बादल से चिरौरी की थी। जरूर उस विरही यक्ष के पास छाता नहीं रहा होगा वरना वह इस तरह से घिघियाता नहीं। बारिश में आदमी सिर पहले बचाता है। डॉक्टर भी यही कहते हैं सिर में चोट नहीं आनी चाहिए बस।

बारिश में कोई छातावाला नहीं सुनता यही तो रोना है। मेरे पास छाता होता तो मैं उदारवादी नीति अपनाता। वैसे मेरे पास बहुत पहले एक छाता था उसका नाम था गरियरवा दरअसल गाँव देहात में बरसात के दिनों में छाते का ज्यादातर इस्तेमाल गरियार बैल को उठाने में किया जाता है। छाता चमका-भड़काकर उसे उठाया जाता है। गरियरवा, गाँववालों के काम बहुत दिनों तक आता रहा। मास्टर ने एक बार ऐसा बैल खरीदा कि वह गरियारों का भी बाप निकला। छाता टूट-बिखर गया लेकिन मास्टर का पट्ठा नहीं उठा तो नहीं उठा। अब तो उस नीली छतरीवाले का ही भरोसा है। सुना है वह सबकी सुनता है। लेकिन मैं देख रहा हूँ कि वह मुझसे भी ज्यादा रो रहा है। कभी-कभी तो लगातार चौबीसों घण्टा रोता रहता है। क्यों भइया! नीली छतरीवाले! तुम्हें पता है तुम्हारी नाक के नीचे क्या हो रहा है? मेरे जैसे लाखों-करोड़ों तुम्हारे भरोसे बौछार झेल रहे हैं और तू चैन की नींद सो रहा है। आखिर तुम्हारी नीली छतरी कब काम आयेगी और किसके काम आयेगी?

मैंने जब से यह खबर अखबार में पढ़ी है कि-चिकने घड़े ने छाता खरीदा। खूब मोटे-मोटे अक्षरों में यह खबर छपी है—तब से भौंचक और चौकन्ना दोनों हो गया हूँ। भौचक इसलिए कि क्या चिकने घड़े पर पानी का असर होने लगा? और चौकन्ना इसलिए कि जरूर कहीं कुछ दाल में काला है। वरना इतना बड़ा अन्धेर हो नहीं सकता। लगता है छातों की कीमत बढ़नेवाली है, इसलिए चिकने घड़े भी छाता खरीद रहे हैं ताकि जब बाजार से छाते गायब हो जायँगे तब ये अपने पास जमा किये छातों की मनमानी कीमत वसूलेंगे और हमारे जैसे गरजमन्द

खरीदेंगे। धन्य हैं वे लोग जो ऐसे मौसम में अपना छाता दूसरों के सिर पर तान देते हैं—खुद भीगते रहते हैं लेकिन 'उन्हें' नहीं भीगने देते। ऐसे अवसर सबको नहीं मिलते। कुछ खास-खास लोगों को ही मिलते हैं। जैसे बड़े साहेब को भीगने से बचाने के लिए छोटे साहेब अपना छाता तान देते हैं, छोटे साहेब को बचाने के लिए उनसे छोटे साहेब और यह सिलसिला चपरासी तक चलता रहता है। अन्तत: वही बेचारा भीगता है। बाबू प्यारेलाल इसके प्रत्यक्ष प्रमाण हैं। जब तक उनकी तरक्की नहीं हुई थी तब तक वह बरसात के दिनों में दो छाते लेकर दफ्तर आते थे। एक बड़े साहेब के लिए एक अपने लिये। और जब से प्यारेलाल बड़े साहेब हुए हैं तब से यह जिम्मेदारी बाबू मुन्नुलाल के सिर पर आ गयी है। अब वह दो छाते लेकर आते हैं। जरूरत पड़ने पर बड़े साहेब के सिर पर तान देते हैं और दूसरा खुद अपने सिर पर तान लेते हैं। एक दिन मुन्नूलाल तरस गये अपने छाते के लिए। सारा दफ्तर बारी-बारी उन्हीं के छाते में चाय-पीने निकलता रहा लेकिन वह बेचारे न किसी को मना कर सके न हाथ से छाता छीन सके।

छाता होना अपने-आप में कितनी सुखद अनुभूति है? मेरे भीतर का 'रसखान' पिछले कई दिनों से जोर मार रहा है—हाय! मैं बरसात में छाता न हुआ। वरना लोग मुझे हाथोंहाथ लिये रहते -वालीबाल की तरह। मैं भी जिसे भीगता देखता उसके सिर पर तन जाता। दूसरे के लिए जीना बड़ा मुश्किल है—अपने लिये तो सभी जीते हैं। जो दूसरे के लिए जीता है उसी को लोग याद रखते हैं। और इस मौसम में छाते से बढ़कर दूसरा कोई परोपकारी मुझे नहीं दिखायी देता। बरसात में किसके-किसके हाथों में मैं छाता होना चाहूँगा, इसकी एक अच्छी-खासी लिस्ट मेरे पास है। लेकिन यह नौबत तब आयेगी जब मैं छाता होऊँगा, वरना सब टाँय-टाँय फिस्स होकर रह जायगा।

मैडम फालतू

मैं उनका असली नाम नहीं जानता, लेकिन इतना जानता हूँ कि उन्हें लोग मैडम फालतू कहते हैं। पुरुष जहाँ रस लेकर मैडम फालतू कहते हैं, वहीं महिलों काफी नाक-भौं सिकोड़कर मैडम फालतू कहती हैं। लेकिन सभी महिलाएँ एक जैसी नहीं हैं। कुछ पुरुषों की ही तरह मुस्कराकर साँसों-ही-साँसों में मैडम फालतू पुकार लेती हैं। मैडम फालतू का पूरा परिवार कॉलोनी में मैडम फालतू के ही नाम से जाना जाता है। जैसे मैडम फालतू के बच्चे, मैडम फालतू के मियाँ, मैडम फालतू की महरिन आदि आदि। वैसे मैडम फालतू को जहाँ सेण्ट-परसेण्ट लोग जानते-पहचानते हैं वहीं उनके मियाँ को दो ही चार परसेण्ट लोग जानते हैं। उनका स्वभाव ही ऐसा है—मैंडम फालतू का स्वभाव मियाँ के स्वभाव से बिलकुल भिन्न है। मैडम फालतू को चुप्पी और अजनबीपन से परहेज है। न वह चुप रह सकती हैं न अपरिचित। मौन स्वयं तोड़ती हैं और चटपट में परिचय दे, परिचय ले जैसा कठिन काम निपटा देती हैं। हाँ, मडम फालतू के यहाँ दुहाई की कोई सुनवायी नहीं है। आप दुहाई देते रहिये सुनेगी ही नहीं वह तो सिर्फ अपनी ही सुनाती हैं। दूसरों की सुनती कहाँ हैं? अक्सर लोग आपस में बतियाते हैं अजीब महिला है भाई, केवल अपनी ही सुनाती है। कोई कहता है दिमाग चाट जाती है। उनके इस जुमले पर एक और साहेब चुटकी लेते हुए कहते हैं रोना क्यों रोते हो भाई कभी मैडम फालतू के आगे बिना विग के निकलकर आजमाओ तो सही वह हें-हें-हें-हें कर रह जाते हैं। कोई कहता है मैडम के पास दिमाग नहीं है तो क्या हुआ? समय तो है। क्या ठाट से दूसरों का समय खाती हैं। भाई साहेब! बहन जी! यह बात वह बात। मैडम जहाँ बैठती हैं खूब पसरकर बैठती हैं जैसे कोई ठुमरी गानेवाली बैठती है।

मैडम बड़े ठाट से सर चाटती हैं। जब जैसा मौका देखती हैं वैसा ही करती हैं। सड़क पर खड़े-खड़े भी सर चाटती हैं भले आपकी बस छूट गयी कोई बात नहीं। अभी टैम्पो आता होगा और टैम्पो छूटने पर मैडम फालतू कहती हैं आप नाहक परेशान हैं मैं तो बराबर आती-जाती हूँ मैं जानती हूँ न, अब जो बस आयेगी

वह सीधे आपको चौक ही उतारेगी। अगर आपने कह दिया कि नहीं मुझे चौक नहीं कटरा जाना है फिर क्या? मैडम आपका हाथ पकड़ लेंगी, बस इसे छोड़ियेगा नहीं, उस बस में बड़ी भीड़ रहती है। वह तो अब आने ही वाली होगी। जब मैं चढूँगी तब आप भी लगे हाथ चढ़ लीजियेगा। मैडम फालतू बतियाने की झोंक में ख्याल नहीं करतीं और कटरावाली बस सामने से चली जाती है। यही मैडम फालतू जब किसी के घर जाती हैं तो रसोई में घुसकर बतियाती हैं। आपका ये कैसे है? कितने में है? इसमें देखिये यह डिफेक्ट है, पहले मेरे पास भी ऐसा ही था जब मेरे हसबैण्ड की तनख्वाह कम थी समझी मिसेज गुप्ता? अब वो वाला हमने रख दिया है और नये ढंग का लिया है। आप भी इसे रख दीजिये। हाँ, यह टी प्लेट आपका काफी अच्छा है, ऐसा तो शायद कॉलोनी में किसी के पास नहीं होगा, जब मेरे ही पास नहीं है तो हम औरों के बारे में क्या कह सकते हैं। वैसे सुना है इसमें चाय पीने से होंठ जल जाते हैं। सिर्फ इसी वजह से हम लोगों ने ऐसा सेट नहीं खरीदा, कोई बहुत महँगा नहीं है लेकिन खूबसूरत है। सहसा फ्रिज खोलकर देखने लगती हैं। अजी फ्रिज में फल वगैरह रखा करो तो खाया भी करो, मेरे यहाँ तो कुछ बचता ही नहीं। सुबह लाओ, शाम को नदारद, शाम लाओ, सुबह नदारद। जिस दिन बच्चे नहीं खाते उस दिन मैं पड़ोस में फल भिजवा देती हूँ। मेरे यहाँ तो अखबार की तरह रोज फल आता है और वे बेहिचक सन्तरा निकालकर छीलने लगती हैं।

मैडम फालतू शिष्टाचार को कतई मुँह नहीं लगातीं। शिष्टाचार बेचारा भुक्तभोगियों की तरह बराबर टुकुर-टुकुर इनका मुँह ही ताकता रहता है, लेकिन मैडम फालतू शिष्टाचार की ओर फूटी आँखों भी नहीं देखतीं। वैसे मैडम फालतू को आज तक मैंने कभी रोते हुए नहीं देखा और न गुस्साते हुए देखा है। इतना जरूर सुना है कि बरसों पहले किसी पार्टी-वार्टी में मैडम फालतू कुछ देर के लिए तब तमतमा उठी थीं जब किसी महिला ने चुपके से मैडम फालतू के गुम्बदाकार जूड़े में एक स्लिप चिपका दिया था जिस पर मोटे अक्षरों में लिखा था मैडम फालतू। मैडम जिधर जातीं और पीछे घूमतीं उधर के लोग ठठाकर हँस पड़ते। एक महिला ने बड़ी आत्मीयता से कहा बस बहन जी इस कॉलोनी में सिर्फ आपकी ही कमी थी सो ईश्वर ने वह कमी भी पूरी कर ही दी। दूसरी किसी महिला ने जान-बूझकर गुल खिलाने के लिए मैडम फालतू के गुम्बदाकार जूड़े की तारीफ कर दी, जिसमें कटी पतंग की तरह वह स्लिप चिपका हुआ था। मैडम फालतू अपनी मेकअप कला की तारीफ सुनकर फूली नहीं समायीं और कहने लगीं कि पुराने जमाने में कैसे-कैसे जूड़े बनाये जाते थे। सतयुग में जूड़े कैसे होते थे? त्रेता में कैसे? द्वापर में कैसे? और कलियुग के शुरू में कैसे होते थे? आज कैसे-कैसे

जूड़े बनाये जाते हैं—लोटाकार, गुम्बदाकार, गोलाकार, सीढ़ीनुमा, साँप की पिटारीनुमा, एरियलनुमा आदि-आदि प्रकारों की जानकारी देती हैं। अपने जूड़े के बारे में कहती हैं कि ये तो नेचुरल हैं नेचुरल। मेरे तो बाल ही ऐसे हैं हाथों में लेते ही जूड़ा हो जाते हैं। सहसा मैडम फालतू के दोनों हाथ उनके जूड़े तक चले जाते हैं और जूड़े में लगा फालतू...वाला स्लिप उनके हाथों में आ जाता है। बस शायद उसी दिन मैडम फालतू थोड़ी देर के लिए आग बबूला हुई थीं और दो ही चार मिनट में नार्मल हो गयीं और उसी दिन से उनका नाम मैडम फालतू हो गया।

जान-पहचानवाले हरदम मनाते रहते हैं कि कहीं मैडम फालतू का सामना न हो जाय। लोग देखते ही कावा काटने की कोशिश भी करते हैं। जिन्हें बहुत जल्दी रहती है वे तुरन्त एबाउट-टर्न होते हैं और सिर पर पाँव रखकर वहाँ से नौ-दो ग्यारह हो जाते हैं। एक दिन मैडम फालतू लोगों के इस तरह के व्यवहार के बारे में जानने की गरज से मिसेज शर्मा के घर गयीं। मिसेज शर्मा कहीं जाने की तैयारी में थीं। मेकअप कर चुकी थीं, कपड़े पहनने जा रही थीं देखते ही जलकर राख हो गयीं। लेकिन पता नहीं चलने दिया। साँसों-ही-साँसों में क्या-क्या नहीं कहा मिसेज शर्मा ने। लेकिन आँखें चार होते ही हाथ जोड़कर मुस्करा उठीं। सोफे पर बैठने का इशारा करके भीतर चली गयीं और हाथों में एक झण्डी लेकर आ गयीं। झण्डी के कागज पर लिखा था आज मेरा मौन व्रत है। कृपया मुँह मत खुलवायें। मैडम फालतू उलटे पाँव लौट गयीं। धीरे-धीरे यह घटना कॉलोनी में कानोकान दुर्घटना की खबर की तरह घर-घर फैल गयी। कुछ मिसेज शर्मा ने फैलाया कुछ मैडम फालतू ने। इसका असर यह हुआ कि अब मैडम फालतू जिसके घर जातीं वही झण्डी लेकर स्वागत में खड़ा हो जाता। आज मेरा मौन व्रत है। कृपया मेरा मुँह मत खुलवाइये। मैडम फालतू पहले तो मुस्करातीं फिर नाक-भौं सिकोड़तीं और यह कहकर चल देतीं कि अच्छा फिर कभी आऊँगी।

एक दिन ऐसा आया कि मैडम फालतू ने मौनव्रतवाली झण्डियों का जवाब स्लेट पेन्सिल से देना शुरू किया। सबसे पहले वह मिसेज शर्मा के घर गयीं। मिसेज शर्मा को अपने दिव्यास्त्र पर पूरा भरोसा था। न कुढ़ीं न चिढ़ीं, बस मौन व्रत की झण्डी लेकर मैडम फालतू के स्वागत में खड़ी हो गयीं। मैडम फालतू ने कोने से स्लेट पेन्सिल निकाला और चटपट कुछ सवाल उस पर लिखकर मिसेज शर्मा के सामने स्लेट पेन्सिल रख दिया। मैडम फालतू के सवालों के नमूने देखिये-क्या आप अपने पति से बात न करने के लिए मौन रखती हैं या कोई अनुष्ठान है! कृपया विस्तार से लिखें। दूसरा सवाल था जितना कुरूप आपका मौन है उतना ही मधुर और मोहक आपका स्वर है ऐसा क्यों? और मैडम का तीसरा सवाल था सुबह मिसेज गुप्ता से आपकी लड़ाई हुई थी क्या? मिसेज राम कह

रही थीं कि मिसेज शर्मा बहुत जोर-जोर से बोलती हैं। उनकी आवाज सुनकर बच्चा सो रहा था जग गया घण्टों रोता रहा। कृपया लड़ाई का कारण बताइये। मैं कॉलोनी में लड़ाई करनेवाली महिलाओं की एक सूची बना रही हूँ। आप चाहेंगी तो मेरा काम जल्दी हल हो जायगा। जल्दी-से-जल्दी मिसेज शर्मा ने पिण्ड छुड़ाने के ख्याल से घसीट अक्षरों में कुछ लिखकर स्लेट पेन्सिल वापस कर दिया। और टेबुल पर रखा ताला-ताली लेकर खड़ी हो गयीं। अक्लमन्द को इशारा काफी कि जल्दी निकलिये मुझे ताला लगाना है। मुझे भी बाहर जाना है। मैडम फालतू उनका लिखा दूसरों को दिखाती फिर रही हैं। मिसेज गोपाल के घर गयीं उन्हें देखते ही मिसेज गोपाल मौनव्रतवाली झण्डी लेकर हाजिर हो गयीं। लेकिन मैडम फालतू ने मुस्कराकर कहा—जरा यह स्लेट का लिखा आप हमें पढ़कर सुना दीजिये। मुझसे पढ़ा नहीं जा रहा है। काफी घसीटकर लिखा गया है। मिसेज गोपाल मौन व्रत की दिखाऊ झण्डी अलग रख देती हैं और सोच-सोचकर जोर-जोर से पढ़कर मैडम फालतू को सुनाती हैं। मिसेज शर्मा ने लिखा है कि पति से बोलचाल बन्द मेरी नहीं मिसेज गोपाल की है समझीं मैडम फालतू। अब मैडम फालतू ठठाकर हँस पड़ती हैं। मिसेज गोपाल यह सब नखरा तिल्ला किसी और को दिखाइयेगा कहाँ गया मौन व्रत? टूट गया न? झण्डी सिर्फ मेरे लिये है और इतनी लम्बी जीभ दुनिया भर के लिए? अरे भाई मेरा कहा मानो। स्त्री को मौन शोभा नहीं देता। इतना कहकर मैडम फालतू मौन की झण्डी अपने हाथ में ले लेती हैं और मिसेज गोपाल के घर से बाहर निकल आती हैं अपने घर की ओर।

चीनी का स्वाद बातों में

आजकल चीनी चर्चा का विषय बनी हुई है—घर में, दफ्तर में, रेल में, बस में, सभा में, बैठक में हर जगह सबकी जुबान पर सिर्फ चीनी, हाय चीनी! बाजार में चीनी का भाव बहुत बढ़ गया है, रेट उसका इस तरह बढ़ रहा है जैसे बाढ़ की मारी नदी हर घण्टे सेण्टीमीटरों में बढ़ती है। डर लगता है सुनकर, देखने को कौन कहे! आज सवेरे दुकान खुलते-खुलते जो चीनी आयी थी, वह बारह रुपये किलो आयी थी और दफ्तर चलते-चलते जो चीनी आयी है, वह तेरह रुपये किलो आयी है, बारह रुपयेवाली कुछ ज्यादा ही अच्छी और मीठी थी, तेरह रुपयेवाली ने तो मुँह का स्वाद बिगाड़ दिया।

कल शाम को अचानक कुछ मेहमान आ गये और घर में चीनी ही नहीं। मैंने सोचा पड़ोसी से ले लूँ, क्योंकि कुछ ही देर पहले वे शान बघार रहे थे, भैया! मेरा तो महीने में मन भर चीनी का खर्च है, मैं गया और डाइरेक्ट मिनिस्टर से सौ किलो चीनी का आर्डर ले आया। आज चीनी आ भी गयी है, मेहमानों का कोई ठीक है कि कब आयेंगे? मैंने बहुत धीरे से अपने पड़ोसी से कहा, ताकि हमारे मेहमान न सुन लें, मैंने कहा, दयालु जी! आप मुझे आधा किलो चीनी दे दें, मैं सुबह आपको दे दूँगा।

मेरी बात दयालु जी ने सुन भी ली और वे समझ भी गये। लेकिन मामला था आधा किलो चीनी का। ना भी कैसे करें और दें तो कहाँ से दें, जब हो तब न! उस समय तो उन्होंने सिर्फ पास-पड़ोसवालों पर रौब डालने के लिए सौ किलो चीनी की बात कही थी। इस समय दयालु जी से बतियाने में मुझे बड़ा मजा मिल रहा था। चीनी का नाम सुनते ही दयालु बहरे बन गये और बहरों की तरह बोलने लगे, जैसे मेरी बात उन्होंने सुनी ही नहीं...और क्या हाल है गौतम साहेब! आप तो दिखायी नहीं देते। आपके यहाँ मेहमान बहुत आते हैं...आज भी आये हैं क्या? हाँ-हाँ आप उन्हें देखिये, चाय-पानी कराइये...नहीं, मैं नहीं, मैं शाम को चाय पीता ही नहीं और अब तो मेरे टहलने का वक्त हो रहा है, मैं तो चला। दयालु जी घर में चले गये। मैं ठठाकर हँसने लगा और आकर मेहमानों में बैठ

गया। बोलने-बतियाने लगा—कैसे आये! कोई खास काम तो नहीं? लेकिन मन वहाँ लगा नहीं। लगता भी तो कैसे लगता। दिमाग में तो चीनी चढ़ी हुई थी। मैं तुरन्त उठकर भीतर के कमरे में चला गया, और लड़के को भेजा, दूसरे पड़ोसी के पास, जिसके पास कण्ट्रोल की चीनी की दुकान है।

लड़का गया और तुरन्त आ गया। वह बोला, पापा! आण्टी ने बताया कि उनके यहाँ सब मधुमेह के रोगी हैं। चीनी आती ही नहीं। मुझे फिर हँसी आयी, लेकिन पी गया। मैंने कहा, भगवान् करे उनके वहाँ सब मधुमेह के रोगी हों। इसी बहाने चीनी की खपत कम होगी। जिस देश में चीनी की किल्लत हो, उस देश में मधुमेह के रोगियों की संख्या बढ़नी ही चाहिए, वरना उत्पादन और उपभोक्ता का सन्तुलन कैसे बना रहेगा! और मैं फिर लौट आया मेहमानों में, सामने रखी मेहमानों की सिगरेट की डिबिया से सिगरेट निकालकर पीने लगा। सामने देखूँ तो सारा घर मुझे घूर रहा है। बच्चे खी: खी: खी: हँस रहे हैं। मैंने उन्हें डाँटा, नहीं, गलत बात, मेहमान पर नहीं हँसा जाता, तुम सब बेवकूफ हो क्या? मैंने यह बात बहुत सहज होकर कही थी। बच्चो को नसीहत देने के लिए। लेकिन इसे वह अपने पर व्यंग्य समझ गये। एक ने व्यंग्य से ही जबाव भी दिया—बच्चे हम पर नहीं, शायद आप पर ही हँस रहे हैं। मैंने बच्चों को गौर से देखा। वे खिलखिला पड़े और बोले, पापा! यह हम क्या देख रहे हैं? आज आप सिगरेट पी रहे हैं? मुझे काटो तो खून नहीं, मुझे सिगरेट छोड़े दसियों साल हो गये, लेकिन सिर्फ चीनी की परेशानी से घबराकर मैंने सिगरेट जला ली। तुरन्त सिगरेट फेंक दी मैंने और मेहमानों को बोरियत से बचाने के लिए उन्हें एक मनगढ़न्त किस्सा सुनाना शुरू किया...कल यहाँ बड़ा गजब हो गया। कॉलोनी में हमारा जो कण्ट्रोलवाला है न, उसकी दो बोरा चीनी कल लूट ली गयी। उसने थाने में रपट लिखा दी। आज दिन भर थाने की पुलिस घर-घर में तलाशी लेती रही। जिसके पास थोड़ी-बहुत भी चीनी थी, सब पुलिस उठा ले गयी, चोरी गयी चीनी से मिलाने के लिए, मैंने तो आज सुबह दो किलो मँगायी थी, वह भी चली गयी। मैं आज परेशान हूँ कि अगर मेरी चीनी का रंग चोरी गयी चीनी के रंग से मिल गया तो क्या होगा? इसी परेशानी में मैंने सिगरेट जला ली।

सहानुभूति के स्वर में मेहमान बोले—आपको इतनी चीनी घर में रखनी ही नहीं चाहिए, चम्मच-दो चम्मच काफी है। उस पर भी हलके-से पानी के छींटे मार दीजिये ताकि रंग भी दबा रहे, जिससे जल्दी किसी की निगाह में न चढ़े और भीगी हुई भी रहे। अरे, हम लोगों के घर में, अगर इतनी चीनी हो तो हमें रात भर नींद नहीं आयेगी कि कोई चुरा न ले। हमारी तरफ तो चीनी दिखायी ही नहीं देती। कभी-कभार हम चीनी खरीदने भी जाते हैं तो घर से ऐसे निकलते हैं जैसे किसी की मैयत में जा रहे हैं। चेहरे पर उदासी, आँखों में निराशा, आशंका और

चाल में बला की तेजी और आपका चीनीवाला वही है न, काला-कलूटा मोटा-सा जो खूब फूहड़ तरीके से पान खाये रहता है और मोटर साइकिल से चलता है? मैंने कहा—हाँ, हाँ, वही-वही अब तो उसके पास कार भी हो गयी है...वही, आप उसे कैसे जानते हैं? वे बोल—उसकी एक दुकान मेरे मुहल्ले में भी है। उस दुकान की भी तीन महीने की चीनी इकट्ठा चोरी चली गयी है जबकि असलियत यह है कि वह हमेशा अपनी चीनी हलवाई के यहाँ ब्लैक करता है। पुलिस भी उससे मिली हुई है। मैंने कहा—आप सही कह रहे हैं, यहाँ भी यही चर्चा है कि सबको दिखाने के लिए पुलिस चीनी की तलाशी ले रही है। थाने की जरूरत तो इसी से पूरी हो रही है। और मैंने अपने बेटे से कहा—बेटे! जरा भीतरवाली घड़ी में देखना क्या टाइम हो रहा है? उसने देखकर बताया—पापा! अब दस बजने ही वाले हैं। मैंने उनसे कहा—तो तुम लोग चटपट तैयार हो जाओ और झोली-झोला, बोरी-बोरा सब ले लेना। जिसमें सौ पचास ग्राम भी चीनी आ जाय वह बर्तन भी लेते चलना, पता नहीं कितनी चीनी भरनी पड़ेगी। मैंने मेहमानों से पूछा—अगर आप लोगों को चाय चीनी से एलर्जी न हो तो कम-से-कम एक-एक प्याला चाय हो जाये? बातों-बातों में हम चाय के लिए पूछना भूल गये। चीनी की तलाशीवाली घटना ने हमें एकदम से झकझोर दिया है।

मेहमान बोले, लेकिन आप लोग तो आज कहीं जा रहे हैं? मैंने कहा, हाँ आज रात में ठीक बारह बजे हवाई जहाज से चीनी गिरायी जायगी। ऐसा सुनने में आया है। मेरी इस बात को बच्चे आपस में खूब जोर-जोर से दुहराने-तिहाराने लगे और चीनी भरने के लिए आपस में सामान बाँटने लगे। बड़ावाला बोला—झोला ले चलूँगा, गुड़िया बोली—मैं तो बोरी ले चलूँगी। बार-बार मुझे ही चीनी के लिए दौड़ना पड़ता है। मेहमानों ने मेरी ओर बड़ी याचना—भरी दृष्टि से देखा। मुझसे रहा नहीं गया, मैंने पूछा, क्या बात है? वे बोले, हम लोग भी चीनी की ही तलाश में घर से निकले हैं अब तो चीनी लेकर ही जायँगे, वर्ना नहीं जायँगे, आप तो हमारे लिये भगवान् हो गये। चलिये फौरन चलिये चाय को मारिये गोली। हम लोग भी हवाई जहाज की चीनी लूटने चलेंगे। और हम सब घर के बाहर ताला लगाकर, झोली-झोला, बोरी-बोरा लेकर निकल ही रहे थे कि तब तक पड़ोसी दयालु जी भी अपने घर से बाहर निकल आये और बोले, गौतम जी दो मिनट और रुक जाइये। हम सब भी चल रहे हैं, बस आपकी भौजाई बोरियाँ खाली कर रही हैं। आपके बच्चे अगर इतना जोर-जोर से न बोलते तो मैं क्या जानता कि आज हवाई जहाज से चीनी गिरायी जायगी।

थोड़ी ही देर में हम सब बड़ेवाले पार्क में पहुँच गये। पड़ोसी दयालु जी ने कानों कान यह खबर कॉलोनी में फैला दी और देखते-देखते सारी कॉलोनी पार्क

में समा गयी। हर आदमी आकाश में जाता हुआ हवाई जहाज देखता और कहता बस अब चीनी गिरनेवाली है। मैंने धीरे से बीवी-बच्चों को इशारा किया कि यही मौका है मत चूको चौहान। हम सब, आँख बचाकर घर चले आये। रात में चीनी बरसी, कितनी बरसी राम जाने। लेकिन लौटकर दूसरे दिन मेहमान नहीं आये और पड़ोसी दयालु जी अब देखते भी हैं तो मुँह बना लेते हैं बोलते नहीं। एक कप चाय का संकट कैसे टला यह मेरा दिल ही जानता है। वैसे आज भी वह संकट ज्यों-का-त्यों बरकरार है।

बुनाई के मौसम में

बुनाई के मौसम में बीवी के तेवर देखने लायक होते हैं। वह बुनती कम है उधेड़ती ज्यादा है। एक मिनट भी खाली नहीं रहती। बराबर किसी-न-किसी उधेड़-बुन में लगी रहती है। घण्टों यही सोचती रहती है कि बुनें या उधेड़ें। जितना दिन में बुनती है उतना रात में उधेड़ती है और जितना रात में बुनती है उतना दिन में उधेड़ती है। आजकल भी वही बुनाईवाला मौसम चल रहा है। मुझे तरस आता है उस छोटे से ऊन के गोले पर। वह बेचारा हमेशा गोला ही बना रहता है। उसे कभी खत्म होते मैंने नहीं देखा। मेरी यह लालसा जाने कब पूरी होगी। जब-जब सोचता हूँ कि अब यह गोला खत्म हो जायगा तब-तब मुझे अपनी बेवकूफी का नया एहसास होता है। उस गोले में स्वेटर का ऊन समाने लगता है और वह फिर पहले जैसा हो जाता है। मैं अपना-सा मुँह लेकर रह जाता हूँ।

कभी-कभी सोचता हूँ कि क्या हर घर-परिवार में एक जैसा ही बुनाई का मौसम रहता है। क्या मेरी ही तरह और भी कोई इस मौसम में बीवी से कुछ कहने-सुनने को तरस जाता है? या सिर्फ मेरे ही साथ ऐसा होता है? मेरी मत पूछिये, राम ही जानता है मैं जैसे यह मौसम काटता हूँ। अक्सर इस मौसम की शुरुआत होती है सलाई खोजने से। कभी बारह नम्बर की मिलती है तो ग्यारह नम्बर की गायब हो जाती है। वह मिलती है तो दस नम्बर की जरूरत पड़ती है। चलो खोजो मिलेगी कैसे नहीं। दफ्तर से थका-माँदा, भूखा-प्यासा घर आने पर देखता हूँ कि बड़े-बड़े बक्से ओसारे में खुले पड़े हैं। रजाई, कम्बल, शाल, स्वेटर, कोट-वोट सब इधर-उधर फेंके गये हैं, साड़ियाँ कहीं हैं किताबें कहीं हैं। चारों तरफ ढेर-का-ढेर सामान बिखरा पड़ा है। मैं भौंचक कि आखिर हुआ क्या? मेरे साथवाले मेहमान पूछते हैं कि सफाई हो रही है क्या? मैं चुप। बीवी को आवाज देता हूँ। यहाँ-वहाँ हर जगह झाँक आता हूँ। कहीं नहीं, बच्चे भी नहीं हैं, कुछ समझ में नहीं आता कि आखिर मामला क्या है? मेहमान फिर पूछते हैं—क्या मकान छोड़ रहे हो? आखिर माजरा क्या है? और मैं केवल बस टुकुर-टुकुर देख रहा हूँ। क्या बताऊँ? जब कुछ जानूँ तब न? इसी बीच बबली आ जाती है।

मेरे कुछ पूछने से पहले वही पूछ बैठती है पापा जी! आप नौ नम्बर की सलाई जानते हैं कहाँ है? बबली के पूछते ही मैं असलियत समझ जाता हूँ कि यह सब नौ नम्बर की सलाई की खोज का नतीजा है। नौ नम्बर की सलाई खोजने बीवी गयी है मेंहदौरी, राजू गया है अतरसुइया, पप्पू गया है लेबर कॉलोनी नैनी। बड़ी गुड़िया गयी है रेलवे कॉलोनी मामा के घर। बबली पास-पड़ोस में पूछकर खाली हाथ लौट आयी है। अब मुझसे पूछ रही है कि शायद कभी भूल से दफ्तर तो नहीं लेता चला गया। मेहमान मेरी ओर देख रहे हैं और मैं उनकी ओर। मैं बबली से कहता हूँ, बेटी! अंकल जी को चाय नहीं पिलाओगी? वह कहती है, ममी ने मना किया है जब तक उनकी नौ नम्बर की सलाई नहीं मिलेगी तब तक चूल्हा नहीं जलेगा। देखिये न किचेन में ताला लगाकर गयी है। हम सब किचेन में झूल रहा ताला देख रहे हैं। धीरे-धीरे सलाई की खोज में निकला परिवार का हर सदस्य मुँह लटकाये घर वापस आता है। सब एक-दूसरे से यही कहते हैं—उनके यहाँ भी नहीं है, उनके यहाँ भी नहीं है और उनके यहाँ भी नहीं है।

थोड़ी देर में दरवाजे पर एक टेम्पो रुकता है। हम लोग बाहर आते हैं यह जानने के लिए कि शायद कोई मेहमान आया हो। लेकिन उस टेम्पो से उतरती है मेरी बीवी। बबली पूछती है, मम्मी मिली। 'नहीं' कहती हुई बीवी घर में घुसती है। मेहमान नमस्कार पर नमस्कार किये जा रहे हैं लेकिन उस बेचारी का ध्यान तो नौ नम्बर की सलाई पर है। वह उनकी तरफ देख ही नहीं रही है। वह मुझसे पूछती है, क्यों जी वो तुम्हारी पिछले सालवाली डायरी कहाँ है जो काली-सी छोटी-सी थी? मैंने कहा, क्यों! उसमें क्या था? होगी कहीं अब तो नयी डायरी का मौसम आ गया है, तुम पुरानी डायरी के पीछे पड़ी हो? बीवी कहने लगी, तुम्हें क्या पता? उसमें लिखा होगा कि नौ नम्बर की सलाई उस साल खरीदी गयी थी कि नहीं। मुझे ऐसा लगता है कि नौ नम्बर की सलाई राजू का स्वेटर बुनने के लिए उस साल खरीदी गयी थी। कहीं मिल नहीं रही है। सब छान मारा। बीसियों रुपये फुँक गये किराये में। मैंने मुस्कराते हुए कहा, मैं जानता हूँ सलाई कहाँ मिलेगी, लेकिन बताऊँगा तब जब चाय मिलेगी।

कब ताला खुला, कब चूल्हा जला पता ही नहीं चला। मिनटों में चाय बनकर आ गयी। बीवी चाय पीती जाती है, पूछती जाती है अजी बताओ न, कहाँ है नौ नम्बर की सलाई?, मैं भी, बताता हूँ, बताता हूँ, क्यों घबड़ा रही हो! कहता जाता हूँ। और जब सब लोग चाय पी लेते हैं तब सीना फुलाते हुए कहता हूँ, तुम सब निरे बुद्धू हो, अरे, इतना भी नहीं जानते कि नौ नम्बर की सलाई कहाँ मिलेगी? सबके मुँह एक साथ खुल जाते हैं—कहा मिलेगी? मैंने कहा—दुकान पर मिलेगी। बीवी को छोड़कर सब हँसने लगते हैं, मैं मेहमानों को छोड़ने बाहर निकलता हूँ।

लौटकर देखता हूँ कि बीवी शाल ओढ़े पर्स लटकाये ओसारे में खड़ी है—चलिये जी चलिये, बाजार चलना है, सलाई भी नौ नम्बर की लेनी है और इस रंग का दो गोला ऊन भी लेना है।

हर साल बीवी इन्हीं दिनों में किसी-न-किसी रंग के ऊन का टुकड़ा लेकर दुकान-दुकान रंग मिलाती फिरती है। आगे-आगे बीवी और पीछे-पीछे मैं। न रंग मिलता है न मेरा पिण्ड छूटता है। बीसियों गोले सामने रख दिये जाते हैं लेकिन किसी का रंग हू-बहू नहीं मिलता। पूरा मौसम नये रंगों की खरीद में बीत जाता है और अगले साल फिर बचे ऊन का रंग मिलाने का असफल प्रयास शुरू होता है। किसी-किसी साल तो रंग मिलाने का यह सिलसिला सितम्बर से लेकर मार्च तक चलता ही रहता है। बीवी के पास और कोई काम नहीं होता, सिर्फ ऊन का एक पुराना बचा हुआ छोटा-सा गोला होता है और उसके धूमिल पड़ गये रंग से रंग मिलाकर ऊन खरीदने का नया उत्साह होता है। बीवी होती है और साथ-साथ दौड़ने को मैं होता हूँ। बुनाई का यह मौसम हर साल मेरी छाती पर इसी तरह मूँग दलता है और मैं किचकिचाकर रह जाता हूँ।

ऐसे मौसम में बीवी के हाथ में सिर्फ ऊन और सलाई दिखायी देती है। यही पहचान है मेरी बीवी की। जिसके हाथ में ऊन और सलाई दिखायी दे, समझ लीजिये वह मेरी बीवी है। जहाँ-जहाँ बीवी जाती है वहाँ-वहाँ साथ-साथ जाते हैं गोले और सलाइयाँ। बुनाई हो-न-हो रहेंगे हाथ में ही। रास्ते में बड़ा मजा आता है रिक्शे पर चलते-चलते अगल-बगलवालों पर बीवी की निगाह गड़ी ही रहती है कि कौन किस रंग का स्वेटर पहने हैं? बूटा कैसा है? बुनाई कैसी है। यह सब जानने-समझने के लिए तरह-तरह के नुस्खे आजमाने पड़ते हैं, भाई साहेब! जरा रुकिये, वर्ना, यह वर्ना शब्द सुनते ही आदमी रुक जाता है और घूरकर देखता है, फिर पूछता है—वर्ना क्या कर लेंगे आप? मैं कहता हूँ, आप रुक गये अच्छा हुआ वर्ना मुझे किसी और को रोकना पड़ता। दरअसल बात ये है कि मेरी बीवी आपके स्वेटर का बूटा देखना चाहती थी। तब तक बीवी की आवाज फूटती है चलो जी देख लिया ये तो वैसा ही है जैसा अपने वो प्रेम भैया के साले के भतीजे का दोस्त महेश पहनकर आता है। अब तो यह बूटा काफी पुराना पड़ चुका है। मैं उस शरीफ आदमी को नमस्कार करता हूँ और रिक्शेवाले से कहता हूँ चल भैया आगे चल अभी दिल्ली दूर है। फिर अगल-बगल देखने लगता हूँ कि शायद कोई टोकने लायक दिख ही जाये। एक दिखायी देता है। मैं बीवी से पूछता हूँ क्योंजी इसे रोकूँ। वो जो सफेद और काले में बुना स्वेटर पहने है गोल गले का? लेकिन मेरे रोकने से पहले वह बेचारा स्वयं बहन जी। आवाज देकर रोकता है। हम रुक जाते हैं। उसी से पता चलता है कि पिछले चौराहे से ही ऊन का गोला सलाई

गें फैला फैला सड़क पर खुलता चला जा रहा है। बीवी कहती है, हाय! माँ! उतरो। मैं बीवी को धीमे स्वर में डाँटता हूँ—कैसी हो तुम! वह बेचारा तो तुम्हें बहन जी पुकार रहा है और तुम उसे हाय माँ पुकार रही हो? जो सुनता होगा वह क्या सोचेगा? आजकल शहरों में ऐसे लोग रह कहाँ गये हैं जो पच्चीस-तीस साल की उम्रवाली औरतों को बहन जी कहें। अब तो लोग सीधे-सीधे माता जी ही कहते हैं। सुननेवाले को चाहे बुरा लगे या भला, अगर बहुत गौर से आगे-पीछे नजर घुमाकर देखें तो भाभी जी कहेंगे, बहन जी तो अब जुबान पर किसी को आता ही नहीं। गलती से इसे बेचारे की जुबान पर आ भी गया तो इसका उत्तर तुम इस प्रकार दे रही हो।

बहरहाल साहेब रिक्शा किनारे लग जाता है और मैं दो-ढाई सौ गज पीछे तक फैला ऊन समेटने लगता हूँ। सिविल लाइन्स की भीड़ ठहर जाती है। लोग समझते हैं किसी फिल्म की शूटिंग हो रही है। बीवी खड़ी-खड़ी आदेश देती है, और धीरे-धीरे समेटो, टूटने न पाये, गाड़ी निकल जाने दो। हाय रे, अरे मैं नहीं देख रही थी तो क्या तुम भी नहीं देख रहे थे, फिर साथ किसलिए चलते हो जब इतना-सा भी काम नहीं कर सकते? कितनी बार तुमसे मैंने कहा कि एक प्लास्टिक का छोटा-सा थैला ले लो, उसी में गोले पड़े रहेंगे। अगर थैला होता तो आज यह नौबत नहीं न आती? मैं जाड़े में पसीने-पसीने हो गया इसकी चिन्ता बीवी को नहीं है। उलटे और रोआब से बोलती है, थक जाना तो बताना। तुम थोड़ा-सा ऊन भी नहीं समेट सकते राम-राम! भला देखनेवाले क्या सोचते होगें?

दरअसल इसमें दोष न बीवी का होता है न मेरा। सारा दोष इस मौसम का होता है। स्वेटर के उतरने की जल्दी रहती है लेकिन स्वेटर डाल का बैताल बन जाता है। उतरता है फिर चढ़ जाता है। और दिनों की अपेक्षा इन दिनों यह मुसीबत कुछ ज्यादा ही बढ़ जाती है। एक दिन तो हद हो गयी। शहर में एक अच्छी-सी रोमाण्टिक फिल्म लगी हुई थी। भीड़ भरे घर में रहते-रहते मैं भी ऊब चुका था। सोचा—चलो इसी बहाने एक पन्थ दो काज हो जायगा। लेकिन सभी मन्सूबों पर पानी फिर गया। वहाँ भी बीवी साथ में बुनाई का झोला लेकर गयी। जब भी कोई ऐसा-वैसा सीन आता मैं हल्के से बीवी को कुहनिया देता लेकिन उस पर कोई असर नहीं। माटी का माधव बनी रही और स्वेटर ही बुनती रही। एक बार खीझकर मैंने चुटकी भी काटी और वह जैसे घर में बिगड़ती है वहाँ भी उसी तरह बिगड़ पड़ी—तुम यहाँ भी स्वेटर नहीं बुनने दोगे। आस-पासवाले ठहाका मारकर हँस पड़ते हैं और मुझे तो जैसे काठ मार जाता है।

ढाई आखर का भय

हर शरीफ आदमी की तरह मैं भी प्रेम से कोसों दूर भागता हूँ। और जब से यह पता चला है कि आदमी प्रेम में अन्धा हो जाता है, और सतर्क हो गया हूँ। पत्नी को छोड़कर जब भी किसी महिला से बात करने की नौबत आती है तो मैं सीधे मुँह बात नहीं करता, या तो पीठ फेर लेता हूँ, या आँखें मूँद लेता हूँ या आँखें जमीन में गड़ा लेता हूँ। भगवान् करे, यह बीमारी कभी मेरे दुश्मनों को भी न हो। क्योंकि आज हर बीमारी का इलाज सम्भव है, लेकिन इस बीमारी का इलाज किसी भी पैथी में नहीं है, न तो होमियोपैथी में और न एलोपैथी में। थोड़ा-बहुत सिम्पैथी में है, लेकिन वह भी टेम्परेरी, परमानेण्ट नहीं।

लोग भूत से डरते हैं, चोर से डरते हैं, पुलिस से डरते हैं, बीवी से डरते हैं, और साहेब से डरते हैं। लेकिन मैं? मैं सिर्फ इसी ढाई आखर से यानी अन्धा बनानेवाले प्रेम से डरता हूँ। और इतना डरता हूँ कि आपसे कह नहीं सकता। हर वक्त आँखों में आँखें डोलती हैं, नींद आती ही नहीं, न इस करवट न उस करवट। बराबर इन्तजार बना रहता है। मिलने पर भी मिलने की चाह नहीं जाती है। आह में भी वही कराह में भी वही। यह मुआ ढाई आखर सबसे पहले भूख-प्यास और नींद इन्हीं तीनों पर हमला बोलता है और आदमी छटपटाकर रह जाता है। इसीलिए प्रेम विरले करते हैं—ऐरे-गैरे नत्थू-खैरे के बूते की बात नहीं है। इसमें दो तरह की कसरतें एक साथ करनी पड़ती हैं पहली कसरत 'तलवार की धार पै धावनो' है और दूसरी कसरत है—'सीस उतारै भुंइ धरे' इन कसरतों के आगे बड़े-बड़े कसरती हाथ जोड़ देते हैं और भाग खड़े होते हैं।

इतना ही नहीं यह ढाई आखर धोखेबाज भी बहुत है। आँखों में धूल भी झोंकता है और पुट्ठे पर हाथ रखकर उल्लू भी बनाता है। लेकिन असली प्रेमी धोखा खाने से भागता नहीं बल्कि और जी-जान से जुट जाता है। गाहे बगाहे गलियों में चौराहों पर पिट भी जाता है। इससे उसका प्रेम और मजबूत होता है। मेरे जैसा आदमी तो बराबर फूँक-फूँककर कदम रखता है। दूसरों से आँख बचाता फिरता है कि कोई देख न ले। क्योंकि ऐसे में दुनिया की नजर बहुत जल्दी पड़ती

है। और नजर पड़ते ही दुनिया तिल का ताड़ बनाने लगती है। कभी-कभी तो तिल इतना बड़ा हो जाता है कि वह आसमान छूने लगता है। एक अच्छे काम में लोग तरह-तरह से रोड़े अटकाते हैं, परेशान करते हैं। स्कूटर की हवा निकाल देते हैं, चलिये अब खींचिये पैदल, जितना गुस्सा स्कूटर पर और हवा निकाल देनेवालों पर नहीं होता उससे ज्यादा गुस्सा अपने पर और इस तथाकथित ढाई आखर पर होता है, लेकिन अब किया ही क्या जा सकता है? यह तो खेल ही लुका-छिपी का है, तू डाल-डाल मैं पात-पात।

लोग कहते हैं चोर का जी आधा होता है, होता होगा, प्रेमी के पास तो पौवा भी नहीं होता। इस मामले में मैं चोर की तारीफ करूँगा कि वह कम-से-कम आधे जी से ही सही अपने काम में लगा तो रहता है। प्रेम करनेवाला तो बस पत्ता खड़का और बन्दा भड़का। वैसे जितनी सावधानी और ढाल-कवच के साथ प्रेमी घर से निकलता है उतनी सावधानी से चोर भी नहीं निकलता। क्योंकि बहानेबाजी की कला में जितना माहिर प्रेमी होता है उतना माहिर दुनिया का कोई जीव नहीं होता। प्रेमी तरह-तरह के बहानों से लैस रहता है। चचा के मिलने पर चचा की पसन्द का बहाना। चचा खुश होकर पीठ ठोंकते हैं भतीजा हो तो ऐसा। हर वक्त कम्पिटीशन की तैयारी में, वाह-वाह करते हुए चचा आगे निकल जाते हैं। पड़ोसी के मिलने पर प्रेमी उसकी पसन्द का बहाना बनाता है। पड़ोसी गद्‌गद, बेटे! कभी मेरे उस नालायक राजू को भी अपने संग घुमाया करो न, दिन भर किताबों में डूबा रहता है। पड़ोसी इस बच्चे पर गर्व करता है और अपने बेटे पर अफसोस! लेकिन मैं क्या करूँ, मुझसे इतना सफेद झूठ कभी नहीं बोला गया। और बहानेबाजी क्या होती है यह तो मैंने जाना ही नहीं। लड़की के साथ उसके बाप को देखकर मैं सिर पर पैर रखकर भाग खड़ा हुआ। दोनों पुकारते रहे लेकिन मैं कहीं साइकिल से टकराया, कहीं ठेले से, कहीं ट्रक से बचा तो टकराया जाकर बिजली के खम्भे से। हफ्ते भर सिर में पट्टी बाँधे पड़ा रहा। एक बार उसके कहने से मैं गलती से उसके साथ सिनेमा चला गया। इण्टरवल में पता चलता है कि मेरे पीछेवाली सीट पर मेरे पिता जी बैठे हैं और मेरे आगेवाली सीट पर उसका पहलवान भाई बैठा है। दिन में क्लास छोड़कर सिनेमा देखने का नतीजा क्या निकला यह बताने की जरूरत नहीं है। फिर आप सब तो मुझसे भी ज्यादा समझदार हैं।

वैसे जिसके पास खूब समय हो वह ढाई आखर का चक्कर चला सकता है। क्योंकि इसमें समय की बर्बादी बहुत होती है। काम की बात कभी-कभी बिलकुल नहीं हो पाती केवल फालतू की ही बातें होती रहती हैं। पता चला कि उसने दस नम्बर की बस से आने को कहा है, अब चलिये हर बस का नम्बर पढ़िये। सौ मीटर पीछे-पीछे दौड़ने के बाद पता चलता है कि यह एक सौ दस

नम्बर की बस है। सारा दिन बसों का नम्बर पता करने में बीत गया और टाँय-टाँय फिस्स। दूसरे दिन उसने हल्का-सा सॉरी कहा और कहा कि हाय क्या बताऊँ जी कल दस नम्बर की बस कैन्सिल हो गयी थी, इसलिए स्टैण्ड से घर वापस लौट गयी। जिसके पास समय न हो उसे इस धन्धे में आना ही नहीं चाहिए। क्योंकि यहाँ सारा खेल समय का ही होता है। समय पर पहुँचना, समय पर मिलना और समय पर वापस आना। इसके बावजूद इन्तजार करना पड़ता है। शाम तमाम हो जाती है, चाँद और तारे निकल आते हैं, वे भी कटे पर नमक छिड़ककर चले आते हैं लेकिन इन्तजार बना ही रहता है। कानों में यही गूँजता रहता है—बन्द न करना द्वार देर हो जाय तो, तुमने मुझे बुलाया है मैं आऊँगा। अब सवाल उठता है कि आखिर वह यानी प्रेमिका कब तक न दरवाजा बन्द करे। वह दरवाजा बन्द करके सो जाय यह अच्छा है, या खुला रखे और रात में चोर आकर हाथ साफ कर जाय यह अच्छा है। इसलिए यह बहुत जरूरी है कि समय का ख्याल रखें। वर्ना फिर तो हमेशा पछताना ही रहता है और रोना रहता है चिड़िया चुग गयी खेत चिड़िया चुग गयी खेत, देखने में यह ढाई आखर लगता है लेकिन बहुत समय खाता है। स्कूटर मिस्त्री से भी ज्यादा समय यह ढाई आखर खाता है और मैं स्कूटर मिस्त्री के साथ समय गँवाना ज्यादा अच्छा समझता हूँ, बनिस्बत ढाई आखर के साथ समय गँवाने के।

फिर आदमी को काम ऐसा करना चाहिए जिसमें कुछ छिपाना न पड़े और इस ढाई आखर के चक्कर में तो ढाई आखर भी छिपाकर रखना पड़ता है कि कोई और न पढ़ ले, जबकि यह सच है कि

"खैर खून खाँसी खुशी बैर प्रीति मद पान
रहिमन दाबे ना दबे जानै सकल जहान।

यानी सब-कुछ अन्तत: प्रकट हो ही जाता है फिर भी चिट्ठियाँ इन दिनों छिपाकर लिखी जाती हैं, छिपाकर ली जाती हैं और रात ताले में छिपाकर रखी जाती हैं कैसे-कैसे आग्रह होते हैं—

क्या खता मुझसे हुई कि खत का आना बन्द है
लेखनी चलती नहीं या डाकखाना बन्द है
लिखती हूँ खत मैं खून से स्याही न समझना
मरती हूँ तेरी याद में जिन्दा न समझना
जल में बसे कुमदनी, चन्दा बसे अकास।
जो जाही कौ भावतो, सो ताही के पास।।

जाहिर है कि ऐसी चिट्ठियाँ छिपाकर ही रखी जायँगी। ये कोई अखबार तो है नहीं कि तू भी देख ले, तू भी, तू भी और तू भी। लेकिन साहेब चिट्ठियों को

छुपाकर रखना भी एक महान् कार्य है। चिट्ठियाँ कहाँ-कहाँ नहीं छिपायी जातीं? किताबों में, तकिये में, बक्सों में और बराबर यह चिन्ता भी बनी रहती है कि किसी ने किताब छुई तो नहीं, किसी ने बक्स तो नहीं खोला वगैरह-वगैरह। जल्दबाजी में कभी-कभी जबर्दस्त धोखा भी हो जाता है। जैसा कि मेरे साथ हुआ। अँधेरे में, खूँटी पर टँगे कोट में चिट्ठी मैंने छुपा दी, सुबह पता चला कि वह कोट बड़े भाई साहेब का था, और वह पहने हुए हैं। दफ्तर जाने को तैयार हैं। मैं उनकी ओर हैरान परेशान देख रहा हूँ। और वह बार-बार मुझसे पूछ रहे हैं, क्यों क्या देख रहे हो। मेरा कोट ठीक नहीं है क्या? कभी इस जेब में हाथ डाल रहे हैं कभी उस जेब में। चिट्ठी ठीक सामनेवाली जेब में है। मैं यही मना रहा हूँ, हे भगवान् ऊपरवाले जेब में भाई साहेब का हाथ न जाये, न जाये, लेकिन जैसे समय आने पर सबकी चिट्ठियाँ पकड़ी गयी हैं उसी तरह मेरी भी पकड़ी जाती है। मैं लाख सफाई देता हूँ, कोई सुनवायी नहीं होती। हाँ, चिट्ठियों की समस्या जिनके सामने नहीं होती उनकी बीसों घी में होती हैं। मतलब जो न लिखना जानते हैं न पढ़ना वे सीधे-सीधे फाइनल की तैयारी करते हैं। ऐसे लोगों से मुझे बड़ी ईर्ष्या होती है, लेकिन अब क्या करूँ।

और तो और सबसे बड़ी परेशानी तब होती है जब वह भी साथ रहती हैं। यानी 'ढाई आखर' साक्षात्। मेरे साथ कुछ दूर चलने के बाद वह धीरे से फूटती हैं कि इधर हम लोग गलत आ गये, इधर तो मेरे पापा के दोस्त वह....फलाँ अंकल रहते हैं, इधर से नहीं इधर से चलो। अक्सर आये दिन यही होता है कि मुख्य सड़क छोड़कर बाई पास का सहारा लेना पड़ता है। कभी-कभी बाई पास भी जाम मिलता है। तब और खीझ बढ़ती है, और कुढ़न होती है, तब यही होता है कि या तो कोई 'अण्डरग्राउण्ड' रास्ता होता या फिर भगवान् डैने दे देता। डैना मिलते ही पास-पड़ोस, परिचित-अपरिचित ये-वो जैसी सभी बातें हल हो जाती हैं। मुझे तो अपभ्रंश का एक दोहा याद आता है कि

आड़ा डूँगर वन घणाँ, खड़ा पियारा मित्त
देहु विधाता पंखड़ी, मिल-मिल आऊँ नित्त।

सचमुच ऐसी परिस्थितियों में पंख बहुत काम के साबित होते है लेकिन पंख जिन्हें मिलते हैं वे इस तरह के कामों में शामिल नहीं होते। और जो इस तरह के कामों में लगे रहते हैं वे उड़ने-भागने को लालायित रहते हैं लेकिन मजबूर रहते हैं कि उनके पास पंख नहीं होते।

अतः देवियों! इस धन्धे में लगातार पिछले बीस-पच्चीस वर्षों से लगे रहने के नाते अब मैं इस निष्कर्ष पर पहुँचा हूँ कि यह केवल दूर की ढोल है दूर से सुहानी लगती है। जिसके गले पड़ती है वही जानता है कि इसका बजाना कितना

महँगा पड़ता है। यह वही जानता है जिसके गले में ढोल है दूसरा नहीं। एक को मित्र बनाने के चक्कर में दुनिया भर से दुश्मनी मोल लेनी पड़ती है। लोग अपने-आप दुश्मन हो जाते हैं। ऐसों-ऐसों के पाँव पड़ना पड़ता है कि वे किसी से कह न दें। और इससे भी बड़ा खतरा होता है बेवफाई का। सारी ईमानदारी धरी रह जाती है। खायी हुई कसमें भूल बिसर जाती हैं। और क्लाइमेक्स पर पहुँचने से पहले ही कहानी खत्म हो जाती है। सबसे मजे में वही रहता है, जो प्रेम करे न करे, शादी जरूर करता है, यानी घर बसाता है, बढ़ाता है और ठाट से चलाता है। कुर्ता फाड़कर मजनूँ की तरह सड़क पर ढेले खाने से बेहतर है घर में एक अदद बीवी की डाँट खा लेना अन्ततः हर शरीफ आदमी इसी बात को अपनाता है जिसे मैंने अपनाया है। आशा है मेरे कहे पर-आप सब ।

साहेब बाथरूम में हैं

एक दिन मैं गलती से सवेरे-सवेरे साहेब के बँगले पर पहुँच गया। जब पहुँच गया तो सोचा कि जब यहाँ तक आया ही हूँ तो लगे हाथ साहेब से मिल भी लूँ। वरना सुनेंगे तो बुरा मानेंगे। कई बार खुद कह भी चुके हैं कि आप कभी बँगले पर नहीं आते, आइये कभी। लेकिन मैं यह सोचकर कि पता नहीं बँगले पर बुलाकर साहेब क्या करेंगे? भरसक उनके बँगले पर जाने से बचता हूँ। कभी किसी साहेब के बँगले पर मैं आया-गया हूँ नहीं, कोई बात हो गयी तो और मुसीबत। यही सब सोचकर मैं बराबर कतराता रहा लेकिन वही हुआ जो तुलसीदास ने लिखा है—

तुलसी जस भवितव्यता तैसी होत सहाय।
आपु न आवइ ताहि पँह, ताहि तहाँ लै जाय।

पता नहीं आज क्यों यकायक इस तरफ आने का ख्याल आया, और मैं चला आया। फिर मुझे ख्याल आया कि—

अरे! यहाँ तो साहेब रहते हैं। फिर इतना अच्छा बँगला और किसका हो सकता है। सहसा मेरी निगाह फाटक पर गयी—खूब बड़े-बड़े अक्षरों में साहब का पूरा नाम लिखा था। मुझे पूरा-पूरा यकीन हो गया कि बस-बस इसी में मेरे साहेब रहते हैं। पता नहीं इस समय साहेब क्या कर रहे होंगे? सण्डे है, मिलेंगे कि नहीं मिलेंगे। डर भी रहा था कि कहीं साहेब डाँट न दें। कई बार मन में आया कि लौट चलूँ। फिर कभी टाइम मिला तो आ जाऊँगा। लेकिन जो होनी रही सो हुई। मैं गेट के बाहर ही रहा कि तब तक मुझे एक चपरासी टाइप आदमी दिखायी दे गया। मैंने उसे हाथ के इशारे से बुलाकर पूछा, हे भइया साहेब हैं? उसने कहा, हाँ हैं। क्या काम है? कहाँ से आये हैं? मैंने कहा, भाई! मैं साहेब के ही दफ्तर में काम करता हूँ। आज मिलने चला आया। साहेब जग गये कि नहीं अभी?

उसने मेरी किसी बात का जवाब नहीं दिया, और गेट खोल दिया। जब मैं भीतर घुस गया तो उसने फिर गेट बन्द कर दिया, और मेरी ओर मुड़कर बोला,

आप दफ्तर में नये आये हैं क्या? किस सेक्शन में हैं? आप ही तो नहीं बड़े बाबू हैं? मैं तो एकदम से उसकी ओर लपक पड़ा हाँ, हाँ मैं ही बड़ा बाबू हूँ लेकिन आपने कैसे जाना। मैं आज पहली बार यहाँ आ रहा हूँ। पहले कभी आया भी नहीं...आपने मुझे पहचान लिया...। उसने कहा,...आप नहीं आते तो क्या आपकी बात नहीं होती। सबसे ज्यादा बात तो आप ही की होती है। जो आता है वही कहता है बड़े बाबू ऐसे हैं, बड़े बाबू वैसे हैं। अभी कल ही रात में उपधिया साहेब आये थे घण्टों बतियाते रहे साहेब से। किसकी-किसकी बात नहीं की उन्होंने। आपका भी नाम गिना रहे थे। अच्छा यह बताइये डी.ए.वाला आर्डर आ गया कि नहीं अभी। दीवाली से पहले-पहले मिल जायगा न? दफ्तर में भी तो ससुरे कामचोर हैं। हर बात में ओवरटाइम। काम क्या होगा घण्टा?

मैंने कहा, भाई! दफ्तर के बारे में आप क्यों इतना सोचते हैं। जब आप इतना सोचते हैं तो साहेब कितना सोचते होंगे? सोचिये भला।

मेरी बात सुनकर वह ठिठका, मुस्कराया और बोला, क्यों साहेब! यह कहाँ की शराफत है कि खायेंगे और का गायेंगे और का। फिर साहेब का दफ्तर है तो हमारा भी दफ्तर है। मेरा नाम है सरजू प्रसाद। अब आप समझ गये होंगे?

मैं भौचक्का रह गया। अरे आप ही हैं सरजू प्रसाद। वाह भाई वाह! मैं भी कहूँ कि आखिर ये कौन हैं सरजू प्रसाद, दिखता कभी नहीं और तनख्वाह हर महीने ले जाता है...तो आप यहाँ हैं? खैर कोई बात नहीं। अब मालूम हो गया कि सरजू प्रसाद साहेब के बँगले पर रहता है। वैसे एक बात बताओ...क्या हाल है साहेब का, मिजाज ठीक है न?

सरजू प्रसाद कुछ पशोपेश में पड़ गया। उसने कहा "साहेब के मिजाज का कोई ठीक नहीं है बड़े बाबू। कभी गरम होता है तो कभी ठण्डा। कभी तोला तो कभी माशा। अभी-अभी तो झल्ला रहे थे और जब तक पहुँचूँ तब तक साहेब बाथरूम में घुस गये। अब और मुसीबत...।

मैंने कहा, ओ सरजू प्रसाद जी। बाथरूम में जाना मुसीबत में जाना है क्या? अरे, दुनिया बाथरूम में जाती है फिर साहेब बाथरूम में जाते हैं तो क्या बुरा करते हैं, आयेंगे तो जल्दी न? वह कुछ बोला नहीं चुपचाप चला गया और एक कुर्सी ले आया। बैठिये बड़े बाबू। कहकर चला गया। मेरे देखते-देखते सारा दफ्तर साहेब के यहाँ जमा होने लगा। पहले प्रकट हुआ दफ्तर का माली। उसने मेरी ओर देखा भी नहीं। आया और साहेब की बगिया में घुस गया। थोड़ी ही देर में टाइप बाबू टाइपराइटर सहित दाखिल हुए। स्टेनो बाबू भी हाजिर हो गये। लाल बाबू भी स्कूटर से आ गये। स्कूटर पोर्टिको में रोके। उसमें से डबलरोटी, मक्खन, अण्डा निकाले और सब्जी का झोला लिये-लिये घर में ऐसे घुसे जैसे साला

बहनोई के घर में घुसता है। मुझसे आँख मिली। हलो-हलो किये और गायब हो गये। मुझे उस दिन अपनी नासमझी पर बड़ा तरस आया कि अरे बाप-रे-बाप! सारा दफ्तर तो यहीं है। मुझे अपनी भूल पर आत्मग्लानि हुई, और प्रसन्नता यह सोचकर हुई कि अभी कुछ बिगड़ा नहीं है। सुबह का भूला अगर शाम को घर आ जाता है तो उसे भूला हुआ नहीं कहा जाता। देर से ही सही आँखें तो खुलीं। मैं अभी सोच ही रहा था कि तब तक चपरासी सरजू प्रसाद फिर बाहर आ जाता है। मैंने पूछा, क्यों सरजू प्रसाद जी साहेब बाथरूम से निकले कि नहीं? वह बोला, अभी कैसे साहेब! अभी तो साहेब चश्मा भूल गये थे। अब उसी में साहेब हिन्दी, अंग्रेजी के सभी अखबार पढ़ेंगे। अखबार पहले बच्चे पढ़ते हैं फिर मेम साहेब पढ़ती हैं, फिर पढ़ते हैं, साहेब। आज सण्डे है इसलिए कोई जल्दी भी नहीं है। अब ये अखबार कल जायँगे दफ्तर।

कई बार मन में आया कि कह दूँ यार सरजू प्रसाद जरा खटखटा दो न, साहेब जल्दी निकल आयेंगे। लेकिन यह सोचकर कि इतना बड़ा बँगला है तो बाथरूम भी कई होंगे, पता नहीं किस बाथरूम में साहेब होंगे? फिर यह भी तो हो सकता है कि साहेब थोड़ा-बहुत हर बाथरूम का इस्तेमाल करते हों। कभी इसमें, कभी उसमें, कभी उसमें...। सरजू प्रसाद खुद बड़बड़ाने लगा, पता नहीं इस समय साहेब बाथरूम में क्या कर रहे होंगे? अखबार पढ़ रहे होंगे कि दाढ़ी बना रहे होंगे कि दफ्तर की कोई फाइल देख रहे होंगे कि कल-परसों की आयी डाक देख रहे होंगे। पता नहीं क्या सोच रहे होंगे किसके बारे में सोच रहे होंगे।

मेरी तो आँख खुल गयी कि बाप-रे-बाप साहेब इतने सारे महत्त्वपूर्ण काम बाथरूम में ही निपटा देते हैं। अगर बाथरूम न होता तब तो साहेब को बड़ी परेशानी होती। मैंने पूछा, ओ सरजू प्रसाद जी! अगर ऐसे में कोई फोन आता होगा तब? तब तो बड़ी मुश्किल होती होगी? उसने कहा, नहीं जी! मुश्किल कैसी? दीवाल में हाथ जाने भर छेद बना है। उसी में से टेलीफोन का चोंगा पकड़ा दिया जाता है। कभी तो साहेब घण्टों टेलीफोन पर बतियाते ही रह जाते हैं। मैंने कहा, सरजू प्रसाद जी! ऐसा आज मत होने देना। अगर कोई फोन आये भी तो टाल जाना, वरना मैं कब तक बैठा रहूँगा। सरजू प्रसाद हँसने लगा। बोला, बड़े बाबू ऐसा कैसे हो सकता है? फोन तो वहाँ जायगा ही जायगा। सरजू प्रसाद चला गया। मैं सोचने लगा कि जब इतने सारे काम साहेब बाथरूम में ही करते हैं तो जरूर किसी कोने में टेबुल, कुर्सी, अलमारी और रैक वगैरह भी होंगे। कहीं ऐसा तो नहीं कि साहेब उसी में चाय भी मँगा लेते हों। हाँ, साहेब की बात ठहरी मुश्किल क्या है? इतने में टेलीफोन की घण्टी बजी। सरजू प्रसाद भागकर आया। चोंगा उठाकर

बोला, हलो जी हाँ, साहेब अभी बाथरूम में हैं, आप अभी रखिये मत मैं अभी साहेब तक चोंगा पहुँचाता हूँ। देखा आपने बड़े बाबू। यह कर्नल साहेब का फोन है। अब रात के खाने की, पीने की, घूमने की सारी बातें इसी फोन पर होंगी। अब दोपहर से पहले साहेब नहीं निकलेंगे, कहता हुआ चला गया और मैं अपना मुँह लिये उल्टे पाँव घर चला आया।

अगर मैं पत्नी होता

पति होकर मैंने देख लिया, सिर्फ नाम-ही-नाम है। इसमें अब कुछ नहीं रखा है। यह केवल दूर का ढोल है। दूर से ही अच्छा लगता है। वह जमाना गया, जब पति परमेश्वर हुआ करता था और उसकी चलती थी। आज पत्नी परमेश्वर हो गयी है। पत्नी की चलती है। पति की बिलकुल नहीं चलती। पति आज काठ का उल्लू, चिड़ी का गुलाम और गुजरा हुआ गवाह होकर रह गया है। अगर पति की हैसियत में इतनी तगड़ी गिरावट नहीं आयी होती, तो शायद मैं इतना परेशान और चिन्तित न होता। कोल्हू के बैल की तरह वर्षों अन्धी परिक्रमा करने के बाद मुझे यह एहसास हुआ है कि, अब लौं नसानी, अब ना नसैहौं। शादी की सिलवर जुबिली मना लेने के बाद मेरी आँखें खुली हैं, जब चार-चार बच्चों का बाप बन गया तब। बहरहाल, अब मेरे होश ठिकाने आ गये हैं। मैं जान गया कि जो गौरव पत्नी होने में है, वह पति में नहीं, काश! यह आत्मज्ञान और पहले हो गया होता तो आज इतना पछताना न पड़ता। और अब पछताना भी किस काम का। चिड़िया को जितना खेत चुगना था वह चुग चुकी।

मेरी पत्नी ने कभी अपने को पहचाना नहीं, इससे मेरा बहुत नुकसान हुआ। मुझे भी लोगों ने नहीं पहचाना। वर्ना मेरे आगे शर्मा जी की क्या बिसात? लेकिन वह सिर्फ इसलिए पहचान में आ गये कि उनकी पत्नी गुल खिलाने में उस्ताद है। बिना गुल खिलाये उनके पेट का पानी नहीं पचता। सब उनके इस फन की तारीफ करते हैं—क्या दूधवाला, क्या सब्जीवाला, क्या फेरीवाला, क्या फलवाला, क्या धोबी और क्या मोची। सब-के-सब उनके सामने पड़ने से कतराते हैं कि पता नहीं वे कब कौन-सा गुल खिला दें। मेरी पत्नी ने कभी गुल नहीं खिलाया। इसका मुझे बेहद अफसोस है। पास-पड़ोस में सबकी पत्नियाँ महीना-बीस दिन में कोई-न-कोई गुल खिला देती हैं तरस आता है मुझे अपनी पत्नी पर। मैं अगर पत्नी होता तो रोज एक गुल खिलाता। और ऐसे-ऐसे गुल खिलाता कि कॉलोनी में गुल खिलानेवालियों के छक्के छूट जाते। वे हार मानकर या तो मुहल्ला बदल देतीं या मेरे आगे हथियार डाल देतीं। मैं जब-जब सुनता हूँ कि फलाँ की बीवी ने यह गुल

खिलाया फलाँ की बीवी ने वह गुल खिलाया और फलाँ की बीवी ने तो जो गुल खिलाया कि बस पूछिये मत बाप-रे-बाप, ट्रैफिक जाम हो गयी, फोन करके पुलिस बुलानी पड़ी और धारा एक सौ चौवालीस क्या, कर्फ्यू लगते-लगते बचा, तब-तब मैं अपनी तकदीर को कोसता हूँ और हाथ मलकर रह जाता हूँ। सच! तब मुझे अपने पति होने पर बेहद गुस्सा आता है और घूम-फिरकर बात वहीं अटकती है कि मैं अगर पत्नी होता!!

सच मानिये, मैं अगर पत्नी होता तो गुल खिलाकर पति के नाम में चार चाँद लगा देता। लोग मुझे भी पहचानते और मेरे पति को भी। मुझे देखते तो आपस में बतियाते कि यही है जो खूब गुल खिलाती है। और अगर मेरे पति को देखते तो सब आपस में मुस्कराकर कहते, देखो-देखो, यह वही शरीफ भकुआ है, जिसकी पत्नी गुल खिलाने में अपना कोई सानी नहीं रखती। हाय री मेरी पत्नी! तू भी कैसी पत्नी? किसी भी पत्नी का तूने जवाब नहीं दिया। मैं चाहता हूँ जवाब देना, लेकिन किस मुँह से दूँ। लाचार हूँ पति होकर।

मैं अगर पत्नी होता तो मेरा एक इतिहास होता। स्वर्णाक्षरों में लिखा इतिहास। मैं आजकल की पत्नियों की तरह साड़ियों और गहनों के लिए न मरता और न पति से लड़ता। मैं लड़ता पत्नी के मूलभूत अधिकार के लिए, जिसके लिए इतिहास में पत्नियाँ लड़ी हैं। मेरा गहना होता-जिद, मेरा पहनावा होता धमकी और मेरा बेडरूम होता-कोपभवन। एक अच्छी-भली पत्नी के लिए इसके अलावा और चाहिए क्या? मैं होम साइन्स में भले दो कौड़ी का होता, लेकिन रूठने की कला में मैं टॉप पर होता। मैं रूठता कैकेयी की तरह और मेरा पति मुझे मनाता राजा दशरथ की तरह। रोता-गिड़गिड़ाता, पाँव पड़ता और मुझे मनाता। मेरी पत्नी को रूठना भी नहीं आता। गुस्से में भी हँसती-मुस्कराती, खाती-पाती है। रेडियो सुनती है, टी.वी. देखती है। मैं जब भी धमकी देता तो खास किस्म की धमकी देता। ऐसी-वैसी और हलकी-फुलकी धमकी नहीं कि, मैं मैके चली जाऊँगी तुम देखते रहियो। छिह यह धमकी घिसी-पिटी धमकी है।

आजकल के पति तो चाहते ही हैं कि बीवी मायके में रहे, जिससे कि उनकी बराबर चाँदी रहे! मैं ऐसी धमकी देता कि पति की ऊपर की साँस ऊपर और नीचे की नीचे रह जाती। जैस—अगर मेरा यह काम तुरन्त नहीं हुआ, तो मैं कल से माँ को यहीं बुला लूँगी। यह धमकी रामबाण की तरह काम करती। क्योंकि दुनिया के किसी पति में इतनी हिम्मत नहीं है कि वह अपनी सास से आँखें मिला सके और उसकी छत्रच्छाया में रहकर सुख की साँस ले सके। वैसे धमकी दारोगा की बीवी भी अच्छी दे लेती हैं। वह जब-जब अपने दारोगा पति को धमकाती है वह बेचारा थर-थर काँपने लगता है। यह वही दारोगा है, जो वर्दी पेटी में होता है, तो

उसके आगे बड़े-बड़े दिग्गज भी गिड़गिड़ाते हैं, नाक रगड़ते हैं और हुजूर माई-बाप कहकर बोलते हैं। लेकिन पत्नी का रुतबा ऐसा है कि उसके आगे दारोगा सिर के बल खड़ा हो जाता है।

मैं अगर पत्नी होता और मेरा पति कहीं नौकरी कर रहा होता, तो मैं पति के घर आने का इन्तजार न करता। हाँ, घर से बाहर निकलने का इन्तजार जरूर करता। पति जाता दफ्तर और मैं इधर घर के बाहर चबूतरे पर जमकर बैठ जाता। पास-पड़ोस की औरतों का अच्छा-खासा झुण्ड बटोरकर, मिसेज राय की तरह। मिसेज राय का चबूतरा देखते ही बनता है। पतियों के दफ्तर जाते ही पत्नियों का रामराज्य लौट आता है। वे गैस पर उबलता दूध छोड़कर चली आती हैं, खुला नल छोड़कर चली आती हैं। मिसेज तिवारी को तो इतनी जल्दी रहती है कि पति को विदा करने के बाद शीशा भी नहीं देखतीं। वही मुखड़ा लिये, घर खुला छोड़कर, दौड़ी-दौड़ी मिसेज राय के चबूतरे पर पहुँच जाती हैं। उनका 'चबूतरा-सत्संग' तब खत्म होता है, जब स्कूली रिक्शे-टैम्पो वापस आते हैं।

ये पत्नियाँ अपने-अपने घर से निकलती हैं खाली कटोरा-कटोरी लेकर पड़ोस में दाल-तरकारी के लिए कि 'हाय बहन जी! थोड़ी देर के लिए मिसेज राय के चबूतरे पर बैठ क्या गयी कि मेरी दाल जल गयी, तरकारी जल गयी। भला सोचिये, यह सुख कभी किसी पति को मिल सकता है। काश! मैं पत्नी होता और मेरे पास भी एक ऐसा ही चबूतरा होता। हर मौसम में उस चबूतरे पर सुख बरसता रहता। तनख्वाह मिलने के दिन से लेकर तनख्वाह खत्म होने के दिन तक मेरा हाथ किचेन में नहीं, पति की जेब में होता। पति को निखट्टू होने से बचाने का पूरा-पूरा प्रयास करता। घर में सवेरे झाड़ू-बुहारू, कपड़े धोना, बर्तन माँजना, दूध ले आना, चाय बनाना, सब्जी काटना, आँटना गूँधना जैसे छोटे-मोटे काम बराबर पति से कराता रहता। और जब तक पति इन कामों को करता, तब तक मैं और दूसरे कामों की लिस्ट बनाकर उसे पकड़ा देता। ताकि वह बाजार भी घूम-फिर आये और उसका जी भी बहल जाये।

लेकिन इतनी सहूलियत पर भी पति कुछ नाक-भौं या ना-नुकुर करता तो मैं धीरे से उसके कानों में कहता, जाओ, वरना आजकल दिन में परिवार नियोजनवाले, डॉक्टर मोटर लेकर केस के लिए चक्कर काटा करते हैं। तुम पकड़ गये तो मैं नहीं जानती। मैंने बड़े-बड़े हिम्मती पतियों को ऐसी धमकी पर भागते देखा है। नयी-नयी शादीवाले भी आपात्काल में महीनों घर से गायब रहे हैं। मैं स्वयं पत्नी की कृपा से अज्ञातवास करता रहा। मेरा पति इतना समझाने पर भी अगर मेरी बात नहीं मानता, तो मैं उसे जरूर सही नागरिक बनाता और बहला-फुसलाकर स्वयं परिवार नियोजन शिविर में पहुँचा देता। लेकिन लाचार हूँ क्योंकि मैं पति हूँ, पत्नी नहीं हूँ।

वैसे मैं अगर पत्नी होता तो अपने पति को पूरी छूट दिये रहता। मैं उसके सिर पर कभी सवार न रहता। उसके खास-खास कामों में हाथ भी बँटाता, हर वक्त हाथ में हाथ लिये न बैठा रहता। बराबर हाथ-में-हाथ लिये बैठे रहने से बाकी सारे काम ठप पड़ जाते हैं और संवेदना भी मर जाती है। ऐसे में पति को भी दिक्कत होती है, जैसा कि मैं अक्सर महसूस करता हूँ-खासकर जब कहीं खुजलाने का मन होता है, तब। इसलिए मैं रास्ता चलते समय, मेले-ठेले में, भजन-कीर्त्तन में पति का हाथ-हाथ में लेकर न बैठता। मैं पति को चारों तरफ देखने की छूट देता, वरना मेरा पति भी मिस्टर तलवार की तरह सिर झुकाकर चलने की आदत के कारण बिना गर्दन का होकर रह जाता।

बेचारे मिस्टर तलवार का सिर न दायें घूमता है, न बायें, न ऊपर, बस नीचे ही झुका रहता है। ग्रहण भी लगता है तो ऊपर नहीं देखते—पानी भरे थाल में ही ग्रहण देख लेते हैं। फिर भी उनकी पत्नी बड़े गर्व से सीना फुलाकर कहती हैं कि मेरे पति को कोई आसमान नहीं दिखा सकता। अरे, पति के पीछे इतना डण्डा लेकर पड़ने की क्या जरूरत! मैं अपने पति को अपनी हर नयी-पुरानी सहेली से एक-दो बार जरूर मिलवाता और खुलकर बोलने-बतियाने की पूरी छूट देता। इससे एक पन्थ दो काज होते। यानी दोनों के ईमान की थाह एक साथ मिल जाती। फिर विश्वास भी तो कोई चीज है। मेरा पति अगर कभी गायब भी होता, तो मैं पति के गायब होने की रिपोर्ट न तो किसी थाने में लिखाता और न तो किसी रिश्तेदारी में उनका पता लगाता। क्योंकि थाने का सुलूक जैसा कि जग जाहिर है, पति के सुलूक की अपेक्षा कुछ बुरा ही होगा, अच्छा नहीं होगा। और रिश्तेदारी में खबर भेजने का मतलब है, आ बैल मुझे मार। आने को सभी आ जाते हैं, मगर जाने का कोई नाम नहीं लेता। जो रिश्तेदार कभी नहीं दिखायी दिये, वे भी, 'मान न मान मैं तेरा मेहमान' बनकर, तब तक के लिए डेरा डाल देंगे, जब तक मेरा पति लौट नहीं आयेगा।

इसलिए मैं ऐसी गलती कभी सपने में भी नहीं करूँगा। इतना ही नहीं, गाहे-बगाहे और तमाम पत्नियों की तरह बिना पूर्व सूचना के पति के दफ्तर पहुँचना और पति के बारे में जाँच-पड़ताल करना भी मेरे उसूल के खिलाफ होता। मैं मिसेज लाल की तरह बेवकूफ थोड़े ही होता कि पति को उन्होंने इण्टरवल में दूसरी महिला के साथ सिनेमा देखते हुए देख लिया और सारा हॉल सिर पर उठा लिया। झोंटा खिंचायी, गाली-गलौज क्या-क्या नहीं हुआ? इनकी विग पति की प्रेमिका के हाथ में और उसकी विग इनके हाथ में आ गयी। और लाल साहेब चुपके-से, कुत्ते की तरह दुम दबाकर ऐसा भागे कि बस पूछिये मत।

मैं अगर पत्नी होता तो अपने घर को स्वर्ग बनाने की कोशिश करता। अगर कोई मेहमान भी आता तो मेरे घर में स्वर्गवासी होकर रहता। अगर उसे पान खाने की आदत होती, तो मैं उसके गले में एक बाल्टी लटका देता, ताकि पान खाकर उसी में थूके और भर जाने पर बाहर जाकर खाली करे। मैं पत्नी–आचारसंहिता का अक्षरश: पालन करता और पति को हमेशा टिकाऊ, मजबूत और कामचलाऊ बनाये रखता। मुझे आशा ही नहीं पूरा विश्वास है कि तमाम पत्नियाँ मेरे बताये रास्ते पर चलेंगी, मेरे नुस्खों को आजमायेंगी और इस लेख को तकिये की तरह सिरहाने लगायेंगी....।

मियाँ-बीवी थाने गये

मेरे खानदान में कभी कोई थाने नहीं गया था, लेकिन मौसम और ईश्वर की असीम अनुकम्पा और बीवी के हार्दिक सहयोग से मैंने अपने खानदान का यह रिकार्ड तोड़ दिया। इस मामले में मैं बीवी की सूझ-बूझ का लोहा मानता हूँ। अगर उसने ऐसी पहल न की होती तो शायद यह शुभ कार्य मैं कभी पूरा कर पाता। जब मैं आफिस से लौटता तो बीवी अकसर यही कहती "ए जी! चलिये न कहीं घूम-फिर आयें। बंगलवाले शर्मा-शर्माइन, सामनेवाले वर्मा-वर्माइन, और ऊपरवाले दुबे-दुबाइन तो रोज शाम को घूमने जाते हैं। लेकिन एक आप हैं! आपको तो जैसे कभी मौका ही नहीं मिलता। अरे यह भी कोई जिन्दगी है। कैसे पति हैं आप?

सच माने और साहेब, रोज-रोज के ऐसे उलाहनों, शिकायतों और तानों-कटाक्षों से तंग आकर एक दिन आफिस से लौटते ही मैं बीवी को शहर दिखाने निकल पड़ा। चूँकि पहला-पहला मौका था, मैं कुछ समझ नहीं पा रहा था कि बीवी के किस तरफ मुझे रहना चाहिए। मैं उसी तरफ रहना चाहता था जिस तरफ मैं पति लगता और वह पत्नी लगती क्योंकि आजकल जोड़ा देखने से यह अन्दाज नहीं लग पाता कि ये मियाँ-बीवी ही हैं। इसलिए साथ चलने में मैं कुछ हिचकिचा भी रहा था और सोच भी रहा था कि कहीं किसी शरीफ आदमी ने टोक दिया तो? हाँ, मैं कोई दूबे जी थोड़े ही हूँ कि सफाई देता फिरूँ? यही सब सोच-विचारकर मैंने बीवी से कहा, चलो कुछ चाट-फुलकी हो जाय। क्योंकि ज्यादातर औरतें चाट-फुल्की पर जान छिड़कती हैं। अकेली गयीं खा-पीकर लौट आयीं, और पति के आते ही बोल पड़ीं। अजी मेरी तो कुछ खाने-पीने की इच्छा है नहीं, आपको कुछ खाना हो तो बना लीजिये। लेकिन बीवी ने चाट-फुल्की के नाम पर नाक-भौं सिकोड़ना शुरू कर दिया बल्कि शहर के भीड़-भरे चौराहे पर पहुँचते ही बोली, इस भीड-भाड़ से तो अच्छा है नदी किनारे घूमना। चलिये उधर ही चला जाय। इतना सुनते ही मेरा तो सिर चकराने लगा कि हे भगवान्! यह बीवी है कि कोई भटकी हुई आत्मा। क्योंकि शाम के वक्त नदी की ओर मैं कभी अकेले भी नहीं गया मारे डर के। फिर इसे अगर एकान्त ही पसन्द था तो घर क्या बुरा था? बहरहाल मैंने कहा जिधर तुम्हारी मर्जी, मैं तो आज तुम्हें घुमाने ही निकला

हूँ। और साहेब ये गली वह सड़क पार करते हुए हम दोनों नदी किनारे पहुँच ही तो गये।

साफ धुली चाँदनी, ठण्डी-ठण्डी बयार, लहरों की छपछपाहट, पुल की गड़गड़ाहट। आज भी वह घड़ी याद आती है तो हाय रे! अभी तक हम पूरी तरह से रेत पर बैठ भी नहीं पाये थे कि एक पुलिसवाला आ गया—कौन हो जी? और पास आकर खूब गौर से देखकर बोला, अरे, यह तो साथ में औरत भी है। कौन हो तुम दोनों? यहाँ क्या करने आये हो? मैंने बड़ी संजीदगी से उसे समझाते हुए कहा, श्रीमान्! हम दोनों इन्सान हैं और इस वक्त दरिया किनारे हवा खाने निकले हैं। यह मेरी बीवी है और मैं इसका पति हूँ। हमें नहीं मालूम था कि यह वक्त आप सबके टहलने-घूमने का है वर्ना हुजूर मैं ऐसी जुर्रत कभी नहीं करता। वह बीच में ही मेरी बात काटकर बोला—वाह बेटा, हमसे भी झूठ बोल रहे हो। चल थाने, चल, अभी सब मालूम हो जाता है। उसकी कड़कती आवाज सुनते ही उसी तरह के दो-चार जीव अगल-बगल से और आ गये। जो आता वही कहता जरूर कुछ दाल में काला है वर्ना शहर छोड़कर सन्नाटे में घूमने का क्या तुक है? पुलिसवाला फूला नहीं समाया, सीना तानकर बोला, लोग पुलिस को बुद्धू समझते हैं। ये नहीं जानते हैं कि मैं उड़ती चिड़िया को हल्दी लगाता हूँ। चल-बे-चल मुँह क्या देख रहा है? आगे-आगे हम दोनों मियाँ-बीवी और पीछे-पीछे सिपाही। बीवी भुनभुनाने लगी नाहक हम इधर आये। मैंने कहा, इधर क्या? कहीं भी घूमने निकलोगी तो हर ओर ये लोग मिलेंगे। बीवी बोली, क्या शाम को इधर घूमना-फिरना मना है? मैंने इस बारे में सिपाही से पूछना चाहा लेकिन साहस नहीं हुआ कि कहीं अजनबी न मान ले, मैंने बीवी से ही धीरे से कहा, पहले तो मना नहीं था शायद अब हो गया हो। और जब हम थाने में पहुँचे तो तमाशा बन गये। जो देखता वही घूरता। सामने कुर्सी पर बैठा दारोगा बेंत झुलाता हुआ बोला—

क्या नाम है?
मैंने कहा, कैलाश गौतम।
ये औरत कौन है?
जी, मेरी पत्नी
क्या करते हो?
जी, लिखता-पढ़ता हूँ।
क्या लिखते हो।
कविता।
कविता क्या होती है? वही जो तुलसी सूर वगैरह किया करते थे?
जी हाँ हुजूर! आपका ख्याल सही है।

तुम झूठ बोलते हो कि यह तुम्हारी बीवी है। कभी तुलसी सूर ने भी अपनी बीवी को कहीं घुमाया है? परम्परा तोड़ते हो, शर्म नहीं आती?

दारोगा का यह सवाल सुनते ही मुझे चक्कर आने लगा। पूरा हिन्दी साहित्य छान मारा लेकिन एक भी उदाहरण ऐसा नहीं मिला जिसे अपने बचाव में पेश कर सकूँ। मारे शर्म के मैं पानी-पानी हो गया। फिर उसने मेरी बीवी से पूछा, ये औरत! सच-सच बोल तू इसकी कौन है और इतनी रात गये नदी किनारे इसके साथ क्या कर रही थी? बीवी तो बिलकुल रुआँसी हो गयी थी। उसकी बड़ी-बड़ी आँखों में आँसू छलक आये। मैंने फुसफुसाकर कहा, सच-सच बोल दे वर्ना ये जालिम.......। तब तक वह दारोगा बिगड़ पड़ा। अबे तू उसे क्या सिखा रहा है? हम क्या औरत नहीं पहचानते? बीस साल हो गये दारोगाई करते। घास नहीं खोदे हैं। रोज सैकड़ों जोड़े हम पकड़ते हैं और छोड़ देते हैं। देखकर दया आती है, रहेंगे कुँवारे और घूमेंगे मियाँ-बीवी की तरह। जमाना भी साला कहाँ-से-कहाँ पहुँच गया।

मैंने कहा, हुजूर आप सही फरमा रहे हैं लेकिन विश्वास मानिये हम दोनों वाकई में शादीशुदा हैं। कुँवारों का गुस्सा गरीबपरवर आप हम पर नाहक उतार रहे हैं।

फिर उस दारोगा ने अपने दीवान से पूछा, क्यों दीवान जी! क्या कभी पहले भी यह औरत इस शहर में देखी गयी थी? दीवान बोला, नहीं साहेब। मैं तो इस शहर के हर थाने पर रह चुका हूँ। मैंने इसे यहाँ पहली बार देखा है।

हूँ, अच्छा भागी हुई औरतों की फोटो लाइये शायद इसकी फोटो किसी से मिल जाये। पता नहीं इस शहर को क्या हो गया है? रोज कोई-न-कोई औरत गायब हो जा रही है।

कुछ ही मिनटों में दीवान ने सैकड़ों औरतों की फोटो लाकर दारोगा की टेबुल पर फैला दिया और झुककर दोनों देखने लगे।

सर ये फोटो कुछ-कुछ मिलती है। दीवान बोला।

कौन-सी?

ये फ्रॉकवाली।

और दारोगा ने वह फोटो हाथ में ले ली। कभी फोटो देखता कभी मेरी बीवी की ओर देखता। काफी जाँच-परख के बाद एक लम्बी डकार लेता हुआ बोला, हाँ, चेहरा तो जरूर कुछ-कुछ मिल रहा है। लेकिन यह लड़की तो अभी परसों ही गायब हुई है यह नहीं हो सकती। दीवान बोला, हाँ, हुजूर! लेकिन लड़कियाँ बहुत जल्दी सयानी होती हैं, यह मत भूलिये आप। इसी को अगर फ्रॉक पहना दीजिये तो फिर देखिये कितनी छोटी लगती है।

अब दारोगा सोच में पड़ गया। फ्राक! हाँ, लेकिन फ्रॉक मिलेगी कहाँ? क्यों जी तुम्हारे पास अपनी कोई फ्रॉक है? दारोगा ने मेरी बीवी से पूछा। हाँ, है लेकिन मेरे बचपन की है और वह भी मेरे मायके में है। बीवी की बात सुनकर दारोगा ठठाकर हँसा कोई बात नहीं फोटो भी तो बचपन की है। तुम इस समय फ्रॉक ला सकती हो? सहसा दारोगा की नजर दीवान की ओर चली गयी, क्यों दीवान जी! इस फ्रॉकवाली पर कितना इनाम है?

हुजूर! पूरा पाँच हजार।

इसी बीच फोन की घण्टी बजने लगी। दारोगा ने फोन का चोंगा उठाकर कहा, हलो! जी हाँ, जी हाँ, मैं एस. ओ. बोल रहा हूँ। क्या? लड़की मिल गयी? अरे, यह तो बड़ा बुरा हुआ। सॉरी, बड़ा अच्छा हुआ। और तुरन्त चोंगा रख दिया।, धत तेरे की, खोदा पहाड़ निकली चुहिया। दीवान जी! वह लड़की तो मिल गयी।

मिल गयी? दीवान का मुँह खुला-का-खुला रह गया। बहुत देर तक दोनों एक-दूसरे का मुँह देखते रहे।

मैंने बड़ा साहस करके मौन तोड़ा, हुजूर हम दोनों को क्या हुक्म है? दीवान दाँत पीसता हुआ बोला, अबे कटे पर नमक मत छिड़क। जहाँ मन हो वहाँ जा। अब यहाँ क्या खड़ा है? दीवान न जाने क्या-क्या बड़बड़ाता रहा। हम दोनों मियाँ-बीवी सिर पर पैर रखकर सीधे घर की ओर भागे। जान बची और लाखों पाये।

सौ बहाने पति-पत्नी में झगड़े के

बराबर जली-कटी सुनानेवाली को आज खरी-खरी सुनाने का बहाना बड़े मौके से मिला है। मैं इस अनुग्रह के लिए आप सबका बहुत आभारी हूँ। प्रति उपकार करौं का तोरा। हालाँकि आप सबके बीच मुँह खोलना मेरे लिये खतरे से खाली नहीं है, क्योंकि अभी जो कुछ कहूँगा मेरी पत्नी तक अपने-आप पहुँच जायगा। मैं जानता हूँ घर पहुँचने पर एक कप चाय अगर मिली भी तो बाद में मिलेगी पहले एक राउण्ड झगड़ा ही मिलेगा। मेरे यहाँ लड़ने-झगड़ने के लिए बहानों की कमी नहीं, एक खोजो हजार मिलते हैं वाला हाल है। एक बार रीछ को बालों का टोंटा पड़ सकता है लेकिन झगड़ा करने जैसे पुरुषार्थी काम के लिए अपने यहाँ बहाने फटाफट मिलते हैं। आधा से ज्यादा तो पत्नी अपने मायके से ही लेकर आयी हैं बाकी सब अपने खानदान में बाबा आदम के जमाने से ही चलते चले आ रहे हैं। ऐसा सुना है कि आदम और हौवा भी आपस में खूब लड़ते थे। आदम साहेब को पत्नी से लड़नेवाले पहले पति का दर्जा हासिल है और श्रीमती हौवा को पति से लड़नेवाली पहली पत्नी का। वे हमारे पुरखे हैं हम उनके वंशज हैं। जाहिर है वंशज पुरखों की नाक नहीं कटने देंगे। हम तो हर हाल में लड़ेंगे-झगड़ेंगे और लड़-झगड़कर घर की साख बचायेंगे। क्योंकि आज पति-पत्नी का आपस में निरन्तर लड़ते रहना आवश्यक-सा हो गया है। ऐसा न करने से पास-पड़ोस में काना-फूसी शुरू हो जाती है।

जैसा कि आदम और हौवा के साथ भी हुआ था और वही मेरे साथ भी हुआ। हम पति-पत्नी पहले एक-दूसरे को देखकर न तो मुँह बनाते थे, न दाँत पीसते थे, न किचकिचाते थे बस खिलखिलाते थे और इसीलिए पास-पड़ोस के लोग हमें शक की निगाह से देखने लगे। अक्सर कभी घर आकर, कभी सड़क पर बोल-बतियाकर, वे अपना शक भी जता जाते और हमें अपनी तरफ से लड़ने के लिए उकसा जाते। लिहाजा पास-पड़ोस में यह साबित करने के लिए कि हम दोनों पति-पत्नी ही हैं आपस में खुलकर लड़ने लगे। सारा पास-पड़ोस देखकर दाँतों तले उँगली दबाने लगा है। कोई-कोई साहेब-साहिबा तो यह भी कह बैठते

हैं कि भाई ठीक है आप दोनों पति-पत्नी हैं यह तो सब जान गये लेकिन अब इतना न लड़िये कि और दूसरों में कम्पीटिशन की भावना पैदा हो और अगर यह भावना एकोऽहम् द्वितीयो नास्ति की सीमा तक पहुँच गयी तो क्या होगा?

वैसे आप सबकी जानकारी के लिए मैं यह भी बता दूँ कि लड़ना-झगड़ना मेरी बीवी ने ही मुझे सिखाया है। आप तो जानते हैं गुणी महिलाएँ जहाँ भी जाती हैं अपने गुणों का नमूना तुरन्त पेश करती हैं। आप सब स्वयं गुणी महिलाएँ हैं। इसके बारे में आपको बताना सूरज को दीया दिखाना या हिमालय को आइसक्रीम दिखाना है। को कहि सकइ प्रयाग प्रभाऊ। इसी नाते मैं पत्नी को अपना गुरु मानता हूँ। जबकि वह मुझे गुरू घण्टाल कहती है। यह उसका बड़प्पन है। जबकि ईमानदारी की बात यह है कि लड़ने-झगड़ने के मामले में तमाम पतियों की तरह मैं भी अपनी पत्नी का मुकाबला नहीं कर सकता। मैं डाल-डाल होता हूँ तो वह पात-पात होती है। यही एक ऐसा काम है जिसे अमूनन सभी पत्नियाँ मन से करती हैं। मेरी पत्नी भी पूरे मन से लड़ती-झगड़ती है। कभी-कभी तो मैं हैरत में पड़ जाता हूँ। आँखें फाड़-फाड़कर देखता हूँ कि वह किधर है। 'नारी बीच सारी है कि सारी बीच नारी है कि नारी की ही सारी है कि सारी की ही नारी है।'

पहली-पहली बार जब झगड़ा हुआ था तो हम दोनों पति-पत्नी साथ-साथ अस्पताल गये थे। हाँ, केवल डॉयलाग कब तक चलता। बीवी बार-बार रसोई से ड्राइंग-रूम में और मैं बार-बार ड्राइंग-रूम से रसोई में। न बैटिंग न कैचिंग सिर्फ पिच पर बार-बार आगे-पीछे आना-जाना आखिर कब तक चलता। सो वही हुआ जो होना था, यानी मरहम-पट्टी की नौबत आ गयी। वहाँ बीसियों लोग पहले से मरहम-पट्टी कराये पड़े थे। हालाँकि मैंने पूछा नहीं लेकिन इतना तो जान ही गया कि ऐसे सब भी आपस में लड़-लड़कर ही यहाँ आये होंगे। मरहम-पट्टी के बाद भी पत्नी अस्पताल में चुप नहीं रही। वह इसलिए लड़ पड़ी कि मैं उसकी ओर क्यों घूर-घूरकर देख रहा था जो घावों पर मरहम-पट्टी कर रही थी। आज पत्नी का मन सुबह-सुबह ही लड़ने-झगड़ने का था। बहुत सधे अन्दाज में उसने कहा था, अजी! मैं इस तरह कब तक खाट पर पड़ी रहूँगी? मैंने कहा, तुम्हें क्या परेशानी है? अरे! खाट अपनी है किराये की नहीं है। जब जी में आये छोड़ देना। जल्दी किस बात की? खाट की शोभा बढ़ा रही हो बढ़ाती रहो। पत्नी खाट से उठ जाती है। मैं खाट के नीचे दुबक जाता हूँ। सुबह का वार खाली चला गया है। दोपहर बाद के वार से बचने का उपाय सोच रहा हूँ।

कौन जाने कि वो शोख किधर से निकले,
हमें हर ओर ये पलकें बिछाये रखना है।

वैसे अस्पताल तक पहुँचानेवाले झगड़े हमारे यहाँ रोज-रोज नहीं होते। अरे तीन-चार दिन तो अस्पताल से निकलने में ही लग जाते हैं और छोटा-मोटा झगड़ा करके हम लोग अस्पताल जाते ही नहीं वर्ना डॉक्टर यही कहेंगे कि क्या बच्चों की तरह आप लोग हर वक्त आपस में लड़ते रहते हैं। और इसके अलावा अस्पताल न जाने का एक कारण और भी है। अस्पताल महँगा बहुत पड़ता है। हम जितना झगड़ा करके नहीं रोते उससे ज्यादा रोते हैं अस्पताल से निकलकर। इसलिए समय और खर्च दोनों से बचने के लिए हमने अपना मेकअप बाक्स बेचकर एक फर्स्ट एड बाक्स खरीद लिया है। अब हम अपनी ड्रेसिंग खुद कर लेते हैं। अच्छा हो हमारे इस अनुभव का। आप भी कभी लाभ उठायें। अपना-अपना मेकअप बाक्स बेचकर घर में फर्स्ट एड बाक्स लायें। लेकिन इतना करके चुप न लगा जायँ। ऐसा करें कि वह बाक्स रोज नियम से खुले और इस्तेमाल में आये। मेरे यहाँ तो फर्स्ट एड बाक्स आया और आते ही खुल गया। हुआ यह कि मैं सोचने लगा कि इसे कहाँ रखूँ? और पत्नी मुझे चुप देखकर ताव खा गयी, क्या बात है। किसी ने कुछ कहा है? भूखे हो? प्यासे हो? बोलते क्यों नहीं? कि कहीं मेरे सास-ससुर तो नहीं मर गये आखिर बात क्या है?'

पत्नी को सही जानकारी देने के लिए मुझे मुँह खोलना ही पड़ा, सिर्फ ससुर मरे हैं। लेकिन वो भी तेरे नहीं मेरे। सिर्फ इतनी-सी बात पर घर मिनटों में आल्हा-ऊदल के जमाने का महोबा हो गया। हम तो मेले में भी लड़ चुके हैं और अकेले में भी। शहर का हर कोना गवाह है हमारे किये-धरे का। और सबसे मजे की बात यह कि जबसे आपस में लड़ाई-झगड़ा चल रहा है तभी से तलाक की धमकी भी चल रही है। तलाक की धमकी हमारी रोज सुबह की पहली धमकी होती है। और यही धमकी रात की आखिरी धमकी भी होती है। आज भी इस नियम का हम कड़ाई से पालन करते हैं। इसमें कोई समझौता नहीं, कोई नागा नहीं। हम सब-कुछ छोड़ सकते हैं पर इसे कैसे छोड़ दें-प्रान जाहि पर बचन न जाई। हाँ, इतना जरूर है कि हम तलाक को केवल धमकी तक ही रखते हैं। लेने-देने के पचड़े में हम कभी नहीं पड़ते। क्योंकि औव्वल तो जल्दी यह सौदा पटता नहीं और मैंने बहुतों को देखा है छड़ी टेकते हुए कचहरी पहुँच रहे हैं, बिना दाँत के हो गये हैं, आँखों पर खूब मोटा चश्मा चढ़ा हुआ है, कानों में सुनने की मशीन भी लग गयी है, सहारे से आते हैं, सहारे से जाते हैं। लेकिन तलाक अभी तक नहीं मिला तो नहीं मिला। इससे तो अच्छा है घर में रहकर लड़-झगड़ लेना। फिर यह भी तो सोचिये कि पत्नी अगर लड़ती-झगड़ती है तो क्या हुआ? है तो वह गृहलक्ष्मी। आयी थी तो सचमुच चन्द्रमुखी थी, फिर धीरे-धीरे पास-पड़ोस और कान भरनेवालियों की कृपा से बेचारी थोड़े ही दिनों में सूर्यमुखी हो गयी। आज उन्हीं

लोगों की कृपा से ज्वालामुखी हो गयी है। मैं भी सुखी हूँ और वह भी सुखी है। इस सफल दाम्पत्य का बस एक ही रहस्य है; रोज नियम से पड़ोसियों को दिखाते हुए आपस में लड़ते-झगड़ते रहना।

इस संसार में आकर जिस पति-पत्नी ने अपनी सटीक पहचान नहीं बनायी उसका आना-न-आना दोनों बराबर है। मानव जनम अकारथ बीता-बिना लड़े-झगड़े पहचान नहीं बनती। जैसे कन्ता घर रहे वैसे रहे विदेश। अगर पति के घर पहुँचते ही पत्नी ने उसे घूरा नहीं, सूँघा नहीं, टटोला नहीं, पूछा नहीं, पछोरा नहीं, तो बेकार है और यही काम अगर पति ने नहीं किया तो वह भी बेकार है। ये स्वाभाविक क्रियाएँ सीढ़ी हैं, बिना इन पर चढ़े लड़ाई-झगड़े की मंजिल तक नहीं पहुँचा जा सकता, और जब तक मंजिल पर नहीं पहुँचना होगा तब तक दुनिया स्त्री-पुरुष तो कह सकती है लेकिन पति-पत्नी नहीं कह सकती। पति-पत्नी तो बेवकूफ हो सकते हैं, दुनिया बेवकूफ नहीं हो सकती। हाँ, अगर दुनिया को बेवकूफ बनाये रखना है तो छत्तीस की तरह पीठ फेरकर बैठने से काम नहीं चलेगा, तिरसठ की तरह हमेशा आमने-सामने बने रहना होगा। और अपना-अपना संवाद भी बोलते रहना होगा। तभी काम बनेगा। अगर पत्नी यह कहती है कि 'मेरी तो तकदीर फूट गयी इस घर में आकर। पता नहीं पापा ने क्या देखा था?' पति को तुरन्त नहले पर दहला की भूमिका निभानी होगी, 'अजी तकदीर तुम्हारी क्या फूटी? तकदीर तो मेरी फूट गयी। न घर का हुआ न घाट का। पता नहीं मेरी इन आँखों को उस दिन क्या हो गया था, जब तुम्हें देखने गया था। उस दिन तो पता ही नहीं चला कि इस मुँह में जीभ भी है। आज जीभ-ही-जीभ है मुँह गायब है। अजब तेरी दुनिया अजब तेरा खेल। मैंने ऐसे माहौल को शान्त करने की कोशिश की। पत्नी का हाथ—हाथ में लेकर कहा, तुम्हारा हाथ बड़ा मुलायम है। पत्नी ने हाथ खींच लिया इस सवाल के साथ कि किसका हाथ कड़ा है पहले यह बताओ? और उस दिन इसी बात पर आपस में हो गयी। अगर मैं यह कहता कि तुम्हारा हाथ कड़ा है तो फिर पत्नी इस बात पर कहती कि फिर मुलायम किसका है? उधर से नहीं तो इधर से सही। झगड़ा तो होना ही होना है।

निकले थे हम सैर को लिये हाथ में हाथ।
हाथापाई भी हुई लौटे भी हम साथ।।

ना मारा ना खून किया

एक बार एक चोर गलती से एक कवि के घर में घुस गया। उसे पता नहीं था कि इसमें कवि रहता है। वरना वह ऐसी गलती नहीं करता। भले किसी और के घर में घुसता, लेकिन कवि के घर में नहीं घुसता। जैसे ही वह दालान पार करके आँगन में आया कि उसने देखा आँगन के दूसरे कोने में एक आदमी बीड़ी जलाये कुछ गुनगुना रहा था। कुछ देर तक वह चोर उस गुनगुनाहट को समझने की कोशिश करता रहा। फिर जब उससे नहीं रहा गया तब बोला, भाई साहेब! आप इतनी रात गये, बीड़ी जलाये आँगन के कोने में क्यों खड़े हैं? क्या खोज रहे हैं? क्या किसी का इन्तजार है?

कवि ने अपनी अधजली बीड़ी का एक गहरा सुटुक्का खींचा और कहा, मैं क्या कर रहा हूँ यह पूछनेवाले आप कौन हैं? मान-न-मान मैं तेरा मेहमान। अगर मैं कहूँ कि मैं चाँद का इन्तजार कर रहा हूँ तो?

चोर मुस्करा पड़ा और बोला, आप गलत कर रहे हैं अगर ऐसा कर रहे हैं तो? क्योंकि आज अमावस्या है। और अमावस्या को चाँद नहीं निकलता। जाइये सोइये। अब यह समय हमारा है, आपका नहीं...। चोर के पास खूब बड़ा-सा पाँच बैटरीवाला टार्च था। उसने टार्च जलाया, इधर-उधर देखा। पहले किचेन में गया फिर बड़बड़ाता हुआ बाहर बरामदे में आ गया। फिर दूसरे कमरे में घुसा, फिर तीसरे में, जब उसे कहीं कुछ नहीं मिला तो बौखलाया हुआ कवि के पास आ गया और बड़े सलीके से बोला, हुजूर! क्या आप शायरी करते हैं यानी कविता लिखते हैं? कवि गद्गद हो गये। बोले, बिलकुल सही फरमाया आपने। लेकिन आपने जाना कैसे कि मैं कवि हूँ?

चोर बोला, यह इसके कई कारण हैं—पहला यह कि रात में दरवाजे का खुला होना, दूसरा यह कि अमावस्या की रात में भी चाँद का इन्तजार करना, और तीसरा यह कि बहुत खोजने पर भी रसोई में कुछ न मिलना, जब बर्तन और चूल्हे ही नहीं हैं तो दाने की तो बात ही अलग है—वैसे कवि जी! आप खाते-पीते कहाँ हैं? कुछ देर के लिए मुझे भी वहाँ ले चलिये। आप क्या सोच रहे हैं? उधार खाते हैं क्या?

कवि ने बड़े गर्व से कहा, मैं इस समय अंगूर का तुक खोज रहा हूँ। अभी आधा ही मुखड़ा बना है। मैं किसी के बाग का अंगूर हूँ मुझको न तोड़ो......। आप जरा अपनी टार्च दीजियेगा?.... हाँ, हाँ क्यों नहीं, क्यों नहीं, आदमी ही आदमी के काम आता है। वैसे मैंने आपका सारा घर छान मारा है, कहीं कुछ नहीं है। फिर भी आप अपनी तसल्ली के लिए चाहें तो खोज सकते हैं। लेकिन तब तक यह बीड़ी का बण्डल और सलाई मुझे देते जाइये। चोर ने कवि को टार्च दिया, और कवि ने चोर को बीड़ी और माचिस दी। कवि घर में जाकर खो-सा गया और चोर बीड़ी-पर-बीड़ी फुक-फुक जलाता रहा। बीच-बीच में आवाज भी देता रहा, भाई साहेब! जरा जल्दी कीजिये समय बहुत कम है काम ज्यादा है। मुझे अभी और घरों में भी जाना है। आपने तो बोहनी भी नहीं करायी, लगता है आज की रात यूँ ही बीतेगी।

कुछ देर बाद कवि प्रकट हुए। कुछ डायरियाँ और कविताओं का पूरा पोथा लिये-दिये। चोर घबड़ाया। उसने पूछा, ये क्या है?

कवि बोला, कविताएँ हैं प्रेम की, प्रकृति की। आप पसन्द करेंगे, सुनिये।

चोर बोला, भाई साहेब! पहले आप मेरी सुनिये, मुझे जल्दी है। आप मेरा टार्च दीजिये। मैं श्रोता नहीं हूँ। मैं पढ़ा-लिखा, भूखा और बेकार हूँ। मजबूरी में आज चोरी करने निकला हूँ। मुझे कविता से डर लगता है। कविताएँ आदमी की संवेदना जगाती हैं, मैं इतना घाटे का सौदा नहीं करूँगा। आप मेरी टार्च दीजिये....।

कवि अकड़ गया-नहीं टार्च नहीं दूँगा, जब तक कविताएँ नहीं सुना लूँगा। तुम्हें कविताएँ सुननी ही पड़ेंगी।

मैं कविताएँ नहीं सुनूँगा, भले ही मुझे भूखों मरना पड़े।

मैं कविताएँ सुनाऊँगा, वरना टार्च नहीं दूँगा।

बहुत देर तक चोर और कवि में इसी तरह कहा-सुनी होती रही। अन्त में हारकर कवि ने धमकी दी, बगल में थाना है, अगर कविताएँ नहीं सुनोगे तो मैं तुम्हें पकड़कर थाने ले चलूँगा। तुम चोर हो, तुम्हें जेल जाना होगा, समझे।

हाँ, हाँ चलिये, थाने ही चलिये, कहीं चलिये। यहाँ से निकलिये, यहाँ तो बड़ी घुटन हो रही है। आप कैसे इस माहौल में रहते हैं?

कवि का स्वाभिमान जाग उठा। उसने सीना फुलाकर कहा, वाह! आप इतना भी नहीं जानते कि कवि घुटन और सन्त्रास में ही जीता है। यह कवि का ही कलेजा है। चोर का तो जी आधा होता है, वह क्या घुटन और सन्त्रास में जियेगा। वैसे आप अगर दो-चार कविताएँ सुन लेंगे तो आपका कुछ बिगड़ नहीं जायगा।

जी नहीं, बिलकुल नहीं, उसी तरह की होंगी कविताएँ?

कैसी?

जैसी आप पहले सुना रहे थे कि मैं किसी के बाग का अंगूर हूँ मुझको न तोड़ो....अरे कोई तोड़े न तोड़े जब पकोगे तो अपने आप गिरोगे। नहीं मैं अल्लम-गल्लम कविताएँ नहीं सुनूँगा। आप मुझे थाने ही पहुँचा दीजिये। चोर अपनी जिद पर डटा रहा। हारकर कवि ने उसे थाने पहुँचा ही दिया।

अब दुर्भाग्य कहिये या सौभाग्य कि थाने के दारोगा जी भी शायर थे। हालाँकि थाने के बाहर वह कभी शायरी सुनाने नहीं निकले। लेकिन जो अपने से थाने में आ गया उसे बिना शायरी सुने जाने भी नहीं दिया। कवि महोदय दारोगा जी की इस विशेषता से परिचित थे। इसलिए वह यह कहकर कि घर खुला छोड़कर आये हैं, ताला लगाने जा रहे हैं, चुपके से फूट लिये। लेकिन चोर बेचारा फँसा रहा। दिन भर का भूखा-प्यासा चोर थाने में चुपचाप बैठा रहा, जाय तो कहाँ जाये। सुबह दारोगा जी ने उसे क्वार्टर पर बुलाया। चाय पिलायी, नाश्ता कराया और मोटे-मोटे दो-तीन रजिस्टर खोलकर बैठ गये। विभाग और व्यक्ति दोनों के प्रतिकूल व्यवहार पाकर चोर के आश्चर्य का ठिकाना नहीं रहा। वह बोला, साहेब! इतना अच्छा थाना और इतना अच्छा दारोगा तो मैंने कभी देखा ही नहीं, कहीं सुना भी नहीं। आप मेरा नाम-पता नोट करके अगर छोड़ दें तो बड़ी कृपा होगी...।

हाँ, हाँ छोड़ देंगे, छोड़ देंगे, अभी छोड़ देंगे, घबड़ाओ मत, बस दो-चार शेर, चार-छ ग़ज़लें सुन लो बस। और दारोगा ने शेर कहना शुरू कर दिया।

'वह जो आ जाते हैं लबे बाम, लहराते हुए गेसू...जब तीन-चार बार दारोगा जी ने यही लाइन पढ़ी, तो वह चोर घिघिया पड़ा, सरकार! दुहाई है, हुजूर। दुहाई है, आप मुझे गाली दे लीजिये वह सुन लूँगा लेकिन शायरी नहीं हुजूर! शायरी नहीं। दारोगा बहुत देर तक उसे समझाते और फुसलाते रहे लेकिन वह तैयार नहीं हुआ। अन्त में दारोगा ने उसे हवालात में डाल दिया। बाहर कुर्सी पर खुद बैठ गये और शायरी का रजिस्टर खोलते हुए बोले, अब सुनो, बेटा! अब तो सुनोगो। और फिर तो दारोगा जी रिकार्ट की तरह चालू हो गये-शेर-पर-शेर, ग़ज़ल पर ग़ज़ल। और मजा यह कि हर शेर के साथ कोई-न-कोई वाकया जुड़ा होता, कोई-न-कोई वारदात जुड़ी होती। दारोगा जी बीच-बीच में वह वाकया और वारदात भी सुनाते चलते। कौन-सा शेर किस शहर के किस थाने में लिखा गया यह भी बताते चलते। लगभग दोपहर दो बजे तक दारोगा जी उसे शेर सुनाते रहे। चोर जब-जब पीने के लिए पानी माँगता दारोगा जी कहते, पहले शेर सुनो...ये फलाँ शहर के...चोर तंग आ गया। उसने छुटकारा पाने का एक उपाय सोचा। उसने कहा, आप दो-एक ग़ज़लें तरन्नुम में सुनाइये। दारोगा जी तरन्नुम शब्द सुनते ही हक्का-बक्का हो गये। क्योंकि वह तरन्नुम से कोसों दूर थे। लेकिन अब बात फँस ही गयी थी। लगे तरन्नुम में ग़जल सुनाने। सड़क पर जाते हुए राहगीर भी थाना झाँकने लगे।

एक ही झटके में दारोगा ने चार–पाँच ग़ज़लें सुना दीं। जब दारोगा रुके तो उन्होंने देखा कि चोर बेहोश पड़ा है। सिपाही बुलाये गये। चोर के मुँह पर सिपाहियों ने पानी के छींटे मारे। चोर ने कनखी से देखा कि दारोगा साहेब हैं कि गये। उस समय दारोगा जी हँस रहे थे–हद है, चार ही ग़जलों में बेहोश हो गया, इतना खिलाया–पिलाया और सब पर इसने पानी फेर दिया। थाने के दीवान गजराज सिंह को बुलाकर दारोगा ने कहा, गजराज सिंह! इसे चाय पिलाओ, जब ठीक हो जाय तो मुझे बुलाना, मैं क्वार्टर चलता हूँ।

दारोगा के जाते ही चोर उठ बैठा और बोला, मैं इस दारोगा की शिकायत एस.पी. साहेब से करूँगा....बाप–रे–बाप...। दीवान मुस्कराया और बोला, ऐसी गलती कभी करना मत। एस.पी. साहेब उपन्यास लिखते हैं। वह पूरा उपन्यास सुनाते हैं। उपन्यास सुनना हो तो जाना, समझे! चोर ने कान पकड़ लिये, बस भैया बस, आप कहते हैं तो वहाँ तो मैं नहीं ही जाऊँगा। लेकिन दीवान जी! इस दारोगा से छूटने का कोई उपाय है! दीवान बोला, उपाय तो है, लेकिन फीस मैं पूरी लूँगा। तुम यह पाँच सेलवाला टार्च मुझे दे दो, मैं अभी छुटकारा दिला देता हूँ। चोर ने कहा, 'एवमस्तु', और टार्च गजराज सिंह के हाथ में आ गया। वह जोर से बोले, देखो, दारोगा साहेब अभी तक कुँवारे हैं। इनके लिए कोई रिश्ता बताओ और उसे पक्का करने की बात करो, वह अभी तुम्हें छोड़ देंगे। आने–जाने का किराया भी देंगे। न जाने कितने मुल्जिम इसी तरह छूट गये, और जो छूट गये वे कभी पलटकर आये नहीं। हुआ भी वही, जैसे ही दारोगा जी चोर के होश में आने की खबर सुनकर आये चोर उन्हें देखकर मुस्करा उठा, चोर ने भी चार फड़कते हुए शेर सुनाये। फिर कुछ दारोगा खुला, कुछ चोर खुला। जब पूरी तरह से दोनों खुल गये तो फिर हवालात का ताला भी खुल गया।

दारोगा ने उसे चलते समय पचास रुपये का एक नोट भी दिया, और यह भी कहा कि भरसक रातोंरात लौट आना। फिर तो तुम्हें मुँहमाँगी रकम दूँगा।

चोर ने हाथ जोड़कर कहा, सरकार! गजराज सिंह के पास मेरा टार्च है, उसे मँगवा दीजिये, टार्च रहेगा तो रातोंरात लौटने में दिक्कत नहीं होगी फिर आप तो जानते हैं कि रास्ता जंगली और पहाड़ी है। दारोगा के कुछ कहने के पहले ही टार्च गजराज सिंह के हाथ से चोर के हाथ में आ चुका था और चोर यह गुनगुनाता हुआ कि ना मारा ना खून किया, थाने से बाहर हो गया।

जब उन्हें कुत्ते ने काटा

उनको कभी किसी कुत्ते ने काटा नहीं था। लेकिन उनके दिमाग में यह बात बुरी तरह घर कर गयी थी कि कभी-न-कभी, कहीं-न-कहीं और कोई-न-कोई कुत्ता उन्हें काटेगा जरूर। इसलिए वह बराबर इस बात के लिए तैयार रहते थे और सावधान रहते थे कि कोई कुत्ता काटने न पाये। वह जब भी घर से निकलते तो दो अदद सामान उनकी साइकिल में जरूर होते-एक तो हैण्डल से लटकता हुआ झोला होता, उस झोले में दस-पन्द्रह ढेले होते और दूसरा सामान होता डेढ़ हाथ का डण्डा जिसे वह कभी 'कैरियर' में दबा लेते और कभी-कभी साइकिल की सीट के आगे 'फ्रेम' में रस्सी के सहारे बाँध लेते। ये दो चीजें उनकी साइकिल से कभी अलग नहीं होतीं। इन्हें अपने पहचान-पत्र की तरह वह बराबर अपने साथ रखते थे। दफ्तर जाते तो भी ले जाते, बाजार जाते तो भी ले जाते और अगर कभी ससुराल जाते तो भी ले जाते। वह कभी भी जाते होते तो भी जान-पहचान और मुहल्लेवालों को यही लगता कि वह कुत्ता मारने निकले हैं। कई बार कई लोगों ने रास्ते में उन्हें रोककर कहा भी-भइया जी! कभी हमारे मुहल्ले में भी आ जाइये। बहुत कुत्ते हैं और ससुरे बहुत परेशान करते हैं। ऐसी बातें सुनकर वह खिसिया जाते और कहते—हुजूर! मैं गाने-बजानेवाले दफ्तर में मुलाजिम हूँ, कुत्ता मारनेवाले दफ्तर में नहीं। किसने बताया आपसे? आस-पासवाले मुस्कराते हुए निकल जाते और वह सज्जन बड़बड़ाते हुए साइकिल बढ़ा लेते।

एक बात और है, पता नहीं क्या था कि उन्हें देखते ही कुत्ते भी बेचारे बहुत परेशान हो उठते और अनायास ही भौं-भौं करने लगते। और जब कुत्ते भौंकते तो वह साइकिल से उतर जाते और ढेले मारना शुरू कर देते। कभी-कभी जब ढेले चुक जाते तब डण्डे से काम लेते और जब कुत्ते भाग जाते तो फेंके गये ढेलों को फिर बीनते-बटोरते, झोला भरते, आगे मिलनेवाले कुत्तों के लिए। ढेलों-कुत्तों के चक्कर में बेचारे दफ्तर रोज घण्टे-दो घण्टे देर से पहुँचते थे। उनके बारे में कहा जाता है कि वह कभी भी वक्त पर दफ्तर नहीं गये और न तो कभी दफ्तर से छूटकर वक्त पर घर गये। दफ्तरवाले भी जानते थे, लेकिन कुछ पूछने का

साहस नहीं करते थे। साइकिल में बँधा डण्डा और ढेलों से भरा झोला देखकर चुप लगा जाते थे। लेकिन घर के बच्चे भरे झोले की वापसी देखकर आश्चर्य से भर उठते और बार-बार पूछते-बाबू जी! क्या आप आज दूसरे रास्ते से आये हैं? आज आपका एक ढेला भी खर्च नहीं हुआ? बरस पड़ते—तुम्हें क्या पता कि आज कितनी बार झोला खाली हुआ। कम्पनीबाग के सामने गिट्टियाँ पड़ी थीं—मैंने भर लीं कल के लिए।

लेकिन इतनी तैयारियों और सावधानियों के बावजूद एक दिन एक छोटे-से कुत्ते ने कचकचाकर काट ही लिया। उन्हें ढेला मारने का मौका ही नहीं दिया। झट से घुस गया अपने साहेब के बँगले में। वह हाथ में डण्डा लेकर घुसना तो चाहते थे लेकिन बँगले के भीतर टहल रहे दो बड़े-बड़े कुत्तों को देखकर उनकी हिम्मत छूट गयी और मन मारकर घर लौट आये। चूँकि खून निकल आया था इसलिए उनकी बीवी ने और पड़ोसियों ने कहा कि सात कुओं में झाँकना बहुत जरूरी है। इसके अलावा सुई भी लगवानी होगी। इसलिए बेचारे उसी साइकिल पर उसी हुलिये में निकल पड़े शहर के कुओं में झाँकने। एक तो शहरों में वैसे भी कुएँ बहुत कम होते हैं, इलाहाबाद में तो और भी कम हैं और जो दो-एक हैं भी, साहबों के बँगलों में हैं—एकदम से कोने में उपेक्षित—नहीं के बराबर। एक बँगले में जैसे ही वह घुसे, दरबान ने पूछा—कौन है? क्या काम है? वह बोले—सुनिये क्या आप यह बतायेंगे कि इस बँगले के किस हिस्से में कुआँ है? दरबान थोड़ा सकपकाया क्योंकि उस बँगले का कुआँ एक कोने में और सन्नाटे में पड़ता था।

पिछले एक साल के भीतर ही उस कुएँ से तीन लाशें बरामद हो चुकी थीं। इसके लिए उस बँगले के मालिक और दरबान को पुलिस की काफी डाँट भी खानी पड़ी थी। दरबान ने सोचा, हो-न-हो आदमी कुएँ में कूदकर जान देने आया है। उसने अपने मालिक को बताया, मालिक ने पुलिस को बताया और पाँच ही मिनट में पुलिस हाजिर हो गयी। पुलिस ने उन्हें दो-चार बेंत मारा और पूछा—सही-सही बताओ, तुम कुआँ क्यों पूछ रहे हो? कोई लाश-वाश तो नहीं फेंकनी है तुम्हें या खुद ही आत्महत्या करने आये हो? उनकी घिग्घी बँध गयी। वह गिड़गिड़ाने लगे—हुजूर! कुत्ते ने काटा है। मैं कुआं झांकने आया हूँ। लेकिन पुलिस के आगे उनकी एक न चली। कान पकड़कर वह उठे-बैठे और कसम खायी कि अब कोई कुआँ नहीं झाँकेंगे। भागे-भागे बेचारे गये डॉक्टर के पास। डॉक्टर ने पूछा—कैसे काटा कुत्ते ने? कुत्ते ने जैसे काटा था वैसे ही उन्होंने डॉक्टर के पैर में काटकर बता दिया। फिर डॉक्टर ने पूछा—कुत्ता अठरहा था या बिसहा (यानी अट्ठारह नाखूनोंवाला था या बीस नाखूनोंवाला था)? उन्होंने कहा—हुजूर! उसने इतना मौका ही नहीं दिया कि मैं उसके दाँत गिन सकूँ। हूँ पता करके आपको

बताऊँगा। डॉक्टर ने उन्हें एक सुई लगायी और कहा—दस दिनों तक उस कुत्ते को देखते रहिये। अगर दस दिन के अन्दर कुत्ता मर जाता है तब तो चौदह सुइयाँ लगेंगी वरना कोई जरूरत नहीं है। यही एक सुई काफी है।

इसके बाद वह साइकिल से सीधे उस बँगले पर पहुँचे जिस बँगले के कुत्ते ने उन्हें काटा था। बँगले का फाटक बन्द था। बँगले के भीतर बँगले का मालिक अपने नौकरों पर बिगड़ रहा था—मैंने कई बार मना किया था कि लिली को खुला मत छोड़ो। कई लोगों को काट चुका है। मैंने सुना है आज भी कई लोगों को काट चुका है। एक नौकर ने कहा—हुजूर! हमें तो लगता है लिली पागल हो चुका है। मालिक बिगड़ पड़ा—अगर लिली पागल हो गया है तो उसे गोली मार दो वरना फिर किसी को काटेगा। लिली के पागल हो जाने पर उसे गोली मार देने की बात सुनकर वह बँगले के बाहर से ही चिल्ला पड़े—नहीं-नहीं हुजूर, ऐसा मत करिये वरना मैं मर जाऊँगा। कम-से-कम दस दिनों तक लिली को जिन्दा रखिये। उनकी आवाज सुनकर बँगले के भीतर से सभी लोग फाटक की तरफ दौड़ पड़े—कौन रो रहा है, कौन चिल्ला रहा है?

फाटक खुलते ही वह बेहोश होकर गिर पड़े और बेहोशी में बड़बड़ाने लगे—लिली को मारिये मत। मत मारिये लिली को। लोगों ने उनके मुँह पर पानी मारा। जैसे ही होश आया, वह फिर लिली-लिली चिल्लाने लगे। बँगलेवालों ने बहुत समझा-बुझाकर उन्हें उस वक्त विदा किया। लेकिन दूसरे दिन फिर सवेरे वह फाटक के बाहर आकर जम गये और तब से लगातार वहीं दरी बिछाये धरना दिये बैठे हैं। आजकल घर नहीं जा रहे हैं। घर से खाना आता है। वहीं खाते हैं, सोते हैं, और बीच-बीच में लिली का हाल दरबान से पूछते रहते हैं। आस-पास के छोकरे उन्हें देखते ही 'लिली-लिली' चिल्लाने लगते हैं और वह झोले से ढेले निकालकर उन्हें मारते हैं और जब लड़के दूर निकल जाते हैं तो वह फिर ढेले बीनने लगते हैं। कुत्ते के मालिक से किसी ने कह दिया है कि वह आदमी पागल है, उसकी निगरानी जरूरी है। अगर दस दिन के अन्दर वह मर गया तो लिली पागल हो जायगा। वह बेचारा उनकी निगरानी कर रहा है। आज उनका दसवाँ (दिन) है। देखिये, कल क्या होता है।

बच्चे को मनाना मुश्किल है

पागल हाथी को वश में किया जा सकता है, रूठे हुए समधी और दामाद को भी मनाया जा सकता है, रूठी प्रेमिका और प्रेमी को भी मनाया जा सकता है, लेकिन कभी छोटा बच्चा अगर हठ पकड़ ले या रूठ जाय तो उसको वश में करना या मनाना टेढ़ी खीर है। मेरा तो करीब-करीब यही अनुभव रहा है। आपका क्या अनुभव है मैं नहीं कह सकता। वैसे अगर सचमुच आप रूठे बच्चे को मनाने में पारंगत हों तो कृपया एक मौका आप इस पप्पू को भी दीजिये। पप्पू मेरे पड़ोसी शर्मा जी का इकलौता है। वह बच्चा कम, आफत का परकाला ज्यादा है। कुछ घटनाओं के माध्यम से मैं पप्पू का बायोडाटा आपके सामने प्रस्तुत करता हूँ। मुझे उम्मीद है इससे आपको काफी सहूलियत मिलेगी और ज्यादा इधर-उधर भटकना नहीं पड़ेगा।

एक बार एक साहेब सुबह-सुबह पहुँचे—पप्पू के घर पप्पू के पापा से मिलने। पप्पू बरामदे में बैठा हुआ था। उन्होंने पप्पू से पूछा, पप्पू जी! पापा हैं? पप्पू चुप। जब कई बार पूछने पर भी पप्पू ने कोई जवाब नहीं दिया तो जेब से कुछ टाफियाँ निकालीं और पप्पू की ओर बढ़ाते हुए बोले, लो बेटे! टाफी लो। पप्पू बोला, मैं तो बर्फी खाऊँगा, केसरिया बर्फी। चौराहे पर मिलती है, चलिये खिलाइये।

उन्होंने सोचा, बच्चा है, कितनी खायेगा, दो नहीं चार खायेगा, यही न? और चटपट उसे अपने स्कूटर पर बैठाकर चौराहे की ओर चल दिये। दुकान पर पहुँचकर हलवाई से बोले ढाई सौ ग्राम केसरिया बर्फी दे दीजिये....। हलवाई जब कटी बर्फियों में से निकालकर तराजू पर रखने लगा तो पप्पू भी अड़ गये कि नहीं, यह नहीं वह दीजिये जो अभी कटी नहीं है, थाल में जमी है। हलवाई मुस्कराने लगा, वह पप्पू की आदत जानता था। वह जैसे ही छुरी उठाकर थाल की बर्फी काटने लगा कि पप्पू जी चिल्ला पड़े, काटो मत, काटो मत, हम तो पूरा थाल ले जायँगे। वह सज्जन लाख समझाते रहे लेकिन पप्पू के आगे उनकी एक न चली। मरता क्या न करता। कई लाख के ठेकें का बिल पास होने के लिए पप्पू के पापा के पास पड़ा था। उन्होंने भीतर से कुनमुनाते, भुनभुनाते, गरियाते हुए और ऊपर से मुस्कराते हुए, रिक्शे पर पूरा थाल रखवा लिया, और स्कूटर को बतौर

जमानत वहीं दुकान पर खड़ा कर दिया। एक थाल केसरिया बर्फी रिक्शे पर लादकर वह पप्पू के घर पहुँचे। पप्पू की एक ही आवाज पर चार-चार चपरासी हाजिर हो गये। आगे-आगे पप्पू और पीछे-पीछे चारों चपरासी मिठाई से भरा थाल पकड़े—बँगले के भीतर घुस गये। और ठेकेदार साहेब उसी रिक्शे से वापस हो गये। पता नहीं बेचारे घर गये कि हलवाई के यहाँ गये राम जाने, मैंने देखा नहीं। वैसे उनके बारे में सुनने में आया है कि तब से वह फूँक-फूँककर मट्ठा पीते हैं। अव्वल तो वह शर्मा जी से यानी पप्पू के पापा से दफ्तर में ही मिल लेते हैं, घर जाते ही नहीं, और अगर कभी भूले-भटके चले ही गये तो पप्पू से भरसक दूरी ही बनाये रखते हैं।

पप्पू को पढ़ाने के लिए न जाने कितने मास्टर रखे गये, लेकिन कोई टिका नहीं। दो ही चार दिनों के अन्दर सब चलते बने। बहुत खोज-बीन और दौड़-धूप के बाद एक अधेड़ उम्र के मास्टर साहेब मिले। पप्पू ने उनसे पहले ही दिन कहा, सर, वह पेड़ में टँगी पतंग उतार दीजिये, नहीं कोई और उतार लेगा, फिर पढ़ाइयेगा। सर ने देखा कि लॉन में बाहर की ओर इमली के पेड़ में एक बैंगनी रंग की पतंग फँसी है। वह बेचारे कभी दातून तोड़ने के लिए भी पेड़ पर नहीं चढ़े थे, लेकिन अच्छे ट्यूशन की लालच में पेड़ पर चढ़ने का खतरा उन्होंने मोल ले लिया। जैसे-तैसे कुछ ऊँचाई पर पहुँचे, फिर उनके हाथ-पैर काँपने लगे। मारे डर के उनके हाथ से डाल छूट गयी और लद्द से नीचे आ गये। पप्पू ताली पीटता हँसता घर में भागा कि मास्साहेब गिर गये, गिर गये मास्साहेब। और मास्टर साहेब बेचारे ऐसा गिरे ऐसा गिरे कि बस पूछिये मत। अभी भी कभी-कभार बैसाखी के सहारे चलते हुए दिखायी पड़ते हैं और जब कभी पप्पू के घर के सामने से गुजरते हैं इमली के पेड़ को बड़े गौर से देखते हैं।

फिर आये एक और मास्टर साहेब। पचास-पचपन की उम्र। थुलथुल देह, नाटा कद, गंजी खोपड़ी। वह जब पढ़ाने बैठते तो उनकी गंजी खोपड़ी की चमक पप्पू को अच्छी लगती। एक दिन पप्पू जी अड़ गये कि मास्टर साहेब आज हम आपकी चमकती खोपड़ी पर तड़ी मारेंगे। पप्पू का यह प्रस्ताव सुनते ही मास्टर साहेब हक्का-बक्का हो गये। पप्पू के मम्मी पापा भी वहीं बैठे थे। उन्होंने भी पप्पू को बहुत समझाया, लेकिन पप्पू तो पप्पू—चन्द्र टरै सूरज टरै' वाला हाल था उसका, वह क्यों माने। वह तनिक भी टस-से-मस नहीं हुआ, अपनी जिद पर अड़ा रहा। अन्त में पप्पू के पापा ने कहा, अच्छा, धीरे से मारना, और दो तड़ी से ज्यादा मत मारना। मास्टर साहब अजीब परेशानी में थे—पप्पू के हाथ में तबला ठोकनेवाली लोहे की छोटी नुकीली हथौड़ी को गौर से देखने लगे और उसके पापा का सुझाव भी गुनने लगे। मास्टर साहेब ने यह सोचकर कि दो ही चार दिनों में

महीना पूरा होनेवाला है, ना करने का मतलब है पूरे महीने भर की कमायी से हाथ धोना। पप्पू के आगे सिर झुका दिया। हालाँकि पप्पू का दिल-दिमाग बदल गया और वह बाहर खेलने भाग गया। बिना मास्टर साहेब को तड़ी मारे। लेकिन मास्टर साहेब की उस दिन आँखें खुल गयीं। दूसरे दिन पूरी तैयारी से पढ़ाने आये यानी उन्होंने एक हेलमेट खरीद लिया। आते थे, साइकिल पर ही लेकिन झोले में हेलमेट रखे रहते थे। बँगले में घुसते ही हेलमेट सिर पर रख लेते थे और जब पढ़ाकर बाहर निकलते थे तो हेलमेट झोले में डाल लेते थे।

इसी तरह एक जूनियर इंजीनियर महोदय अपनी नयी मोटर साइकिल से शाम को शर्मा जी के यहाँ आये। जाड़े की रात, खूब कड़ाके की सर्दी पड़ रही थी, वह काफी देर तक पप्पू के पापा से बतियाते रहे। चलते समय जब उन्होंने मोटर साइकिल स्टार्ट की तो पप्पू जी आगे आ गये और बोले, अंकल! इसे यहीं रहने दीजिये, बन्द मत करिये, मैं इस पर बैठकर हार्न बजाऊँगा। और पप्पू जी हार्न बजाने लगे। उस रात उस जूनियर इंजीनियर को कई चौराहा पैदल चलने पर भी रिक्शा नहीं मिला। मजा तब आया जब रात के साढ़े बारह बजे जूनियर इंजीनियर को बुलाने के लिए शर्मा जी का चपरासी साइकिल से आया कि चलिये साहेब, अपनी मोटर साइकिल ले आइये। पप्पू भैया अब सोने जा रहे हैं। तब से आज तक वह जूनियर इंजीनियर महोदय एक चौराहा पहले ही गाड़ी खड़ी कर देते हैं और पैदल ही साहेब के बँगले पर आते-जाते हैं।

पप्पू के पापा बाहर जा रहे थे। उनके दफ्तर के कई छोटे-बड़े इंजीनियर उन्हें छोड़ने स्टेशन आये थे। पप्पू जी वजन करनेवाली मशीन पर जाकर खड़े हो गये। उन्होंने अपना वजन लिया, फिर जिद करके मम्मी का वजन कराया फिर पापा का। पापा बेचारे अभी मशीन पर ही थे कि पप्पू जी अड़ गये कि पापा जी आप सिर पर बिस्तरबन्द रखकर हाथ में अटैची लेकर, बाँह में कुलीवाला बिल्ला पहनकर यानी कुली बनकर वजन कराइये। हालाँकि उनके पापा बहुत इधर-उधर का बहाना बनाये तब जाकर कहीं उनका पिण्ड छूटा। वैसे आजकल पप्पू जी शहर के घण्टाघर के पीछे पड़े हुए हैं। जब से उन्होंने घण्टाघर देखा है, वह अड़ गये हैं कि इसे घर ले चलिये। मम्मी, पापा समझाकर हार गये हैं कि ऐसा ही घण्टाघर आँगन में बनवा देंगे लेकिन पप्पू जी मान नहीं रहे हैं और चौक के घण्टाघर पर धरना दिये बैठे हैं।

आप लोगों ने इतने से ही समझ लिया होगा कि पप्पू जी किस कैंड़े के हैं, और किस मिजाज के हैं। अगर आपके पास दम है, दिमाग है और जोखिम उठाने का इरादा है तो कृपया एक बार इस केस को भी देखिये। हर मर्द और हर औरत के लिए यह बच्चा चुनौती बना हुआ है।

टेलीफोन पर प्रेम प्रकरण

टेलीफोन की अहमियत को कोई नकार नहीं सकता। टेलीफोन जितना जरूरी है डॉक्टर के लिए, वकील के लिए, नेता के लिए, अभिनेता के लिए, एजेण्ट के लिए, व्यापारी के लिए, सरकार के लिए, पत्रकार के लिए उतना ही जरूरी है प्रेम करनेवालों के लिए। यानी हर तरह का व्यापार करनेवालों के लिए टेलीफोन जरूरी है। प्रेमी के लिए तो और भी जरूरी है, ताकि फाइल भी चलती रहे और गोपनीयता भी बनी रहे। पर ऐसे प्रेमियों का प्रतिशत बहुत कम मिलेगा, जिनके पास निजी टेलीफोन की सुविधा होती है। कभी-कभार यह सुविधा अगर सौभाग्य से मिल भी जाती है, तो ज्यादातर एकतरफा ही होती है। यानी अगर यह सुविधा प्रेमी के पास हुई तो प्रेमिका के पास नहीं होगी और अगर प्रेमिका के पास यह सुविधा हुई तो फिर प्रेमी के पास नहीं होगी। दोनों को निजी टेलीफोन की सुविधा बड़े भाग्य से मिलती है। इस सुविधा के चलते दोनों के पौ बारह होते हैं। उनकी चाँदी ही चाँदी रहती है। वे जब तक जागते हैं, तब तक टेलीफोन का चोंगा उनके मुँह में लगा ही रहता है जैसे छोटे बच्चों के मुँह से निपल। बेचारे उसी में भूले रहते हैं। देश-दुनिया में क्या हो रहा है, इसमें इनको कुछ भी लेना-देना नहीं रहता। इनके लिए टेलीफोन घर की मुर्गी जैसा होता है। जब चाहते हैं तब हलाल करते हैं। समय-असमय नहीं देखते, सिर्फ अपनी जरूरत देखते हैं। रात के बारह बजे भी टेलीफोन की घण्टी टिनटिना उठती है।

हलो—हाँ! तुम कैसे हो?

बिलकुल ठीक। कोई खास बात है क्या?

नहीं। नींद नहीं आ रही है।

मुझे भी नींद नहीं आ रही है, इस समय मेरी आँखों में तुम नाच रही हो।

झूठ। यह हाल तो मेरी आँखों का है।

सच?

हाँ, सच।

अच्छा! सुनो, आज की शाम कैसी रही?

बहुत अच्छी रही। खूब मजा आया। कल का क्या प्रोग्राम है?

कल बताऊँगा। लगता है भाभी इधर आ रही हैं...मैं टेलीफोन रख रहा हूँ अच्छा गुड बाई, गुडनाइट। और एक फ्लाइंग किसके साथ टेलीफोन का चोंगा रख दिया जाता है भाभी के आने आने तक।

भाभी जी मुस्कराकर पूछती हैं, ''देवर जी, इतनी रात गये किससे बातें कर रहे थे टेलीफोन पर?''

''अरे भाभी आप! मेरा एक दोस्त है। हॉस्टल में रहता है, वही रवि, नाटा-सा, लम्बा-सा, खूब गोरा-सा है, कुछ-कुछ साँवला-सा, आपने उसे कई बार देखा है। इस समय आपके ध्यान में नहीं आ रहा है, उसी का फोन था। घर गया था। अभी रात की ट्रेन से आया है। मैंने साफ मना कर दिया कि इतनी रात को कभी फोन मत करना। यह वक्त सोने का है न कि गुटरगूँ करने का। क्यों भाभी, मैंने कोई गलत तो नहीं किया?

अगर आपने ऐसा किया, तो सचमुच बहुत अच्छा किया। लेकिन आपने ऐसा किया नहीं। आप यह क्यों भूल जाते हैं, कि इस फोन का एक्सटेन्शन ऊपर के कमरे में भी है। मेरे पहुँचने से पहले ही आपके भाई साहब ने चोंगा उठा लिया था...खैर, अब सोइये शुभ रात्रि।

प्रेम करनेवालों के लिए निजी टेलीफोन अभिशाप भी है, वरदान भी है। आधी रात में बेचारे की किरकिरी हो गयी न! नींद वैसे भी नहीं आ रही थी, नींद ऐसे भी नहीं आयेगी। तब नींद आती तो सपने भी मीठे और अच्छे आते, अब नींद आयेगी, तो सपने भी बुरे और डरावने आयेंगे। हर वक्त टेलीफोन का चोंगा पकड़े भइया नजर आयेंगे और शक की निगाह से देखती, मुस्कराती भाभी नजर आयेंगी। कोई ताज्जुब की बात नहीं कि सपने में ऐसा आदमी घिघिया पड़े कि नहीं भइया, नहीं भाभी, अब ऐसा नहीं होगा, प्लीज, माफ कर दीजिये। गलती हो गयी, दरअसल वह क्या है कि आप हमें गलत न समझें, मैं बिलकुल सही हूँ बस हुआ यह है कि ...।

अगर निजी टेलीफोन न होता, तो इतनी रात गये ये कैसे एक-दूसरे का हाल जान लेते? भले एक-दूसरे से दूर-दूर रहकर आहें भरते, करवटें बदलते, चाँदनी रात होती तो चाँद देखते, तारे गिनते, कुछ भी करते लेकिन टेलीफोन पर बातें न करते। कुछ ऐसे भी होते हैं, जो पास-पड़ोस से मुफ्त टेलीफोन की सुविधा का लाभ उठाने से तनिक भी नहीं चूकते हैं। शुरुआत होती है कभी-कभार की इमरजेन्सी से। फिर दूसरे-चौथे की नौबत आती है और धीरे-धीरे ये अपना जन्मसिद्ध अधिकार समझ लेते हैं और बिला नागा पड़ोसी के टेलीफोन से प्रेम-व्यापार करने का एक नियम-सा बना लेते हैं। ऐसे में परेशानी उसकी होती है

जिसका टेलीफोन होता है। वह केवल सुनता है और कुढ़ता रहता है। वह चाहते हुए भी मना नहीं कर पाता, उलटे उत्सुक हो जाता है यह जानने के लिए कि यह सुनीता कौन है? उर्मिला कौन है? शिखा कौन है? रोजी कौन है? केया कौन है? राजन कौन है? आलम कौन है? बिन्दे कौन है? श्यामल कौन है? और पप्पू कौन है? पर वह चाहकर भी कुछ पता नहीं कर पाता। उसका वश चले तो ऐसे प्रेमी-प्रेमिकाओं के घर स्वयं जाकर बता आये या उनके घर के आस-पास कहीं टेलीफोन हो तो स्वयं करके उनके घरवालों को अपने यहाँ बुलवा ले कि वह खिसियाकर रह जाता है। मन-ही-मन दाँत पीसता और आशीर्वाद देता रह जाता है।

और पब्लिक टेलीफोन पर तो ऐसा अक्सर देखने को मिलता है कि बड़े-बड़े व्यापारी तो चटपट काम निबटाकर अलग हो जाते हैं, लेकिन प्रेमी! हाय रे, वह तो चोंगा छोड़ता ही नहीं। उसकी बात तो कभी पूरी ही नहीं होती। बात में से बात निकलती चलती है। जैसे कोई छोटी-सी लतर पहले दो पत्ती की हुई, फिर चार की, फिर आठ, सोलह, बत्तीस फिर और न जाने कितनी-कितनी पत्तियाँ निकलने लगती हैं। कुत्ता ऊबकर हड्डी छोड़ सकता है, बच्चा बहकावे में आकर अपनी जिद छोड़ सकता है, शिकारी हाथ में आया हुआ शिकार छोड़ सकता है, दलाल चाल में फँसा हुआ मुर्गा और असामी छोड़ सकता है, ले कि बिना कटे या बिना बिगड़े कोई प्रेमी टेलीफोन का चोंगा छोड़ दे, ऐसा हो नहीं सकता। वह अपने में ही खोया रहता है।

कैसी हो? हाँ, मैं आज कॉलेज नहीं जा रहा हूँ। यहीं आओ ना। आज तुम भी कॉलेज मत जाना, हाँ-हाँ पिक्चर भी देखेंगे। अरे, मेरा भी तो यही हाल है। जितने लमहे तुम्हारे साथ कट जाते हैं, बस उतनी ही मेरी जिन्दगी होती है, बाकी सब बकवास है...।

पीछे खड़ी लम्बी कतार से तरह-तरह की आवाजें फूटती हैं।

अरे भाई साहब, जरा इधर देखिये, मुझे एक्सीडेण्ट की सूचना देनी है।

मुझे रिजल्ट की सूचना देनी है बंगलौर।

मुझे तो और जल्दी है। मौत की सूचना भेजनी है।

मुझे शादी की।

और आप हैं कि आधे घण्टे से चोंच लड़ा रहे हैं। उसके घर जाकर बतियाने में अगर शर्म लगती है, तो अपने घर पर टेलीफोन क्यों नहीं लगवा लेते?

यहाँ क्यों सबकी छाती पर मूँग दल रहे हैं। आपको पता है, आपकी ऐसी बातों का मेरे परदेसी मन पर क्या असर हो रहा है। प्लीज! मेरे भी सीने में एक प्रेमी का दिल है, आप ही जैसे प्रेमी का। कम-से-कम मुझ पर रहम खाइये। आप ही

सारे दिन बतियाते रहियेगा, तो हम लोग क्या अगली सर्दी में आयेंगे। अरे, छोड़ दीजिये, छोड़ दीजिये, टेलीफोन है और सबका है, सबको मौका दीजिये।

फिर भी प्रेमी पर ऐसी बातों का कोई असर नहीं होता। वह पहले जैसा डटा और सटा रहता है। अगर उधर से वह साहिबा टेलीफोन नहीं छोड़ेंगी, तो इधर से साहेब भी नहीं छोड़ेंगे। यह पहले से तय है।

एक बात और है कि अगर और दूसरे कामों में टेलीफोन जल्दी न मिले, तो ऐसी कोई बात नहीं, लेकिन प्रेमी तो हमेशा घोड़े पर सवार रहता है। (वैसे मैं झूठ बोल रहा हूँ। हर भकुआ स्कूटर, कार, मोटर साइकिल, साइकिल जैसी सवारियों का ही मालिक होता है, वह इन्तजार नहीं कर सकता है।) वह चाहता है कि नम्बर घुमाते ही काम बन जाय, कभी-कभी बेचारे घण्टों डायल घुमाते रह जाते हैं, लेकिन नहीं मिलता और टेलीफोन मिल भी गया, तो खटका लगा रहता है कि वह है भी कि नहीं। अब जैसे ही, मैं मंगला की बड़ी भाभी बोल रही हूँ। बोलिये, आप कौन हैं, आपको किससे काम है? मंगला को कैसे जानते हैं? एक साथ इतने अप्रत्याशित सवालों से घिरते ही प्रेमी बेचारा चोंगा रख देता है। बाप रे, जान बची और लाखों पाये। अब उससे पहले से टाइम पूछ लिया करूँगा... अन्यथा नहीं।

कभी-कभी तो पोजीशन और 'आड' हो जाती है। आदमी खिसियाकर रह जाता है, जैसे गाड़ी मेन से लूप में आ गयी हो या प्लेटफार्म खाली होने की प्रतीक्षा में आउटर पर आकर खड़ी हो गयी हो। ऐसी स्थिति में गुस्सा, खीझ और झुँझलाहट सबसे गुजरना पड़ता है और बिला वजह गुजरना पड़ता है। तब पता चलता है कि टेलीफोन के सहारे प्रेम व्यापार करना आसान नहीं है। लोहे का चना चबाना है। यह काम वही कर सकता है जो बहुत धीरजवाला होगा। हाँ, बस एक खासियत इसकी ऐसी है कि यह बीच के आदमी का काम बड़ी ईमानदारी से करता है। जितना इस पर भरोसा किया जा सकता है, उतना किसी मित्र पर भी नहीं किया जा सकता है। बल्कि प्रेम व्यापार को सफल बनाने में यही मित्रता की कसौटी पर खरा उतरता है, इसलिए सबसे अच्छा मित्र यही है। चोंगे का तार सहलाते ही बनता है। बड़ी सुखद अनुभूति होती है। लगता है, उँगलियाँ उसकी ही काली-काली घटाओं-सी घनी घुँघराली अलकों में थिरक रही हैं। कितना अच्छा लगता है जब कोई पूरा टेलीफोन उठाये घूम-घूमकर बतियाता रहता है। सच टेलीफोन कितने काम का है। इसलिए प्रेम करनेवालों और वालियों से मेरा करबद्ध निवेदन है कि आप सब पहले अपने-अपने टेलीफोन का खम्भा गड़वा लें, उसके बाद प्रेम की ओर निहारें, यह आपको और अच्छा लगेगा और अगर आप ठीक इसका उलटा कीजियेगा तो फिर यही होगा कि आ बैल, मुझे मार। आ बैल, मुझे मार! आ बैल, मुझे मार।

पत्नी की सहेली : एक पहेली

कसम आपकी, मैं एक बार ऊँट की करवट का भरोसा कर सकता हूँ, लेकिन पत्नी की सहेली क्या करवट लेगी, इसकी कोई गारण्टी नहीं ले सकता। तौबा-तौबा—आज सिर्फ उसी के चलते मैं आप सबकी कसम खा रहा हूँ, वर्ना मुझे क्या पड़ी थी। पत्नी की सहेली जो न करा दे, सो थोड़ा समझिये! भला सोचिये, यह उम्र और पहेली! अरे, पहेली बूझने-बुझाने की एक उम्र होती है। और जब पहेली बूझने के दिन होते हैं, तब मामूली-से-मामूली पहेली में रस भरा होता है। लेकिन यह विडम्बना देखिये कि जब न सचमुच की कोई पहेली रही, न पहेली के लायक उम्र रही, तब यह हाल है कि नींद गायब है, न भूख लगती है न प्यास। हर वक्त एक अजीब-सी आहट कानों के आस-पास बनी रहती है। पत्नी और उसकी सहेली की आपस की खुसुर-फुसुर, हँसी-ठिठोली, सब-कुछ रहस्य से भरा-भरा लगता है...साँसों में हरदम वही रिकार्ड बजता रहता है अल्ला जाने क्या होगा! मौला जाने क्या होगा! लेकिन यह इतने कम वाल्यूम पर बजता है कि इसे सिर्फ मैं ही सुनता हूँ—हालाँकि सुनने और जानने की कोशिश पत्नी भी बहुत करती है और उसकी सहेली भी, लेकिन गनीमत यही है कि कोई कभी खुलकर कुछ कहता नहीं। और ऐसे में मैं दुहरे धर्म-संकट में पड़ जाता हूँ। मेरी मुसीबत तो देखिये, मैं अगर पत्नी की सहेली से हँसता-मुसकराता हूँ तो यह पत्नी को नहीं सुहाता। उसका चेहरा उतर जाता है, मुँह लाल हो जाता है, कभी-कभी तो नाक-भौं भी सिकुड़ जाती है और हू-बहू यही हाल तब पत्नी की सहेली का होता है जब मैं पत्नी से हँसता-मुस्कराता हूँ। मैं हार गया, थक गया गुणा-भाग करके, लेकिन कोई अन्तर नहीं पड़ा। हमेशा त्रिभुज के तीनों अन्त:कोणों का योग बराबर दो समकोण के ही होता है।

पत्नी की सहेली जब मिलती है, तो पहले सूँघती है, मैं सतर्क और सावधान हो जाता हूँ—उसकी और अपने कुशल-क्षेम के लिए प्रार्थना करता हूँ। हे प्रभो! आनन्ददाता, ज्ञान इनको दीजिये! इसके आगे की नौबत ही नहीं आती, ध्यान भंग हो जाता है। उसका वही परमानेण्ट सवाल सुनकर, आप मुझसे इतना भागते क्यों

हैं? क्या मैं आपको...मेरा वश चले तो ऐसे मौके पर मैं सनसनुन भाग खड़ा होऊँ। लेकिन वश चलता नहीं और भागने में इस समस्या का हल भी नहीं दिखायी देता। मैं मुस्कराकर केवल इतना ही कहता हूँ, अजी, मैं भागनेवाले मर्दों में नहीं हूँ। आप हुक्म तो कीजिये। मेरे बाप-दादा भी मुसीबतों से जूझते आये हैं। मैं भी जूझता रहूँगा। फिर आप तो पत्नी की सहेली हैं। जितना हक पत्नी का आप पर है, लगभग उतना ही हक मेरा भी रिश्ते के नाते आप पर बनता है। बनता है न? इतना सुनते ही पत्नी की सहेली बोल पड़ी, अपने हक का रोना रोने से पहले मेरा हक तो मुझे दीजिये। जब वह अपने हक की बात करती है तो मैं हकलाने लगता हूँ। ऐसे मौके पर मैं ही क्या बड़े-बड़े धाराप्रवाह बोलनेवाले भी हकलाने लगते हैं। मैं बहुत चाहता हूँ कि हाथ में उसका हाथ लेकर कहूँ, आप अपना हक तो गिनाइये। लेकिन मैं अपनी सीमा और हैसियत जानता हूँ, इसलिए ऐसा नहीं करता। क्योंकि पति को पत्नी का हाथ, हाथ में लेने का हक समाज ने, कानून ने दिया है। पत्नी की सहेली का हाथ, हाथ में लेने का हक अभी तक किसी पति को नहीं मिला है और अब तक की खोज-बीन से ऐसा पता चलता है कि अगर किसी की पत्नी की सहेली ने हाथ में हाथ दिया है तो उसने अपनी सहेली का हक छीन लिया है। सच मानिये, मैं बस इसी एक प्वाइण्ट पर आकर हाथ खींच लेता हूँ। किसी को किसी का हक नहीं मारना चाहिए। क्योंकि जिसका हक मारा जाता है वह आसमान सिर पर उठा लेता है और कोर्ट-कचहरी तक की नौबत आ जाती है। भला सोचिये, यह भी कोई बात हुई कि आये थे हरिभजन को ओटन लगे कपास। मैं तो आपसे सही बताऊँ कि इस फेवर का हूँ कि हक कभी किसी का मारा और छीना न जाये, बल्कि उसमें और बढ़ोतरी होती रहे। काश, पत्नी की सहेली यह मामूली-सी बात समझ पाती तो फिर कहना ही क्या?

जब से पत्नी की सहेली का मेरे घर आना-जाना शुरू हुआ है तब से मेरी जिम्मेदारी भी बढ़ गयी है। मेरी गैरहाजिरी में पत्नी की सहेली पत्नी को न जाने क्या-क्या सिखा-पढ़ा जाती है। घर पहुँचते ही उसके सिखाये-पढ़ाये को पोंछना-मिटाना पड़ता है। यह काम लगभग रोज का है। दफ्तर से लौटते ही पत्नी जो हिसाब-किताब पर उतर आती हैं, क्यों जी, चौराहे पर मेरी सहेली खड़ी रह गयी, उसे तुमने स्कूटर पर नहीं बिठाया? बिठाया किसी और को! कौन थी वह? और स्कूटर पर पीछे बैठने का यह सिलसिला कब से शुरू हुआ है और कब तक चलेगा? चाय-पानी तो दूर, मैं पहेली सुलझाने बैठ जाता हूँ, तुम्हारी सहेली साहिबा आयी थीं क्या? और नहीं तो क्या मैं ख्वाब देख रही हूँ। वही तो है एक बेचारी जो सब खबरें दे जाती है। वर्ना मैं घर देखूँ कि तुम्हें देखती फिरूँ? मेरा यह काम नहीं है। उस समय तो यही होता है कि काश पत्नी की वह सहेली साहिबा

मिल जातीं तो आज वारा-न्यारा ही हो जाता। हाँ, रोज-रोज की किचकिच से तो अच्छी है आर-पार की नौबत। लेकिन मिले तब न! मौके पर वह नहीं मिलती। पत्नी को बहुत समझाने की कोशिश करता हूँ कि वह साथ की पढ़ी लड़की थी। दो चौराहे बाद उतर गयी। तुम्हारी सहेली को तो एक बार स्कूटर पर बैठाकर भोग चुका हूँ। एक ही दिन में दो बार टंकी फुल करानी पड़ी थी, तब भी उसकी यात्रा पूरी नहीं हुई। जिसके पास इतना फालतू समय हो और इतना फालतू पैसा हो वही तुम्हारी सहेली को अपने स्कूटर पर ढो सकता है, मैं नहीं। फिर यह भी तो है कि मेरे परिचित उसे भाभी जी कहकर नमस्कार करते हैं। वह वैसे ही लजा-मुसकराकर नमस्कार का जवाब देती है, मुझे कुछ कहने ही नहीं देती। अब बताओ भला। तब क्या होगा, जब लोग तुम्हें कभी स्कूटर पर देखेंगे। जिस तरह से पत्नी की सहेली हाथ धोकर स्कूटर पर पीछे बैठने के लिए तुली रहती है, उसे देखते हुए यही कहना ठीक रहेगा कि शहर छोड़ने में ही मेरी भलाई है। क्योंकि इस शहर में रहकर ऐसा करना नामुमकिन-सा लगता है। लगता है क्या, बल्कि समझिये कि हो-सा गया है। लेकिन साहब, इस जोड़-तोड़ में पत्नी की सहेली की जीत हुई। उसके डर से मैंने आने-जाने का रास्ता बदल दिया, जिसका नतीजा यह निकला कि पत्नी ने एक दिन स्कूटर में ताला लगा दिया, बस से जाओ या टैम्पो से—स्कूटर कभी-कभी के लिए है! पत्नी की सहेली को स्कूटर पर न बैठाने का नतीजा देखा आप लोगों ने?

मुझसे मेरी पत्नी भी उतने सवाल नहीं करती न उतनी गहरी छान-बीन करती है जितने अटपटे सवाल और जैसी गहरी छान-बीन पत्नी की सहेली करती है। अपरिचित देखे-सुने तो पत्नी को सहेली और सहेली को पत्नी मान बैठे। भगवान् न करे, ऐसा दिन कभी आये। वैसे होनी तो होकर ही रहेगी। उसे भला कौन रोक सकता है? पत्नी को ऐसी सहेली मिली जो आज तक मेरे लिये पहेली बनी हुई है। यह भी एक अनहोनी ही कही जाएगी। सहेली कान फूँकने में नम्बर एक पर है। कभी-कभी पत्नी के दोनों कान तरह-तरह की रंगारंग बातों से भरे मिलते हैं। मैं समझ जाता हूँ कि आज सहेली आयी थी, क्योंकि तब पत्नी मेरी एक भी बात नहीं सुनती, सिर्फ अपनी सुनाती जाती है, कुछ आपको पता है, आजकल शहर में साड़ियों की प्रदर्शनी लगी हुई है। दो साड़ी मिसेज राय ले आयी हैं, दो साड़ी श्रीवास्तव बहन जी ले आयी हैं और वह किनारेवाले दुबे जी के यहाँ जो नये किरायेदार आये हैं, उनकी मिसेज चार साड़ियाँ, शाल और स्वेटर ले आयी हैं। आज मेरी सहेली आयी थी। बता रही थी कि बस दो-चार दिन और प्रदर्शनी रहेगी। हजार-हजार रुपये की साड़ियाँ चार सौ, पाँच सौ में मिल रही हैं। ऐसी सस्ती साड़ियाँ जल्दी नहीं मिलेंगी।

मैं अभी कुछ कहने की सोच ही रहा हूँ कि तब तक पत्नी मेरे सामने साड़ियों का पैकेट और शाल-स्वेटर का थैला पलट देती है, लीजिये, देखिये। आपको तो न कभी मेरे लिये समय मिला, न मिलेगा। मैं कभी पैकेटों को देखता हूँ, कभी पत्नी को और कभी ऐसे मौके पर गैरहाजिर उसकी सहेली को। जो पैसे बिजली का बिल देने के लिए रखे गये थे, उन्हें पत्नी की सहेली ने अपनी सूझ-बूझ से प्रदर्शनी पर न्योछावर करवा दिया। वह अपनी सहेली का घर उजाड़ रही है या बसा रही है, मैं कुछ न सोच पा रहा हूँ न समझ पा रहा हूँ। अक्सर मैं उससे खुलकर बतियाना चाहता हूँ, लेकिन डरता भी हूँ कि कहीं बात खुल गयी तो क्या होगा? वह भी चाहती है कि मैं खुलूँ मैं भी चाहता हूँ कि वह खुले। लेकिन यह 'लेकिन' भी खूब है। कभी उसके पक्ष में जाता है, कभी मेरे पक्ष में, और कभी जाता है पत्नी के पक्ष में। अभी तक पत्नी की सहेली ने शादी नहीं की है। क्यों नहीं कर रही है, यह पूछनेवाला मैं कौन? हालाँकि वह मेरी पत्नी की सहेली है। मैं नहीं पूछूँगा तो और कौन पूछेगा। लेकिन सोचता हूँ, जब पत्नी स्वयं नहीं पूछ रही है तो मैं पूछकर क्यों बुरा बनूँ? फिर मेरा क्या ले रही है? बल्कि जब पत्नी दो-चार-दस दिनों के लिए मायके वगैरह जाती है तो वह अपने-आप आकर समय पर चाय-पानी दे जाती है। चौका-चूल्हा भी सँभाल लेती है। उसकी कृपा है कि पत्नी का अभाव खलता नहीं और काम चल जाता है। वर्ना दो रोटी के लिए होटलों में दौड़ लगानी पड़ती। कभी इसमें, कभी उसमें... लेकिन कभी जब बहुत बारीकी से विचार करता हूँ तो लगता है कि इसमें कोई साजिश है। पत्नी जान-बूझकर अपनी जिम्मेदारी अपनी सहेली को सौंप जाती है कि कहीं कोई और न ऐसे मौके का फायदा उठाने आ जाये। तब लगता है कि पत्नी की सहेली और सहूलियत तो दे रही है लेकिन लगे हाथ खुफियागीरी भी कर रही है। राम जाने उसके मन में क्या, कभी कुछ खुले तब न? मेरे मन में जो था, वह तो मैंने आप सबके सामने रख दिया। अब उसके मन में क्या है, यह कौन बताये? पत्नी से पूछने का मतलब है, आ बैल मुझे मार। पत्नी की सहेली से पूछने का कोई तुक नहीं है। बुरा मान गयी तो? कल कौन आयेगा बोलने-बतियाने, अन्तराल भरने। पत्नी की सहेली हमेशा पत्नी की सहेली बनी रहे, यह तो ठीक है; लेकिन मेरे लिये पहेली बनी रहे, यह ठीक नहीं है। यही सोचकर जब-तब कुछ कहने का मन होता है, लेकिन चुप लगा जाता हूँ—

किस-किस का नाम लीजिये किस-किस को रोइये,
आराम बड़ी चीज है मुँह ढँक के सोइये।

अखिल भारतीय विरहिणी संघ

पड़ोस में अखिल भारतीय विरहिणी संघ का खूब बड़ा-सा बोर्ड टँगा देखकर मैं अचकचाया कि यह सब क्या है? इसमें तो श्रीमती वासन्ती रहती हैं बिलकुल अकेली। हालाँकि वह लगती नहीं कि विरहिणी हैं, लेकिन हैं। ठीक आधी रात में जब वह हारमोनियम पर गाना शुरू करती हैं—अब लौं नसानी, अब ना नसैहौं, तो पास-पड़ोस की नींद उचट जाती है। भोर होते-होते उनका विरह और जोर मारता है, मामला दुगुन-चौगुन में चलने लगता है। बोल बदल जाते हैं—का करूँ सजनी, आये ना बालम। मैं तब हाथ मलकर रह, जाता हूँ। चाहकर भी उनके दुःख में हाथ नहीं बँटा पाता। उन्हें फूलों से बेहद प्यार है, सिर्फ एक गोभी का फूल नहीं होता, वरना सुबह होते ही पास-पड़ोस की फुलवारियों में घूम-टहल आती हैं और डलिया भर फूल बटोर लाती हैं। फिर आराम से पालथी मारकर बैठ जाती हैं, फूलों के गहने बनाती हैं—जूड़े के लिए, गले के लिए, कानों के लिए, कलाइयों के लिए, बाँहों के लिए और कमर के लिए करधनी भी फूलों की ही बनाती हैं। फिर इन्द्र की अप्सरा की तरह सज-धजकर दोपहर में शहर घूमने निकलती हैं। हालाँकि उस समय उन्हें देखकर कोई नहीं कह सकता कि वह विरहिणी हैं और यही वे हैं जो आधी रात गये हारमोनियम पर अपना दुखड़ा सुनाने बैठती हैं।

विरहिणी संघ के बारे में जानने की उत्सुकता हुई और मैं एक दिन उनके यहाँ पहुँच गया। वह मुझे देखकर मुस्करायीं, इस भाव से कि कहिये कैसे आना हुआ? और मेरा हाल यह कि मैं वहाँ पहुँचते ही सकते में आ गया, जैसे किसी थियेटर के ग्रीनरूम में आ गया हूँ। पूरे कमरे में धूप, अगरु और चन्दन के अलावा तीखे विदेशी इत्र की खुशबू भभका मार रही थी। आस-पास अनेक अप्सरानुमा तरुणी स्त्रियाँ अपने-अपने कामों में व्यस्त थीं।

वासन्ती जी ने बैठने का इशारा किया, मैं बैठ गया। बातचीत होने लगी—

प्रश्न— वासन्ती जी। आप हिन्दुस्तान की जानी-मानी ख्यातिलब्ध विरहिणी हैं। क्या सोचकर आपने अखिल भारतीय विरहिणी संघ खोला, इसके क्या उद्देश्य हैं और इससे विरहिणियों को क्या फायदा होगा?

उत्तर—कैलाश जी। आप तो जानते हैं कि अकेला चना भाड़ नहीं फोड़ता और आप यह भी जानते होंगे, कि संघे शक्तिः कलियुगे। फिर जिस संस्था, संस्थान, योजना या आयोजन के साथ अखिल भारतीय जैसा विशेषण जुड़ जाता है, उसका महत्त्व बढ़ जाता है। मुझसे विरहिणियों की दुर्दशा देखी नहीं गयी, यही सोचकर मैंने यह विरहिणी संघ बनाया है। इसकी अनेक शाखाएँ बहुत शीघ्र ही पूरे देश में खुलने जा रही हैं। आपको यह जानकर प्रसन्नता होगी कि हमारी संख्या दिन-दूनी, रात-चौगुनी बढ़ती जा रही है। यहाँ विरहिणियों की मनोदशा का सही आकलन किया जाता है और उन्हें उसी के अनुकूल वातावरण में रखा जाता है। पाठ्यक्रम के हिसाब से वर्गीकरण किया जाता है। जैसे कि विरह कितना पुराना है? अब जैसे शुरू-शुरू की स्थिति हुई कि पति परदेश जाने की तैयारी में है, नहीं मान रहा है, तो ऐसी विरहिणी स्त्री के कमरे में एक दोहा लिखकर टाँग दिया जाता है—

सजन सकारे जायँगे, नैन मरेंगे रोय।
विधना ऐसी रैन करि, भोर कबहुँ नहिं होय।

वह विरहिणी इसी दोहे का निरन्तर पाठ करती रहती है। एक हजार पाठ करना रहता है। अभी वासन्ती जी अपनी बात कह भी नहीं पायी थीं कि बगल में शृंगार कर रही विरहिणी बोल पड़ी, लेकिन मैडम मेरे मिस्टर पर तो इसका तनिक भी असर नहीं हुआ। वह चार बजे भोर का एलार्म लगाकर सोये और ठीक चार बजे जग गये। मैं दोहा ही पढ़ती रह गयी और वह—हलो डियर! साढ़े चार की टेट्ठन है, कहते हुए सन्न से तीर की तरह निकल गये। वासन्ती जी ने उसे मुझसे आँख बचाकर घूरा और उसकी बात को कोई खास महत्त्व नहीं दिया। बल्कि दूसरी विरहिणियों से कहा, विरहिणी कालिन्दी को वी.डी.ओ. कक्ष में ले जाया जाये, और उन्हें वी.डी.ओ. फिल्म दिखायी जाये। दो विरहिणियाँ अप्सराओं की तरह मचलती हुई आयीं और कालिन्दी जी को अपने साथ लेकर उछलती हुई चली गयीं।

वासन्ती जी फिर बोलने लगीं, "यह तो इसका एक स्वरूप था। अब जो इसका दूसरा स्वरूप है। कुछ ज्यादा पुराने और लगभग निराश हो चुकने की स्थिति में पहुँचा हुआ विरह, जहाँ कोई उम्मीद नहीं होती फिर भी प्रयास किया जाता है। एक तरह से समझिये कि ऑक्सीजन दिया जाता है। इसमें यह पता नहीं रहता कि पति कहाँ हैं, कैसे हैं और कब आयेगे? लेकिन आगमन की प्रतीक्षा और मिलने की उत्कण्ठा को मरने नहीं दिया जाता। ऐसी विरहिणियों के लिए दूसरा दोहा दिया जाता है—

सोना लादन पिउ गये, लौटि न आये देस।
सोना मिला न पिउ मिले, रूपा हो गये केस।।

इस दोहे से उन्हें सन्तोष भी मिलता है और सहानुभूति भी मिलती है। इतना सुनते ही एक विरहिणीनुमा अप्सरा बनी स्त्री ठठाकर हँस पड़ी और बोली, मैडम!

मैं जब-जब यह दोहा पढ़ती हूँ मेरा पड़ोसी बालों की मेंहदी लेकर हाजिर हो जाता है, इस अनुरोध के साथ कि इतना निराश होने की जरूरत नहीं है। पड़ोसी होने के नाते हमारा भी तो कुछ कर्त्तव्य बनता है। आखिर हम इस समय हाथ नहीं बँटायेंगे, तो कब बटायेंगे?

प्रश्न—वासन्ती। क्या इनके अलावा भी कोई और रूप विरहिणी का है? और अगर है तो वह कैसा है?

उत्तर—कैलाश जी। आपने कहाँ उँगली रख दी। दुखती रग आपने छू दी। विरह का यह रूप बहुत ही करुण, मारक और कलेजे को बेधनेवाला होता है। मरने के बाद भी प्रतीक्षा बनी रहती है। ऐसी विरहिणियों के लिए हमारे पास रामबाण की तरह काम करनेवाला एक दोहा है—

कागा सब तन खाइयो, चुनि-चुनि खइयो मांस।
दो नैना मत खाइयो, पिया मिलन की आस।।

इस बार वासन्ती जी के दोहे पर आस-पास की विरहिणियों की खिलखिलाहट ठहाके में बदल गयी। मुझे झटका-सा लगा कि आखिर ऐसा क्यों? फिर वह खुद ही बताने लगी कि दरअसल इस अवस्था में पहुँची हुई विरहिणियाँ मेरे संघ में हैं। पर इस समय वे सब-की-सब अपनी आँखें दिखाने और चश्मा लगवाने के लिए आँख के अस्पताल गयी हैं।

प्रश्न—अखिल भारतीय विरहिणी संघ के नियम क्या हैं?

उत्तर—नियम बहुत कड़े हैं और नियमों का पालन करना अनिवार्य है। जैसे मेकअप करने और आकर्षक बने रहने के नियमों का पालन कड़ाई से होता है। रोनी सूरत बनाना, आह भरना बिलकुल मना है। राग-रंग, गाना-बजाना-नाचना, आपस में किलोल करना और वी.डी.ओ. फिल्म देखना अनिवार्य है। इससे मन प्रसन्न रहता है, सेहत पर बुरा असर नहीं पड़ता। सन्तुलित आहार-विहार पर बल दिया जाता है। रोज सवेरे हर विरहिणी का वजन लिया जाता है। कभी-कभी मौसम को देखते हुए बहुत सावधानी बरतनी पड़ती है। विशेषकर सावन और फागुन में। जब प्रकृति पूरी तरह से संयोग के पक्ष में रहती है तब, यानी यह समझिये कि सावन-भादों की काली-काली घटाएँ, गरजते बादल, चमकती बिजली, नदी-झरने का कल-कल शोर, पपीहे की पागल बना देनेवाली करुण पुकार, रिमझिम-रिमझिम फुहारें, कजली, झूले, पुरवाई, अमराई—सब मिल-जुलकर बड़ी कठिनाई पैदा करते हैं। ऐसे वातावरण में हर विरहिणी धूप का चश्मा पहनती हैं, ताकि मौसम का सीधा असर उसकी आँखों पर न पड़े। न आँखें चार होंगी न वे बीमार होंगी। लगभग यही हाल वसन्त के मौसम में होता है। रंग-गुलाल, सरसों-टेसू, होली-चैती के रस में नहाये आम, महुवे, कचनार सब चुटकी काटते

हैं, बोली बोलते हैं, हवा और आग लगाती है, कहीं कान फूँकती है, कहीं हाथ खींचती है। इन दिनों सड़क पर चलना दुश्वार हो जाता है। तब ऐसे मौसम में विरहिणियाँ गप्पगोष्ठी का आयोजन करती हैं। बढ़िया गप्प सुनने को मिलती है, हँसते-हँसते पेट में बल पड़ जाता है। विरहिणियाँ इन दिनों पुरुषों को अपने उत्सव में आमन्त्रित करके उन्हें मूर्ख, महामूर्ख की उपाधि से विभूषित करती हैं। यानी एक तरह से हमारा फागुन पुरुषों को मूर्ख बनाने में बीत जाता है। इस बार आप भी आइयेगा।

मैंने धीरे से मुस्कराकर कहा, वासन्ती जी, यह तो खुशी की बात है कि महिलाओं में कम-से-कम इतनी समझ तो आयी। अफसोस यही है कि अपने अच्छे दिन दूसरों को मूर्ख बनाने में बिता देती हैं। वैसे एक बात और जानना चाहूँगा कि इसमें इतना खर्च पड़ता है, तो पैसा कहाँ से आता है, इसकी व्यवस्था कैसे होती है? क्या कोई ट्रस्ट है या लोग दान देते हैं?

उन्होंने बताया कि आमदनी के साधन हमारे पास दो हैं। पहला और सबसे मजबूत जरिया है कि हम यानी विरहिणियाँ हर महीने अपने-अपने पति को एक निश्चित रकम तत्काल भेजने के लिए खत लिखती हैं, इस आग्रह के साथ कि अगर तुरन्त पैसा नहीं आया, तो मैं दूसरे ही दिन आ जाऊँगी। वे बेचारे चिट्ठी को तार समझते हैं। कभी-कभी तो माँगी गयी रकम से ज्यादा ही किसी के जरिये हाथोंहाथ भेज देते हैं। साथ में लिखित आग्रह भी कि हालाँकि तुम्हें देखे हुए एक युग बीत गया, लेकिन यहाँ आकर क्या करोगी, तुम्हें तकलीफ होगी और तुम्हारी तकलीफ मुझसे देखी नहीं जायगी। इसलिए डियर, तुम जहाँ हो वहीं रहो। पैसा मैं हर महीने इसी प्रंकार समय से पहले ही भेज दिया करूँगा। चिन्ता मत करना, सेहत का ख्याल रखना। और कुछ चाहिए तो लिखना... आदि-आदि। और कुछ ऐसे भी घाघ पति हैं, जो चिट्ठी तो क्या रजिस्ट्री तक का जवाब नहीं देते। न आये बला से, अरे चिट्ठी तो केवल धमकाने के लिए लिखी जाती है। काम बन गया तो ठीक है, नहीं बना तो कोई अफसोस भी नहीं। हाँ, यह जरूर है कि कोई विरहिणी पति के पास जाकर पैसा माँगना पसन्द नहीं करती। यानी हम दूसरे के दाल-भात में बिना वजह मूसरचन्द नहीं बनते। और दूसरा तरीका है चन्दा वसूलने का। इसमें समय भी बीत जाता है और काम भी बनता है।

मैं जब वहाँ से चलने लगा, तो सभी विरहिणियों ने मुझे घेर लिया और पूछना शुरू कर दिया, फिर कब आइयेगा, फिर कब आइयेगा। यहाँ आकर आपको कैसा लगा। और मैं बहुत अच्छा लगा, फिर आऊँगा फिर आऊँगा कहता हुआ जल्दी से सड़क पर आ गया, उद्धव की तरह सुध-बुध गँवाकर गिरता-पड़ता किसी तरह अपनी गली में पहुँचा।

●●●

नाटक/नौटंकी

ग्रीन कार्ड

पात्र

1. सुरेश
2. उर्मिला (सुरेश की पत्नी)
3. दिवाकर
4. कामिनी
5. कुँवारेलाल (पड़ोसी)
6. अनीता (सुरेश की बड़ी लड़की)

पर्दा उठता है

(सुरेश के घर का बाहरी कमरा। चार कुर्सियाँ पड़ी हैं। दो स्टूल इधर-उधर हैं...बगल में दीवार से लगा हुआ एक तख्त बिछा हुआ है। कुँवारेलाल जी कुर्सी पर बैठे अखबार पढ़ रहे हैं। सुरेश दफ्तर जाने की तैयारी में है। कमीज-पैण्ट पहन चुका है चप्पल पहनना चाह रहा है लेकिन एक चप्पल टूटी है। टूटी चप्पल हाथ में लिये कुछ सोच रहा है। कुँवारेलाल उसे इस तरह देखकर मुस्कराते हुए पूछते हैं?...)

कुँवारेलाल : क्यों भाई। आज चाय की जगह यही मिलेगी क्या? *(चप्पल की ओर इशारा करते हुए)*

सुरेश : बहुत पसन्द है क्या? नहीं मानोगे तो यह भी दे देंगे। लेकिन सोच रहा हूँ कि...

कुँवारेलाल : इसमें सोचने की क्या बात है? अरे बाबा रोज चाय मिलती है आज चप्पल ही सही कुछ तो दो और मैं चलता बनूँ।

सुरेश : दे तो देता यार लेकिन कंगाली में आटा गीला हो जायेगा... *(दोनों ठठाकर हँस पड़ते हैं। सुरेश अपनी पत्नी को पुकारता है)* उर्मिला जी...ई...ई...ई...अरे भाई सुनती हो *(कुछ रुककर फिर आवाज देता है)* उर्मिला जी...

उर्मिला : *(घर के भीतर से बोलती है)* आ रही हूँ सुरेश जी आ रही हूँ बेकार सिर मत खाइये अँगीठी बुझ गयी है कोयला डालकर आ रही हूँ।

कुँवारेलाल : अँगीठी? ये मैं क्या सुन रहा हूँ सुरेश? मैंने तो सुना था कि गैस ले रहे हो और इसे सुने हुए भी कई महीने हो गये वाह भाई वाह...

सुरेश : बोल लो बोल लो तुम भी बोली बोल लो प्यारे। ये कहावत तुमने सुनी है न...ये मुँह और मसूर की दाल वही हाल मेरे लिये गैस का है

(उर्मिला आँचल से गीला हाथ पोंछती हुई कमरे में दाखिल होती है)

कुँवारेलाल : *(उर्मिला की ओर देखकर)* नमस्ते भाभी जी।

उर्मिला : नमस्ते भाई साहेब। कहिये कैसे हैं?

कुँवारेलाल : बस जी रहे हैं।

उर्मिला : *(सुरेश की ओर देखकर)* अरे ये क्या? ये चप्पल किसके लिए उठाये हुए हो? दिमाग तो ठीक है?

सुरेश : *(चप्पल जमीन पर पटक देता है)* आखिर तुम चाहती क्या हो? मैं दफ्तर जाऊँ कि घर में चूड़ियाँ पहनकर बैठूँ?

उर्मिला : *(भीतर से कुढ़कर बोलती है)* 'चूड़ियाँ'। *(अन्तराल देकर)* तीज बीत गयी चौथ बीत गया अब तो मेरी ओर देखे तक नहीं। चूड़ियाँ तुम मुझे मेरे लिये नहीं ला सके। अब खुद के लिए ले भी आओ तो क्या फर्क पड़ता है।

सुरेश : कुछ समझने की कोशिश करो, समझी? हथौड़ी लाओ हथौड़ी चप्पल में कील ठोंकनी है...

उर्मिला : रखे हो क्या हथौड़ी? मैंने तो कभी नहीं देखी इस घर में हथौड़ी?

सुरेश : हथौड़ी नहीं है नहीं सही लोढ़ा तो है? वही लाओ...जाओ मेरा मुँह क्या देख रही हो?

कुँवारेलाल : सच। तुम्हारा मुँह आज बहुत अच्छा लग रहा है *(उठते हुए)* मैं अभी आ रहा हूँ सुरेन्द्र के यहाँ से फोन करके...

उर्मिला : भाई साहेब जरा बचाकर देखियेगा कहीं नजर न लग जाये... *(मुस्कराती हुई भीतर की ओर चली जाती है...)*

सुरेश : मैं सच कहता हूँ कुँवारे। मुझसे अच्छे तुम। न जोरू न जाँता, न दुनिया का नाता...ये खोजो तो वो गायब वो मिला तो ये गायब। घर है कि भूल-भुलैया दरवाजे-ही-दरवाजे हैं रास्ता एक भी नहीं...पैण्ट खोज रहा था तो पैण्ट गायब, कमीज खोजने चला तो कमीज गायब वाह रे घर वाह ऐसा घर भगवान् ही चला सकता है आदमी नहीं... *(कुँवारेलाल बाहर निकल जाते हैं)*

(इतने में उर्मिला एक लोढ़ा उठाये चली आती है)

उर्मिला : लीजिये लोढ़ा। क्या बड़बड़ा रहे थे कि पैण्ट नहीं है तो कमीज नहीं है।

सुरेश : मैंने गलत कहा क्या? आखिर मेरा सफेद पैण्ट कहाँ है? पिछले चार दिन से खोज रहा हूँ जब हो तब तो मिले...

उर्मिला : उसे काटकर मैंने रिंकू और टिंकू के लिए दो हाफ पैण्ट बना दिये। उनके पास सफेद पैण्ट नहीं था इसलिए वे दोनों स्कूल नहीं जा रहे थे।

सुरेश : क्या मेरा सफेद पैण्ट काट दिया?

उर्मिला : जी हाँ कान खोलकर सुन लीजिये सुरेश जी मैंने आपका सफेद फुलपैण्ट जो कई जगह से बुरी तरह फट चुका था और आपके पहनने लायक बिलकुल नहीं था उसे काटकर मैंने दो हाफ पैण्ट बना दिये...बच्चों के लिए...और आप की पीली कमीज काटकर गुड़िया को फ्रॉक बना दिया और वो पुराना खद्दरवाला कुर्ता...

सुरेश : *(जमीन पर पैर पटककर)* मैं पूछता हूँ आखिर किससे पूछकर तुमने यह सब किया? मैं यहाँ कहीं फारेन गया था।

उर्मिला : जी नहीं आप फारेन नहीं गये थे आप गये थे चौराहे का रस लेने जहाँ रोज जाते हैं...उस छबीली चायवाली की दुकान पर...

सुरेश : अरे बाबा। दो-चार दिन और रुक नहीं सकती थी? अगले हफ्ते तक हमारे नये कपड़े सिलकर आ जाते। आखिर ऐसी क्या जरूरत थी हमारे कमीज-पैण्ट पर कैंची चलाने की? कोई मुहूर्त्त था क्या?

उर्मिला : मुहूर्त्त नहीं था जरूरत थी जरूरत...अरे ये रीता स्कूल से कैसे वापस आ गयी...ज़रा जाकर पूछूँ तो। *(जाती है)* पाज सुनते हो जी लड़की रोती हुई घर आयी है।

(रीता का प्रवेश—रुआँसी और उदास रीता बस्ता लिये बाहर घर में आती है)

उर्मिला : तीन महीने से चिल्ला रही थी कि रीता की फीस जमा होनी है लेकिन मेरी सुनता कौन है? नहीं पढ़ाना है तो सीधे-सीधे घर बैठा दीजिये बेकार दौड़ाने से क्या फायदा।

सुरेश : मैं बेकार दौड़ा रहा हूँ? रिंकू-टिंकू की फीस न जमा करूँ तो बुरा, अनीता की ड्रेस न बनवाऊँ तो बुरा, रीता की किताबें न खरीदूँ तो बुरा, गुड़िया और बबली का नाम न लिखाऊँ तो बुरा यानी सारी गड़बड़ी सिर्फ मेरी वजह से है।

उर्मिला : नहीं, मेरी वजह से है।

सुरेश : नहीं-नहीं, ऐसा कभी हो सकता है? गड़बड़ी होगी तो मेरी वजह से होगी...भला तुमसे भी कभी कोई गलती हो सकती है?

उर्मिला : ये सब गलतियों के ही नतीजे हैं। वर्ना भगवान् की दया से कम नहीं पाते हो।

(बाहर से कुंवारेलाल का आगमन होता है)

कुंवारेलाल : अरे भाई कैसी गलतियाँ और कैसे नतीजे? मैं भी तो सुनूँ— और—*(गौर से देखते हुए)* वह जो अँगीठी सुलगायी गयी

थी अगर सुलग गयी हो तो गरमागरम एक प्याला चाय हो जाती...क्यों सुरेश...

सुरेश : अँगीठी गरम हो-न-हो उर्मिला जी का पारा जरूर गरम है आज...देखिये क्या होता है...

उर्मिला : झेलना तो मुझे पड़ता है। पारा मेरा नहीं गरम होगा तो क्या आपका गरम होगा? आप तो भाग निकलते हैं कभी किसी बहाने से, कभी किसी बहाने से...रीता...

कुंवारेलाल : क्या हुआ है रीता को वह तो शायद रो रही थी।

उर्मिला : स्कूल से नाम कट गया है। तीन महीने से फीस नहीं जमा हो पायी है इसलिए...

सुरेश : अरे बाबा। कौन-सा पहाड़ टूट पड़ा। कल-परसों में जमा हो जायेगी फीस, और लिख जायेगा नाम। जरा-सी बात को तुमने बतंगड़ बना दिया है।

उर्मिला : सच कह दिया तो बतंगड़ बना दिया। अभी रिंकू-टिंकू दोनों वापस आये थे स्कूल से। किसलिए कि प्रापर ड्रेस नहीं है...सफेद जूता, सफेद मोजा दोनों को चाहिए। उन्हें जैसे-तैसे बहला-फुसलाकर स्कूल ले गयी, टीचर से बात की एक हफ्ते का समय माँगा और तब तक ये फुफकारकर सोते रहे।

सुरेश : रात भर ओवरटाइम भी करूँ और सोऊँ भी नहीं? यही न? वाह भाई वाह।

उर्मिला : इसका मतलब तो बस यही हुआ कि मेहनत सिर्फ आप करते हैं मैं तो केवल गुलछर्रे उड़ाती हूँ।

कुंवारेलाल : अब पछताये होत क्या जब चिड़िया चुग गयी खेत। अब सोचने का समय नहीं है।

उर्मिला : इन्हीं को समझाइये। बहुत बड़े बुद्धिमान् बनते हैं न।

सुरेश : और अगर यही बात मैं कह दूँ तुम्हारे लिये तो? तुम्हें कैसा लगेगा?

उर्मिला : कहने का मुँह चाहिए। तुम किस मुँह से कहोगे? और क्या कहोगे?

कुँवारेलाल : *(रीता को चुप कराते हुए)* जाओ बिटिया तुम चाय बना लाओ यह लड़ाई तो अनादिकाल से चलती चली आ रही है और चलती रहेगी...यह कोई नयी नहीं है हर घर में यही होता है कहीं थोड़ा कहीं ज्यादा *(फिर सुरेश की ओर मुड़ते हैं)* और सच पूछो तो सुरेश यही सब देख–सुनकर मैंने कुँवारा रहना ही ज्यादा अच्छा समझा...न टें टें न पें पें।

सुरेश : तब क्यों अखबारों के वैवाहिक कॉलम पढ़ते रहते हो, लड़कियों के फोटो मँगवाते रहते हो।

कुँवारेलाल : देखो सुरेश। प्रयास करना आदमी का फर्ज है। सफलता मिले–न–मिले कोई फर्क नहीं पड़ता।

उर्मिला : नहीं कुँवारेलाल जी। मैं आपसे बिलकुल सहमत नहीं हूँ। फर्क पड़ता है। आदमी धीरे–धीरे चिड़चिड़ा हो जाता है जैसे कि मेरे सुरेश जी को ही देख लीजिये एक लड़के की लालसा में चार–चार लड़कियाँ और जब लड़के की बारी आयी तो जुड़वाँ हो गये...

सुरेश : अब तो ये कुदरती मामला है। इसमें क्या करता मैं और क्या करती तुम? और ये कुँवारेलाल ही वहाँ अगर होते तो क्या कर लेते? सारी दुनिया अपना फायदा देखती है।

उर्मिला : अभी तबीयत नहीं भरी हो तो कुछ फायदा और उठा लो...बबली और गुड़िया भी आती ही होंगी एक के पास कापी नहीं तो दूसरी के पास किताब नहीं। अच्छा बैठिये मैं चाय लेकर आती हूँ। *(जाती है)*

कुँवारेलाल : इस मामले में तो मैं दिवाकर की तारीफ करूँगा। खुद भी दोनों बच्चों को पढ़ाता है और साइन्स पढ़ाने के लिए मास्टर भी लगा रखा है। और हैं आपके ही साथी, एक–सी तनख्वाह।

(उर्मिला चाय लेकर आती है। सब चाय पीते हैं)

सुरेश : रूपा की माँ पहाड़ चढ़ती है कुँवारेलाल जी अगर मेरी तरह उनका खर्च होता तो मैं देखता कि दिवाकर क्या-क्या करते और कैसे करते।

उर्मिला : उनके लड़कों की टिफिन देख लीजिये तो मुँह में पानी आ जाये—कभी अण्डे, कभी आमलेट, कभी सैण्डविच, कभी कुछ कभी कुछ...और क्या नहीं है उनके घर फ्रिज है टी.वी. है वी.सी.आर. है...हर कमरे में डबल बेड, किचेन देखिये तो बाप-रे-बाप दो सिलेण्डर गैस के बराबर भरे रखे रहते हैं *(व्यंग्य से मुस्कराकर)* और यहाँ दादी के जमाने की अँगीठी। पास-पड़ोस कहाँ-से-कहाँ पहुँच गया। और एक हम हैं कि हर साल दो मील पीछे ही जाते हैं... अन्त

(इस बीच दिवाकर और कामिनी पधारते हैं कुँवारेलाल को खोजते हुए)

दिवाकर : नमस्कार उर्मिला, श्री सुरेश और कुँवारेलाल जी...

सुरेश : नमस्कार दिवाकर जी आइये, आइये भाभी आइये

(उर्मिला कामिनी को कुर्सी देती है बैठने के लिए कुँवारेलाल अपनी बगलवाली कुर्सी दिवाकर की तरफ सरका देते हैं। दिवाकर एक लिफाफा कुँवारेलाल जी को देते हैं, रीता जाती है और चाय ले आने के लिए)

दिवाकर : *(कुँवारेलाल की ओर मुस्कराकर देखते हैं)* खोलिये, खोलिये कुँवारेलाल जी, देखकर बताइये कि यह लिफाफा किस शहर से आया है।

कामिनी : आपके यहाँ ताला बन्द था, डाकिया हमारे यहाँ फेंककर चला गया। इन्होंने शायद आपको इधर आते हुए देखा था इन्हें याद था कि आप यहाँ हैं इसलिए हम लोग देने चले

आये। और *(उर्मिला की ओर देखकर)* दीदी से भी मिले हुए एक अर्सा हो गया था–

कुँवारेलाल : *(लिफाफा खोलते हैं। एक आँख दबाकर लिफाफे में झाँकते हैं। उसमें से एक लड़की की फोटो निकलती है और एक चिट्ठी)* उँह इससे तो मैं तंग आ गया। अच्छा मजाक है अपनी फोटो कभी भी यह लड़की नहीं भेजती जब भेजती है अपनी सहेलियों की। और साथ में अपनी एक संक्षिप्त–सी चिट्ठी।

कामिनी : अरे तो जाकर खुद देख आइये न? इस तरह चिट्ठियों से कब तक काम चलता रहेगा।

उर्मिला : जब तक चिट्ठी पढ़ पायेंगे तब तक तो चलायेंगे–ही–चलायेंगे क्यों कुँवारे भाई साहेब। मैं गलत तो नहीं कह रही हूँ।

दिवाकर : मैं आप लोगों को एक खुशखबरी देने आया हूँ।

सुरेश : जरूर दीजिये...जरूर दीजिये लेकिन...

दिवाकर कामिनी : *(दोनों एक साथ बोल पड़ते हैं)* लेकिन क्या?

सुरेश : अरे, ये भी कोई पूछने की बात है? समझदार को इशारा काफी क्यों कुँवारेलाल जी?

कुँवारेलाल : हाँ और क्या? जो खुशखबरी अपने बारे में देता है वह पड़ोसियों के मुँह भी मीठा करवाता है।

दिवाकर : अजी, पढ़े–लिखे को फारसी क्या और हाथ कंगन तो आरसी क्या...*(कामिनी की ओर देखते हैं)* दो भाई दो सबको मिठाई तो खिलाओ...*(कामिनी सबको डिब्बा खोलकर मिठाई देती है)*

कुँवारेलाल : *(मुँह चलाते हुए)* अब लगे हाथ कारण भी बता ही दीजिये।

दिवाकर : कामिनी तुम बता दो।

कामिनी : आप ही बताइये न? आपके मुँह से अच्छा लगता है।

दिवाकर : *(कागज में लिपटा हुआ कार्ड खोलकर दिखाते हैं)* ये है मेरा ग्रीन कार्ड। इस मुहल्ले में सिर्फ मुझे मिला है

कुँवारेलाल : यह तो सबको मिलना चाहिए। सिर्फ आप ही को क्यों मिला?

कामिनी : ऐसा है कुँवारेलाल जी। ग्रीन कार्ड दुनिया को मिल सकता लेकिन आपको नहीं मिलेगा...

कुँवारेलाल : क्यों मुझमें ऐसा कौन-सा ऐब है? मैंने क्या बिगाड़ा है कि मुझे नहीं मिलेगा?

उर्मिला : यह कुँवारों के लिए नहीं है।

कुँवारेलाल : क्यों कुँवारे क्या आदमी नहीं हैं?

सुरेश : आदमी हैं। लेकिन इस कार्ड के अधिकारी नहीं हैं। मैंने तो सुना है कि इस कार्ड पर बहुत-सारी सुविधाएँ मिलती हैं।

कुँवारेलाल : जैसे?

सुरेश : जैसे, यह जिसके पास होगा वही इसे दूसरों को दिखा सकता है।

कामिनी : *(हँसकर)* सबसे अच्छी यही सुविधा है। वैसे आप सबकी जानकारी के लिए इतना और बता दूँ कि यह कार्ड सिर्फ उन्हें दिया जाता है जिनके पास केवल दो बच्चे हैं।

दिवाकर : यह कार्ड आदर्श नागरिक होने का सबूत देता है। बच्चों की पढ़ाई-लिखाई और नौकरी में प्राथमिकता मिलती है।

कामिनी : जरूरत के सारे सामान कण्ट्रोल रेट पर सबसे पहले ग्रीन कार्डवालों को मिलेंगे। ट्रेन में बर्थ की सुविधा, टिकट भाड़े में कन्सेशन और...

दिवाकर : और भी इसी तरह की अनेक सुविधाएँ हैं। मतलब ये है कि किसी चीज के लिए इसमें तरसना नहीं है।

कामिनी : और अब तो एक पोर्टेबल टी.वी. सेट भी शायद मिलने जा रहा है।

दिवाकर : कुछ लोगों को मिला भी है।

कुँवारेलाल : अच्छा? तब तो भाई इसे हथियाना चाहिए...

कामिनी : जी नहीं गलत तरीके से हथियाइयेगा तो पकड़ भी जाइयेगा और सजा ऊपर से होगी।

सुरेश : यह कोई राशन कार्ड थोड़े ही है कि कार्ड किसी का और चीनी-चावल कोई और ले रहा है।

उर्मिला : हम दोनों की तो गाड़ी छूट चुकी है कुँवारे भाई साहेब। लेकिन आप ट्राई कर सकते हैं।

सुरेश : ट्राई क्या हवा में करेंगे? इनके पास प्लेटफार्म ही नहीं है ट्राई क्या खाक करेंगे?

(सब एक साथ उठकर हँस पड़ते हैं)

कामिनी : लेकिन मैंने तो सुना है कि कुँवारेलाल जी आजकल जी-जान से जुटे हुए हैं प्लेटफार्म बनाने में-

(बाहर बस्ता लिये अनीता का घर में प्रवेश। वह काफी प्रसन्न दीख रही है।)

अनीता : आण्टी नमस्ते, अंकल नमस्ते, कुँवारे अंकल आप को भी नमस्ते

समवेत स्वर : नमस्ते-नमस्ते-नमस्ते!

कामिनी : क्या बात है अनीता बेटी। आज बहुत पसन्न दीख रही हो?

सुरेश : स्कूल में छुट्टी हो गयी होगी? क्यों?

अनीता : छुट्टी भी हो गयी है और...

उर्मिला : और क्या? साफ-साफ बताओ न? पहेली क्या बुझा रही हो?

अनीता : आज मुझे संचयिका का पैसा मिला है। पूरे एक सौ बीस रुपये...और रीता स्कूल से चली क्यों आयी?

उर्मिला : क्या करती? टीचर ने कहा कि उसका नाम कट चुका है। तीन महीने की फीस बाकी है।

अनीता : अरे नहीं माँ जब जायेगी अब कल देखेगी कितनी तारीफ होती है उसकी।

सुरेश : ऐसा क्या किया है उसने?

अनीता : उसको स्कॉलरशिप मिलेगी। सौ रुपये हर महीने। और पिछले साल से मिलेगी। और कॉलेज मैगजीन में जो उसका लेख छपा है उस पर प्रिन्सिपल साहेब ने आज एक सौ एक रुपये का पुरस्कार घोषित किया है...

कामिनी : गुड वेरी गुड।

कुँवारेलाल : सिर्फ वेरी गुड नहीं वेरी-वेरी गुड कहिये। लेकिन यह संचयिका क्या बला है? इसका कैसा पैसा मिलता है?

दिवाकर : ये आपके लिए नहीं है। और आप इसे जान भी नहीं सकते।

कामिनी : दरअसल स्कूल में हर बच्चा कुछ-न-कुछ हर महीने पैसा जमा करता है और जब वह स्कूल छोड़ता है या जब चाहता है तब उसे उसका वह पैसा वापस दे दिया जाता है।

सुरेश : और चूँकि यह पैसा स्कूल के जरिये डाकखाने में जमा होता है। इसलिए इस पर ब्याज भी मिलता है।

कुँवारेलाल : हूँ?

कामिनी : नाम लिखाइयेगा क्या?

सुरेश : किसका? अपना?

कुँवारेलाल : हँस लो, हँस लो। देर है अन्धेर नहीं। आज नहीं तो कल, कल नहीं तो परसों मैं...

उर्मिला : ग्रीन कार्ड लेकर दिखा दूँगा यही न? *(समवेत हँसी गूँजती है)*

अनीता : अरे, आण्टी *(कामिनी की ओर देखकर)* ग्रीन कार्डवालों के बड़े मजे हैं। हमारी क्लास की कई लड़कियाँ जिनके मम्मी-पापा को ग्रीन कार्ड मिला है। दक्षिण भारत मुफ्त घूमने जा

रही हैं...उनका टिकट मुफ्त, रहना मुफ्त, खाना मुफ्त... *(कुछ रुककर)* आण्टी सन्ध्या और कमल भैया भी तो जा रहे होंगे?

कामिनी : वो तो कब के गये।

दिवाकर : कल रात की ट्रेन से ही दोनों गये...आज रात तक मद्रास भी पहुँच जायेंगे। और वहाँ से वापस आने पर उन्हें श्रीनगर भी जाना है।

कामिनी : पैसा खर्च करके भेजना होता तो हम तो नहीं भेज सकते थे...

दिवाकर : कहाँ से भेजते? छोटी-सी आमदनी उसी में मकान का किराया, राशन, दूध, सब्जी, चाय, चीनी, कपड़ा।

कामिनी : यही सब सोच-समझकर हम दोनों ने सूझ-बूझ से काम लिया।

सुरेश : और अब तो इस ग्रीन कार्ड के कारण और भी ढेर-सारी सुविधाएँ मिला करेंगी।

उर्मिला : सुरेश! अब अफसोस करने और ठण्डी साँस लेने में कोई फायदा नहीं है।

कुँवारेलाल : अब तो मुझे भी लालच लग रही है। अगर ग्रीन कार्ड मेरे पास नहीं हुआ तो कुछ नहीं हुआ।

समवेत स्वर में : बधाई कुँवारेलाल जी बधाई, बधाई है बधाई...

(तालियाँ बजती हैं। गड़गड़ाहट होती रहती है पर्दा गिर जाता है)

सरद-ऋतु आइल

पर्दा उठता है। मंच पर बहुत मद्धिम-सी रोशनी उभरती है–तानपूरे का स्वर बैकग्राउण्ड से उभरता है और साथ ही कुछ क्षणों के अन्तराल पर दोहा गूँजता है–

वाचन : वर्षा के दिन लद गये, खिले सरद के फूल।
दोनों ही मीठे लगे, सिहरन और दुकूल।।
खंजन हँसकर दे रहे, शुभ सूचक संकेत
राह तुम्हारी देखते, पके धान के खेत।।

(संगीत का स्वर रुकता है। मंच पर रोशनी भरपूर प्रकट होती है।)

वाचक : सचमुच मौसम में कितना बड़ा बदलाव आ गया? न बादल, न बिजली, न बूँद-बौछार, न कीचड़-काँदो। बड़े बनते थे सावन-भादों। हर वक्त डराते रहते थे–कभी बदली से कभी बिजली से। जी ऊब गया था–धूप चितकबरी से। पिण्ड छूटा बरसाती से छतरी से। बाप-रे-बाप! कितना धोखा देती थी काली-कलूटी घटाएँ। तब हवाएँ भी उन्हीं का साथ देती थीं। अच्छे भले मन को भी चंचल बनाये हुए थीं। लेकिन अब? अब वही मन देखिये न कितना शान्त है? जैसे कोई बच्चा सोकर उठा हो और आँखें मल रहा हो। आज हवा भी जल्दी में नहीं है। ताल, नदी, झील, पोखरे सब ठहर-से गये हैं। यह क्वार की गहरी छुवन का असर है। हवाओं में पके धान की खुशबू समायी हुई है।–तानपूरे पर बैकग्राउण्ड में फिर दोहे के बोल उभरते हैं–

वाचन : खुली ईख की देह से झरने लगी मिठास
सुबह मिली दिन भर रही, गयी बढ़ाकर प्यास।।
चाँद सरद का मुँह लगा, भगा चिकोटी काट
घण्टों सहलाती रही, नदी महेवा घाट।
खिला चन्द्रमा ताल का, पूछ रहा है हाल
कितनी धीमी आँच में गोरल होता लाल।।

वाचक : ये बोल, ये लक्षण, ये हाव-भाव बता रहे हैं कि सरद-ऋतु आ गयी है। आश्विन और कार्तिक, सरद के दोनों ही उत्तराधिकारी हैं। आश्विन की राशि कन्या है और सरद की राशि तुला। ऐसी मान्यता है कि कन्या और तुला की संक्रान्ति जन-जीवन और प्रकृति दोनों को सम्पन्न और जीवन्त बनाती है। सम्पन्न इन अर्थों में कि धान, तिल, उर्द, मूँग, ज्वार और बाजरा के रूप में नयी अन्नपूर्णा हमारे घर आती हैं। घर और खेत का रिश्ता टूटता नहीं बल्कि और प्रगाढ़ होता है। खाली हुए खेत को हम फिर हल-बीज से जोड़ते हैं और जीवन्त इन अर्थों में कि दुर्गा-पूजा, दशहरा, धनतेरस, दीपावली-जैसे मांगलिक और सांस्कृतिक पर्वों, उत्सवों और समारोहों की वापसी इन्हीं दिनों होती है। कभी दीपावली से वर्ष की शुरुआत मानी जाती थी। आज भी वह परम्परा जीवित है। व्यापारिक सम्बन्धों का नवीनीकरण भी इन्हीं दिनों होता है। सांस्कृतिक पर्व और नये वर्ष की मंगल-कामना के प्रतीक बधाई-पत्र उसी पुरानी परम्परा की याद दिलाते हैं। लक्ष्मी-गणेश का पूजन और लेन-देन का व्यापार दोनों इसके ओर-छोर से जुड़े हैं। और प्राकृतिक वातावरण का कहना ही क्या? पौ फटते ही क्वार के दिन हरसिंगार के फूलों के पलक पाँवड़े बिछाने लगते हैं। और धूप ऐसी कि सहन नहीं होती। लेकिन शाम होते ही ओस गुदगुदाने लगती है। हमारे हिन्दी काव्य में रचनाकारों ने ऋतु वर्णन बड़े मन

से किया है। ऋतुओं का कविता से एक अटूट रिश्ता परम्परा से चलता चला आ रहा है। उसी परम्परा की छाँह में हमारी यह सरद काव्य-यात्रा सम्पन्न हो रही है–

(संगीत स्वर समूह में उभरता है–बैकग्राउण्ड में उत्सव से जुड़ा लोकनृत्य चल रहा है)

गीत (1)

ऋतु आइल

मुखड़ा : सरद ऋतु आइल रे
बनवाँ में काँस फुलाइल रे।।

अन्तरा : जौ–जौ दिन दुबराये लगल–नारी
जल्दी भागै पराये लगल–पुरुष
अब रतिया बढ़ै मोटाये लगल–नारी
मिन सह रैसे सिहराये लगल–पुरुष
मन ठहरल

रोला : ताल थिराइल रे, ऋतु आइल
ऋतु आइल सरद ऋतु आइल रे।।

अन्तरा : गाँव देखा जोताई–बोवाई में–पुरुष
गाँव देखा कटाई–मड़ाई में–नारी
गाँव देखा लिपाई–पोताई में–पुरुष
गाँव नइकी पुरन की रजाई में–नारी
ओस मोती नियर छितराइल रे
ऋतु आइल
ऋतु आइल सरद ऋतु आइल रे।।

अन्तरा : कान संझा–सवेरे ढँकाये लगल–नारी

घामे में लइका मिसाये लगल–पुरुष
जोन्हरी–बजरी अगोराये लगल–नारी
फिर ढब–ढब टीन पिटाये लगल–पुरुष
रात आयी मिलल को कोहराइल रे
ऋतु आइल सरद ऋतु आइल रे।।

अन्तरा : धान देखा कटाये ढोवाये लगल–पुरुष
खरिहाने बोझा गँजाये लगल–नारी
कउड़ा के आग कढ़ाये लगल–पुरुष
औ ऊखिया टूटै चुहाये लगल–नारी
अगहन में गौना धराइल रे ऋतु आइल
ऋतु आइल सरद ऋतु आइल रे

केतकी–कुमुद–कंज, केवरा–कदम्ब–कुंज
कुसुम कलित भये कानन कतार में,
कुंज–कुंज केकी–कीर कोकिला कलोल करें
कोकी–कोक किलकें, कालिन्दी के कछार में
कीरति कुमारी कंजनैनी कल कमला–सी
काम की–सी कलना कलित करतार में
गिरिधर दास करैं केलि कोक कलाधर
कोटि–कोटि भाँति कान्ह कुँवर–कुवार में।।

दोहा : अरुन सरोरुह कर–चरन, दृग खंजन मुख चन्द
समय आइ सुन्दर सरद, काहि न करत अनन्द।।
चन्द बदन दरसाय अरु खंजन चखनि चलाय।
सकल धरा कौं छलत मन, सरद अपछरा आय।।

कोरस : हंस उर मोद छये, खंजन प्रकट भये

पन्थिन ने पन्थन की ताप बिसरायी है
पल्लव नवीन भये, सुमन रंगीन भये
मीन भये मुदित अमल जल पायी है

लाल बलबीर मन, मोहन मगन भये
जाय बन राज जू में बाँसुरी बजायी है
बिमल अकास भये, चन्द के प्रकास भये
तिमिर के नास भये, सरद ऋतु आयी है।।

पावस विकास तातें पायो अवकास, भयो
जोन्ह कौ प्रकास सोभा ससि रमनीय को
बिमल अकास, होत बारिज विकास
सेनापति फूले कास हित हंसन के हीय को
छिति न गरद मानो रँगे हैं हरद, सालि
सोहत जरद को मिलावै हरि पीय को
मत्त है दुरद, मिट्यौ खंजन-दरद्
ऋतु आयी है सरद सुखदायी सब जीव को।।

वाचक : वाह! क्या सुख देनेवाली ऋतु आ गयी है? सरद सुखदायी क्यों न हो? राम की वापसी जो हो रही है। और तो और चौमासे-भर ठहरी हुई गठरी-सी यात्राएँ अब पड़ाव छोड़ चुकी हैं। अपने-अपने रास्ते में हैं। बोलती-बतियाती चली जा रही हैं। लेकिन इस नये जोड़े की ऐंठ देखिये-मायके में सावन करने गयी नायिका अब ससुराल आने को उत्सुक है लेकिन नायक विछोह से भरे, बीत गये चौमासे की दुहाई देता हुआ बार-बार नायिका से आग्रह कर रहा है कि नहीं जहाँ तुम हो वहीं रहो। मैंने अकेले बरसात काटी है। जाड़ा

भी काट लूँगा। नायक विद्यार्थी है। इम्तिहान की तैयारी का बहाना भी करने से नहीं चूकता फिर भी नायिका मान नहीं रही है। नायक-नायिका दोनों अपनी-अपनी दलीलों के साथ हाजिर हो रहे हैं–

युगल-गीत (2)

स्त्री : जइसे-जइसे असों जाड़ा नियराय रसिया
हम्मै नइहरे से लीहा तू बोलाय रसिया।।

पुरुष : जहाँ बरखा में गइलू तू पराय रनियाँ
असों ऊहैं लीहा जड़वा बिताय रनियाँ।।

नारी : असों नाहीं तोहैं छोड़बै अकेल रसिया
दूनो हथवा में रखबै नकेल रसिया
बिना हमरे तू जाला दुबराय रसिया।
जइसे-जइसे हम्मै

पुरुष : जहाँ बरखा में असों

पुरुष : तनी हमरो पे करा तू खियाल रनियाँ
हउवै एमे क पढ़ाई एह साल नरियाँ
ईहै सोचि-सोचि जिउवा घबराय रनियाँ
जहाँ बरखा में असों

नारी : तू-त सुरुवै क हउबा बेइमान रसिया
नकल मार-मार देना इम्तिहान रसिया
गइला कई-कई बेर तू धराय रसिया
जइसे-जइसे हम्मै

पुरुष : कइसे खाईं हम किरिया तोहार रनियाँ
असौं हउवै खूब पढ़ै क सुतार रनियाँ
मन तनिको ना असों उबियाय रनियाँ

स्त्री : जहाँ बरखा में असों ऊहै...

स्त्री : हउवै मनवाँ में तोहरे त चोर रसिया
हमै दगा देके जइबा कवनी ओर रसिया
चारों ओरी देबै पहरा लगाय रसिया
जइसे-जइसे हम्मै

पुरुष : जहाँ बरखा में असों...

दोहा : नवरातर के साथ ही, वापस आये राम
रामराज्य की वापसी, घर-घर चारों धाम।।
बजी बाँसुरी कृष्ण की, नाच उठा त्रैलोक
कण-कण में आनन्द है, कहीं न कोई शोक।।

कोरस : निरतत राधा नन्द किसोर
ताल मृदंग सहचरी बजावत, बिच बिच मोहन मुरली कलघोर
उरप-तिरप पगधरत धरनि पर मण्डल फिरत भुजन भुज जोर
सोभा अमित विलोकि गदाधर रीझि-रीझि डारत तृन तोर।।

कोरस : आजु बन नीका रास रचायौ
पुलिन पवित्र सुभग जमुना तट मोहन बेनु बजायौ
परम उदार रसिक चूड़ामनि सुख वारिद बरसायौ
परिरम्भन, चुम्बन, आलिंगन, उचित जुवति जन पायौ
बरसत कुसुम मुदित नभ-नायक इन्द्र निसान बजायौ
हित हरिवंश रसिक राधा-पति जस-वितान जग छायौ।।

वाचक : सरद ऋतु एक को दूसरे से जोड़ती है। वर्ना कहाँ ओस और कहाँ पृथ्वी? उमस को ठण्डक में बदल देती है।

बादलों को इस तरह निचोड़ देती है कि वे बिना रीढ़ के होकर जीते हैं—न गरजते हैं न बरसते हैं और-तो-और अक्टूबर-नवम्बर में, वह पुल भी जुड़ जाता है जो आधे जून से पहले-पहले टूट गया होता है। आश्विन के बीतते-बीतते कार्तिक की देह गन्ध अपना अस्तित्व जनाने लगती है। जैसे-जैसे शाम गहराती जाती है वैसे-वैसे सिहरन भी गहराने लगती है। समूची सृष्टि क्षीर-सागर महसूस होने लगती है। सिहरन भी प्यारी लगती है और चाँदनी भी प्यारी लगती है।

छन्द

कातिक की रात, थोरी-थोरी सियरात
सेनापति है सुहात, सुखी जीवन के गन हैं।
फूले हैं कुमुद, फूली मालती सघन वन
फूले रहे तारे, मानो मोती अनगन हैं
उदित विमल चन्द चाँदनी छिटकि रही
राम कै सो जस, अध उरध गगन हैं
तिमिर हरन भयो, सेत है बरन सब
मानहु जगत छीर-सागर मगन हैं।।

सवैया

किरनै रस में सनी चाँदनी की घनी कुंज मैं छोह की छाहैं मिली,
दिन के सपनेन मैं नैन मिले, निसि के सपनेन में बाँहैं मिली
भले भूमि पे मारग भिन्न भये, नभ एक ही बिन्दु पै राहैं मिली
बिछुरे परे कोसन दूरि दुऔ, तऊ चन्द पै आई निगाहैं मिली।

छन्द

ठाढ़ी बतरात इतरात ही परौसिन तैं
जैसी तिय दूसरी न पूरब–पछाँह में

दीठि परि गये तहाँ, सुन्दर सुजान कान्ह
औचक ही प्रकट भई पूछत परछाँह में
सोमनाथ त्यों ही प्रान प्यारे को सुनाइ कह्यौ
तिय ने सखी सौं तरुनाई के उछाँह में
बंसीबट निकट हमें तू मिलियों री काल्हि
कातिक मैं न्हाऊँगी तरैय्यन की छाँह में

कोरस मुखड़ा : आइल दिया देवारी आइल दिया देवारी
चारो तरफ सुरू हौ, तेवहार क तैयारी।।

अन्तरा

छीलत हौ घास केहू छोपत हौ केहू माटी
कातिक क करैं चरचा जंगल पहाड़ घाटी
केहू करै लिपाई केहू करै पोताई
घर–घर में हो मरम्मत, घर–घर में हौ सफाई
कीनत हौ केहू लावा कीनत हौ केहू लाई
केहू कहत हौ घरिया कइसे असों भराई
चीजन क दाम अइसन असमान छू रहल हौ
आवाज भरभराइल औ आँस चू रहल हौ
सत्तर ला साव नकदी नब्बे रही उधारी
आइल दिया देवारी

मुखड़ा

गेहूँ क भाव अइसन बोईं कि पूड़ी खाईं
महँगी क मार सगरों कवने सहर पराईं
मही क तेल चाही सरसों क तेल चाही
लेवै के हौ भगौना लेवै के हौ कराही
बाबू क ओहर तीरथ, माई के एहर बरसी
एही दूनो के खातिर ऊ गाय बिकल जरसी
गो बिना घरे क गहना जूआ में हार बइठल
भाई के बरल गुस्सा दुह हाथ मार बइठल
अपने घरे क रोना रोवत हईं पियारी
आइल दिया देवारी

छन्द

चारु निहार तरैयन की दुति लाग्यौ महा बिरहा तन तावन
हे खसिनाथ कहा कहिये, जिन सौं लगि नैन ही कंज से पावन
बीच दुकूल के फूलन लै, अलबेली के प्रेम कौ सिन्धु बढ़ावन
कान्ह दिवारी की रैन चले बरसाने मनोज कौ मन्त्र जगावन।।

कोरस

बार बार बार दीया बार रे मटरुवा।
चउके ना बइठै अन्हार रे मटरुवा।।
वइसे त एक दीया रोजै तू बारैले।
आज बार सैकड़ा हजार रे मटरुवा।।
धरमे क दीया ई करमे क बाती।
सनेहिया क अँगना दुआर रे मटरुवा।।

देख-देख ललचै तरइया अकासे।
धरती पर होत ससुरार रे मटरुवा।।
भइया के काजर लगावत हौ भउजी।
आवत हौ बारी हमार रे मटरुवा।।
भीटा पर मन्तर जगावै समइया।
जिनगी भरे कतवार रे मटरुवा।।
ओरी बँड़ेरी मुँड़ेरी ले देखू।
दीयन क टूटह बजार रे मटरुवा।।

वाचक : असतो मा सद्गमय, तमसो मा ज्योतिर्गमय की यह मांगलिक यात्रा हर दिशा में फूट पड़ती है। पौ फटते ही यमुना स्नान, दीपदान, तुलसी-पूजन-जैसे हमारे सांस्कृतिक पारिवारिक समारोह पग-पग पर सम्पन्न होते हैं और हमारे रक्षा कवच बनते हैं। क्या उत्तर, क्या दक्षिण और क्या पूरब, क्या पश्चिम? वही आग्रह, वही अनुग्रह। संवेदना के दीप लहरों में दूर-दूर तक बहते नाचते दिखायी देते हैं। ऊपर आकाश में उठ-उठकर दूर-दूर तक राह दिखाने का संकल्प पूरा करते हैं। घर का तुलसी राग आँगन में फूटता है और गूँजता है अन्तरिक्ष में-

तुलसीगीति स्त्री कोरस था सोलो

हे तुलसी मइया हमारी बिपतिया हटाय दा
तोहरी असीस मइया फूले फुलवारी
कोखिया जुड़ाय सुख पसरै दुआरी
जग उजियारी बाँटै तोहरी किरितिया हो मइया
नेहिया के फुलवा खिलाय दा।।

दीन दुखियरिया के ओरिया निहारा
बँहिया की छहियाँ मइया दै दा सहारा
जग मँझधारा बूड़े जिनगी के नइया हो मइया
तोहई किनरवा लगाय दा।

दोहा · ुलसी की आराधना, से बढ़ता विश्वास
अन्तर्मन में जागता, अद्‌भुत दिव्य प्रकाश।।
यह प्रकाश है सींचता, और फैलती छाँह
सहज सरल उस प्रेम की, कितनी लम्बी बाँह।।
(बैकग्राउण्ड में बोल फूटते हैं मंच पर सूर्योपासना करती छात्राएँ रोशनी में दिखायी देती हैं)

बोल : दइव–दइव घाम करा, सुगवा सलाम करै, हमरे बलमवा के जड़वत बाय–इसकी पुनरावृत्ति 'राग' के साथ तीन बार होती है।

सूर्य की गुहार लगाती है। सूर्य तक हमारी प्रार्थना के बोल पहुँचते हैं। और सूर्य हमारी प्रार्थना की रक्षा करता है। प्रार्थना की रक्षा की यह परम्परा आज से नहीं सदियों से हमारे बीच है। जब तक हम रहेंगे तब तक हमारी प्रार्थना रहेगी और तब तक सूर्य हमारी प्रार्थना की रक्षा करता रहेगा। यह विश्वास, यह आस्था ही छठ पर्व की संजीवनी है।

वाचक : मौसम की छुवन हम आप सभी महसूस करते हैं। और उसी के अनुकूल आचरण भी करते हैं। मौसम को उसके स्वभाव के अनुरूप जीना पड़ता है। और सच पूछिये तो इस तरह से जीने में सुख भी मिलता है। देखिये न, आज हमारे आस–पास कितने गर्म कपड़े भीड़ में निकल आये हैं लेकिन एक परिवार ऐसा भी है जहाँ ननद अपनी भौजाई से

शिकायत कर रही है, उलाहना दे रही है। सर्दी उसे भी सताने लगी है लेकिन अभी उसके पास सर्दी के लायक लिहाफ नहीं है। ननद की इस मीठी शिकायत का मीठा जवाब जिस अन्दाज में भौजाई देती है वह अन्दाज सचमुच सराहने लायक है। इस पर सैकड़ों हजारों लाखों और करोड़ों सर्दियाँ न्यौछावर हैं–

लोगवा लिलार बाँचे बिधना के लेखा
केतनी अभाग भरी हथवा के रेखा
एक बेरी देखा भइया फेरि के पुतरिया
बाझिन लकिरिया मेटाय दा
अब जनि दूर राखा हमैं बिसराय के
तोहरी चरनिया अइली असरा लगाय के
दियना जराय के अँचरवा पसरली हो मइया
सधिया सगुन के पुराय दा।।

(हरिराम द्विवेदी)

वाचक : छठ का पर्व आते-आते यह प्रार्थना सूर्य की आराधना से जुड़ जाती है। ऊर्जा और ऊष्मा की आवश्यकता जन-जन महसूस करने लगता है। और यही राग जन-जन के होंठों पर फूटता भी है। क्योंकि अब बिना इस राग के काम चलनेवाला नहीं है। आकण्ठ जल में डूबी हमारी मानवीय संवेदना

कोरस–छठ गीत

केरवा जे फरेला धवद से
ओपर सुग्गा मँडराय
सुगवा के मरबों धनुष से

सुग्गा जइहें मुरझाय
सुगिया जे रोवेंलीं बियोग से
सुग्गा गइलें मुरझाय
हमरा आदित के अरगिया
सुग्गा दिहले जुठियाय

नारी युगल गीत

ननद : चुवै टुप-टुप ओसिया ठरैला अँगना
भउजी हमहूँ के चाही गरम ओढ़ना

भौजी : चुवै टुप-टुप ओसिया ठरैला अँगना
तू उधार लेला बबुई हमार ओढ़ना

ननद : घामे-घामे भागै जिउ छाँह ना सोहाला
बइठै ना ओसी में ओस से पराला
जइसे बनवाँ में दउरै हिरन छवना।। चुवै टुप-टुप...

भौजी : तनी धीर धरा बबुई बिहान होये दा
अगहनवाँ के रेखिया उठान होये दा
अगहनवा हमार हउवै सब बिरना।।

ननद : अँगना में जस-जस रात गहिराले
चुटकी बयार काटे देह सिहराले
मोर ठिठुरै परान पटै ना घटना।। चुवै टुप-टुप...

भौजी : माना कहना हमार ना जड़इबू बबुई
मिली ओढ़ना तोहार तू लुकइबू बबुई
अगहनवा चढ़त हम देब गवना-चुवै टुप-टुप...

दोहा : झिलमिल झिलमिल चाँदनी बरसे अमृत धार।
जैसे कोई सुख हमें बुला रहा उस पार।।

युगल कोरस स्त्री पुरुष

स्त्री : बड़ी टहकार बा अँजोरिया हो, तनी देखा तोहूँ।

पुरुष : कहवाँ लुकाइल अन्हरिया हो, तनी देखा तोहूँ।।

स्त्री : देखा ओकर देहिया बा गोर केतनी।
रतियो में बाँटै अँजोर एतनी।।
पुनवासी हगार समडरिया हो, तनी देखा तोहूँ

पुरुष : चान बा परात अस ढेर मुसकाला
हँसी नाहीं फूल के कटोरा में अमाला
एक बेरी रोय के अँजुरिया हो, तनी देखा तोहूँ।।

स्त्री : सारी-सारी रात चान ताल में नहाला
आय-आय आरीं मझधार में पराला
अँगुरी बिरावैं लहरिया हो, तनी देखा तोहूँ।।

पुरुष : बोला बतियावा कहीं आवै ना ओंहाई
खीर खाये अँगना में चान आज आयी
पीढ़ा पर खीर क कटोरिया हो, तनी देखा तोहूँ।।

स्त्री : बड़ी टहकार बा

पुरुष : कहवाँ लुकाइला

वाचक : सरद की यह राग-रंग हास-विलास से भरी चाँदनी कल सुबह जिस गीत से, जिस उल्लास से, जिस संकल्प और जिस संवेदना से हमें जोड़ेगी उसका कोई सानी नहीं है। हमारे पसीने की मीठी खुशबू, बार-बार हमारी नींद छीन रही है। बार-बार हमसे जागने का आग्रह कर रही है। क्योंकि कल से हमारे घर-आँगन, गाँव-गली, खेत-कछार, सब-के-सब हमारे लिये एक उत्सव, एक पर्व, एक मेला साबित होने जा रहा है। ईश्वर हमारे ऐसे सुनहरे कल की रक्षा करे। आज यही हमारा ध्येय और प्रेय दोनों है–

कोरस : चौपरा सोले–
चाँद के रुपइया लुटावे असमनवाँ
कि चाँदनी लुटावेलीं अँजोर
सोनवाँ लुटावेली मोर के किरनियाँ
कि लिहली धरतिया बटोर
धरती लुटावेली धानी रे चुनरिया
बनवाँ में नाचे बन मोर
चलु दे बटोही तोहे मकई हो भईया
जहवाँ बसे ला मन मोर

गीत

मुखड़ा : गवईं में लागल बा अगहन के मेला
खेतवे भइल भगवान् हो गोरी
झुकि–झुकि काटेली धान।।

अन्तरा : लेके सुरुजवा किरिनियाँ की लाली
मोरे लुटावेली सोनवा के थाली
मारे तहनियाँ लहरे पुरवइया
पिपरा के पतवा बजावेला ताली
पनघट पोखरिया पे झाँझर बजेला
बगिया में नाचे बिहान।।
हो गोरी झुकि

अन्तरा : गवईं से गोरिया चलेलीं परा के
नदिया कछारे अगहनी के काटे

गावेलीं गुइयाँ उठावेली पइयाँ
राही बटोही से रहिया बचा के
धानी चुनरिया में दमकेला मुखड़ा
देखेला सगरों जहान।।

अन्तरा : चन्दा के हँसुवा चन्दनिया के हाथे
जइसे बिजुरिया बदरिया के साथे
काटेलीं कनियाँ, उठावेलीं धनियाँ
सोनवा क बोझा किसनवाँ के माथे
टूटल मड़इया में डेहरी सजेला
लागे सुघर खरिहान।।

अन्तरा : बौला के पायें से हीरा दँवाला
सूपा के सेजी से मोती ओसाला
तन के पसीना वा गंगा के पानी
माटी धरतिया के चन्दन बुझाला
दुअरा में लागे जे अनजा के टाली
नाचेला भइया किसान।।

गंगावतरण

(संगीतिका-नौटंकी शैली में)

पात्र

1. नट
2. नटी
3. गणेश
4. राजा सगर
5. सगर का मन्त्री
6. अंशुमान (सगर का पौत्र)
7. इन्द्र (देवताओं का राजा)
8. शची (इन्द्र की पत्नी)
9. नर्तकी (इन्द्रलोक की अप्सरा)
10. ब्रह्मा
11. कुछ देवी-देवता
12. सगर के साठ हजार बेटों का प्रतीकात्मक स्वरूप (बेटे-राजकुमार-6)
13. पक्षिराज गरुड़ *(राजा सगर के साले-सगर के साठ हजार बेटे गरुड़ के सगे भानजे हैं)*
14. भगीरथ
15. कपिल मुनि
16. शिव
17. गंगा

18. जह्नु ऋषि

19. शिष्य (आवश्यकतानुसार कुछ और पात्र जोड़े जा सकते हैं जैसे पुरजन–परिजन और देवी–देवता)

वादक कलाकार

20. नगाड़ेवाला

21. ढोलवाला

22. हारमोनियमवाला

23. शहनाईवाला

24. मजीरा–शंख–झाँझ आदि

25. वायलिन या बैन्जो या तानपूरा–भाव और अवसर के अनुरूप

26. तबला

पर्दा उठता है

(नगाड़ा बजता है–नट–नटी मंच पर दायें–बायें से अवतरित होते हैं–भाव नृत्य करते हुए)

दोहा

नट : विनती है प्रभु आपसे, हे गणेश भगवान
यही हमारी प्रार्थना, करो विश्व कल्यान।।

नटी : बुद्धि कला के देवता, माँग रहे हम आज
हम पर भी किरपा करो, रखो हमारी लाज।।

।।गणेश–स्तुति।।

(मंच पर गणेश प्रगट होते हैं। नट–नटी और साथ के कुछ और कलाकर नृत्य–गीत के साथ गणेश की प्रार्थना करते हैं।)

मुखड़ा : जै जै हे गणेश भगवान
तुम्हरी किरपा बड़ी महान
कि तुम हो देवों में परधान
तुम्हारी जै–जै हो स्वामी।।

अन्तरा एक : तुम विद्या बुद्धी के दाता
जन–जन के तुम भाग्यविधाता
हे श्रीमानों के श्रीमान
जग में नहीं तुम्हारी शान
कि तुम हो देवों में परधान
तुम्हारी जै–जै हो स्वामी।।

अन्तरा दो : जिस पर होती कृपा तुम्हारी
उसको मिलती है गति न्यारी
तेरे ही बूते इन्सान
करता नये-नये निर्माण
कि तुम हो देवों में परधान
तुम्हारी जै-जै हो स्वामी।।
(यहीं पर क्षण भर के लिए ब्रह्मा-विष्णु और महेश की भी झलक मिलती है)

अन्तरा तीन : तुमसे ब्रह्मा-विष्णु-महेश
पाते रहते हैं निर्देश
रस के सागर कला निधान
भगवन तुम्हीं ज्ञान-विज्ञान
कि तुम हो देवों में परधान
तुम्हारी जै-जै हो स्वामी।।
(गणेश वन्दना समाप्त होती है। गणेश सहित और सभी पात्र पर्दे के पीछे चले जाते हैं। नट-नटी नृत्य करते हुए दर्शकों की ओर आ जाते हैं।)

दोहा

नटी : यहाँ उपस्थित सज्जनो! हो प्रणाम स्वीकार
है अभिनन्दन आपका, वन्दन शत-शत बार।।

नट : सेवा में है आपकी, प्रेम-भेंट-उपहार
कैसे पृथ्वी पर हुआ गंगा का अवतार।।

चौबोला

नटी : गंगा का अवतार आज हम खेल दिखायेंगे

नट : नौटंकी शैली में सारी कथा सुनायेंगे

नटी : पाप बहायेंगे हम अपना पुण्य कमायेंगे

नट : इसी बहाने एक पन्थ दो काज बनायेंगे

दोहा

नटी : नट प्यारे ले चल वहाँ, जहाँ सगर का राज

नट : पड़ा सगर के यज्ञ में विघ्न अचानक आज

(राजा सगर का दरबार)

दोहा

सगर : क्यों चुप्पी छायी यहाँ, ऐसी क्या है बात
मुँह क्यों उतरा आपका, कहो मन्त्रिवर आज।।

मन्त्री : राजन अपने राज में, हुआ आज अन्धेर
इसको अनहोनी कहें या किस्मत का फेर।।

बहरे-तबील

सगर : मत पहेली बुझाओ सुनो मन्त्रिवर
बात क्या है कहो खुल के विस्तार से।
बदला-बदला है वातावरण क्यों यहाँ?
रंग गायब है क्यों मेरे दरबार से?

दोहा

मन्त्री : घोड़ा था जो यज्ञ का उसे ले गया चोर
कैसे होगा यज्ञ अब, चर्चा चारों ओर।।

चौबोला

चर्चा चारों ओर नगर में सब बतियाते हैं
अपने-अपने ढंग से सब अन्दाज लगाते हैं
देखा नहीं किसी ने राजन सभी बताते हैं
आप रहें निश्चिन्त अभी हम खोज कराते हैं।।

बहरे-तबील

सगर : ऐसी हिम्मत भला किसने की मन्त्रिवर
कौन है इस धरा पर बताओ हमें?
जिसने की ऐसी जुर्रत मेरे राज्य में?
उसका चेहरा जरा तो दिखाओ हमें।।

चौबोला

मन्त्री : राजन धरिये धीर समय वो जल्दी आयेगा
खुल जायेगा भेद पता खुद ही चल जायेगा
कहाँ छिपेगा चोर धरा पर कौन छिपायेगा
चोर बचानेवाला भी खुद मारा जायेगा।।

बहरे-तबील

सगर : जिसने दी है चुनौती मुझे इस तरह
उसको लाओ पकड़कर अभी मन्त्रिवर
है शपथ राज्य की सत्य कहता हूँ मैं
अन्न जल भी करूँगा तभी मन्त्रिवर

दोहा

मन्त्री : सिर आँखों पर आपका, राजन हर आदेश
पता लगता हूँ अभी, फौरन देश-विदेश।।

दोहा

सगर : यह भी पता लगाइये, कौन था पहरेदार
लेकर उसको आइये, इसी वक्त तत्काल।।

(राजा सगर और मन्त्री पर्दे के पीछे चले जाते हैं। अब पधारते हैं नट-नटी।)

नट-नटी-दोहा

नट : यज्ञ अधूरा है पड़ा, कैसे हो सम्पन्न
कैसे ये घटना घटी, अंशुमान है सन्न।।

चौबोला

नटी : अंशुमान है सन्न प्रजा बेहद घबरायी है
सबके भीतर जैसे कोई दहशत छायी है

नट : दहशत छायी है लोगों में सब भय खाये हैं
कोई मिलता नहीं कि डर से भगे-पराये हैं।।

दोहा

नटी : नट प्यारे! होगा भला, क्या इसका अंजाम
बार-बार क्यों आ रहा, अंशुमान का नाम।।

चौबोला

नटी : अंशुमान का मुझे जरा इतिहास बताओ तुम
क्या उसका सम्बन्ध सगर से कथा सुनाओ तुम

नट : कहने की है बात कान में कान तो लाओ तुम
बहुत दूर हो प्यारी मेरे पास तो आओ तुम

बहरे-तबील

नटी : आ गयी पास मैं अब बता प्यारे तू
मैं भी जानूँ कि सच्चाई क्या है यहाँ
जिस घड़ी अश्व चोरी गया यज्ञ का
उस घड़ी बोल किसका था पहरा वहाँ

चौबोला

नट : पहरे पर था अंशुमान बेटा असमंजस का
पौत्र सगर का अंशुमान प्रतिमान है पौरुष का
पौरुष का प्रतिमान कि है प्रतिमान धर्म का उत्तम
और सगर के कुल में प्यारी वही श्रेष्ठ सर्वोत्तम

चौबोला

नटी : पूरी बात बताओ प्यारे आगे कथा बढ़ाओ
जिस प्रसंग पर कथा रुकी है उस प्रसंग पर आओ

मेरी दशा निहारो तुम उत्सुकता शान्त करो
मन की बात करो तुम प्यारे मन की बात करो।।

दोहा

नट : सुनती जाओ गौर से, कहता जितनी बात
मालुम होती यज्ञ से, राजा की औकात।।

चौबोला

यही सोचकर प्रिये सगर ने ठानी ऐसी ठान
डंका बजे सभी लोकों में और बने पहचान
लहराये हर ओर पताका गूँजे जै-जै गान
इसी बहाने सगर चाहते हैं होना भगवान।।

चौबोला

नटी : किसने डाला विघ्न यज्ञ में किसने खेल बिगाड़ा
जान-बूझकर आखिर किसने सब चौपट कर डाला
काँटों ही काँटों से सारा रस्ता घेर दिया
और सगर के किये-धरे पर पानी फेर दिया।।

चौबोला

नट : होगा जिसको डर आसन का वही करेगा ऐसा
दूर रहेगा जल से हरदम स्वयं बताशे जैसा
ऐसी चाल चला करते हैं केवल ताकतवाले
ऐसी ताकतवाले होते प्यारी मन के काले।।

बहरे-तबील

नटी : क्या करेंगे सगर अब बताओ सही
काम कैसे बनेगा मैं हैरान हूँ
सभ्य लोगों में है जंगलीपन भरा
मैं यही सोच करके परेशान हूँ।।

दोहा

नट : चल सीधे दरबार में, देख सगर का हाल
तुझे पता चल जायगा, किसका मायाजाल।।

(नट-नटी पर्दे के पीछे चले जाते हैं। उभरता है राजा सगर का दरबार...इसी समय प्रगट होता है अंशुमान। राजा सगर चिन्ता और क्रोध से भरे हैं—उनकी समझ में कुछ नहीं आ रहा है कि वह क्या करें कैसे करें? अंशुमान का आर्त्तनाद उन्हें सुनायी पड़ता है।)

अंशुमान : पितामह मुझको क्षमा करो
पितामह मुझको क्षमा करो।
मैं अंशुमान घोड़े का रक्षक मैं अपराधी हूँ
मुझसे भूल हुई है भारी मैं हतभागी हूँ
पितामह मुझको क्षमा करो
पितामह मुझको क्षमा करो।
नहीं रहा आभास कि ऐसा भी हो जायेगा
आ जायेगी नींद मुझे घोड़ा खो जायेगा।
पितामह मुझको क्षमा करो
पितामह मुझको क्षमा करो।
इसमें है कुछ चाल किसी की कारस्तानी है
घोड़ा जो ले गया कौन मायावी प्राणी है
पितामह मुझको क्षमा करो
पितामह मुझको क्षमा करो।
नर-किन्नर-गन्धर्व देव या हो जिस योनी का
दण्ड भुगतना होगा उसको इस अनहोनी का
पितामह मुझको क्षमा करो
पितामह मुझको क्षमा करो।

दोहा

सगर : हिम्मत से लो काम तुम, मत हो पौत्र अधीर
करता हूँ तदबीर कुछ करता हूँ तदबीर।।
मत कर मन में सोच तू, मत कर मन में सोच
बेटे साठ हजार हैं, लेंगे घोड़ा खोज।।

चौबोला

बेटे साठ हजार कि घोड़ा खोज निकालेंगे
उलट-पुलट कर देंगे धरती खोद निकालेंगे
चप्पा-चप्पा छानेंगे वे काम बनायेंगे
अभियान चलायेंगे वे घोड़ा लेकर आयेंगे।

(सगर और अंशुमान जाते हैं, आते हैं नट-नटी)

नट : अश्व खोजने गये सगर के बेटे साठ हजार
वन पर्वत घाटी में खोजे खोजे सागर पार

नटी : रख दी पृथ्वी खोद उन्होंने फिर भी बना न काम
क्या होगा अंजाम सोचिये क्या होगा अंजाम।।

बहरे-तबील

नट : इसका पानी कहीं और है भर रहा,
इसके पीछे कोई गहरा षड्यन्त्र है।

नटी : घोड़ा जिसने चुराया सगर-यज्ञ का,
देवताओं का राजा स्वयं इन्द्र है।।

चौबोला

नट : राजा सगर ने जिस तरह बीड़ा उठाया यज्ञ का
इन्द्र को तो रंग ये बिलकुल न भाया यज्ञ का

नटी : खुद राक्षस बन इन्द्र ने घोड़ा चुराया यज्ञ का
विघ्न डाला इस तरह चाहा सफाया यज्ञ का।।

दोहा

नट : जो करता सौ यज्ञ वो, हो जाता देवेश।
और यही देवेश के, मन में हुआ कलेश।।

नटी : अब इन्द्र के दरबार का चलकर नजारा देखिये
हैं अप्सराएँ नाचतीं बजता चिकारा देखिये

नट : रंग का फुहारा देखिये औ रस की धारा देखिये
है देखने लायक दुबारा औ तिबारा देखिये।।

।।इन्द्र का दरबार।।

–अप्सराओं का नृत्य–

छुम छुननननन् छुम छननननन् छुम छुननननन्

नर्तकियाँ : मैं हार गयी गुइयाँ, नजरिया मिला के।
सुध–बुध मैं भूल गयी डूब गयी ऐसी
सराबोर मधु में मैं मधु पाँखी जैसी
मोह लिया मनवाँ बँसुरिया बजा के।। छुम छननननन्....
रसभरी बतियाँ सँवरिया की अँखियाँ
हो गयी निछावर हूँ सच कहती सखियाँ
गजब किया रसिया ने ठुमका लगा के। छुम छननननन्...
छल करके भागा मैं जान नहीं पायी
जान नहीं पायी पहचान नहीं पायी
चुनरिया में हाय राम दगिया लगा के।। छुम छननननन्...

(राग–रंग की महफिल खत्म होती है। इन्द्र की पत्नी शची इन्द्र से पूछती है।)

चौबोला

शची : हे देवों के राज आज कुछ बात निराली है
कोई घटना घटित हुई या घटनेवाली है

राग-रंग का अवसर आज अचानक आया है
भेद मुझे बतलाओ स्वामी कैसी माया है।

दोहा

इन्द्र : अश्व सगर के यज्ञ का मैंने लिया चुराय
आज सगर को मैं प्रिये, दूँगा मजा चखाय।।

शची : ऐसा क्या अपराध सगर ने किया बताओ स्वामी
तुम हो अन्तर्यामी स्वामी तुम हो अन्तर्यामी।।
उनके यज्ञ से भगवन आखिर क्या नुकसान हमारा
क्या अपराध किया राजा ने क्या है भला बिगारा
भेद अगर खुल गया तो फिर होगी कितनी बदनामी।।
क्या खतरा सिंहासन का या मान और सम्मान का
मुझसे साफ बताओ प्रियतम क्या खतरा है जान का
ऐसे वैसे नहीं सगर भी नामी और गिरामी।।

बहरे-तबील

इन्द्र : हो गयी है सगर की तबीयत हरी
बेटे सारे सगर के परेशान हैं
मिलनेवाला नहीं अश्व उनको प्रिये
चन्द घड़ियों के ही वे तो मेहमान हैं।

बहरे-तबील

शची : पा गये सुत सगर के कहीं अश्व तो
किरकिरी आपकी होगी संसार में
देवताओं में होगी हँसी भी प्रभो!
किस तरह आप बैठेंगे दरबार में।

बहरे-तबील

इन्द्र : बाँध रखा है घोड़ा, कपिल मुनि जहाँ-
आज अपनी तपस्या में लवलीन हैं

और बेटे सगर के वहीं पर शची
सब धरा खोदने में ही तल्लीन हैं।।

दोहा

अनहोनी होगी प्रिये, टूटेगा आकाश
आज सगर का देखना, होगा सत्यानाश।।

(नट-नटी प्रवेश)

चौबोला

नटी : होने लगे अमंगल देखो पृथ्वी काँप रही
नट : काँप रही इसलिए कि पृथ्वी आगम भाँप रही
नटी : सचमुच कोई गुल धरती पर खिलनेवाला है
नट : आज सगर के बेटों को फल मिलनेवाला है।

दोहा

सभी देवगण हैं जुटे, ब्रह्मा जी के पास
सब आशंका से भरे, सबके मन में त्रास

(ब्रह्मा का दरबार : देवी-देवता ब्रह्मा की प्रार्थना करते हैं।)

देवी-देवता : सुनो हे परम पिता मेरे, सुनो हे परम पिता मेरे
खोलो आँख निहारो भगवन! हम हैं वंशज तेरे।
संकट में अस्तित्व धरा का देखो पिता निहारो
त्राहि-त्राहि कर रही धरा को स्वामी स्वयं उबारो
सुनते नहीं सगर के बेटे पापी दुष्ट लुटेरे।। सुनो हे...
मृत्युलोक से स्वर्गलोक में आ जायेंगे पापी
कहाँ रहेंगे हम सब स्वामी छा जायेंगे पापी
चौपट होगी सृष्टि आपकी रोते साँझ-सवेरे।। सुनो हे...
(देवी-देवताओं की बात सुनकर ब्रह्मा जी मुस्कुराते हैं। उन्हें धीरज बँधाते हुए कहते हैं-)

ब्रह्मा : धीर धरो मेरी सन्तानो! मन में धीर धरो
जो भी होगा अच्छा होगा तुम विश्वास करो।।
विष्णू की पत्नी है पृथ्वी सुखी रहेगी हरदम
उसको कौन मिटा सकता है किसमें इतना दमखम
जाओ अपना काम करो मत नाहक आह भरो।।
पृथ्वी पर कर रहे तपस्या वही कपिल भगवान
तीन लोक चौदहों भुवन का जो करते कल्यान
उसी सनातन वासुदेव का तुम भी जाप करो।।

नट-नटी-बहरे-तबील

नट : इन्द्र ने चाल ऐसी चली सज्जनो!
उसकी लाठी न टूटी मरा साँप भी
घोड़ा लाया सगर का चुरा करके वो
औ दबे पाँव गुपचुप गया बाँध भी

नटी : थक गये खोजकर अश्व पाये नहीं
सुत सगर के परेशान हैरान हैं
क्या करें क्या करें सोचते हैं सभी
जिन्दगी मौत दोनों के दरम्यान हैं।।

नट : अश्व की खोज करते वहीं आ गये
सारे बेटे सगर के, जहाँ ध्यान में
हैं कपिल मुनि सनातन स्वयं विष्णु ही
बैठे आसन लगाये बियाबान में।

(सगर के बेटे घोड़ा देखते हैं और प्रसन्नता से झूम उठते हैं।)

राजकुमार : 1. देखो देखो रे भाई, अपना घोड़ा दिया दिखाई।
देखो देखो रे भाई
2. सच कहते हो भाई यह तो अपना घोड़ा है
3. माथे पर है तिलक गले रत्नों का जोड़ा है।
4. लगता है इस साधू की ही कारस्तानी है
5. नहीं बचेगा मौत आज इसकी घहरानी है
6. ऐसी हरकत क्यों की इसकी जमकर करो पिटाई।।
देखो देखो रे भाई।।

दोहा

आकाशवाणी : सगर सुतो, तूने किया, इतना ओछा काम
इतने ओछे काम का, अब देखो परिणाम।।
(कपिल मुनि क्रोध में भरकर शाप देते हैं।)

दोहा

कपिल मुनि : मेरे तप की शक्तियों, करो दिव्य हुंकार
जितने हैं पापी यहाँ, हो जायें सब क्षार।।
(अग्नि प्रकट होती है। उसी में जलकर सब राख हो जाते हैं।)

नट-नटी प्रवेश-दोहा

नट : सब-कुछ स्वाहा हो गया, छाया ऐसा मौन
कौन भला पूछे यहाँ, और बताये कौन।।
नटी : मचा सगर के राज्य में, ऐसा हाहाकार
गये काल के गाल में, बेटे साठ हजार।।

चौबोला

नट : बेटे साठ हजार सगर के जलकर राख हुए
नटी : जलकर राख हुए पृथ्वी पर वे अभिशाप हुए

नट : उन्हें खोजता अंशुमान आ गया वहाँ पर देखो
नटी : जले हुए नर कंकालों की ढेर जहाँ पर देखो।।

अंशुमान : यह तो बुरा हुआ भगवान
यह तो बुरा हुआ भगवान
कैसे होगा अब कल्यान
कैसे होगा अब कल्यान।।

मैं हूँ अंशुमान नादान
सारी घटना से अनजान
मुझ पर करो कृपा श्रीमान
सगर का रहे जगत में मान।। कैसे होगा अब कल्यान।।

कब तक रहूँ यहाँ मैं और
लेकिन जाऊँ भी किस ठौर
यह तो विधि का लिखा विधान
कैसे मेटेगा इन्सान।। यह तो बुरा हुआ भगवान।।

दोहा

गरुड़ : अंशुमान मैं हूँ गरुड़, देता आशीर्वाद
होनी थी सो हो गयी, करो न तुम अवसाद।।
वो है घोड़ा यज्ञ का, ले जाओ तत्काल
यज्ञ करो सम्पूर्ण तुम, गूँजे जै-जैकार।।

अंशुमान : नाना जी है प्रार्थना, निर्णय कीजै आप
एक तरफ है पुण्य औ, एक तरफ अभिशाप।।

गरुड़ : तुरत जरूरी यज्ञ है, करो पूर्ण संकल्प
सुनो वत्स इस यज्ञ का, कोई नहीं विकल्प

अंशुमान : चाचाओं के मोक्ष की, है क्या कोई राह
बहुत बड़ा दायित्व है, कैसे हो निर्वाह।

गरुड़ : जा ब्रह्मा के पास तू, उनसे कर अरदास
उनकी जब होगी कृपा, होगा सफल प्रयास।।

नट-नटी चौबोला

नट : बीत गये दिन-बरिस अनेकों सदियाँ बीत गयीं
गंगा की चिन्ता में कुल की कड़ियाँ बीत गयीं।

नटी : हुआ भगीरथ जैसा पैदा एक प्रतापी राजा
धरती पर गंगा ले आने का व्रत उसने साधा

नट : गोकर्ण तीर्थ में गये भगीरथ करने लगे तपस्या
ब्रह्मा जी के लिए तपस्या उनकी हुई समस्या

नटी : हाहाकार मचा देवों में सबका आसन डोला
देख भगीरथ का तप भारी ब्रह्मा का मन बोला।।

चौबोला

ब्रह्मा : मैं ब्रह्मा आ गया भगीरथ तूने याद किया।
जीत लिया मन मेरा तूने ऐसा काम किया
जो चाहो वर माँगो मुझसे देने आया हूँ
तू उतरेगा पार नाव मैं खेने आया हूँ।।

दोहा

भगीरथ : धन्य हुआ गोकर्ण तट धन्य हुआ मैं तात
दर्शन प्रभु के हो गये रहा न अब अवसाद।।

चौबोला

भगीरथ : जीवन है अभिशाप प्रभो मैं टूटा हारा हूँ

चिन्ताओं से घिरा हुआ किस्मत का मारा हूँ
पृथ्वी पर गंगा लाना संकल्प हमारा है
मेरे कुल की रक्षा का दायित्व तुम्हारा है।।

दोहा

राख हमारे पूर्वज, कपिलमुनी का शाप
गंगा तर्पण के बिना, यह जीवन अभिशाप।।

ब्रह्मा : वर माँगो राजन सुनो, मानो मेरी बात
सुख का सूर्योदय हुआ, बीती दुख की रात।।

प्रार्थना

भगीरथ : हे परम पिता हे प्रथम पुरुष तुम रखना लाज हमारी
अब दूर हुई दर्शन से प्रभु के मेरी चिन्ता सारी।।
काम बड़ा टेढ़ा है भगवन सरल बनाओ ना
गंगा जी आयेंगी कैसे राह बताओ ना
दो मुझको उजियारी मेरी दूर करो अँधियारी।।
कुल की रीति न छूटे स्वामी कुल का मौन रहे
युग-युग तक इक्ष्वाकु वंश का भगवन नाम रहे
बनी रहे हरदम हे स्वामी मुझ पर कृपा तुम्हारी।।

(ब्रह्मा-भगीरथ को अपना आशीर्वाद और परामर्श दे रहे हैं)

ब्रह्मा : मानो बात हमारी राजन! मानो बात हमारी
दूर करेंगे विपत तुम्हारी बस केवल त्रिपुरारी।।
पृथ्वी पर गंगा को आना खेल नहीं है बेटे
गंगा का जो वेग रोक ले सारी धार समेटे
शिव की करो तपस्या ऐसी
की थी पार्वती ने जैसी
आदि भवानी भूल गयी थीं तन-मन की सुध सारी।।

है वरदान हमारा तेरी होगी सफल तपस्या
होगी सफल तपस्या तेरी होगी खतम समस्या
पुरखे जायेंगे सुरधाम
होगा जग में तेरा नाम
गूँजेगी जैकारी तेरी गूँजेगी जैकारी

नट-नटी दोहे

नट : ब्रह्मा जी ने दे दिया, राजा को वरदान
पूरी होगी कामना, होगा सब कल्यान।।

नटी : शिव भोले भगवान की, महिमा अपरम्पार
जिस पर होती है कृपा, उसका बेड़ा पार

नट : और भगीरथ हो गये, ऐसे शिव में लीन
ब्रह्मा जी की सृष्टि भी, है जिसके आधीन।।

(भगीरथ की शिव-तपस्या)

भगीरथ : ॐ नमः शिवाय, ॐ नमः शिवाय
हे शिव शंकर हे प्रलयंकर संकट दूर करो
मैं असहाय नाथ सुन मेरी सारी व्यथा हरो।। ॐ नमः शिवाय
दुख हरता सुख भरता स्वामी जग पालन करता
तू ही कण-कण तू ही तरुवर तू पर्वत सरिता।। ॐ नमः शिवाय
अगम अगोचर तुम्हीं चराचर त्रिभुवन के स्वामी
घट-घट के वासी तुम भगवान तुम अन्तर्यामी।। ॐ नमः शिवाय

दोहा

शिव : राजन तेरी भक्ति से, मुझको अतिशय हर्ष
गंगा-धारण के लिए, मैं तैयार सहर्ष।।
सुनो तुम्हारी प्रार्थना मुझको है स्वीकार
निश्चय ही होगा यहाँ गंगा का अवतार।।

भगीरथ : जै-जै हो प्रभु आपकी, आशुतोष भगवान।
सचमुच कृपानिधान तुम, सचमुच कृपानिधान।।

चौबोला

सचमुच कृपानिधान हे स्वामी अब विश्वास हुआ
मिला मुझे वरदान कि मेरा सफल प्रयास हुआ
होंगे सारे पाप हमारे स्वाहा भगवन क्षण में
नहीं रहा अभिशाप-शाप अब कोई भी जीवन में।।
प्रजा हमारी सुखी रहे बस यही है मेरी विनती
अपने दासों में मेरी भी करना स्वामी गिनती
अवगुण ही अवगुण हैं मुझमें फिर भी दास तुम्हारा
सिर आँखों पर प्रभो विराजो मैं कैलास तुम्हारा।

नट-नटी

नट : अन्तर्धान हुए शिव सहसा फिर आते हैं कहकर
गंगा जी की राह देखने लगे भगीरथ हटकर

नटी : हर हर हर हर धार गरजती चली गर्व से भरकर
गंगा ने सोचा धारा में बह जायेंगे शंकर

नट : शंकर भला बहेंगे कैसे अडिग अमिट गुप्तेश्वर
नागेश्वर माहेश्वर शंकर शंकर हैं अखिलेश्वर

नटी : ना हैं जलनेवाले शंकर ना हैं मरनेवाले
ना हैं उड़नेवाले शंकर ना हैं बहनेवाले।
(गंगा प्रकट होती हैं, भूल और पश्चात्ताप की मुद्रा में।)

गंगा : गंगा सोच रही हैं मन में।
ऐसी भूल न होगी प्रियवर फिर फिर इस जीवन में।।
पता नहीं किस सोच में थीं मैं भूल गयी सीमाएँ
लहरों के तुरंग पर बैठी थी जैसी इच्छाएँ

अन्धा मोड़ कहाँ से आया मानस के मधुवन में।।
तन से मन से संस्कार से आखिरकार नदी हूँ
आर-पार क्या तट-कछार क्या धारोधार नदी हूँ
बहने दो खुलकर धरती पर मत बाँधो बन्धन में।।
हार गयी मैं क्षमा चाहती ये करुण पुकार सुनो
मैंने तुम्हें चुना है मन से तुम भी मुझे चुनो
मैं तेरे आँगन में उतरी तू मेरे आँगन में।।

नट-नटी-चौबोला

नट : देख रहे हैं राह भगीरथ गंगा भटक गयीं
ज्यों खजूर पर गिरा ताड़ से गंगा अटक गयीं।

नटी : हाथी निकल गया बस केवल दुम ही बाकी है
दो परम शक्तियों की ये कैसी अद्भुत झाँकी है।।

नट : शिव ने जटाजूट लहराया झर झर झर झर गंगा
हँसे भगीरथ प्रभु की माया झर झर झर झर गंगा

नटी : बिन्दु सरोवर में गंगा को शिव ने जाकर छोड़ा
और यहीं से गंगा ने पर्वत से नाता तोड़ा।।

नट : गंगा का अवतार धरा का पाप बहायेगा
गूँजेगा कल-कल सन्नाटा दूर भगायेगा

नटी : नहीं रहेगी वही धरा अब यह भी बदलेगी
हर हर हर हर धार जहाँ गंगा की उछलेगी।।

नट : उतर पड़ीं धरती पर गंगा जै-जैकार हुआ
जै-जैकार हुआ धरती का घर गुलजार हुआ

नटी : आगे-आगे चले भगीरथ पीछे गंगा मैया
बजने लगी बधैया घर-घर बजने लगी बधैया

(जह्नु ऋषि का यज्ञ-स्थल)

शिष्य : धार गंगा की गुरुवर इधर आ रही
वेग इतना कि पर्वत भी ढह जायेगा
यज्ञ–मण्डप हमारा टिकेगा नहीं
शर्तिया धार में ये भी बह जायेगा।

दोहा

जह्नु : मत कर चिन्ता शिष्य तू, देखूँगा मैं वेग
सारा जल पी जाऊँगा, मेरी भी है टेक।।

शिष्य : भगवन् जल्दी कीजिये, उखड़ रहा आधार
जल ही जल चारों तरफ, केवल पारावार।।

चौबोला

केवल पारावार यज्ञ अब कैसे होगा गुरुवर
बेदी भी बह गयी यज्ञ की बहा यज्ञ का छप्पर
अच्छी आफत आयी हम पर अच्छी आफत आयी
दूर करो कठिनाई भगवन् दूर करो कठिनाई।।

दोहा

जह्नु : नाहक तू घबरा रहा, नाहक है हैरान
संकट में रोता नहीं, नर की है पहचान।

चौबोला

नर की है पहचान यही, तू नाहक रोता है
आगे–आगे देख वत्स तू अब क्या होता है
सारा जल पी गया धार अब नहीं दिखायी देगी
मेरे इसी कमण्डल में अब गंगा तुझे मिलेगी

(इस घटना से त्रैलोक सन्न रह जाता है। तुरत देवी–देवता, ऋषि–गन्धर्व सब वहाँ आ जाते हैं और जह्नु की प्रार्थना करते हैं और गंगा को मुक्त करने की कामना करते हैं।)

चौबोला

(देवी-देवता, यक्ष-गन्धर्व, ऋषि-मुनि, भगीरथ सभी हैं।)

हाहाकार सभी लोकों में मचा हुआ है राजन
अनजाने ही गंगा मैया हुईं कोप का भाजन
धरती थर-थर काँप रही आकाश काँपता है
चिन्ता में दिग्गज उनका विश्वास काँपता है
मुँह देखो जरा भगीरथ का फिर खुद ही सोचो राजन
गंगा के लाने में जिसका बीता सारा जीवन
हम सबकी विनती है मुनिवर सबके पाप हरो
जन-जन का कल्यान करो गंगा-उद्धार करो।।

चौबोला

जह्नु : नर-किन्नर-गन्धर्व-देव को करता जह्नु प्रणाम
स्वागत करने का मौका दें करें तनिक विश्राम
मेरी भी विनती है प्रभु से वह कल्यान करें
कन्द-मूल फल खायें श्रीमन् गंगा पान करें
मुक्त हुई लो देखो गंगा जै-जैकार करो
चलो भगीरथ तुम अपने कुल का उद्धार करो
कहीं नहीं जायेगी गंगा अब तो यहीं रहेगी
अमृत होकर पृथ्वी पर गंगा की धार बहेगी।।

दोहा

गंगा : अहो भाग्य मैं धन्य हूँ, मैंने पाया प्राण
आजीवन करती रहूँ, जन-जन का परित्राण।।

देव : हुआ जाह्नवी आज से गंगा तेरा नाम
आना सबके काम तू, आना सबके काम।।

चौबोला

देवियाँ : जहाँ-जहाँ जाओगी गंगा भागीरथी कहाओगी
धरती का कल्यान करोगी सारा पाप बहाओगी
नहीं करोगी भेद कहीं तुम सबके बीच समाओगी
केवल पुण्य कमाओगी तुम केवल पुण्य कमाओगी।

(सभी एक साथ गंगा की आरती करते हैं।)

आरती

समूह-स्वर : तू है सब नदियों से न्यारी
प्यारी भक्तों की हितकारी
सारी दुनिया करती तेरी जै-जैकार गंगा जी
तेरी महिमा जग में सबसे अपरम्पार गंगा जी।।
जाने कितने तीरथ तेरे सँग लहराते हैं
पर्व और त्योहार तुम्हारे तट पर आते हैं
तू है खेतों की हरियाली
तू है फल-फूलों की डाली
थाली बजती रहती हरदम तेरे द्वार गंगा जी।।
फूल-बताशा चुनरी-पियरी लोग चढ़ाते हैं
गाँठ जोड़कर हाथ जोड़कर साथ नहाते हैं
जै-जै गाती ढोल बजाती भीड़ तुम्हारे घर में आती
दीया-बाती जैसे लहरों में कचनार गंगा जी।।
गरिमावाली है तू मैया महिमावाली है
करुणावाली है तू मैया ममतावाली है
तेरी अद्‌भुत शक्ती भक्ती, पापी को भी देती मुक्ती
तेरी स्तुति तेरी पूजा बारम्बार गंगा जी।।

भाग–दो

गंगा उद्धार

नट/नटी : पर्वत से सागर तक गंगा ने पावन उपहार दिया
तरह-तरह के उत्सव मेले पर्व और त्योहार दिया
पावन ध्यान तपस्या स्थल कनखल औ हरिद्वार दिया
तीर्थराज सा प्राण दिया औ काशी सा आधार दिया
अपने हाथों रच-रच करके गंगा ने श्रृंगार किया
विस्तार दिया है संस्कृति को औ जीवन को साकार किया।।

(तीर्थराज प्रयाग दर्शन-संगम-भीड़ स्नान)

नट/नटी : तीरथराज प्रयाग को शत-शत बार प्रणाम
जिनके दर्शन से यहाँ धन्य हुए श्रीराम
अद्भुत अतुल असीम है, महिमा आदि अनन्त
गाते सभी गृहस्थ जन गाते साधू-सन्त।

(शिव एवं काशी का दर्शन)

क्या कहना शंकर की नगरी प्यारी काशी का
हरदम बजता रहता है डमरू अविनाशी का
काशी नगरी शिव के नाते जग में न्यारी है
गंगा को भी सबसे ज्यादा काशी प्यारी है
काशी में जो प्राण छोड़ता शिवपुर जाता है
शिवपुर में रहता है शिव के दर्शन पाता है
शिव गंगा है इस घड़ी दोनों देखो साथ
देख रहे हैं देवगण अपलक जोड़े हाथ
शिव गंगा विचरण करते हुए

(अन्तराल में गीत गायन होता रहता है)

गायन : महिमा है गंगा की न्यारी
सिर पर लिये-लिये फिरते हैं
इसीलिए त्रिपुरारी।।
दूध-पूत देती है गंगा, देती पान-सुपारी
देहरी का दीपक है गंगा आँगन की किलकारी
गंगा एकादशी हमारी फगुआ और दिवारी
जाने कितने नाती-पोते फिर भी सदा कुँवारी।।

दोहा : घाट बने फिर सीढ़ियाँ बूँद-बूँद वरदान
जन-जन का करने लगीं गंगा जी कल्यान।
सामूहिक गीत स्वर एवं तीर्थ यात्री
जै गंगे जै-जै गंगे/ जै गंगे जै-जै गंगे
पापनाशिनी, मोक्षदायिनी कल्याणी हितकारी
शुभकारी, मुदमंगलकारी और अमंगलहारी
जै गंगे जै-जै गंगे...
साधू सन्त मनाते जै-जै राजा और भिखारी
हर-हर गंगे, हर-हर गंगे, करती दुनिया सारी
जै गंगे जै-जै गंगे...
हम हैं तेरे बेटी-बेटे तू हम सबकी जननी
तू हम सबकी जनी देवी पार करो बैतरनी
जै गंगे जै-जै गंगे...

(खँजड़ी पर प्रार्थना करता भिखारी आता है)

गीत :

रोज-रोज गीला गरीबी में आँटा
ए गंगा माई हमार पाप काटा।

खेती कचहरी पढ़ाई कऽ चिन्ता
बिटिया का गौना विदाई कऽ चिन्ता
बनल रहै दूनो हमार जोरू जाता
हमरे नीयर पापी आयल न होई
बोझा से एतनी लदायल न होई
ई बोझा माई समूचा तू बाँटा
गोड़ बिछलायल औ फूट गइल गगरी
ले दे के खाली इहै मोर ठठरी
छोड़ै ना चोला परान गुड़ माँटा।।

(पुत्र प्राप्त करने की कामना से पूजन करती स्त्री)

देहलू जिनिगिया मइया देहलू सेन्हुरवा
मोर अँचरवा भरतू ना
दे के गोदिया में ललनवाँ
मोर अँचरवा भरतू ना।।
सखियाँ सहेलियाँ सब भइलीं लरकोरिया
हमरी ओरिया देखा ना
बीतल जाले मोर उमिरिया हमरी ओरिया देखा ना
मइया बाँटा उजियरवा, काटा मोर अँधियरवा,
उपकरवा करतू ना
दे के गोदिया में ललनवाँ, उपकरवा करतू ना।।
बाटै एतनी अरजिया, मइया राखा मोरी लजिया,
ई बिपतिया काटा ना
जागै हमरो किसमतिया, ई बिपतिया काटा ना
ले के आइली हम असरवा, माई तोहरे किनरवा

मोर सहरवा बनतू ना
दे के गोदिया में ललनवाँ मोर सहरवा बनतू ना।।
करबै जिनगी भर पुजनवाँ, करबै रोज दरसनवाँ,
अरमानवाँ पूरा हो
मइया माँगीला मँगनवाँ, अरमनवाँ पूरा हो
मारै मेहना जेठनियाँ बोलै ससुई बँझिनियाँ
मोर बेदनवाँ हरतू ना
दे के गोदिया में ललनवाँ मोर बेदनवाँ हरतू ना।।

(परदेस में रह रहे पति की वापसी की कामना करती स्त्री)

धुनियाँ रमइबै हम करबै पुजनियाँ कि
धरबै जोगिनियाँ कऽ भेष गंगा जी
घरवा ना भावै मइया भावै ना दुअरवा कि
पियवा बसैला परदेस गंगा जी
तिजिया कजरिया रोवावै बेलवरिया कि
सोहै नाहीं कवनो तिहुवार गंगा जी
नाहीं सोहै छिंटिया चुनरिया पियरिया कि
नाहीं सोहै सोरहो सिंगार गंगा जी
गोतिनी परोसिनी दरदियो ना बूझे मोर
हँसि-हँसि देली उपदेस गंगा जी

दिनवाँ त बीतै मइया खेत खरिहनवाँ कि
होइ जाले रतिया पहार गंगा जी
बगिया ना फूले मइया बोले ना कोइलिया कि
बरहो महीना पतझार गंगा जी

चनवाँ ना भावै नाहीं भावै ले चननिया कि
लागेला करेजवा में ठेस गंगा जी
बीति गइलै दिनवाँ महिनवाँ बरिसवा कि
सूखि गइली तुलसी हमार गंगा जी

रोवत रोवत मोर अँखियाँ झुरइलीं कि
टूटै नाहीं साँसिया के तार गंगा जी
देहलू सेन्हुरवा मइया देहलू पियरवा कि
तोही मोर हराई कलेस गंगा जी

(सर्वसाधारण जन की गंगा से प्रार्थना)

गंगा माई गंगा माई तुमसे मेरी विनती
मेरे पापों को मिटाओ माँ करो ना गिनती।।
ममतावाली है तू मइया, करुणावाली है
कोई खाली हाथ न लौटा किरपावाली है
सबकी भरती झोली मइया सबको देती है
पर्वतराज हिमालय की तू अद्‌भुत बेटी है
रंग-रूप तू नहीं देखती सबकी है सुनती।

नर किन्नर गन्धर्व यक्ष देवता नहाते हैं
बार-बार माँ मुझे बुलाना यही मनाते हैं
अन्धे कोढ़ी बाँझ भिखारी दौड़े आते हैं
जै हो गंगा मइया की जैकार लगाते हैं
स्वर्ग भागता उधर-उधर तू जिधर-जिधर चलती।।

धरती पर नदियों में मइया सबसे न्यारी तू
सन्तों और गृहस्थों की, देवों की प्यारी तू

होती नहीं अगर तू मइया कहाँ भगीरथ जाते
कैसे पुरखा पार लगाते कैसे पुण्य कमाते
सुख सम्पति देती है मइया तू पीड़ा हरती।।

पाप काटती जन–जन का तू पुण्य बाँटती है
तीर्थ छापती है धरती पर स्वर्ग छापती है
निर्मल करती है तन–मन का मैल बहाती है
मृत्युलोक से स्वर्गलोक सीधे पहुँचाती है
तेरे आने से ही मइया धन्य हुई धरती।।

(नट–नटी का प्रवेश)

नट : ऐसी गंगा थी कभी भइया अपने बीच
अब गंगा में जल नहीं केवल बालू कीच

नटी : संकट गहरा हो गया खतरे में है जान
दिन–दिन खोती जा रही गंगा की पहचान

(गंगा स्वच्छ अभियान दल के सदस्य प्रकट होते हैं)
गंगा की बात क्या करूँ गंगा उदास हैं
वह जूझ रही खुद से और बदहवास हैं
न अब वो रंगो रूप है न वो मिठास
गंगा जली को जल नहीं गंगा के पास है।

दौड़ा रहे हैं लोग इसे खेत–खेत में
मछली की तरह स्वयं तड़पती हैं रेत में
बन्धों के जाल में कहीं नहरों के जाल में
सिर पीट–पीट रो रही शहरों के जाल में

नाले सता रहे हैं पनाले सता रहे
खा-खा के पान थूकनेवाले सता रहे
कुल्हड़ पड़े हैं चाय के पत्ते हैं चाट के
आखिर कहाँ ये जायेंगे धन्धे हैं घाट के

भीटे की तरह बाप रे कूड़े का ढेर है
यह भी है कोई रोग कि ऊपर का फेर है
असहाय है लाचार है मजबूर है गंगा
अब हैसियत से अपनी बहुत दूर है गंगा

क्या रही क्या हो गयी हैरान है गंगा
शीशे में खुद को देख परेशान है गंगा
मैदान ही मैदान है मैदान है गंगा
कुछ ही दिनों की देश में मेहमान है गंगा

पक्का है घाट ठाठ से अहरा लगा रहे
राखी बहा रहे यहीं हाँड़ी बहा रहे
जो कुछ बचा है जूठा सो डाल रहे हैं
पत्तल में सब लपेटकर उछाल रहे हैं

बच्चों का बिछौना भी यहीं साफ हो रहा
गलियों का घिनौना भी यहीं साफ हो रहा
जूते में लगा गोबर गंगा में धो रहे
आराम बड़ी चीज है मुँह ढँक के सो रहे
गन्दा सड़ा अखबार है गंगा में बह रहा

कचरा कहीं सिवार है गंगा में बह रहा
कीचड़ है बदबूदार है गंगा में बह रहा
कब का मरा सियार है गंगा में बह रहा।।

पीने के लिए हैं न नहाने के लिए हैं
गंगा भी आज खाने-कमाने के लिए हैं
हर घाट यात्री को फँसाने के लिए हैं
बोरे में बँधी लाश छिपाने के लिए हैं।
(यह दल वापस जाता है दूसरी ओर से...अपना स्वाँग लेकर मंच पर प्रकट होता है।)

गीत :

ई देखा सुजनी संजोग
बइद के घर में रोगै-रोग
हाय रे गंगा वाह रे लोग

आँख भरल हौ मुँह उतरल हौ
जइसे कवनो गाढ़ परल हौ
आँख में आँख डाल के देखा
माथे पर चिन्ता कै रेखा
अब गंगा बाजार में रहिहैं
ना काशी हरिद्वार में रहिहैं। हाय रे गंगा वाह रे लोग।।

घाट-घाट पर जहर देखला,
खड़ा भूत अस शहर देखला,
बिना जान के लहर देखला,

गंगा भइली नहर देखला
गंगै पर सब टूट रहल हैं
हिंक भर अपने लूट रहल हैं। हाय रे गंगा वाह रे लोग।।

का देखी अखबार में गंगा
नाव नियर मँझधार में गंगा
आँख में कीचर मुँह पर हँफरी
रेत में जैसे हाँफै मछरी
अइसे में जे हाथ न धोई
अगिले जनम छछुन्नर होई। हाय रे गंगा वाह रे लोग।।

एक दिन हम सपना देखली
गंगा क इन्जेक्शन निकली
मरै कै बेरी सब लगवाई
इहै अन्तिम रही दवाई
असली-नकली न फरियाई
छोटकी सिसिया ढेर बिकाई। हाय रे गंगा वाह रे लोग।।

गंगा देसी घिउ हो जइहैं
सौ-सौ रुपया बूँद बिकइहैं
सीसी में बोतल में गंगा
बड़े-बड़े होटल में गंगा
तरह-तरह के रेट में गंगा
बैपरियन के पेट में गंगा। हाय रे गंगा वाह रे लोग।।
(यह दल वापस जाता है। दूसरा दल प्रकट होता है।)

गंगा स्वच्छ बनाओ रे भाई
गंगा स्वच्छ बनाओ...
संकट दूर भगाओ रे भाई
गंगा स्वच्छ बनाओ।

(अन्तरा दूसरा अँधेरे से रोशनी में आता है)

गंगा नहीं रहेगी यही हाल रहा तो
कब तक यहाँ बहेगी यही हाल रहा तो
देखिये न आज क्या गंगा का हाल है
रहना मुहाल इसका जीना मुहाल है।।

सियाराम की बलिहारी

(नौटंकी)

पात्र

1. नट
2. नटी
3. विश्वामित्र
4. राजा दशरथ
5. वशिष्ठ
6. सुमन्त
7. राम, लक्ष्मण, भरत, शत्रुघ्न
8. दशरथ की तीनों रानियाँ
9. द्वारपाल
10. ताड़का
11. सुबाहु
12. मारीच
13. राजा जनक
14. सुनयना
15. सीता
16. सीता की सखियाँ–कम-से-कम पाँच
17. परशुराम
18. कुछ राजा, स्वयंवर में दिखायी देंगे
19. गौरी

(इसके अलावा गायक, वादक एवं नृत्य के कलाकार होंगे। मेकअप मैन एवं ड्रेसर, ध्वनि एवं प्रकाश की व्यवस्था से जुड़े लोग)

(दृश्य प्रथम)

(नगाड़ा बजता है। पर्दा खुलता है। मंच पर रोशनी होती है। तेज नगाड़ा सहसा सम पर आता है। मंच पर थिरकते हुए नट/नटी अगल-बगल से प्रवेश करते हैं। नट-नटी प्रणाम की मुद्रा में अपने दर्शकों का स्वागत और अभिनन्दन करते हैं और संगीत के साथ स्वर फूटते हैं)

स्वर :

नटी : यहाँ उपस्थित सज्जनो!

नट : हो प्रणाम स्वीकार।

नट/नटी : स्वागत सौ-सौ बार है,
स्वागत सौ-सौ बार।

नटी : आज आपसे चित्रकूट में भेंट हुई है धन्य हमारे भाग

नट : पग-पग आज प्रयाग यहाँ पर पग-पग आज प्रयाग

नटी : यही सोचकर हम सब आये आज यहाँ श्रीमान

नट : कामदगिरि महाराज करेंगे जन-जन का कल्यान

नटी : जग जाहिर है गौरव भइया इस पावन स्थान का

नट : यहाँ किया संकल्प राम ने दुष्टों के सन्धान का

नटी : अपने श्रद्धा-सुमन चढ़ाने हम भी आये हैं

नट : सियाराम की बलिहारी नौटंकी लाये हैं।

नटी : इस मंगल अवसर पर कुल की रीति निभायेंगे।

नट : अपने कुलदेवा गणेश से कुशल मनायेंगे।

दोनों साथ : उन्हें हम शीश झुकायेंगे, उन्हें हम दीप दिखायेंगे
इसी मंच पर सुनो सज्जनो सादर लायेंगे।

(अन्तिम पंक्ति को ही बार-बार दुहराते हुए नट-नटी पीछे चले जाते हैं। क्षणिक अन्तराल होता है। संगीत फूटता है रोशनी खिलती है। गणेश जी की समूह स्वर से आरती होती है। कत्थक नृत्य की मुद्रा में गणेश जी का पूजन होता है।)

गणेश स्तुति

(गणेश जी अन्तर्धान होते हैं। प्रकट होते हैं नट-नटी)

नटी : अरे ओरे छबीला! क्यों है तू इतना ढीला-ढीला?

नट : क्या है री छबीली ऐलुमिनियम की पतीली! बोल! बोल तू शरमाती क्यों है री! असली बात पूछने से कतराती क्यों है री!

नटी : अबे, घण्टा पहाड़ी के अन्धा मोड़। न आँखें दिखा न कन्धा सिकोड़। तू पूरा कभी नहीं देखेगा। जब पत्थर फेंकेगा अँधेरे में फेंकेगा। बात पते की किया कर। घड़ी भी देखा कर अगर किसी को समय दिया कर। समझे।

नट : हाँ, अब आ गयी न लाइन पर। हमेशा उड़ती रहती है फर्र-फर्र। कभी इधर-कभी उधर। बात सीधी किया कर। राह सही चला कर।

नटी : मैं तुझे खोजती थी अरे बाँगड़ूँ तू कहाँ था अभी तक बता तो सही काम करता न कोई कभी ठीक से सिर्फ करता है तू फालतू बतकही बोल पब्लिक से क्या तूने वादा किया, तू दिखायेगा फौरन तमाशा यहाँ, कान ऐंठूँ कि दूँ एक कण्टाप मैं, ऐन मौके पे होता है गायब कहाँ?

नट : मैं तो पहले स्टेज पर था यहाँ, तू ही गायब थी समझी अरी बावली थूक गुस्सा तू पहले औ हँस दे जरा मैं तेरा साँवला तू मेरी साँवली। कोई खटपट नहीं कोई झंझट नहीं आज दौड़ेगी सरपट यहाँ जिन्दगी। दिव्य झाँकी सजेगी सियाराम की और फैलेगी चारों तरफ रोशनी।

नटी : सियाराम की बलिहारी नौटंकी है तैयार

नट : राजा दशरथ का जहाँ सजा हुआ दरबार

(दोनों पर्दे के पीछे जाते हैं) दृश्य परिवर्तन

(राजा दशरथ का दरबार–सुमन्त, वशिष्ठ आदि सभा में विराजमान हैं। द्वारपाल आता है)

द्वारपाल : महाराज की जै हो। हे राजन! दरबार में विश्वामित्र मुनि पधार रहे हैं।

(कहकर चला जाता है। राजा दशरथ अपने सिंहासन पर से उठ जाते हैं विश्वामित्र के स्वागत के लिए। सुमन्त और वशिष्ठ अपनी जगह से आगे बढ़ते हैं तब तक विश्वामित्र उपस्थित हो जाते हैं।)

दशरथ : स्वागत है मुनि आपका, धन्य हुए हम आज
हुई अयोध्या धन्य औ सारा सकल समाज
हम सब पर है आपकी भगवन कृपा महान
आसन पर सादर प्रभो! शोभित हों श्रीमान।।

(चारों राजकुमार राम, लक्ष्मण, भरत, शत्रुघ्न आते हैं। मुनिवर को प्रणाम करते हैं और आशीर्वाद पाते हैं।

पहले विश्वामित्र अपने आसन पर बैठते हैं।
फिर बैठते हैं महाराज दशरथ अपने आसन पर।
विश्वामित्र मुनि के सम्मान में नृत्य एवं गायन
से उनका अभिनन्दन किया जाता है।)

गीत (समूह नृत्य)

जागे भाग हमारे मुनिवर जागे भाग हमारे
आज हमारी इस नगरी में मुनिवर आप पधारें।।

स्वागत है अभिनन्दन है
मुनिवर शत-शत वन्दन है
धन्य हुईं सरयू की लहरें
पावन हुए किनारे।।
उत्सव जैसे मन में है
आकर्षण दर्पण में है
चारों ओर बिछी हैं पलकें
चारों ओर बहारें।।

घट-घट में खुशहाली है
खेतों में हरियाली है
गूँज रहा बगिया में कलरव
पंछी पंख पसारे
नृत्य एवं गायन समाप्त होता है।

दशरथ : हे मुनिवर! मैं आपको सादर करूँ प्रणाम
कैसे है आना हुआ हमें बतायें काम
हमें बतायें काम नाथ हम पुण्य कमायेंगे

जीते जी हम अपने कुल की रीति निभायेंगे
सन्तों–मुनियों की सेवा का व्रत हम धारे हैं
और आप तो हे मुनिवर कुल पूज्य हमारे हैं।।

विश्वामित्र : हे राजन! कुछ आपसे माँग रहा हूँ आज
ना चाहूँ धन–सम्पदा ना चाहूँ मैं राज
ना चाहूँ मैं राज सिर्फ बस यही चाहता हूँ
राम–लक्ष्मण को कुछ दिन के लिए माँगता हूँ
ले जाऊँगा साथ इन्हें ये काम बनायेंगे
होगा यज्ञ सफल ये राक्षस मार भगायेंगे।।

दशरथ : मुनिवर क्या इस लोक में इतना है आतंक
छुपकर रहते सन्त जन रहते दुष्ट निशंक

विश्वामित्र : हाँ राजन चारों तरफ दुष्टों की भरमार
सन्तों पर हैं राक्षस करते अत्याचार
यज्ञ नहीं करने देते बाधा पहुँचाते हैं
सन्त जनों को दुष्ट मारते और सताते हैं
परेशान हैं सन्त जन करते हाहाकार
सन्तों के हित के लिए हुआ राम अवतार

(गीत धीमे स्वर में)

चिन्तन : दशरथ सोच रहे हैं मन में, पुत्र मिले हैं चौथेपन में।
ना कहने से प्रण जायेगा, कुछ भी हाथ नहीं आयेगा।
हाँ कहने से नहीं रहेंगे प्राण आज इस तन में।।

कैसे उबरूँ क्या बतलाऊँ, किसको अपनी व्यथा सुनाऊँ।
जाऊँ भला कहाँ मैं आखिर किसकी आज शरण में।।

सच कहता हूँ धरती छूकर, राम बिना तो जीना दूभर।
सोचा नहीं कभी था मैंने हारूँगा जीवन में।।

वशिष्ठ : राजन सोच न करिये मन में
बड़े भाग्य से आगे आते
ऐसे क्षण जीवन में।।

आप न पड़िये पुत्र मोह में
सुख-ही-सुख है इस विछोह में
राजभवन से ज्यादा ही वे
सुखी रहेंगे वन में।

अपने कुल की रीति सोचिये
कैसी होती प्रीति सोचिये
रघुकुल का यश छाया राजन्
तीन लोक चौदहो भुवन में।।

दशरथ : हे मुनिवर है आपकी माँग मुझे स्वीकार
राजा का कर्त्तव्य है दुष्टों का संहार
राम लक्ष्मण साथ आपके निश्चय जायेंगे
और आपकी सारी विपदा दूर भगायेंगे
ईश्वर से है प्रार्थना प्रजा रहे खुशहाल
राम लखन को लाइये मन्त्री जी तत्काल

मन्त्री जी : राजन निर्णय आपका सबको है स्वीकार
निश्चय मुनि के साथ में होंगे राजकुमार
अन्तःपुर में समाचार हम अभी सुनाते हैं
जाते हैं औ राम-लखन को फौरन लाते हैं

रक्षा होगी यज्ञ की होगा जन कल्यान
राम स्वयं भगवान हैं राम स्वयं भगवान।।

(दृश्य बदल जाता है। नट-नटी मंच पर प्रवेश करते हैं।)

नटी : क्यों छबीला?

नट : हाँ छबीली।

नटी : अब क्या होगा आगे रे।

नट : भाग धरा के जागे रे भाग धरा के जागे
हम सब के दुख भागे रे

नटी : अच्छा! सच कहता है?

नट : हाँ री सच कहता हूँ–
कहीं नहीं अब मातम होगा
राग-रंग का मौसम होगा
पापी दुष्ट औ अत्याचारी
नहीं बचेंगे मेरी प्यारी
सब-के-सब अब बारी-बारी मारे जायेंगे
हम तुम नाचेंगे गायेंगे खुशी मनायेंगे।

नटी : कैसे होते हैं ये राक्षस तू दिखा
हाथ मेरे भी कब से हैं ख़ुजला रहे

नट : देख ले देख ले तू अभी देख ले
उस तरफ सामने राक्षस आ रहे

नटी : *(डरकर)* अरे नहीं, मैंने तुरत राक्षस दिखाने के लिए थोड़े ही कहा था। तू हर काम देर से करता है न इसलिए मैंने सोचा कि इस जनम में कहूँगी तो अगले जनम में करोगे।

नट : अरी छबीली, तू घबड़ाती क्यों है? अगले जनम में भी तुम्हें मैं राक्षस दिखा दूँगा। पहले इस जनम में तो देख ले।

नटी : ना दइया, तू माफ कर भइया, बाज आयी मैं राक्षस दर्शन से। मुझे तो मतलब है सिर्फ भगवान राम के कथा-कीर्त्तन से...

नट : कथा राम की बढ़ रही, अब आगे की ओर
जंगल में मंगल हुआ, सारी सृष्टि विभोर

नटी : साथ-साथ हम भी चलें देखें क्रिया-कलाप
धीरे-धीरे पुण्य में बदलेगा अभिशाप
देख रहे हैं पशु-पक्षी, जंगल सब बतियाते हैं
निश्चय ही कुछ होगा भाई थाह लगाते हैं
फूल रहे हैं फूल कि भौंरे सगुन मनाते हैं
जिधर-जिधर मुनि राम-लक्ष्मण बन में जाते हैं।

(दृश्य बदलता है)

(मुनि विश्वामित्र, राम और लक्ष्मण आपस में बोलते-बतियाते हुए आगे बढ़ रहे हैं।)

राम : नाथ है आश्रम खाली-खाली यहाँ
कोई जीवन नहीं सिर्फ कंकाल हैं
ठण्डे झोंके नहीं मीठी बोली नहीं
गिद्ध-ही-गिद्ध हैं और शृगाल हैं
रो रही है धरा रो रहा है गगन
क्यों दिशाओं की आँखें भरी बोलिये
कोई हलचल नहीं कोई मंगल नहीं
जिन्दगी क्यों यहाँ है मरी बोलिये

विश्वामित्र : ऋषियों के आश्रम थे वन में गुरुकुल थे बहुतेरे
निगल गये इस उजियारे को राक्षस छाप अँधेरे
यज्ञ यहाँ होते थे निशिदिन मन्त्र गूँजते थे

सुख से अपने-अपने सब आराध्य पूजते थे
देख रहे हैं आज यहाँ सन्नाटा छाया है
जहाँ पुण्य का वास वहाँ पर पाप समाया है
यहाँ राक्षस आते और उपद्रव करते हैं
दुर्जन यहाँ विचरते हरदम सज्जन डरते हैं।

(सहसा बहुत तेज आवाज होती है। दिशाएँ काँप उठती हैं। विकराल रूप धारण किये ताड़का सामने आती है।)

विश्वामित्र : यही राक्षसी ताड़का धरे रूप विकराल
इसकी ही ये देन है बिखरे नर कंकाल
यहाँ संस्कृति सभ्यता जीवन था भरपूर
मगर राक्षसों ने किया सब-कुछ इससे दूर

(राक्षसी ताड़का कभी दायें कभी बायें दौड़ती-दहाड़ती है)

राम : मुनिवर चिन्ता छोड़िये, होगा जन कल्याण
नहीं रहेगी ताड़का आज तजेगी प्राण

(राम बाण छोड़ते हैं और ताड़का मारी जाती है—फिर आगे बढ़ जाते हैं। रास्ते में आगे एक राक्षस प्रगट होता है।)

मारीच : किसने मारा ताड़का सुनो खोलकर कान
सच कहता मारीच मैं लूँगा उसकी जान
क्या है तेरी हैसियत, तू है आदम जात
मुझसे डरता इन्द्र भी तेरी क्या औकात
तेरी क्या औकात बावले, मरने आया है
ये है मेरा राज यहाँ क्या करने आया है
छोड़ूँगा अब नहीं तुझे मैं सबक सिखाऊँगा
जहाँ ताड़का गयी वहीं तुमको पहुँचाऊँगा।

(खूब मुँह फाड़कर खाने की मुद्रा में तेज गति से मारीच राम की ओर बढ़ता है। राम मारीच पर बाण चलाते हैं।)

गायन : लगा राम का बाण जब हवा हुआ मारीच
पता नहीं किस लोक में कहाँ गिरा वह नीच

विश्वामित्र : सौ योजन है दूर गिरा मारीच न आयेगा
जहाँ लगा है बाण वहाँ फिर-फिर सहलायेगा
जहाँ-जहाँ जायेगा सबसे यही बतायेगा
जान बची और लाखों पाये यही मनायेगा।
अब यह क्षेत्र सुबाहु का बहुत बड़ा शैतान
उसका दुश्मन है यहाँ बस केवल इन्सान
तनिक नहीं मन में दया करता अत्याचार
ऐसे पापी दुष्ट का करना है संहार

गायन : छा गया वन में सहसा अँधेरा घना
पेड़ जंगल के सारे लगे काँपने
औ प्रगट हो गया झट सुबाहू वहाँ
वह इन्हें देख करके लगा नाचने।।

सुबाहु : लगता है यमराज ने भेजा है आहार
हो जाओ तीनों अभी मरने को तैयार।

गायन : आगे बढ़ा दहाड़ता दुष्ट राम की ओर
बाण चला आगे बढ़े दशरथ राज किशोर
हुआ एक ही बाण में उसका काम तमाम
और आज क्या आज्ञा मुनि से बोले राम

(दृश्य बदलता है। मंच पर नट-नटी प्रवेश करते हैं।)

छबीला : मेरी प्यारी छबीली कहाँ हो सुनो
आ तुझे ले चलूँ इन्द्र के राज में
इस खुशी में वहाँ हैं जुटे देवता
जिन्दगी सज उठी है मधुर साज में
आज लय भी वहाँ है प्रलय भी वहाँ
सृष्टि सारी वहाँ अपने अन्दाज में
राग में, रंग में, नृत्य में, भाव में
शब्द–संवाद में और आवाज में।।

छबीली : मेरे प्यारे छबीले तू जुग–जुग जियो
हर छबीली को तुझ–सा छबीला मिले
धूप भी छाँव भी गुनगुनाती मिले
मन रँगीला मिले तन सजीला मिले
साथ तेरे मैं चलने को तैयार हूँ
आज देखूँगी दरबार मैं इन्द्र का
मीठी खुशियों भरा सुख से जीऊँगी जी
एक उत्सव–सा उपहार मैं इन्द्र का

छबीला : खुशी मनाते देवता मन में है उत्साह
अँधियारे में भी उन्हें दीख रही है राह

छबीली : मोपेड कर स्टार्ट तू मत कर प्यारे देर
जल्दी से पहुँचा मुझे जहाँ हो रहा खेल

(दृश्य बदलता है। राजा इन्द्र का दरबार सजा है। इन्द्र रानी शची के साथ सिंहासन पर बैठे हैं। उत्सव प्रारम्भ होने जा रहा है। छबीला, छबीली एक किनारे बैठे दिखायी देते हैं।)

शची : क्या कारण है आज के उत्सव का हे नाथ
सारे देवी-देवता जुटे यहाँ इक साथ

इन्द्र : नहीं रहेंगे राक्षस होगा अब संहार
स्वयं करेंगे राम अब धरती का उद्धार
खुशहाली छायी प्रिये देखो चारों ओर
आज समूची सृष्टि ही है आनन्द विभोर।।

शची : हे राजन! फिर देर क्यों? उत्सव हो प्रारम्भ
तुरत सभा में घोलिये खुशहाली का रंग।।

इन्द्र : मेनका और रम्भा उधर हैं प्रिये
उज्ज्वला-श्यामला हैं इधर आ रही
रंगिमा-भंगिमा कब से तैयार हैं
चन्द्रिका खिल रही बारुणी छा रही
नृत्य भी, गीत भी, राग भी, रंग भी
आज सारी-की-सारी कलाएँ यहाँ
लो उपस्थित हुईं चेतना कल्पना
सर्जना की तरह अप्सराएँ यहाँ

(कई अप्सराएँ नृत्य-गीत के साथ मंच पर उपस्थित होती हैं।)

गीत-1

दीप जलने लगा, लौ सँवरने लगी,
जिन्दगी रोशनी-सी गुजरने लगी।

गीत होंठों पे हैं ख्वाब आँखों में हैं
आज की ये बहारें भी लाखों में हैं

चाँद छूने लगा, रात खिलने लगी
देह सारी–का–सारी सिहरने लगी।

ठण्डी–ठण्डी हवा मीठी–मीठी छुअन
कौन बूझे भला ये चुभन ये तपन
नींद गायब हुई करवटों की कसम
साँस–ही–साँस में आह भरने लगी

कोई होनी रही और वो हो गयी
मन कहीं खो गया, मैं कहीं खो गयी
धार ही धार में नाव बहने लगी
रेत में कोई गंगा उतरने लगी

गीत–2

(इच्छानुसार कोई भी गीत ले सकते हैं)

स्त्री : आज छायी है कैसी बहार रसिया,
जैसे उतरा है कोई त्योहार रसिया।।

पुरुष : मत पूछो ना कैसी बहार रनियाँ
राजा इन्दर का है ये दरबार रनियाँ।

पुरुष : खूब गाओ औ नाचो जगाओ सबको
खूब खुशियाँ मनाओ बताओ सबको
राम जी ने लिया है अवतार रनियाँ।। टेक।।

स्त्री : आज मीठी–सी खुशबू हवाओं में है
रंग–ही–रंग चारों दिशाओं में है
आओ हम भी चलें आर–पार रसिया।। टेक

पुरुष : मोह लेने की ताकत बहारों में है
धार कोई छिपी इन फुहारों में है
आइने में समाया श्रृंगार रनियाँ।। टेक

स्त्री : रंग गुलाबी भी है आसमानी भी है
पीला–पीला भी है रंग धानी भी है
रंग मन में जगाते हैं प्यार रसिया।। टेक

नटी : वाह छबीला वाह। जियो मेरे प्यारे! आँखों के तारे मन गार्डन–गार्डन है रे।

नट : इन्द्र का दरबार देखा

नटी : देखा

नट : अप्सराओं का श्रृंगार देखा

नटी : देखा

नट : मजा आया

नटी : खूब मजा आया। स्वर्ग तो स्वर्ग ही है।

नट : क्या तू भी स्वर्गवासी होना चाहती है।

नटी : हाँ पर अकेले नहीं, जब तू भी साथ रहेगा तब। यहाँ भी राशन कार्ड दो यूनिट का बनेगा। वरना बिना तुम्हारे स्वर्ग बेकार है, क्योंकि मुझे तुमसे प्यार है, प्यार है, प्यार है।

नट : ठीक है ठीक, जल्दी ही कैजुअल भर्ती होनेवाली है तैयार रहना।
आ जल्दी से लौट चल फिर धरती की ओर
मुनिवर के संग हैं जहाँ दशरथ राज किशोर।।

(दृश्य बदलता है। मुनिवर विश्वामित्र, राम और लक्ष्मण वन में चलते हुए दिखायी दे रहे हैं। उन पर फूलों की वर्षा हो रही है।)

लक्ष्मण : बरस रहे हैं फूल क्यों वन में हे मुनिनाथ।
मंगल शोभन हो रहे, प्रभो आपके साथ।।

विश्वामित्र : हैं प्रसन्न सब देवगण हुआ समय अनुकूल
फूले नहीं समा रहे, बरसाते हैं फूल।।

राम : नाथ कैसी पड़ी है शिला ये यहाँ
हर शिला से अलग इसका रंग–रूप है
धूप में छाँह–सी है खिली देखिये
छाँह में जैसे बैठी हुई धूप है।

शब्द भी भाव भी और आकार भी
चेतना भी है इसमें समायी हुई
इसमें सोयी है कोई अलौकिक छटा
पुण्य में है शिला ये नहायी हुई।।

विश्वामित्र : गौतम ऋषि पत्नी यही, भोग रही है शाप
पायेगी फिर जिन्दगी कृपा करेंगे आप
अन्तर्यामी आप हैं, करिये स्वयं विचार
शुभ अवसर है आ गया होगा अब उद्धार।

(राम दाहिने पैर के अँगूठे से उस शिला का स्पर्श करते हैं। और छूते ही शिला अपने पूर्व रूप को ग्रहण कर लेती है यानी स्त्री बन जाती है)

गायन : बदल गया वरदान में फौरन ही अभिशाप
जग ने देखा औ सुना ऐसा राम प्रताप

अहल्या : आपने जो कृपा की है मुझ पर प्रभो!
जिन्दगी भर न उपकार भूलूँगी मैं
आपने है दिया ये जनम दूसरा
जब तलक मैं जिऊँगी कबूलूँगी मैं

मान-सम्मान से जी सकें नारियाँ
इस धरा को वो वातावरण दीजिये
नाथ छोटी-सी मेरी है ये प्रार्थना
हर चरण को यहाँ आचरण दीजिये

(अहल्या अन्तर्धान हो जाती है। आकाशवाणी होती है।)

गायन : रामराज है आ रहा पायेंगे सब न्याय
अब कोई होगा नहीं दुखी और असहाय
हुआ राम अवतार धरा पर लौटेगी खुशहाली
फूटेगी जल धार रेत में फूटेगी हरियाली
फल-फूलों से लदी मिलेगी पेड़-पेड़ की डाली
घर-घर में मंगल गूँजेगा गोद भरेगी खाली।।

विश्वामित्र : निर्मल जल ठण्डी हवा औ पावन स्थान
झरने का कल-कल मधुर पंछी मंगल गान
सब जैसे हैं कह रहे दशरथ नन्दन राम
कन्द-मूल-फल खाइये औ करिये विश्राम।।

लक्ष्मण : नाच रहे हैं मोर, पपीहा कहीं पिहकता है
और पास में कल-कल कल-कल सोता बहता है
पता नहीं क्यों भीतर-भीतर मन कुछ कहता है
आज सुबह से मेरा दायाँ अंग फड़कता है।।

राम : याद आती है हमको अयोध्या प्रभो!
याद माता-पिता की बहुत आ रही
घर से निकले हैं हम पहली-पहली दफा
इसलिए आँख फिर-फिर है भर जा रही
स्वप्न में दिख रहे मुझको मंगल कलश

गीत अनुराग के हर दिशा गा रही
कुछ है पूरब दिशा में घटित हो रहा
जिन्दगी आगे–आगे लिये जा रही।

विश्वामित्र : राम–लक्ष्मण सुनो आज हम यहीं बितायेंगे
और प्रेम से गंगा जी की कथा सुनायेंगे
और यहाँ से सीधे मिथिला नगरी जायेंगे
मिथिला में हो रहा स्वयंवर तुम्हें दिखायेंगे

राम : जैसा प्रभु आदेश दें हमको है स्वीकार
हम दोनों हर हाल में मुनिवर हैं तैयार

(दृश्य बदलता है। नट का प्रवेश। नटी कुछ अन्तराल के बाद मंच पर प्रगट होती है।)

नट : मेरी प्यारी छबीली कहाँ हो सुनो
आ तू फौरन अभी मेरे लग जा गले
बात तुमको खुशी की सुनाऊँगा मैं
बात सुनके तू चाहे चली जा भले

नटी : आ गयी, आ गयी, आ गयी मैं कहो
लग गयी गर गले तो मैं पड़ जाऊँगी
पड़ गयी गर गले तो छबीले सुनो
फिर नहीं जाऊँगी मैं नहीं जाऊँगी

नट : तू मुसीबत है मेरी मेरी जान सुन
फिर भी आँखों में तुमको बसाता हूँ मैं
तेरे आगे बिछाता पलक पाँवड़े
औ सदा तुझको सिर पे बिठाता हूँ मैं
तू मेरी जिन्दगी, तू मेरी प्रेरणा
रोशनी की तरह तुमको पाता हूँ मैं

जब तलक हम जियें इस तरह ही जियें
राम जी से यही बस मनाता हूँ मैं।

नटी : काम की बात कर तू न बातें बना
क्यों सताता है इतना रुलाता है तू
बेवजह ही खिझाता चिढ़ाता मुझे
इस उमर में पहाड़ा पढ़ाता है तू
मेरे मन में है क्या तू नहीं जानता
मुझको नाहक ही गुस्सा दिलाता है तू
क्या कहूँ उस घड़ी रूठने का मजा
गोद में ले मुझे जब मनाता है तू।।

नट : चलना है मिथिलापुरी हो जा तू तैयार
वहाँ स्वयंवर हो रहा देखेंगे हम यार।।

नटी : मेरे आगे तू सदा ऐसी ही प्रस्ताव
रखा कर बस दिलरुबा बढ़ा रहेगा भाव

(थोड़े अन्तराल के बाद स्वर बदल जाता है। संगीत बदल जाता है।)

गीत :

नटी : तैयार होती हूँ अभी बस दो मिनट में देखना
तब तलक तुम शान्त रहना, मत गधे-सा रेंकना।

आज नल आया नहीं मैं क्या करूँ पानी नहीं
बत्ती नहीं, बत्ती नहीं, प्यारे मगर मानी नहीं
तेरे जिम्मे रह गया है सिर्फ कूड़ा फेंकना।।

तुम रसोई में घुसो तो मैं अटैची में लगूँ

हर तरफ ही काम है मैं काम से कैसे बचूँ
मैं बेल देती हूँ फटाफट तुम पराठें सेंकना
पिकनिक मनाते हम चलेंगे रास्ते भर ठाठ से
मौके लायक चीज भी लेंगे पुरानी हाट से
लाख तुम बोलोगे पर मैं भी सुनूँगी एक ना

(दृश्य बदलता है। राजा जनक का दरबार। विश्वामित्र वहाँ राम-लक्ष्मण को लेकर उपस्थित होते हैं। विश्वामित्र दोनों राजकुमारों को राजा जनक से मिलवाते हैं। लक्ष्मण राजा जनक को सादर प्रणाम करते हैं। तीनों जनों का राज्य की ओर से राजदरबार में स्वागत और अभिनन्दन होता है। नृत्य-गीत-संगीत से भरे-पूरे मांगलिक वातावरण में जनकपुर घूमते हुए...

(गीत के बोले फूटते हैं और प्रस्तुत होती हैं नृत्य मुद्राएँ)

गीत :

धन्य हुई ये धरती श्रीमन् आपके आने से।
भर आये हैं ताल हमारे ताल मखाने से।।
जन-जन में उत्साह समाया उत्सव जागा है,
अच्छा अवसर है सोने से मिला सुहागा है
बाज नहीं आयेंगे हम भी पुण्य कमाने से।।
अब कोई आशा-अभिलाषा फिर-फिर शेष नहीं,
इस धरती पर इस टक्कर का कोई देश नहीं,
सभी चाहते हैं छू जाते राम बहाने से।

झुका-झुका आकाश है जैसे झुकी दिशाएँ हैं

इसी रंग में धूप रँगी हैं, रँगी दिशाएँ हैं,
आज नहीं जी भरता है, इनसे बतियाने से।।

सुनयना : *(आकाश की ओर देखकर)*

कभी नहीं कुछ माँगा लेकिन आज याचना है
राम बनें दामाद हमारे यही कामना है
तू ही एक विधाता भगवन तू ही दाता है।
तू ही पिता जगत का स्वामी तू ही माता है
तुमसे आज सुनयना की भी यही प्रार्थना है
मेरी दृष्टि जहाँ तक इस धरती पर जाती है
सियाराम की सुन्दर जोड़ी मन को भाती है
सिया साधिका राम सिया के लिए साधना है।।

(फुलवारी में सीता को साथ लेकर सखियाँ घूम रही हैं। राम-लक्ष्मण के बारे में उन्हें बता रही हैं। उसी समय राम-लक्ष्मण वहाँ घूमते हुए आ जाते हैं।)

गीत :

देखो देखो सिया प्यारी फुलवारी देखो ना,
भरी-भरी है कियारी फुलवारी देखो ना।

रंगों की बारात है उतरी फूलों के दरवाजे
मीठे-मीठे गीत सुनाते झोंके ताजे-ताजे
भौंरा झूले डारी-डारी फुलवारी देखो ना

आकर्षण-ही-आकर्षण है चाहे जिधर निहारो
आँखों-ही-आँखों सुहाग के मीठे काजल पारो

सारी दुनिया बलिहारी, फुलवारी देखो ना।

छुपकर देख रहे हैं तुमको दशरथ राजदुलारे
कितने सुन्दर-सुन्दर दोनों कितने प्यारे-प्यारे
कोयल भरती है हुंकारी फुलवारी देखो ना।

(सीता सखियों के साथ राम को देखती हुई आगे बढ़ती हैं। राम सीता के सौन्दर्य पर मुग्ध हो जाते है। राम सीता के बारे में सोच रहे हैं।)

गीत :

रूप सिया का कितना सुन्दर कितना प्यारा है
स्वयं इसे ब्रह्मा ने अपने हाथ सँवारा है।।
नख से लेकर शिख तक मंगल उत्सव छाया है,
पोर-पोर में अंग-अंग में पर्व समाया है,
राग-रंग के अन्तराल में इसकी धारा है।।

मीठी-मीठी हँसी होंठ पर गंगा लहरी है
लय गति ताल छन्द के सम पर भाषा ठहरी है
उजले भरे ताल का जैसे हरा किनारा हैं

मुखड़े पर फागुन, कन्धे पर सावन उतरा है,
शोभन उतरा आज धरा पर पावन उतरा है,
आकर्षण का दर्पण जैसे पारा-पारा है।

(सखियों के साथ सीता गौरी-पूजन करती हुई। गीत के साथ सखियाँ खूब झूम-झूमकर नृत्य कर रही हैं।)

जै–जै माता पारबती,
तुम्हीं भवानी तुम्हीं सती।।

संशय दूर करो माँ मेरे संकट दूर करो,
तुमसे यही निवेदन है जीवन भरपूर करो
जै–जै माता पारबती,
तुम्हीं भवानी तुम्हीं सती।।
बीच भँवर में नैया मेरी तुम उद्धार करो
बेड़ा पार करो हे मैया बेड़ा पार करो
जै–जै माता पारबती,
तुम्हीं भवानी तुम्हीं सती।।
पूरा करो मनोरथ मेरे मैया मुझे उबारो
हे माता तुम अपने हाथों मेरे भाग्य सँवारो
जै–जै माता पारबती,
तुम्हीं भवानी तुम्हीं सती।।
(सखियाँ हट जाती हैं–सीता जी अकेली प्रार्थना करती हैं।)

सीता : माता मेरी प्रार्थना तुमसे बारम्बार
मेरे मन की भावना तू करना स्वीकार
जिसकी सारी सृष्टि है वो है मेरा प्राण
उसको मैंने चुन लिया माँ करना कल्याण।।

(दृश्य बदलता है–स्वयंवर–स्थल)
(स्वयं में आये समस्त राजाओं के सामने रा
जनक अपना संकल्प दुहराते हैं फिर बारी–बा
सभी राजा धनुष उठाने का प्रयास करते हैं।)

जनक जी : यहाँ उपस्थित सज्जनो सुनिये देकर ध्यान
शंकर जी का धनुष है उत्सव का सम्मान।।

गायन : बारी-बारी राजा आते जोर लगाते हैं
गिर-गिर जाते हैं बेचारे मुँह की खाते हैं
बाणासुर भी आया लेकिन वह भी हार गया
उसको तो लगता है जैसे लकवा मार गया
चिन्ता में हैं जनक आज क्या होनेवाला है
क्या धरती पर सचमुच ही वीरों का ठाला है।

दोहा : मुनि ने देखा राम को और दिया आदेश
रंगभूमि में राम का सहसा हुआ प्रवेश

उठे राम तब धीरे-धीरे बढ़े धनुष की ओर
पता नहीं कब धनुष उठा और चढ़ी धनुष की डोर

हुआ धनुष दो टूक औ सहसा गूँज उठा आकाश
अँधियारे में बिजली कौंधी फैला तेज प्रकाश

परशुराम आ गये वहाँ पर गुस्सा लगे दिखाने
आग बबूला हुए देखकर तुरत लगे धमकाने।।

बहरे-तबील

परशुराम : जिसने तोड़ा धनुष समाने आये वो
वरना जिन्दा नहीं उसको छोड़ूँगा मैं
इस सभा में यहीं दण्ड दूँगा उसे
उसकी गर्दन को तोड़ूँ-मरोड़ूँगा मैं

किसने दी है चुनौती जनक बोल तू
शर्तिया काल उसका है मँडरा रहा
चोर-सा कौन बैठा है छुपकर यहाँ
क्यों नहीं सामने मेरे वो आ रहा

लक्ष्मण : सहज भाव से बोलिये इतना है अनुरोध
वीर और विद्वान को नहीं सुहाता क्रोध
ऐरे-गैरे हम नहीं हम रचते इतिहास
धनुष चाहिए लीजिये ये है मेरे पास।।

परशुराम : हे बालक तू कौन है जा बच्चों संग खेल
इतने बड़े समाज से तेरा कैसा मेल
दाँत दूध के हैं अभी और पेट के बाल
नहीं देखता स्वयं को और बजाता गाल
तुझे पता मैं कौन हूँ क्या है मेरा नाम
इसी उम्र में चाहता तू जाना सुरधाम।।

लक्ष्मण : आप बहस मत कीजिये करिये दो-दो हाथ
अभी पता चल जायगा, किसकी क्या औकात

परशुराम : खबरदार जो अब चली अगर तुम्हारी जीभ
नहीं सुनूँगा एक भी दूँगा तुमको सीख।।

राम : *(उठकर खड़े हो गये और बोले)*
दशरथ नन्दन राम मैं भगवन करूँ प्रणाम।
और किसी का है नहीं मेरा ही है काम।।
दण्ड भोगने के लिए भगवन मैं तैयार
फौरन निर्णय लीजिये करिये मुझ पर वार।।

परशुराम : आँख खुली दर्शन हुए मिटा दम्भ अँधियार।
जगन्नियन्ता आप हैं परम ब्रह्म साकार।।

परशुराम मैं जा रहा तप करने हे नाथ
नहीं उठेगा सामने जीवनभर अब माथ।।

(सखियों के साथ सीता जयमाल लिये प्रकट होती हैं।)

गायन : फूल बरसते देवता करते जै-जैकार
सीता के आगे खड़े दशरथ राजकुमार
सीता जी पहना रही राम गले जयमाल
यह सुख जैसे देखकर धरती हुई निहाल।

(सीता-राम की आरती होती है। गीत गाती नृत्य करतीं स्त्रियाँ)

आरती

कितनी सुन्दर कितनी पावन कितनी प्यारी झाँकी है
बलिहारी राम सिया की है, बलिहारी राम सिया की है।

बनी रहे यह सिया राम की सुन्दर जोड़ी बनी रहे,
सुन्दरता की निर्मल छवि ये आकर्षण से सजी रहे,
राग-रंग से सजी हुई ये झाँकी अद्‌भुत बाँकी है।।

मिथिला और अयोध्या का ये पावन संगम है,
यह पावन संगम जीवन का असली सरगम है,
हम सब पर यह कृपा अनोखी केवल धरती माँ की है।।

नये सिरे से जीवन का संचार हुआ है कण-कण में
संकल्प जगा विश्वास जगा है प्यार जगा है जन-जन में
दुखियों पर हे भगवन तुमने सचमुच बड़ी कृपा की है।।

लोकरमायन

(भोजपुरी रामकाव्य संगीतिका)

पर्दा उठता है। हलकी-सी रोशनी मंच पर उभरती है और साथ ही उभरता है मधुर-मधुर संगीत-स्वर। मंच पर एक ओर राम-सीता की युगल छवि अभय दान की मुद्रा में प्रगट होती है। युगल छवि पर भरपूर रोशनी पड़ती है। एक क्षण के लिए रोशनी मंच के दूसरे किनारे पर पड़ती है जहाँ व्यास रामकथा सुना रहे हैं और सम्मुख बैठे हैं रामकथा के श्रोता। रोशनी कभी युगल छवि को उजागर करती है, कभी कथावाचक और भक्तों के बैकग्राउण्ड में चल रहा संगीत थम जाता है। फिर उभरता है यह सवैया-रोशनी युगल छवि पर टिकी रहती है।

सवैया

लोक बनै परलोक बनै सब सोक हरै औ करै मनसायन
राग भरै अनुराग भरै दुख दूर करै सिरी राम क गायन
धरती जब रोवै गुहार करै तब आवैं खुदै नर होके नरायन
देखीं-सुनीं उनहीं क कथा हौ ई रामरसायन लोकरमायन।

अब दृश्य उभरता है—साधु-सन्तों और ऋषियों-मुनियों पर निरन्तर हो रहे राक्षसों के अत्याचार का। राक्षस यज्ञ विध्वंस कर रहे हैं और ऋषियों-मुनियों को आतंकित और प्रताड़ित कर रहे हैं। 'संगीत स्वर' उभरता है और साथ ही उभरते हैं दोहे—

असुरन कै संख्या बढ़ल, फइलल अत्याचार
काँप उठल भय से धरा, देवै लगल गुहार।।

त्रेता जुग क बात हौ, भयल राम अवतार।
मारल गइलन दुष्ट सब, सृष्टि करै जैकार।।

नगर अजोध्या में प्रभू भइलैं परगट आय।
नभ से देबी-देवता, फूल रहैं बरसाय।।

(अब उभरता है अयोध्या का दृश्य : सरयू, अयोध्या और राजा दशरथ का राजभवन)

दोहा :

राजा दसरथ के घरे का पूछै के आज
अदभुत छौले हौ खुशी, सामिल सकल समाज।।

राजभवन और उसके बाहर नगर में भी उत्सव का रंग छाया हुआ है। बैकग्राउण्ड में जन्मोत्सव की चहल-पहल दिखायी दे रही है। स्त्रियों का समूह गीत गाता नाचता हुआ नेपथ्य से मंच पर प्रगट होता है। पीछे की ओर राग-रंग के उत्साह से भरे पुरवासी आते-जाते दिखायी देते हैं और सम्मुख नृत्य करती गीत गाती स्त्रियाँ दिखायी देती हैं–

चला चला सखिया
दसरथ के भवनवाँ चला सखिया
बाजै मंगल बजनवाँ चला सखिया
देखै राजा क ललनवाँ चला सखिया।

जागल भाग अजोधिया कै, औ–
भाग जगल बा सरजू कै
भाग जगल पुरवासिन कै–

अवतार भयल बा परभू कै
ऊहै अँखिया परनवाँ चला सखिया।।

कुहूँ कुहूँ बोलै कोइलरिया
भँवरा गुन गुन गुन गुन गुन
खेत-सिवान डगर मनसायन
सगरों रुनझुन रुनझुन झुन
चारों ओरियै सगुनवाँ चला सखिया।।

आजु क दिन कुछ आउर गोइयाँ
आउर अवध नगरिया बा
सरजू अउर किनारा आउर
आउर आज लहरिया बा
सब पूरल अरमनवाँ चला सखिया।।

दोहा :

दिन पर दिन बीतै लगल, बढ़ै लगल आनन्द।
चारो भाइन कै हँसी, फूल भरल मकरन्द।।
नामकरन राबकर भयउ, पूरल मन कै आस।
चहल-पहल से हौ भरल रानिन कै रनिवास।।

(अब उभरता है राजभवन का आँगन। चारों भाई घुटनों के बल चल रहे हैं। माताएँ बलैया ले रही हैं और राजा दशरथ झुनझुना बजा रहे हैं।)

गीत :

दसरथ के चारो ललनवाँ
अँगनवाँ में डोलैं बकइयाँ।

घरवा में भागैं ओसरवा में भागैं
मइया के देखैं अँचरवा में भागैं
राजा बजावैं झुनझुनवाँ
अँगनवाँ में डोलैं बकइयाँ।।
हथवा में कँगनी और गोड़वाँ पयलिया
मथवा पै घूँघुर औ चमकै दँतुलिया
कुण्डल सोहै सबके कनवाँ
अँगनवाँ में डोलैं बकइयाँ।।
गाले में गुइयाँ, खिलैं इनके कुइयाँ
लोट-लोट जालैं अघाय जालैं भुइयाँ
ना भावै झलुवा पलनवाँ
अगनवाँ में खेलैं बकइयाँ।।
अपटन के बेलाँ उघार भयल बाटैं
मनवाँ क सबके सिंगार भयल बाटैं
मइया देखावैं चटकनवाँ, अँगनवाँ में खेलैं बकइयाँ।।

(अपने आश्रम से अयोध्या की ओर प्रस्थान कर चुके विश्वामित्र मंच पर रास्ता चलते हुए दिखायी देते हैं।)

दोहा :

जौने कारन से इहाँ भयल राम अवतार।
एक दिन ऊ परगट भइल दसरथ जी के द्वार।।

जन नायक जन देवता, रामचन्द्र भगवान।
जइहैं जन के बीच में, करिहैं जन कल्यान।।

गीत :

(गीत गाती स्त्रियाँ मंच पर प्रकट होती हैं और दृश्य प्रगट होता है राजदरबार का—मुनि का स्वागत हो रहा है।)

सोर भइल सोर भइल सोर भइल बा
आज सगरी अजोधिया में सोर भइल बा
बिस्वामित्र आइल बाटैं अँजोर भइल बा
आज बड़े-बड़े लोगन के बटोर भइल बा।।

राजा रानी हरसायँ
छिन आवैं छिन जायँ
हे बसिष्ठ मुसकायँ
बिस्वामित्र मुसकायँ
हे सुमन्त जी के अँखियाँ चकोर भइल बा।। सोर भइल...
आज सबै अगुताय
नाहीं घर में समाय
केहू एहर लहराय
केहू ओहर लहराय
हवा सरजू के लहर पटोर भइल बा
आज सगरी अजोधिया...
घर से अइलैं चारों भाय
दिहलैं मथवा झुकाय
छबि कहलो न जाय
चुप रहलो न जाय
रस पोर-पोर जिनगी बिभोर भइल बा
आज सगरी अजोधिया...
मुनि देहलैं आसिरबाद
मेटी जग का बिसाद
होइं सबही सनाथ

करी सबही इयाद
लरिकइयवाँ क देहिया किसोर भइल बा
आज सगरी अजोधिया...

(चारों भाई विश्वामित्र को प्रणाम करके वापस चले जाते हैं। केवल कुछ विशिष्ट लोग ही दरबार में रह जाते हैं। राजा दशरथ मुनि को प्रणाम करते हैं और आने का कारण पूछते हैं।)

दशरथ : कहलैं राजा दसरथ मुँड़िया झुकाई
कहीं मुनिनाथ का करी हम सेवकाई

विश्वामित्र : मुनि बिस्वामित्र तब बोले मुसकाई
राजन सुनीं बतिया हमार चित लाई
दुष्ट अत्याचारी जग्य होवै नाहीं देलैं
नस्ट-भ्रस्ट करैं, हम्मैं आग में ढकेलैं
पपियन क करिहैं संहार राम-लछिमन
हरिहैं धरतिया क भार राम-लछिमन
करिहैं ई जग कै उद्धार राम-लछिमन
एही बदे लेलैं अवतार राम-लछिमन

दोहा :

दशरथ : हाथ जोर राजा कहैं, परम पूज्य मुनिनाथ
भयल आगमन आपकै, दुनिया भइल सनाथ।।
हमसे ज्यादा आपकै, हम सब पर अधिकार।
ई हमार सउभाग हौ, जागल भाग हमार।।

(राजा दशरथ इशारा करते हैं और राम-लछिमन वहाँ उपस्थित हो जाते हैं, दृश्य उभरता है।

आगे–आगे विश्वामित्र और पीछे–पीछे राम और लक्ष्मण।)

गीत :

आगे–आगे मुनिराई
साथे–साथे दूनों भाई
मुसकात जालैं बनवाँ सिवनवाँ में।।

केहू फूल बरसावै
केहू दुन्दुभी बजावै
देवी–देवता खुस होलैं असमनवाँ में।।

रस्ता चलत मुनिराई
देहलैं बिद्या कुल सिखाई
दूनों भाई धइ लिहलैं धियनवाँ में।।

मुनिवर जग्य सुरू कै दिहलैं
सुनतै मन्त्र रछछवा अइलैं
गइलैं कुल सुरलोक एक छनवाँ में।।

दोहा :

आइल मुनि के ध्यान में, धनुषजग्य कै बात।
चल दिहलैं मिथिलापुरी, राम–लखन के साथ।।

(अब विश्वामित्र राम–लक्ष्मण को साथ लेकर जनकपुर की ओर चलते हैं।)

गीत :

धइलैं मुनि जी डगरिया जनकपुर कै।
मुनि के जग्य क रच्छा कइलन जम के दूनों भाई
गौतम नारि अहिल्या तरलन मुनिवर करैं बड़ाई
हरिहैं इनहीं फिकिरिया जनकपुर कै।।

फहरै धवल पताका जस कै लहरै खेत कियारी
चिरई भौंरा सगुन उचारैं चउक पुरै फुलवारी
देखै लायक हौ नगरिया जनकपुर कै।।

जइसे खबर जनक जी पउलैं तुरत दउर के अइलैं
जोरलैं हाथ नववलैं माथा, हँस के स्वागत कइलैं
सोभा दूनो धनुरधरिया जनकपुर कै।।
(उत्सव के रंग में रँगे हुए जनकपुर की चहल-पहल का दृश्य उभरता है)
उत्सव के रंग रँगल जनकपुर रस में सनल पगल हौ
धनुषजग्य के तइय्यारी में घर-घर आज लगल हौ
गली-गली में राग-रंग हौ देखा हँसी-ठिठोली
मुँह में जइसे पान भरल हौ आँख में जइसे बोली
खनकत हउवै झमकत हउवै गमकत ठनकत हउवै
बिजुरी का चमकी जइसन कि नगरी चमकत हउवै
हरदी कुमकुम रोरी केसर पान फूल कै थरिया
मिलैं हँसैं बोलैं बतियावैं पैंड़े बीच गुजरिया
अइसन नगर निहारै खातिर राम-लखन दूनों भाई
हाथ जोड़ के अग्या मँगलैं दे दिहलैं मुनिराई।।

(राम–लक्ष्मण जनकपुर की गलियों में घूम रहे हैं। जनकपुर की स्त्रियाँ उन्हें अपलक निहार रही हैं। उनके रंग–रूप और सौन्दर्य की आपस में चर्चा कर रही हैं।)

गीत :

दूनों भाई घूमैं मिथिला नगरिया में
रक्खै लायक ई बाटैं पुतरिया में।।
उमिर आल्हर अदनार
अंग–अंग सुकुवार
मन करै भरि लेईं अँकवरिया में।।
साँवर–गोर ई किसोर
परछाईं में अँजोर
जइसे चमकै चनरमा बदरिया में।।
इनसे आँख ना मिलाव
ना त बोल बतियाव
जादू–मन्तर हौ इनके नजरिया में।।
जेकर होइहैं अहिवात
ओकर कवन कहीं बात
बैकुण्ठ बसी ओकरे बखरिया में।।

दोहा :

गौरी पूजन जात हैं, सीता सखियन साथ।
मन–ही–मन बिनवैं सिया, मइया रखिदा लाज।।

(अब उभरता है दृश्य गौरी–पूजन का। सखियों सहित जानकी गौरी–पूजन कर रही हैं। कभी फूल–माला चढ़ाती हैं, कभी चरण धोती–पोंछती हैं, कभी चरणों में शीश नवाती हैं, कभी परिक्रमा करती हैं और कभी आरती करती हैं।)

गीत उभरता है–

बिटिया क सधिया पुरइहा मोरी माई
फिर फिर बिटिया तोहार नाहीं आई।।

तोहरै देहल हउवै माई ई जिनिगिया
भगिया में हमरे लगै न पावै अगिया
बिनवैलीं सिया जी चरन सिर नाई।।

हरिहा अन्हार मइया भरिहा अँजोरिया
मेटिहा तू घरवा क बड़की फिकिरिया
चहबू तू जेके उहै धनुहा उठाई।।
छुटिहैं जनकपुर मिलिहैं अजोधिया
दुनहूँ जोगइहा मइया मँगिया औ कोखिया
परिहैं बिपतिया तू होइहा सहाई।।

तिरिया क जिनगी पहड़वा क रहिया
परग–परग मइया साथे मोरे रहिहा
अखरी ना तनिको चढ़ाई उतराई।।

(प्रस्तुत होता है धनुषयज्ञ का दृश्य–मंच पर अनेक राजा उपस्थित हैं। बाणासुर भी है। राम–

लक्ष्मण भी, बारी-बारी सभी राजा प्रयास करते हैं लेकिन धनुष किसी से नहीं उठता। फिर उठते हैं राम। गुरु विश्वामित्र के चरण छूते हैं, धनुष की ओर बढ़ते हैं, धनुष उठाते हैं और प्रत्यंचा चढ़ाते ही धनुष दो-टूक हो जाता है। धनुष टूटने की भयंकर आवाज होती है। समूची सृष्टि काँप उठती है-एक क्षण के लिए रोशनी यहाँ से हटकर वहाँ पड़ती है जहाँ परशुराम तपस्या में लीन हैं। आवाज सुनते ही तपस्या भंग होती है। परशुराम आग-बबूला हो उठते हैं। जनक की सभा में पहुँचते हैं-स्वयंवर स्थल पर सन्नाटा कोई नहीं बोलता। राग उठते हैं विनयपूर्वक हाथ जोड़कर सारी बात बताते हैं। परशुराम राम की परीक्षा लेते हैं। परशुराम राम को पहचानते हैं। उन्हें प्रणाम करते हैं और विदा लेते हैं।

गायन :

धनुषजग्य में दुनिया भर से राजा आयल हउवन
तोरै खातिर धनुष सबै जिउ से अगुतायल हउवन
केहु से धनुष उठल ना भाई, हारल बाणासुर भी
जेतनै चिन्ता बढ़ै जनक कै ओतनै काँपै धरती
सुभ साइत आ गइल बिधाता रामचन्द्र जी अइलैं
लेहलैं धनुष चढ़वलैं डोरी दुइ टुकड़ा कै दिहलैं
भयल सोर घनघोर बाप रे परसराम घबड़इलैं
गुस्सा में ऊ लाल पियर वहिजैं से भागल अइलैं
सन्नाटा छा गयल उहाँ सब डर से थर-थर काँपै
बिना राम के एह अवसर पर के अनहोनी भाँपै

हाथ जोड़ के रामचन्द्र जी स्वयं खड़ा हो गइलैं
पहिले मँगलैं छमा प्रेम से फिर कुल बात बतवलैं
सान्त भयल परसराम क गुस्सा राम के जब अजमवलैं
जोरलन हाथ नववलैं माथा दरसन प्रभु कै पवलैं

जयमाल प्रसंग :

(परशुराम विदा लेते हैं। साथ ही अपमानित और हारे हुए अन्य राजागण भी वहाँ से हट जाते हैं। रह जाते हैं राम लक्ष्मण विश्वामित्र जनक और कुछ अन्य शिष्ट विशिष्ट जन। सीता सखियों सहित हाथ में जयमाल लिये मंच पर उपस्थित होती हैं।)

गीत :

धीरे-धीरे जालीं सिया ले के जयमाल हो
राम क सरूप देखि भइलीं निहाल हो।।
गउरी मनावैं सिया दुरगा मनावैं
खोलैं नाहीं आँख नाहीं मथवा उठावैं
साँसिया हिरन भागै, कछुवा क चाल हौ।
राम बाटैं ऊँच ढेर सिया बाटीं छोटी
संग क सहेली काटैं हँसि के चिकोटी
देवर मुसकाय देखि भउजी क हाल हौ।।
सिया जी पहुँच गइलीं राम जी के पजरे
मनवैं में कहैं तनी सुनीं ए जी रउरे
केतनीं उठाईं एँड़ी करीं ना खियाल हौ।।

(राजा जनक के आँगन का दृश्य-बारात की प्रतीक्षा की जा रही है-चहल-पहल, राग-रंग, भीड़-भाड़ दिखायी दे रही है।)

गायन :

बीत गयल जयमाल कि अब बरनेत क बारी आवत बा
सबही आज मगन हौ जिउ से ढोल बजावत गावत बा
बरम्हा बिस्नू सिवसंकर सबही जैकार लगावत बा
उतरल आज जनकपुर मंगल सब सउभाग मनावत बा
रिद्धि–सिद्धि सब आज जनक के हँस हँस हाथ बँटावत बा
आवत बा बरनेत बियाहै सरग फूल बरसावत बा।

गीत :

अवध नगरिया से अइलीं बरियतिया, सारी सखिया देखैं ना
अँखियै अँखिया बीतै रतिया, सारी सखिया देखैं ना।।
राम लखन औ भरत सत्रुघन दुलहा बनके अइलैं
आपन–आपन दुलही देखलैं फूलल नाहिं समइलैं
जागल मनवाँ में पिरितिया, सारी सखिया देखैं ना।।

सब रामैं से बतियावल चाहैं रामैं के सब देखैं
मुँह पर अच्छत मारैं कवनों फूल तोर के फेंकैं
रक्खै लायक ई मुरतिया, सारी सखिया देखैं ना।।
सीता देखैं राम के ओरी, राम सिया के ओरी
पजरे पजरे बइठल हउवन दूनो चान चकोरी
बतिया लजवन्ती क पतिया, सारी सखिया देखैं ना।

दोहा :

ससुरारी भोजन करै बइठे चारो भाय
गारी गावैं प्रेम से, नारी ढोल बजाय।।

(चारों भाई भोजन करने बैठे हैं। स्त्रियाँ थाल लगाती हैं और गारी गाती हैं।)

गारी गीत :

गारी गावैं जनकपुर क नारी हो, अरे गारी
चारों भइया जेवैं ससुरारी हो, अरे गारी
पूड़ी तोर-तोर खा
कवर बोर-बोर खा
खाये नाहीं सिखउलीं महतारी हो, अरे गारी।।
खालैं खीर से अँचार
पीयैं सुर सुर रसेदार
नाहीं घर में बनत तरकारी हो, अरे गारी।।

रात हँसैं मुसकायँ
लखन लाल गुस्सायँ
दूनों छोटका भरैं किलकारी हो, अरे गारी।।

(बारात विदा का दृश्य—दहेज का सामान घर से बाहर भेजा जा रहा है। चारों भाई अपनी-अपनी दुलहिनों के साथ हैं और साथ हैं राजा दशरथ, विश्वामित्र, वसिष्ठ, सुमन्त्र, जनक और राजा जनक के पुरोहित आदि।)

हाथ जोड़ सादर सबै, राजा दिहलैं भेंट
दुलहा-दुलहिन चल पड़े मुनिवर नृपति समेत।।
बजल नगाड़ा धम्म से, फहरै लगल निसान
रथ हाँकल सब वेग से, भागल पवन समान।।
धूर उड़ै असमान में, ना लउकै असमान
दिसा-दिसा गूँजै लगल, जै-जै कृपानिधान।।

(और धीरे-धीरे बारात ओझल हो जाती है। अब उभरता है राजा दशरथ के घर का दृश्य—तीनों

रानियाँ बैठी हैं और नगर की कुछ स्त्रियाँ आपस में स्वाँग कर रही हैं। एक स्त्री साधूवेश में है– नकटा चल रहा है।)

नकटा गीत :

होय रहल बाटै अजोधिया में नकटा
मारै नजरिया उठाय गोरी घुघटा।।
हे साधू बाबा हमार हाथ देखा
देखा बतावा बियाहे क रेखा
लाई से नीक लगै गूरे क लकठा।।

हे साधू बाबा बतावा का खइबा
कच्ची कि पक्की कि अहरा लगइबा
ओढ़ै के कमरी बिछावै के तकथा

सास झगड़ालू ननदिया गुमानी
बर्तन मँजावै भरावैलीं पानी
हम्मैं दे बासी औ खुद खाय टटका।।

हे साधू बाबा हम घर कै अकेली
हम्मैं तू आपन बनाय ला चेली
देखा ई ठुमका बजावा तोहूँ चिमटा।।

(अयोध्या में जनकपुर से लौट रही बारात की प्रतीक्षा हो रही है)

राजा दसरथ के घरे, राग रंग उत्साह
जानै के उत्सुक सबै, कइसन भयल बियाह।।

रथ कै देखै राह सब, रथ कै जोहै बाट
लहर-लहर लहरात हौ सरजू जी कै पाट।।
रहि-रहि गूँजै संख औ, गूँजै जै-जैकार
साफ सुनायी देत हौ, घोड़न कै हिनकार।।

(बारात आ जाती है। चारों बेटों-बहुओं का परिछन करने तीनों रानियाँ पारम्परिक रीति से गीत गाती स्त्रियों के साथ आगे बढ़ती हैं।)

परिछन गीत :

अइलैं चारों भाई लेके साथे दुलहिनियाँ
परिछैं पतोह हँसि हँसि तीनों रनियाँ।।
केहू ले बलइया केहू आरती उतारै
प्रेम से निहारै केहू चूमै पुचकारै
बेर बेर नेग आजु माँगै ले नउनियाँ।।

सोनवा लुटावै केहू रुपवा लुटावै
रहि-रहि केहू देवी-देवता मनावै
भरि-भरि डलिया चढ़ावैले मलिनियाँ।।

जेके देखा एकटक सिया के निहारै
सिया के निहारै अउरु मन में बिचारै
जगर-मगर घर-अँगना दलनियाँ।

(कोपभवन का दृश्य-मन्थरा कैकेयी के कान में फुसफुसा रही है और कैकेयी के चेहरे पर तरह-तरह के भाव आ रहे हैं जा रहे हैं।)

गायन :

भइल बिधाता बाम अजोधिया अइसन गाज गिरल
राग-रंग सब बरल बुतायल जीवन भरल-करल

रानी कैकेई क मतिया देहलीं मार मन्थरा
अइसन छनभर में कुल कइली बण्टाढार मन्थरा।
सुख क रात न जनलीं सीता सुख क नींद न सुतलीं
उनके अँखिया का सपनवाँ कइली छार मन्थरा
टस से मस ना होय कैकेई कवनो बात ना मानै
कमवा बनल-बनावल देहलीं कुल बिगार मन्थरा।।

दशरथ विलाप :

रनियाँ! माना मोर कहनवाँ, बनवाँ भेजा ना ललनवाँ।
मोर परनवाँ लेला ना।।
बिना राम के जिनगी कइसन, कइसन भला अजोधिया
बार-बार बा बिनती रनियाँ माना मोरी बतिया
फिर-फिर माँगा ना बरदनवाँ
मोर परनवाँ लेला ना।
राज-पाट कुल देबै रनियाँ देबै पुन्न कमाई
तनिको झूठ ना एम्में हउबै जानै सरजू माई
तोहसे माँगी हम मँगनवाँ मोर परनवाँ लेला ना।।

जिनगी भर संसार कैकई तोहरे मुँह पर थूकी
कइलू नाहीं नीक कैकई कहै से केहु ना चूकी
मारी दुनिया भर मेहनवाँ, मोर परनवाँ लेला ना।।

(राम को वन और भरत को राज्य जैसा कैकेयी का हठ राजा दशरथ अन्ततः स्वीकार कर लेते हैं। राजा के इस निर्णय के प्रति प्रजा में भयंकर प्रतिक्रिया होती है। जगह-जगह लोग आपस में कानाफूसी करने लगते हैं। नगर की एक स्त्री बहुत खुलकर अपनी बात साधारण जन के बीच रखती है।)

दोहा :

नाहीं मानल कैकई, घर में मचल बवाल
राजा दिहलैं राम बन, परजा भइल बेहाल
लेकिन केसे का कहैं, सब मिल करैं विचार
राजा पर सबसे अधिक, परजा कै अधिकार।।

गीत :

रानी कैकई के कहीं हम मतारी कइसे
जेके ममता ना मोह कहीं नारी कइसे।।
मँगलीं राज भरत के मँगलीं राम के बन ना मँगतिन
राजपाट परजा बँटववतिन अइसन ठान ना ठनतिन
आपन घरवा जे बसाई ऊ उजारी कइसे।।
जे दसरथ क बड़ी पियारी तेकर हाल ई देखा
अरे बाप रे गद्दी खातिर चलल चाल ई देखा
कहीं राजा क पियारी औ दुलारी कइसे।।
जेतनै कुबड़ी कहै कान में ओतनै केकई भाखैं
मन्थरवै के अँगुरी पर त हरदम केकई नाचैं
तोहीं बोला भरीं अइसे क हुँकारी कइसे।।
रानी से ज्यादा परजा पर राजा क हक होला
अब्बो ना परजा मुँह खोली तब क्रब खोली बोला
नाहीं कब्बौं फटकरली फटकारीं कइसे।।

(सीता का शयनकक्ष। राम सीता से मिलने जाते हैं बनवासी वेश में। सीता राम के साथ वन चलने का आग्रह करती हैं।)

गीत :

सीता : नाहीं रहबै अजोधिया चलब हमहूँ।
पिया बनवाँ में सथवाँ रहब हमहूँ।।

राम : सिया बनवाँ में सथवाँ तू कइसे रहबू।
गोड़े गड़िहैं कँकरिया तू कइसे सहबू।।

सीता : भुइयाँ मोरी मइया सइयाँ गड़ी ना कँकरिया।
परग–परग माई रोपिहैं अँजुरिया।
परी बनवाँ बिपतिया सहब हमहूँ।

राम : भरि अइली अँखिया भभरि अइलीं बानी
डूबि गइलैं सोचिया में दुनहू परानी।
पूछि दुनिया त केसे का कहब हमहूँ।।

सीता : हार गइलैं राम सिया मानै नाहीं बतिया।
बनवाँ क जिनगी लिखल किसमतिया
पिया सथवैं में जियब मरब हमहूँ।।

(राम के साथ सीता घर से निकलती हैं। तीनों रानियों के दोनों प्राणी पाँव छूते हैं। इसी बीच वनवासी वेश में वहाँ प्रगट होते हैं लक्ष्मण। राम सीता लक्ष्मण को वनवासी वेश में देखकर भौचक रह जाते हैं। इसके पूर्व कि राम या सीता लक्ष्मण से वन न जाने के लिए कुछ कहें–लक्ष्मण स्वयं हाथ जोड़कर निवेदन करने लगते हैं।)

भइया रोकीं ना डगरिया
भउजी उर्मिला के किरिया
बनवा हमहूँ चलबै ना
छोड़बै अवध नगरिया
बनवाँ हमहूँ चलबै ना।।
रघुकुल पउली तीरथ पउली पउली सरजू माई पउली
ई हमार सउभाग कि अइसन हम भाई–भउजाई पउली

एतनै मानीं मोर अरजिया
दूसर कवनो नाहीं बतिया
बनवाँ हमहूँ चलबै ना
नाहीं छोड़बै ई संगतिया
बनवाँ हमहूँ चलबै ना।।
जौने खातिर उदर में अइली हम तौने के ना छोड़बै
तू बड़का तू भले तोड़ दा लेकिन हम ना नाता तोड़बै
दूनो जाने से बिनतिया
गीनी हमरो गिनतिया
बनवाँ हमहूँ चलबै ना
अइसे तोड़ी ना पिरितिया
बनवाँ हमहूँ चलबै ना।
एही चरनन के सेवा कै ब्रत हमार हौ जनम-जनम से
अग्या देहीं आसिस देहीं डिगै न पाईं कहीं धरम से
धन-धन होई ई जिनिगिया
जागी हमरो तब्बै भगिया
बनवाँ हमहूँ चलबै ना।
दूसर नाहीं मोरी गतिया बनवाँ हमहूँ चलबै ना।

दोहा :

पहिले से जइसे कहीं केहू जोहै बाट
बेलकुल ओही हाल में, श्रृंगवेरपुर घाट।।
मन-ही-मन केवट हँसै, देखै प्रभु कै पाँव।
मन-ही-मन रामो हँसै, देखैं खाली नाव।।

(अब उभरता है श्रृंगवेरपुर घाट। राम-लक्ष्मण-सीता का प्रवेश। दूसरी तरफ से केवट का प्रवेश।)

गीत :

ठनले हउवै ठान केवटवा पड़े राम जी चिन्ता में
घाटे कै परधान केवटवा, पड़े राम जी चिन्ता में।।
बड़ी कृपा कइली महराज
हम भगमान कहइली आज
जानीला हम खूब तरह से
भक्तन कऽ तू रक्खा लाज
कहै बदे राजा कऽ बेटवा, पड़े राम जी चिन्ता में।।

तीनों जने भुखायल होबा
गरम-गरम हौ बाटी चोखा
मालिक बइठा भोग लगावा
देखा कुल्हड़ पत्तल देखा
माँगै ना वरदान केवटवा, पड़े राम जी चिन्ता में।

पहिले बाबू चरन पखारब
फिर तुरतै पतवार सम्हारब
बस प्रभु कृपा बनवले रहिहा
देखतै देखत पार उतारब
ना जोही देस जहान केवटवा, पड़े राम जी चिन्ता में।।

एह चरनन कऽ महिमा न्यारी
पत्थर से तू कइला नारी
ई बतिया बस हमहीं नाहीं
जानैले ई दुनिया सारी
देखै तीर कमान केवटवा, पड़े राम जी चिन्ता में।।

सोचैं राम सिया मुसकायँ
लक्ष्मिन जी रहि-रहि खउवायँ
केवट कै तकदीर देख के
उप्पर देबी देव सिहायँ
चीन्हत हौ भगवान केवटवा, पड़े राम जी चिन्ता में।।

ले गयल केवटवा प्रभू के बइठाय के
हार गइलैं भगवन भगत घर आय के
बड़ा नीक पउला तकदीर हे केवटऊ
राम जी क छुवला सरीर हे केवटऊ
राम जी के मन में समइला केवटऊ
असली कमाई तू कमइला केवटऊ
जेके जेके राम अपनाय लेलैं भाई
गरवा क हरवा बनाय लेलैं भाई।।

(केवट राम, सीता और लक्ष्मण को उस पार पहुँचा रहा है। नाव चल रही है और पंक्तियाँ गूँज रही हैं। जब नाव पहुँचती है गंगा के उस पार, राम-सीता और लक्ष्मण नाव से उतरते हैं। राम केवट को उतराई देना चाहते हैं लेकिन केवट उतराई लेकर अपने भक्त और आराध्य के अस्तित्व और व्यक्तित्व को घटाना नहीं चाहता है। वह सहज भाव से राम से प्रार्थना करता है और उन्हें विश्वास दिलाता है कि प्रभु आज जो आपने मुझे दे दिया वह शायद ही किसी ने किसी को दिया हो।)

केवट के उद्गार :

हम ना लेबै उतराई ए मालिक ना लेबै उतराई
जानी तोहार प्रभुताई ए मालिक ना लेबै उतराई।।

जवने खातिर देबी द्यौता रिसी मुनी अकुलालैं
अपने के कोसैंलन हरदम सिर धुन-धुन पछतालैं
पा गइली आपन कमाई ए मालिक, ना लेबै उतराई।।

आप बदौलत सब-कुछ पउली अब कुच्छो ना चाही
के बाटै एह धरती पर जे रउवाँ नियर निबाही
दिन-दिन पुन्न सवाई ए मालिक, ना लेबै उतराई।।

हम ना पार उतरली भगवन आपै पार उतरला
तोहईं भँवर बचवला भगवन तू पतवार सम्हरला
हम केतनी करीं बड़ाई ए मालिक, ना लेबै उतराई।।

आर-पार के दौड़-धूप से अब निसाद के छुट्टी दा
भक्ती दा आपन ए मालिक जनम-जनम के मुक्ती दा
अब ना करब बरियाई ए मालिक, ना लेबै उतराई।।

(भगवान राम पार उतरकर केवट को प्रसन्न भाव से विदा देते हैं। इस अवसर पर केवट भी सर्वाधिक प्रसन्न दिखायी देता हैं। उसके चेहरे पर अद्भुत प्रसन्नता है , मन में अद्भुत विश्वास हैं और उसकी आँखों में अद्भुत चमक है–)

केवट के भक्ती क अपने दे दिहलैं परसाद राम जी
अब तक बड़ा बन्हायल रहलैं अब भइलैं आजाद राम जी
अब रेतै रेत पकड़लैं पैंडा बढ़लैं तीनों प्रानी
जै गंगा महरानी बोलैं जय गंगा महरानी।

राम–लक्ष्मण–सीता धीरे–धीरे संगम पहुँचते हैं। संगम का दृश्य–भक्तगण स्नान, ध्यान, तप, दान, भजन–पूजन और कीर्त्तन कर रहे हैं। राम–लक्ष्मण–सीता भी इसी में शामिल हैं।

गीत :

कल कल बहै पुन्य क धारा
गोता मारा प्रान पखारा
अइसन निरमल हउवै तिरबेनी क नीर सजनी
एकरे तट पर हरदम जुड़ल रहै ले भीर सजनी।।

ईहै तन कै चुनरी–पियरी
ईहै मन कै गहना
सबकी करै बड़ाई एकर
सब ही करै सरहना
ईहै कजरी अउर देवारी
ईहै हो पूजा कै थारी
ईहै हउवै कुल फगुवा अबीर सजनी।।

ईहै रक्खै घर कै पगड़ी
ईहै रक्खै पानी

ईंहै हउवै राजा बड़का
ईंहै हउवै दानी
एकर किरपा बड़ी निराली
सबकर भरै गोद ई खाली
एकरे आगे सारी दुनिया फकीर सजनी।।

सबकर इहाँ मनौती पूजै
पूजै सबकर आसा।
ना केहु रहै भुखायल एहियाँ
ना केहु रहै पियासा
सबके अपने पास बोलावै
सबकर बिपदा दूर भगावै
अपने हाथे ई सँवारै तकदीर सजनी।।

भरद्वाज आश्रम प्रसंग :

तीनों प्रानी बीच बनवाँ ठहरि गइलैं ना
पउलैं मुनि क असरमवाँ ठहरि गइलैं ना।

भरद्वाज क आश्रम देखा सोभा बड़ी निराली बा
झील बगइचा गुरुकुल गैया फुलवारी हरियाली बा
मनवाँ भावल असथनवाँ, ठहरि गइलैं ना।।

तरह–तरह क सिक्छा–दिक्छा जग्य पाठ सब करम धरम
दरसन बेद पुरान ब्याकरन ग्यान परम बिग्यान परम
पढ़ै मुनि से सुगनवाँ, ठहरि गइलैं ना।।

आगे बढ़ के स्वागत कइलैं मुनिवर अगम गियानी
मुनि क आश्रम देख के भइलैं गद्गद तीनों प्रानी
लहरै सुख क सगरवा, ठहरि गइलैं ना।।

(वन में चलते हुए राम, लक्ष्मण, सीता)

गीत :

राम अइलैं बनवाँ बहार आइल बन में
ऋतु अइलीं बन में बयार आइल बन में
कन्द-मूल फल-फूल सोहै हरियरिया
पपिहा पुकारै पिउपिउ कोइलरिया
झरना क निरमल धार आइल बन में।।

बनवा में राम-सिया जेहर-जेहर जालैं
बनवाँ क जीव जन्तु ओहरैं परालैं
सुखवा का सार संसार आइल बन में।।

साँय साँय अपने में पेड़ बतियावैं
एहिजैं निवास करैं राम जी मनावैं
धनि-धनि भाग अवतार आइल बन में।।

(रास्ते में सीता को प्यास लगती है। सीता क्षण भर के लिए रुकती हैं। राम से आँख बचाकर पीछे मुड़ती हैं। दाहिनी हथेली को दोनी की शक्ल में होंठ से लगाकर लक्ष्मण को दिखाती हैं। फिर सीता मुड़ती हैं और राम के पीछे-पीछे चलने लगती हैं। लेकिन राम देख लेते हैं और धीरे-धीरे चलने लगते हैं।)

गीत :

बरिसै सरुज किरिनियाँ
जइसे बरती अगिनियाँ
सीता पनियाँ माँगें ना
देखैं भिलवा औ भिलनियाँ
सीता पनियाँ माँगें ना।।
रहि–रहि लछिमन उचकैं ताकैं चारों ओर निहारैं
केहर पानी मिली बिधाता साँसैं सगुन बिचारैं
रुकलैं छाँहें तीनों परनियाँ, सीता पनियाँ माँगैं ना।।

तीर नियर सीधे लछिमन जी जंगल में धँसि गइलैं
ठण्डा झोंका लगल हवा क राम तनिक अलसइलैं
नइकै अइलू साथे रनियाँ सीता पनियाँ माँगैं ना।।

जब–तब सीता राम के ओरी बस कनखी से देखैं
रहि–रहि चुनैं कंकरी भुइयाँ, घास पात में फेंकैं
सिंहकैं पेड़वा क टहनियाँ सीता पनियाँ माँगैं ना।।

देख सिया मुसकइलीं जइसे लछिमन उन्हें लउकलैं
लछिमन आज गरुन हो गइलैं तुरतै आय पहुँचलैं
अँजुरी पानी भरल दोनिया सीता पनियाँ पीयैं ना।।

(सीता पानी पीती हैं। प्यारा बुझती है। वह मन में सोचती हैं कि ये दोनों भाई निश्चय ही थके हुए हैं ऐसे में विश्राम करना ही श्रेयस्कर होगा।)

गीत :

थकल होइहैं भाय दूनों सिया सोचैं मन में
कइसे के कहैं प्रभु रुकि जाईं बन में।।

बुझलीं पियास अब आवैले झपकिया
हाय रे दइव इहाँ खटिया न तकिया
थकल सरीर अलसाय छन-छन में।।

सिया जी के मनवाँ क बात प्रभु जानैं
बनवाँ क महिमा लखन से बखानैं
बड़ी भगमान भुइयाँ पुन्य कन-कन में।।

धीरे-धीरे चलैं भगवान सोचैं लछिमन
आज नाहीं खाये क ठेकान सोचैं लछिमन
अँसुवा भरल देखैं राम के नयन में।।

(राम, लक्ष्मण, सीता वन में आगे बढ़ते जा रहे हैं। सहसा एक अधेड़ उम्र का आदिवासी रास्ते में हाथ जोड़कर खड़ा हो जाता है और हाथ जोड़कर प्रार्थना करता है कि आप लोग हमारे घर चलिये।)

कोल-भील सब लुक-छिप देखैं लेकिन कवनो बोलैं नाहीं।
जानल-बूझल सब चाहैं पर सोझे मुँह कछु खोलैं नाहीं।।
केहू कहै अहेरी केहू कहै कि भूल अंशरीर हउवै।
केहू कहै कि अइसन वइसन साधारण जन नाहीं हउवै।।

एक कहै कि अइसे नाहीं, पहिले इनके अतिथ बनावा।
अतिथ बनावा घरे लियावा, फिर इनसे बोला बतियावा।।

गीत :

हे बाबू! रउवाँ हजार बात मानी
आज रात एहिजै बिताईं तीनों प्रानी।।

तनिकै में दिन डूबैवाला
आगे बड़ा भयंकर नाला
रस्ता जानल बाटै नाहीं
कहीं मुसीबत फाटै नाहीं
गोरुन क चिरइन क देखीं लौटानी।।

बगलै में घर लउकत हउवै
जहाँ सिवलवा चमकत हउवै
जहाँ लइकवा खेलत हउवै
जहाँ बछरुवा मेल्हत हउवै
हो जाई तीरथ हमार छप्पर छानी।।

खेती बड़ी मसक्कतवाली
तौनों सौ-सौ दिक्कतवाली
अक्सर पड़ल करै ला झूरा
सबकर पेट भरत ना पूरा
अकसवा क मरजी पहड़वा क पानी।।

चलीं घरे बतियावल जाई
वहिजैं सुनल-सुनावल जाई

चहबा जवन खियाइब मालिक
दूधै से नहवाइब मालिक
चला–चला बाबू करा ना आनाकानी।।

(इसी बीच वहाँ कुछ आदिवासी स्त्रियाँ आ जाती हैं। वे सीता को घेरकर बतियाने लगती हैं।)

पूछैं सीता से गुजरिया, बहिनी अइसन काहे हो
छोड़लू आपन तू नगरिया, बहिनी अइसन काहे हो
धइलू बनवाँ क डगरिया, बहिनी अइसन काहे हो
बनवाँ जोगे ना उमिरिया बहिनी अइसन काहे हो
भींजल भींजल ई पुतरिया बहिनी अइसन काहे हो
सँगवा दू–दू धनुरधरिया, बहिनी अइसन काहे हो
कवनो चिन्ता ना फिकिरिया बहिनी अइसन काहे हो
तोहके बनसत्ती क किरिया बहिनी अइसन काहे हो।

सीता का उत्तर :

घुँघुटा के आड़े सिया बोलैं मुसुकाय के
सूनैं सब गुजरिया बतिया कनवाँ लगाय के।।

धइ धइ हाथ मेहरारू बतियावैं
लोइयो ले नरम गदोरिया बतावैं
जान के अबेर करैं बोल–बतियाय के।।

एक जाने पूछलीं बतावा मोर रनियाँ
गोरकू सँवरकू क असली कहनियाँ
होंठवा दबाय तनी अँखिया नचाय के।।

पीछे-पीछे गोरकू देवर मोर लछिमन
आगे-आगे हउवैं मोरे भगिया क दरपन
सँवरू कहत सिया रहि गइलीं लजाय के।।

होत बा अन्हार कहाँ बनवाँ में जाबू
रहबू कहाँ तू बोला कहवाँ तू खाबू
काल जाया बिहने थकहरी मेटाय के।।

चित्रकूट का दृश्य :

(राम, लक्ष्मण, सीता चित्रकूट पहुँचते हैं। चारों तरफ उल्लास और उत्सव का वातावरण दिखायी देने लगता है। राम के लिए घास-फूस की झोंपड़ी आदिवासी तैयार करते हैं। आदिवासी ही पहरेदारी का काम करते हैं। कथा-कीर्त्तन, भजन-पूजन का वातावरण। साधू-सन्त. गृहस्थजन भी इसी उत्सव में शामिल हैं। भरत जी अयोध्या से आते हैं राम को मनाने के लिए।)

गीत :

चित्रकूट गें रम गइलैं भगवान, भाई देखा जा
जगर-मगर हो गयल रहल सुनसान, भाई देखा जा
कोल-भील सब अपने हाथे छानी छप्पर छावैं
बन में तीनों मुरतिन के सम्मान, भाई देखा जा।।
तरह-तरह क कथा कीर्त्तन चरचा बेद पुरानन कै
सामिल हउवैं साधू-सन्त किसान, भाई देखा जा।
का मजाल कि सीधे केहू राम लखन तक पहुँचै
चारों ओरी कोल-भील दरबान, भाई देखा जा

आज भरत जी आयल हउवैं राम मनावैं खातिर
उनके साथे केतनी पंच महान, भाई देखा जा

(भरत जी खड़े होते हैं। प्रणाम करते हैं और राम से अयोध्या वापस चलने की प्रार्थना करते हैं।)

भरत की प्रार्थना :

चला भइया राम तू अजोधिया उबारा
सिर धुनि–धुनि रोवै सरजू क धारा।।

बाबू मरि गइलैं रोवैलीं महतारी
तोरे बिना सिगरी अजोधिया दुखारी
सुख सान्ति पुन्न कुल कै लेलै किनारा।।

फेंकरै सियार कहीं रोवैले बिलरिया
रतिया त रतिया दिनों में अन्हियरिया
अँगना गिरैला रोज टूट–टूट तारा।।

हमसे ना राजपाट होई मोर भइया
कवने कसूरवा पर रुठलैं गोसइयाँ
तजबै परान नाहीं करबै अहारा।।

सूना भगवान तू हमार कहल कीहा
केकई नियर माई केहू के न दीहा
जियत मतारी भइलैं पूत बेसहारा।।

(राम भरत को सान्त्वना देते हैं, धीरज बँधाते हैं और खड़ाऊँ देकर विदा करते हैं।)

सुना भइया भरत करा ना तू गलानी
तू त हउवा जनमै क परम गियानी।।

बरम्हा क लिखनी मेंटाईं हम कइसे
बनवाँ के छोड़ घर जाईं हम कइसे
बनवैं में हउवै हमार दाना-पानी।।

देखा तू अजोधिया, अजोधिया अगोरा
जेतनी बियोग कुल सरजू में बोरा
रखिहा जोगाय रघुकुल क निसानी।।

अबकी लवटि के अजोधिया तू जइबा
केकई नियर महतारी नाहीं पइबा
केकई के जनिहा तू कुल कल्यानी।।

देहलैं खराऊँ राम, लेहलैं भरत जी
सिखा झुकाइ चलि देहलैं भरत जी
सचहूँ भरत जी तोहार नाहीं सानी।।

(खड़ाऊँ लेकर भरत आगे-आगे और उनके साथ आये लोग राम से विदा लेते हैं। श्रीराम-श्रीराम का कीर्त्तन करते हुए वे लोग आश्रम से दूर चले जाते हैं और भगवान् राम उन्हें अपलक निहारते रह जाते हैं। राम की आँखें भर आती हैं और पर्दा गिर जाता है।)

दोहा :

चित्रकूट छूटल जहाँ, टूटल मन कै बाँध
सिर धुन-धुन रोवैं भरत, सोचैं मींजैं हाथ।।

ना गइलैं परिवार में, रुकलैं नन्दीग्राम।
चौबीसो घण्टा जपैं, भरत-राम श्रीराम।।

(श्रीराम की ध्वनि लगभग मिनट-डेढ़ मिनट तक चलती रहती है। सिर्फ तपस्यारत भरत दिखायी देते हैं।)

(दृश्य बदलता है)

(राजभवन का भीतरी प्रकोष्ठ। घर के काम-काज में व्यस्त लेकिन भीतर से उदास और चिन्तित उर्मिला दिखायी देती है।)

दोहा :

राजभवन में उर्मिला, राजभवन कै साँस
दिनभर ऊ रोवत फिरै, अपने जिउ कै फाँस।।
खुद से करै सवाल ऊ, दे ऊ खुदै जवाब
दुनिया ना जानै सुनै ई संलाप प्रलाप।।
(उर्मिला की चिन्तन मुद्रा पर आधारित भावगीत)

गीत :

कब टुटिहैं ई रसरी हमार जिनगी
हमरे गरवा क फँसरी, हमार जिनगी।।

नींद नाहीं जनली, सपन नाहीं देखली
बीति गइलैं जुग दरपन नाहीं देखली
बिना पनिया क मछरी, हमार जिनगी।।

नाहीं भावै झील–ताल खेतवा–कियरिया
भोरे चिनगारी जइसे सितली बयरिया
मूँड़े दुखवा क गठरी, हमार जिनगी।।

रुठलैं बिधाता जाने कवने करनवाँ
उबती अँजोरिया लगल गरहनवाँ
अब हमसे ना सपरी, हमार जिनगी।।

केहू समझावै केहू रहिया बतावै
हमरे समझ में कबौं ना कुछ आवै
बिना देवता क बखरी, हमार जिनगी।।

(दृश्य बदलता है)

(माता कौशल्या चिन्ता में पड़ी हुई हैं। राम–लक्ष्मण और सीता के बारे में सोच रही हैं।)

दोहा :

सोचैं माई कौसिला मन–ही–मन पछतायँ
घन गरजै तड़पै हिया, बिजुरी देखि डरायँ।।
ना जनली यहि जन्म में, अइसन होई हाल
जइसे अपने पेंड़ से, अलग भइल हौ छाल।।

गीत :

हमार दुखवा जानै कब ले ओराई।।
हमार नाहीं केहू सिवा सरजू माई।।

अइसन कवन पाप कइली बिधाता
जवने क बदला हौ अब तक लियाता

ना कहले कहाई ना गवले गवाई।।

दुनिया बदे हम हई बड़की रानी
लेकिन हमार दरद केहू का जानी
अब हमसे अजोधिया रहल ना रहाई।।

हौ केहू हमके जे धीरज बन्हावै
बनवाँ से राम सिया लछिमन लियावै
कहाँ जाके रोईं हम देईं दुहाई।।

अँखिया क पुतरी करेजवा क टुकड़ा
भूलै ना बोल बचन भूलै ना मुखड़ा
सोची सुरतिया त आवै रोवाई।।

(दृश्य बदलता है चित्रकूट का वातावरण। राम सीता का अपने हाथों फूलों से श्रृंगार करते हैं। सीता ऐसे सुखद क्षणों को जी भी रही हैं और सोच भी रही हैं।)

गीत :

आज बनवाँ में जगलीं हमार भगिया
नाहीं पउली अजोधिया पिया क गोदिया।।

बनवाँ से रंग–रंग फुलवा लियाय के
पिया मोर सिंगार करैं लगे बइठाय के
सिया देखैं कनखी से राम क कनखिया।।

अंग–अंग राम आज सिया के सजावैं
रचि–रचि फुलवा क हार पहिरावैं
सिया जी लजायँ ना मिलावैं अँखिया।

हार बनैं पतई ओहार बनै पतई
सिया जी क सोरहो सिंगार बनै पतई
टेसुवा क पतिया बनैली अँगिया।।

सिया क सोहाग देखि भुइयाँ हरसाले
कहीं ना अयाले दूर दूर हरियाले
धिया देखि माई क जुड़ाले छतिया।।

(सीता रस और आनन्द में विभोर होती जा रही हैं और राम भविष्य के प्रति सोचने लगते हैं। सीता–राम के परस्पर हाव–भाव उभरते रहते हैं और ये पंक्तियाँ गूँजती रहती हैं।)

गीत :

मिलल पिया क गोद सिया अलसाये लगलीं ना
निंदिया अँखिया में सिया के गहिराये लगलीं ना
देख सिया के नींद में भगवन मन में सोचै लगलन
होवै वाली हौ अनहोनी बन में सोचै लगलन
सोचतै सोचत ध्यान राम क हटल सिया से जइसे
चोंच मार के भागल कौआ सिया देह पर वइसे।।

(गीत बदलता है। धुन बदलती है। जयन्ता का देवताओं के पास भागकर जाना, शरण माँगना और देवताओं द्वारा उसे शरण न देना–यहाँ तक

कि इन्द्र भी उसे अपने पास नहीं रखते। वह भागता है। रास्ते में नारद मुनि मिलते हैं। वह उसे राम के पास जाने की सलाह देते हैं वह राम के पास जाता है। ये सारे दृश्य गीत के साथ क्रमशः उभरते हैं।)

गीत :

राजा इन्नर क बेटौवा, पापी कौआ भइलैं ना।।
नेम धरम से हटल जयन्ता मन में पाप समायल
गलत निगाह सिया पर डललस नाहीं डरल लजायल
छोड़लस देवतन क सोभौवा, पापी कौआ भइलैं ना।।
टूटल ध्यान राम क सहसा आग बबूला भइलैं
छोड़लैं अइसन बान जयन्ता अब गइलैं तब गइलैं
देहलैं जय के खुद बोलौवा पापी कौआ भइलैं ना।।

मिल गइलैं रस्ते में नारद गिरल जयन्ता गोड़े
संकट हमरे जान में मुनिवर रहब सरन में तोरे
जल्दी काटा मोर फसौवा, पापी कौआ भइलैं ना।।

सब-कुछ जानैवाला मुनिवर देखै आदि औ अन्ता
तुरत पठौले राम के लग्गे भागल गयल जयन्ता
धै-धै रोवै प्रभु क पउँवाँ, पापी कौआ भइलैं ना।

(राम जयन्त के बारे में सोचते हैं और उसे उचित दण्ड भी देते हैं।)

दोहा :

मारै लायक जान से कइले हौ ई काम
लेकिन आयल हौ सरन, सोचैं मन में राम।।

दया राम के आ गइल, दिहलैं ओके सीख
आँख गइल इक दण्ड में, मिलल जान कै भीख।।

(हलका-सा दृश्य बदलता है। राम अब चित्रकूट से आगे बढ़ने का मन बना चुके हैं और चटपट निर्णय ले लेते हैं।)

दोहा :

काम कई बाकी पड़ल, जइसे आयल ध्यान
अनुसुइया के आसरम, चल दिहलैं भगवान।।

(दृश्य बदलता है; अत्रि मुनि का आश्रम उभरता है। एक संन्यासी उन्हें दौड़कर राम के आने की खबर देता है।)

दोहा :

पहुँच गइल तुरतै खबर, अत्री रिसि के पास।
अत्री अनसुइया मगन, मन में भरल हुलास।।

(अत्री मुनि आश्रम से बाहर निकलकर स्वागत करते हैं।)

दोहा :

धन्य भाग यहि ठाँव के भल अइला प्रभु आज
जल थल सब हरसित भयल हरसित सकल समाज।।

(अत्रि मुनि राम-लक्ष्मण-सीता से भीतर चलने का आग्रह करते हैं और सादर उन्हें अपने साथ भीतर ले आते हैं। पति-पत्नी अर्चना-अभ्यर्थना करते हैं।)

अरचन-वन्दन :

जै भगवान जै-जै भगवान
बनला रहा हे कृपानिधान

तोहईं करता तोहईं धरता
हे प्रभु तोहईं दुख कै हरता
जंगल परबत घाम और छाया
ई सब खाली तोहरै माया
तोहईं जग कै सरबे सरबा।
तोहईं से जग कै कल्यान।।

हे छबिरासी हे सुखरासी
हे अबिनासी घट-घट बासी
दुस्टन के संहारक स्वामी
सन्तन के तू पालक स्वामी
हम बड़भागी दरसन पउली
भयल मोर पूरा अरमान।।

तोहईं सागर ताल भरैला
तोहईं संकट दूर करैला
पिरथी पर जब पाप बढ़ैला
तब-तब तू उद्धार करैला।
टूटै ना बिसवास धरा कै
पिरथी क रखिहा प्रभु मान।।

(अनसूया सीता को उपदेश देती हैं-गीत)

अत्रि और अनसूया द्वारा राम, लक्ष्मण, सीता की अर्चना-अभ्यर्थना विधिवत् सम्पन्न होती है। वहाँ उपस्थित साधू-सन्तों के बीच से दो-एक लोग अपनी समस्याएँ राम के सामने रखते हैं। राक्षसों द्वारा किये जा रहे अत्याचारों की जानकारी देते हैं...

दोहा :

एक स्वर : बड़ा नीक कइला प्रभू! अइला हमरे बीच
देवतन का हत्या करैं, राछछ एतनी नीच।।

दूसरा स्वर : सगरों उनकर दबदबा, सगरों हौ आतंक।
अइसे में कइसे भला, हम सब रहीं निसंक।।

तीसरा स्वर : भयल आगमन आप कै, भयल हमैं बिस्वास।
दुस्टन कै होके रही पूरा सत्यानास।।

चौथा स्वर : चल के देखी खुद प्रभू! सगरों मिली प्रमान।
बइठ तपोवन में करैं, राछछ मदिरा पान।।

(दृश्य मदिरापान करते हुए)

कुछ ऋषियों-मुनियों के साथ राम-लक्ष्मण-सीता वन घूमते दिखायी देते हैं। ऋषि-मुनि उन्हें जानकारी देते चलते हैं। विराध राक्षस रास्ते में मिलता है। राम उसे मार देते हैं। फिर मिलते हैं सरभंग ऋषि। राम का स्वागत-सत्कार करते हैं। राम उन्हें मोक्ष प्रदान करते हैं। वह अपनी तपस्या से उत्पन्न अग्नि में जलकर स्वाहा हो जाते हैं।

गीत :

घूमैं बनवाँ में राम निहारै बनवाँ
अपने मनवैं में राम उचारै बनवाँ।।

साथे चलैं रिसी मुनी बोलैं बतियावैं
पुछले से पहिले ऊ राम के बतावैं
भरैं खिल के हुँकारी औ तिखारै बनवाँ।।

बनवाँ में राह रोक खड़ा बा बिरधवा

रिसी कुल डेरायँ अरे बाप रे रछछवा
प्रभु दूर करा पाप ई पुकारै बनवाँ।।

कइलैं ना अबेर राम बनवाँ चलवलैं
पपियों के राम जी सरग पहुँचवलैं
पीटैं पतई थपोरी ललकारै बनवाँ।।

कइलैं सतकार सरभंगा मुनि बन में
गइलैं समाय ऊ त राम जी के मन में
देखै तपसी अगिनिया बिचारै बनवाँ।।

(दृश्य बदलता है)
शूर्पणखा वन में विचरण करती हुई दिखायी देती है। मंच पर जंगल का वातावरण उभरता है। साथ–साथ बाँसुरी का मीठा–मीठा स्वर :

दोहा :

सूपनखा बन में फिरै, हरदम बरहो मास
का कुवार का पूस औ, का सावन बइसाख।।
घूमत–घूमत आ गइल, ऊहौ ओही ठाँव।
राम लखन सीता जहाँ, पंचवटी के छाँव।।
जइसे देखलस राम के, मुग्ध भइल ततकाल
अब जिन पूछा का भयल, सूपनखा कै हाल।।

राम के रंग–रूप और सौन्दर्य पर आसक शूर्पणखा उन्हें रिझाने का पूरा–पूरा प्रयास करत है। किसी चतुर अप्सरा की तरह नृत्य और भा

मुद्रा में उनके सम्मुख अपना प्रणय निवेदन प्रस्तुत करती है।

गीत :

निहारा मोरे बबुआ! तनिक हमरे ओरी
तू जइसे चन्दा हम तोहरी चकोरी।।

लहरैला सागर चुनरिया में हमरे
दउरै बिजुरिया सरीरिया में हमरे
छाई हरियरिया पुतरिया में हमरे
जादू भरल हौ नजरिया में हमरे
ई गद्दर जवानी हौ रस कै कमोरी।।

आवा चला जंगल पहाड़ हम घुमाईं
ताल नदी घाटी औ झरना देखाईं
तू थोड़ा ई नाटक करा असली खेला
हमार हथवा अपने हथवा में लेला
तू मखमल कै फुलवा हम रेसम क डोरी।।

हमसे बियाह मोरे राजा अगर करबा
जंगल में ना तू सोनमहला में रहबा
कन्दमूल नाहीं खीर मोहन उड़इबा
रावन कै बहनोई जग में कहइबा
गजब ढाई तोर मोर ई बाँकी जोरी।।

(शूर्पणखा का प्रणय निवेदन रागात्त होता है। राम लक्ष्मण को इशारे से समझाते हैं। लक्ष्मण वैसा ही करते हैं जैसा राम कहते हैं। लक्ष्मण तीर से शूर्पणखा की नाक काट लेते हैं।)

छन्द

कै दिहलैं लछिमन के राम जी इसारा
हे भइया लछिमन अब तोहईं सँभारा
लछिमन कुल मुसकिल आसान बना दिहलैं
तीर से सुपनखा कै नाक काट लिहलैं।।

(नाक कटते ही शूर्पणखा वहाँ से भागती है और खरदूषन के पास जाती है।)

दोहा

सूपनखा भागल गइल, खरदूसन के पास।
भूल गयल ऊ हेकड़ी, भूल गयल अरदास।।

(शूर्पणखा को ऐसी स्थिति में देखकर खरदूषण सकते में आ जाता है। ऐसा उसने कभी सपने में भी नहीं सोचा था। वह एक क्षण के लिए चिन्ता की मुद्रा में दिखायी देता है और तुरत चल देता है बहन के अपमान का बदला लेने।)

दोहा :

देख सूपनखा कै दसा, खरदूसन हौ सन्न
तपसिन के मारै बदे, चल दिहलस फौरन्न।।

(क्रोध में आगबबूला खरदूषण पंचवटी पहुँचता है और राम-लक्ष्मण-सीता पर प्रहार करना चाहता है तब तक स्वयं भगवान् राम एक ही बाण में उसका काम तमाम कर देते हैं।)

दोहा :

खरदूसन के का पता, ई तपसी भगवान।
खाली एकै बान में, ले लिहलैं ऊ प्रान।।

(दृश्य बदलता है)

रावण का दरबार–राग–रंग की महफिल जमी हुई है।

दोहा :

रावण के दरबार में, राग–रंग उत्साह।
जेहर देखा हर तरफ, खाली बाहै बाह।।
नाचैं गावैं अपसरा, करैं लोल किल्लोल।
पड़ै थाप पर थाप औ बजै डिमिक डिम ढोल।।

(मंच के अगल–बगल से दो अप्सराएँ नृत्य करती हुई प्रगट होती हैं।)

गीत :

नाहीं बस में जवनिया हमार सखिया
बोझ लागै ई सोरहो सिंगार सखिया।।

बरहो महिन्ना पिया छाये परदेसवाँ
नाहीं देला दरस–परस नाहीं देला सनेसवा
बिना पिया नाहीं भावेला बहार सखिया।।

झुर–झुर देहिया बयार सिहरावै
मन उकसावै मोर तन लहरावै
सूने अँगना में झरै कचनार सखिया।।

देखि–देखि दुनिया बोलै ले रोज बोली
घमवाँ झुराय पके पनवाँ क ढोली
हमैं लागै ले चननियाँ अँगार सखिया।।

(जैसे गीत समाप्त होता है, वहाँ घायल लहूलुहान शूर्पणखा आ जाती है)

दोहा :

एतनै में रोवत उहाँ, गइल सुपनखा आय।
पड़ल रंग में भंग औ, गयल सनाका छाय।।

(बहिन की ऐसी दुर्दशा देखकर रावण भौचक रह जाता है। वह शूर्पणखा से इस हादसे के बारे में पूछता है।)

गीत : *(रावण शूर्पणखा से पूछता हुआ)*

बोलू बोलू रे बहिनियाँ, मोर बहिनियाँ बोलू ना।
केकर हउवै ई करनियाँ मोर बहिनियाँ बोलू ना।।

केकर माई बाघ बियाइल
हमरे घर में जे घुस आइल
ओकर कहू तू कहनियाँ
मोर बहिनियाँ बोलू ना।।

का ऊ सोच के अइसन कइलस
अच्छे घर में बैना दिहलस
लइका हउवै कि पुरनियाँ
मोर बहिनियाँ बोलू ना।।

ओके सता सता के मारब
घरवा ओकर फूँकब जारब
ओकर तोरब गरदनियाँ
मोर बहिनियाँ बोलू ना।।

(दृश्य बदलता है)

(पंचवटी–सीता लक्ष्मण से आग्रह करती हैं इशारे से कि ईंधन नहीं है–लक्ष्मण उनके आदेश का पालन करने को प्रस्तुत होते हैं।)

दोहा :

ईन्हन आनै के बदे, करैं रिया संकेत
वरना सीझल अन्न से, आज न होई भेंट।।
हाथ जोड़ माथा झुका, प्रभु से आज्ञा माँग।
तुरतै लछिमन चल पड़े धनुष कान्ह पर टाँग।।

(सीता जी का आदेश मानकर लक्ष्मण पंचवटी से बाहर निकलते हैं और वन में घूम–घूमकर ईंधन के लिए लकड़ी इकट्ठा करते हैं।)

गीत :

बीनैं बनवाँ में इन्हनवाँ अवतारी लछिमन।
अवतारी लछिमन हो व्रतधारी लछिमन।।
जब से छुटल अजोधिया तब से नींद न आइल इनके
बिजुरी चमकै पाथर बरसै चाहे केतनो बादर ठनकै
नाहीं कब्बौं डीगैवाले ब्रह्मचारी लछिमन।।

ई देह उमिर ई रंग रूप का बनके लायक हउवै
एकरे लायक दरपन ई दरपन के लायक हउवै
सियाराम ई असली पुजारी लछिमन।।

जब तक जागैं तब तक सेवा नींद में पहरेदारी
राम के मानै पिता तुल्य और सीता के महतारी
बड़े मन से निभावैं जिम्मेदारी लछिमन।।

(दृश्य बदलता है)

(शूर्पणखा के अपमान का बदला लेने की युक्ति सोचता हुआ रावण)

दोहा

रावण सोचत हौ जुगुत कइसे होखै काम।
हमहूँ के मुक्ती मिलै किस्सा होय तमाम।।

(रावण मारीच के पास जाता है उसे समझाता-बुझाता और पटाता है। मारीच अन्तत: उसकी बात मान जाता है। रावण मारीच को समझाता हुआ।)

गीत

मामा मामा कहिके मारिच के बोलावै रवना
हे बोलावै रवना हो फुसिलावै रवना।।

कवनो लोक में अइसन मामा खोजलो से ना मिलिहैं
गलतो करै के होई तब्बो मैंने खातिर करिहैं
हावा भरि-भरि मामा के फुलावै रवना।।

मूँड़ी पटकै करै चेरौरी मामा के पिघलावै
गौं से काम बनावल चाहे गौं क बात बतावै
पीठिया ठोंकि ठोंकि मामा के पटावै रवना।।
मामा के अँकवारी भरके दुलरावै पुचरावै
मायावी क महिमा गावै मायामती बतावै।
कानाफूसी करै खूब समझावै रवना।।
बहिनी के अपमान क बदला लेवै बदे सिखवलस
अन्तिम दाँव लगवलस हँस के अइसन मन्त्र पढ़वलस
मीठी बतिया में लोभावै भरमावै रवना।।

(पंचवटी का दृश्य)

यकायक सोने का हिरण प्रगट होता है पंचवटी में। फिर सहसा गायब हो जाता है। फिर प्रगट होता है। सीता उस सोने के हिरण पर मुग्ध हो जाती हैं।

छन्द :

सोने क हिरना बनके मारीच पधारल बन में।
देखतै हिरन समायल जइसे सीता जी के मन में।।

(सीता अपने मन की बात रामचन्द्र से कहती हैं)

छन्द :

अपने मन क बात सिया जी, कहलीं प्रभु से खुल के।
हम्मैं हौ बिसवास कि स्वामी, पानी रक्खब कुल के।।

गीत : *(सीता का राम से आग्रह)*

सीता माँगैली मँगनवाँ
सुना सुना मोर सजनवाँ
लेबै सोने क हिरनवाँ
हमरे मनवाँ बसलैं ना।।
ईहै सोने का हिरनवाँ हमरे...।।
कब्बौं ना कुछ मँगली स्वामी ना कब्बौं कुछ माँगब
फिर फिर नाहीं ठान दुबारा, हम जिनगी में ठानब
एतनै बाटै मोर अरजिया
रउवाँ रक्खीं मुँह क लजिया
लेबै अँखिया के सपनवाँ

हमरे मनवाँ बसलै ना
ईहै सोने क हिरनवाँ हमरे...।।
नाहीं मँगली राज रजइया नाहीं सेज सुहागी
नाहीं जनली बन में भगवन मन हिरना पर लागी
अपने रनिया का गुमनवाँ
रक्खा रक्खा मोर सजनवाँ
हमरे मनवा बसलैं ना
लेबै सोने क हिरनवाँ हमरे...।

रउवाँ जइसन पति हम पउली अब दूसर का चाही
हम लेबै सोने क हिरना आज न सुनबै नाहीं
भगवन मानी मोरी बतिया
देखै माई मोर धरतिया
पूजै मन कै अरमनवाँ
हमरे मनवाँ बसलै ना
ईहै सोने का हिरनवाँ हमरे...।

दोहा :

सीता कै ई आगरह, कइसे टारैं राम
होनी हौ हो के रहीं, बढ़ल आज से काम।।
लछिमन के समझाइ के, राम बढ़वलैं पाँव।
सीता लछिमन दुइ जने, पंचवटी के छाँव।।

तनिकै में जइसे कहीं गूँजल लछिमन भाय।
सुनलीं लछिमन भय जब, सिया उठीं घबराय।।

लाख कहैं लछिमन कहीं कुछ ना होई मातु।
लोहा लेई राम से, केकर ई औकात।।
गुस्सा में तब जानकी, कहलीं बचन कठोर।
अब हम जनली हे लखन, तोहरे मन में चोर।।

(लक्ष्मण रेखा खींचते हैं और न लाँघने का आग्रह करते हुए चले जाते हैं)

हो गइलैं तुरतै लखन, पंचवटी से दूर
दिन दुपहर आकास में, खाली धूरै धूर।।

(पंचवटी में रावण का साधू वेश में प्रवेश)

गीत :

दे साधू के भीख हे देवी
दे साधू के भीख।

अइसन साधू रोज न आवैं
सगरों ना झोली फइलावैं
मुँह ना खोलैं सबके आगे
ना छोड़ै ई लीक हे देवी
दे साधू के भीख!!

हम ना झोली भरीं बटोरीं
ना दाता कै राह अगोरीं
रमता जोगी बहता पानी
हमरे कुल कै रीत हे देवी
दे साधू के भीख।।

ना हम सोना चानी माँगी
ना हम अमर निसानी माँगी
ना हम झूठैं अलख जगाईं
ना हम गाईं गीत हे देवी
दे साधू के भीख।।

फिर फिर भीख भले ना माँगब
लेकिन ना मरजादा लाँघब
द्या तू भीख त आगे बढ़के
ई ढंग नाहीं ठीक हे देवी
दे साधू के भीख!!

(सीता रावण को भीख देने के लिए लक्ष्मण द्वारा खींची गयी रेखा से बाहर निकलती हैं। रावण उन्हें गोद में उठा लेता है और अदृश्य हो जाता है। दूसरी ओर से मंच पर प्रगट होते हैं चिन्तित परेशान राम-लक्ष्मण सीता की खोज करते हुए।)

गीत :

रोवैं राम धनुरधारी बनवाँ में ना
हरि गइलीं सिया प्यारी बनवाँ में ना

एहर झाँकै ओहर झाँकै, झाँकै चारों ओरी
कहवाँ रहला लछिमन, पूछैं लछिमन के झकझोरी
लछिमन रोवैं पुक्काफारी बनवाँ में ना।।

झर झर पतई पेंड़ गिरावैं जइसे पेंड़वा रोवैं

ना पीयैं ना खायँ दुनो जन ना बइठैं ना सोवैं
झाँकै झुकि झुकि झारी, बनवाँ में ना।।

गहिरी चिन्ता में पड़ि गइलैं राम लखन दुनो भाई
नाहीं पता रहल जिनगी में, अइसन दुरदिन आई
छाई गइलीं अन्हियारी बनवा में ना।।

खबर सुनी त का सब सोची ईहै सोचत हउवैं
रहि रहि काटैं होंठ दाँत से खुद के कोंसत हउवैं
हमसे भइल भूल ई भारी बनवाँ में ना।।

(सीता की खोज में राम–लक्ष्मण धीरे–धीरे वन में बढ़ते जा रहे हैं। सहसा 'हे राम! हे राम!' की ध्वनि कराह के साथ वातावरण में गूँजती है। राम–लक्ष्मण आवाज सुनकर रुक जाते हैं। अनकते हैं। वे उसी ओर बढ़ते हैं जिधर से 'हे राम! हे राम!' की आवाज आ रही है। सहसा उन्हें घायल लहूलुहान जमीन पर पड़े गीधराज दिखायी देते हैं।)

दोहा :

चलत चलत बन में तुरत, रुक गइलैं श्री राम
केहू टेरत हौ कहीं, सिरी राम कै नाम।।
गीधराज घायल उहाँ, रहैं राम हे राम
साँस बा अटकल चोंच में, अटकल अन्तिम काम।।
ऊ कहलैं सुनलैं प्रभू, फिर ना बात न चीत
प्रीत समाइल भक्ति में, भक्ति समाइल प्रीत।।

(जटायु का निवेदन गीत में)

(दृश्य बदलता है)

राम भक्त शबरी राम के आगमन की सम्भावना से गद्गद और प्रसन्न है। उसे विश्वास है कि राम का आगमन होनेवाला है।

दोहा :

मन में हौ अद्‌भुत खुसी, मन में अद्‌भुत चाह
सेउरी बन में राम कै, एकटक देखै राह।।
अइहैं निश्चित आज प्रभु, पूरा हौ बिस्वास
पूजी मन कै कामना, पूजी मन कै आस।।
आ गइलैं भाई सहित, सेउरी घर भगवान।
जंगल में मंगल भयल, उतरल पर्व महान।।

आज शबरी की प्रसन्नता का कोई ठिकाना नहीं है। जिसकी एक झलक के लिए बड़े-बड़े ऋषि-मुनि तरसते रहते हैं ऐसे भगवान् राम स्वयं शबरी के घर पधारे हुए हैं। शबरी पूजन-अर्चन करती है-उसकी आत्मा भी प्रसन्न होकर नृत्य कर रही है।

गीत :

सेउरी करै भगवान की पुजनिया ना।
प्रभु तरि गइलीं रउरी भिलनिया ना।।

जनम जनम क साध आज मोर पूरा कइला स्वामी।
सचहूँ बड़ा कृपालू भगवन, सचहूँ अन्तरजामी।।
पोंछै अँचरा से प्रभु क चरनिया ना।।

कब से राह निहारत रहली सोचत रहली मन में।
कब होई मोर सफल मनोरथ कब अइहैं प्रभु बन में।
अपने हथवा करइबै हम भोजनिया ना।।

ना हम जोगी तपसी स्वामी ना हम ज्ञानी ध्यानी
पूजन अर्चन भजन–कीरतन हम कुच्छो ना जानी
कवने गुनवाँ बनवला भगतीनियाँ ना।।

मुक्ती मोर बनवला भगवन आपन भक्ती दिहला
दुख दारिद अग्यान गरीबी कुल जइसे हरि लिहला
गाई जुग जुग दुनिया कहनियाँ ना।।

भगवान् राम शबरी की भक्ति देखकर प्रसन्न होते हैं। उसे अपनी असीम कृपा से कृतार्थ करते हैं। देवी–देवता भगवान की इस अनुकम्पा के प्रति आभार व्यक्त करते हैं और आकाश से फूल बरसाते हैं। शबरी की नृत्य करती आत्मा भगवान को प्रणाम करती स्थिर मुद्रा में दिखायी देती है। यही स्थिति शबरी की भी है। वह भगवान के चरणों में झुकी हुई है और भगवान आशीर्वाद की मुद्रा में हाथ उठाये हुए हैं। श्री राम, श्री राम का कीर्त्तन समूह–स्वर में होता रहता है। धीरे-धीरे फेडआउट होता है।

सुग्रीव अपने साथियों के साथ ऋष्यमूक पर्वत पर बैठा हुआ है। सहसा उसकी दृष्टि नीचे की ओर जाती है। उसे दो धनुर्धारी अपनी ओर आते

हुए दिखायी देते हैं। वह आशंका और भय से भर उठता है–उसके चेहरे का रंग उतर जाता है। हनुमान सुग्रीव के भाव को देख लेते हैं। वह उससे पूछते हैं–

हनुमान : हे राजन! का देखत हउवा उचुक उचुक के अइसे
आशंका औ भय के मारे केहू देखै जइसे
माथे पर आ रहल पसीना चेहरा उतरल उतरल
हमरे जान में अइसन पहिले कब्बौं नाहीं गुजरल
कवने बात क चिन्ता मन में भला समाइल बोला
हमसे बात छिपावा नहीं, साफ–साफ मुँह खोला
का केहू कुछ कहलस सुनलस या देहलस गारी
ओकर आँख निकारीं राजन ओकर जीभ उपारीं।

●●●

नयी आँखें नये सपने

(नौटंकी)

आकाशवाणी इलाहाबाद के लिए

पात्रों का विवरण

१. नट

२. नटी

३. सिया

४. सिया की सास

५. कमल

६. सरला

७. कन्या की आत्मा

८. कन्या की दादी (सास–राजू की माँ)

९. कन्या की माँ (बहू–राजू की पत्नी)

१०. कन्या का पिता

११. प्रोफेसर

१२. प्रोफेसर की पत्नी

१३. सुनन्दा (प्रोफेसर की शिष्या)

१४. अनुराग सुनन्दा का होनेवाला पति

इसके अलावा नृत्य की चार–पाँच लड़कियाँ (आवश्यकतानुसार) और कुछ वादक कलाकार जैसे नगाड़ा, ढोल, हारमोनियम, बाँसुरी, सेन्थसाइजर आदि।

नगाड़ा धीरे-धीरे बजाना शुरू होता है। फिर धीरे-धीरे लय पकड़ता है। तेज लय पकड़ने के साथ ही पर्दा भी धीरे-धीरे खुलने लगता है। जहाँ नगाड़ा सम पर आता है, पर्दा पूरा खुल जाता है। कलाकार नृत्य की मुद्रा में थिरकते-उछलते मंच पर प्रगट होते हैं, और साथ में प्रगट होते हैं श्रीगणेश जी, गणेश जी की वन्दना शुरू होती है।

गणेश वन्दना :

जै जै हे गणेश भगवान।।
तुम्हरी किरपा बड़ी महान।।
कि तुम हो देवों में परधान।
तुम्हारी जै जै हो स्वामी।।
तुम विद्या बुद्धी के दाता!
जन जन के तुम भाग्य विधाता!!
जग में बड़ी निराली शान।
कि तुम हो देवों में परधान।
तुम्हारी जै जै हो स्वामी।।
जिस पर होती कृपा तुम्हारी।
उसको मिलती है गति न्यारी।।
तेरे ही बूते इन्सान।
करता नये-नये निर्माण।।
कि तुम हो देवों में परधान।
तुम्हारी जै जै हो स्वामी।।

तुमसे ब्रह्मा विष्णु महेश।
पाते रहते हैं निर्देश।
रस के सागर कला निधान।
भगवन तुम्ही ज्ञान-विज्ञान।।
कि तुम हो देवों में परधान।
तुम्हारी जै जै हो स्वामी।।

(वन्दना खत्म होते ही मंच पर आते हैं नट-नटी उछलते-नाचते। नगाड़ा गड़गड़ाता है)

नट-नटी दोनों :

न हम काँटा, न हम रोड़ा न हम दीवार लाये हैं
नयी राहें, नयी मंजिल, नया संसार लाये हैं।
नयी आँखें, नये सपने, नया घर बार लाये हैं।
अजी हम आदमी हैं आदमी का प्यार लाये हैं।

अँधेरे में फँसे हैं जो उन्हें बाहर निकालेंगे
जहाँ खूँटे ही खूँटे हैं, वहाँ पंगत बिछायेंगे
वहाँ आँगन बनायेंगे, वहाँ उत्सव उगायेंगे
नयी दुनिया बसायेंगे कि हम खुशियाँ मनायेंगे।

(क्षणिक अन्तराल)

धुन बदलती है और नृत्य करते युवक-युवतियाँ मंच पर प्रगट होते हैं। नट-नटी फिर शुरू हो जाते हैं।

नट-नटी दोनों :

जलाओ बल्ब फौरन अँधेरा भगाओ
नयी तान छेड़ो नया राग गाओ

नटी : जमाने को बदलो, बदलकर दिखाओ

नट : अँधेरे से बाहर उजाले में लाओ

जलाओ बल्ब फौरन......(दोनों साथ-साथ)

नटी : जो सोया है, उसको हिलाओ-डुलाओ

नट : जगाओ, उठाओ, गले से लगाओ

नटी : गले से लगाओ, उसे ये बताओ।

नट : बहुत सो चुके अब तो बिस्तर उठाओ

जलाओ बल्ब फौरन...(दोनों साथ-साथ)

(गीत समाप्त होते ही नट-नटी और नर्तक सब पर्दे के पीछे चले जाते हैं)

(दृश्य बदलता है)

मंच पर बहू की चोटी पकड़कर मारती-पीटती सास प्रगट होती है।

बहरे-तबील

सास : सास मैं हूँ तुम्हारी ये भूलो नहीं

हुक्म मेरा चलेगा तुम्हारा नहीं

सिर्फ हाँ में ही गर्दन हिलाया करो

ना में गर्दन हिले ये गवारा नहीं।

(सास बहू को घसीटती हुई भीतर ले जाती है, प्रगट होते हैं, नट-नटी)

बहरे-तबील

नट : भाग्यशाली हैं उतनी ही बहुएँ यहाँ

जितनी खुशहाल हैं अपनी ससुराल में

वरना बहुतों की किस्मत में रोना लिखा

राम जाने कहाँ कौन किस हाल में

नटी : ऐसी ही जिन्दगी जी रही है सिया
जो है बेटी अकेली जिया लाल की
हर तरफ से घिरी ही घिरी है सिया
गिन रही साँस जैसे मृगी जाल की

नट : अपना दुखड़ा सुनाने वो खुद आ रही
देखिये क्या बताती सुनाती है वो
उस पे क्या-क्या हुआ और कैसे हुआ
कुछ छिपाती नहीं सब बताती है वो।

चौबोला

नटी : संकट में है जान सिया की सास सताती है
कार माँगती, फ्लैट माँगती, रोज डराती है
धमकाती है ननद सिया को आँख दिखाती है
भीख माँगती सिया जान की खैर मनाती है

(सिया प्रगट होती है)

सिया : क्या सुनाऊँ मैं दुखड़ा भला आपको
ऐसी ब्याही से मैं थी कुँवारी भली
मैं विवश होके जीती थी ससुराल में
उन दरिन्दों के आगे न मेरी चली

रोज ही मार पड़ती थी ससुराल में
पति ने मुझको जलाया है सिगरेट से
गाल पर, पेट पर, पीठ पर, वक्ष पर,
घाव देखो ननद ने किया ब्लेड से

पति मिला भी तो शोहदा लफंगा मिला
नम्बरी वो शराबी जुआरी भी था
छीनकर सारे गहने भी वो ले गया
वो मवाली भी था, वो बवाली भी था।

मैंने भी फैसला कर लिया एक दिन
वारा–न्यारा करूँगी–डरूँगी नहीं
मैं अकेले ही जमकर लड़ूँगी मगर
अब सुनूँगी नहीं, अब सहूँगी नहीं

हौसला बढ़ गया, मुझको ताकत मिली
मैं न रोके रुकी, सीधे थाने गई
फिर तो ससुरालवाले यूँ गायब हुए
कोई दिल्ली छिपा तो कोई मुम्बई

मुझसे अच्छी तो मेरी सहेली रहीं
जात जाना नहीं, पाँत माना नहीं
दोनों आपस में हैं मिल गये इस तरह
सिर्फ सत्तू ही सत्तू है, दाना नहीं

मेरे घर पर वो आये हैं, मेहमान हैं,
उनकी बातों को सुनिये, सबक लीजिये,
इस घड़ी आप केवल इधर देखिये
ध्यान सारा का सारा इधर दीजिये।

(सिया एक ओर से पीछे की ओर जाती है, दूसरी ओर से उसकी सहेली और उसके पति सहज अन्दाज में बोलते बतियाते मंच पर आते हैं)

कमल : चलो मेरी जान ऐश बाग मैं घुमा दूँ।
तिराहे का आज गोल गप्पा खिला दूँ।

सरला : सुनो मेरे नादान अली–गढ़ी छैले! अरे मक्खन जब कभी तूने देखा ही नहीं तो ये बिना वजह लगाने का शौक कहाँ से चर्रा पड़ा।

कमल : बीती ताहि बिसारि दे, आगे की सुध लेहु।

सरला : तो डबुल बेड फौरन मुझे आज अभी तुम देहु।।

(दोनों ठठाकर हँस पड़ते हैं)

कमल : सोचो भला हमारी तमाम कीमती रातें तो चटाई पे कट गयीं।

सरला : और डबुल बेड का सपना खाली हैंगर की तरह आँखों में आज भी टँगा हुआ है।

कमल : अबकी कोशिश करूँगा।

सरला : सुन मेरे शेख चिल्ली–तेरी इस सादगी पर तो मैं मर मिटी प्यारे! तुम अब डबुल बेड भूल ही जाओ, हो सके तो डियर पालने का जुगाड़ बैठाओ, और देखो इधर देखो।

(गोद में बच्चा खिलाने का अभिनय)

ऐश बाग प्यारे मैं पैदल न जइहौं
चलूँगी अगर लेके गोदी में चलिहौं
मन्जूर है?

कमल : ना बाबा ना, आज मुझे नदी पार जाना है।

सरला : सुनो....(कुछ रुककर)

चाहे आर जाना चाहे पार जाना
तेरी लब्बो पुकारे तो लौट आना,
तुम खटाई न दो, तुम मिठाई न दो
मेरे जालिम मुझे ये जुदाई न दो
कौन मुँह पर मलेगा अनारदाना

जोन कैसे लगेगा तुम्हारे बिना
आँख लगती नहीं है निहारे बिना
मन में होता है मेरे भी धीन ताना

(इसी के साथ ये पीछे चले जाते हैं, मंच पर नट–नटी का प्रवेश होता है)

दोहे

नट : तरह–तरह के पुण्य है, तरह–तरह के दान
दानों में सबसे बड़ा दान है कन्या दान।

नटी : ग्रहण लगा इस दान पर, यह कैसा अन्धेर
गायब होगी नस्ल ये, लगता देर–सबेर

नट : कैसे हैं गाता–गिता, जिनके मन में पाप
एक बार तो झाँकिये, अपने भीतर आप

नटी : सबसे ज्यादा देखिये, गिरा आज इन्सान
पता लगाता गर्भ में कैसी है सन्तान

बहरे-तबील

नट : सोच का दोष है कि गशीनों का है।
नस्ल की जानकारी जो है दे रही,

क्या कहें खोज को ऐसी साइन्स की
जान लड़की की जो इस तरह ले रही

नटी : क्या समय आ गया बाप रे देखिये
आज ममता और करुणा पे पानी फिरा
गर्भ में मारी जाती है बेटी जहाँ
माँ वो कितनी गिरी बाप कितना गिरा

नट : जन्म लेने से पहले जो मारी गयी
उसकी सुनिये कहानी सुनाती है वो
दोष किसमें है? कितना? कहाँ? देखिये
आईना सबके आगे दिखाती है वो...

(नट-नटी जाते हैं। मरे हुए कन्या भ्रूण की आत्मा बोलती है)

आत्मा : मेरे माता-पिता चाचा-चाची सुनो
दादा-दादी सुनो, नाना-नानी सुनो
मैंने देखा नहीं, मैंने जाना नहीं
आपने भी मुझे अपना माना नहीं
क्यों मुझे प्राण-मन में उतारा गया
जन्म लेने से पहले ही मारा गया
मेरी क्या है खता ये बता दीजिये
मेरे घर है जहाँ वो पता दीजिये।

दोहा

जिस दिन ये जाहिर हुआ, मैं कन्या सन्तान
घर में मातम छा गया, क्या होगा भगवान

घरवाले करने लगे तरह-तरह की बात
मन से मैं आहत हुई लगा मुझे आघात

दृश्य बदलता है। राजू और राजू की माँ आपस में चिन्तित और परेशान भाव से बतिया रहे हैं। बहुत सामान्य आवाज में। न बहुत धीमी न बहुत तेज। राजू की पत्नी के गर्भ में पल रही सन्तान चिन्ता का विषय।

माँ : देख राजू, मैं तो सौ बात की बस एक बात जानती हूँ कि काम वही अच्छा है जिसमें अपना भला हो बहू के गर्भ की जाँच मैं करा चुकी हूँ। समझो अब सफाई होनी ही होनी है।

राजू : हाँ, माँ लेकिन इस बात के लिए (कहकर रुक-सा जाता है)

माँ : मैं डॉक्टर से बात कर आयी हूँ। वहाँ तो बाप रे बाप, लाइन लगी हुई है, कौन नहीं गर्भ की जाँच करवा रहा है, और अगर लड़की है तो सब सफाई भी करा रहे हैं। अधिकारी भी, कर्मचारी भी, व्यापारी भी, आला भी, अदना भी।

राजू : इसके लिए माँ शायद तुम्हारी बहू, मेरा ख्याल है, तैयार नहीं होगी।

माँ : सुनो मुझसे तो फिलास्फी छाँटो मत। बहुत उपदेश सुन चुकी हूँ। अब कुश कन्या की ओर कोई नहीं देखता, सब कार और कोठी से ही शुरू होते हैं। ना बाबा ना ये हो के रहेगा। तुम अगर अपनी बीवी से डरते हो तो डरो मैं खुद कहूँगी, और अभी कहूँगी, फौरन से पेश्तर कहूँगी।

राजू : माँ एक बार और सोच लो अगर कुछ उल्टा-सीधा हो गया तो?

माँ : (चढ़ी आवाज) क्या होगा रे? उल्टा-सीधा क्या होगा? नेक काम में देरी नहीं।

राजू : लेकिन ये नेक काम नहीं है।

माँ : क्या अच्छा है, क्या बुरा है? ये फैसला मैं करूँगी। तुम नहीं, न तुम्हारी बीवी।

(दृश्य बदलता है)

सास-बहू संवाद

दोहा

सास : मैं जो कहती हूँ, बहू सुनो खोलकर कान
लड़की तो अभिशाप है लड़का है वरदान
लड़की क्या देगी भला लड़की कष्ट महान
लड़के से तो वंश है, वही सही सन्तान
फौरन ही छुट्टी करो, आये न बारात
मुँह मत देखो और का, सब है तेरे हाथ।

दोहा

बहू : लेकिन माँ जी क्या करूँ? दुविधा में है जान।
कैसे मैं छोड़ूँ भला—दीन, धरम, ईमान।।

चौबोला

काँप रहा मन मेरा जैसे कोई टोक रहा
ऐसा निर्णय लेने से है, कोई रोक रहा
असमंजस में जाने कब से घिरी हुई हूँ मैं
भरी गोद अब खाली होगी-डरी हुई हूँ मैं

बहरे-तबील

सास : सास हूँ मैं तुम्हारी ये आदेश है,
वरना क्या होगा घर में नहीं जानती

मेरी भोली बहू! मैं कहूँ भी तो क्या
इस बहाने मैं घर का भला चाहती।

(अपने बेटे को पुकारती है.....राजू)

राजू बेटे तुम्हीं आके समझा इसे
इसके चेहरे पे छायी उदासी मिटा
इसकी जायी को मैं ब्याह सकती नहीं
घर का संकट इसे आज खुद तू बता...

आज लाखों में बिकते हैं, दूल्हे यहाँ
कितनी महँगी हुईं शादियाँ देख लो
कैसी है जिन्दगी उन घरों में जहाँ
बोझ–सी हैं पड़ी बेटियाँ देख लो।

दोहा

सास : ले करके तू जा इसे आज अभी तत्काल।
हे ईश्वर! काटो प्रभो इतना बड़ा बवाल।।

बहरे-तबील

राजू : मेरी बीवी को भी जान प्यारी है माँ
कहने–सुनने की ज्यादा जरूरत नहीं
आज ही होगा आदेश पूरा तेरा
आज से आगे अच्छा मुहूरत नहीं

(दृश्य बदलता है)

(नृत्य गीत)

बिटिया भइली फूटल थरिया, अरे बाप रे बाप
बेटवा जइसे घिउ के घरिया, अरे बाप रे बाप

बिटिया केहु ना देखल चाहे, बेटवै आछो आछो
जेकरे खाली बेटवै-बेटवा ओकर घिउ में पाँचो
कवनो चिन्ता ना फिकिरिया, अरे बाप रे बाप

बहुत बड़ा हमहन पर संकट सुनला बहिनी बबुनी
ना लउकी अब चुनरी-पियरी-पायल-टिकुली-नथुनी
धरती पर न लउकी तिरिया अरे बाप रे बाप

गोद में ना अब अइहै बिटिया कोख में मारल जइहैं
बेटवा चाहे वाले सोचैं बेटवा कइसे पइहैं
कइसे बसिहै फिर नगरिया, अरे बाप रे बाप

(नृत्य गीत समाप्त होता है दृश्य बदलता है)

(राजू और उसकी पत्नी की बातचीत)

राजू : (तीखे स्वर में अपनी पत्नी से बोलता है) सुनो (चुटकी बजाता हूँ) फौरन तैयार हो जाओ। नर्सिंगहोम चलना है।

पत्नी : कैसे मर्द हो जी? तुम गलत का विरोध नहीं कर सकते?

राजू : इस घर में सवालों के लिए कोई जगह नहीं है।

पत्नी : और अगर मैं ना कह दूँ तो?

राजू : कह के देखो...अस्पताल जाने की नौबत ही नहीं आयेगी। बस यही इसी दम...समझीं?

पत्नी : मुझे तो तुम्हारे ऊपर बड़ा गुमान था कि मेरा पति ऐसा है, वैसा है, अरे तुम्हारे जैसा निपचुर मर्द तो मैंने देखा ही नहीं।

राजू : मैं निपचुर हूँ कि अफलातून हूँ यह तो समय बतायेगा। (थोड़ा-सा रुककर, कन्धे पर हाथ रखता है, समझाने के अन्दाज में) इधर देखो मेरी ओर, मैं मर नहीं जा रहा हूँ।

पत्नी : सुनो स्वाती की हर बूँद मोती नहीं बनती, जब मैं पहला गर्भ नहीं बचा पा रही हूँ तो दूसरा गर्भ किस बूते पर धारण करूँगी,...थू एक बार दो बार नहीं सौ बार थू...सौ बार थू... सौ बार थू...

(दृश्य बदलता है)

(अब प्रगट होती है, कन्या-आत्मा)

बहरे-तबील

आत्मा : सृष्टि सारी है नारी से ही विश्व में,
और नारी ही है किरकिरी हो गयी
कोई इज्जत नहीं कोई गिनती नहीं
क्या से क्या आज है, स्त्री हो गयी

क्या मिला है मुझे मारकर माँ कहो,
कौन-सा पुण्य तूने कमाया भला
मेरे भीतर भी थी, इन्दिरा गाँधी
मेरे भीतर भी थी, कल्पना चावला

गर्भ धारण किया था तो देती जन्म
माँ बताओ न तूने क्या ऐसा किया
कह रहा क्या जमाना सुनो तो जरा
एक माँ ने है बेटी को धोखा दिया।

(यह पंक्ति तीन बार अनुगूँज रूप में गूँजती है)

माँ : चाहकर भी मैं बेटी नहीं लड़ सकी,
अपने सपने को रोकर सुला ही दिया
सर उठाने की हिम्मत नहीं कर सकी
क्या करूँ हारकर सर झुका ही लिया

आँख तुमसे नहीं मैं मिला पा रही
अपनी गलती पे हूँ आज पछता रही,
चाहकर भी नहीं कर सकी मन की मैं
आज भीतर–ही–भीतर मरी जा रही।

(आत्मा का पिता से संवाद)

दोहा

आत्मा : मैं कैसे बोलूँ पिता क्षमा करेंगे आप
आप सरीखे बाप ही, धरती पर हैं पाप

बहरे-तबील

पिता : प्यारी बेटी हमें यूँ न लज्जित करो,
अपनी करनी पे हम आज पछता रहे,
जो हुई सो हुई फिर न होगी खता
सबके आगे हैं हम ये कसम खा रहे

एक अच्छी खबर है, ये सबके लिए
आज वो डाक्टर भी है पकड़ा गया
और जमानत नहीं दी उसे कोर्ट ने
केस ने है उसे जेल पहुँचा दिया।

बहरे-तबील

आत्मा : कैसे कह दूँ भला मैं उसे डाक्टर
जिसकी करतूत काली घिनौनी पिता
सबसे घटिया जमाने में इन्सान वो
उसकी छवि भी है मैली औ बौनी पिता

दोहा

आप अगर जाते नहीं, दुष्ट डाक्टर पास
तो पड़ता क्यों भोगना, ऐसा यह सन्त्रास।

(दृश्य बदलता है—नट-नटी का प्रवेश)

नट : कही आत्मा ने नटी, लाख टके की बात
जात-पाँत की बात में कितनी है औकात,

नटी : नर-नारी दोनों सुनो—मानो सच्ची बात
सबसे अच्छी है यहाँ बिना जात की पाँत,

नट : अभी समय है, लौटिये अच्छाई की ओर
फौरन दूर भगाइये अपने मन का चोर...

(दृश्य बदलता है)

(अनुराग और सुनन्दा आपस में बातें कर रहे हैं)

अनुराग : क्या हाल है, प्रोफेसर दम्पति का?

सुनन्दा : अब क्या हाल बताऊँ? मैं बहुत ही कशमकश में हूँ।

अनुराग : कशमकश किस बात की?

सुनन्दा : मेरी हालत देहरी के दीये की तरह है। एक तरफ तुम हो और दूसरी तरफ प्रोफेसर दम्पति। किसके भरोसे इन्हें छोड़ूँ।

अनुराग : अच्छा एक बात बताओ।

सुनन्दा : पूछो।

अनुराग : पूछूँ?

सुनन्दा : हाँ-हाँ पूछो, क्योंकि तुम मेरे एकमात्र पुरुष मित्र हो। मुझे विश्वास है कि जो कुछ भी तुम पूछोगे मेरे सम्मान की रक्षा करते हुए पूछोगे।

अनुराग : मुझमें और प्रोफेसर में किसी एक को छोड़ना पड़े तो तुम किसे छोड़ोगी?

सुनन्दा : मैं तो सिर्फ इतना जानती हूँ कि जो मुझे चाहेगा वो मेरे साथ रहेगा...तुम मेरे लिये अपना कैरियर मत बिगाड़ो। इतनी अच्छी नौकरी छोड़ने की राय मैं कभी नहीं दूँगी। और मुझे तो तुम देख ही रहे हो, मैं एक लावारिस खूँटे की बछिया हो चुकी हूँ। एक जिम्मेदारी मैंने चादर की तरह ओढ़ ली है... मैंने तो अपने माँ-बाप को नहीं देखा, नहीं सही लेकिन आज हमें माँ-बाप-सा कोई प्यार तो दे रहा है।

(दृश्य बदलता है)

एक अधेड़ वृद्ध असहाय दम्पति। स्त्री को मोतियाबिन्द है। पुरुष जो रिटायर्ड प्रोफेसर है, को लकवा। उन्हीं की शिष्या सुनन्दा उनकी सेवा में है, नालायक आवारा-ऐयाश बेटा अलग रहकर माँ-बाप के मरने का इन्तजार कर रहा है। नाम है चन्द्रमा।

प्रोफेसर के घर का दृश्य

प्रोफेसर : तुम न होती तो हम दोनों जाते कहाँ
क्या पता हम कहाँ होते किस हाल में
हमको फालिज पड़ा इसको है मोतिया
मौज करता है बेटा जा ससुराल में।

प्रोफेसर की बीवी : कल वो आया था, आँखें दिखा के गया,
उसकी बीवी ये घर बेचना चाहती,
उसकी नजरों में हम आदमी ही नहीं
घर के बाहर हमें फेंकना चाहती।।

कोख से तो तुम्हें मैंने जाया नहीं
गोद, पर धन्य है, आज पाकर तुम्हें
लग न जाये किसी की बुरी-सी नजर
अब मैं रखूँगी भीतर छिपाकर तुम्हें।

सुनन्दा : सर! मुझे अपनी बेटी समझ लीजिये,
अपना दायित्व मन से निभाऊँगी मैं,
आपने सर पढ़ाया मुझे किस लिये
अपनी शिक्षा को अब आजमाऊँगी मैं।

(इसी बीच वहाँ सुनन्दा का दोस्त अनुराग आ जाता है)

प्रोफेसर : आ गया अनुराग भी घर भर गया है देख लो,
फूल गमले में खिला टटका नया है देख लो

प्रोफेसर की बीवी : तुम दोनों बातें करो, हम दोनों आराम।
सच है असली प्यार में, लगता नहीं छदाम।।

(दृश्य बदलता है, सुनन्दा और अनुराग आपस में बतियाते हुए)

दोहे

अनुराग : क्या सोचा तुमने भला, बोलो क्या आदेश
सुनन्दा : नहीं छोड़ते बन रहा, हमसे ये परिवेश।
अनुराग : मैं भी तो हूँ चाहता, हाथ बँटाना साथ
यही रहूँगा साथ में, अब तो दे दो हाथ

बहरे-तबील

सुनन्दा : मुझको विश्वास था, लाज रखोगे तुम
हाथ संकट में मेरा बँटाओगे तुम
मैं जहाँ भी थकूँगी जी इस दौड़ में
मुझको गिरने न दोगे सँभालोगे तुम

(दोनों भीतर चले जाते हैं, हँसते हुए)

(गीत और नृत्य)

जिनिगिया लहर लहर लहराय
आँख न ठहरै रूप के आगे
रूप देख बिछलाय।।
खेत भरल, खरिहान भरल हौ
भरल भरल हौ अँगना
नयी नयी हौ देह सुहागिन
नया-नया हौ कंगना
ऋतु आवै ऋतु जाय टहनिया
सौ-सौ झोंका खाय।। जिनिगिया
अगले-बगले रस कै झरना
गूँजै मधुर बँसुरिया
झिर-झिर, झिर-झिर बहै बयरिया

फर–फर उड़ै चुनरिया
घर–घर बोले धार दूध कै
देख जिया हरसाय।। जिनिगिया
मह–मह महकें बाग–बगइचा
चमकें ताल–तलैया
फुलवरिया में तितली–भौंरा
नाचैं ताता–थइया
घूँघट काढ़ दुलहिया निरखै
सुख ना कहीं समाय

(दृश्य बदलता है नट–नटी प्रगट होते हैं)

नट–नटी : आईना देखिये, आईना देखिये
आईना देखिये, बात बन जायेगी

उजड़ा–उजड़ा ये गुलशन सँवर जायेगा।
घर की बिगड़ी दशा भी सुधर जायेगी।

सोचिये भी सही देखिये भी सही,
भेद मन में न कोई भी अब लाइये
प्यार पाओगे तब, प्यार बाँटोगे जब,
प्यार–ही–प्यार लोगों पे बरसाइये।

ठान लो, अपने मन में ये संकल्प लो,
प्यार का दीप घर–घर जलाते चलो
जितने रोड़े और काँटे पड़ें राह में,
रास्ते से उन्हें अब हटाते चलो।

(नृत्य करती लड़कियाँ मंच पर आती हैं,
समूह स्वर में गीत चलता है)

ये लड़कियाँ जंगल पहाड़ी खेत में मैदान में,
मंच पर हैं लड़कियाँ, हैं लड़कियाँ बागान में
खोज करती लड़कियाँ, संकल्प रचती लड़कियाँ
फौज में हैं जिन्दगी उत्सर्ग करती लड़कियाँ
मान से सम्मान से, जीना सिखाती लड़कियाँ
सूनी आँखों में नये सपने सजाती लड़कियाँ
लड़कियों की ही बदौलत जिन्दगी है, प्यार है,
इस प्यार का विस्तार ही इतना बड़ा संसार है।

इसके बाद निम्नलिखित पूरा टुकड़ा गाया जायगा–

न हम काँटा, न हम रोड़ा न हम दीवार लाये हैं
नयी राहें, नयी मंजिल, नया संसार लाये हैं।
नयी आँखें, नये सपने, नया घर बार लाये हैं।
अजी हम आदमी हैं आदमी का प्यार लाये हैं।

अँधेरे में फँसे हैं जो उन्हें बाहर निकालेंगे
जहाँ खूँटे ही खूँटे हैं, वहाँ पंगत बिछायेंगे
वहाँ आँगन बनायेंगे, वहाँ उत्सव उगायेंगे
नयी दुनिया बसायेंगे कि हम खुशियाँ मनायेंगे।

जै गंगे जै–जै गंगे

(नौटंकी)

आकाशवाणी इलाहाबाद के लिए

वाचिका

डॉ. शैलजा सिंह

संगीत

श्रीयुत् श्रीकान्त वैश्य

कलाकारों का विवरण

गायक/गायिकाएँ :

1. विवेक प्रियदर्शन
2. मनोज गुप्ता
3. श्रीकान्त वैश्य
4. सुचरिता दासगुप्ता (वाराणसी)
5. संगीता राय
6. प्रियंका चौहान
7. मल्लिका चटर्जी
8. नीतू पाण्डेय

वादक :

9. कृष्णा राम चौधरी–शहनाई
10. रविशंकर–बाँसुरी
11. श्रवण भट्ट–ढोलक
12. पंकज श्रीवास्तव–तबला
13. किरण कुमार वैश्य–मजीरा, शंख आदि
14. विजय चन्द्रा या जयन्तो बोस सेन्थसाइजर
15. मुकेश मालवीय–गिटार
16. कुछ कलाकार नृत्य के लिए

(कैमरा घूमता है–संगम–तट–लहरें–नावें–तट का दृश्य

स्नानार्थी : तीर्थ पुरोहित माला फूल दूधवाले दीप दान

संकल्प : गोदान आदि के दृश्य शंख शहनाई मंगल ध्वनि।)

दोहा गायन :

1. तीरथ राज प्रयाग को, शत–शत बार प्रणाम
   जिनके दर्शन से यहाँ, धन्य हुए श्रीराम।।
2. अद्भुत अतुल असीम है, महिमा आदि अनन्त
   गाते सभी गृहस्थ जन, गाते साधू–सन्त।।
1. अक्षयवट की छाँह में, धर्म और विश्वास
   देते हैं जीवन नया, देते हैं उल्लास।।
2. बारह माधव हैं यहाँ पहरे पर तैनात
   लहरों में वटपत्र पर जीवन की सौगात।।
1. जीवन है दर्शन यहाँ, यहाँ ज्ञान–विज्ञान
   चारों फल की सीढ़ियाँ, दान–ध्यान–स्नान।।

(वातावरण में भजन–पूजन–कीर्त्तन की ध्वनि रची बसी है।)

वाचिका : जै हो तीर्थराज प्रयाग की जै हो। सचमुच यह भूमि प्रणम्य है। गंगा–यमुना और अदृश्य सरस्वती का यह पावन संगम, हमारे पूर्वजों द्वारा किये गये यज्ञों का साक्षी है। पावन है यह रेत। और इस रेत का कण–कण पावन है। मन्त्रों की गूँज,

नावों की छप-छप और लहरों का कल-कल कितना अच्छा लग रहा है। भजन-पूजन कथा-कीर्त्तन की आत्मीयता कितनी रसवन्त और जीवन्त है। ऐसे तीर्थराज के दर्शन के लिए सब दौड़े चले आ रहे हैं सन्त, गृहस्थ, योगी, यती, यक्ष-किन्नर और देव। सब भगवान् तीर्थराज की कृपा पाना चाहते हैं तभी तो यहाँ ऐसा उत्सव छाया हुआ है।

समूह गान :

यह संगम की भूमि पुण्य की कथा सुनाती है,
श्वेत-श्याम जलधार यहाँ हरदम लहराती है।।

पाप काटती, पुण्य बाँटती, पावन धरती है
जीवन देती, प्राण फूँकती, अमृत भरती है
मन्त्र गूँजते हैं गुरुकुल में गाय रँभाती है।।

राजा, रंक, फकीर, भिखारी, दानी आते हैं
साधू, योगी, यती सभी जैकार लगाते हैं
दूर-दूर तक ध्वजा धर्म की राह दिखाती है।।

उत्तर-दक्षिण-पूरब-पश्चिम चारों मिलते हैं
चारों मिलते हैं आपस में मिलकर खिलते हैं
इनकी महिमा बड़ी निराली, दुनिया गाती है।।

कहने को तो यह गंगा-यमुना का संगम है
त्याग-तपस्या-प्रेम और करुणा का संगम है
यही प्रभाती है जीवन की यह सँझबाती है।।

वाचिका : वाह! धन्य है यह भूमि और धन्य है यह जन-मानस। कैसी-कैसी संस्कृतियाँ हैं। कैसी-कैसी परम्पराएँ हैं। कैसी-

कैसी बोलियाँ हैं। कैसे-कैसे पहनावे हैं। चेहरे-ही-चेहरे। आँखें-ही-आँखें। इसी जनमानस को महापुरुषों ने देश और समाज कहा है। यही हमारी सार्थक, सात्त्विक और सटीक पहचान है। तीर्थराज प्रयाग ने आज सबको बुलाया है--क्या बूढ़े, क्या युवा और क्या बच्चे? जिसे देखिये वही भीतर से खिला-खिला है फूला नहीं समा रहा है सब राग-रंग में डूबे हुए हैं।

नृत्य गीत :

कल कल बहै पुण्य कै धारा
गोता मारा प्रान पखारा
अइसन निरमल हउवै तिरबेनी कै नीर सजनी
एकरे तट पर हरदम जुड़ल रहैले भीर सजनी।।

ईहै तन कै चुनरी पियरी
ईहै मन कै गहना,
सबही करै बड़ाई एकर
सबही करै सरहना,
ईहै कजरी अउर देवारी
ईहै हौ पूजा कै थारी
ईहै हउवै क़ुल फग़ुवा-अबीर सजनी।।

ईहै रक्खै घर कै पगड़ी
ईहै रक्खै पानी,
ईहै हउवै राजा बड़का
ईहै हउवै दानी
एकर किरपा बड़ी निराली
सब कर भ़रै गोद ई खाली
एकरे आगे सारी दुनिया फकीर सजनी।।

सबकर इहाँ मनौती पूजै
पूजै सबकर आसा
ना केहु रहै भुखायल एहिजाँ
ना केहु, रहै पियासा
सबके अपने पास बोलावै
सबकर बिपदा दूर भगावै
अपने हाथे ई सँवारै तकदीर सजनी।।

(गीत खत्म होता है। उभरता है संगम क्षेत्र का वातावरण कुछ ही सेकेण्डों के लिए)

वाचिका : वाह! धन्य हो तीर्थराज प्रयाग! तुम धन्य हो। यह हमारा सौभाग्य है जो हम रोज आपका दर्शन प्राप्त करते हैं जन-जन के ऐसे अटूट विश्वास की यह शाश्वत-सनातन मंगल यात्रा यहाँ पहुँचकर सम्पूर्ण होती है इन्हें देखिये इन्हें कैसा हाथ में हाथ लिये संगम की रेत में उतर पड़े हैं इनकी चाल देखिये, इनका उत्साह देखिये दाम्पत्य का ऐसा अनोखा रंग विश्व में और कहीं नहीं मिलेगा।

युगल गीत :

पुरुष : चलो जी चलो आज संगम नहायें
स्त्री : लिये हाथ में हाथ गोता लगायें

अन्तरा एक :

पुरुष : बुलाया है संगम ने आओ नहाओ
स्त्री : नहाओ यहाँ पाप धोओ बहाओ
पुरुष : यहाँ धर्म की कर्म की बात होती
स्त्री : यहाँ प्राण के कर्म की बात होती
पुरुष : चलो गीत लेकर भजन से भुलायें
स्त्री : यही पुण्य लूटें यही फल कमायें।।
चलो जी चलो...।।

अन्तरा दो :

पुरुष : यहाँ वेदपाठी उपासक हैं देखो

स्त्री : यहाँ योग में लीन साधक हैं देखो

पुरुष : यहाँ सन्त धूनी रमाये हैं देखो

स्त्री : यहाँ भक्त पलकें बिछाये हैं देखो

पुरुष : चलो ठाट से रेत में घर बनायें

स्त्री : गिरस्ती से ऊबा हुआ मन लगायें
चलो जी चलो...

अन्तरा तीन अन्तिम :

बड़े भाग से पर्व आया हुआ है
हवा धूप जल में समाया हुआ है
सवेरे से लहरें किनारे बुलाकर
हँसी बाँटती खिललिखा-खिलखिलाकर
चलो भीड़ में हम हँसें खिलखिलायें
वही राग गायें वही स्वर उठायें।।
चलो जी चलो...

वाचिका : जरा इस भिखारी को देखिये! खँजड़ी के लय में रमा हुआ है (कुछ सेकेण्ड तक खँजड़ी का ध्वनि प्रभाव सीधे-सीधे गंगा मइया से बतिया रहा है अपनी फरियाद सुना रहा है बड़ी ईमानदारी से अपने को खोल रहा है अपनी गरीबी को पाप समझ रहा है इसीलिए गुहार लगा रहा है–

गीत :

रोज रोज गीला गरीबी में आँटा
ए गंगा माई! हमार पाप काटा।।

खेती कचहरी पढ़ाई कऽ चिन्ता
बिटिया कइ गौना, विदाई कऽ चिन्ता
बना रहै माई हमार जोरू जाता।।

हमरे नियर पाजी आयल न होई
बोझा से एतनी लदायल न होई
ई बोझा माई समूचा तू बाँटा।।

ना मोरे चुनरी ना मोरे पियरी
ले–देके खाली इहै मोर ठठरी
छोड़ै ना चोला परान गुड़–माँटा

वाचिका : ऐसी जमीन अन्य को और कहीं नहीं मिलेगी। यहाँ आने के लिए किसी को न्यौता नहीं दिया जाता है। सब सालभर बाट जोहते हैं और सहसा एक दिन चल पड़ते हैं घर–दृष्टि–खेत–कचहरी–न्यौता–उत्सव सब छोड़–छाड़कर जरा इस स्वाँग को तो देखिये यह स्वाँग सिर्फ स्वाँग ही नहीं है बल्कि एक सबक भी है देश समाज के लिए समाज की इकाई यानी आदमी के लिए यानी इन्सान के लिए

गीत : (दो पुरुष पात्रों के माध्यम से)
कमर टूटी राम छूटी ना गठरी। 1 पुरुष
झूल गयी चमड़ी बटुर गयी ठठरी।। 2 पुरुष

ऐसा मैं खोया कि चेत नहीं आया।
मथुरा का पेड़ा भी छील–छील खाया 2
माटी के मोल बिकी सोने की बखरी (दोनों)
कमर टूटी राम...।।

बहुत उछला कूदा बहुत नाचा गाया न.1
आँधी बवण्डर सा भागा पराया...न. 2
गुर्दे को ले डूबी गुर्दे की पथरी।। (दोनो)
कमर टूटी...

सन्तों की दुनिया महन्तों की दुनिया 1
आई ना रास मुझे धन्धों की दुनिया 2
खाया ना मेल कहीं बैठी ना पटरी (दोनों)
कमर टूटी...

गज़ब दुनियादारी गज़ब का तमाशा 1
बादल भी प्यासे समन्दर भी प्यासा 2
कहाँ ले के जायें हम, ये खाली गगरी (दोनों)
कमर टूटी राम...

वाचिका : जानते हैं ये राग कहाँ से फूटा है? वहाँ से जहाँ से गंगा फूटी है, जहाँ से यमुना फूटी है। उद्‌गम से लेकर संगम तक और संगम से लेकर गंगा सागर तक गंगा केवल नदी के रूप में नहीं बहती गंगा बहती है हमारी जीवन धारा होकर यह जीवन धारा सबको जीवन देती है ये बीडती बराती नहीं... अधिकारी-कर्मचारी-व्यापारी-पुलिस साधू-सन्त-कल्पवासी सब इसके बेटे हैं सब एक बराबर हैं फिर भी गंगा मइया के सामने फरियाद लगी ही रहती है परदेस गये पति की वापसी की कामना से जुड़ी ये करुण प्रार्थना गंगा मइया अवश्य सुनेंगी और अपनी बेटी का दुख दूर करेंगी...

गीत :

धुनिया रमइबै हम करबै पुजनिया कि
धरबै जोगिनिया कऽ भेस गंगा जी,

घरवा ना भावै मइया भावे ना दुअरवा कि
पियवा बसेला परदेस गंगा जी।।
तिजिया कजरिया रोवावै बेलवरिया कि
सोहै नाहीं कौनो तिहुवार गंगा जी
नाहीं सोहै छिंटिया चुनरिया पियरिया कि
नाहीं सोहै सोरहो सिंगार गंगा जी
गोतिनी परोसिनी दरदियो ना बूझे मोरा
हँसि-हँसि देली उपदेस गंगा जी।।

दिनवाँ त बीते मइया खेत खरिहनवाँ कि
होइ जाले रतिया पहार गंगा जी,
बगिया ना फूले मइया बोले ना कोइलिया कि
बरहो महीना पतझार गंगा जी
चनवाँ न भावैं नाहीं भावैले चननिया कि
लागेला करेजवा में ठेस गंगा जी

बीति गइलै दिनवाँ-महिनवाँ-बरिसवा कि
सूखि गइली तुलसी हमार गंगा जी,
रोवत-रोवत मोर अँखियाँ झुरइलीं कि
टूटे नाहीं सँसिया के तार गंगा जी
देहलू सेन्हुरवा मइया देहलू पियरवा कि
तोही मोर हराई कलेस गंगा जी...

गंगा मइया का सर्वाधिक साधारणीकरण हमारे लोक मानस में हुआ है। जिसे दुख सताता है वो भागकर यहीं आता है। और अपनी-फरियाद सुनाता है। फरियादी अपनी फरियाद इसलिए सुनाता है कि गंगा मइया अपने बेटे-बेटियों की शिकायत उलाहना, प्रार्थना फौरन सुनती हैं और दुख दूर

करती हैं यही सोचकर तो ये स्त्री भी यहाँ आयी हैं। इसे पूरा विश्वास है कि गंगा मइया इसकी गोद भरेंगी...

गीत :

देहलू जिनिगिया मइया देहलू सेन्हुरवा
मोर अँचरवा भरतू ना
दे के गोदिया में ललनवा
मोर अँचरवा भरतू ना
सखिया सहेलिया सब भइलीं लरकोरिया
हमरी ओरियाँ देखा ना
बीतल जाले मोर उमिरिया
हमरी ओरियाँ देखा ना,

बाँटा उजियरवा मइया काटा अन्हियरवा
उपकरवा करतू ना
दे के गोदिया में ललनवाँ
उपकरवा करतू ना...

बाटै एतनी अरजिया, मइया राखा मोरी लजिया
ई बिपतिया काटा ना
जागै हमरो किसमतिया
ई बिपतिया काटा ना
ले के अइली हम असरवा माई तोहरे किनरवा
मोरे सहरवा बनतू ना
दे के गोदिया में ललनवाँ मोर सहरवा बनतू ना।
करबै जिनगी भर पुजनवा, करबै रोज दरसनवाँ
अरमनवाँ पूरा हो
मइया माँगीला मँगनवाँ अरमनवाँ पूरा हो
मारै मेहना जेठनिया, बोलै ससुई बझिनियाँ

मोरे बेदनवाँ हरतू ना।
दे के गोदिया में ललनवाँ
मोरे बेदनवा हरतू ना।।

वाचिका : यहाँ आते ही हमारा हर आचरण उत्सव में बदल जाता है। जो इक्का-दुक्का है वो भी भाव की सम्पदा से सम्पन्न है और समूह भी उसी भाव में डूब-उतरा रहा है पता नहीं कब और कैसे यहाँ पहुँचते ही हमारी जीवन-शैली में बदलाव आ जाता है...हमारे भीतर का झरना फूट पड़ता है मन की निर्मलता धार बन जाती है–

गीत :

जै गंगे जै जै गंगे/जै गंगे जै-जै गंगे,
पापनाशिनी, मोक्षदायिनी, कल्याणी हितकारी
शुभकारी, मुदमंगलकारी और अमंगलहारी
जै गंगे जै जै गंगे।...
साधू-सन्त मनाते जै जै राजा और भिखारी
हर हर गंगे, हर हर गंगे, करती दुनिया सारी
जै गंगे जै जै गंगे।
हम हैं तेरे बेटी-बेटे तू हम सबकी जननी
तू हम सबकी जननी देवी पार करो बैतरनी
जै गंगे जै-जै गंगे
जै गंगे जै-जै गंगे

वाचिका : भगवान् शिव ने जिसे अपने सिर पर प्यार और सम्मान से बिठा रखा है वो कोई साधारण नहीं है–गंगा है गंगा

गीत :

महिमा है गंगा की न्यारी
सिर पर लिये-लिये फिरते हैं

इसीलिए त्रिपुरारी।।
दूध-पूत देती हैं गंगा देती पान-सुपारी
देहरी का दीपक है गंगा आँगन की किलकारी,
महिमा है...।।
गंगा एकादशी हमारी फगुआ और दिवारी
जाने कितने नाती-पोते फिर भी सदा कुँवारी
महिमा है...

वाचिका : ऐसी करुणावाली और ममतावाली माँ गंगा के दर्शन का सौभाग्य उसे मिलता है जिस पर माँ की कृपा होती है। लगता है तट पर माँ गंगा की आरती होने जा रही है। लोग आरती की तैयारी में लगे हुए हैं...(शंख-घड़ी घट की आवाज) भई, अब तो मेरा भी मन वहीं जाने का हो रहा है ऐसा अवसर रोज-रोज नहीं आता यह तो मेरा सौभाग्य है जो आज यहाँ हूँ और आप सब के साथ हूँ सब कुछ तो देखा सुना फिर आरती का सुख क्यों छोड़ दूँ। ना भइया ना मैं भी दाही पत्नी जहाँ आरती होने जा रही है।

आरती :

तू है सब नदियों से न्यारी
प्यारी भक्तों की हितकारी
सारी दुनिया करती तेरी जै जैकार गंगा जी।।
तेरी महिमा जग में सबसे अपरम्पार गंगा जी।।

जाने कितने तीरथ तेरे सँग लहराते हैं
पर्व और त्योहार तुम्हारे तट पर आते हैं
तू है खेतों की हरियाली
तू है फल-फूलों की डाली
थाली बजती रहती हरदम तेरे द्वार गंगा जी।। तेरी...

फूल बताशा चुनरी पियरी लोग चढ़ाते हैं
गाँठ जोड़कर हाथ जोड़कर साथ नहाते हैं
जै जै गाती ढोल बजाती
भीड़ तुम्हारे घर में आती
दीया बाती जैसे लहरों में कचनार गंगा जी।। तेरी...

गरिमावाली है तू मइया महिमावाली है
करुणावाली है तू मइया ममतावाली है
तेरी अद्‌भुत शक्ती–भक्ती
पापी को भी देती मुक्ति
तेरी स्तुति, तेरी पूजा बारम्बार गंगा जी
तेरी महिमा जग में...

कन्या सन्तान

दूरदर्शन लखनऊ के लिए

गीत नं. 1 :

कुछ दोहे :

कैसे दिन हैं आ गये, हे मेरे भगवान।
मारी जाती गर्भ में, अब कन्या सन्तान।। 1

कितनी गन्दी सोच है, कितना गलत विचार।
अपने पैरों आदमी, रहा कुल्हाड़ी मार।। 2

बहुत बड़ा अन्याय है, उस जीवन के साथ।
खोज रहा जो गर्भ में माँ के कोमल हाथ।। 3

लड़की से मत छीनिये, जीवन का अधिकार।
ईश्वर का उपहार है, ईश्वर का है प्यार।। 4

कैसे हैं माँ–बाप भी, कैसा है परिवार।
लड़की अस्वीकार है, लड़का है स्वीकार।। 5

दोनों से है जिन्दगी, फिर क्यों ऐसी बात।
बेटी है अभिशाप क्यों, बेटा है सौगात।। 6

इस कन्या सन्तान में, ऐसा क्या है दोष?
बोलो हे माता–पिता, तुम क्यों हो खामोश।। 7

नये सिरे से सोचना, होगा सबको आज।
जैसे हो रोको इसे, गिरे न सिर पे गाज।। 8

गीत नं. 2 :

मुखड़ा :

मुझे कुछ खुल के कहना है
मुझे कुछ खुल के कहने दो,
मुझे भी जन्म लेने दो
मुझे दुनिया में रहने दो,

अन्तरा प्रथम :

न मैंने कुछ बिगाड़ा है
न मैं कुछ भी बिगाड़ूँगी
सदा पोंछा सँवारा है
सदा पोंछूँ सँवारूँगी
मुझे भी साथ उड़ने दो
मुझे भी साथ बहने दो।।

अन्तरा दूसरा :

मुझे ना फालतू समझो
मुझे ना पालतू जानो
मुझे तुम गौर से देखो
मुझे भीतर से पहचानो
मुझे बस प्यार दो अपना
न पैसे दो न गहने दो।।

अन्तरा तीन :

हमारे पास भी नग्मा
तराना, खिलखिलाहट है

हमारे पास भी सपने
हमारी भी तो चाहत है
नयी दीवार मत खींचो
पुरानी भीत ढहने दो।।

गीत नं. 3 :

(लोक धुन कहरवा शैली पर आधारित)

मइया फेरो ना नजरिया
मैं पुतरिया बनूँगी
बाबा फेरो ना नजरिया
मैं पुतरिया बनूँगी
अपने सइयाँ की बहुरिया मैं गुजरिया बनूँगी।।

मैं क्यों जन्म लग्न में आयी, किसकी गलती है
बिना बीज के भी क्या कोई धरती फलती है
मइया फेरो ना नजरिया मैं पुतरिया बनूँगी
बाबा फेरो ना नजरिया मैं पुतरिया बनूँगी
अपने सइयाँ की बहुरिया मैं गुजरिया बनूँगी

कोई भूल नहीं होगी मैं वादा करती हूँ
साखी देती हूँ मैं फिर-फिर हामी भरती हूँ

मइया फेरो ना नजरिया मैं पुतरिया बनूँगी
बाबा फेरो ना नजरिया मैं पुतरिया बनूँगी
अपने सइयाँ की बहुरिया मैं गुजरिया बनूँगी।

कभी नहीं मैं बोझ बनूँगी हाथ बँटाऊँगी
घर की नाक रहेगी ऊँची नहीं कटाऊँगी

मइया फेरो ना नजरिया मैं पुतरिया बनूँगी
बाबा फेरो ना नजरिया मैं पुतरिया बनूँगी
अपने सइयाँ की बहुरिया मैं गुजरिया बनूँगी

गीत नं. 4 :

कन्या कोई बोझ नहीं कैसे समझायें हम
आँख नहीं खुलती लोगों की क्या बतलायें हम।।
गौर से देखो लड़को के सँग हम हैं कहाँ नहीं
लड़के हैं जिस ठौर दौड़ में हम भी आज वहीं
हम खुशियाँ हैं, हम सपने हैं, गीत कथाएँ हम।।
बार-बार है विनती मेरी मुझे न मारो जी
नइया में बैठाये हो तो पार उतारो जी
हमको भी अवसर दो कुछ करतब दिखलायें हम
कैसे हैं माँ-बाप हमारे कैसा नाता है
बेटी जिन्हें नहीं भाती है, बेटा भाता है
किसकी गोदी में जायें मुँह कहाँ छिपायें हम।।

गीत नं. 5 :

मुझे गोद में ले लो मइया
सिर पर हाथ धरो
तेरे कुल की लाज रखूँगी
तुम विश्वास करो

मइया! तुम विश्वास करो।।
आधा और अधूरा घर–परिवार
हमारे बिन
कैसा होगा पता नहीं संसार
हमारे बिन
मैं तेरी रचना हूँ मेरा
बेड़ा पार करो
मइया बेड़ा पार करो।।
धारण की क्षमता है केवल
धरती–नारी में
देखो रस की धार छिपी
मीठी किलकारी में
ठुकराओ ना भूल सुधारो
प्यार दुलार करो
मइया प्यार दुलार करो।।

●●●

लेख/व्यंग्य

पानी की लोक संवेदना

भारतीय लोक संस्कृति में पानी अनेक रंगों और रूपों में रचा-बसा है। यहाँ पानी केवल पानी होकर ही नहीं जीवित है बल्कि गीत, कहानी, कहावत, मुहावरा और लोकोक्ति होकर भी जीवित है। और पानी का यह लोक स्वरूप उसके मूल स्वरूप की अपेक्षा कहीं ज्यादा गहरे और विस्तार में रचा-बसा दिखायी देता है। पानी की यह संवेदना मीठी धार की तरह मन-प्राण में समायी हुई है और हमारा भारतीय मन-प्राण उसे जीवन और मूल्य की तरह जीने में जी-जान से जुटा हुआ है। वह पानी को पूजता है श्रद्धा और विश्वास के साथ। शायद इसीलिए वह पानी के अर्थ को समझता भी है। आतिथ्य में पानी आगे-आगे है। दूसरे की प्यास बुझाना अपने घर-परिवार में एक और तरह का पुण्य माना गया है। और तो और हम पितृपक्ष के लिए भी पानी बचाकर रखते हैं और अपने पूर्वजों को तृप्त करते हैं। पानी का जो रंग-रूप झीलों, तालों, नदियों, कुओं, सागरों और झरनों में है वह तो इसका स्थूल पक्ष है। इसका सूक्ष्म स्वरूप हमारे बीच सचमुच निरन्तर रसवन्तता और जीवन्तता की तरह हिलकोरें लेता दिखायी देता है। वह आदमी को प्रकृति और जीवन से सीधे-सीधे जोड़ता है। अगर यह पानी न होता तो प्यास न होती और प्यास न होती तो देवी शीतला और मालिन के बीच का यह संवाद न होता। प्यास ही के कारण तो देवी शीतला मालिन के घर पहुँचती हैं और पहुँचते ही पानी माँगने लगती हैं। वह चाहतीं तो नदियों-तालों से भी अपनी प्यास बुझा सकती थीं, लेकिन तब उनके व्यक्तित्व का इतना सहज और आकर्षक साधारणीकरण न सुलभ होता, जो इस भोजपुरी गीत में सुरक्षित है और प्राण-तत्त्व बना हुआ है। नीम की डाल पर झूला झूल रही शीतला को प्यास ने सचमुच विवश कर दिया और उन्होंने पानी के लिए घर भी चुना तो लरकोरी मालिन का–

"निबिया की डरिया मइया नावेलीं झुलनवाँ हो कि झूलि-झूलि ना
मइया गावेलीं गीत हो कि झूलि-झूलि ना
झूलत-झूलत देवी की लगलीं पियसिया हो कि चलि भइलीं ना
भलहोरिया अवास हो कि चलि भइलीं ना

सूतल बाटू कि जगली मलिनिया कि बुन्द एक ना

हमके पनिया पियावा मालिन बुन्द एक ना"

मालिन देवी को पानी पिलाना तो चाहती है लेकिन पिलाये तो कैसे पिलाये? वह असमर्थता जाहिर करती है, क्योंकि उसकी गोद में भगवती का ही दिया बेटा है जो कच्ची नींद में है। अगर उसे गोद से उतारती है मालिन तो उसके जगने और रोने का खतरा बना हुआ है। भगवती मालिन को संकट से उबारती हैं और स्वयं आगे बढ़कर उसके काम में हाथ बँटाती हैं। जब मालिन कहती है कि–

"कइसे के पनियाँ पियावउँ सितला मइया हो कि मोरी गोदी मा बाटैं सेवका तोहार हो कि मोरी गोदी ना।"

स्वयं भगवती उसे राय देती हैं—

"सेवका सुलावा मालिन सोने के खटोलवा हो कि बुन्द एक ना हमके पनियाँ पियावा मालिन बुन्द एक ना।"

मालिन इतने पर भी शंका प्रकट करती है–

"सोने के खटोलवा मइया टूटि जारि जइहैं हो कि भुइयाँ लोटिहैं ना, मइया सेवका तोहार हो कि भुइयाँ लोटिहैं ना।"

यानी यह बालक सोने के खटोले पर शायद सुख से नहीं सो पायेगा, क्योंकि वह टूट-फूट जायेगा और बालक जमीन पर लोटने लगेगा, रोने लगेगा तब क्या होगा?

तब देवी उसे विश्वास दिलाती हैं कि गोद के बच्चे को वह जमीन पर न तो लोटने देंगी, न रोने देंगी, उसे वह अपने आँचल में उठा लेंगी। ऐसा आश्वासन पाने के बाद ही मालिन शीतला देवी को पानी पिलाने के लिए उठती है—

एक हाथे लेलिन मालिन झंझर-तमोलवा दहिने हथवाँ

हे सिंहासन पार बइठक दहीने हथवाँ

पनियाँ पीयहु पाट बइठा सितला मइया हो कि भरि मुख ना।

मोके देहू तू असीस हो कि भरि मुख ना

और प्यास बुझने के बाद जैसा आशीर्वाद शीतला देवी उस मालिन को देती हैं वैसा आशीर्वाद बड़े भाग्य से किसी-किसी को प्राप्त होता है, सबको नहीं।

जइसे तू मालिन हमै जुड़ववलू हो कि वइसे-वइसे ना।

तोहरी घियवा जुड़ास मालिन वइसे-वइसे ना।

हो पतोहिया जुड़ास मालिन वइसे-वइसे ना।

घरवा जुड़ास मालिन घियवा औ पतोहिया हो सरेहिया बिचवाँ ना

तोहरी गइया और भँइसिया हो सरेहिया बिचवाँ ना।"

यह साधारणीकरण केवल पानी और प्यास के ही चलते सम्भव हो पाया है। जीवन जीने की कला का अहम् और सार्थक पक्ष इसके माध्यम से उजागर होता है जो मानवीय संवेदना को एक और स्वरूप में जीने की प्रेरणा देता है। शायद इसीलिए ताल–पोखरा–कुआँ–बावली बनवाने पर हमारे समाज में जोर दिया गया है और इसे एक पुण्य का कार्य माना गया है। पशु–पक्षी और मनुष्य–सबकी प्यास के लिए घाट निर्धारित हैं। यही कारण है कि छोटी–बड़ी नदियों के किनारे न जाने कितने–कितने और कहाँ कहाँ 'गायघाट' बने हुए हैं। गाँव–देहात के ताल–पोखरों में भी मवेशियों के लिए घाट की व्यवस्था आदिमकाल से चलती चली आ रही है।

पानी चाहे घाट पर हो या घड़े में उसका सीधा रिश्ता प्यास से ही बनता है। आप ऐसे इलाके की परिकल्पना करिये जहाँ कई–कई कोस दूर से पीने के लिए पानी लाना पड़ता है। यह दर्द वही जानता है जो पानी–भरा घड़ा सिर पर लेकर कोसों पैदल जाता है। वह पानी को जीवन की तरह सहेजकर ले जाता है। क्या मजाल जो एक बूँद पानी छलक जाय या फालतू खर्च हो जाय? और जहाँ सास–ननद साथ होती हैं वहाँ सिर पर पानी–भरा घड़ा लेकर चलनेवाली बहू बगल से गुजर रहे प्यासे पथिक की ओर बहुत ही चोट–कचोट भरी निगाह से देखती है। वह पथिक की प्यास बुझाना तो चाहती है लेकिन मन मसोसकर रह जाती है, क्योंकि साथ में ननद और सास जो ठहरीं–

"टोपीवाला पियासा चला जाय
गगरिया दुइ–दुइ भरी,
सासू न होतीं ननदिया न होतीं
पनियाँ मैं देलूँ पिलाय
गगरिया दुइ–दुइ भरी।।

प्यास के इसी गणित को हल करने के ख्याल से ही जंगल–पहाड़, ऊसर–बंजर और मरुथल में भी प्राकृतिक साधनों के साथ–साथ कुओं–बावड़ी और पोखरों के निर्माण को जिन्दगी से जोड़ दिया गया है–'मिसनहारी का कुआँ', 'राजा तालाब', 'दानी का पोखरा' जैसे पानी के स्रोत हमारे आस–पास बहुतायत से मिलते रहे हैं। अब ये धीरे–धीरे गायब होते जा रहे हैं। उसका कारण भी है–

घरे–घरे पानी पहुँचावै वाला पाइप आय चुकल हौ
पनिहारिन कल गइल गाँव से, कुआँ...क...दिन निसराय चुकल हौ।"

जब राजा दशरथ ने पोखरा बनवाया था तब जरूरत कुछ और थी–

"राजा दशरथ पोखरा खनावइँ, घाट बनवावइ
रानी कोसिला के भरेला कहार न राम नहवावइ।"

भगवान् शिव की प्रिया पार्वती हिमालय पर बह रहे झरने की पतली धार में ही नहाने का सुख उठाती हैं–

"झिरहिर झिरहिर नारी बहै ताहि बइठि गउरा नहाँय।"

पार्वती की ही तरह खुले में आज भी न जाने कितनी-कितनी आदिवासी बालाएँ नहाती हैं, घण्टों नहाती हैं और समूची प्रकृति उन्हें निरन्तर एकटक निहारती रहती है।

प्यास का पाठ हर आदमी एक-सा नहीं पढ़ता। कोई-कोई तो लग्गी से पानी पिलाने में विश्वास रखता है, जबकि उसे इस दोहे से सबक लेना चाहिए–गाँव की कुछ स्त्रियाँ कुएँ पर पानी भरने आती हैं। वहाँ तीर्थ में पसरभर पानी पड़ा हुआ है और उसी के पास पंछी का जोड़ा भी मरा पड़ा है, जिसे देखकर पनिहारिनें आपस में अन्दाज लगाती हैं और इस निर्णय पर पहुँचती हैं–

"जल थोड़ो नेहा भलो, लगे प्रेम के बान
तू पी तू पी करि मरे, यहि बिधि त्यागे प्रान।"

दोनों एक-दूसरे को जिन्दा देखना चाहते थे। इसलिए अपनी-अपनी प्यास भूलकर परस्पर एक-दूसरे से पानी पी लेने का आग्रह ही करते रह गये। क्योंकि पानी इतना कम था कि केवल एक की ही प्यास बुझ सकती थी, लेकिन दोनों ने अपने प्रेम के चलते अपनी-अपनी प्यास को भुला दिया। लेकिन पानी पर आँच नहीं आने दिया। प्राण देकर मूल्य की रक्षा की। आदमी की संवेदना के लिए इससे बड़ा सबक हो नहीं सकता।

पूर्वांचल में जब मण्डप में ब्याह संस्कार सम्पन्न हो रहा होता है, उस समय भाई द्वारा पानी की धार गिराने की एक रस्म अदा होती है। जब तक पानी की धार गिरती हुई दिखायी देती है तब तक ब्याही जा रही बहन पर उसके भाई का, मायके का अधिकार सुरक्षित रहता है, लेकिन जैसे ही पानी की धार का गिरना बन्द हो जाता है, वह कन्या पूरी तरह से पति की हो जाती है। इसीलिए वह बार-बार भाई से आग्रह करती है कि पानी की धार ऐसी गिराना जो कभी बन्द न हो, कभी टूटने न पाये, लेकिन ऐसा होता कहाँ है, पानी की धार को तो अनिवार्य रूप से टूटना ही टूटना है–

"अरे अरे भइया कवन राम
धरिया जिन तो तोड़्या
जौ धरिया टूटि जइहैं
बहिन हार जइबा।"

और यही पानी जब बन्ने के हाथ के लोटे में बन्द हो जाता है तो एक सवाल बन जाता है सालियों-सरहजों के लिए–

"हाथ में लिये लोटा, लोटे में पानी बन्द
बन्ना कहाँ गये थे?"

इतना ही नहीं, यह पानी दाम्पत्य को लोकगीतों में अनेक रंगों एवं रूपों में बहुत ही सहज भाव से रूपायित करता हुआ दिखायी देता है। प्यास किसको नहीं लगती? प्यास सबको लगती है। लेकिन ऐसी प्यास को क्या कहियेगा? जहाँ पानी माँगकर पति गायब हो जाता है और पत्नी गिलास का पानी लिये-लिये कभी इधर जाती है तो कभी उधर लेकिन बन्दा तो कहीं और निकल गया है, मिले तो कैसे मिले?

"पनिया मैं लेइके अँगन-घर घुमलीं
कहाँ हो गइलैं ना
छोटी ननदी के बिरना, कहाँ हो गइलैं ना
गइलैं त गइलैं सौतिनिया के घरवा
उहौ हो गइलैं ना
भउजी रे गोर बिरना
उहाँ हो गइलैं ना।"

इस सन्दर्भ से जुड़ा भोजपुरी का एक टुकड़ा और प्रस्तुत है। इसमें नायिका नाबालिग है। वह पति के माँगने पर पीने के लिए पानी रखकर अलग हट जाती है। पति पानी पीता नहीं, बल्कि बार-बार उससे यही पूछ रहा है कि अभी कब तक तुम नादान और नाबालिग बनी रहोगी-

"पनिया न पीयैं राजा
झाँझैं चुल्हान हो,
कतिक दिन धनिया तू
रहबू नदान हो।"

पानी की इस लोक संवेदना को लोक कवियों ने भी अपनी रचनाधर्मिता का विषय बनाया है। भोजपुरी के रससिद्ध कवि पण्डित चन्द्रशेखर मिश्र ने अपने काव्य 'बाबू कुँवर सिंह' में जहाँ यह कहते हैं कि-

"पानी बचायके ना रखबा तब ना हम लेबै सराध में पानी।"

यानी पूर्वज वंशजों से कह रहे हैं कि अगर जाति, समाज और देश का पानी बचाकर नहीं रखोगे तो हम तुम्हारे हाथ का पानी पितृपक्ष में भी नहीं लेंगे। और पानी की इसी पहचान को देवेन्द्र पाण्डेय 'चंचल' ने भी अकाल के दिनों में कुछ इस तरह से जिया और उजागर किया है-

तोड़ि के पतलवा निकाला पिया पानी
बिना पनिया के धनवाँ क धनिया झुरानी,
तोहैं सब कहैलाँ भगीरथ क बेटवा
तोहरे जियत हूँ झुरात बाटै खेतवा
फेरि से बहावा सुरसरि यह दानी।।

या 'राग-रंग' और 'तीन-चौथाई आन्हर' संकलनों की ये पंक्तियाँ भी वहीं दस्तक दे रही हैं जहाँ पानी भरता हुआ दिखायी देता है–

"पानी दा एह साल बदरऊ, पानी दा
भरै ताल का गाल बदरऊ पानी दा
बोलैना मुँह खोलै मकई घरी-घरी
पेट में लिहले बाल बदरऊ पानी दा।" (राग-रंग)
"घरे-घरे पानी पहुँचावैवाला पाइप आय गयल हौ
पनिहारिन कल गइल गाँव से कुआँ क दिन नियराय गयल हौ।"

(तीन-चौथाई आन्हर)

इस समय लोकगीत का वह टुकड़ा बरबस याद आ रहा है जिसे कभी बचपन में सुना था–इकतारा बजा-बजाकर भीख माँगनेवाली लड़की बड़े भाव से गाती थी। तब न मैं लोक-व्यवहार जानता था न अध्यात्म। आज दोनों भाव एक ही तराजू पर अलग-अलग पलड़े पर बैठे हुए हैं–

"ए गुइयाँ मैं तो रहट की बल्टी
कुँअनैं माँ सीधी मैं कुँअनै माँ उलटी।"

लेकिन साहेब इन सबसे बहुत ही अलग किस्म का है वह किस्सा जो सोनभद्र जनपद के गाँवों में जनश्रुति बन चुका है और पीढ़ियों से चलता चला आ रहा है। किस्सा इस प्रकार है–गर्मी के दिन थे, तेज तपती दोपहरी में एक दारोगा जी जाँच-पड़ताल के सिलसिले में निकले थे देहात में। उन्हें रास्ते में प्यास लगी। जंगलों-पहाड़ों में पीने के पानी का वैसे भी संकट रहता है। मिर्जापुर के दक्षिणांचल (अब सोनभद्र) में तो यह संकट और गहरा रहा है। कुइयाँ का पानी सबको नसीब नहीं होता था, ज्यादातर लोगों को 'चुइयाँ' कर (बूँद-बूँद रिसकर इकट्‌ठा होनेवाला पानी) ही पानी मिलता था। ऐसे इलाके में प्यास से परेशान, हाल-बेहाल दारोगा जी जब बिलकुल ही लस्त-पस्त हो गये तो उन्होंने एक चरवाहे से पानी ले आने को कहा। और साहेब चरवाहे ने भी आनन-फानन में तुरन्त आधी भरी छोटी गगरी लाकर रख दिया। दारोगा जी हतप्रभ। पानी इतना ठण्डा और मीठा कि बस पूछिये मत। वह सारा

पानी पी गये। फिर भी प्यास बुझी नहीं, उन्होंने उस चरवाहे से कहा, "यार ऐसा ही पानी थोड़ा और ला दो।" वह चरवाहा यह कहता हुआ खेत में आगे निकल गया कि –"साहेब, पीपल के पेड़ में एक ही घण्ट बँधा था।" और इतना सुनते ही दारोगा जी हक्का-बक्का रह गये। करें तो क्या करें?

दरअसल पानी की लोक संवेदना को न शब्दों में बाँधा जा सकता है, न रंगों में, न रेखाओं में, न पात्रों में। यह "हरि अनन्त हरि कथा अनन्ता" की तरह से है।

तीर्थराज की महिमा न्यारी

भारतीय संस्कृति में तीर्थों का बहुत महत्त्व है। हर कोने, हर दिशा में सैकड़ों-हजारों तीर्थों की परिकल्पना की गयी है। वे तीर्थ आज भी अपनी महिमा और गरिमा बनाये हुए हैं। इन सभी तीर्थों का अद्‌भुत संगम है प्रयाग। तीर्थों में प्रयाग की हैसियत सबसे ऊपर है इसीलिए इसे तीर्थराज कहा जाता है। पुराणों के अनुसार तीर्थ दो तरह के माने जाते हैं एक वे हैं जो हमारी कामनाएँ पूर्ण करते हैं और दूसरे वे हैं जो हमें मोक्ष देते हैं। आदमी दोनों चाहता है, वह पूर्णकाम भी होना चाहता है और मोक्ष प्राप्त करके मुक्त भी होना चाहता है। ऐसे संकट के क्षणों में केवल तीर्थराज प्रयाग ही काम आते हैं क्योंकि साधारण तीर्थों में अगर किसी में कामना पूर्ण करने की सामर्थ्य है तो मोक्ष देने की सामर्थ्य नहीं है, और अगर किसी में मोक्ष देने की सामर्थ्य है तो इच्छाएँ पूरी करने की सामर्थ्य नहीं है। ऐसी स्थिति में आदमी सिर के बल भागता है प्रयाग की ओर–

अथोच्यते तीर्थराज प्रयाग सर्वतोधिक:

तस्य ऋणवत्त माहात्म्यं मनुय: सनकादय:।

यानी धर्म अर्थ काम मोक्ष जैसे चारों फलों के देने की सामर्थ्य केवल प्रयाग के पास है। तीर्थों में प्रयाग श्रेष्ठतम है ऐसा वासुकी नाग ने भी कहा है–

तीर्थ ही द्विविधं प्रोक्तं कामदं मोक्षदं तथा

कामदं मोक्षदं नैव मोक्षदं कामदं न च

तथापि सर्व तीर्थानि तीर्थ राजाशया बिना

कामदाने मोक्षदाने समर्थन भवन्तिच

'प्रयाग' शब्द की व्युत्पत्ति कई प्रकार से की गयी है। वनपर्व में ऐसा लिखा है कि कभी जीवों के अधिष्ठाता ब्रह्मा ने यहाँ यज्ञ किया था और इसी से 'यज्' धातु से प्रयाग की उत्पत्ति हुई। स्कन्दपुराण इस प्रसंग को इस प्रकार प्रस्तुत करता है कि 'प्र' एवं 'याग' से युक्त होने के नाते यह सभी यज्ञों से उत्तम है। हरि, हर आदि देवों ने इसे प्रयाग नाम दिया है। मत्स्यपुराण ने 'प्र' उपसर्ग पर बल दिया है और कहा है कि अन्य तीर्थों की तुलना में यह अधिक प्रभावशाली है। और ब्रह्मपुराण का कहना है कि

प्रकृष्टता के कारण यह प्रयाग है और प्रधानता के कारण यह 'राज' शब्द से युक्त है। इतना ही नहीं, यह तीन नदियों का संगम 'ओंकार' से सम्बन्धित माना गया है यानी ओम् के तीन भाग–अ, उ एवं म् क्रमशः सरस्वती, यमुना और गंगा के द्योतक हैं। नरसिंहपुराण के अनुसार प्रयाग में विष्णु योगमूर्ति के रूप में हैं। मत्स्यपुराण ऐसा मानता है कि कल्प के अन्त में जब रुद्र विश्व का नाश कर देते हैं उस समय भी प्रयाग का नाश नहीं होता। ब्रह्मा, विष्णु एवं महेश्वर प्रयाग में निरन्तर वास करते हैं। वनपर्व एवं कुछ अन्य पुराणों के मतानुसार गंगा और यमुना के बीच की भूमि पृथ्वी की जाँघ है और प्रयाग जघनों की उपस्थ भूमि है चेतना–संवेदना और ऊर्जा की सृष्टि यहीं सम्भव है अन्यत्र नहीं।

"गंगा यमुनयोर्मध्यं पृथिव्या जघनं स्मृतम्। प्रयागं जघनस्थान–उपस्थमृषयो विदुः"

इसका तात्पर्य यह देखने में आया कि आज से नहीं सदियों से प्रयाग हमारे आकर्षण का केन्द्र रहा है। देवी–देवता, ऋषि–मुनि, यक्ष, किन्नर, गन्धर्व सब यहाँ रचे–बसे हैं और निरन्तर हमें प्रेरित करते रहते हैं। आओ! आओ! आओ! तुलसी ने इस निमन्त्रण को सहज और सर्वसुलभ बना दिया।

माघ मकर गत रबि जब होई। तीरथपतिहि आव सब कोई।।

भारतीय जनमानस दौड़ पड़ता है सब–कुछ छोड़–छाड़कर खेत, कचहरी, नौकरी, घर–गृहस्थी, मरनी–करनी–सबसे छुट्टी ले लेता है लौटकर देखूँगा इस निर्णय के साथ वह प्रयाग पहुँचता है। मोक्ष प्राप्त करने की ललक ही उसे यहाँ खींचकर ले आती है। ऋग्वेद का एक श्लोक इस सन्दर्भ में उल्लेखनीय है–

सितासिते सरिते यत्र संगते तत्राप्लुतासो दिवयुत्पतन्ति।
ये त्रै तन्वं विसृजन्ति धीरास्ते जनासो अमूलत्वो भजन्ते।

अर्थात् जो लोग सित–असित दोनों नदियों के मिलनस्थल पर स्नान करते हैं वे स्वर्ग को प्राप्त करते हैं और जो धीर लोग अपना शरीर त्याग करते हैं वे मोक्ष प्राप्त करते हैं। मोक्ष भारतीय मनीषा में सर्वोच्च पुरुषार्थ माना गया है। प्रयाग आकर प्राण न छूटने पर लोग आत्महत्या भी करते हैं–यशः कर्णदेव चन्देल धंगदेव एवं चालुक्य सोमेश्वर ने आत्महत्या की थी। ऐसी मान्यता है कि जो व्यक्ति वट के मूल में या संगम में मरता है वह विष्णु के नगर में पहुँचता है। प्रयाग में बहुत–से उपतीर्थ हैं जिनमें वह सर्वोच्च है। वट वृक्ष पर चढ़कर संगम में कूदकर प्राण त्यागने की परम्परा का प्रमाण प्राचीन ग्रन्थों में मिलता है।

कुछ व्यवस्था के नाते, कुछ स्वभाव और संस्कार के नाते पीढ़ियों से आदमी खिंचा चला आ रहा है–गोरस बेचता हरि मिलन एक पन्थ दो काज–मिलन–

सम्मिलन के साथ स्नान और मोक्ष घलुवा में। कौन भकुआ घर रहेगा! लिहाजा सब भागते हैं प्रयाग की ओर संक्रान्ति आते ही। वर्ष भर की बारहों संक्रान्तियाँ चार श्रेणियों में बँटी हुई हैं जैसे दो अयन संक्रान्तियाँ यानी एक है मगर संक्रान्ति जब उत्तरायण का आरम्भ होता है और दूसरी है कर्कट संक्रान्ति जब दक्षिणायन का आरम्भ होता है। दूसरी श्रेणी है विषुव संक्रान्ति की यानी मेष और तुला संक्रान्तियों की जब दिन-रात बराबर होते हैं। तीसरी श्रेणी है उन चार संक्रान्तियों की जिन्हें षड्शीति मुख यानी मिथुन, कन्या, धनु और मीन कहा जाता है और चौथी श्रेणी है विष्णुपद संक्रान्तियों की जिनमें वृषभ, सिंह, वृश्चिक एवं कुम्भ राशियाँ आती हैं। जैसे उत्तर भारत में मकर संक्रान्ति का महत्त्व है उसी तरह दक्षिण में पोंगल का पर्व भी इसी दिन सम्पन्न होता है। पोंगल तमिल वर्ष पहला दिन है कौन जाने उत्तर भारत में भी यह परम्परा रही हो और मकर संक्रान्ति से ही वर्ष की शुरुआत होती रही है कोई आश्चर्य नहीं है क्योंकि ऐसी भी मान्यता है कि ईसवी सन् से बहुत प्राचीन मकर संक्रान्ति नहीं है। अब बात आती है अमावस्या की। अमावस्या का शाब्दिक अर्थ है वह दिन जब सूर्य और चन्द्रमा साथ रहें। यह वह तिथि है जब सूर्य और चन्द्र दोनों एक-दूसरे के बहुत पास रहते हैं और पूर्णमासी वह तिथि है जब सूर्य और चन्द्रमा दोनों एक-दूसरे से अधिकतम दूरी पर रहते हैं। वैसे भी हमारे पुराणों में हर अमावस्या महत्त्वपूर्ण मानी गयी है। तन्त्र साधना में भी अमावस्या को आधार माना गया है। वैष्णवों में भी अमावस्या उतनी ही महत्त्वपूर्ण है। और अगर सोमवार को पड़ गयी तो फिर कहना ही क्या। फिर तो वह सोमवती हो गयी, सोमयुक्त जो जिये वही अमर हो, फिर कौन नहीं जीना चाहेगा। सम्भवतः इसीलिए अमावस्या की रात जागकर बितायी जाती है। और यह जागरण भी कैसा, मौन मरण सब-कुछ आदमी अपने भीतर महसूस करता है—

आओ करें हम—
उत्तरायण सूर्य की समवेत स्वर आराधना आओ करें
दूर तक फैली सुनहली धूप गंगा
पर्वतों की चोटियों से भी बड़े हों दिन
बर्फ में फूटें वनस्पतियाँ सजीली
अर्घ्य के संकल्प लेकर फिर खड़े हों दिन
सूर्य की उत्तरापथ यात्रा
पर्याय हो कल्याण का
शुभ कामना
आओ करें।

इस प्रार्थना के भीतर देव-राक्षस संघर्ष का सौन्दर्य भी दीख रहा है, जीत का उल्लास भी है, वर्षों से बर्फ में दबी वनस्पतियों के प्रादुर्भाव की परिकल्पना का पावन मिठास भी है, चेतन-संवेदना की सुखद वापसी की सहज अनुभूति भी है। जब पूरी जाति पूरा समाज वहीं से मुक्त होता है तो ऐसा ही उत्सव जन्म लेता है, ऐसी ही परम्परा की नींव पड़ती है और यहीं से एक इतिहास बनने लगता है। मकर और कुम्भ का योग माघ और फागुन के योग का साक्षी बनता है। उसे गवाही देनी पड़ती है कि हाँ, यह सब मेरी आँखों के सामने हुआ है, ठण्ड से लोगों को राहत मिली है, बर्फ पिघलती है, रास्ता निकलता है यानी उपलब्धियों का संयोग आदमी के हाथ लगा है, इसे और जियो और जियो और जियो, महीने-दो-महीने यहीं टिककर जियो कल्पवासी की तरह, संन्यासी की तरह, उदासी की तरह यानी सब-कुछ अपना सौंप देने की नीयत से यहाँ आओ और जाओ तो फिर आने का संकल्प लेकर जाओ-

यह संगम की भूमि पुण्य की कथा सुनाती है
श्वेतश्याम जलधार यहाँ हरदम लहराती है
पाप काटती पुण्य बाँटती पावन धरती है
जीवन देती प्राण फूँकती, अमृत भरती है
मन्त्र गूँजते हैं गुरुकुल में गाय रँभाती है
कहने को यह बस गंगा-यमुना का संगम है
त्याग-तपस्या-प्रेम और करुणा का संगम है
यही प्रभाती है जन-जन की यह सँझबाती है।

सोचिये, ऐसा अद्‌भुत ठीया कहाँ मिलेगा? जहाँ है वहीं मिलेगा। अन्यत्र कहीं है ही नहीं तो मिलेगा कहाँ? इसीलिए यह भी कहा गया है कि आधे माघे कम्बल काँधे। आदमी की व्यस्तताएँ धीरे-धीरे बढ़ने लगती हैं, वह भीतर से भी मुक्त होने लगता है और बाहर से भी। माघी अमावस्या नहाते ही जाड़ा आधा हो जाता है और आस-पास का रंग भी बदल जाता है-धूप भी गुलाबी, सर्दी भी गुलाबी, हवा भी गुलाबी, खेत भी गुलाबी, संकेत भी गुलाबी और बात भी गुलाबी हो जाती है। पोर-पोर वसन्त छू गया। सुबह-शाम की सिहरन मीठी और सुखद लगने लगी। मीलों से सरसों के पीले फूल बिछ गये। देखा-देखी जहाँ-तहाँ टेसू के जंगल भी दहकने-सुलगने लगे। आम के बौर कुछ और कह रहे हैं और कोयल कुछ और कह रही हैं, मौसम पुकार रहा है-रँग लो रँग-लाल-गुलाबी, काला-पीला, नीला हरा, पगड़ी रँग लो, साड़ी, चूनर, लहँगा, चोली सब रँग डालो। कुसुम भी है, केसर भी है, कचनार भी है। मौसम के पास तरह-तरह के गीत भी हैं-होरी, फाग, धमार, चौताल, बेलवरिया, चहका आदि-आदि। जहाँ ऐसा मौसम होगा वहाँ तो कम्बल अपने-आप कन्धे पर आ जायगा

बल्कि नहीं आयेगा तब आश्चर्य होगा कि कम्बल किसी जीवित देह पर नहीं है क्या? और ऐसे ही में एक सहज आग्रह और फूट पड़ता है–

चलो जी चलो आज संगम नहायें
लिये हाथ में हाथ गोता लगायें
बुलाया है संगम ने आओ नहाओ
नहाओ यहाँ पाप धोओ बहाओ
चलो गीत लेकर भजन से भुनायें
यहीं पुण्य लूटें यहीं फल कमायें
वहाँ सन्त धूनी रमाये मिलेंगे
चलो ठाठ से रेत में घर बनायें
गृहस्थी से ऊबा हुआ मन रमायें

और देखते–देखते यह रेत गोंद हो जाती है। कितना आकर्षण कितना सम्मोहन। न आँका जा सकता है न नापा जा सकता है न तौला जा सकता है न बाँधा–समेटा जा सकता है। इसे जीनेवाला मन और होता है, इसे देखेनवाली आँखें और होती हैं। अपने स्व को पूरी तरह से त्यागकर ही जीव इस क्षेत्र में उतरता है–

नाव–नदी में तट–कछार में
सुख–ही–सुख है आर–पार में
रस–ही–रस है आस–पास में
गीत–भजन में कल्पवास में
सब–के–सब बेसुध हैं जैसे
भरत–भक्ति में राम–प्यार में
अँजुरी–अँजुरी पान–फूल हैं
कल–कल कल–कल कूल–कूल है
आकर्षण कण–कण में जैसे
सम्मोहन है तार–तार में।।

कभी–कभी संगम पर की यह भीड़ करोड़ से भी ऊपर पहुँच जाती है। भीड़ जब बढ़ती है तो व्यवस्था का व्याकरण भी गलत साबित हो जाता है, सब अपने मन की कमाई करना चाहते हैं। अर्थ भी धर्म भी काम भी मोक्ष भी, वही हाल है कि जाकी रही भावना जैसी प्रभु मूरति देखी तिन तैसी। यही कारण है कि अब यह मेला यह पर्व यह उत्सव दिनोंदिन नितान्त व्यावसायिक होता जा रहा है। जो आध्यात्मिक ऊर्जा का स्रोत था वह सोने का अण्डा देनेवाली मुर्गी हो गया, देखते–देखते दूधवाला एक ही

लोटा दूध में हजारों बना लेता है, मरी बछिया की बनावटी नकली पूँछ लाखों वसूल कर लाखों को वैतरणी पार लगा देती है, फल–फूल शीशी–बोतल टिकुली–सेंदुर, लाचीदाना, बताशा की हजारों दुकानें सज जाती हैं। एक–एक झण्डे के तले सौ–सौ पण्डे खड़े होते हैं। टेण्ट, रावटी, कुर्सी, दरी, तख्त, जमीन से लेकर भजन–प्रवचन सब बिकते हैं। सुबह सफाई करनेवाले आस–पास अंग्रेजी–देसी की खाली बोतलें पाकर खुश हो जाते हैं। सफाई छोड़कर बोतल बेचने चल पड़ते हैं। सब तिरबेनी मइया की कृपा है। आपस में लड़ते हुए कुत्ते बता देते हैं कि हाँड़ी में शहर से चिकेन आया था। अपने–अपने माया में फँसकर आनेवालों के डायलाग सुनने होते हैं "बीसन जगह तो खोज डाले पता नाहीं मामा ससुर कहाँ ठहरे हैं?" यह तो पेड़ है कल्पवास में दुर्दशा हमारी है चलो दूध पहुँचाओ, बौरी दे आओ, यह पूछ आओ वह पूछ आओ, इससे अच्छा घर ही रह गये होते। यानी अब वह भावना नहीं है। अब बस खाओ–कमाओ, लूटो–खसोटो यही चल रहा है। इतना आदमी घर के काम से नहीं दौड़ता होगा जितना यहाँ आकर दौड़ता है। विकसित और भौतिकवादी दुनिया की निगाह में यह मेला चढ़ा हुआ है, देखिये कहाँ पहुँचता है? यहाँ ज्यादातर लोग पिकनिक भाव से आते हैं।

हमारी आदिम पिकनिक परम्परा अनेक विसंगतियों का शिकार हो चुकी है, इसका उद्धार नितान्त आवश्यक है। ऐसी अद्‌भुत पिकनिक विश्व में कहीं भी नहीं होती–

धन्य धन्य यह धाम यहाँ सब–कुछ बलिहारी है।
तीरथराज प्रयाग तुम्हारी महिमा न्यारी है।
सुख देता है श्री देता है आशा देता है।
जन–जन की करुणा को संगम भाषा देता है।
यज्ञ भूमि, यह धर्म भूमि यह भूमि सृजन की है।
दान त्याग की भूमि, भूमि यह गीत–भजन की है।
गंगा–यमुना–सरस्वती जैसी किलकारी है।

इस मिट्टी में जो बैठने लायक नहीं है उससे निवेदन है कि कृपया अपना तथाकथित आसन और कहीं ले जायँ, जहाँ चाहें वहाँ बिछायें लेकिन यहाँ नहीं, यहाँ आओ तो हर्षवर्द्धन होकर रहो, इतने से कम में परता नहीं पड़ता। इसकी मर्यादा के अनुकूल आचरण करना ही श्रेयस्कर है। जो इस व्रत संकल्प की रक्षा कर सके वही बाँध के नीचे उतरे। तीर्थराज को तीर्थराज ही रहने दो भाई, इसे अपना मंच मत बनाओ। बस इतना ही आप सबसे निवेदन है। मुझे विश्वास है मेरे निवेदन की आप सब रक्षा करेंगे।

नवगीत का ग्राम्य बोध और लोक संस्कृति

गीत भारतीय कविता का आदिम एवं शाश्वत स्वरूप माना गया है। गीत की देह को छन्द एवं उसके प्राण को रस कहा जाता है। अपने इसी स्वभाव और संस्कार के चलते गीत भारतीय जनमानस में बहुत गहराई में रचा-बसा है। और हमारी जीवन-शैली की तरह हमारे साथ पीढ़ी-दर-पीढ़ी से चलता चला आ रहा है। और इस जीवन-शैली को नयी ऊर्जा, नयी धार और नयी जमीन से जोड़कर सजाकर निरन्तर प्रस्तुत करते रहने का दायित्व निभाया है संवेदनशील रचनाकारों ने वर्ना यह जीवन-शैली बहुत पहले ही हमारे लिये बोझ बन गयी होती और अब तक हम इससे पल्ला भी झाड़ चुके होते। क्योंकि निरन्तर बढ़ते रहने की प्रक्रिया में जो हमारे लिये असह्य होता गया उसे हम सहज भाव से छोड़ते भी गये। लेकिन जो हमारे लिये दृष्टि, पथ, प्राण, पाथेय और संकल्प-संघर्ष की तरह अनिवार्य बनता रहा उसे हम सहेजकर, समेटकर धरोहर की तरह अपने बीच सुरक्षित भी रखते रहे। इसी दायित्व बोध का परिणाम है हमारी आज की साहित्यिक-सांस्कृतिक उपलब्धि।

भारतीय जीवन-दर्शन को स्थायित्व और विस्तार देने में भारतीय लोक संस्कृति का बहुत बड़ा योगदान है। परोक्ष रूप से भी और अपरोक्ष रूप से भी। क्योंकि हमारी लोक संस्कृति में जीवन के सभी पक्ष अपने मूल रूप में सुरक्षित हैं। साहित्य भी संगीत भी, कला भी विज्ञान भी। और तो और लोक को परलोक से जोड़नेवाला अध्यात्म भी व्यावहारिक कसौटी की तरह जीवन्त और रसवन्त बना हुआ है। और उसके बने होने का यह सिलसिला खेती-बारी से लेकर तीज-त्योहार उत्सव-पर्व और मांगलिक सांस्कृतिक अनुष्ठान तक फैला हुआ है। यानी जहाँ तक प्रकृति से आदमी का और आदमी से आदमी का सरोकार दिखायी देता है। इसी रमेले-झमेले में वाल्मीकि, तुलसी-कबीर, महावीर-बुद्ध, रहीम-रसखान, मीराँ-महादेवी सब अपने-अपने संकल्पों और संघर्षों के साथ दिखायी देते हैं—अपने पीछे आनेवालों के लिए दीये की तरह आँधी और अँधेरे में रास्ता दिखाते हुए गीत जीवन-मूल्य की तरह सबके साथ है। क्योंकि सबकी सोच और दृष्टि में प्रकृति है, पर्यावरण है, लोक संस्कृति है लोक

मानस है। प्रयोगकर्त्ताओं द्वारा किया जा रहा हर प्रयोग इकाई और समूह के बीच एक मजबूत कड़ी साबित होता है। और यही मजबूत कड़ी हमारी जीवनधारा बनती है। इस जीवनधारा का उद्‌गम भी लोक है और समागम भी। इसीलिए हमारे लिये लोक संस्कृति, लोक मानस और लोकरंग सब–के–सब हमें केवल सुन्दर और आकर्षक ही नहीं बनाते बल्कि हमें अपना सहचर मानते हैं और हमें वैसे ही सम्बोधित करते हैं जैसे हम आज अपने घर–परिवार देश–समाज में परस्पर एक–दूसरे को सम्बोधित करते रहते हैं। यही कारण है कि सम्बोधन का संकट कभी हमारे साथ नहीं रहा क्योंकि सम्बोधन वही होता है जहाँ संवेदना होती है, जहाँ संवेदना होती है, वहाँ करुणा होती है, जहाँ करुणा होती है वहाँ कविता होती है और जहाँ कविता होती है वहाँ प्रयोग होते हैं। प्रयोग का सीधा सम्बन्ध सृजन से है। और सृजन भी एक राग है जिसे केवल रचनेवाला गाता है–

लोहे से तोड़ो ना आग से
सन्नाटा तोड़ो तो राग से
लाया हूँ राग मैं प्रयाग से।
आप मिले आज बड़े भाग से।

राग की यह संवेदना जब लोक से जुड़ती है तो लोक के आयाम को स्वतः विस्तार मिलता है। और केवल लोक का ही आयाम विस्तार नहीं पाता बल्कि हमारी पूरी सामाजिकता विस्तार पाती है। यह विस्तार लोकगीतों में तो न जाने कब से समाया हुआ है लेकिन लोकगीत की अपनी सीमा है। बोलो और स्थान के चलते निश्चय ही यह संवेदना एक निश्चित दायरे में ही सुरक्षित दिखायी देती है। इसी दायरे को हिन्दी कवियों ने अपने प्रयोगों और अपनी रचनाधर्मिता से सार्थक ढंग से तोड़ा है और मुक्त किया है। हिन्दी भाषा के विकास के साथ–साथ यह विकास भी रेखांकित होता चलता है और पाँचवें दशक के आखीर से थोड़ा पहले से ही इक्का–दुक्का होनेवाले प्रयोग आन्दोलन का आकार लेने लगते हैं। एक तरफ नयी कविता जैसा आन्दोलन है तो दूसरी तरफ मंचीय कवियों की कौवाली शैली जैसी गीत गायकी देखने को मिलती है। दरअसल यह हिन्दी गीत का संक्रान्तिकाल है। दोनों एक–दूसरे के विपरीत भी हैं छत्तीस की तरह छत्तीस का तीन अगर नयी कविता आन्दोलन की दहाई जैसी हैसियत का परिचय कराता है तो छत्तीस का छह तमाम गलेबाजों को इकाई में ही सीमित रखता है। ऐसे में ताजे–टटके गीतों की खुशबू लेकर पाठकों और श्रोताओं के बीच आनेवाले डॉ० शम्भुनाथ सिंह, रामचन्द्र चन्द्रभूषण, गिरिजा कुमार माथुर, डॉ. भारती, केदारनाथ सिंह, डॉ० रामदरश मिश्र, और सन्थाली गीतों का भावानुवाद लेकर अवतरित होनेवाले ठाकुर प्रसाद सिंह जिस तैयारी से सामने आते हैं उस तैयारी का सर्वाधिक कच्चा माल लोक जीवन ही होता है। क्योंकि इस कच्चे माल में टटकेपन

का एहसास भी है, आम, नीम, पीपल, महुवे की छाँह जैसी मिठास भी है, धान, गेहूँ, ज्वार, बाजरे, अरहर की हरी, पीली छुवन भी है, भूख-गरीबी के बीच पल रहे समाज की आँखों में त्योहार की खुशी जैसी गमक भी है, यानी आकर्षण से भरी-पूरी संवेदना का संवाहक गाँव, और गाँव के आस-पास का परिवेश ही मुख्य रूप से उजागर होता हुआ दिखायी देता है। हालाँकि इसके कुछ पहले ही केदारनाथ अग्रवाल और ठाकुर गोपाल शरण सिंह का ग्राम्य बोध प्रकट हो गया रहता है लेकिन सिलसिलेवार, सटीक और सलीके से इस विषय को प्रस्तुत करते हैं डॉ. शिव बहादुर सिंह भदौरिया ही। डॉ० केदारनाथ सिंह तो यह कहकर कि

धान उगेंगे कि प्राण उगेंगे
उगेंगे हमारे खेत में
आना जी बादल जरूर।
आगे पुकारेगी सूनी डगरिया
पीछे झुक वन बेंत
संझा पुकारेंगी गीली लकड़ियाँ
भोर भये धन खेत
आना जी बादल जरूर।
धान पकेंगे कि प्राण पकेंगे
पकेंगे हमारे खेत में
आना जी बादल जरूर।
चन्दा को बाँधेंगे कच्ची टहनियों
सूरज को बाँधेंगे रेत में
आना जी बादल जरूर

या यह व्यवहार कि-

रात पिया पिछवारे
पहरू ठनका किया।
आँखड़ियाँ पगली की नींद हुईं चोर की
पलकों तक आ-आकर बाढ़ रुकी लोर की
सुना क्या न तुमने जो दिल ये धड़का किया।।

यह गीत जब डॉ० केदारनाथ सिंह मंच पर पढ़ते तो मंच पर भी और श्रोताओं में लोकगीत का यह तुकड़ा-'अन्हरिया है रात सजन रहबा कि जइबा' भी बहुतों की साँसों में गुनगुनाहट होकर फूट पड़ता और इस सच्चाई को वह आज भी स्वीकारते हैं,

लोक से ग्रहण करना और उसे विस्तृत आयाम देना सहज नहीं है, एक साधना है। लेकिन केदारनाथ सिंह लम्बे समय तक गीत का साथ नहीं दिये और सहसा...पूरी तरह से इस जमीन से कट गये और अज्ञेय सम्प्रदाय के अनुयायी हो गये जैसे और तमाम लोग हो गये जिन्होंने अपनी कविता लेखन की शुरुआत गीत से की थी। गीत का मूल स्वभाव और संस्कार सर्वाधिक आहत इन्हीं दिनों दिखायी देता है। क्योंकि मंच पर गीत गानेवाले पूरी तरह से अपने दायित्व बोध से कटे हुए दिखायी देते हैं। ऐसा लगता है कि या तो उनके पास सोच और दृष्टि नहीं है ये उससे कोसों दूर हैं या अगर सोच और दृष्टि है भी तो भी ये उसे महत्त्व नहीं दे रहे हैं और सस्ती लोकप्रियता के शिकार हो जाते हैं और अन्ततः उसी दलदल में जिन्दगी भर धँसे हुए दिखायी देते हैं। यही कारण है कि उन दिनों कवाली गायकी के लिए मशहूर अनवर मिर्जापुरी की यह कवाली–

तुम तसल्ली न दो सिर्फ बैठे रहो, वक्त कुछ मेरे मरने का टल जायेगा
रुख से पर्दा हटाओ जरा तुम भला अभी रंगे महफिल बदल जायेगा
जो है बेहोश वो होश में आयेगा गिरनेवाला है वो भी सम्हल जायेगा
क्या ये कम है मसीहा के रहने ही से मौत का भी इरादा बदल जायेगा।

गाने के शौकीन हिन्दी कवि की प्रेरणा हो जाती है और ऐसी प्रेरणा हो जाती है कि आगे चलकर पैरोडी के रूप में उजागर हो जाती है। पैरोडी ही मूल हो जाती है और मूल मंच से पूरी तरह से गायब हो जाता है।

ऐसे समय में ग्राम्य बोध और लोक संस्कृति को अपने गीतों का ताना-बाना रंग-रूप मन-प्राण बनाते हैं डॉ० शिव बहादुर सिंह भदौरिया।

पुरवा जो डोल गई,
घटा-घटा आँगन में
जूड़े-सा खोल गई।"

जेठ दुपहरी हवा न ढुलके
गीत अगीत हुए पिड़कुल के
पनही लगे पुजाने कोहबर
पूरी देह हँसा गुल मोहर
आँगन चुहल चली खुल-खुल के

माँ!
ये गीत कहाँ से लायी
किसके पाले-पोसे हैं

कुल उजरौटी गई दूध की
इतना पानी मिला रही है
लौंग न डोयी पान पचीसी
तू बरसों से खिला रही है
मेरी सुध में खैनी खाकर
बापू भजन भरोसे है।

ये तस्वीरें बहुत बारीकी से खींची गयी हैं। उस कालखण्ड का देश–समाज पूरी तरह से उजागर होता है इनमें। हमारे यहाँ लोकगीतों में सोना–चाँदी की भरमार है लेकिन जब असलियत का सामना होता है तो यही सब दिखायी देता है, अब यहाँ पर अहा ग्राम्य जीवन भी क्या है? जैसा दृष्टि बोध काम नहीं आता। यहाँ वीरेन्द्र मिश्र का यह गीत सचमुच सार्थक होता दिखायी देता है कि

"वर्तमान ने ऐसा पाठ कुछ पढ़ाया
कोई सन्दर्भ ग्रन्थ काम नहीं आया।"

ईमानदार रचनाकार जब अपने परिवेश को जीता है तो आँख मूँदकर नहीं जीता। वह सजग और जागरूक बना रहता है और उसे बराबर सजग और जागरूक बने रहना चाहिए भी। लेकिन यह विसंगति देखिये कि जो डॉ० भदौरिया अपने प्रारम्भिक दिनों में इस तरह अपने दायित्व बोध के प्रति सन्नद्ध दिखते हैं वही आगे चलकर ढीले भी पड़ जाते हैं। उनकी 'राम जियावन' कविता का एक अंश मैं यहाँ उदाहरणस्वरूप रख रहा हूँ–

कई दिनों से
राम जियावन
बहका–बहका है।।
प्रथम सूचना दर्ज कराकर
लौटा थाने से
लग जायेगी सुवर्ण ऐंठन
सही ठिकाने से
हरिजन ऐक्ट
कमीशन घी सा
टहका–टहका है...

(लो इतना जो गाया, पृष्ठ २६)

अब 'प्रथम सूचना' और 'सुवर्ण ऐंठन' जैसी शब्दावलियाँ राम जियावन के

स्वभाव और संस्कार से कतई मेल नहीं खातीं। मेरा ऐसा मानना है कि अगर किसी चरित्र को प्रस्तुत किया जाय तो उसके आस–पास का वातावरण भी उसके साथ–साथ उसी रूप में प्रस्तुत किया जाय। तभी सम्पूर्णता भी देखने को मिलेगी। इस शब्दावली तक पहुँचने में भदौरिया जी को समय नही लगा, लेकिन राम जियावन को समय लगेगा। और रचनाकार का दायित्व है राम जियावन को पहुँचाने का न कि स्वयं को। बहरहाल डॉ० भदौरिया की इस सार्थक अगुवाई पर हमें गर्व है। क्योंकि इस अगुवाई की ही उपलब्धियाँ साबित होती हैं देवेन्द्र कुमार बंगाली, राजेन्द्र प्रसाद सिंह, उमाकान्त मालवीय, उमाशंकर तिवारी, ओम प्रभाकर, अवध बिहारी लाल, अमरनाथ श्रीवास्तव, देवेन्द्र शर्मा इन्द्र, रमेश रंजक, नईम, माहेश्वर तिवारी, सोम ठाकुर, कुमार रवीन्द्र जैसे समर्थ संवेदनशील रचनाकारों की लोकधर्मी रचनाएँ। ग्राम्य बोध और लोक संस्कृति को अनायास एक और तरह का विस्तृत आयाम मिलता हुआ दिखायी देता है–जैसे

देवेन्द्र कुमार बंगाली की ये पंक्तियाँ–

हम ठहरे गाँव के
सुनती हो तुम रूबी
एक नाव फिर डूबी
लहरों के ठूँठ लिये रास्ते...

रुको मत प्राण पास में रहकर
झरती है चाँद किरन झर–झर–झर
चढ़कर कलाई घर चूड़ी सी टूटो मत प्राण पास में रहकर
एक पेड़ चाँदनी लगाये हैं आपने
झूले तो आ जाना एक फूल माँगने
तन कातिक मन अगहन बार-बार हो रहा
मुझमें तेरा कुवार जैसे कुछ बो रहा

या अवध बिहारी लाल श्रीवास्तव द्वारा किये गये ठेठ और खाँटी अन्दाज में प्रयोग–

वैसे तो माटी माटी है
मेरे बाबावाला वह घर

लेकिन यादों का राज महल
उस घर का कोना-कोना है।
हम हँसते थे घर हँसता था
फिर यादों में खो जाता था
मैंने देखा है कभी-कभी
घर भूखा ही सो जाता था
मुझको तीजों-त्योहारों पर
दरवाजे पास बुलाते थे
खिड़कियाँ झाँकती रहती थीं
कमरे रिश्ते बतलाते थे। (हल्दी के छापे, पृष्ठ २३)

या उनकी यह संवेदना कि-

बादल मत आना इस देश
साड़ी एक माँगकर लायी
तब अपनी धोकर फैलायी
उसको भी वह लेने आयी
तुम आये तो सूख न पाये
मर्यादा को ठेस
बादल मत आना इस देश।
पिया हमारे घाटी घाटी
खोज रहे सोने की माटी
मेरी पीड़ा कभी न बाँटी
कुछ लायें तो घर बनवायें
अभी न देना क्लेश
बादल मत आना इस देश (हल्दी के छापे, पृष्ठ १०)

जिस बादल को पुकारते हैं टेरते हैं बार-बार उससे आने का आग्रह करते हैं डॉ० केदारनाथ सिंह। उसी बादल को अवध बिहारी लाल आने से मना करते हैं, रोकते हैं। क्योंकि अनुभूति की जमीन अलग है। अनिवार्यता का मानदण्ड बदला हुआ है लोक संवेदना दोनों रचनाकारों के साथ है लेकिन सोच और दृष्टि में अन्तराल है। और सार्थक अन्तराल है। टालने लायक नहीं बल्कि जीने लायक अन्तराल। अवध बिहारी लाल के साथ लोकगीत की ये पंक्तियाँ अपरोक्ष रूप से जुड़ी हुई हैं-

बरसै-बरसै असरेखवा
ढहावै बखरी
पाँच रे रुपइया मोरे पिया क कमइया
हमके झुलनी गढ़इहैं कि
उठइहैं बखरी

या यह दोहा कि–

सोना लादन पिउ गये, लौट न आये देस
सोना मिला न पिउ मिला, रूपा हो गये केस

मौसम किसान और खेत की इसी जिजीविषा को उमाकान्त मालवीय कुछ और तरीके से रेखांकित करते हैं–

सुनते हो अँखुओं को
मार गया पाला।
विनतियों चिरौरियों में
उम्र ही गँवाई
रही कब नसीब हमें
फसल की कटाई
कहाँ मयस्सर हमें चैन का निवाला।
रागभरी युवा रैन
खेत में सिराई
आँसू ने काजल की
मेंट दी कमाई
ढिबरी को अंक भरे ऊँघ रहा आला।

'फसल की यह माला परिवार की खुशहाली छीन लेती है। आँखों के आगे अँधेरा छा जाता है। धारदार होकर जीनेवाली जिजीविषा भोथड़ और कुण्ठित-सी दिखायी देती है। बादल और पानी की यह संवेदना माहेश्बर तिवारी को और गहराई में खींचकर ले जाती है–

चुप हैं ताल बत्तखें चुप हैं
कितना छिछला गँदला पानी
बादल का भी नहीं भरोसा
करता कैसी आनाकानी

खस्ता हाल, बत्तखें चुप हैं
मछली जान बचाये कैसे
लेकिन अण्डे पाल रही है
इस मुश्किल में जैसे तैसे
खुलते जाल बत्तखें चुप हैं

माहेश्वर की रचनाधर्मिता घर जैसी इकाई को बहुत गहराई में रेखांकित करती चलती है। लोक रंग की यह सामाजिकता देखते ही बनती है।

घर न रह गये
अब घर जैसे,
जीवन के हरियाले मन पर
उग आये हों
बंजर जैसे,

या फिर उनका ये कहना कि–

धूप में जब भी जले हैं पाँव
घर की याद आयी।
द्वार का आधा झुका बरगद पिता
माँ बँधा आँगन
नीम की ठण्डी खुरेदी छाँह में
डूबा हुआ यह मन,
सफर में जब भी दुखे हैं घाव
घर की याद आयी।।

और बाहर से घर वापस लौट रहे ओम प्रभाकर की मानसिकता एक और तरह की उत्कण्ठा, आशा, अभिलाषा को घर पहुँचते ही काठ मार जाता है, जैसे–जैसे घर नियराया/बाहर बाबू बैठे दीखे लिए समय की बोझिल घड़ियाँ/भीतर अम्माँ रोटी करतीं लेकिन जलती नहीं लकड़ियाँ–कैसा है यह दृश्य कटखना सोच–सोचकर जी घबराया।

या

आटा मले हाथ बिछावन करते मुख/कौन दे रहा है यह हल्के फुल्के सुख

ऐसी लोक संवेदना को अपनी रचना में अपने पर्व और त्योहार को जीते हैं सोम ठाकुर। सोम ठाकुर पश्चिमी उत्तर प्रदेश और दिल्ली के आस–पास के उन तमाम गीत

कवियों में बिल्कुल अलग दिखते हैं। लोक संसार की वृहद् अनुभूति उनके पास है और अनेक रूपों में रंगों में वह उसे प्रकट भी करते चलते हैं। इसका एक कारण और भी है। सोम ठाकुर हिन्दी गीत के रचनाकार होने के साथ-साथ ब्रजबोली के भी सार्थक रचनाकार हैं, इसीलिए उनके हिन्दी गीतों में लोक संस्कृति का जो स्वरूप झलकता झुलकता है उसका आकर्षण ही कुछ और है। बानगी के रूप में सोम ठाकुर की पंक्तियाँ प्रस्तुत हैं।

खिड़की पर आँख लगी, देहरी पर कान
धूप भरे सूने दालान।
हल्दी के रूप भरे खूने दालान।।
रोशनी चढ़ी सीढ़ी-सीढ़ी डूबा मन
जीने के मोड़ों को घेरता अकेलापन
ओ मेरे नन्दन आँगन में बढ़ आया एक बियाबान।।

महुवे रस महके दिन मेंहदी-सी रातें
केसर सी घोल गई रंग भरी बातें।
सूनी जो मिली कहीं खेतों की बाँहें
सरसों की पगडण्डी आमों की छाँहें
सूने जो मिले कहीं मुड़ते गलियारे
लहरों के चित्र लिखे रेतिया किनारे
ठहर गया मन, ठहरे पाँव भी अजाने
अंग अंग डोल गईं रंग भरी बातें

लेकिन इन तमाम नामों से अलग, बिलकुल अलग एक ऐसा भी नाम संयोग और सौभाग्य से नवगीत रचनाधर्मिता से जुड़ता है जो लोक संवेदना को ही ओढ़ता-बिछाता है। उसका धर्म भी वही है और कर्म भी। वह नाम है 'धूल भरे पाँव' और 'बाँसवन और बाँसुरी' जैसे गीत-संकलनों के रचनाकार गुलाब सिंह का। गुलाब सिंह से गाँव नहीं छूटता, पगडण्डी नहीं छूटती, कजरी, फगुवा और सोहर लचारी भी नहीं छूटते। और रनिया-मनिया घुरहू-कतवारू भी नहीं छूटते। दरअसल गुलाब सिंह का मन पूरी तरह से अपने दायित्व के प्रति प्रतिबद्ध दिखायी देता है।

रामदीन अँधियारे की
कुछ पर्तें फाड़ रहे,

खुरपी लेकर मरी भैंस की
खाल उतार रहे।।

× × ×

दामदीन से रमदिनवाँ तक
हर औकात समोते
कन्धे हुए निठाल
दूसरों की बन्दूकें ढोते
कब से इनको
कितने–कितने ईश्वर तार रहे।।

बदल गया ढब सारा परिचय पहचान का
तन बदला, मन बदला गाँव घर सिवान का।।
मुखिया थे मुख से सरपंच हुए पेट से
बातों की एवज सम्बन्ध जुड़े टेंट से
नहर गाँव भर की है पानी परधान का।।

खोंपे दुबका उड़ा कबूतर
पर फड़काये मैना
नींद गई रतजगे जगे में
आँखों बीती रैना
खुली हवा में मुट्ठी बाँधे
हाथ बँसौटा कम्बल काँधे
खेतिहर काटे ओंठ दाँत से
बाँझिन गाय हटैना।।

यह बाँझिन गाय 'हटैना' वाक्य का जो क्रियापद है हटैना ठेठ भोजपुरिया है, और कम्बल, मैना, रैना जैसे तुकों के अन्दाज में परोसा गया है। वर्ना यह हिन्दी व्याकरण के साथ आता तो 'हटेना' के रूप में आता। यहाँ एक सवाल बहुत सहज रूप में उभरकर सामने आ रहा है। हिन्दी गीत के स्वरूप को लोकगीत के कितना करीब या

कितना दूर रखा जाना चाहिए क्योंकि अगर इस स्वरूप को अलग नहीं करेंगे तो फिर लोकगीत और गीत की पहचान अलग-अलग कैसे स्थापित होगी? इस दृष्टि से इन्हीं गुलाब सिंह का एक गीत मैं और यहाँ रख रहा हूँ-

नात नये अँखुवन सँग फूटे
डरियन सगुन फरे
कुसुमित देह सुदिन रँगराती
पगियन में रस बदन बराती
ढुर-ढुर नाइन धूप दुअरिया
चुन-चुन चौक भरे
ओरियन आम बड़ेरियन बौरे
बँसवरि मंडप सहिजन घौरे
बहुरे अँगना पीयर बभना
पातयन मत्त झरे।।

यह भाषा, यह कलेवर पूरी तरह से लोकगीत का है। हिन्दी नवगीत में इसे शामिल नहीं किया जा सकता। ऐसे प्रयोग पहले भी हुए हैं लेकिन वे पाठकों में जगह नहीं बना सके और अन्ततः नकार दिये गये। चाहे वह मदन वात्स्यायन का यह गीत 'गोरी मोर गोहुँवन साँप भहुर धर हो' हो या महेन्द्र शंकर अधीर का यह गीत कि बदरिया झिमिर झिमिर जल बरसे जैसे मोतियन लर टूटे। गहेन्द्र शंकर अधीर का यह गीत तो पूरी तरह से कजली छन्द में लिखा गया है। तो इसे कजली क्यों न कहा जाय। नवगीत क्यों कहा जाय! इसीलिए पाठकों ने शौकिया किये गये प्रयोग को परम्परा नहीं बनने दिया।

लेकिन इस सन्दर्भ में यह तो कहा ही जा सकता है कि ऐसे प्रयोगों ने गीत को नयी भाषा दी है, नया कलेवर दिया है, नयी अभिव्यंजना दी है। और लोक-मन को बाँधने की कला को विस्तार दिया है। डॉ० बुद्धिनाथ मिश्र की कुछ पंक्तियों को इस सन्दर्भ में यहाँ रखना मैं ज्यादा प्रासंगिक समझता हूँ। क्योंकि इनमें लोक संस्कृति और लोक-मन दोनों का ताना-बाना देखते ही बनता है। मिथिला और बनारस की लोक संस्कृति, संस्कार, जीवन-शैली और राग-रंग से भरे-पूरे वातावरण में डॉ० बुद्धिनाथ मिश्र वर्षों सीझे हैं तब कहीं इन्हें परस पाये हैं।

धान जब भी फूटता है गाँव में
एक बच्चा दुधमुँहा किलकारियाँ भरता हुआ
आ लिपट जाता हमारे पाँव में।।

फैल जाती है सिंघाड़े की लतर-सी
पीर मन की छेंकती है द्वार
तोड़ते किस तरह मौसम के थपेड़े
जानती कमला नदी की धार
कह रहे हैं लोग गाँव गिराँव में
घर की मकड़ी कोने दुबकी, वर्षा होगी क्या
बायीं आँख दिशा की भड़की वर्षा होगी क्या
सुनार बामिन बंजर जोते
इन्नर राजा हो
आँगन आँगन छौना लौटे
इन्नर राजा हो
भुँइ लोटन डसइया सिहके वर्षा होगी क्या।

पिछले करीब दो दशकों के थोड़ा-बहुत आगे-पीछे से कुछेक और सार्थक और सक्रिय नाम नवगीत विधा में आये जिनकी रचनाशीलता में लोक-जीवन का खाँटी रंग देखने को मिलता है। ये नाम हैं दिनेश सिंह, सुधांशु उपाध्याय, विनोद श्रीवास्तव, यश मालवीय, वसु मालवीय, राजेन्द्र गौतम, डॉ. सुरेश और राघवेन्द्र प्रताप सिंह। दिनेश सिंह अपनी रचनाधर्मिता में गाँव-घर खेत-सिवान क्यारी-अमराई के बीच दिखते हैं। ग्रहण करते हुए दिखते हैं, रचते हुए दिखते हैं। बहुत बारीकी से बीनते-बटोरते हैं। सहज होकर उसे पछोरते हैं और उदार होकर परसते हैं-(टेढ़े-मेढ़े ढाई आखर से)

ओरे पिया
चार दिन के हैं
ये सरसों के फूल,
इतने पीले
मेरी चुनरी के रँग ढीले
सुबह-सुबह की खिली धूप के
ये स्वर्णाक्षर गीले-गीले
रात-रातभर ओस नहायें
दिनभर खेलें धूल
ये सरसों के फूल।।
या

जब कभी बादल पुकारे
मोर बोले, खेत बोले, ताल बोले
पर हमारा मन न डोले
क्या हुआ यह?
जब कभी मौसम पुकारे
गन्ध बोले, राग बोले, आग बोले
और माली घास छोले
क्या हुआ यह?

ग्राम्य बोध का यह तेवर यश मालवीय की रचनाओं में विसंगतियों, विडम्बनाओं की शिकार सामाजिकता का दर्द लिये हुए उपस्थित होता है।

बहुत जरूरी मत समझो
इसका उसका अथवा है।
हम हैं मटर पनीर नहीं
हम गरीब का बथुआ हैं।।
यूँ ही आनाकानी में
तेज धूप में पानी में
रावण पाँव पसार रहा
उनकी राम कहानी में
हम तो होरी–धनिया हैं
या बुधई हैं बुधवा हैं।।
जलती–बुझती बीड़ी में
जाते अगली पीढ़ी में
छतभर जाने की खातिर
रहे हमेशा सीढ़ी में
अपने भाई बाप रहे
अपने बिटिया बेटवा है।

पिछले दिनों नवगीतों का एक संकलन काफी चर्चा का विषय बना नाम है समय की जरूरत है यह। कवि हैं सुधांशु उपाध्याय। सुधांशु मूलतः पूर्वांचल के गाँव के रहनेवाले हैं और पेशे से पत्रकार हैं। जाहिर है जानने–समझने और जीने–परसने के भरपूर अवसरों से सुधांशु बराबर जुड़ते चलते हैं–

कोस-कोस पर पानी बदले
चार कोस पर बानी
नहीं बदलती रामरती की
लेकिन राम कहानी
गाँव से उजड़े शहर में खोये
पत्थर काटे पत्थर बोये
ताल-ताल में ईंट पक रही
रोटी जैसे देह सिंच रही
जाने किस मछली ने निगली
सौंपी हुई निशानी।।

यह सच है कि कुछ-कुछ अन्तर पर पानी भी बदलता है और बदलती है बानी भी। लेकिन जिस बदलाव की चाहत है, जरूरत है वह नहीं दीखता। संवेदनशील लोकधर्मी रचनाकार का मन छटपटाहट से भर उठता है। इस दर्द को बहुत भीतर महसूस करते हैं वसु मालवीय। वसु मालवीय केवल कवि ही नहीं थे एक भरपूर प्रतिभा सम्पन्न कथाकार भी थे। बहुत कम उम्र में अपनों से विदा हो गये। लेकिन जो कुछ उन्होंने रचा है मन से रचा है और मूल्य-बोध को उजागर करते हुए रचा है-

पुरखों का आखिरी निशान
गिरवी है गाँव का मकान
दादी की जिद थी प्राण वहीं जाये
जिस घर में बाबा उसे ब्याह लाये
जली हुई रस्सी की शान।।
दरवाजे बँधा बैल खोल ले गये
लेनदार माँ-बेटी तोल ले गये
बिकी खुशी, चुका तब लगान।।

वसु के पास जैसी पैनी दृष्टि है उतना ही साफ घुटता संवेदनशील कोमल मन भी है। रिश्तों को वसु अपने उसी कोमल मन का आईना बनाते हैं। तब कहते हैं-

पीहर से आये आलता लगाये
भाभी के पाँव
खेतों से चूल्हे तक बजरे की गन्ध

खनक लोक गीतों की महके सम्बन्ध
सोंधापन घोले, कुछ-कुछ बोले
घर-आँगन-गाँव

इन तमाम असंगतियों, विसंगतियों, विडम्बनाओं, संघर्षों, संवलयों और उपलब्धियों के नाम कुछ मैं अपने विशेष अनुभवों से भी जोड़ना चाहूँगा। यह मेरा धर्म भी बनता है और दायित्व भी। लगभग ३७ वर्षों तक भारत सरकार की प्रसारण सेवा में गाँव की कथा-व्यथा तीज-त्योहार राग-रंग से जुड़ने, उन्हें जानने समझने और सीखने के अनेक अवसर भी सौभाग्य से मुझे मिले हैं। नौकरी भी जो मिली वह गाँव और लोक संस्कृति की छाँह में साँस लेने की कामना जैसी मिली इसलिए अपने परिवेश को मैंने प्रयोगशाला की तरह जिया भी। और उन्हीं जिये क्षणों से आपको जोड़ रहा हूँ।

धान नहीं अब गाँव में, अब केवल परधान
खेत सभी परती पड़े गलियाँ लहूलुहान,
पन्नी पर पन्नी चली हुए पंच सब रंच
सबसे ज्यादा रंच जो वही हुआ सरपंच
हुई तरक्की गाँव की पैदा हुए सपूत
ले आते बाजार सब्जी गल्ला दूध

अभी भी ईंधन जैसी वस्तु के लिए औरत को देह का सौदा करना पड़ता है। उसके सामने विकल्प नहीं है

कण्डे बीन रही है झुनिया, देखो सूखे ताल में
आग बरसती लू चलती है, कितनी तेज न जाने
इतना काम इसे सौंपा है विधवा बूढ़ी माँ ने
बात-बात में चित्त हो जाती
पाँच रुपल्ली में सो जाती
जैसे इसकी माँ सोती थी कभी पाव भर दाल में,

जहाँ ऐसी विडम्बना है वहीं बड़की भौजी और रामधनी भी दुलहिन भी देखने को मिलीं मिलते ही थकान दूर हो गयी न भूख रही न प्यास रही। इनसे मिलकर हमारा पाठक भी चैतन्य हो जाता है–

जब देखो तब बड़की भौजी हँसती रहती है
हँसती रहती है कामों में फँसती रहती है
भौजी दोनों हाथ दौड़कर काम पकड़ती है

दूध पकड़ती दवा पकड़ती दाम पकड़ती है।
इधर भागती उधर भागती नाचा करती है।
बड़की भौजी सबका चेहरा बाँचा करती है

ऐसी ही मर्यादा और मूल्यों को जीती हँसती मुस्कुराती दाम्पत्य का भरपूर सुख उठाती रामधनी की दुलहिन भी है

मुँह पर उजली धूप पीठ पर काली बदली है
रामधनी की दुलहिन नदी नहाकर निकली है
गाँव गली अमराई से खुलकर बतियाती है
चन्दन रोली और नारियल रोज चढ़ाती है
ईखर के मन में पहली पहली कच्ची इमली है।

सबसे मजे में गुपतेसरा दुकानदार है। उसकी साठ–गाँठ ऊपर तक है। कोई उसका कुछ बिगाड़ नहीं सकता। वह सब पर शासन करता है। लेकिन जुगाड़ से व्यवस्था से

गुपतेसरा ने खोली है दुकान गाँव में
काट रहा चाँदी वह बेईमान गाँव में
चाय पान बीड़ी सिगरेट तो बहाना है
असली है चकलाघर बेजुबान गाँव में
कमली का पेट गिरा विमली का फूला है
सोते हैं थाने के दो दीवान गाँव में

गाँव की यह तस्वीर बहुत भयानक है। फरियादी की आवाज बन्द कर दी जा रही है–

गाँव गया था गाँव से भागा
रामराज का हाल देखकर
पंचायत की चाल देखकर
आँगन में दीवार देखकर
सिर पर आती डाल देखकर
नदी का पानी लाल देखकर
और आँख में बाल देखकर
मुट्ठी में कानून देखकर

सिर पर चढ़ा जुनून देखकर
किचकिच दोनों जून देखकर
उजबक अफलातून देखकर
गंजे का नाखून देखकर
पण्डित का सैलून देखकर

और मजे की बात यह है कि अपने आदिम काल से लेकर आज तक गीत ही गाँव और लोक संस्कृति के साथ कदम-से-कदम मिलाकर चलता हुआ दिखायी दे रहा है और आगे भी यही दिखायी देगा। क्योंकि ये परस्पर दोनों के पूरक एवं संवाहक हैं। यह रिश्ता जन्मना भी है और कर्मणा भी है।

हाँ, एक खतरा भी मँडराता हुआ दिखायी दे रहा है नवगीत के साथ। यह खतरा है भाषा, बिम्ब, कथ्य, शैली और सुरों की डुप्लीकेसी और ऐसी हरकत बड़े पैमाने पर हो रही है। इसका नतीजा यह होगा कि बहुत जल्दी ही बासीपन का कूड़ा इकट्ठा हो जायेगा और ऐसी सडाँध उठेगी कि फिर तो चारों ओर थू-थू शुरू हो जायेगी। ऐसी ही सडाँध ने संवदेनशील एवं जागरूक मन को नयी कविता की ओर मोड़ा था। गीत की जैसी दुर्दशा उन दिनों हुई थी बहू-अम्माँ से छिपी नहीं है फिर वैसी ही स्थिति आनेवाली है इसलिए समय रहते ही इस ओर सोचने-विचारने की जरूरत है और मुझे विश्वास है कि आप सब मुझसे सहमत होंगे।

इनसे मिलिये ये हैं दुष्यन्त कुमार

आज हिन्दी कविता में गीत के समानान्तर मंचों एवं पत्र–पत्रिकाओं में ग़ज़ल की हिस्सेदारी अपने जिस ठाठ–बाट और हैसियत के साथ दिखायी दे रही है इसका सारा–का–सारा श्रेय प्रयोगकर्त्ता के रूप में, उद्‌गम के रूप में, वाहक–संवाहक के रूप में अगर किसी एक व्यक्ति को दिया जा सकता है या दिया जाना चाहिए (जब कि दिया भी जा रहा है) तो वह नाम है–दुष्यन्त कुमार का। जिन दिनों भारतीय लोकतन्त्र संकट के दौर से गुजर रहा था उन दिनों सहसा दुष्यन्त कुमार का नाम उछलता है और दुष्यन्त किसी नये हीरो की तरह छा जाते हैं। उनकी ग़ज़लों के एक–दो नहीं बल्कि पचासों शेर लोगों की जुबान पर कहावतों और मुहावरों की तरह चढ़ जाते हैं। जब कि इतिहास में ऐसा बहुत कम हुआ है क्योंकि मीर गालिब, जिगर, फिराक के भी दस ही बीस शेर लोगों की जुबान पर आज भी मिलते हैं। इसका मतलब यह नहीं है कि दुष्यन्त इनसे बड़े शायर थे। नहीं, ऐसा नहीं है। असलियत यह है कि उस कालखण्ड में दुष्यन्त सर्वहारा की दृष्टि, सोच, भाषा, बोली, संघर्ष, संकल्प, जिन्दगी, जिजीविषा, सबकी भूमिका निभाते हुए दिखायी देते हैं। और सचमुच इस देश–समाज को उन दिनों ऐसी भूमिका की जरूरत भी थी। और देखते–देखते दुष्यन्त चारों तरफ कोट किये जाने लगते हैं–अखबारों में हेडिंग से लेकर गोष्ठियों–सभाओं के वक्तव्यों तक। और आगे चलकर ग़ज़ल कविता की 'दुष्यन्ती परम्परा' बन जाती है। सैकड़ों–हजारों आज भी उसी लीक पर आँख मूँदे कोल्हू के बैल की तरह चलते हुए दिखायी दे रहे हैं और आगे भी दिखायी देते रहेंगे–वैसे ही जैसे बादलों के बरराकर चले जाने के बाद घण्टे–आध घण्टे पेड़ चूते रहते हैं। ऐसा नितान्त स्वाभाविक है क्योंकि यह प्रकृति सत्य है लेकिन मैं यहाँ इतना और इस सन्दर्भ में कहना चाहूँगा कि केवल गजलों के कोने में दुष्यन्त को खड़ा कर देना दुष्यन्त के प्रति बहुत बड़ी हमारी भूल होगी, बेईमानी होगी और जो दुष्यन्त का असली और सम्पूर्ण पाठक है वह ऐसी संकीर्णता और अज्ञानता के लिए हमें कभी माफ नहीं करेगा। क्योंकि दुष्यन्त के लेखक की बुनियाद इलाहाबाद जैसे शहर में पड़ी है। भले वह रहनेवाले बिजनौर के थे और उनकी ज्यादातर पढ़ाई–लिखाई पश्चिमी उत्तर प्रदेश में ही हुई फिर भी यह सच है कि वह लेखक इलाहाबाद आकर ही बने। उन दिनों

इलाहाबाद साहित्यिक गढ़ था। और हिन्दी साहित्य में आ रहे बदलाव का सबसे महत्त्वपूर्ण कारण भी था। 'नयी कविता' से लेकर 'नयी कहानी' तक के मानक तैयार किये जा रहे थे। ऐसे संक्रान्ति-काल में ऊर्जा से भरपूर त्रयी-कमलेश्वर, मार्कण्डेय और दुष्यन्त भला कैसे अछूते और अपने दायित्व बोध से बेखबर रहते? यह त्रयी जूझ रही थी और अद्‌भुत लेखन करती हुई जूझ रही थी। जब कि कमलेश्वर और मार्कण्डेय ने तो केवल गद्य तक ही अपने को सीमित रखा लेकिन दुष्यन्त ने गद्य और पद्य दोनों रचा। दुष्यन्त नयी कविता और गीत के कवि पहले हैं और गजलकार तो बहुत बाद में होते हैं। चूँकि मीडिया ने उनकी गजलों को ही रेखांकित किया और दुष्यन्त को 'ग़ज़ल ब्राण्ड' बना दिया। जब कि दुष्यन्त की हैसियत इससे बहुत बड़ी है। यह मैं ही नहीं कह रहा हूँ बल्कि अनेक नामी-गरामी साहित्यकारों ने दुष्यन्त के कवि रूप का लोहा माना है और अपने-अपने ढंग से उन्हें सराहा और रेखांकित भी किया है।

इस सन्दर्भ में मैं कुछ साहित्यकारों के पत्रों को यहाँ रख रहा हूँ। ये पत्रांश हैं गिरिजा कुमार माथुर, कमलेश्वर और डॉ० धर्मवीर भारती के। ये तीनों पत्र दुष्यन्त की कविता पुस्तक 'सूर्य का स्वागत' के कवर पृष्ठ के पिछले हिस्से पर छपे हुए हैं। इन पत्रों के माध्यम से दुष्यन्त के मूल-स्वर और संस्कार को जानने-समझने में मुझे तो सहूलियत हो ही रही है पाठकों को भी होगी ऐसा मुझे विश्वास है। क्योंकि दुष्यन्त न केवल साम्यवादी-समाजवादी-समन्वयवादी और गाँधीवादी थे बल्कि वह सम्पूर्ण रूप से मानवतावादी थे। क्योंकि आदमी उनकी साँसों में था, उनके सीने में था, उनकी आँखों में था और उनके जेहन में था। अब पढ़िये उन पत्रों के अंश।

...इधर तुम्हारी खूब-खूब कविताएँ निकली हैं, जैसे एक सैबाल आ गया हो। कितने ही बारीक और सूक्ष्म अनुभव-बिम्बों को तुमने नयी-नयी तरह से आँका है। तुम्हारा एक नया रंग है...और छोटे-छोटे खण्डों में जीवन को बाँधने की उनमें अकुलाहट है। प्रगति और प्रयोग के लिए मैं जिन श्रेष्ठ तत्त्वों का समन्वय तुम्हारी कविताओं में पाता हूँ, उससे नयी कविता के भविष्य में मेरी आस्था और भी दृढ़ हो जाती है। जियो।

श्री गिरिजा कुमार माथुर — सस्नेह
आकाशवाणी, भोपाल — माथुर

...सच, मैं तो नये कवियों में केवल दो ही स्वर पहचान पाता हूँ...तुम्हारा और केदार का...। नागार्जुन कह रहे थे दुष्यन्त की कविताओं में नाजिम हिकमत की-सी तेजी और आग है।

श्री कमलेश्वर — तुम्हारा
३४९ बादशाही मण्डी, प्रयाग — कमलेश्वर

...तुम्हारी कविताएँ पढ़कर बार-बार तुम्हें याद करता रहा। इधर अपनी कलम पर क्या जादू-टोना फुँकवा लिया है, तुमने?

डॉ० धर्मवीर भारती
२२ हैमिल्टन रोड, प्रयाग

सस्नेह
भारती

इन तीनों पत्रों से इतना तो जाहिर हो ही जाता है कि दुष्यन्त सही माने में कवि हैं। और यह भी पता चल जाता है कि तब तक दुष्यन्त ग़ज़लों के कवि नहीं बने थे। क्योंकि उनकी कविताओं के दोनों संकलनों–'सूर्य का स्वागत', और 'आवाजों के घेरे' की रचनाएँ केवल कविता हैं–विशुद्ध कविता। इनके ताने-बाने में नयी कविता का भी तेवर-कलेवर है और गीत का भी। और इन्हीं कविताओं को दुष्यन्त उन दिनों मंचों पर पढ़ा करते थे। लोग मन से सुनते भी थे सराहते भी थे। क्योंकि तब मंच साहित्यकारों का था भाँड़ों का नहीं। ऐसे दुष्यन्त के कद-काठी, ठाठ-बाट, चाल-ढाल, हाव-भाव, रंग-रूप, खान-पान, रहन-सहन, दौड़-धूप को बिना जाने-समझे आगे नहीं बढ़ा जा सकता और मैं आगे बढ़ना भी नहीं चाहता। दुष्यन्त ने अपने बारे में अलग से कहीं कुछ विशेष नहीं लिखा है। लेकिन 'सूर्य का स्वागत' कविता-संकलन में एक कविता है–इनसे मिलिये। यह कविता ही दुष्यन्त के आत्म-स्वरूप का पूरा-पूरा साक्षात्कार कराती है। कविता-शैली में दुष्यन्त का असली हुलिया यही है। मैं यहाँ वह पूरी कविता उदाहरण के तौर पर रख रहा हूँ। लीजिये पढ़िये।

इनसे मिलिये
(नख-शिख वर्णन)
पाँवों से सिर तक जैसे एक जनून
बेतरतीबी से बढ़े हुए नाखून
कुछ टेढ़े-मेढ़े बैंगे दागिल पाँव
जैसे कोई एटम से उजड़ा गाँव
टखने ज्यों मिले हुए रक्खे हों बाँस
पिण्डलियाँ कि जैसे हिलती-डुलती काँस

कुछ ऐसे लगते हैं घुटनों के जोड़
जैसे ऊबड़-खाबड़ राहों के मोड़
गट्टों सी जंघाएँ निष्प्राण मलीन
कटि रीतिकाल की सुधियों से भी क्षीण
छाती के नाम महज हड्डी दस-बीस
जिन पर गिन-चुनकर बाल खड़े इक्कीस
पुट्ठे हों जैसे सूख गये अमरूद
चुकता करते-करते जीवन का सूद
बाँहें ढीली-ढाली ज्यों टूटी डाल
अँगुलियाँ जैसे सूखी हुई पुआल
छोटी-सी गरदन रंग बेहद बदरंग
हर वक्त पसीने का बदबू का संग
पिचकी अमियों से गाल लटे से कान
आँखें जैसे तरकश के खुट्टल बान
माथे पर चिन्ताओं का एक समूह
भौंहों पर बैठी हरदम यम की रूह
तिनको से उड़ते रहनेवाले बाल
विद्युत् परिचालित मखनाती सी चाल
बैठे तो फिर घण्टों जाते हैं बीत
सोचते प्यार की रीत भविष्य अतीत
कितने अजीब हैं इनके भी व्यापार
इनसे मिलिये ये हैं दुष्यन्त कुमार।

दुष्यन्त कुमार का यह हुलिया उनके संघर्ष-संकल्प, जिजीविषा-छटपटाहट, स्वभाव-अभाव, विवशता-असमर्थता, धर्म-कर्म और विश्वास को उजागर करता हुआ-सा है। यहाँ दुष्यन्त एकवचन में नहीं बहुवचन में दिखायी देते हैं। अपने भीतर बहुतों का दुख-दर्द समेटे हुए। बहुतों के लिए जीवन जीने की जिजीविषा लिये हुए। साधारण-से दिखनेवाले दुष्यन्त यकायक अपने इसी ताने-बाने में बिलकुल ही असाधारण-से प्रतीत होने लगते हैं। अपनी सीमाओं में जी-जान से जूझते हुए दुष्यन्त की शाश्वत और असली पहचान यही है। आम आदमी अपनी सारी विसंगतियों और

विडम्बनाओं के साथ दुष्यन्त के भीतर समाया हुआ है। और दुष्यन्त आम आदमी की ऐसी अनेकानेक कठिनाइयों और चुनौतियों भरी जिन्दगी को अपनी जिन्दगी बनाये हुए हैं। ऐसा नखशिख वर्णन आजादी के बाद की कविता में अकेला है, मार्मिक है और पारम्परिक नखशिख वर्णन को ठेंगे पर लिये हुए है। कुण्ठा सन्त्रास-घुटन और ऊब से भरे हुए सारे पुराने मापदण्डों को दुष्यन्त नकारते हुए आगे बढ़ते हैं। और जिन शब्दों में ललकारते हुए आगे बढ़ते हैं वे शब्द एक समूची कविता होकर उनसे लिपटे हुए हैं 'मापदण्ड बदलो' जैसा जयघोष दुष्यन्त का बाहरी-भीतरी अन्तराल भरता हुआ दिखायी देता है–

मैं नया बनने के लिए
खराद पर चढ़ रहा हूँ
लड़ता हुआ
नयी राह गढ़ता हुआ
आगे बढ़ रहा हूँ

और दुष्यन्त की कुण्ठा तो और विचित्र है। न देखी न सुनी जैसी। अपनी उस कुण्ठा को एक आकार तो देना चाहते हैं लेकिन उसे पालना नहीं चाहते। उससे छुटकारा चाहते हैं। डंके की चोट छुटकारा चाहते हैं तभी तो वह बिना मुँह घुमाये- चुराये डंके की चोट कहते भी हैं–

प्रसवकाल है सघन वेदना!
मन की चट्टानों कुछ खिसको
राह बना लूँ
ओ निर्झर स्वर बहो कि तुममें
गर्भवती अपनी कुण्ठा का कर्ण बहा लूँ
मुझको इससे मोह नहीं है
इसे विदा दूँ।

दुष्यन्त की ऐसी जूझती हुई जिजीविषा में रंचमात्र भी पलायनवादिता नहीं है। बल्कि आस्था विश्वास से भरी पूरी संघर्ष मुद्रा है। संघर्ष की यह मुद्रा उनकी थाती और पूँजी साबित होती है। इसी के बलबूते वह निरन्तर चैतन्य बने रहते हैं–प्रहार झेलने के लिए, प्रहार करने के लिए। 'कैद परिन्दे का बयान' कविता में बहुत साफ-साफ शब्दों में कहते हैं–

तुमको अचरज है मैं जीवित हूँ
उनको अचरज है मैं जीवित हूँ

मुझको अचरज है मैं जीवित हूँ
हाँ, जिस दिन पिंजड़े की
सलाखें मोड़ लूँगा मैं
उस दिन सहर्ष
जीर्ण देह छोड़ दूँगा मैं।

यह सच है कि इस तथाकथित जीर्ण देह का मोह उन्हें तनिक भी नहीं है लेकिन पिंजड़े की सलाखों को पूरी तरह रो मोड़ लेने जैसे संकल्प के पूरा होने की प्रतीक्षा तक तो वह इस देह का सहारा लेंगे ही लेंगे। दुष्यन्त जहाँ किसी भी तरह की विरक्ति को अपने आस-पास दूर-दूर तक फटकने नहीं देते वहीं उनकी अनुरक्ति का रंग-रूप भाव-स्वरूप भी जीवन का पूरक साबित होता है।

कैसे बतलाऊँ तुम्हें प्राण
छूटा हूँ तुमसे तो क्या?
वाण छोड़ा हुआ भटका नहीं करता,
लगूँगा किसी तट तो
कहीं तो कचोटूँगा
ठहरूँगा जहाँ भी प्रतिध्वनि जगाऊँगा
तुम्हें बार-बार चाहूँगा
जब जब श्लथ मस्तक उठाऊँगा।
इसी विह्वलता से गाऊँगा।

इसी आसक्ति-अनुरक्ति के कुछ सार्थक सहज बिम्ब-प्रतिबिम्ब उनके मुक्तकों में भी भरे पड़े हैं। अपने समकालीनों द्वारा लिखे गये तमाम सैकड़ों-हजारों मुक्तकों की भीड़ में दुष्यन्त के मुक्तक अलग ही दिखायी देते हैं। उनकी अर्थवत्ता, उनकी चेतना-संवेदना, उनकी मिठास, उनकी भाषा-सब में एक अलग तरह का आकर्षण है। एक अलग तरह का सौन्दर्य है और एक अलग तरह की ताजगी और सहजता है-

सँभल-सँभल के बहुत पाँव धर रहा हूँ मैं
पहाड़ी ढाल से जैसे उतर रहा हूँ मैं
कदम-कदम में मुझे रोकता है दिल ऐसे
गुनाह कोई बड़ा जैसे कर रहा हूँ मैं

गीत गाकर चेतना को वर दिया मैंने
आँसुओं से दर्द को आदर दिया मैंने

प्रीति मेरी आत्मा की भूख थी, राहकर
जिन्दगी का चित्र पूरा कर दिया मैंने।

इसी संकलन में 'दो पोज' शीर्षक की एक कविता है। अनुरक्ति और आसक्ति जैसे भावों को सार्थक विस्तार देती हुई यह कविता सद्यः स्नाता स्त्री की दो स्थितियों से जुड़ी हुई है। जिस दुष्यन्त के पास जनवादी सोच की अद्‌भुत पूँजी है उसी दुष्यन्त के पास सहजता से भरी-पूरी सौन्दर्यबोध की दृष्टि थी एक और की तरह की है जिसमें मांसलता नहीं है अपितु सात्त्विकता है। ऐसी सात्त्विकता जिसका होना अनिवार्य माना गया है। 'दो पोज़' कविता इस प्रकार है–

सद्यः स्नात तुम जब आती हो,
मुख कुन्तलों से ढँका रहता है
बहुत बुरे लगते हैं वे क्षण जब
राहू से चाँद ग्रसा रहता है।
पर जब तुम
केश झटक देती हो अनायास
तारों-सी बूँदें
बिखर जाती हैं आस-पास
मुक्त हो जाता है चाँद
तब बहुत भला लगता है।

लेकिन यही दुष्यन्त अपनी कविता 'तीन दोस्त' में एक और तरह के भावबोध से हमें जोड़ते हैं। केवल जोड़ते ही नहीं भरपूर प्रेरित भी करते हैं। जिस जीवन की तलाश हर संवेदनशील व्यक्ति और समाज को होती है जो स्वयं को आधा-अधूरा पाता है और सम्पूर्ण होने की चेतना के साक्षात्कार को निरन्तर सक्रिय बना रहता है। उस आधे-अधूरे मन को सम्पूर्णता की ओर ले जाती हुई यह कविता कभी न मरनेवाली कविता है।

हम तीन दोस्त पाँवों में गति सत्वर बाँधे
आँखों में मंजिल का विश्वास अमर बाँधे
हम बन्द पड़े तालों से डरते नहीं कभी
असफलताओं पर गुस्सा करते नहीं कभी
लेकिन विपदाओं में घिर जानेवालों को
आधे पथ से वापस फिर जानेवालों को

हम अपना यौवन अपनी बाँहें देते हैं
हम अपनी साँसें और निगाहें देते हैं।
जिस जगह भूलकर गीत न आया करते हैं
उस जगह बैठ हम तीनों गाया करते हैं
जिनको रस अब तक मिला नहीं है एक बार
जिनका बस अब तक चला नहीं है एक बार
हम उनको कभी निराश नहीं होने देंगे
जो होता आया अब न कभी होने देंगे
हम तीन बीज
उगने के लिए पड़े हैं हर चौराहे पर
जाने कब वर्षा हो कब अंकुर फूट पड़े
हम तीन दोस्त घुटते हैं केवल इसीलिए
इस ऊब घुटन से जाने कब सुर फूट पड़े।।

दूसरे के लिए जीना और ऐसे संकल्प ऐसी टेक के साथ जीना अपने-आप में एक बहुत कठिन साधना है। क्योंकि यह दबे-कुचले शोषित-कुपोषित ताड़ित-प्रताड़ित, निष्कासित-निर्वासित जनों की पुनर्स्थापना का संकल्प है। विरले ही ऐसा बीड़ा उठाते हैं। लेकिन कवि उन्हीं विरलों में है और सबसे आगे है, सबसे ऊपर है। कवि करुणा का पर्याय है। उसका दायित्वबोध उसे उसके लक्ष्य तक पहुँचाता है। इसीलिए वह गर्भवती निर्वासिता सीता के सम्मुख वाल्मीकि-सा खड़ा होता है। कबीर की तरह भीड़ में ललकारता दिखायी देता है। क्योंकि करुणा जैसी पूँजी जिसके पास होती है वह डर-भय, शंका-आशंका से परे होता है। वह अपने धर्म और कर्म दोनों को जानता-पहचानता है। दुष्यन्त भी इसी घराने में पैदा हुए हैं। वह इस धर्म के मर्म को अपना श्रेय और प्रेय दोनों बनाये हुए हैं। तभी तो 'धर्म' शीर्षक कविता में कहते हैं-

हर छोट को
बड़ा करना धर्म है।

जब कि आज इस सोच के ठीक विपरीत होता दिखायी दे रहा है। आदमी मछली की तरह जी रहा है। जीने का हक केवल बड़ी मछली को है। और छोटी मछली तो अपने कुल-गोत्र का सिर्फ आहार होती है। आज छोटे को स्वीकार करने को कोई तैयार नहीं है। लेकिन जो सच्चा कवि है वह अपने इस धर्म को अपने प्राण-प्रण की तरह जीता है। और यही जीवन कवि को शोभा भी देता है। सच्चा कवि सत्य का अन्वेषी भी होता

है, सत्य का स्त्रष्टा भी होता है। और शायद इसी कसौटी को ध्यान में रखकर वास्तविक सत्य के समानान्तर सत्य का एक और स्वरूप निरूपित किया गया है। और उसे कहा गया है–कवि सत्य। कवि सत्य को भी किसी तराजू, किसी बटखरे की जरूरत नहीं होती। यह जाँचा–परखा नहीं जाता। सेवा सोलह आने जैसे विशेषण के साथ यह कथ्य स्वीकार कर लिया जाता है। सम्भवतः इसीलिए कहा भी जाता है–कविर्मनीषी परिभू स्वयंभू।

अपनी कविता 'सत्यान्वेषी' में एक ऐसे ही शाश्वत सत्य का उद्घाटन करते हुए दुष्यन्त कहते हैं–

सुनो!
कृष्ण हूँ मैं
भूल से साथियों ने इधर फेंक दी थी जो गेंद
उसे लेने आया हूँ,
(आया था, आऊँगा)
लेकर ही जाऊँगा।

यह जो वाक्य है 'आया था, आऊँगा लेकर ही जाऊँगा' कविकर्म को बहुत दूर तक रेखांकित करता है। और जहाँ तक यह वाक्य रेखांकित होता है, वहीं तक दुष्यन्त रेखांकित होते हैं। क्योंकि इसके भीतर एक और तरह का उद्धार पर्व समाया हुआ है। वह रह–रहकर झलक जाता है। उसके झलकने के साथ ही वर्तमान पर गहराया संकट 'कालिया मर्दन' की अवस्था को तो प्राप्त होता ही होता है–साथ–ही–साथ उज्ज्वल भविष्य की आहट भी मिलने लगती है। अपने संकल्प–पुरुषार्थ और संघर्ष के प्रति रचनाकार को कितना बड़ा विश्वास है। और इसमें सम्भावित उपलब्धि से जुड़ी जो आस्था है वही तो जीवन है। दुष्यन्त की दृष्टि में यह जीवन ही सब–कुछ है। यही आदमी को सम्पूर्णता प्रदान करता है।

'सूर्य का स्वागत' कविता–संकलन की रचनाएँ एक तरह से दुष्यन्त के युवा हो रहे काल से लेकर युवा हो चले काल तक की हैं। क्योंकि यह संकलन १९५७ का छपा है। और १९३३ में दुष्यन्त की पैदाइश हुई है। यानी लगभग १७–१८ साल की उम्र से लेकर २३–२४ साल की उम्र के बीच की रचनाएँ हैं। अमूमन इस कालखण्ड में ज्यादातर रचनाकारों की ऐसी रचनाएँ होती हैं जिनमें ऐसी प्रौढ़ता बहुत कम मात्रा में मिलती है। या तो असफल प्रेम की निराशा से भरी होती हैं या उत्साह–उल्लास से इतना ज्यादा भरी–पूरी लबरेज होती हैं कि बस पूछिये मत। ऐसी फालतू की तमाम जकड़बन्दियों और घेराबन्दियों से दुष्यन्त भी पूरी तरह मुक्त हैं और रचनाएँ भी मुक्त हैं। साफ–सुथरी मानसिकता की ऐसी पकी फसल की सात्त्विक खुशबू के उसी दौर में

दुष्यन्त को शीशे की तरह भीड़ में दिखाना शुरू कर दिया था। और दुष्यन्त के दूसरे संकलन 'आवाजों के घेरे' जिसका प्रकाशन १९६३ में होता है, दुष्यन्त की प्रौढ़ता को बुलन्दियों पर पहुँचाने के साथ-ही-साथ कविता के वास्तविक पक्ष और स्वरूप के निर्धारण में छन्द-लय-गति यानी गीतितत्त्वों की पुनर्स्थापना और अवधारणा की अनिवार्यता का न केवल भरपूर स्वागत और समर्थन करता हुआ दिखता है बल्कि प्रमाण भी देता चलता है। हिन्दी गीत के सामने सर्वाधिक चुनौती-भरा कालखण्ड यही है। और वह भी इलाहाबाद में रहकर कविता को नयी पहचान देनेवाले दुष्यन्त के लिए तो और भी चुनौती-भरा है। ऐसे सन्धिकाल में दुष्यन्त की भूमिका बहुत ही सराहनीय रही है। कविता को फार्मूला और गणित होने से दुष्यन्त बचाते हैं और जी-जान से लगकर बचाते हैं। और इस उम्र और इस स्थान तक पहुँचते-पहुँचते दुष्यन्त अपना लक्ष्य और दिशा-बोध निर्धारित कर चुके होते हैं। किसी वर्ग, वाद, खेमे और गुट के कठघरे में अपने को कैद नहीं करते। सारे आकाश और सभी दिशाओं को अपना आँगन और परिवेश बनाते-मानते हैं। 'भविष्य की वन्दना' कविता में जिस मंगल की अवतारणा और अवधारणा की बात दुष्यन्त करते हैं वह अपने-आप में एक मूल्यबोध साबित होता है। यहाँ पहुँचने से पूर्व न जाने कितने-कितने लोग पहले भी भूले-भटके हैं। दुष्यन्त के सहचर भी भूले-भटके हैं और आगे भी भूलते-भटकते रहेंगे। दुष्यन्त भूलते-भटकते नहीं। अपनी राह चलते जाते हैं-

सम्पुट प्रकाश-पुंज हो तुम
मैं हूँ हिमाच्छन्न पर्वत
किरण-कोष धारे हो तुम
मैं हूँ विस्तीर्ण गर्व उन्नत
मुझे गलानेवाली किरणें कब फेंकोगे?
धरती पर बहने का मार्ग कब दोगे?
कब करोगे मुक्त
छाती पर बसे भार से?
हे संयमित व्यक्तित्व से नम्र श्रुत भविष्यत्?
आस्था दो कि हम अपनी बिक्री से डरें
बल दो-दूसरों की रक्षा को-
अपहरण न करें,
दृष्टि दो जो हम सबकी वेदना पहचानें
सबके सुख गायें
आग दो जो सोने की लंका जलायें।

यह कवि की उदारता और सहजता का प्रतिफल है। जो जनहित में ऐसी प्रार्थना करता है वही जनहित में ऐसा ही 'एक आशीर्वाद' देता हुआ भी दिखायी देता है–

जा तेरे स्वप्न बड़े हों

भावना की गोद से उतरकर

जल्द पृथ्वी पर चलना सीखें

चाँद-तारों-सी अप्राप्त सच्चाइयों के लिए

रूठना-मचलना सीखें

हँसें-मुस्कुरायें-गायें

हर दीये की रोशनी देखकर ललचायें

उँगली जलायें

अपने पाँवों पर खड़े हों

जा तेरे स्वप्न बड़े हों।।

यह आ रही पीढ़ी के प्रति वर्तमान पीढ़ी का जय-जयकार स्वर ही तो है। दुष्यन्त की सोच में यह भावना कूट-कूटकर भरी है। इसीलिए दुष्यन्त अपने कद से ज्यादा बड़े दिखायी देते हैं। उनकी उदारता, सदाशयता, सहजता और प्रतिबद्धता के केन्द्र में केवल आदमी है। आदमी का समाज है। और उस आदमी उस समाज के प्रति निरन्तर अच्छा करते रहने की सोच है। कद-काठी एक-सी होने के बावजूद लोगों की पहचान कैंड़े से ही होती है। दुष्यन्त के कवि का कैंड़ा तमाम समसामयिक कवियों में सबसे अलग है। ज्यादा जुझारू, विश्वसनीय, अन्तरंग, आत्मीय और सहज हैं। 'राह खोजेंगे' कविता में अपने इसी कैंड़े का सार्थक परिचय देते हुए दिखायी देते हैं दुष्यन्त।

आह!

वातावरण में बेहद घुटन है

सब अँधेरे में सिमट आओ

और सट जाओ,

और जितने आ सको उतने निकट आओ

हम यहाँ से राह खोजेंगे।।

ऐसे तत्त्व ऐसे विन्दु दुष्यन्त में बहुतायत से मिलते हैं। 'गाँधी जी के जन्मदिन पर' शीर्षक कविता में दुष्यन्त की छटपटाहट देखते बनती है–

मैं फिर जनम लूँगा

फिर मैं

इसी जगह आऊँगा
उचटती निगाहों की भीड़ में
अभावों के बीच
लोगों की क्षत-विक्षत पीठ सहलाऊँगा
लँगड़ाकर चलते हुए पाँवों को
कन्धा दूँगा
गिरी हुई पद-मर्दित पराजित विवशता को
बाँहों में उठाऊँगा।
मेरी तो आदत है
रोशनी जहाँ भी हो
उसे खोज लाऊँगा।

अपनी ऐसी जिजीविषा और प्रतिबद्धता के बीच जीवन जीने के आदी हो चुके दुष्यन्त 'गौतम बुद्ध से' कविता में गौतम बुद्ध से बोलते-बतियाते पूछते-पछोरते जब मिलते हैं तो अपनी बात नहीं करते। बात पूरी कौम की करते हैं, पूरे समाज की करते हैं–

तुमने कहा-दुःख कारण है
दुःख यहाँ सर्वत्र व्याप्त है,
हो निर्वाण लक्ष्य जीवन का
जीवन जो अतिशय विषाक्त है
तुमने कहा-छोड़ घर, शरण
संघ की आओ शान्ति मिलेगी
शरण धम्म की चलो
मुक्ति के सब सपनों की कली खिलेगी
आज धुएँ के इस घेरे में
तुम जीते होते तो बोलो,
तुम 'दर्शन' की सीख माँगते
या कहते 'ये खिड़की खोलो'
ये जो उठतीं चीख कराहें
सब गलियों सब दरवाजों से,
सच कहना क्या बचकर जा सकते थे
तुम इन आवाजों से?

दुष्यन्त सब-कुछ साफ-सुथरा सुन्दर और आकर्षक ही देखना चाहते हैं। और ऐसे वातावरण के सृजन में यह तटस्थ होकर मात्र दर्शक बने रहना नहीं चाहते। बल्कि हाथ बँटाते हैं–मन से हाथ बँटाते हैं। विपरीत परिस्थितियों को भी अपने अनुकूल बनाने में यह विश्वास रखते हैं। न सिर झुकाकर समझौता करते हैं न भागते-पराते हैं। क्योंकि वह जीवटवाले हैं और अपने जीवट पर उन्हें भरपूर भरोसा है। 'दृष्टान्त' कविता का यह अंश देखिये–

ओ इस तम में छिपी हुई कौरव सेनाओ!
आओ, हर धोखे से मुझे लील लो,
मेरे जीवन को दृष्टान्त बनाओ,
नये महाभारत का व्यूह वरूँ मैं
कुण्ठित शस्त्र भले हो हाथों में
लेकिन लड़ता हुआ मरूँ मैं।।

यह जो लड़ता हुआ मरने का संकल्प है दुष्यन्त का वह संकल्प दुष्यन्त को दुष्यन्त के कविकर्म को, उनकी विचारधारा को, रोशनी की तरह दूर-दूर तक फैलाता-पहुँचाता दिखायी देता है। इस प्रकार हम देखते हैं कि दुष्यन्त सचमुच एक सम्पूर्ण रचनाकार की तरह हम सबके साथ हैं। कुल लगभग ४३ साल की जिन्दगी जीनेवाले दुष्यन्त ने बहुत कम समय में बहुत कम रचा है लेकिन सार्थक रचा है। क्योंकि सन् १९३३ से लेकर १९७६ का दायरा अगर कुछ और फैला बढ़ा होता तो निश्चय ही हमें उम्मीद से ज्यादा मिला होता। अपनी तमाम जिम्मेदारियों, विसंगतियों एवं विडम्बनाओं के बीच थके-हारे टूटे-बिखरे होने के बावजूद दुष्यन्त निरन्तर नयी दिशा नयी राह तलाशते हुए दिखायी देते हैं। हर वक्त आगे बढ़ने को तैयार खड़े हैं–कोई इन्हें पुकारकर तो देखे...

हिन्दी की गंगोत्तरी-अट्ठारह उपबोलियाँ

हिन्दी का जो स्वरूप आज हमारे सामने है, यह न एक दिन में बना है न एक-दो सदी में बना है। इसके बनने में कम-से-कम १२-१४ सौ साल का समय लगा है। हिन्दी को जानने-समझने के लिए जरूरी है कि उसकी सभी उपबोलियों को जिनकी संख्या १८ है को जानें-समझें। ये १८ उपबोलियाँ देश के दस राज्यों में फैली पसरी हैं। ये दस राज्य हैं—उत्तर प्रदेश, बिहार, झारखण्ड, छत्तीसगढ़, मध्य प्रदेश, राजस्थान, दिल्ली, हरियाणा, हिमाचल प्रदेश और उत्तरांचल। बोलियाँ हैं—अवधी, बघेली, छत्तीसगढ़ी भोजपुरी, मगही, मैथिली, खड़ीबोली, हरियाणी, दक्खिनी, ब्रज, बुन्देली, कन्नौजी, मारवाड़ी, जयपुरी, मेवाती, मालवी, कुमाऊँनी और गढ़वाली। खड़ीबोली को मानक बोली के रूप में विकसित करने का कार्य जिस तत्परता और लगन के साथ फोर्ट विलियम कॉलेज ने १८०० ई. के बाद शुरू किया, उसका नतीजा यह हुआ कि सभी उपबोलियाँ लगभग उपेक्षित होती चली गयीं। लेकिन भला हो कर्नल जोन्स टाड और सर जार्ज ग्रियर्सन का जिन्होंने इन बोलियों को महत्त्व दिया और उनके पारम्परिक प्रचलित लोक साहित्य को सुरक्षित रखने का भरपूर सार्थक प्रयास भी किया। विलियम जोन्स ने १७८४ ई० में एशियाटिक सोसाइटी ऑफ बंगाल नाम की शोध संस्था की स्थापना की। उद्देश्य था आम आदमी में गहरी पैठ। क्योंकि उन्हें शासन भी करना था, व्यापार भी करना था और ईसाई मिशनरियों के माध्यम से धर्म एवं साहित्य (अपने धर्म, अपने साहित्य) का ओर-छोर तक प्रचार-प्रसार। लेकिन इसके लिए चुनी गयी स्थानीय बोलियाँ और उन बोलियों का साहित्य। कर्नल जोन्स टाड ने सन् १८२९ में 'ऐनल्स एण्ड एण्टीक्विटीज ऑफ राजस्थान' जैसा महत्त्वपूर्ण लेखन कार्य किया। फिर १८८४ ई. में जे. ऐबट का 'आन दि बैलेड्स एण्ड लीजेण्ड्स ऑफ दि पंजाब' शीर्षक शोधपूर्ण लेख प्रकाश में आया। इसके कुछ ही वर्षों पूर्व लगभग सन् १८७०-७१ में चार्ल्स ई. ग्रोवर ने एक किताब 'फोक सांग्स ऑफ सदर्न इण्डिया' शीर्षक से सम्पादित की। सन् १८८४ में ही आर.सी. टेपुल की भी एक किताब आयी 'लीजेण्ड्स ऑफ दी पंजाब'। मिस्टर ई. जे. राबिन्सन ने १८८४ में ही दक्षिण भारतीय लोक साहित्य का अंग्रेजी अनुवाद—'फोकलोर इस सदर्न

इण्डिया' शीर्षक से किया। इन्हीं दिनों सर जार्ज की भी 'सम बिहारी फोक सांग्स' शीर्षक पुस्तक प्रकाश में आयी। साल ही दो साल बाद ग्रियर्सन साहेब का एक और शोधपूर्ण लेख प्रकाशित हुआ–'सम भोजपुरी फोक सांग्स'। इसमें कुछ संस्कार गीत, मौसमी गीत और श्रम गीत थे। ग्रियर्सन साहेब ने आगे चलकर कुछ और भी काम किया जैसे–'दि सांग्स ऑफ आल्हाज मैरिज', 'बिहार पीजेण्ट लाइफ और नयकवा बंजारा।' इस तरह के शोधपूर्ण कार्यों का बहुत असर पड़ा भारतीय लेखकों पर। आगे चलकर जिन लोगों ने लोक साहित्य को केन्द्र में रखकर विशेष रूप से कार्य किया वे हैं पं० रामगरीब चौबे, पं. रामनरेश त्रिपाठी, झवेरचन्द्र मेधाणी, डॉ० दिनेश चन्द्र सेन, राय बहादुर शरच्चन्द्रराय, श्री कृष्ण दास, कृष्णदेव उपाध्याय और देवेन्द्र सत्यार्थी।

अब हम उस सूत्र से जुड़ते हैं जहाँ ढाल–दर ढाल, सतह–दर–सतह सीढ़ियाँ मिलती हैं और बोलियाँ अवतरित होती हैं। संस्कृत और पालि के बाद ही शुरू होती है अपभ्रंश या अवहट्ट बोली। अवहट्ट से ही उपजती है डिंगल–यानी राजस्थानी। और डिंगल से उपजती हैं पिंगल बोली यानी ब्रजभाषा। अपभ्रंश के सन्दर्भ में तो राहुल सांकृत्यायन का यहाँ तक कहना है कि–"अपभ्रंश के कवियों को विस्मरण करना हमारे लिये हानि की वस्तु है। यही कवि हिन्दी काव्यधारा के प्रथम स्रष्टा थे। वे अश्वघोष, भास, कालिदास और बाण की सिर्फ जूठी पत्तल नहीं चाटते रहे, बल्कि उन्होंने एक योग्य पुत्र की तरह हमारे काव्य–क्षेत्र में नया सृजन किया है, नये चमत्कार, नये भाव पैदा किये, यह स्वयंभू आदि की कविताओं से अच्छी तरह मालूम हो जायेगा। नये–नये छन्दों की सृष्टि करना तो इनका अद्‌भुत कृतित्व है। दोहा, सोरठा, चौपाई, छप्पय आदि कोई सौ नये–नये छन्दों की उन्होंने सृष्टि की जिन्हें हिन्दी कवियों ने बराबर अपनाया है, यद्यपि सबको नहीं। हमारे विद्यापति, कबीर–सूर–जायसी–तुलसी के ये ही उज्जीवक और प्रथम प्रेरक रहे हैं। उन्हें छोड़ देने से बीच के काल में हमारी बहुत हानि हुई।" स्वयंभू कवि की रचना का एक उद्धरण यहाँ प्रस्तुत है–

रावण रामहु जुद्धे जो। सोइ सुनहु रामायण।।
यदि लोग सुजन पंडित अहैं/शब्दार्थ–शास्त्र परिचित अहैं।।
की चित्तेहिं ग्रहण न सांक्कयाइँ। वासे हूँ होंहिन रंजियाँइ।।
तो कौन ग्रहण हमरे सदृशहिं। व्याकरण–विहून एतादृशहिं।।

यह भाषा कभी मुल्तान से गुजरात तक और गुजरात से बंगाल तक साहित्य की भाषा थी। अब्दुर्रहमान मुल्तान के कवि थे। सिद्ध सरहपा और शबरपा बिहार और बंगाल के रहनेवाले थे। स्वयंभू उत्तर प्रदेश में अवधी इलाके के रहनेवाले थे। कनकामर बुन्देलखण्ड के थे। हेमचन्द्र और सोमप्रभ गुजरात के निवासी थे। इस प्रकार हिमालय से गोदावरी और सिन्ध से ब्रह्मपुत्र तक ने अपभ्रंश के निर्माण में हाथ

बँटाया है। ऐसा विद्वानों का मानना है कि मुल्तान के रहनेवाले अब्दुर्रहमान ही हिन्दी के प्रथम मुस्लिम कवि हैं। इसके बाद जो डिंगल-पिंगल का साहित्य आता है वह चारणों और भाटो की दरबारी संस्कृति की देन है। रासो, बात, ख्यात, वचनिका आदि इसी काल और कोटि के अन्तर्गत आते हैं।

लेकिन इन दिनों से और इन दिनों के कुछ बाद से जो गैर-दरबारी साहित्य हमारे सामने आता है उसके सृजन में सन्तों और सूफी रचनाकारों का बहुत बड़ा योगदान दिखायी देता है। सगुण भक्त कवियों ने राम और कृष्ण की भक्ति-भावना से ओत-प्रोत होकर जिस मानवीय संवेदना को उजागर किया है उसी के समानान्तर उतना ही महत्त्वपूर्ण कार्य किया है मुस्लिम सूफी कवियों ने। ये सूफी कवि लोक-जीवन के भी बहुत करीब हैं और धार्मिक कट्टरता से कोसों दूर भी। और सबसे बड़ी बात यह कि इनके सर्वाधिक कथानक हिन्दू घरानों के हैं। पात्र भी भारतीय हैं, संस्कार भी भारतीय हैं। लगभग सभी सूफी कवियों ने अपनी रचना की प्रेम कथा का चुनाव भारतीय मूल से ही किया है। और अवधी बोली में तो कविता की शुरुआत ही मुल्ला दाऊद से होती है। मुल्ला दाऊद का 'चन्दायन' अवधी का पहला काव्य है। इसका रचनाकाल लगभग १३७० ई. के आस-पास माना जाता है। और इस चन्दायन या चान्दायन के छह नामान्तर मिलते हैं। जैसे (१) चन्देनी (२) चाँदा (३) चँदरावत (४) चँदरावन (५) चँदरावत्न और (६) चन्दायन। हालाँकि इसे अवध, छत्तीसगढ़ और सोनभद्र के बीच चनैनी, लोरकी और लोरिकायन भी कहा जाता है। ऐसी भी धारणा है कि मूलतः यह वीररस प्रधान लोक गाथा इसी सोनभद्र इलाके की है। सोनभद्र में राबर्ट्सगंज और चोपन के बीच पहाड़ी पर लोरिक पत्थर भी ऊपर से बीच से कटा हुआ दो फाँक के आकार में लेकिन नीचे से जुड़ा हुआ आज भी खड़ा दिखायी देता है। इसकी तीन प्रतियाँ अब तक प्राप्त हुई हैं। एक है काशी हिन्दू विश्वविद्यालय स्थित भारत कला भवन में। दूसरी है खानकाह पटना की प्रति और तीसरी है शिमला संग्रहालय की प्रति। विशेषज्ञों एवं विद्वानों के विचारों से यह तय हो चुका है कि चन्दायन ही इसका सही और सर्वमान्य नाम है। इसके रचनाकाल के बारे में स्वयं कवि ने लिखा है–

बरस सात सै होय इक्यासी/तिहि याह कवि सरस उभासी।

साहि फिरोज दिल्ली सुल्तानू। जौना माहि इजीक बखानू।

इस आधार पर इसका रचनाकाल हिजरी सन् ७८१ होता है जो विक्रम संवत् १४३६ के बराबर होता है। और यह भी पता चलता है कि मुल्ला दाऊद रायबरेली जिला स्थित डलमऊ के रहनेवाले थे। यहीं पर यह काव्य रचा गया।

'डलमउ नगर बसै नवरंगा, ऊपर कोट तरे बहै गंगा।।'

'दाउद यह कवि जय गाइ, मन माँहि लेहु बिचारु

जुरत बोल चित राखहु, टूटत लेहु सँवारि।।'

दाउद कवि चाँदायनि गाई/जो रे सुना सो गा मुरझाई।।

धनि ते बोल धनि लेखन हारा। धनि ते आखिर अरथु विचारा।।

हरदी जात सो चाँदा रानी। साँप डसी हउ सोउ बखानी

तउ रे कहा मैं यह खँड गावउँ। कथा कवित कहि लोक सुनावउँ।।

फिर तो सूफी काव्यों की अवधी में झड़ी लग गयी। कुतबन की 'मृगावती', जायसी का 'पद्मावत', मंझन की 'मधुमालती', शेखनबी का 'ज्ञानदीप', उस्मान की 'चित्रावली', जान की 'कमलावती', नूर मुहम्मद की 'इन्द्रावती' और 'अनुराग बाँसुरी', शेख रहीम का 'भाषा प्रेम तत्त्व', नारायण का 'छिताई चरित' या वार्ता, साधन का 'मैनासत', सूरदास लखनवी का 'नलदमन', कासिम शाह का 'हंस जवाहर' और शेख निसार का 'यूसुफ जुलेखा' आदि कृतियाँ १९वीं शताब्दी की शुरुआत तक दिखायी देती हैं। ऐसा माना जाता है कि अवधी बोली की शुरुआत १०वीं शताब्दी से होती है। इसके विकासक्रम को हम तीन भागों में बाँट सकते हैं पहला काल दसवीं से लेकर चौदहवीं शताब्दी तक। दूसरा काल यानी मध्यकाल चौदह सौ से उन्नीस सौ तक और तीसरा यानी आधुनिक काल उन्नीस सौ से अब तक। अवधी बोली को लेकिन सर्वाधिक विस्तार दिया है गोस्वामी तुलसीदास ने। अकेला महाकाव्य रामचरित-मानस न केवल सम्पूर्ण भारत में बल्कि दुनिया के लगभग अस्सी-नब्बे प्रतिशत देशों में अनुवाद के जरिये पहुँच सका है। हिन्दी क्षेत्र की सर्वाधिक लोकोक्तियाँ, सूक्तियाँ बोलियों की ही हैं। घाघ, भड्डरी, गिरिधर कविराय, बिहारी, रहीम, कबीर, नानक, तुलसी के हजारों छन्द इस सन्दर्भ में देखे जा सकते हैं।

अपभ्रंश से अवधी तक की यह यात्रा अभी सम्पूर्ण नहीं है लेकिन इतने से उस गंगोत्तरी का स्वरूप साफ दिखायी देता है। इन्हीं धाराओं की अच्छी खासी सहभागिता का ही दूसरा नाम है हिन्दी। अभी तो हम अवधी के चौखट पर पहुँचे ही पहुँचे हैं। आगे दालान है, आँगन है, कोठरियाँ हैं-यानी अभी बहुत-कुछ है-सब-कुछ है, और सब-कुछ को न तो एक साथ समेटा जा सकता है न प्रस्तुत किया जा सकता है। हाँ, इससे यह अन्दाज जरूर लगता है कि आज जो स्वरूप हमारे बीच हिन्दी का है वह इन्हीं मोड़ों-पड़ावों से होता हुआ आया है। (फिलहाल आज यहीं तक आगे की चर्चा फिर कभी)

कृष्ण का समाजवाद

द्वापर एक ऐसा कालखण्ड है जिसमें कंस, धृतराष्ट्र, जरासन्ध, शिशुपाल, बाणासुर जैसे स्वार्थी, दम्भी, अत्याचारी राजा समूची पृथ्वी पर आतंक फैलाये हुए हैं, और समूचा जनमानस ऐसे आतंक के साये में भय से थर-थर काँपता हुआ दिखायी देता है। आम आदमी का कोई पुरसाहाल नहीं है। मजे उनके हैं जो अपनी रीढ़ गँवा चुके हैं। और जी हुजूरी में दिन काट रहे हैं। जीभ कान भरने में घिस रही है, जूते घिस रहे हैं आवाजाही में। सुख-सुविधा से भरपूर ऐसे ही लोग दिखायी दे रहे हैं। आम आदमी न सुख जानता है न चैन। एड़ी-चोटी का पसीना बहा रहा है और लोहे के चने चबा रहा है। बात-बात में दाँत किचकिचाता है फिर खून के घूँट पीकर रह जाता है। दुर्व्यवस्था के खिलाफ विद्रोह का मन बनाता तो है लेकिन पहल नहीं कर पाता, चूहों जैसा सिमट जाता है यह सोचकर कि बिल्ली के गले में घण्टी बाँधे कौन? इसका नतीजा यह होता है कि आततायी और आततायी होता चला जाता है। उसका नाम आतंक और भय का पर्याय बन जाता है। सारे नियम-कानून मूल्य-आदर्श खूँटी पर टँग जाते हैं। और निरंकुशता खुलकर नाचने लगती है। चीख-पुकार न कोई सुननेवाला न कोई देखनेवाला। सभी पालिकाएँ-कार्यपालिका, न्यायपालिका और विधायिका-कुछ गिनी-चुनी मुट्ठियों में कैद हो जाती हैं। और आम आदमी जंगलराज में जीने को मजबूर हो जाता है। उसकी आवाज दबा दी जाती है, उसकी आँखें फोड़ दी जाती हैं। उसके हाथ काट लिये जाते हैं। और नहीं तो उस पर तरह-तरह के झूठे आरोप और अभियोग भी लगा दिये जाते हैं। इतने से भी अगर रास्ते का काँटा दूर नहीं होता तो उसकी हत्या ही करा दी जाती है-न रहेगा बाँस, न बजेगी बाँसुरी।

अब इसे संयोग कहिये या ईश्वर की कृपा कि ऐसे देश-समाज में कृष्ण का आगमन ऐसे ही संकट के समय होता है। कृष्णजन्म से एक और तरह की सामाजिकता की शुरुआत होती दिखायी देती है जो आगे चलकर विशेष मंगलकारी साबित होती है इस रूप में-"बेटा भयो वसुदेव कौ बधाई बाजत नन्द के द्वारैं।" मथुरा और गोकुल के बीच एक न दिखायी देनेवाला पुल अपने-आप बन जाता है। केवल नन्द का ही घर खुशियों से नहीं भरता, समूचा ब्रजमण्डल खुशियों से भर उठता है। और गोकुल

तो फूला नहीं समाता। एक बच्चे की सामाजिकता इससे बड़ी और क्या होगी कि वह कुछ ही दिनों में जन-जन की आँखों का तारा हो जाता है। सबकी भूख-प्यास और सोच हो जाता है। कृष्ण की सामाजिकता आयु-वर्ण, कुल और कद की सीमा में बँधनेवाली सामाजिकता नहीं है। इन सबसे वह परे दिखायी देती है। जो देखता है वह लट्टू हुए बिना नहीं रह पाता। क्या स्त्री क्या पुरुष और क्या बूढ़े क्या बच्चे? कृष्ण की पहुँच सब तक है। सब कृष्ण की पकड़ में हैं। कृष्ण को कौन नहीं पहचानता। सभी तो पहचानते हैं। कृष्ण को लोग-बाग पहचानते हैं। कृष्ण को गायें पहचानती हैं। कृष्ण को वृन्दावन की पत्ती-पत्ती पहचानती है। गोवर्धन पहचानता है, यमुना पहचानती है। कंस न पहचाने, धृतराष्ट्र न पहचाने, शिशुपाल न पहचाने, जरासन्ध और बाणासुर न पहचानें तो क्या फर्क पड़ता है? लेकिन समय आने पर इनके बीच कृष्ण अपनी पहचान बनाते हैं। और अच्छी तरह से बनाते हैं—सबक सिखाते हुए छट्ठी का दूध याद कराते हुए। पूत के पाँव पालने में दिखायी देते हैं और अच्छी तरह से दिखायी देते हैं। चमत्कार वैसे भी दर्शक को सट्ट से अपनी ओर खींचता है, और बच्चे का चमत्कार तो यह काम और जल्दी करता है। कृष्ण मातृत्व से भरा वक्षःस्थल पहचानते हैं, तभी तो पूतना मारी जाती है। पूतना का मारा जाना, शकटासुर का मारा जाना जन-जन में चर्चा का विषय बन जाता है—समाज के भीतर समाये आतंक और भय के भागने की शुरुआत हो जाती है। और इसी बहाने कृष्ण की सामाजिकता का दायरा यकायक फैलता-बढ़ता दिखायी देता है।

कृष्ण का एक-एक कदम युग के महानायक का कदम साबित होता है। जहाँ-जहाँ खोट देखते हैं वहाँ-वहाँ अलानिया चोट करते हैं। कृष्ण दुष्टों-पापियों और अन्यायियों-अत्याचारियों को तो सबक सिखाते ही सिखाते हैं, वे सबक उन्हें भी सिखाते हैं जो सत्ता के सर्वोच्च पद पर आसीन हैं और प्रजा के प्रति अपने उचित कर्त्तव्य और व्यवहार को भूले हुए हैं। "आन का आँटा आन का घी, भोग लगावें बाबा जी।" ऐसे बाबा जी यानी देवताओं के राजा इन्द्र की पूजा कृष्ण बन्द करा देते हैं। इन्द्र की धमकियों के आगे न स्वयं झुकते हैं न किसी को झुकने देते हैं। बल्कि इन्द्र की हर चुनौती को योद्धा की तरह स्वीकार करते हैं और भरपूर उत्तर देते हैं। समूचा जनमानस कृष्ण के इशारे पर चलता हुआ दिखायी देता है। कृष्ण के महानायकत्व की शुरुआत यहीं से होती है। एक तरफ इन्द्र का धारोधार जल बरसाना, ऐसा जल बरसाना कि पूरा गोकुल-बरसाना उसमें बह जाये, कोई बचे ही नहीं और दूसरी तरफ अथाह जल में ऊब-चूभ कर रहे लोगों को हारने, टूटने, भागने-पराने से बचाना, उन्हें उचित आश्रय और संरक्षण देना, उनके भीतर अपने प्रति विश्वास जगाना, अपने संकल्प पर डटे रहने की प्रेरणा देना। इन तमाम विसंगतियों के बीच कृष्ण की जो छवि उभरती है वह एक अपराजेय योद्धा और आत्मीय संरक्षक की छवि होती है। इस छवि

के आगे सब नतमस्तक हैं। गाँव में जैसे छप्पर उठाया जाता है वैसे कृष्ण के नेतृत्व में समूचा गोवर्धन उठा लिया जाता है। उसी की छाँह में गाय-गोपी-ग्वाल-बाल सब सुख की साँस लेने लगते हैं। कृष्ण के ऐसे संगठन से इन्द्र भी हार मान जाते हैं। उनका गर्व चूर-चूर हो जाता है। अन्ततः इन्द्र को कृष्ण से अपनी भूल अपनी अज्ञानता के लिए क्षमा माँगनी ही पड़ती है। कृष्णभक्त कवि सूरदास की कुछ पंक्तियाँ इस सन्दर्भ में उद्धृत हैं–

घरनि-घरनि ब्रज होति बधाई।
सात बरस कौ कुँवर कन्हैया, गिरिवर धरि जीत्यौ सुरराई।।
गर्व सहित आयौ ब्रज बोरन, वह कहि मेरी भक्ति घटाई।
सात दिवस जल बरसि सिरौन्यौ, तब आयौ पाइनि तर धाई।।

दुःख के बादल छँट जाते हैं, घर-घर में उत्सव का, राग-रंग का, वातावरण प्रगट हो जाता है। ऐसे संकट के समय कृष्ण चाहते तो अकेले भी इन्द्र से लोहा ले सकते थे लेकिन इन्द्र के आतंक से केवल कृष्ण ही नहीं अपितु सारा गोकुल प्रभावित था। कृष्ण ने सबके भीतर नया विश्वास जगाया, संगठित होकर लड़ने को प्रेरित किया। ऐसी अद्भुत सहभागिता नायक और उसके सहयोगियों, अनुयायियों और आत्मीय जनों के बीच कभी किसी काल में नहीं दिखायी देती। यहाँ सबकी आकुलता-व्याकुलता और चिन्ता का विषय केवल कृष्ण हैं और कृष्ण की आकुलता-व्याकुलता और चिन्ता का विषय सब हैं। समाज वहीं संगठित रहता है जहाँ ऐसी सामाजिकता होती है। कृष्ण ऐसी सामाजिकता के जनक हैं। इसीलिए वह सर्वग्राह्य और सर्वप्रिय भी हैं। कृष्ण ने सत्ता के बल पर पूजा पा रहे, पूजा के सर्वथा अयोग्य देवराज इन्द्र का विरोध अकेले नहीं किया, समूह के साथ किया और समूह को अपने साथ लेकर किया। जन-जन के भीतर इस तरह हर कोई नहीं समा सकता। समानेवाले के पास विशाल हृदय और अथाह आत्मीयता का होना अनिवार्य है। बिना इस समीकरण के यह सन्तुलन बन ही नहीं सकता। इसीलिए कृष्ण को जन-जन का कृष्ण कहा भी जाता है। जहाँ कृष्ण दूसरे को अपने वश में करते दिखायी देते हैं–कृष्ण स्वयं भी दूसरे के वश में होते दिखायी देते हैं। दूसरे के मन से मन मिलाने की कला कृष्ण जानते हैं। जहाँ मन मिलते हैं वहाँ दुविधा और आशंका का सवाल ही नहीं उठता। ये वैसे ही गायब हो जाती हैं जैसे सूर्योदय होने पर काली रात।

जब भी कोई महापुरुष जन-जन के बीच संस्कार-सा, मंगल-सा, व्रत-पर्व-उत्सव-त्योहार-सा उजागर होता है तो वह लीक पर नहीं चलता, वह ऊबड़-खाबड़, खाईं-खन्दक घाटी-पहाड़ में रास्ता स्वयं बनाता है। सामाजिकता का नया व्याकरण रचता है। और उस व्याकरण को समाज अनुशासन की तरह, मूल्य और आदर्श की

तरह स्वीकारता है और अपने आचरण में उसे ढालता है। ग्वालों ने तो आँख फाड़-फाड़कर कृष्ण के ऐसे करतबों को निहारा है–कृष्ण को नाग के फन पर बाँसुरी बजाते हुए देखनेवालों ने यह भी देखा है कि कोसों में फैलकर चरनेवाली और चरते-चरते बहुत दूर चली जानेवाली हजारों हजार गायों की बाँसुरी की एक फूँक पर कृष्ण इकट्ठा कर लेते थे। अब चाहे श्रीदामा या मनसुखा जैसे सहचर हों या सुदामा जैसा सहपाठी हो या उद्धव जैसा आत्मीय मित्र और विश्वसनीय सन्देशवाहक हो, हर जगह सम्बोधन कृष्ण का एक ही होता है–'सखा' या 'सखे'। इस सम्बोधन में अद्‌भुत मिठास है। कहीं कोई भेद नहीं दिखायी देता। इस सम्बोधन की सामाजिकता कुल-गोत्र-पद-पदवी की तमाम सीमाओं और परिभाषाओं से परे है। यह 'सखा' सम्बोधन कृष्ण का हस्ताक्षर भाव बना हुआ है। अपने परम मित्र अर्जुन को भी कृष्ण 'सखा' कहते हैं और द्वापर का महानायक होते हुए भी अर्जुन का सारथी होने में फूले नहीं समाते। इतना ही नहीं, अर्जुन से अपनी बहन सुभद्रा का ब्याह रचाने में आगे-आगे दिखायी देते हैं। कृष्ण में परम्परा के निर्वाह की भी अद्‌भुत क्षमता है और अद्‌भुत दूरदर्शिता भी है। द्रौपदी अर्जुन की पत्नी है और कृष्ण की सखी भी। कभी द्रौपदी की उपस्थिति में कृष्ण की उँगली में चोट लग जाती है, द्रौपदी अपने आँचल का छोर फाड़कर कृष्ण के घाव पर बाँध देती है। यह देखकर कृष्ण भावविभोर हो उठते हैं और मन-ही-मन अपनी सखी की इस आत्मीयता को प्रणाम करते हैं, उसके प्रति आभार प्रकट करते हैं। तब शायद द्रौपदी ने स्वप्न में भी नहीं सोचा होगा कि उसे कौरवों की सभा में दिन-दहाड़े नंगा होना पड़ेगा। और जब ऐसी बुरी घड़ी द्रौपदी के सामने आ जाती है तो वह कुछ देर तक के लिए किंकर्त्तव्यविमूढ़-सी हो जाती है। क्या करे? क्या न करे? क्योंकि कौरवों की सभा में उस समय सभी हैं जब उसे निर्वस्त्र किया जा रहा है–उसके पाँचों पति भी हैं, भीष्म पितामह और द्रोण-जैसे गुरुजन भी हैं, धृतराष्ट्र-जैसे ससुर भी हैं लेकिन सब हाथ-पर-हाथ धरे बैठे हैं, किसी में इतनी हिम्मत नहीं है कि द्रौपदी को नंगा होने से बचा ले। ऐसे संकट में वह अपने सखा-कृष्ण को याद करती है, नारी के प्रति कृष्ण के मन में जो स्नेह और सम्मान है वह सचमुच वन्दनीय है। कृष्ण का यह सखा भाव कुब्जा प्रसंग में भी अपने सहज रूप में ही दिखायी देता है। एक तो कुब्जा कंस की प्रजा है, दूसरे उसकी पीठ पर कूबड़ भी है। ऐसी कुब्जा पर कृष्ण का ऐसा अनुग्रह होता है कि कुब्जा अपना अतीत भूलकर कृष्णमय हो जाती है। कृष्ण कुब्जा के सम्मान और स्वाभिमान को तनिक भी आहत नहीं होने देते। ऐसे कृष्ण भला कृष्णा के संकट में कैसे काम नहीं आते। वे दौड़ पड़ते हैं और द्रौपदी की अब गयी तब गयी जैसी लाज की जी-जान से रक्षा करते हैं। द्रौपदी का रोम-रोम आभार और रोमांच से पुलकित हो उठता है–दौपदी की प्रार्थना बायें नहीं जाती।

द्रौपदी कहती है–

राखौ पति गिरिवर गिरिधारी!
बैठी सभा सकल भूपनि की, भीषम-द्रोन-करन व्रतधारी
पाण्डु कुमार पवन से डोलत, भीम गदा कर तैं महि डारी
रही न पैज प्रबल पारथ की जब तैं धरम-सुत घरनी हारी
सूरदास अवसर के चूकै फिर पछतइहौ देखि उघारी।।

द्रौपदी के माध्यम से उस समय के पूरे नारी समाज में कृष्ण-सा आत्मीय और मित्र दूसरा कोई नहीं दिखायी देता। इसी दृष्टि, आत्मीयता और संवेदना का भरपूर विस्तार वहाँ दिखायी देता है जहाँ हजारों-हजार स्त्रियों को जरासन्ध के राजमहल से कृष्ण मुक्त कराते हैं। उन स्त्रियों की मुक्ति के सन्दर्भ में केवल कृष्ण ही सोचते हैं और सार्थक प्रयास करते हैं। ऐसा न कोई राजा सोचता है न कोई देवता सोचता है। देखते सब हैं, जानते भी सब हैं लेकिन जरासन्ध से लोहा लेने की हिम्मत किसी में नहीं है। जरासन्ध से लोहा लेने और उसको उसके किये का मजा चखाने का काम बड़े से कृष्ण करते हैं। ऐसा कोई नहीं है जिसने कृष्ण को पुकारा हो और कृष्ण ने उसकी पुकार न सुनी हो। कृष्ण द्रौपदी की ही आवाज पर नहीं दौड़ते कृष्ण ध्रुव, प्रह्लाद और गज की भी आवाज पर दौड़ पड़ते हैं। इसी काम के लिए तो वह आये हैं–

सरन गयो को को न उबार्‌यौ
जब-जब भीर परी सन्तनि कौ, चक्र सुदर्शन तहाँ सम्हार्‌यौ
कृपा करी प्रहलाद भक्त पर खम्भ फारि हिरनाकुस मार्‌यौ
ग्राह ग्रसत, गज कौं जल बूड़त, नाम लेत वाकौ दुख टार्‌यौ
सूर स्याम बिनु और करै को, रंग भूमि मै कंस पछार्‌यौ।।

जिस द्रौपदी के मान-सम्मान की रक्षा कौरवों की सभा में कृष्ण करते हैं, उसी द्रौपदी की जूतियों को उस समय अपनी काँखों में छिपा लेने से बाज नहीं आते जब महाभारत के युद्ध में एक शाम भीष्म पितामह द्वारा यह घोषणा की जाती है कि कल के युद्ध में पाण्डवों में एक नहीं रहेगा। भीष्म पितामह का यह संकल्प पाण्डवों को शोक में डुबो देता है। लेकिन कृष्ण पाण्डवों को इस संकट से उबारने का रास्ता ढूँढ़ निकालते हैं। वह रात में द्रौपदी को साथ लेकर चल पड़ते हैं भीष्म पितामह के शिविर की ओर। चलते समय द्रौपदी की जूतियाँ पैरों में फट्-फट् करती चलती हैं। कृष्ण इशारे से द्रौपदी की जूतियाँ माँग लेते हैं और दोनों को अगल-बगल काँखों में दबा लेते हैं। नंगे पाँव चलने में द्रौपदी के पैरों की आहट तनिक भी नहीं सुनायी देती। भीष्म पितामह के शिविर के पास पहुँचकर कृष्ण ठिठक जाते हैं और द्रौपदी को भी इशारे से

रोक लेते हैं। उस समय वहाँ महारानी गान्धारी कुछ खास मन्त्रणा कर रही होती हैं। उनके विदा लेते ही कृष्ण द्रौपदी को शिविर में प्रवेश करने का इशारा करते हैं। द्रौपदी प्रवेश करती है। भीष्म पितामह यह सोचते हैं कि सम्भवतः महारानी गान्धारी दुबारा किसी काम से आ गयी हैं। बिना देखे ही वह बोल पड़ते हैं, 'सौभाग्यवती रहो।' लेकिन जब द्रौपदी उनके चरण स्पर्श करती है तब उन्हें अपनी भूल का आभास होता है। लेकिन जब सौभाग्यवती होने का आशीर्वाद दे चुके हैं तो वह तो अब लौटाया नहीं जा सकता। अलबत्ता वह मुस्कुरा पड़ते हैं और समझ जाते हैं कि इसके पीछे कृष्ण का ही हाथ है। यह प्रसंग कृष्ण की केवल द्रौपदी के प्रति व्यक्तिगत निजता और आत्मीयता ही नहीं उजागर करता बल्कि यह भी उजागर करता है कि क्या अकेले, क्या दुकेले और क्या सैकड़ों-हजारों के समूह में स्त्री जाति का कृष्ण के साथ रात में कहीं भी निकल पड़ना उनकी सामाजिक एवं मानवीय विश्वसनीयता इस स्तर पर पहुँची हुई थी। कृष्ण न अपने को विभक्त होने देते हैं न उन्हें विभाजित करते हैं। रसिकेन्द्र और योगेन्द्र एक ही तराजू के दो पलड़े हैं और दोनों का आयतन समान है। दुनिया भर को तरह-तरह से नचानेवाला कृष्ण गोपियों के हाथ किस तरह नाच रहा है यह तो देखिये-

सेस महेस गनेस दिनेस सुरेसहुँ जाहि निरन्तर गावैं,
जाहि अनादि, अनन्त, अखण्ड, अछेद, अभेद सु वेद बतावैं
नारद से सुक व्यास रहैं पचिहारे तऊ पुनि पार न पावैं
ताहि अहीर की छोहरियाँ, छछिया भरि छाँछ पै नाच नचावैं।।

सोचिये भला, कहाँ साधारण-सा छछिया भर छाँछ और कहाँ असाधारण-से कृष्ण का उस पर लट्टू हो जाना। यही तो उस महापुरुष की सहजता है। कृष्ण मन और भाव दोनों को पहचानते हैं। कहाँ सादगी है कहाँ आडम्बर है। इस अन्तर को वह भलीभाँति जानते हैं-तभी तो 'दुर्योधन घर मेवा त्यागे, साग बिदुर घर खाये' जैसा निर्णय लेते हैं।

साधारण जन के प्रति कृष्ण ज्यादा जागरूक और निरन्तर तत्पर दिखायी देते हैं। उसके संघर्ष को अपना संघर्ष बनाते हैं। जरूरत समझते हैं तो बाँसुरी से काम लेते हैं, और जरूरत पड़ने पर चक्र सुदर्शन से काम लेते हैं। पाञ्चजन्य फूँकते हैं, रथ हाँकते हैं। कृष्ण का हर कार्य जनहित से जुड़कर होता है। वह अपने स्वयं के लिए न स्वाँग करते हैं न लीला। सब-कुछ समूह और समाज के लिए करते हैं। और संकट के क्षणों में भी कृष्ण विचलित नहीं होते। संयम और धीरज से काम लेते हैं। कृष्णकथा सचमुच मानव जाति के लिए परम धर्म है। यही उसका श्रेय-प्रेय दोनों है। जीवन रूपी रथ का सारथी धर्म ही है। वेदव्यास ने इसी बात पर बल देते हुए कहा है कि जिसे

मनुष्य स्वयं के लिए दुःखदायी और हानिप्रद समझता है उसे दूसरों के लिए भी वैसा ही समझना चाहिए। यही मनुष्य का धर्म है। इसकी रक्षा हमारा धर्म है। जब हम इसकी रक्षा करेंगे तो यह हमारी रक्षा करेगा। संकट में भी धर्म का साथ न छोड़नेवाला व्यक्ति ही श्रेष्ठ कहा गया है। और इसका निर्वाह कृष्ण जीवन भर करते हैं। श्रीमद्भागवत में ऐसा कहा गया है कि–

पतितः स्खलिताश्चार्त्तः क्षुत्वा वा विवशो ब्रुवन।
हरये नमः इत्युच्चैर्मुच्यते सर्व पातकात्।।

यानी जो प्राणी गिरते–पड़ते, फिसलते, दुख भोगते अथवा छींकते समय भी विवशता से हरये नमः पुकार उठता है वह सारे पापों से छूट जाता है। सब–कुछ मात्र स्मरण और संकीर्त्तन में सिमटकर आ गया है। आज उनका नाम संकीर्त्तन सारे पापों का नाश करनेवाला है, उनके चरणों में अर्पित प्रणाम सारे दुःखों को शान्त कर देता है। ऐसे प्रभु को मेरा भी प्रणाम स्वीकार हो–

नाम संकीर्त्तन यस्य सर्व पाप प्रणाशनम्
प्रणामो दुःखशमनस्तं नमामि हरिं परम्।।

इस प्रार्थना में, इस संकल्प में जन–जन का कल्याण समाया हुआ है। इसका साक्षात्कार जिसे हो जाता है वह सचमुच चैतन्य हो जाता है।

ऐसा वातावरण मिला जो
मन चैतन्य हुआ,
दर्शन स्रवन मिलन आलिंगन
सबसे हुआ परे,
नींद गयी ठेंगे से उसकी
चिन्ता कौन करे
साँस बना वह, धड़कन मेरी
पानी पानी ऐंठन मेरी।
गोपनीय फिर रहा न कुछ भी
और अनन्य हुआ।

यह अनन्य होने की अवस्था व्यक्तित्व की सामाजिकता की परम और चरम भाव–अवस्था है। कृष्ण की सामाजिकता इसी व्यापकता का पर्याय है। आज भी ब्रज मण्डल कोटि–कोटि भक्तों की साधना और आराधना का प्रमुख केन्द्र बना हुआ है। और सृष्टिपर्यन्त इसी तरह बना रहेगा।

पण्डागिरी का पहाड़

देश में पण्डागिरी कब शुरू हुई, इसका एक बहुत पुराना अभिलेख मुझे अभी-अभी मिला है, मैं उसे ज्यों-का-त्यों आपके सामने रख रहा हूँ। उसमें साफ-साफ लिखा है कि देश में पहले पण्डागिरी नहीं थी। पण्डागिरी तो तब आयी जब तीर्थ आये। और इन्हीं तीर्थों की देखभाल के लिए तीर्थ-पुरोहित रखे गये। क्योंकि ये तीर्थ सुन्दर और आकर्षक तो थे ही थे, ये अर्थ, धर्म, काम और मोक्ष जैसे चारों फल देने की सामर्थ्य भी रखते थे, लिहाजा ऐसे तीर्थों की सुरक्षा अनिवार्य थी। और इसी के साथ-साथ एक समस्या और उठ खड़ी हुई कि तीर्थों को यात्रियों के लायक कैसे बनाया जाये। इसलिए तीर्थों की सुरक्षा और यात्रियों की सुख-सुविधा की बात सोचते ही तीर्थ बनानेवाला धर्म संकट में पड़ गया-"अगर अभी से उचित उपाय नहीं किया गया तो भविष्य में ये तीर्थ नरक बन जायेंगे।" उसके कान खड़े हो गये। उसने कुछ सुयोग्य विद्वान्, विनम्र और स्काउट भावना से काम करनेवाले स्वयंसेवकों का चुनाव किया, उन्हें तीर्थ-पुरोहित की उपाधि दी और सबको एक-एक तीर्थ सौंप दिया इस आग्रह के साथ-"वत्स जाओ : और अपने-अपने तीर्थ की सेवा करो। तुम्हारी सेवा तीर्थ के लिए संजीवनी साबित होगी और तीर्थ तुम सबके लिए कामधेनु साबित होंगे। जो चाहोगे वही मिलेगा।" तीर्थ बनानेवाले की बात भी सच निकली और सदियों बाद अनुमान भी सच निकला। देखते-देखते इन तीर्थों का महत्त्व बढ़ गया। दुनिया के कोने-कोने से लोग आने लगे। कुछ तो ऐसे भक्त हुए कि वापस अपने देश गये ही नहीं, यहीं रह गये। और इन तीर्थों से न जाने कितने पर्व, मेले, उत्सव और त्योहार जुड़ गये। साधु-सन्त, राजा-महाराजा, सेठ-महाजन और साधारण जन सब आने लगे किसी ने आशीर्वाद दिया, किसी ने प्रवचन, किसी ने महल दिया, किसी ने चाँदी, सोना, हीरा, पन्ना दिया, किसी ने जमीन दी, किसी ने कुछ, किसी ने कुछ। जो हजारों में थे, वे लाखो के हो गये, जो लाखों के थे, वे करोड़ों के हो गये। लेकिन भाई तीर्थ बनानेवाले की बात जहाँ सच निकली वहीं उसका अनुमान भी सच निकला पण्डा के मूरत ह्वै बैठी तीरथ में भई पानी। जो कोई दीन कमण्डल और अरुनी पर खुश थे वे कोठी-महल, बाग-बगीचे, हाथी-घोड़े और छत्र-युद्ध और जमींदारीवाले हो गये

कालान्तर में उसके तीर्थ-पुरोहित पण्डा हो गये और पुरोहिताई छोड़कर पण्डागिरी करने लगे हालाँकि इसमें पण्डों का उतना दोष नहीं है जितना दोष यहाँ की आबोहवा का है। अनाज की पैदावार भले न बढ़े आदमी की पैदावार तो बढ़ेगी-ही-बढ़ेगी क्योंकि यह वही देश है जहाँ सीता, अगस्त्य, कर्ण, हिरण्यकश्यपु-जैसी महान् विभूतियाँ अपने-आप प्रकट हो गयीं ही फिर वहाँ क्यों न पैदा हों जहाँ इसके अलावा और कोई काम ही न हो। लिहाजा पण्डों का कुनबा दिनोंदिन बढ़ता गया-बढ़ता गया। और बढ़ते-बढ़ते इतना बढ़ गया कि चढ़ावे और दान भी ऊँट के मुँह में जीरा साबित होने लगे परेशानी बढ़ी और जब परेशानी बढ़ी तो मन में भी खोट आ गया। यजमानों की कृपा पर जीनेवाले यजमानों को इतने निचोड़ने लगे और यजमान त्राहिमाम-त्राहिमाम करने लगे फिर भी पिण्ड नहीं टूटा, पण्डा समाज के व्यवहार में जहाँ-तहाँ काफी गिरावट आ गयी। कहीं-कहीं तो यात्रियों की लाशें भी मिलने लगीं। खूबसूरत स्त्रियाँ घाटों से मन्दिरों से गायब होने लगीं और धीरे-धीरे तीर्थ नरक बनते चले गये क्योंकि पुरोहिताई की भावना भाग खड़ी हुई। शुरू हो गयी दलाली और ठगी। जिनके घर-परिवार थे तो वे भी संस्कृत सिखाते थे उन्हीं के बाल-बच्चे पाठशाला से भागने लगे, जुआ, शराब, कोठा सब शुरू हो गया। यजमान बँट गये, घाटों की सीढ़ियाँ बँट गयीं, तख्त बँट गये और पण्डागिरी एक पारम्परिक धन्धा बन गयी।

पण्डा करे न चाकरी पण्डा करे न काम
झण्डे-सा लहरा रहा पण्डा जी का नाम

और तरह-तरह के झण्डे पण्डों की पहचान बन गये जिसे अपने पूर्वजों का नाम पता जानना हो वह किसी भी तीर्थ के किसी भी पण्डे से पूछ सकता है वह मिनटों में बही खोलकर दिखा देगा और आपके खानदान का पूरा सेजरा गिना देगा साथ ही यह भी बता देगा कि आपके पिता फलाँ सन् में आये थे। उनके पिता फलाँ सन् में और उनके पिता...पण्डा आसानी से आपकी सौ पीढ़ियाँ गिना देगा। इसमें रत्तीभर भी झूठ नहीं है। आप आजमा सकते हैं। मेरा दावा है कि मेरी बात सच साबित होगी।

आज पण्डा समाज अजीब कशमकश में है। जिसके पास एक गौरवशाली अतीत था उसी के पास आज एक खौफनाक वर्तमान है। असहाय, असुरक्षित, घायल, बीमार, अपाहिज और कुरूप वर्तमान। लेकिन बातें वही पुरानी...की बाप ने खाया हथेली बेटा सुँघा रहा है वही हाल है-शिक्षा नहीं, संस्कार नहीं, नौकरी नहीं लेकिन पेट है और पेट भी तरमाल का आदी साधारण भोजन की ऐसी-की-तैसी खायेंगे तो गेहूँ नही तो रहेंगे एहूँ। दिनभर मौज-मस्ती रात में खड़ी मलाई। अगर इतना भी नहीं मिला तो धिक्कार है। भाई इस धन्धे को और धिक्कार है ऐसे पण्डे को। अपने-अपने शिकार की तलाश में ये अघोरी की तरह कई-कई स्टेशन आगे तक जाकर धाता

बोलते हैं और तरह-तरह के लालीपाप दिखाकर, पुश्तैनी जड़ी सुँघाकर उन्हें घेर-घारकर अपने अड्डे पर ले ही आते हैं। इसमें कम्पिटिशन है यजमानों को लेकर आपस में हजारों खून-खराबे हुए और अभी भी हो रहे हैं। इस मौके पर चकाचक बनमूसी की कविता की कुछ पंक्तियाँ मुझे बरबस याद आ रही हैं यजमान के आगमन से जिन्दगी लौट आयी है। पण्डा के घर में—

कारे तेजुवा खोल केवाड़ी आयल हौ जजमान चकाचक..

और वह यजमान को ठहरा देता है फिर समय पाकर उसे तीर्थ घुमाने ले जाता है—

एहर-ओहर जिन देखा हो जजमान दनादन बढ़तै आवा
हर मन्दिर में हर मुरती पर सोरह गण्डा रखत आवा
अबत बस बच गइली हमहीं दसक पत्ता एहर बढ़ावा
बहुत दिना पर खुश भइलन हमहन पर भगवान चकाचक।।

यह कितना मनोवैज्ञानिक और सार्थक है। ऐसा होता है। न हो तब आश्चर्य हो सकता है। क्योंकि कभी यजमान पुरोहित के घर ही ठहरता था। अकेले-दुकेले कभी सौ-पचास के साथ में यह रिश्ता सदियों चलता रहा लेकिन भौतिकता की इस दौड़ में सब-कुछ तितर-बितर हो गया। आज तीर्थों में पाँच सितारा होटलों की संस्कृति पैदा हो गयी है। आज यात्री नब्बे प्रतिशत होटलों और धर्मशालाओं में टिकता है पण्डों के यहाँ नहीं के बराबर यह प्रतिशत रह गया है। इससे पण्डों की आमदनी मारी गयी है। होटल देखकर कोई पण्डा खुश नहीं होता मुँह बिचका लेता है मन-ही-मन गरियाता भी हो आश्चर्य नहीं। दूसरे यात्री भी पहलेवाले नहीं रहे काभी जागरूक हुए हैं। उनका विश्वास भी कम हुआ है, आस्था भी घटी है। यानी यजमान और पण्डा के बीच आज पहले जैसा रिश्ता नहीं रह गया है। पहले दूरी नहीं थी आज दूरी है और दिनोंदिन यह दूरी बढ़ती ही जा रही है। यजमान पण्डों की आपस की भाषा नहीं समझता खग जाने खग ही की भाषा। यह भाषा साहित्य में नहीं है शब्दकोश में नहीं है लेकिन व्यवहार में है, नमूने पेश हैं।

एक बात और है—जैसे आज तमाम धन्धों में नम्बर दो के लोग शामिल हो गये हैं, वैसे ही इस धन्धे में भी कुछ ऐसे लोग आ गये हैं जो कभी तीर्थ-पुरोहित नहीं थे लेकिन पण्डों की शान-शौकत, खान-पान, रहन-सहन, ठाठ-बाट और रोआब देखकर चुपके-से भीड़ में शामिल हो गये और विशेषकर ऐसे ही लोगों ने इस पुनीत संस्कार को कलुषित किया है। जहाँ एकवचन से बहुवचन की बारी आती है वहाँ ऐसे

खतरों की गुंजाइश बहुत रहती है। एक साधारण-सा उदाहरण लीजिये खद्दर की शुरुआत गाँधी जी ने की। नेहरू, जयप्रकाश, लोहिया तमाम लोग पहने, आज भी खद्दर लोग पहन रहे हैं लेकिन इनमें कितने गाँधी हैं, कितने नेहरू हैं, कितने विनोबा है, कितने जयप्रकाश हैं? यही हाल पण्डों का है। और शायद इसीलिए आज ढेर-सारे लोग इस पुश्तैनी-धन्धे से कटकर जी रहे हैं, कोई अध्यापकी कर रहा है, कोई बाबूगिरी, कोई वकालत, तो कोई ठेकेदारी, कोई दुकानदारी और कोई नेतागिरी भी कर रहा है। कोई बचकर धन्धा कर रहा है, कितने न जाने गीत-संगीत से जुड़े हैं, लेखन से, पत्रकारिता से, मंच से, अभियान से और कितने प्रशासनिक सेवाओं में भी आ गये हैं लेकिन ऐसे लोगों की संख्या अभी काफी कम है क्योंकि पण्डा परिवार की आर्थिक स्थिति आज शोचनीय है। कहाँ हर अँगुली में नगदार अँगूठियाँ चमकती थीं गले में सोने की जंजीर, सिल्क के कुर्ते में सोने के बटन, मुँह में पान की गिलौरी और दरबार लगा रहता था कहाँ यह हाल है कि अब मुँह पर माछी भिनक रही है। और आँख मूँदे सोच रहे हैं कहाँ गये वे दिन? कौन बताये कहाँ गये? अरे यह भी तो सोचो कि वे पुराने दिन क्यों गये? किसकी गलती से गये? कितने तो केवल शाम की भाँग की जुगाड़ में बड़े-बड़े पण्डों की जी हुजूरी में लगे रहते हैं कोई पिंजरा लिये तीतर लड़ा रहा है, कोई बुलबुल, कोई पेट्रोल के जमाने में भी हाथी-घोड़ा पाले हुए हैं और उन्हीं के नाम से जाना जा रहा है। इतना महँगा शौक पण्डा ही पूरा कर सकता है बनिया नहीं। क्योंकि आज भी पण्डों की महफिल रईसों की महफिल होती है। पचीस-पचास हजार का वारा-न्यारा इनके बायें हाथ का काम है। तबीयत आ गयी तो आ गयी दिलदार पण्डा पैसे का मुँह नहीं देखता पैसा मौके पर पानी की तरह बहाता है चाहे मुकदमा हो, चाहे महफिल बात-बात में गोली चलती है। बम फूटता है थाने का दीवान दूर से ही पाँलागी गुरु कहता है। और गुरु, का हो? मस्त हौ न? कहते हुए आगे निकल जाते हैं घाट की ओर कुछ धन्धा-पानी का जुगाड़ लगे तो फिर छने-बने, बहुत-कुछ देखते-देखते छूट गया लेकिन मौज-मस्ती, राग-रंग, हँसी-ठिठोली नहीं छूटे तो नहीं छूटे...अभी भी बने हुए हैं...।

एक बात और... यह सच है कि अगर तीर्थ न होते तो ये पण्डे भी न होते लेकिन यह तो सोचिये कि तीर्थ बनानेवाला सचमुच कितना महान् था? उसने तीर्थों के माध्यम से अनेक बोलियों, संस्कृतियों, रीति-रिवाजों, सभ्यताओं और समाजों को एक सूत्र में बाँधने का इतना सहज और सार्थक प्रयास किया कि बस पूछिये मत। सचमुच उसने बहुत बड़ा काम किया है। साधारण आदमी ऐसा काम नहीं कर सकता कोई भगीरथ ही कर सकता है। चाहे वह गंगा की अवधारणा हो या तीर्थों की स्थापना

यह सबके बूते की बात नहीं है। इन्हीं तीर्थों की बदौलत हम सारी दुनिया में आज जाने जाते हैं। वर्ना हमें कोई घास भी नहीं डालता क्या था हमारे पास? इन्हीं तीर्थों की कृपा है कि देश-तो-देश सारी दुनिया यहाँ सिर के बल आती है। इसी खासियत को देखकर अल्लामा इकबाल ने कहा था-कुछ बात है कि हस्ती मिटती नहीं हमारी... यहाँ का कोना-कोना चप्पा-चप्पा अपने-आप में एक सम्पूर्ण तीर्थ है लेकिन सबसे बड़ी विडम्बना यही है कि तीर्थों को जानेवाले लोग नहीं हैं वह संवेदना मर चुकी है। आदमी पूरी तरह से कंगाल हो चुका है वह क्या देगा तीर्थों को? क्या है उसके पास? चोरी-बेईमानी, झूठ-फरेब, हत्या-आत्महत्या के अलावा क्या कुछ और भी है उसके पास? मुझे तो नहीं लगता जिसका वर्तमान इतने संकटों से घिरा है उसके भविष्य की बात करना बेकार है लेकिन नहीं भविष्य को छोड़ने से काम नहीं बनेगा क्योंकि सम्भावनाओं में ही हमारा सब-कुछ सुरक्षित है...इस सम्भावना को बचाने की जरूरत है। इसे मरने नहीं देना है और उसके लिए आवश्यक है शुद्धीकरण। इसे प्रदूषणमुक्त करना होगा जैसे नदियों के लिए बड़े पैमाने पर सामूहिक प्रयास हो रहे हैं उसी तरह से इन तीर्थों के लिए भी ये प्रयास आवश्यक ही नहीं अनिवार्य भी हैं ताकि हमारे ये तीर्थ पूरी तरह से प्रदूषणमुक्त हो सकें।

अब कैसा प्रधान चाहिए गुण्डा–बदमाश या फिर...

दो–चार रोज पहले अखबारों में एक खबर पढ़ने को मिली। खबर यह है कि अब जेलों में बन्द संगीन अपराधी चाहे वे हत्यारे हों, डकैत हों, बलात्कारी हों, या गबन किये हों या देशद्रोही ही क्यों न हों लेकिन उत्तर प्रदेश सरकार उनकी सारी काली करतूतों को माफ करते हुए अब ग्राम प्रधान का चुनाव लड़ने का हक प्रदान करेगी। बहुत देर तक तो मुझे यकीन ही नहीं हुआ। सिर्फ इसी खबर को बार–बार पढ़ता रहा। जब पूरी तरह से आश्वस्त हो गया कि हाँ, यह खबर सही है, झूठी नहीं, मुझे अदम गोंडवी का एक शेर याद आ रहा है–

"जितने हरामखोर थे पुखोजवार में
परधान बनकर आ गये अगली कतार में"

जाहिर है कि अदम गोंडवी साहब हमउम्र हैं। उनका ये शेर हिन्दुस्तान के उन प्रधानों की तस्वीर दिखाता है जो सत्तर के बाद बतौर प्रधान इस पृथ्वी पर अवतरित हुए हैं। एक जमाना था जब इस मुल्क में प्रधान शब्द बहुत माने रखता था। और हर गाँव अपने प्रधान पर नाज करता था। लेकिन पता नहीं कैसी हवा चली कि गाँव की तकदीर ही फूट गयी और रचनाकार को यहाँ तक कहना पड़ा कि–

"धान नहीं अब गाँव में अब केवल प्रधान
खेत सभी परती पड़े गलियाँ लहूलुहान"

गाँव और प्रधान की यह तस्वीर भी आजादी के बाद की ही है क्योंकि जब देश आजाद हुआ था तब अपने समाज में व्यक्ति और चरित्र का संकट इतना गहराया नहीं था जितना आज गहराया है। तब भी गाँव इन्हीं जातियों, वर्गों, धर्मों और सम्प्रदायों से बँधा हुआ था जिनसे आज बँधा है। हाथ उठाकर समर्थन देने की स्वस्थ परम्परा थी। तब जाति–बिरादरी की बात नहीं होती थी बल्कि एक ऐसे व्यक्ति का चुनाव किया जाता था जो समूचे गाँव को अपना घर समझता था। समूचा गाँव उसे अपनी आँखों की पुतली मानता था। लेकिन धन्य है हमारा प्रजातन्त्र जिसके चलते यह दिन भी देखना पड़ा कि–

"प्रजातन्त्र की आँख में हम हैं केवल वोट
और वोट की हैसियत कम्बल, कुर्ता, कोट"

यह दोहा उस व्यवस्था का चेहरा दिखाता है जिसके चलते हमारी समूची सामाजिक संरचना ही चरमरा उठी। न हमारे पास नैतिक मूल्य रहे, न हमारे आदर्श रहे, न हमारे प्रतिमान रहे। और धीरे-धीरे हमारा यह सारा देश-समाज अनेकानेक विसंगतियों का शिकार होता गया। वह स्वरूप जिसकी दूर-दूर तक चर्चा थी और जिसके लिए हमारा गाँव प्रतिबद्ध होकर जी रहा था पता नहीं कब कैसे वह जीवनधारा निरन्तर सूखती चली गयी और वह स्वरूप पूरी तरह से ओझल हो गया। आज दिखायी ही नहीं दे रहा है और यह सब केवल उन महानुभावों के चलते हुआ जिन्होंने चोला तो सन्तों और महापुरुषों का धारण किया लेकिन व्यवहार दुष्टों और दुर्जनों-सा किया। चुनाव की वह प्रक्रिया इस तरह से प्रदूषित हुई कि ज्यादातर लोग मतदान केन्द्रों की ओर देखना ही छोड़ दिये। हम-आप वोट देने जायें या न जायें हमारा-आपका वोट बिना पहुँचे ही पड़ जाता है। ये फर्जी वोट डालनेवाले कहीं आसमान से नहीं टपकते बल्कि हमारे-आपके बीच से अवतरित होते रहते हैं।

कभी प्रधान होना सरपंच, विधायक और सांसद होना जनसेवक के रूप में जाना जाता था। लेकिन वह सेवा भावना पूरी तरह से खत्म हो गयी और उसकी जगह पर घर कर लिया गुण्डई ने, दलाली ने, अनैतिकता ने और अन्याय ने। जो जनसेवक के रूप में चुने जाने लगे वे जनता को ही लूटने-घसोटने लगे। आज स्थिति यह है कि

"कागज पर है रामधन जोत रहे धनराज
बाबू अपने राज में यही हो रहा आज"

यह केवल ऐसे ही रहनुमाओं के चलते हुआ जिन्हें हम गाँधी, नेहरू, लोहिया, सुभाष के अनुयायी और भक्त समझते रहे। इन्होंने गाँधी, नेहरू, लोहिया और सुभाष को ही बेच खाया। जिनसे उम्मीदें थीं, आशाएँ थीं उन्होंने ही सब-कुछ पर पानी फेर दिया और केवल पानी ही नहीं फेरा बल्कि पूरी तरह से बेड़ा ही गर्क कर दिया। इसी नयी परम्परा की एक और नयी कड़ी साबित होगी यह प्रक्रिया। मतलब यह कि पंचायत प्रजातन्त्र की बुनियाद है। जब बुनियाद में ही दलदल तैयार किये जायेंगे तो कोई इमारत कब तक टिकेगी और कैसे टिकेगी। आज हर स्तर पर अपराधी ही चुने जा रहे हैं और उन्हीं के हाथ में शासन की बागडोर सौंपी जा रही है। उसी का नतीजा है कि आज पूरे देश से ईमानदारी गायब होती जा रही है। बकौल शेषन सत्तर फीसदी से ज्यादा ही खूनी, कतली और चोर-डकैत शासन में हिस्सा लिये हुए हैं। कहने को प्रजातन्त्र जरूर है लेकिन प्रजा ही सतायी जा रही है। भला सोचिये कि ऐसे में कोई क्या फरियाद करे और कहाँ फरियाद करे। जो भुक्तभोगी हैं उनकी आवाज ही बन्द

कर दी जा रही है। सच दुहाई देता फिर रहा है लेकिन है कोई इसकी दुहाई सुननेवाला? ऐसे में अपराधियों का प्रधान होना कोढ़ में खाज साबित होगा अभी भी अपराधी किस्म के प्रधानों का फीसदी कम नहीं था लेकिन लगता है वर्तमान सरकार को इस फीसदी से सन्तोष नहीं था इसीलिए ऐसी व्यवस्था दी जा रही है ताकि हर स्तर पर केवल अपराधी ही दिखायी दें। क्योंकि अब तक की स्थिति जो रही है उसका लुब्बे-लुबाब यही रहा कि–

"सुनता हूँ जिस दिन मिला सरकारी अनुदान
नयी जीप में बैठकर लौटे ग्राम प्रधान"

सरकारी अनुदान ग्राम प्रधान के लिए पॉकेट मनी बन गया। ऐसा स्वनामधन्य सरकारों की ही कृपा से हुआ। ईंटें आयीं गलियों में बिछने के लिए लेकिन सब प्रधान के घर-आँगन में ही बिछकर रह गयीं। जिस हिसाब से गाँव का विकास होना चाहिए था नहीं हुआ बल्कि विकास ग्राम प्रधानों का ही हुआ। इन तथाकथित समाजसेवियों ने गाँव और गाँव के विकास ही नहीं बल्कि समूचे लोकतन्त्र को फुटबाल बना लिया। जिस देश-समाज में व्यवस्था ही गेंद हो जाती है वहाँ वही सब होता है जो हमारे देश-समाज में इस वक्त हो रहा है। और जो कुछ हो रहा है उसके लिए देश-प्रदेश का सबसे बड़ा कर्णधार ही जिम्मेदार है। कहीं-न-कहीं उसका हाथ अवश्य है। जिसके चलते यह नंगा नाच दिखायी दे रहा है। और अगर यही हाल रहा यानी केवल गुण्डे बदमाश ही प्रधान चुने जायेंगे तो आनेवाले दिनों में सचमुच कोई भला आदमी दिखायी नहीं देगा। हर कन्धे पर बन्दूक होगी, हर हाथ में बम होगा। शायद सरकार चाह भी यही रही है अगर न चाहती होती तो ऐसा निर्णय क्यों लेती।

आ गये उल्लू जहाँ कोयल-पपीहा-मोर थे
अमराइयाँ हैं सोच में रोये कि गायें आजकल।

लेकिन भाई सरकार ही सब-कुछ नहीं है। हम-आप भी बहुत-कुछ हैं। सरकार के चाहने या न चाहने से कोई फर्क नहीं पड़ेगा। फर्क पड़ेगा आपके न चाहने और चाहने से जब हम चाहेंगे तभी कोई गुण्डा-बदमाश प्रधान होगा जब हम चाहेंगे तभी कोई गुण्डा-बदमाश विधायक होगा। जब हम चाहेंगे तभी कोई गुण्डा-बदमाश सांसद होगा। वर्ना कोई गुण्डा, बदमाश या कैदी अपने से किसी कुरसी पर नहीं बैठ जायेगा। जब हम उसे कोई कुरसी देंगे तभी तो बैठेगा इसलिए आज हमको-आपको बहुत सोच-समझकर निर्णय लेना है। हम क्यों ऐसे लोगों को प्रधान चुनें जिनके चलते औरत नंगी घुमायी जाती हैं, जिनके चलते गरीब मारा-पीटा और सताया जाता है, जिनके चलते सच का गला घोंट दिया जाता है और जिनके चलते निहत्था और असहाय आदमी पूरे कुनबे के साथ मौत की नींद सुला दिया जाता है। इस अव्यवस्था के मुँह

पर भरपूर तमाचा मारने का मौका मिल रहा है। ऐसा मौका रोज-रोज नहीं आता। पंचवर्षीय योजनाओं की तरह बड़ी मुश्किल से आता है और जो चीज बड़ी मुश्किल से प्राप्त होती है उसको हमें सौभाग्य मानना चाहिए। यह ग्राम प्रधानों का चुनाव भी हमारे लिये किसी सौभाग्य से कम नहीं। अगर प्रजातन्त्र की इस बुनियादी इकाई की रक्षा हम कर सकेंगे तो सच मानिये बड़ी इकाइयों की रक्षा करने में हमें केवल सहूलियत ही नहीं मिलेगी बल्कि नयी रोशनी, नयी दृष्टि और नयी दिशाएँ भी मिलेंगी। एक लम्बे समय से हम ऐसे खौफनाक अँधेरे में जी रहे हैं जहाँ केवल जंगली जानवरों का ही बोल-बाला है। आदमी कैसे बचा है यह देखकर आश्चर्य होता है शायद अपनी तकदीर से बचा है मैं व्यक्तिगत रूप से कर्म में विश्वास रखता हूँ भाग्य में नहीं लेकिन हिन्दुस्तान को देखने पर कर्म की धारणा फिजूल साबित होती है भाग्य की ही धारणा प्रबल होती जाती है। अगर ऐसा न होता तो गलत लोग अच्छी जगहों पर कैसे पहुँच जाते देखिये न–

"अच्छा है संसार में यह किस्मत का खेल
कातिल को कुरसी मिले फरियादी को जेल"
"कैसी-कैसी कुर्सियाँ किसके-किसके पास
जो अँगूठा छाप है वह चुनता है व्यास"

इन पंक्तियों की सच्चाई कहीं भी देखी-सुनी जा सकती है। गिरावट क्यों आयी कैसे आयी यह कहने-सुनने की जरूरत नहीं है बल्कि सोचने-समझने की जरूरत है। गलत हम हुए हैं हम गलत न हुए होते तो यह सब न होता क्योंकि माथे पर मुकुट की तरह दिखायी देनेवाला सच झूठ के पैरों में दिखायी दे रहा है। यह हमारे-आपके चलते हुआ। कहीं-न-कहीं हम विचलित हुए अपने संस्कार से, अपने संकल्प से गिरे, अगर हम न गिरे होते तो यह नौबत क्यों आती। हमारे स्वार्थ ने हमें अन्धा बनाया और जब हम अन्धे हो गये तो फिर कहना ही क्या? न हम अपने को देख रहे हैं न दूसरे को, हमसे काम लेनेवाला हमारी इस मजबूरी का पूरा-पूरा फायदा उठा रहा है वह हमें जहाँ चाहता है भुना लेता है जैसे कि–

"देख लिया कितना बड़ा कुरसी का ईमान
रैली नारा पैंतरा मोहरा हुआ किसान"

आखिर देश का यह आम आदमी कब तक दूसरे के हाथ का खिलौना होता रहेगा क्या उसके पास अपनी दृष्टि नहीं है, अपनी सोच नहीं है, अपना विवेक और स्वाभिमान नहीं है। नहीं है तभी तो यह हाल है जब हम अपने को पहचानने लगेंगे तब शायद हमारा यह हाल नहीं रहेगा लेकिन वह दिन कब आयेगा यह कहना बड़ा मुश्किल है। आज जिस तरह से हम जातियों में, वर्गों में, गुटों और सम्प्रदायों में

बँटकर जी रहे हैं उससे हमारी घटिया और फूहड़ तस्वीर ही उधड़कर सामने आती है। जब-जब इस देश के आम आदमी ने कोई सार्थक संघर्ष किया है तब-तब हमारी नयी पहचान बनी है और जब-जब हम स्वार्थी और लोलुप हुए हैं। तब-तब हमारे साथ धोखा हुआ। धोखा खाने और पहचान बनाने की परम्पराओं का समानान्तर इतिहास हमारे सामने है। इस इतिहास से हमें सबक लेने की जरूरत है और यह मेरा दावा है कि जब हम मन से निर्णय लेंगे तो सचमुच बहुत बड़ा उथल-पुथल होगा और यह उथल-पुथल ही आम आदमी का भविष्य निर्धारित करेगा। वह वक्त पास आ गया है आज हमें जात-बिरादरी और वर्ग से ऊपर उठकर सोचने की जरूरत है। आदमी की कौम एक ही है यह बात अलग है कि हमारी कौम में आज सियार, कुत्ते, गिद्ध, भेड़िये जैसे अनेक हिंसक जीव शामिल हो गये हैं और आदमी ही की तरह बोल-बतिया रहे हैं ऐसे लोगों को पहचानना नितान्त आवश्यक है ये हमारी कौम के दुश्मन हैं दुश्मन। बातें इनकी गौतम-गाँधी की ही होगी लेकिन नियत इनकी गौतम-गाँधी की नहीं होंगी। इसलिए हमें ऐसे लोगों से अपनी कौम की लाज बचानी पड़ेगी और यह तभी सम्भव है जब हम इन्हें दूध की मक्खी की तरह निकाल बाहर करेंगे अन्यथा आनेवाले दिनों में केवल ऐसे ही लोग हर स्तर पर हावी रहेंगे और हम आप इनके आगे भकुआ दिखायी देंगे। एक बार और सोच लीजिये कि हमें कैसा प्रधान चाहिए-गुण्डा, बदमाश या फिर...।

दो अक्टूबर पर गाँधी-जयन्ती पर

क्या गाँधी का देश यही है?

प्रिय छोटे !

जब भी अक्टूबर का महीना आता है, मुझे गाँधी और राम दोनों याद आते हैं। और यह विडम्बना देखो कि समय के चलते आज दोनों किनारे कर दिये गये हैं। राम साम्प्रदायिक हो गये हैं, गाँधी फालतू। दोनों कभी-कभार जरूरत पर मुद्दे और मुहरे की तरह इस्तेमाल किये जाते हैं। अक्टूबर में दशहरा भी पड़ता है और गाँधी जयन्ती भी। गाँधी जी रामभक्त थे। उन्होंने रामराज का सपना भी देखा था। लेकिन जहाँ राम ही गेंद हो गये वहाँ रामराज की बात किस मुँह से की जायगी। फिर भी गाँधी की बात इसलिए आवश्यक है कि भारत को आजादी गाँधी की दिलायी हुई है। और अभी इस देश-समाज में गिने-चुने ही सही लेकिन कुछ गाँधीवादी बचे हैं। और वे बेचारे भरी आँखों गाँधी और गाँधीवाद की लानत-मलामत देख-सुन रहे हैं, और कर कुछ नहीं पा रहे हैं। क्योंकि हालात ही ऐसे हैं-

सिर फूटत हौ, गला कटत हौ, लहू बहत हौ गान्ही जी,
देश बँटत हौ, जइसे हरदी धान बँटत हौ गान्ही जी
बेर बिसवतै ररुआ चिरई रोज रहत हौ गान्ही जी
तोहरे घर कै रामै मालिक सबै कहत हौ गान्ही जी

लेकिन असलियत यह है कि गाँधी के घर को देखने से राम भी कतरा रहे हैं। कौन बवाल मोल ले। यह भी कैसी विडम्बना है कि भक्तों ने अपना भगवान बदल दिया और अनुयायियों ने अगुवा। मुझे इस समय गाँधी की पहली जयन्ती की बरबस याद आ रही है। तब मेरा बचपन था लेकिन प्राइमरी का पहला बस्ता मेरी पीठ पर आ गया था। वह बस्ता बिना किताब-कापी का था। केवल एक लकड़ी की काली पट्टी थी, लुट्टुर लोहार की बनायी हुई। पट्टी थी सादी ही। उसे कालिख पोत-पोतकर काला किया गया था। दुद्धी से लिखा जानेवाला अक्षर खूब सफेद दिखायी दे। पट्टी बोरकना (दुद्धीवाली दवात) और सरकण्डे की कलम यही तीन चीजें उन दिनों

गदहिया गोल (आज का प्रेम) से लेकर पहले दर्जे तक विद्यार्थी के लिए जरूरी थीं। गाँधी जी का फोटो भी मैंने पहली बार अपने उसी प्राइमरी स्कूल में देखा था। तब स्कूल की कोई बिल्डिंग नहीं थी। स्कूल मियाँ की बारी लगता था—पेड़ों की छाँह में। जामुन के पेड़ में कील गाड़कर छोटकी चन्दोलीवाले जगतनारायण मुन्शी जी ने जो हेडमास्टर थे गाँधी जी की फोटो टाँग दिया था। आस-पास के गाँवों से भी लोग आये थे। बहुतों ने गाँधी जी की फोटो पर फूल चढ़ाया, माला पहनाया। बहुतों ने गाँधी जी के बारे में रो-रोकर विस्तार से बताया। गाँधी जी कौन थे? कैसे थे? और समाज के लिए उन्होंने क्या-क्या किया? यह सब मैंने किस्से की तरह उसी दिन सुना। बच्चे का मन किस्से में रमता है मेरा भी मन रम गया। मैं आभारी हूँ अपने डिग्घी गाँव का, उस पेड़ों के लगनेवाले प्राइमरी स्कूल का जिसके चलते गाँधी को जानने का अवसर मिला। न वह गाँव भूला न वह गाँधी भूले। सब-कुछ ज्यों-का-त्यों आज भी मेरे मन-प्राण में रचा-बसा है जैसे घूँटी आजीवन संजीवनी बनी रहती है।

छोटे! तब असली रामराज था। मोटा कपड़ा था। मोटा अनाज था। लेकिन मन मोटा किसी का नहीं था।। मिलावट नहीं थी, न बातों में, न वस्तुओं में। सब-कुछ शुद्ध था—हवा भी, पानी भी, दूध भी, तेल भी। प्रकृति बराबर बारहों महीने निखरी-निखरी, सँवरी-सँवरी दिखायी देती थी। पेट में चूहे भी कूदते थे और कन्धों पर त्योहार भी लदे रहते थे। क्या मौसम और क्या मेहमान! तब आदमी दोनों का स्वागत दौड़कर करता था। पलक-पाँवड़े बिछ जाते थे। आगमन खलता नहीं था।। सुख देता था। और भरपूर साथ भी देता था। हाथ में हाथ लेकर बतियाने में बड़ा रस मिलता था। चढ़ी कड़ाही की खुशबू गाँव भर को न्यौत आती थी। अतिथि आने की खुशी, उत्सव आने की खुशी और बहार आने की खुशी सामाजिकता से भरी-पूरी होती थी। तब गरीब की आबरू अच्छे पास-पड़ोस के नाते सुरक्षित और सन्तुष्ट थी। ये पंक्तियाँ गवाह हैं—

"बिरुआ का समधी आया है गाँव गली सब जान गये
सुर्ती-दही अचार बिछौना बिरुआ झटपट माँग रहा
साधो हाँक रहा है पुरवट माधो आलू सींच रहा
सन्तू कात रहा है सुतली अन्तू तोशक ताग रहा।"

तब सबके पास काम था। सब हुनरमन्द थे। मुट्ठी में हलकी मूँठ जैसा संकल्प। हथेली फैलाने की ऐसी बुरी और गन्दी आदत तब तक नहीं बनी थी। हरे-हरे खेत थे, भरे-भरे ताल। न कोई खूँटा सूना था न कोई चरनी। आये दिन गलियों में बजाजों के मनिहारों-चुड़िहारों के फेरे लगते ही थे। अधखुले किवाड़ों से बाहर की झाँकती आँखें गाँव की बहुएँ थीं। मुझे अपना ही गाँव गाँधी का गाँव लगता था—धूल-माटी में सूने

झुनझुने से खेल रहे बच्चे जैसा। खूब गदबदा-सा। हँसता था-फूल झरते थे, रोता था-ममता उमड़ती थी। पानी छलकता था। तब आँखों का पानी मरा नहीं था। करुणा सोयी नहीं थी। उसकी बोली में गन्ने की खाँटी मिठास थी। छूता था संवेदना जगती थी। देह से दूध की भी गन्ध आती थी और पसीने की भी। दुनिया उस दिठौने पर लट्टू थी। जो देखता वही अँकवार में भर लेता था। पुजारी की भोर की और अजान जगाती थी बैरागी और ठाकुर की बाँसुरी। सब अपनी-अपनी जिम्मेदारी समझते थे। बाबू हल उठाते थे, माँ झाड़ू। बहन बिस्तर उठाती थी, मैं बस्ता उठाता था। अच्छाई के पीछे लोग भागते थे। जान छिड़कते थे। पसीने में ईमान महकता था। कच्ची-पक्की छानी-छप्पर सब आपस में सटे हुए थे, गुँथे हुए थे, घुल-मिलकर रहते थे, बोलते-बतियाते थे। साथ-साथ मरते-खपते थे, जीते थे। छीनते नहीं थे, प्यार से आधा टुकड़ा बाँटकर खाते थे। गुदड़ी भी थी, गुदड़ी के लाल भी थे। लेकिन अब क्या बतलायें? कुछ ऐसी हवा चली, कुछ ऐसा मौसम-माहौल बदला कि देखते-ही-देखते लोग बदल गये, लोगों की सोच बदल गयी, लोगों का मन बदल गया। दिल-दिमाग ऐसा बदल गया कि बाप रे! प्रकृति के विपरीत आचरण पर लोग उतर आये। फिर बाकी ही क्या बचा? 'ले तेरी की दे तेरी की' शुरू हो गया। फिर तो ऐसी नौबत आयी कि बिला वजह की फेंका-फेंकी में सदियों से चलता आ रहा खूबसूरत आईना गिरकर चकनाचूर हो गया। क्या उम्मीद थी और क्या हुआ।

झण्डे पर्चे नारे लेकर आयी जीप विकास की
रौंद गयी करघा कबीर की पोथी तुलसीदास की
जिसकी लाठी भैंस उसी की यही हो रहा गाँव में
रात नहीं अब गर्दन कटती है बरगद की छाँव में
जाने कैसी आजादी है जाने कैसा राज है
जिसके बल पर देश खड़ा वह दाने का मोहताज है

छोटे! दुर्भाग्य से हमारा गाँव धीरे-धीरे ऐसे ही हादसों का शिकार हो गया। न कोई सुननेवाला, न कोई देखनेवाला, जैसे टूअर (बिना माँ-बाप का बच्चा) उचित देखभाल के अभाव में आवारा, बदचलन, धूर्त, मक्कार, चोर, बेईमान, खूनी और राक्षस होता जाता है। वही हाल गाँव का हुआ। भला आदमी परछाईं से डरने और भागने लगा। देखते ही कावा काटकर निकलने की कोशिश करने लगा। बोल-चाल बन्द। भोज-भात बन्द। दुआ-सलाम बन्द। सम्पर्क के सारे रास्ते बन्द। बड़े-बड़े आँगन छोटी-छोटी कोठरियों में बँट गये। कितने नये दरवाजे, कितने फूटे सँकरे-सँकरे नये गलियारे इसका कोई हिसाब नहीं है। गलियों में बिछनेवाली पंचायती ईंट प्रधान के घर की दीवार बन गयी, उनकी चरखी बन गयी, सहन बन गयी। चन्दे से

बननेवाला स्कूल अभी भी अधूरा है। लेकिन स्कूल के मैनेजर साहब के दो पक्के मकान हो गये। एक गाँव में दूसरा सिविल लाइन्स में। प्रधानों ने भी खूब बटोरा-समेटा। अपने-अपने ढंग से गाँव को दुहा-निचोड़ा। गाँव के कायाकल्प की बात मैं पहले प्रधान से सुनता चला आ रहा हूँ। तब से कितने प्रधान आये और गये। सबने वही कहा लेकिन किया सबने उलटा। प्रधानों ने अपना कायाकल्प किया, गाँव का नहीं, विकास के नाम पर जाति-धर्म वर्ग-गुट गिरोह की आड़ ले-लेकर फूट-नफरत और घृणा का जहर बोया गया। यही गाँव का बिजनेस हो गया। खेती-बारी हो गया। और देखते-देखते गाँधी जी का गाँव रसातल में चला गया। दूरबीन से देखने पर भी नहीं दिखायी देता।

धान नहीं अब गाँव में अब केवल परधान
खेत सभी परती पड़े गलियाँ लहूलुहान

गाँव की यह तस्वीर यकायक नहीं बनी। बनी सिलसिलेवार ही। इस नये गाँव के निर्माण में बहुतों ने हाथ बँटाया। प्रधान भी, सरपंच भी, विधायक भी, सांसद भी, सब इसमें शामिल हुए। अच्छे दिन गहने की तरह देह से उतर गये। सुबह-शाम बहनेवाली धूप की धार शहर कस्बे के हलवाइयों और चाय की दुकानवालों के नाम लिख गयी। गाँव का दूध शहर जाने लगा। वापसी में वही दूध कभी खली-भूसा होकर लौटता है। कभी दाल, चीनी, चाय, बिस्कुट होकर लौटता है। कभी साड़ी, चूड़ी, चोटी, चप्पल होकर लौटता है। डेरी और बाल्टावालों की कृपा से गाँव का दूध मुँह अँधेरे गाँव छोड़ देता है। गाँव के नन्दकिशोर की शाश्वत पहचान बदल गयी है। आज के नन्दकिशोर का हुलिया इस प्रकार का है–

दूध दुहे बल्टा भरे, गये शहर की ओर
दिन डूबा दारू पिये लौटे नन्दकिशोर

वैसे वह नन्दकिशोर की शराफत है कि वह शहर से पीकर आता है। वर्ना गुपतेसरा तो खुलेआम अलानिया गाँव में दारू-अफीम-चरस सब बेच रहा है। कौन नहीं जानता? थाना जानता है, तहसील जानती है, जिला जानता है। लेकिन किसी अधिकारी में इतनी हिम्मत नहीं कि गुपतेसरा का हाथ पकड़ ले। क्योंकि गुपतेसरा के सिर पर बड़े-बड़ों का हाथ है। मन्त्री जी के आगे बड़े-बड़े अधिकारियों की उसने परेड करवा दी है। बहुतों की खटिया खड़ी हो गयी। गुपतेसरा अपने विरोधियों का मुँह बन्द करने की कला जानता है। गुपतेसरा के पास अपनी सेना है और गाँव का सब-कुछ इस सेना के कब्जे में है। गाँव की जवान बहू-बेटियाँ, बेवा और लावारिस की जमीन, कमजोर की गाय-भैंस। कब्जा जमाने की शुरुआत खूँटा गाड़ा अभियान से शुरू होती है और बाउण्ड्री बनने तक चलती है। नामजद रपट लिखवाकर हार गया

बिरजू, लेकिन जवान बेटी नहीं मिली तो नहीं मिली। दुहाई दे-देकर हार गयी वकील की बेवा लेकिन पंचायत ने उसकी जमीन उसको नहीं दिलायी तो नहीं दिलायी। पंचों ने फैसले का रेट तय कर लिया है। रोज ही कोई-न-कोई पंचायत होती है। बन्दूकों के बल पर पंचायतें बैठती हैं और अपना फैसला मनवा लेती हैं। आज पंचायतें पंचों की आमदनी और हैसियत बनाये रखने का परमानेण्ट जरिया हैं। पंच जहाँ चाहते हैं वहाँ ट्यूबवेल लगता है, जहाँ चाहते हैं वहाँ हैण्डपम्प लगता है।

छोटे! यह भी कैसी विडम्बना है कि जब गाँव के पास शिक्षा नहीं थी, तब विवेक था, संस्कार था, दया थी, सहानुभूति थी, आदमियत थी, दुःख-सुख में दौड़कर हाथ बाँटने की आदत थी। वही गाँव आज ठीया हो गया-लेखपाल का, पतरौल का, नेता का, दारोगा का, तहसीलदार का, बी.डी.ओ. का, स्कूल के डिप्टी साहेब का और ऐसे ही तरह-तरह के न जाने कितने-कितने लोगों का। देखो इस तस्वीर को-

प्रस्तुत है एक झलक
गाँव के विकास की,
तहसीलों का चूसा ब्लाकों का मारा है
थानों की थाली का दूध है छुहारा है
साझे का वाहन है
नौबत उपवास की

पंचायत व्यापार बन गयी। शिक्षा ने आदमी को दलाल बना दिया, काँइयाँ बना दिया। गाँव गिरोहों-गुटों में बँट गया। भरी दुपहरी में ईंधन के लिए खेत-खेत कण्डा बीननेवाली झुनिया दरिन्दों के लिए गेंद हो गयी। पावभर दाल जैसी जरूरत झुनिया की कैसी पूरी होती है इसे या तो सब जानते हैं और आँख-कान मूँदे हुए हैं। या कोई नहीं जानता। लेकिन झुनिया है, उसकी जरूरतें हैं और गाँव है-

कण्डे बीन रही है झुनिया देखो सूखे ताल में,
आग बरसती लू चलती है कितनी तेज न जाने
अपना काम इसे सौंपा है विधवा बूढ़ी माँ ने
बात-बात में चित्त हो जाती
पाँच रुपल्ली में सो जाती
जैसे इसकी माँ सोती थी कभी पावभर दाल में

आज के इस तथाकथित नये गाँव में चोर सिपाही के गले में बाँह डालकर बतियाता है। खलिहान ऐसे जलाता है जैसे होलिका। कभी पोखर में, कभी बँसवारी

नवजात शिशुओं के लोथड़े मिलते ही रहते हैं। विधवा भगतिन का मेकअप चर्चा का विषय बना हुआ है। वहीं पुजारी भी, वहीं हाजी साहेब भी। घण्टाघर और चौक का फैशन गाँव में समा गया है। बिना आस्तीन का ब्लाउज भी है। ऊँची एड़ी भी है। स्कर्ट भी, जीन्स भी, सफारी भी। बच्चे निरोध को गुब्बारे की तरह फुलाये फिरते हैं। माई-बाबू कहनेवाले उँगलियों पर गिने जा सकते हैं। मम्मी-डैडी पुकारनेवालों की गिनती मुश्किल है। घूँघट बहुत मुश्किल से देखने को मिलता है। पढ़ाया वह जाता है जो कभी काम नहीं आता है। जो काम आ सकता है वह पढ़ाया नहीं जाता। पता नहीं गाँधी का वह गाँव आज कहाँ गायब हो गया है, उसके पास आत्मनिर्भरता थी। आत्मसम्मान था। इन्सानियत थी। आज तरह-तरह के गाँव हमारे सामने हैं-गोद लिया गाँव, प्रदर्शन गाँव, आदर्श गाँव आदि-आदि। लेकिन जिस गाँव को मैंने बचपन में देखा था वह कहीं नहीं है। न नक्शे में, न योजना में। प्रधान जी गाँव को स्वर्ग बनाने में तुले हैं। चुन-चुनकर अपने विरोधियों को स्वर्गवासी बनाते जा रहे हैं। ग्राम समाज की सारी जमीन बेटों-भतीजों के नाम किये बैठे हैं। बिना बन्दूक के घर के बाहर कदम नहीं रखते। दातून भी करते हैं तो अगल बगल दो सुरक्षागार्ड हथियार लिये खड़े रहते हैं। प्रधान जी पर सोलह कत्ल, बारह बलात्कार और आठ अपहरण के मामले दर्ज हैं। विधायक सांसद कुछ भी हो सकते हैं। हैसियत दोनों की रखते हैं। ठाठ से झकाझक खद्दर पहनते हैं और अपने को पक्का गाँधीवादी कहते हैं। यह वही खद्दर है जिसकी शुरुआत गाँधी जी ने की थी। विदेशी वस्त्रों की होली जलायी गयी थी। आज खद्दर पहनने की हैसियत केवल चार-दस प्रतिशत लोगों की ही है, सबकी नहीं। चरखा बोझ हो गया है। जैसे गेरुआ के सन्तों का प्रतिशत नहीं के बराबर रह गया है, वही हाल खद्दर का है। खद्दर में गाँधीवादियों का प्रतिशत नहीं के बराबर है। गाँधी का गाँव हाथ-हाथ का दर्पण होने की दिशा में चल रहा था लेकिन मेरी सदी के विश्वामित्रों और वशिष्ठों की कृपा से वह त्रिशंकु हो गया है। अधर में लटका हुआ है। आज गाँधी तरह-तरह से तोड़े-मरोड़े जा रहे हैं। कुछ सिरफिरे तो उन्हें आउट ऑफ डेट भी कहने लगे हैं। उन्हें क्या पता कि गाँधी इस युग का सबसे बड़ा मसीहा हमारे बीच न आया होता तो हम आज कहाँ होते यह बताना कठिन है। हिंसा और अहिंसा का फर्क हमें समझना होगा। गाँधी को फिर से जीने और विस्तार देने की जरूरत है। 'मनसा-वाचा-कर्मणा' जब हम गाँधी को अपनायेंगे तो ये सारे राग-द्वेष-ईर्ष्या-घृणा-जाति-वर्ग-गुट-सम्प्रदाय सब अपने-आप भाग खड़े होंगे। बिना इसके रामराज की वापसी सम्भव नहीं है। और अगर रामराज नहीं आयेगा तो यह जंगलराज इसी तरह आदमी को खाता-चबाता रहेगा। और अगर यही हाल रहा तो कल प्रजातन्त्र का नामलेवा भी कोई नहीं रहेगा। यह जो मारो-काटो का राग अलापा जा रहा है यह राग आदमी का राग नहीं है। आदमी का राग है-प्रेम, सहिष्णुता,

भाईचारा, नम्रता, करुणा। इसी राग से जन-जन को जोड़ने की जरूरत है। क्योंकि गाँधी एक जमीन है, एक मूल्य है, एक जीवन-शैली है–

सूतल देश जगवलैं गान्हीं
घर के भूत भगवलैं गान्हीं
जन-जन के अपनवलैं गान्हीं
सबके गरे लगवलैं गान्हीं
तोप-टैंक से डरलैं नाहीं
सेना देख पराइलैं नाहीं
डट गइलैं त हटलैं नाहीं
कब्बौं बात पलटलैं नाहीं
सुख-सुविधा न जनलैं गान्हीं
सच्चा साधू रहलैं गान्हीं
सबके हाथ के पियलैं गान्हीं
सबके घर का खइलैं गान्हीं
प्रेम क नाता तोड़लैं नाहीं
सत्य अहिंसा छोड़लैं नाहीं
सेवा से मुँह मोड़लैं नाहीं
रुपया पइसा जोड़लैं नाहीं

छोटे! अब चिट्‌ठी खत्म करता हूँ। थोड़ा लिखा ज्यादा समझना।

बड़के भइया की अन्तिम चिट्ठी

प्रिय छोटे, खुश रहो,

गाँव में पुलिस चौकी खुली है। दीपावली के आस-पास दो-चार भैंसें खुलीं, दो-चार बैल खुले। तिवारी की मोटर साइकिल गायब हुई। छोटे मास्टर का धान कट गया। जोखू के पम्पिंग सेट का पट्टा गायब हो गया। धन्नी साहु के घर बड़ी चोरी हुई। दूसरों के गिरवी गहने गायब। इतनी सारी घटनाएँ एक पर एक होती गयीं और धड़ाधड़ हुईं। जिले के बड़े पुलिस कप्तान साहेब की रिश्तेदारी का गाँव होने के नाते और पप्पू नेता की कोशिश-पैरवी के चलते चोर तो एक भी नहीं पकड़ा गय। लेकिन गाँव गें पुलिस चौकी खुल गयी। काली जी के मन्दिर के ठीक बगल में जहाँ कभी जकलिया चाची की दुकान हुआ करती थी, और जिसे चाची के मरने के दो ही चार महीने बाद पप्पू ने जबर्दस्ती हथिया लिया था। उसके आस-पास गाँव समाज की जमीन थी उस पर भी पप्पू नेता का कब्जा हो गया। आज उस जगह को लोग पप्पू की पाही बोलते हैं। पप्पू के सारे धन्धे उसी जगह पर ही होते हैं। पप्पू अब गाँव में नहीं रहते। पाही पर ही रहते हैं। वहीं उनका पम्पिंग सेट है। खाद की दुकान है। छोटी-मोटी डेयरी है। पौधों की नर्सरी है। और एक नर्सरी स्कूल खोलने की तैयारी है। बहरहाल वहीं पर अब पुलिस चौकी खुल गयी है।

पुलिस चौकी का विधिवत् उद्घाटन हुआ। जिले और तहसील के कई बड़े अधिकारी और कुछ मान्यवर जन भी आये थे। उद्घाटन में अधिकारियों, मान्यवरों और आस-पास के तमाम छोटे-बड़े असलहाधारी सम्भ्रान्तों की जो आवभगत हुई उसका तो बखान लाखों-करोड़ों सरस्वतियाँ भी नहीं कर सकतीं। सब थक जायेंगी और बखान पूरा नहीं होगा। मैं जो विशेष बात बताना चाह रहा हूँ वह है कुछ फर्जी चोरों-बदमाशों की धर-पकड़ और आला अधिकारियों के सामने उनकी परेड। अखबारवाले चैनलवाले सब आये थे। पप्पू ने पाँच ऐसे लोगों को एक दिन पहले से ही अपने पम्पिंग सेट पर बुलवा लिया था। सुबह उद्घाटन से कुछ पहले उनका मेकअप किया गया। मुँह पर कपड़ा बाँधा गया। हाथ में हथकड़ी लगायी गयी। दो को कट्टे के साथ दिखाया गया, एक को बल्लम के साथ। एक को छुरे के साथ और

एक को दो पुड़िया गाँजे के साथ उनकी फोटो खींची गयी। सारे गाँव में कोहराम मच गया कि पाँच नामी चोर और बदमाश पकड़े गये हैं। गाँव टूट पड़ा उन्हें देखने के लिए। लोग उन्हें चेहरे से नहीं आँखों से पहचान रहे हैं। धन्नी साहु और उनका घर परेशान है कि उन लोगों ने तो किसी को देखा ही नहीं। लेकिन यहाँ पर पप्पू और दारोगा का ऐसा अच्छा दबाव कि बस पूछो मत। यह भी था वह भी था। आनन-फानन में उन्हें फौरन पप्पू के पम्पिंग सेटवाले उसी कमरे में घुसेड़ दिया गया जहाँ से निकाला गया था। इनकी चौकस निगरानी की जाये जैसा हिदायत देकर कप्तान साहेब गाड़ी में बैठे और फुर्र हो गये। पहले बड़े साहेब की गाड़ी फुर्र हुई, फिर छोटे साहेब की। फिर तो तमाम गाड़ियाँ फुर्र ही होने लगीं। स्कूटर-मोटर साइकिल भी फुर्र हुईं। बची रही पब्लिक जो नहीं फुर्र हो रही थी और जिसकी निगाह उस कमरे की ओर लगी थी जिसमें पाँचों चोर बन्द थे। बाहर मूँछवाले तिवारी सिपाही सुर्ती मल रहे थे और मुस्कुरा रहे थे। लेकिन पब्लिक को भी फुर्र होना ही पड़ा। जब आधा गाँव की आधा-तीहा बोली में बोलने लगे दारोगा कृपानिधान यादव (दो-चार को दौड़ाया दो-चार को चपतियाया) फौरन मैदान खाली नजर आया। आस-पास चिरई का पूत भी नहीं दिखायी दे रहा था। दिन दुपहर पप्पू की पाही सन्नाटे में डूब गयी। माइकवाला गया। तम्बू कनात कुर्सी दरी सब ट्रैक्टर पर लादे, बिना पैसा पाये मुँह लटकाये रामसकल भी फूटे। जहाँ खूब जोर-जोर से बाजा गूँज रहा था तोरे नैना कजरारे वहाँ अब केवल कानाफूसी और साँय-साँय। शामिल है पप्पू, तिवारी सिपाही, दारोगा कृपानिधान और नयी-नयी पुलिस चौकी के नवनियुक्त मुखबिर जगतानन्द तिरसुलिहा। हालाँकि जगतानन्द अब पूरी तरह से गृहस्थ हो चुके हैं। गुरूआ छूट गया।

त्रिशूल भी नहीं रहा लेकिन अभी जाने-पुकारे जाते हैं अपने उसी पुराने नाम से। अब जब भी कोई वारदात होगी तिरसुलिहा पुलिस की ओर से गवाही के लिए तैयार रहेंगे। तिरसुलिहा अब बाकायदा पप्पू गैंग के मेम्बर हो चुके हैं। चौबीसों घण्टा वहीं रहते हैं। रात में कब अपने घर जाते हैं और सवेरे कब अपने घर से वापस आते हैं यह किसी ने नहीं देखा।

छोटे, जो पाँच चोर बनाये और पकड़े गये हैं और मुँह ढँके होने के कारण लोग जिन्हें पहचान नहीं सके वे थे-सड़क पर पंचर बनानेवाले रहमान, ईंट के भट्ठे पर काम करनेवाले जोगी और कुबेर, रामपुर खास का बटोही और प्रिन्सिपल का जो पहले पम्पिंग सेट चलाता था बाद में निकाल दिया गया, काने इदरीस इन पाँचों को सौ-सौ रुपया देने का वादा करके तिरसुलिहा ले आये थे। कप्तान साहेब के आते ही सबका मुँह बाँध-ढाँककर हाथ में हथकड़ी डालकर दारोगा ने वाहवाही लूट ली। उन्हें यह पता ही नहीं चला कि ऐसा क्यों किया गया। भेद तो तब खुला जब वे सब पैसा माँगने लगे। पता नहीं पप्पू और दारोगा ने तिरसुलिहा को इन्हें देने के लिए पैसे दिये कि

नहीं दिये और दिये तो कितना दिये। लेकिन तिरसुलिहा ने सबके हाथ पर दस-दस का नोट रखा और इस हिदायत के साथ छोड़ दिया कि अगर कहीं मुँह खुला तो समझ लो सीधे जेल ही जाओगे। इसके अलावा और कोई चारा नहीं है। रही बात बाकी पैसों की सो अगली पेशी पर मिल जायेंगे। वे पाँचों तो वहाँ से ऐसा पतैया फार भागे कि कसाईबाड़े से छूटे हुए बकरे जैसे भागते हैं। जान बची औ लाखों पाये। लेकिन पूछने पर कोई हुँकारी नहीं भर रहा है। सब यही कह रहे हैं कि हमें काम करने के लिए पप्पू भइया ने बुलवाया था और गाँव के लोग जब दारोगा जी से या तिवारी सिपाही से पूछते हैं कि क्या हुआ उन पाँचों चोरों का? तो वे कहते हैं कि उन पर तो ऐसी-ऐसी दफाएँ लगी हैं कि दो-चार साल तक तो जमानत ही नहीं होनी है। और आप लोग भी ज्यादा इस तरह के मामलों में रुचि मत लिया करिये वर्ना बदमाशों की मदद करने के आरोप में कभी भी बन्द हो सकते हैं फौरन फूटिये ये डण्डा देख रहे हो न!

छोटे, अब कोई पुलिस चौकी की ओर झाँकता भी नहीं। पप्पू वहाँ खुलेआम गाँजे की खेती करता है। नम्बर दो की दारू बनती-बिकती है। हफ्ते-दस दिन में किसी-न-किसी औरत की आबरू भी लुटती है। जब पुलिस चौकी नहीं थी तो यह सब नहीं था अब सब हो रहा है। अलानिया हो रहा है आँखें सबके पास हैं यह किसी के पास नहीं। यहीं तक है, अब चिट्ठी खत्म करता हूँ। थोड़ा लिखा ज्यादा समझना।

तुम्हरा बड़का भइया

एक अनार सौ बीमार

प्रिय छोटे!

खुश रहो, आजकल गाँव घर में कुंवारे लड़कों का सौदा चल रहा है। आड़ में, भीड़ में, गली में, चौराहे पर, खेत में, खलिहान में, कचहरी में, थाने में, ब्लाक में, तहसील में, बस में, रेल में, टेम्पो में, ट्रैक्टर में, रात में, दोपहर में, खाते-पीते, सोते-बैठते हर वक्त। सच पूछो तो इनका यही मौसम है। जिसका सौदा हो गया हो गया, वर्ना फिर अगले साल पर। पता नहीं अगले साल ऐसा दाम लगे न लगे। वैसे इन तथाकथित कुँवारों के बाप तो कोशिश पूरी कर रहे हैं–खूब रंग-रोगन लगाकर, ऐसी-वैसी, सच्ची-झूठी ढेर-सारी डिग्रियाँ पहनाकर, यहाँ-वहाँ छोटी-बड़ी नौकरी में बताकर, शहर में पढ़ रहा है अपना लड़का, अभी टेम्परेरी है, परमानेण्ट होनेवाला है, जैसे वाक्यों और जुमलों के जाल में फँसाकर, लड़कीवालों को सुबह-शाम, रात-बिरात दौड़ा रहे हैं। चार लोगों में अपना रुतबा और नक्शा जमाकर अपना-अपना उल्लू सीधा कर रहे हैं। लड़कीवालों का हाल है–एक अनार सौ बीमार। बार-बार बेचारे उसी अनार पर टूट रहे हैं। लेकिन अनारवाला किसी कीमत पर नहीं टूट रहा है। जैसे-जैसे बीमारों की भीड़ बढ़ती जा रही है वैसे-वैसे अनार का दाम भी चढ़ता-बढ़ता जा रहा है। अनारवाला सीधे मुँह बात नहीं कर रहा है। सिर्फ बीमारों को अपना अनार दिखा रहा है। कभी अँगोछे से पोंछता है, कभी कुर्ते के छोर से। कभी रंग की तारीफ करता है तो कभी किस्म की। कभी स्वाद की तो कभी तासीर की। और अनार अपने 'बाऊ' के पास दाँत चियारे खड़ा है। इकलौता हूँ देख लीजिये–यानी एकोऽहं द्वितीयोनास्ति। और बीमारों की दशा देखने लायक है। किसी के मुँह में पानी आ रहा है तो किसी की आँख में। हजारों की बात करनेवाला अनार अब लाखों में पहुँच गया है।

छोटे! अब सवाल उठता है कि ऐसा क्यों हो रहा है और कौन कर रहा है! मेरी समझ से तो दोनों रहिमन एक-से हैं। बल्कि 'को बड़ छोट कहत अपराधू' वाली बात ज्यादा सही है। परस्पर जुड़ने की भावना और संस्कार किसी में नहीं हैं। केवल व्यापार-ही-व्यापार दिखायी दे रहा है और इसी व्यापार के चलते इतनी मारा-मारी है।

बीमार न अपनी हैसियत देख रहा है न अनार का भविष्य। कुश-कन्या जैसी व्यवस्था और संस्कार सब सपने हो गये हैं। पिता के लिए बेटी बोझ हो रही है। यही कारण है कि भ्रूणहत्या का प्रतिशत दिनोंदिन बढ़ता जा रहा है। भ्रूण से पिण्ड छुड़ाने में ज्यादा-से-ज्यादा दो-चार हजार खर्च होगा और अगर यही भ्रूण कन्या की शक्ल में बदल जायगा तो लाखों का वारा-न्यारा होगा। एक जमाना था जब लोग मानते थे कि कन्यादान से बड़ा कोई दान नहीं है। बड़े हौसले से यह संस्कार सम्पन्न किया-कराया जाता था। लेकिन समय देखो कि वही कन्या आज सिर का बोझ और कलेजे का पत्थर हो गयी है। लड़की का पिता गन्ने की तरह निचुड़ने को तैयार है लेकिन कम दहेज के बावजूद उसकी बेटी ससुराल में जलायी-सतायी नहीं जायगी इसका गारण्टी देनेवाला कोई नहीं है। और ऊपर से तुर्रा यह कि लड़की ब्याही जायगी तो जात-बिरादरी में ही ब्याही जायगी। वर्ना नाक कट जायगी। यह नाक भी खूब है। नाक तब नहीं कटती, जब बेटे-बेटी अनपढ़ रह जाते हैं, गलत आदतों के शिकार हो जाते हैं, गलत कामों में लिप्त हो जाते हैं, देश-समाज में बदनामी का कारण बनते हैं। नाक तब कटती है जब गैर-बिरादरी में ब्याह करने की बात होती है। कहीं-कहीं तो ऐसे विवाहों का इतना घिनौना और वीभत्स अंजाम देखने में आया है कि बस पूछो मत। पंचायतें बैठती हैं, सरीहन दण्ड देती हैं, सरीहन भरी पंचायत में गर्दन धड़ से अलग कर दी जाती है, छाती गोलियों से छलनी कर दी जाती है और होता-जाता कुछ और नहीं। ऐसी घटनाएँ समय की रेत में पानी की तरह समा जाती हैं। शायद इसीलिए नाक ही सब-कुछ है, जाहिल सुल्तानपुरी का एक शेर याद आ रहा है-

इश्क में सर कटते देखा हर जगह
बस नाक कटते देखा हिन्दुस्तान में।

इसलिए बीमार इधर-उधर नहीं देख रहा है, सीधे नाक की सीध में भाग रहा है। और अनार उसके सामने आकर खड़ा हो जा रहा है।

घर के तौर-तरीके बदले, बदले ठौर-ठिकाने जी
सबकी आँखों पर पर्दा है कौन किसे पहचाने जी
हाथ हुए बिटिया के पीले आँखें भीग गयीं जी
इसके पहले पता नहीं था मुझे पिता के माने जी

मेरा ऐसा मानना है कि जब तक लड़की का पिता या लड़के का परिवार अपनी सोच नहीं बदलेगा तब तक मकड़जाल में जकड़ा रहेगा। बिरादरी के अनार का मोह छोड़ना होगा। और तभी तथाकथित अनारवाला जिसका दिमाग सातवें आसमान पर है जमीन पर आयेगा। बाप होना कोई बड़ी बात नहीं है, बाप का दायित्व निभाना बड़ी बात है। सच तो यह है कि हम आज अपने को बाप महसूस ही नहीं करते। सन्तानों

को हम साग-सब्जी की तरह निबटाते हैं, सौदा समझकर, गोभी बिक गयी, प्याज बाकी है। वह भी बिक गयी तो पालक-भिण्डी बेचेंगे, मुँह पर पानी मार-मारकर बेचेंगे। वे गाँव, वे आँगन व गलियाँ हवा हो गये जहाँ यह सुनायी देता था–

काहे बिनु सून अँगनवाँ ए बाबा काहे बिनु सून लखराँव
काहे बिनु सून दुअरवा ए बाबा काहे बिनु पोखरा तोहार
धिया बिनु सून अँगनवाँ ऐ बेटी, कोइलर बिनु लखराँव
पूत बिनु सून दुअरवा ए बेटी हंसा बिनु पोखरा हमार...

सच, घर-आँगन, लखराँव, द्वार और पोखर की शोभा और जरूरत की बातें वे करते थे जो इनके संरक्षक थे, पोषक-पालक थे, व्यापारी नहीं, वे अपनी मर्यादा जानते थे। सिर्फ अपने लिये नहीं अपनी नस्ल के लिए जीते थे।

'बेरिया क बेरिया मैं बरजेऊँ रे बाबा झँझरा मँड़ौआ जिन छाय
झँझरे मँड़ौआ सुरुज दहलागै गोर बदन कुम्हिलाय
कहतिउ त मोरी बेटी छत्र तनवतीं कहतिउ त अँचरा ओढ़ाय
कहतिउ त ए बेटी सूरुज अलोपतीं गोरा बदन रहि जाय।'

ऐसी मीठी संवेदना, ऐसी पारदर्शी सद्भावना अब नहीं रही। इतिहास हो गयी। आज न ऐसा आग्रह भरा मीठा उलाहना है न स्नेह-सन्तोष से जुड़ा सहज आश्वासन। सब-कुछ जान-बूझकर आँख मूँदकर किया जा रहा है और ईश्वर भरोसे छोड़ा जा रहा है। तभी तो यह हाल है–

'खेत बिका, रुक्का लिखे, बाकी रहा दहेज
तेल छिड़क बिट्टो मरी देख न पायी सेज'

ऐसे नतीजे से लगभग सभी वाकिफ हैं। लेकिन भागकर उसी किनारे सब जा रहे हैं। जो पार उतरता है वह भी पछताता है, जो पार नहीं जा पाता वह भी पछताता है। 'किसी तरह हो जाय' किसी तरह हो जाय जैसी सोच ही इस अन्धेर का कारण है। इंजीनियर, डॉक्टर, आई.एस.एस., पी.सी.एस., फौजी सेवावालों का तो क्लास ही अलग है। साधारण जन तो इधर देखता ही नहीं। जो देखते हैं वे टूटे पड़ रहे हैं...नीलामी भी होती है, बोली लगती है। ऊँट अपने से करवट नहीं बैठता उसे बैठाया जाता है। जैसे-तैसे खेत बेचकर, कर्ज लेकर भी लड़केवालों के यहाँ घना अँधेरा है। सभी दुर्गुणों से सम्पन्न लड़के केवल ब्याह होने तक पढ़ाये जाते हैं। उनका भविष्य मालूम रहता है। लेकिन इसी की आड़ में लड़की का पिता दुहा-निचोड़ा जाता है। लड़केवालों को चाहिए सब-कुछ लेकिन अपने बूते नहीं, लड़कीवालों के बूते।

छोटे! यही मोल-भाव आजकल अपने गाँव-घर में भी चल रहा है। तीन साल से लगातार बी.ए. में फेल हो रहे राजन का सौदा उसका बाप पाँच-सात लाख के बीच कर रहा है-तिलक पर चाँदी का सेट, घर भर के लिए कपड़ा, खिचड़ी पर चारपहिया, बीस तोला सोना, और बाप-रे-बाप सुननेवालों को तो चक्कर आ जा रहा है। और देनेवाले लाइन लगाये हुए हैं। यह वही राजन हैं जो दो बार ट्रान्सफार्मर चुराने में, एक बार बिजली का तार काटने में और बीसियों बार रेल में बिना टिकट सफर करने के जुर्म में जेल जा चुका है। लेकिन इससे क्या, इस मौसम में तो वह बीमारों के बीच अनार बना हुआ है। बीमारों के पास सही दृष्टि नहीं है। दृष्टि से मेरा मतलब साफ-सुथरी दूर तक देखनेवाली दृष्टि से है। मैं उस दृष्टि की बात कर रहा हूँ जो इन बीमारों की बाँह पकड़कर बिरादरी के दायरे से बाहर ले जायगी। मैं इस दृष्टि की बात कर रहा हूँ जो इन बीमारों को ऐसे जमीन पर बैठायेगी, जहाँ ये अपने को बीमार नहीं महसूस करेंगे। मैं उस दृष्टि की बात कर रहा हूँ, जो इन बीमारों को इतनी सामर्थ्य देगी कि ये मन का एक ऐसा समाज रच सकेंगे जिसमें रहकर खुद भी राहत की साँस लेंगे और दूसरों को भी राहत की साँस लेने देंगे।

वैसे छोटे! मैं जानता हूँ कि इसके पीछे नयी पीढ़ी का उतना हाथ नहीं है जितना पुरानी पीढ़ी का है। अगर शादी-ब्याह का ठेका लेना बड़े-बूढ़े छोड़ दें तो मुझे विश्वास है कि बहुत बड़ा बदलाव आयेगा और जल्दी आयेगा। यह पहल नयी पीढ़ी क्यों नहीं करती...जहाँ-तहाँ बिना ब्याहे बारातें भी लौटी हैं, मण्डप में दूल्हा भी पिटा है, दूल्हे का बाप भी पिटा है लेकिन ऐसे ठुकराये-भगाये लड़के भी दूल्हा बने हैं, बारातें सजी हैं, समधी पूजे गये हैं। कहीं-न-कहीं खोट हमारे भीतर है। अपने भीतर का खोट निकाले बिना इस समस्या से पार नहीं पाया जा सकता...। बकौल दुष्यन्त-एक पत्थर तो तबीयत से उछालो यारो। अच्छा छोटे! अब चिट्ठी खत्म करता हूँ। थोड़ा लिखा ज्यादा समझना।

तुम्हारा, बड़का भइया

होली के बाद भी फागुन!

प्रिय छोटे!

आ ही गया फागुन छोटे! फागुन आ गया। हर तरफ फागुन की ही चर्चा है। खेत-कछार, घर-दफ्तर, बस-टेम्पो, ट्रेन-ट्रैक्टर, गलियों-चौराहों, जहाँ देखिये फागुन हाजिर है। फागुन आता है तो चोर और बिल्लियों की तरह दबे पाँव नहीं आता। फागुन आता है शोर मचाता, ढोल बजाता, धूल उड़ाता, होरी-बेलवरिया-चैती-चौताल और फगुवा-कबीर गाता हुआ आता है। फागुन के आते ही मौसम का रंग-ढंग दोनों बदल गया है। खेत-कछार की फूली गदरायी सरसों के ये हाल हैं कि जैसे किसी बजाज ने रंगों के मेल में पीला-वासन्ती थान खोल फैला दिया है। बोरे से लदी हुई अमराई ऐसी अँगड़ाई ले रही है कि बड़े-बड़े कण्ठीवाले भी संकट के दौर से गुजर रहे हैं। करें तो क्या करें? और कहें तो क्या कहें! कोयल की कूक घी में आग का काम कर रही है। जोगियों-वैरागियों-ब्रह्मचारियों-साध्वियों सबके लिए फागुन चुनौती बना हुआ है, कामदेव ने अपना धनुष-वाण फागुन को दे दिया है। और फागुन धनुष पर बाण चढ़ाये अहेरी मुद्रा में भनभनाता घूम रहा है। गाँव तो हाल-बेहाल है-

'घर के लोग निकल आये हैं
फागुन की अगवानी में,
राम दरस बो चुपके-चुपके
घोल रही है रंग पानी में।'

दरअसल फागुन जब गाँव की ओर कदम बढ़ाता है तो बहुत दूर तक बहुत गहरे उसके आने की आहट रच-बस जाती है। नौजवान साँसों की धड़कनों में ऐसे-ऐसे गुल खिलने लगते हैं कि बाप रे बाप! मेरे इस धुरन्धर के अन्दर झाँकिये तब पता चलेगा कि कैसी उथल-पुथल है? कितनी हलचल है-

बहै फगुनहट उड़ैं धुरन्धर
लुप्प दे एहर, लुप्प दे ओहर
सोन किरवा अस मुड़ै धुरन्धर

दिन-दिन भर न खायँ धुरन्धर
चाहै पर रह जायँ धुरन्धर
माई कहै, कहाँ तू जाले
का पीयै ले का तू खाले
बाप कहै मर जायँ धुरन्धर
जायँ जहन्नुम जायँ धुरन्धर
का कारन भउजाई पूछै
देह भइल चउथाई पूछै
भउजी आपन कसम धरावै
फागुन के जिउभर गरियावै
केहू सुनै न पावै घर में
बस भउजी से खुलै धुरन्धर।

धुरन्धर को फागुन का कौन-सा तीर लगा है? यह बताने की जरूरत नहीं है। सब-कुछ उजागर है और साफ-साफ दिखायी दे रहा है। यह फागुन तो पक्का समाजवादी संस्कृति और संस्कारवाला है। किसी के साथ कोई भेदभाव नहीं। जाकी रही भावना जैसी, प्रभु मूरत देखी तिन तैसी वाला हाल है। फागुन बिछाता-बराता नहीं। सबके साथ रहता है। ना देखे यह काला-गोरा। ना जाने यह जाति-बिरादरी। अपने रंग में पानी को, हवा को, धूप को, प्रकृति को, वनस्पतियों को और जनमानस को चुपचाप रँग लेता है। देखते-देखते सारी सृष्टि फागुन की मुट्ठी में समा जाती है-

'ई फागुन क मस्ती ई फागुन क पानी
झरत हउवै सोना, झरत हउवै चानी
न मुट्ठी में मन हौ न बस में जवानी
अ ठेंगे पे राजा औ ठेंगे पे रानी
कटोरा गुलाबी, कटोरी गुलाबी
अ चुटकी गुलाबी टिकोरी गुलाबी
कन्हैया के काटैला खाली बिछौना
बारिस हौ तिसरेक में गौना
दूसर का है तिसरेक
तिवारी क पतरा जरत नाहीं बाटै
अ गौने क साइत परत नाहीं बाटै।

जिसके गौने की 'साइत' नहीं बन रही है उसका वश चले तो वह तिवारी का 'पतरा' फूँक दे। लेकिन बेचारा सब्र से काम ले रहा है। कभी मोड़ पर, कभी बाई पास पर। चारों तरफ वही धू-धू वही हा-हा।

फागुन आया गाँव में, गयी गाँव की नींद
आँखों में सौदे हुए, होंठों कटी रसीद।

ऐसे बाजार-भाव में सब-कुछ माफिक होने के बावजूद दाल न गलने का संकट भी खूब है देखिये न–

हाथ रँगे, आँखें रँगी, रँगे गुलाबी गाल
सारा पानी जल गया, फिर भी गली न दाल

छोटे! फागुन जहाँ भी है हड़बड़ी में है। इसलिए हड़बड़ी में है कि उसे केवल चार ही दिन तो मिले हैं। इन्हीं चार दिनों में इसे वह सब-कुछ करना है जो सौंपा गया है। उसके अन्तर्मन में यही गूँज रहा है यही सुनायी दे रहा है–

फागुन के दिन चार बसन्ती
मन से जियो उतारो फेंको
यह चोला बेकार बसन्ती

और मजे की बात यह कि जब फागुन हड़बड़ी में है तो जमाना हड़बड़ी में है। कब रंगों पर पानी फिर जाय, इसकी कोई गारण्टी नहीं है। जहाँ खूब चटख गुलाबी धूप खिली हुई है वहीं किसी कोने में दुबकी हुई बदली भी साफ दिखायी दे रही है। 'फागुन मेह-प्रमेह जवानी' जैसी कहावत यूँ ही नहीं बनी है। इसके पीछे सदियों का अनुभव है। मौसम विज्ञान को पूर्वजों ने जिया है तब कहा है। तिवारी मास्टर तो साफ-साफ कहते हैं–फागुन याने मार्च और मार्च याने ठेंगा। बात भी सही है सरकारी बजट हर साल उसी फागुन में आता है। शासन-प्रशासन दोनों की व्यस्तताएँ और विवशताएँ देखते ही बनती है। एक तरफ जल्दी-जल्दी खर्च करो लगा हुआ है तो दूसरी तरफ नये बजट की मारा-मारी भी चल रही है। ग्यारह महीने लगातार विलम्बित में गाया जानेवाला दफ्तर राग सहसा द्रुत में गाया जाने लगा है। संगत करनेवाले को और जल्दी है। वह दुगुन-तिगुन में आगे-आगे भाग रहा है। इम्तिहान देनेवाले भी फागुन के मारे हुए हैं। चिटें कहाँ-कहाँ नहीं खोंसी दबायी जा रही हैं। कही-कहीं तो इम्तिहान का ठेका ही दे दिया गया है। बोल-बोलकर लिखवाया जा रहा है। बोलनेवाला और जल्दी में है। डरता है कि मामा लोग यानी पुलिस दल न आ जाय। और पुलिस दल भी झरी-वसूलनेवालों की तरह भागमभाग में है। यहाँ से वहाँ, वहाँ से यहाँ, फिर वहाँ, फिर वहाँ कहाँ-कहाँ तक समाया हुआ है यह शोध का विषय

है। यह पाँच, दस, पन्द्रह, बीस का पहाड़ा नहीं है। यह गणित से परे है। सबसे ज्यादा उलझन में किसान है। वह साइत भी पूछ रहा है और आकाश भी देख रहा है। फसल तैयार खड़ी है, खलिहान झगड़े में है। कम्बल कन्धे पर आ तो गया है लेकिन अभी बक्से, सन्दूक में जाने में कसमसा रहा है। क्योंकि उसके सामने ही इक्का-दुक्का ऐसी स्त्रियाँ भी हैं जो नया स्वेटर बुन रही हैं। कुछ बुन रही हैं कुछ उधेड़ रही हैं। उनकी उधेड़बुन में ऊन के गोले फँसे हुए हैं। ऊन के गोले अगर बोलते होते तो यही कहते–मेरे मन की पीर हरी कोई जाने ना। शायद ये बुने जानेवाले स्वेटर नये बजट का इन्तजार कर रहे हैं। ऐसी स्वेटर बुननेवालियाँ सरकारी दफ्तरों में छटा बिखेर रही हैं। न कुर्सी न मेज लेकिन दफ्तर लॉन में बँटकर बैठा हुआ है। जितने मुँह हैं उतनी बातें हैं। बातों पर बातें चढ़ी हुई हैं। बातों की ओवरलैपिंग बता रही है कि बतियानेवाले हड़बड़ी में हैं। हाव-भाव दोनों का बाजार गर्म है। रस डायलाग में ज्यादा है कि एक्शन में यह बताना कठिन है। जो अब तक यह कह रहे थे कि–

'टूटेंगे प्रतिबन्ध हजारों
फागुन आने दो
देखेंगे हम भी कचनारों
फागुन आने दो'

वे अब इस गुमान में फूले-भूले हुए हैं कि–

'निहुरे-निहुरे हुई ऊँट की चोरी फागुन में
मेरे हाथों रही गुलाबी डोरी फागुन में
उलट गयी है रंग से भरी कटोरी फागुन में
शीशा लेकर पोंछ रही मुँह गौरी फागुन में
किसने छुआ कि तरुणी हुई किशोरी फागुन में
देख रही है सबसे अलग खड़ी लरकोरी फागुन में।'

छोटे! त्योहार में व्यापार का गणित देखते ही बनता है। वाह-वाह जियो रसीदबाजो! सच पूछोगे फलाने! तो असली फगुवा इन्हीं का है जो रसीदवाले हैं। यही दशहरावाले हैं, यही ईदवाले हैं। होली आ गयी तो आज ये होलीवाले हो गये हैं। उधर शासन बदला, इधर गाड़ी का झण्डा बदला। चन्दा वसूलने का सबसे अच्छा तरीका है भइया जी का। भइया जी पहले मुस्कराते हैं फिर सामनेवाले का रंग-रूप, कद-काठी, आन-बान देखकर डायलाग बोलते हैं–आप जैसा न देखा न सुना। लेकिन आप विद्वान् नजर आते हैं–मुझे विद्वानों की लिस्ट बनाने का काम सौंपा गया है सो बना रहा हूँ, नाम पता बताइये।

और इसी के साथ जेब से रसीद बुक निकलती है और रसीद बुक जेब से इस ढंग से निकाली जाती है कि जेब में रखा कट्टा रसीद बुक के साथ ही बाहर आ जाता है फिर तो भइया जी उसी कट्टे पर रसीद बुक फैला देते हैं। नीचे कट्टा ऊपर रसीद बुक। विद्वान् महोदय की बस चीख नहीं निकलती बाकी सब-कुछ निकल जाता है। बेचारे हँसते हुए पर्स खोलने लगते हैं। यह है रसीदबाज का फगुवा। रसीदबाज लंच पर बीयर लेता है। डिनर पर कॉकटेल त्योहार का असली मजा भइया जी ले रहे हैं।

कैसे-कैसे रिकॉर्ड बज रहे हैं और कैसे-कैसे गानों के बोल सुनायी दे रहे हैं- 'मजा ले-ले छैला झुलनी का' 'ले ले जाला ले-ले जाला ले-ले जाला पियवा'/ 'चला न जाय पिया कोराँ उठाला' 'आवा ना घुमाई तो हैं' 'घुमरी परेता' 'तू तो वइसै सुग्घर बाटू का सिंगार करबू'। और इसी लालजी का दुखड़ा भी सुन रहा हूँ। बड़े मन से फगुवा खेलने ससुराल गये थे। अपने मुल्क में फलाने! ससुराल की होली का बड़ा क्रेज है। कोई-कोई तो इतना उतावला होता है कि फागुन लगते ही डेरा डाल देता है। लालजी ने भी यही किया। उसे जो भोगना पड़ा वह आपके सामने है-लालजी खुद बयान कर रहा है-

'न खेलब ससुरारी-फगुआ ना न खेलब ससुरारी
बेर बिसवतै सास बिछावै खटिया बीच दुआरी
बबुआ बनके ठाठ-बाट से फगुआ खेलै गइली
एहरों धक्का खइली सौ-सौ ओहरों धक्का खइली
साली खींचैं, सरहज खींचैं अपने-अपने ओरी
होरी-हौ जीजा जी-होरी, ननदोई जी होरी,
हम्मैं जइसे घुमटा आवै दूनों के अँकवारी'

और तो और जरा यह तमाशा देखिये रामलाल का। लालजी का ठीक उलटा हाल है रामलाल का। ससुराल पहुँचने की इतनी जल्दी है इन्हें कि ये खुद रिक्शा खींचने लगते हैं और रिक्शेवाला इनकी सवारी हो गया है-वह बेचारा मन-ही-मन ईश्वर से प्रार्थना करता है कि हे भगवान्! हमेशा-हमेशा मुझे रामलाल जैसी ही सवारी मिले...

'मुँह पर डूबत बेर देखके रामलाल घबराये लगलन
रेकसावाले पर रहि-रहि वे भुन्नाये-पिन्नाये लगलन
ऐसे तेज चली ना हमसे जल्दी हो त खुदै चलावा
आजिज आकै रामलाल तब कहलै अच्छा बइठै आवा
दूनों जाने बारी-बारी बइठै अउर चलावै लगलन

रेकसावाला मुसकियात हौ रामलाल त हाँफत हउवन
गौर से उनके सब देखत हौ, ऊहो सबके भाँपत हउवन
हँस के बोलत चाहत हउवन लेकिन हँसी न आवत हउवै
अइसै मिलै सवारी मालिक रेकसावाल मनावत हउवै'

छोटे! ऐसा विविध रंगों-रूपों-स्वरूपोंवाला फागुन भला किसे अच्छा नहीं लगेगा? सबको अच्छा लगेगा। और अच्छा लग भी रहा है। लेकिन मेरी बातें जब बसन्ती सुने तब न! वह तो कानों में तेल डाले पड़ी है। देख रही है, मुस्कुरा रही है लेकिन बोल नहीं रही है। मैं कुछ सोच नहीं रहा हूँ, क्या करूँ मौन को स्वीकृति समझूँ? अच्छा छोटे चिट्ठी खत्म करता हूँ! थोड़ा लिखा ज्यादा समझना।

तुम्हारा बड़का भइया

गाँव का जुलाई राग

प्रिय छोटे!

मानसून के आने में जरा भी देर होती है तो गाँव का प्राण फौरन पत्ते पर अटक जाता है। और इस साल तो मानसून के आने में बहुत देर हुई और तब तक गाँव का प्राण पत्ते पर ही अटका रहा–गाँव को इस दौरान क्या–क्या नहीं करना पड़ा। बादलों की चिरौरी करनी पड़ी। रात गये भीटे पर लछमिनियाँ को नंगा होकर नाचने का टोटका भी करना पड़ा, हर परौरी भी हुई, तन्त्र–मन्त्र और पूजा–पाठ के बाद टोले के नागराजा ठनके तो लेकिन उनके ठनके में कहीं कुछ कसर रह गयी–क्योंकि इतना सब करने के बाद भी आसमान से मोटी धार नहीं फूटी–फिर भी लोगों को राहत मिली। काम चल निकला। राजा बो भौजी ने आर्द्रा नक्षत्र का गुरम्मा और दल भरुई पूड़ी से खूब जमकर न्योता किया। सात्त्विक परम्परा ने छू दिया और टोला–पड़ोस गमगमा उठा। आर्द्रा भी गद्‌गद धरती भी गद्‌गद। दोनों पुलकित भावविभोर। और बादलों ने देखते–देखते न्योते की रात को पर्व बना दिया। ले झमाझम पानी ले झमाझम पानी–राजा बो भौजी घण्टों उस बारिश में आग्रह की कविता की तरह भीगती रही, अघाती रही–बरसा–बरसा ए बदरऊ नहाइ लेईं/आज सारी पियसिया बुझाय लेईं। और छोटे! वही नंगी धरती धीरे–धीरे हरियाली में ढँक चली है। खेतों में मीलों तक जो आड़े–तिरछे रास्ते कुँवारी माँग की तरह साफ–साफ दिखायी देते थे, अब ढूँढ़ने पड़ रहे हैं। जैसे भीगे कागज पर फैले हुए अक्षरों में शब्द घोखने में पड़ते हैं। लेकिन सचमुच इस समय बहुत अच्छा लग रहा है। क्योंकि अकाल का जो खतरा मँडरा रहा था वह सुकाल में बदल चुका है

ऐसी घिरी बदरिया, पूछो ना
झिर–झिर झिर–झिर हवा अँटारी पूछो ना
दुहरी–तिहरी है बँसवारी पूछो ना
धानी चूनर की बलिहारी पूछो ना
चुटकी लेती गोदनहारी पूछो ना

नयी सुहागिन की किलकारी पूछो ना
बही फूटकर बँधी कियारी पूछो ना
खाली टेम्पो एक सवारी पूछो ना

इन दिनों ताल-पोखरे टीले-भीटे खेत-सीवान सब वर्षा मंगल मना रहे हैं। सारस-मोर-पपीहा-झींगुर और मेंढक सब 'जियो राजा इन्नर' 'जियो राजा इन्नर' चौबीसों घण्टा लगाये हुए हैं। बकौल राजा बो भौजी कोयल की बोली तो और भी हलाल करती है सौत रात में सोने नहीं देती। बिरहिन का गुस्सा है साँसों-ही-साँसों में बहुत-कुछ टहक रहा है-जी चाहता है कि सौत की गर्दन मरोड़ दूँ। उधर खेतों-बनों-पहाड़ों में हरियाली फूटी और उधर घर-आँगन छज्जों-ओसारों गलियारों-दालानों में न जाने कितनी-कितनी धुनों में कैसी-कैसी मिर्जापुरी, बनारसी कजलियाँ फूट पड़ीं। इन कजलियों के बोल मीलों में गूँज रहे हैं और दिन-रात एक किये हुए हैं-

बरसै-बरसै असरेखवा ढहावै बखरी
पाँच रे रुपइया मोरे पिया क कमइया
हमके झुलनी गढ़इहैं/छवइहैं कि छपरी,

अपने छतवा में हमको लियाये चला
पानी से बचाये चला ना...।

हरि-हरि बाबा के सगरवाँ मोरवा बोलै रे हरी...

और इसी में कबड्डी-कबड्डी भी सुनायी दे रहा है। इससे लगता है कि गाँव अभी मरा नहीं है। रस उसके भीतर है। लेकिन वह रस धराऊँ कपड़े और गहने की तरह अवसर पर ही दिखायी देता है। बुझा-बुझा-सा उत्साहहीन अधमरा-जैसा। ये तीज-त्योहार जैसे अकसर अब औसत आदमी के लिए दिनोंदिन भारी होते जा रहे हैं। इनसे मन मिलता नहीं मिलाना पड़ता है। बड़ी कोशिश करनी पड़ती है, सिफारिश करनी पड़ती है तब कहीं से खुशियों के मौके हमारा साथ देते हैं। जैसे पानी के सोते दिनोंदिन गायब होते जा रहे हैं वैसे ही यह रस भी सूखता जा रहा है-बस जब तक है तभी तक। वर्ना एक दिन यही होगा कि-'खींच दा कोरो सलाम भाई खँडहर।' वैसे इस रस को, इस रंग को, आदमी स्वयं समाप्त करने पर, अलविदा कहने पर, तुला हुआ है। क्योंकि आदमी आज आदमी से कटकर जी रहे हैं। कहीं बोलचाल बन्द है, और कहीं परस्पर एक-दूसरे के घर का चिराग गुल करने की होड़-सी लगी हुई है। ऐसे में कैसे आदमी और आदमी का समाज रसवन्त और जीवन्त बना रह सकता है?

छोटे! दो ही चार दिनों की बारिश ने हमारे दिखावटी और बनावटी सद्भाव का पोस्टमार्टम कर दिया। नाबदान के पानी को लेकर अपने ही गाँव में तीन फौजदारियाँ हुईं। तीन गुणे दो करो तो छह पार्टियाँ हो गयीं। सारा गाँव इन्हीं छह पार्टियों में बँट गया है। कोई किसी की पीठ ठोंक रहा है तो कोई किसी की। पार्टियाँ गाँव के लिए ठिया हो गयी हैं। हर ठीये पर कुछ-न-कुछ छन-पक रहा है। और भाव हर एक जगह 'चढ़ जा बेटा सूली पर।' कहीं वारण्ट, कहीं कुर्की और कहीं कत्ल की धमकी-पर-धमकी। खेती सबके बूते की अब नहीं रही। जिसके पास अकूत पैसा और साधन है वह चौगुनी मजदूरी पर उतर आया है और 'तेरह कातिक तीन अषाढ़' जैसी व्यस्तता भरी कहावत को और शार्ट करने पर आमादा है। उसका काम आगे-आगे है। जिसके पास पैसा नहीं सिर्फ पुरुषार्थ है उसका हाल देखने लायक है। और जिसके पास न पैसा है न पुरुषार्थ है उसके हाथ से खेत छूटने ही वाला है। वह किचकिचाकर पकड़े हुए हैं जैसे खेत नहीं कमर की धोती छूट रही है। ऐसे किसान को गाँव से चुपके-चुपके भगाने में बहुत-से लोग लगे हुए हैं–महाजन, मास्टर, ठेकेदार, पटवारी, व्यापारी सब। अपने गाँव में सबसे अच्छी खेती कल्लू मास्टर की हो रही है। लड़के स्कूल से पहले मास्टर साहब के यहाँ आते हैं। दो-दो घण्टे श्रमदान करते हैं। गोबर फेंकते हैं, चारा काटते हैं, हर-हेंगा पहुँचाते हैं। जब थक जाते हैं तो सोने के लिए स्कूल चले जाते हैं।

इस बारिश ने एक और गुल खिलाया। इसी जनवरी-फरवरी में बनी नहर की पुलिया छपाक से बैठ गयी। जब तक पुलिया नहीं बैठी थी तब तक बन्धे की भी आँख नहीं खुली थी। पुलिया बैठते ही नहर में बन्धे से भी पानी आ गया और हो गया कोढ़ में खाज। पुलिया बैठ जाने से नहर का पानी आगे नहीं बढ़ सका। बैकगियर में भी भागने की गुंजाइश नहीं। नतीजा यह हुआ कि पानी का दबाव इतना बढ़ा कि दोनों तरफ की पटरियाँ बालू की भीत हो गयीं। आस-पास के खेत में जाँघ भर पानी लगा हुआ है। पुलिया में कितनी सीमेण्ट लगी थी कितनी बालू, नींव भी खुदी थी कि नहीं यह बतानेवाला कोई नहीं है। बेईमान किसे कहा जाय। ठेकेदार को कि इंजीनियर को? ठेकेदार है प्रधान का बेटा। और प्रधान है सिंचाई मन्त्री के खासुलखास अब ऐसे में अगर इनक्वायरी भी होगी तो कुछ नहीं निकलेगा। आज आदमी कितना बेईमान हो गया है। देश भले रसातल में जाये अपनी पाँचों घी में हो–यही रवैया है। तार-तार हो गये छप्पर में धारोंधार भीग रही है आसन्न प्रसवा धन्नी बो और उसकी पहली-पहली बार पाँच महीने की गाभिन बछिया। उसे अपनी से ज्यादा चिन्ता अपनी गाभिन बछिया की है। वह गाय के ऊपर बोरी-बोरी डालकर प्रसन्न होती है। लेकिन बार-बार बदलने के इतने बोरे कहाँ हैं उसके पास? वह मन-ही-मन प्रार्थना करती है बस करो प्रभो! अब और नहीं, लेकिन जब प्रभु सुनें तब न!

रामनाथ अपने ऐबी और मरकहे बैल को दूर के रिश्तेदार के हाथों बेचकर भीतर-ही-भीतर फूले नहीं समा रहे हैं। सोच रहे हैं चलो पिण्ड छूटा-पूछ रहे थे क्या लीजियेगा? मैंने कह दिया कि आठ हजार गंगा पारवाले प्रिन्सिपल दे रहे थे, मैंने नहीं दिया। मैं पचासी सौ पर अड़ गया। और प्रिन्सिपल ने तुरन्त तिरासी सौ पकड़ा दिया। क्या करता रिश्तेदार थे बैल देना पड़ा। मैंने तो झूठे ही प्रिन्सिपलवाली बात बतायी और काम बन गया। रिश्तेदार को धोखा देकर रामनाथ मूँछों-ही-मूँछों मुस्करा रहे हैं और अपने को गाँव ऊपर चालाक समझ रहे हैं। उधर दुलारे भी अपनी रिश्तेदारी से ही बैलों की नयी जोड़ी चौदह हजार में खरीदकर ले आये हैं। घण्टी-घुँघरू-गुरिया-पेटी से दोनों की गरदनें भरी हैं। हर वक्त चरखी गूँजती रहती है। लेकिन पोल तब खुली जोड़ी जब खेत में गयी। कन्धे पर जुआ पड़ते ही जोड़ी खेत में बैठ गयी। जैसे धरने पर बैठी है। टारे न टरै मटरुआ हो, तट गड़हा होइ जाय। मुझे चतुरी भगत की कहावत याद आ रही है। गरियार बैलों की जब चर्चा होती चतुरी भगत यही कहते-

एक बैल मोर भइया किनलैं
किनलैं परमानन्द
हर-हेंगा देखि जरि मुवै
भूसा देखि अनन्द।।

कोंच-कोंचकर उठाने में दुलारे का छाता लत्ता हो गया। लेकिन बैल नहीं उठे तो नहीं उठे। उठे तब जब कन्धे से जुआ उतर गया। दुलारे लाये कहाँ से? मामा के साले के समधी के यहाँ से। अब दुलारे रिश्तेदार को कोस रहे हैं और अपनी किस्मत को गरिया रहे हैं। जब नोट गिने जा रहे थे तब किसी ने उन्हें सुनाकर कहा था-और भाई आषाढ़ में गरियार भी पूछे जाते हैं। लेकिन उस समय दुलारे का ध्यान न बैलों की ओर था न पैसों की ओर। उनका ध्यान था मामा के साले की समधिन की ओर जो दुलारे के लिए चाय का प्याला लिये खड़ी थी।

छोटे! कोर्ट-कचहरी, खेती-बाड़ी, लगन-पताई के साथ-साथ बच्चों का दाखिला अलग दिमाग में नाच रहा है। आनेवाले दिनों के बारे में बच्चों के माता-पिता और अभिभावक अभी से सोच रहे हैं कि ऐसी जगह नाम लिखाओ जहाँ नकल की गुंजाइश ही नहीं पक्की गारण्टी हो। ऐसे स्कूलों-कॉलेजों की लिस्ट बनी है चुनाव किया जा रहा है। और इसी में सरकारी वसूली भी आदमी के पीछे-पीछे लगी है। 'राम प्यारे!' अमीन पटवारी पुकार रहे हैं और दारा प्यारे ऐसे दुबले हैं जैसे भूत के डर से छोटा बच्चा। मैं जानता हूँ कि रामप्यारे को बुलानेवाले राम को प्यारे हो जायेंगे, लेकिन रामप्यारे उनके सामने प्रकट नहीं होंगे। इन दिनों बाँसों में नयी करीलें फूट रही हैं। ज्वार-मकई कन्धे तक आ गयी हैं। साठी-साँवाँ को अब कोई घास नहीं डालता

इसलिए खरीफे के नक्शे से बाहर हैं। यही है गाँव का जुलाई राग। कोई इसे गाता नहीं लेकिन यह अपने-आप आदमी के भीतर फूटता-फैलता रहता है। इसी कार्य-व्यापार से लगता है कि वह जीवित है और जुलाई राग अपने-अपने सुर में सभी टेर रहे हैं-

गुलमोहर काली घटा
आधी जुलाई क्या करूँ?
फिर किसी ने फूँककर
मारी है राई क्या करूँ!

अच्छा छोटे! अब चिट्‌ठी खत्म करता हूँ। थोड़ी लिखा ज्यादा समझना।

तुम्हारा बड़का भइया

बड़के भइया की पाती

प्रिय छोटे!

खुश रहो!

वैसे तो गाँव-घर का हाल ठीक ही है। खास बात यह है कि परसों मुन्ना के खलिहान में आग लग गयी। मुन्ना के खलिहान से सटे हुए खलिहान थे सुरेश के, कुबेर के, महेन्द्र के और राजू-बिल्लू के। आग छुतही बीमारी की तरह दो-ही-चार मिनट में फैल गयी और सबके खलिहान को लील गयी। अब वही हाल है कि साँप तो निकल गया लेकिन लकीर पीटी जा रही है। जैसा कि हर हादसे के बाद होता है-क्यों हुआ? कैसे हुआ? किसने किया? आदि-आदि। पहले खलिहान का सिलसिला महीने-डेढ़ महीने तक चला करता था और दिन-रात मड़ाई-ओसाई का काम होता था। तब दौंरी होती थी-पाँच बैलों की। बड़ी-बड़ी पैर पर दो-दो दौंरियाँ चलती थीं। सामान्य और छोटी पैर पर एक दौंरी चलती थी और तीन-साढ़े तीन दिन में एक पैर ओसाने लायक हो जाती थी। अगर हवा ने साथ दिया तो ओसाई भी हो जाती थी वर्ना उकाँव बनाकर छोड़ दिया जाता था और दूसरी पैर की तैयारी होने लगती थी। मुझे खूब याद है सन् चौवन-पचपन में इन्हीं दिनों रेडियो पर मोती बी.ए. की कविता आ रही थी-

आऊ आऊ बयला घुगाईं दउरी
कटि जाई अबत बिपत सिगरी
दौंरा बरदवा बड़ा हउवै पाजी
गइयो से बाजी बछुरुवों से बाजी

खलिहान तब भी गाहे-बगाहे जल ही जाया करते थे लेकिन खलिहान को आग से बचाने के लिए इन्तजाम भी हुआ करते थे। आस-पास ताल-पोखरे जहाँ थे वहाँ तो कोई बात नहीं जहाँ ताल-पोखरे नहीं थे वहाँ कुओं की पौदरों में पुरवट से पानी भर दिया जाता था और यह पानी इतना होता था कि सौ-दो सौ बाल्टियाँ मौके पर काम करने लगती थीं। इसके अलावा खलिहानों में भी फौरन की जरूरत के लिए आठ-

दस गगरियों में पानी भरा रहता था। आज स्थिति बिलकुल उलटी है, अब बैलोंवाली दौंरी कहीं-कहीं दिखायी देती। अब मड़ाई होती है मशीनों से, अगर बिजली ने साथ दिया तो दिनों का काम घण्टों में निबट जाता है। इसलिए खलिहान अपने पारम्परिक स्वरूप में नहीं मिलते। पुरानी जगहें भी नहीं रहीं। लोग डीह से हटकर खेतों में निकल आये हैं और अपने-अपने दरवाजे पर ही खलिहान बना लेते हैं। या अपने-अपने ट्यूबवेल पर। पहले तो चैत के नवरात्र से इक्का-दुक्का खलिहानों की शुरुआत हो जाती थी और खलिहान उठते-उठते जेठ छू लेता था। इसी में शादी-ब्याह निपटाये जाते थे। तेज हवा में ओसाई का काम नहीं होता था। जहाँ हवा माफिक हुई दसियों ओड़िये फौरन उठ खड़े होते थे और घण्टे-दो घण्टे में ही बड़े-बड़े उकाँव साफ हो जाते थे। भूसा अलग, दाना अलग। फौरन राशि पर बढ़ावन रख दिया जाता था और दोनों की चमचमाती राशि को गोबर के घेरे से ठोंक दिया जाता था। फिर बारी आ जाती थी बोरी-बोरा, ओड़ी-ओड़ा की। और अनाज खलिहान से घर आने लगते थे। अब तो न उकाँव दिखते हैं न बढ़ावन। जो माड़ा जाता है फौरन ओसा लिया जाता है और बिना बढ़ावन छुआये उसे घर पहुँचा दिया जाता है। वरना पुराने दिनों में खलिहान की रातें गुलजार हुआ करती थीं। चारों तरफ हा-हा हू-हू और बतकुप्पन। इसी में काम भी मनोरंजन भी। लालू बैरागी की जोड़ी घण्टों खलिहान में सदावृज-सारंगा की कहानी गा-गाकर सुनाया करती थी। पुरुष टोला तो उन दिनों लोटकी होती थी। यानी मनसायन हर तरफ रहता था। मड़ाई कभी-कभी रोक दी जाती थी क्योंकि दौंरी में चलनेवाले बैलों को खँगवा की बीमारी हो जाती थी। बैल जब खाँग जाते थे तो दो-चार दिनों तक बिलकुल चलने लायक नहीं रहते थे। उन्हें आस-पास के गड्ढों-पौदरों में घुटने भर पानी में कुछ देर के लिए उतारा जाता था, उस पानी में पोटेशियम परमैगनेट मिला दिया जाता था। इसे लाल दवा के नाम से लोग जानते थे। खाँग गये बैलों के साथ ऐसा सुबह-दोपहर-शाम तीनों वक्त किया जाता था।

छोटे ! बाबू तो इन दिनों बैलों को खँगवा की बीमारी से बचाने के लिए एक टोटका किया करते थे। सार में यानी बैल जहाँ परमानेण्ट बाँधे जाते थे, रखे जाते थे वहाँ छाजन में एक उल्टी परई लटकायी जाती थी। उस परई के भीतर कागज पर कुछ लिखा होता था। पहले यह कुछ लिखा हुआ कागज का टुकड़ा मेरी समझ में नहीं आता था कि यह है क्या? बाद में पता चला कि उस पर पाण्डु पुत्र अर्जुन के दसों नाम लिखे होते थे। उसे टुकड़े के बीच से छेद बनाकर रस्सी पहना दी जाती थी और परई के भीतर बीच में छेद करके वह मन्त्र लिखा कागज लटका दिया जाता था। ऐसा हर साल किया जाता था। उससे कुछ फायदा होता था कि नहीं यह तो राम जानें लेकिन इतना जरूर याद है कि इस तरह के टोटके गाँव में बहुतों की सार में दिखायी देते थे। और ऐसे परिवारों के बैल कम खाँगते थे। जो बैल खाँग जाता था वह चरनी

से अलग कर दिया जाता था, दो-तीन दिन के लिए। ठीक होते ही फिर शामिल कर लिया जाता था। अब न पहलेवाली दौंरी रही न खँगवा की बीमारी रही। सारा काम मशीन से फटाफट। और इसी फटाफट-फटाफट का नतीजा है पाँच लोगों का खलिहान स्वाहा हो गया है, अब कोई कह रहा है कि बिल्लू सिगरेट पी रहे थे उससे लुठी निकली और आग लग गयी। और बिल्लू किरिया दबा रहा है कि उसे सिगरेट छोड़े तीन महीने हो गये। यह आग वहाँ से आयी जहाँ जामुन के नीचे औन्हा लगाया गया था। कुबेर का कन्ना यानी शकरकन्दी बिकी थी। उसी खुशी में कुबेर ने औन्हा फुँकवाया था। औन्हा आज के बच्चे नहीं जानेंगे। यह दस-बीस किलो शकरकन्दी भूनने की एक शैली है। भुनी शकरकन्दी उबली शकरकन्दी से ज्यादा स्वादिष्ट होती है और इसे शकरकन्दी भोज के रूप में जाना जाता है। अब यह परम्परा भी लगभग गायब हो चुकी है। और कुबेर का कहना है कि औन्हा दूर था। औन्हा फूँका गया था ग्यारह बजे। आग लगी है दोपहर तीन बजे। तब तक औन्हा की आग बुझ चुकी थी। रमेसर का कहना है कि आग लगायी गयी है-रामानन्द के किशोरवा को चार-पाँच दिन पहले राजू ने चोरी से आम तोड़ने के कारण पीट दिया था, उसी ने गुपचुप तरीके से यह काम किया है-बहरहाल कोई कुछ कह रहा है तो कोई कुछ। जितने मुँह उतनी बातें हैं। कुछ कहते हैं ट्रान्सफार्मर से आग लगी है।

छोटे, जो होना था सो तो हो गया। मुख्य समस्या है ऐसे में पानी का न होना। यह तो सच है कि खेती होगी तो खलिहान भी होंगे। और खलिहान की सुरक्षा के बारे में गाँव को सोचना-ही-सोचना है। क्योंकि उस दिन कई घण्टों की लम्बी धूप के बाद फायर ब्रिगेड की गाड़ी आयी भी तो खलिहान तक नहीं पहुँच सकी। रास्ता नहीं था। कई जगह चकरोड कटे हुए हैं। और खलिहान में आस-पास चिरई के पीने भर भी पानी नहीं है। ताल-पोखरे खेत हो गये हैं। सीवान के कुएँ भठ गये हैं। कुएँ के नाम पर गड्ढे ज्यादा हैं। अब तो इन दिनों अक्सर सीवान में प्यास के मारे सियार भी मिलते हैं और छुट्टा मवेशी भी। अब आग लगी है तो कुएँ याद आये हैं। इस वक्त मुझे सरोज के जेठ स्व. यशवीर त्यागी का एक शेर याद आ रहा है-

जला के सारे दरख्तों को अपने हाथों वो
अजीब सख्स है साया तलाश करता है

आज गाँव इसी स्थिति में है। केवल सोचने और पश्चात्ताप करने के अलावा और कोई चारा नहीं रह गया है। अच्छा छोटे! अब चिट्ठी खत्म करता हूँ, थोड़ा लिखा ज्यादा समझना।

तुम्हारा बड़का भइया

चिराग तले अँधेरा

प्रिय छोटे,

दीवाली की खूब ढेर-सी शुभकामनाएँ। हालाँकि दीवाली भी अब केवल विज्ञापनों और शुभकामनाओं में ही दिखायी देती है। क्योंकि अपना गाँव अब बिना कोंहार का हो गया है। अब से करीब चालीस साल पहले तक अपने गाँव में दो कोंहार थे-दरबारी और मुन्दर। लेकिन पता नहीं क्या हुआ कि अब एक भी नहीं है। दरबारी के नाती-पोते भी और मुन्दर के नाती-पोते भी अब आँवाँ नहीं लगाते। शहर-कस्बे में मजदूरी करते हैं। इसमें इनका कोई दोष नहीं है। दोष है गाँव का। पहले गाँव पूरी तरह से कुम्हारों पर ही निर्भर था-नरिया-पटरी, नाद-गगरी, ठिल्ली-ठिल्ला, हँड़िया-पुरवा, दीया-परई की जरूरत गाँव को बारहों महीने पड़ती थी। और गाँव अपनी इस जरूरत के लिए कोंहार को मिट्टी भी देता था। क्योंकि कोंहार का एकमात्र धन्धा आँवाँ ही था। और आँवाँ बारहों महीने धधकता रहता था। लेकिन यह विडम्बना देखो कि नरिया-पटरी की जगह पक्की छतों ने ले लिया, और दिनोंदिन कम होते मवेशियों के चलते खूँटे सूने होते चले गये। गगरियाँ और नाँदें गायब होती गयीं कुल्हड़-परई को क्राकरी ने धकियाकर समाज और प्रचलन से बाहर कर दिया, और रही बात तेल-बाती और दीये की तो तेल का हाल यह है कि भाव आसमान छू रहा है छौंक लगाने भर तेल की जरूरत पूरी करने में ही गाँव को चक्कर आ रहा है जलायेंगे किस मुँह से। बिना दीवार की दीवारें हैं। कँटिया मारकर बिजली लेनेवालों की बाढ़ आयी हुई है। क्योंकि किरोसिन तेल भी सस्ता नहीं है। वह भी इसकी तरह इस्तेमाल किया जाता है। इस बार की दीवाली में शहर-कस्बों की तरह गाँव में भी झालरें ही जगमगाती रहीं। वह भी तभी तक जब तक लाइन आती रही। उँगली-उँगली भर की मोमबत्तियाँ कुछ देर के लिए परम्परा को सिर पर उठाये दिखायी देती रहीं। घण्टे-आध घण्टे में ही सारा गाँव-सिवान अँधेरे के साये समा गया। तिलहन की खेती कम हो गयी। तेली भी परचून की दुकानवाले हो गये। धानी और कोल्हूवाले नहीं रहे। यही कारण है कि जो गाय-भैंस पाले हैं वे दाना-भूसा खली-चूनी, तेल भी बाजार से ही ला रहे हैं-वही हाल है कि-

हुई तरक्की गाँव की, पैदा हुए सपूत।
ले आते बाजार से सब्जी गल्ला दूध।।

आजादी मिलने के दस-पन्द्रह वर्षों बाद तक दरबारी और मुन्दर का नाता गाँव-घर से बना रहा लेकिन धीरे-धीरे गाँव ने उन्हें अपने खेत से माटी देना बन्द कर दिया था। उन्हीं दिनों में आस-पास के कोंहारों के कान खड़े होने लगे थे। क्योंकि जब माटी ही नहीं मिलेगी तो कोंहार चाक और आँवाँ रखकर क्या करेंगे? क्या अचार डालेंगे? उन्होंने भी सीख लिया खींच दा कोरो सलाम भाई खँडहर। और धीरे-धीरे सब-के-सब काम-धन्धे की तलाश में गाँव से बाहर भागने पराने लगे। और इस भागने-पराने की मजबूरी ने केवल गाँव को एक धन्धे से ही अलग नहीं किया बल्कि सामाजिकता की भी ऐसी की तैसी कर दी। जब भेंट-मुलाकात की नौबत ही नहीं रही तो फिर दुआ-सलाम की बारी कहाँ से आयेगी? इस संस्कार के सामने भी सवाल-दर-सवाल लगते चले गये और अभी भी दिनोंदिन सवाल लगते ही जा रहे हैं।

छोटे! दीया जलाकर दीवाली का सुख कुछ और ही होता था-

बार-बार बार दीया बार रे मटरुवा
चउकेना बइठै अन्हार रे मटरुवा
वइसे त एक दीया राजै तू बरैले
आज बार सैकड़ा हजार रे मटरुवा

अब न ऐसा आग्रह रहा, न ऐसा उत्साह। लेखपाल का छोटा बेटा अपने नये खरीदे खेत में दीया जलाने निकला था लेकिन घर नहीं लौटा। दीया-बत्ती दियासलाई और स्टील की थाली तो खेत में मिली लेकिन पुत्र नहीं मिला। कहाँ गया कुछ पता नहीं-पहले इसी गाँव में सिवान में आधी रात तक लड़के दौड़-दौड़कर दीये जलाते थे और बुझे दीये बटोरते थे। अब न जलते हैं न बटोरे जाते हैं। टोटका के रूप में कोई-कोई आदमी यहाँ-वहाँ जला देता है और परम्परा का निर्वाह हो जाता है। दरबारी और मुन्दर के नाती-पोतों से पुश्तैनी धन्धा यों नहीं छूटा। मजबूर होकर उन्होंने छोड़ा। क्योंकि गाँव के जरूरतमन्द लोग अपने औने-पौने में अपनी जरूरत पूरी करते थे वह भी नगदी नहीं उधार। उधार की अदायगी तो साल-दो साल में हो पाती थी। ना-नुकुर करने पर मुक्का-फजीहत, गाली-गलौज, मारपीट की नौबत आ जाती थी। ऐसे दबाव और दबंगों ने बहुतों का गाँव छुड़ा दिया। और यह एक तरह से अपने ही पैरों में कुल्हाड़ी मारना साबित हुआ-

फ्रिज का पानी पी रहा, सोच रहा कुम्हार
किस्मत की मार है या शासन की मार

कोंहारी के साथ-साथ लोहारी, सुनारी-जैसे धन्धों की भी यही गति हुई। इन्हें सही संरक्षण देना तो दूर रहा बल्कि इनकी भरपूर उपेक्षा होती गयी। रिश्तों में खटास भी आयी। आदमी जो बोता है वही तो काटता है। बबूल बोनेवाला आम थोड़े ही खायेगा–

जैसा तुम बोओगे भाई वैसा काटोगे
भैंस की मन्नत माने हो भैंसा काटोगे

छोटे ! दीवाली का पर्व एक ऐसा पर्व है जब गाँव बाहर-भीतर से नया होता रहा है। बारिश और बाढ़ की आशंका समाप्त हो चुकी होती है। इसलिए घरों-गलियों-रास्तों की साफ-सफाई, दीवारों की लिपाई-पोताई के साथ-ही-साथ परम्परा की याद दिलाते हैं सब हमसे आदिकाल से जुड़े हुए हैं। जहाँ ये चीजें अपने घर-परिवार में इस्तेमाल होती हैं यहीं ये उपहार और बयान होकर पास-पड़ोस के पच्चीस-पचास परिवारों में भी पहुँचती हैं। ऐसी हमारी सामाजिकता और इन्सानियत का तकाजा भी है। इन्हीं दिनों ठहरी हुई यात्राओं की शुरुआत होती रही है। मेलों-ठेलों और गाँव-देहात के व्यापारिक मेलों का भी श्रीगणेश होता रहा। विनिमय शैली की परम्परा इन्हीं बाजारों-दुकानों के चलते अपने बीच सदियों से बनी रहीं। विनिमय शैली के चलते महँगाई का खतरा कभी नहीं रहता था। सबकी जरूरतें आसानी से पूरी हो जाती थीं। तब सचमुच आदमी आदमी के लिए जीता हुआ दिखायी देता था। क्योंकि तब सबकी जरूरतें परस्पर एक-दूसरे से जुड़ी हुई थीं। आज सबसे बड़ा संकट इसी रिश्ते के साथ दिखायी देता है। अब गाँव में लाई-लावा-चूड़ा-मिठाई सब बाजार से आता है अब न गाँव में ठेंकी है न भड़भूजे हैं। यही कारण है कि एक का माल दस में बीस में मिल रहा है। और नहीं चाहते हुए भी मजबूरी में सब खरीद रहे हैं।

छोटे ! त्योहार हमें जकड़न से मुक्त करता है। लेकिन यह विडम्बना देखो कि द्रौपदी और नल-दमयन्ती जैसे पौराणिक चरित्रों से सबक लेना तो दूर रहा उलटे आज तक जुए की लत गाँव से गयी नहीं। इसी लत के चलते गाँव में चोरी, डकैती, गुण्डई, दबंगई सब मौजूद हैं। किसी को इस ओर सोचने की जरूरत ही नहीं रह गयी। प्रधान के भट्ठे पर सरीहन जुआ होता है और बारहों महीने होता है–शहरों-कस्बों से भी चमचमाती गाड़ियाँ, मोटर साइकिलें बराबर आती ही रहती हैं। थाने की जीप पहरा देती है–आओ खेलो कोई डर नहीं। मुर्गा-मछली भी है, दारू भी है। किसी चीज की कमी नहीं है। बनवारी साहू के घर में इन दिनों खुले आम जुआ खेला जाता है। गाँव और गाँव के आस-पास के ढेर-सारे नये धनी जुटे ही रहते हैं। औरत आज भी दाँव पर लगायी जा रही है। कल्लू की भैंस खूँटे

से रात में गायब हो गयी, मोती की गाय गायब हो गयी, बकरीदी की बकरियाँ गायब हो गयीं। मन्दिर का बड़ावाला पीतल का घण्टा गायब। कितनों के धान कट गये रातों-रात कहाँ गये कौन बताये? पम्पिंग सेट से पट्टे चोरी हो गये। ऐसी घटनाएँ उन्हीं दिनों होती हैं। हर साल होती हैं। इस साल भी हुईं। जोखन की नयी-नयी बहू पर गाँव-घर के तथाकथित नये धनियों की तभी से आँख गड़ी थी जब से वह आयी थी। दो-चार मँजनुओं को तो जोखन बो ने जब-तब सबक भी सिखा दिया था। लेकिन इस बार बड़े-बड़े घाघों और गुरु घण्टालों ने जाल बहुत तैयारी के बाद फेंका। हुआ यह कि दो-चार महीने से जोखन किशोरी ठाकुर की चावल मिल पर काम करता था। उसकी बीवी भी वहीं काम करती थी। और दूसरी औरतों की अपेक्षा उसकी बीवी से किशोरी ठाकुर मेहनतवाला काम भरसक नहीं लेते थे। उसे ज्यादा-से-ज्यादा अपनी ही सेवा में लगाये रहते थे। वह चाय बनाती थी। आये-गये लोगों को पानी पिलाती थी। और जोखन जनम का कामचोर केवल जी हजूरी में समय गुजारता था। इस बीच उसे दाख-गाँजा पिलाने से लेकर ब्राउन शूगर तक की आदत किशोरी ठाकुर ने डलवा दी। वह अब पूरी तरह चौबीसों घण्टा अण्टा चित्त पड़ा रहता है। और जोखन नहीं चाहते हुए भी किशोरी ठाकुर के कर्ज से दबा हुआ है। किशोरी ठाकुर की ऐसी हरकतों को जोखन बो भी जानती-समझती रही है। वह कभी अपने को कोसती है तो कभी निरूह मरद को। उसे किशोरी ठाकुर की नियत पर शक तो तभी हो गया जब उसकी झोंपड़ी में आग लगी और दो मिनट में सब-कुछ स्वाहा हो गया। ऐसे समय में किशोरी ठाकुर ने शरण देने का नाटक किया और दोनों मियाँ-बीवी को चावल मिल में काम भी दिया, रहने को कोठरी भी दी। लेकिन उनकी इस साजिश का पर्दा तब खुला जब दो-चार दिन पहले धुत-बुत जोखन को बेहोशी की हालत में कस्बे के अस्पताल में भर्ती करवा दिया गया और इसकी खबर उसकी बीवी को नहीं दी। वह उनसे सबसे पूछकर थक गयी अपने मरद के बारे में लेकिन सबने यही कहा पता नहीं। किशोरी ठाकुर ने तो उसे प्यार से समझाते कहा किशोरी तगादे पर फूलपुर गया है आज नहीं कल आयेगा और उसे खींच लिया। वह भी जैसे इसी इन्तजार में थी। जैसे ही किशोरी ठाकुर भीतर से किवाड़ बन्द करने लगे, उसे मिला मौका ईंट के अद्धे से किशोरी ठाकुर के सिर पर ऐसा वार किया कि वह वहीं धड़ाम से गिर पड़े। वह कमरे से बाहर आकर चिल्लाने लगी। फिर तो मिनटों में सैकड़ों इकट्ठे हो गये। किशोरी ठाकुर का इलाज शहर के बड़े अस्पताल में चल रहा है। अभी होश नहीं आया है। और जोखन बो थाने में है। उसकी पैरवी करनेवाला कोई नहीं है। जोखन सड़क पर थाने के सामने खड़ा है चकर-पकर, इधर-उधर देख रहा है। गाँव के कुछ लोग उसका साथ देना चाहते हैं लेकिन खुलकर सामने आ नहीं

रहे हैं। सब डर रहे हैं कि अगर किशोरी ठाकुर आ गये तब क्या होगा! क्योंकि किशोरी ठाकुर के पालतू कुत्ते भी थाने के बाहर-भीतर तानापाई लगाये हुए हैं। लेकिन एक अच्छी बात देखने में यह आ रही है कि शहर की एक संस्था जोखन बो के पक्ष में और किशोरी ठाकुर के खिलाफ आवाज उठाने के लिए गाँव में आ गयी है। असलियत अखबारों में पहुँच चुकी है। डरे-सहमे लोगों में भी विश्वास जाग रहा है। किशोरी ठाकुर के खिलाफ गाँव लामबन्द हो रहा है। नतीजा अच्छा आयेगा ऐसा विश्वास है।

अच्छा छोटे! चिट्ठी खत्म करता हूँ। थोड़ा लिखा ज्यादा समझना।

तुम्हारा बड़का भइया

पाला गया, पौसरा गया, पालकी गयी

प्रिय छोटे!

खुश रहो,

गाँव का हाल ठीक है। पानी बरसने का इन्तजार हो रहा है। जहाँ–तहाँ छिटपुट पानी बरसा भी है लेकिन कुछ खास नहीं। पहले जेठ की गर्मी बाग–बगीचों में कट जाती थी। अब वे बाग कहाँ? सब किस्सों–कहानियों में हैं। जो थोड़े–बहुत पेड़–पौधे बाग–बगीचों के नाम बचे भी हैं वे भी इस साल जल्दी निझा गये। न पाल का मजा मिला न डाल का। सिवान में पेड़ ही नहीं हैं। सिवान गंजे खोपड़ी जैसी है। इक्के–दुक्के बालों की तरह पेड़ भी देखायी देते हैं। थोड़े–बहुत जो आम थे वे भी शादी–ब्याह में टूट गये। आँधियाँ बार–बार टिकरों पर ही टूटती रहीं। एक–दो आम के लिए फौजदारी हो जा रही है। परसों रमईपुर में आम के पीछे गोली चल गयी और फौरन तीन लाशें बिछ गयीं। कल गोली चली साधुपुर में आम के ही पीछे। ननिहाल में आया बिहारी मास्टर का भानजा मारा गया। मुझे बचपन के दिन याद आ रहे। उन्हीं गर्मियों में लोग पेड़–पेड़, बगीचे–बगीचे डोलते फिरते थे। और ठाठ से कोंपर चूसते थे–करियवा, मिठुआ, डेरियवा, लौंगियहवा, लौड़ियहवा, ककरिहवा, सेंदुहरियवा सब सपना हो गये। आम की यह बीज किस्में थीं। बाप–दादा के ही लगाये पेड़ भी आखिर कितनी पीढ़ी तक साथ देते। आज की पीढ़ी तो पेड़ लगाना भूल गयी है। पैसा प्रमुख हो गया है व्यवहार खत्म हो गया है। अब तो गाँव–देहात में पाल भी नहीं पड़ता वर्ना हर घर में पाल डाली जाती थी। गलियाँ महकती थीं। सिवान तक पाल के आमों की खुशबू से जगमगाता रहता था। पाल डालना भी एक कला थी। पाल की एक तकनीक थी एक मिसाल था। पन्द्रह–बीस दिनों तक चुसुवा आमों की बहार रहती थी। छोटे बच्चों की पहचान हो जाती थी कि बिन–बिनकर कोंपर खाये हैं खिलहोर–खिलहोर कर माटन खाये हैं। क्योंकि उनके कपड़ों पर आम के दाग, चौंची के दाग और मुँह पर भी छोटे–छोटे दाने निकल आते थे। इन दिनों आये हुए अतिथियों के सामने सबसे पहले पाल के आम ही रखे जाते थे। बड़ी–बड़ी बाल्टियों में, परतों में, कड़ाहों में पानी में भीगे डूबे पके आम। खानेवाले छककर खाते थे। तरह–तरह के आमों के स्वाद की

तारीफ करते हुए। जिन रिश्तेदारियों में आम नहीं होते थे वहाँ आम बहँगी-बहँगी भेजे जाते थे। खाने से जो बच जाते थे उनकी अमावट बनती थी। अब गाँव में अमावट बनती ही नहीं। जिनके पास आम का नया बगीचा होता था वह पहली बार फलने पर आस-पास के और गाँव-घर के लोगों को पाल का न्योता देता था। सभी जाति-बिरादरी के लोग इस न्योते में होते थे। पंगत बैठती थी। पालकी भर कर लोग आम चूसते थे और मनमाना चूसते थे। और न्योते में न आ पानेवाले लोगों को 'पड़ोसा' दिया जाता था, पाँच-पाँच गाही आम। एक गाही पाँच की होती थी। क्या शौक था और क्या परम्परा थी। इसी बहाने लोग जुड़ते थे सहभागिता का यह ताना-बाना देखते-देखते गायब हो गया। छोटी-बड़ी हर दीवार में आज शाही के काँटे उग आये हैं। एक-एक कोंपर के लिए घण्टों ढेले चलाये जाते थे, डालें हिलायी जाती थीं। आज न वे पेड़ हैं, न वे गाँव हैं, न वे लोग हैं। जहाँ पेड़ हैं, वहाँ पहरा है, बन्दूकें हैं और तरह-तरह के खतरों के अन्देशे हैं। अब वह वातावरण नहीं रहा जब कुँवारे लड़के-लड़कियाँ चूसे आम की गुठली उछालकर आपस में एक-दूसरे के विवाह की दिशा निर्धारित करते थे। और दूसरों के साथ वह गीत भी गायब हो गया—

अमवाँ तो खाइला हो कोसिलिया खींचि मरला

दागी वडला दुलहा

हमरी नउकी चुनरिया दागी वडला दुलहा

अमवाँ क फँकिया तोरी काटि-काटि अँखियाँ

मधुमक्खियाँ भइलीं ना बाला जोगिया की अँखियाँ मधुक्खियाँ भइलीं ना।

छोटे! इस मौसम की कई चीजें गाँव छोड़कर चली गयीं। केवल पाल ही नहीं गया बल्कि पौसरा और पालकी भी गाँव से गायब हो गये। पहले गर्मी के दिनों में गाँव-देहात में सड़कों के किनारे डीह बाबा के पास, मन्दिरों पर, बाग-बगीचों में, किसी बाबा की कुटिया पर गर्मी भर पौसरा चलता था। पानी पीते थे, गुड़ खाते थे, घड़ी आध छँहाते थे। यह परम्परा सदियों से क्या आदिकाल से चलती आ रही थी। इसलिए समय के साथ-साथ कल के ये सराय और पड़ाव आज बड़े-बड़े कस्बों में बदल गये हैं। जहाँ पौसरे हुआ करते थे वहाँ आज देशी अंग्रेजी दारू बिक रही है। पहले पौसरे की व्यवस्था सामूहिक होती थी। हल पीछे यानी एक हल का किसान एक सेर गुड़ देता था अपनी ओर से। नहीं-नहीं कई-कई मन गुड़ इकट्ठा होता था। किसान गुड़ देता था। कुम्हार देता था, बड़े-बड़े मिट्टी के दो छोंड़ा वह अब तो कहीं नहीं दिखायी देता। छोंड़े आदमी के सीने तक लम्बे और अण्डाकार गोलाई लिये हुए गहरे कुण्डे होते थे। ये अनाज रखने के भी काम आते थे। एक छोंड़ में लगभग आठ-दस घड़ा पानी आता था। पिलानेवाला निःस्वार्थभाव से यह काम करता था। पौसरा

चलाने का काम मानवता और मानव धर्म के नाते होता था। आज यह धर्म भी आदमी के बीच से गायब हो चुका है। जबकि गर्मी पहले से भी तेज पड़ती है। छाँह भी कहीं नहीं दिखती और गाँव-देहात के पौसरे गधे के सींग हो गये। शहरों में तो दिख भी जाते हैं। हाँ, किसी-किसी रेलवे स्टेशन पर स्कूली बच्चों को दौड़-दौड़कर पानी पिलाते मैंने अवश्य देखा। तब मुझे अपने गाँव के झाली भाई का पौसरा याद आ गया। आमों की ठण्डी घनी और दिन भर रास्ता चलनेवालों का अटूट सिलसिला। तब तो ज्यादा लोग पैदल ही चलते थे। इक्का-दुक्का कोई साइकिलवाला आ जाता था। आज तो साइकिलें कम मोटर साइकिलें और स्कूटर ज्यादा दिखायी देते हैं। काली माई के मन्दिर के पास कई दुकानें हो गयी हैं। छोटकी सहुवाइन चाची पकौड़ी-जलेबी-समोसा बेचती हैं। टुन्नू सैलून खोले हैं। मजदिवा वहीं कपड़े प्रेस करता है। पंचर भी बनाता है और ठण्डे पानी का ठेला लगाता है। सादा पानी आठ आने गिलास। नींबू पानी एक रुपया गिलास। सईद का चाचा नफीस थोड़ा हटकर मीट-मुर्गा-बेचता है। आधी रात तक वहाँ सुगबुगाहट रहती है। पहले मौखरे के पास साथ-साथ आस-पास के ताल-पोखरे भी मवेशियों के लिए पानी से भर लिये जाते थे। अब ते ताल-पोखरे प्रधान के खेत हो गये हैं। चिड़ियों के लिए सिकहर पर पानी से भरी बड़े आकार की परई रख दी जाती थी। अब पेड़ ही नहीं तो सिकहरी कहाँ बँधे? आधुनिकता ने पौसरे को खदेड़ बाहर किया।

छोटे! पाल और पौसरे की तरह पालकी भी आज गाँव से गायब हो गयी है। हाथी-घोड़ा-पालकी जै कन्हैया लाल की केवल बच्चों के खेल में सुनायी देता है राम जाने गाँव बोझ हो गया पालकी के लिए या पालकी बोझ हो गयी गाँव के लिए? असलियत चाहे जो हो लेकिन इतना जरूर है कि दोनों में आज छत्तीस का भी रिश्ता नहीं रह गया। समाज के हर वर्ग में पालकी थी। क्या राजा! क्या महन्त? क्या किसान? क्या व्यापारी और क्या मजदूर? सबके साथ थी पालकी। लाली-लाली डोलियाँ में लाली रे दुल्हनियाँ, अपने पिया की भोली-भाली रे दुल्हनियाँ, यह गाना सुनने में बहुत अच्छा लगता है। लेकिन यह बिडम्बना देखो कि दुल्हन है डोली नहीं। आज तो दुलहिनें कार से, जीप से और ट्रैक्टर से आ रही हैं। ट्रैक्टर आज दुलहिन भी ढो रहा है, मरीज भी, मुर्दा भी, बारात भी, भूसा भी। जब अपने गाँव-देहात में आज की तरह सुविधाएँ नहीं थीं उस समय शादी-ब्याह गौना-विदाई में खूब सजी-सजायी पालकियाँ निकलती थीं-लाल मखमली ओहार से विभूषित पालकियाँ। उत्सवों-जुलूसों में इनका रंग-रूप देखते ही बनता था। जैसी रंगीन पालकियाँ होती थीं वैसे ही रंगीन उनके कहार होते थे। पीली दुकच्छी धोती, लाल कुर्ता और केसरिया या हरी पगड़ी। सामान्य स्तर की पालकियों में चार-चार या आठ-आठ कहार होते थे। राजाओं-महाराजाओं और महन्तों की पालकियों में तो सोलह-सोलह कहारों के होने

की बात कही गयी है। कहारों की संख्या हैसियत का प्रतीक हुआ करती थी। रानियों एवं राजकुमारों के कहार तो युद्धकला में भी निपुण होते थे और अस्त्र-शस्त्र से लैस। जरूरत पड़ने पर लड़ते भी थे। वैसे औसत पालकियों में चार कहार ही होते थे—दो आगे, दो पीछे। साथ में दो कहार अतिरिक्त जैसे आज टीम में एक्स्ट्रा खिलाड़ी हुआ करते हैं। गाँव की पालकी होती थी किसी-किसी के पास ही लेकिन सबके काम आती थी। क्योंकि इससे सामाजिकता जुड़ी थी। भाईचारा जुड़ा था।

सबसे सुन्दर पालकी राजस्थान की मानी जाती रही है। बनावट में भी और रंग-रूप में भी। पहाड़ी पालकियों की भी खूबसूरती अलग तरह की होती थी। मैदानी इलाके की पालकी इन दिनों पालकियों की अपेक्षा कुछ बड़े आकार-प्रकार की होती रही और मजबूती में सबसे ऊपर। हाँ, आकर्षक उतना नहीं होती थी। हर इलाके में अलग-अलग तरह की पालकियाँ होती रहीं। उनकी रंग-रूप की विविधता ही उनके आकर्षण का केन्द्र होती थी। नवाबों और राजाओं-महाराजाओं के यहाँ तो अनेकानेक पालकियाँ होती थीं और उनके आकार-प्रकार भी तरह-तरह के होते थे। इनके रख-रखाव में हजारों-लाखों का खर्चा आता था। बहुत-सी पालकियों में तो हीरे-जवाहरात जड़े होते थे, जिनकी चमक से आँखें चौंधिया जाती थीं। आज इनकी जगह तरह-तरह के कारों ने ले ली है। घण्टों की दूरी मिनटों में तय होती है। आज पालकी पिछड़ेपन की निशानी मानी जाती है। कभी-कभार जब किसी बाबा जी का जुलूस निकलता है तब पालकी देखने में आती है। वैसे शहर-गाँवों में जहाँ अभी रास्ते नहीं पहुँचे हैं वहाँ बीमार को ढोने के लिए जहाँ-तहाँ पालकी अभी इस्तेमाल में है। लेकिन वैसी सजी-धजी और आकर्षक नहीं अपितु सीधी-साधी गरीबी और मजबूरी का रोना रोती पालकी। बढ़ई के हाथ की यह कला गायब हो गयी।

छोटे! समय ने हमसे बहुत-कुछ छीन लिया। इसी बहुत-कुछ में पाल भी है, पौसरा भी है, और पालकी भी है। इनकी सामाजिकता को हम नकार नहीं सकते। हमारे ढेर-सारे जीवन-मूल्य इन्हीं के साथ ढेर हो गये। अब उनमें न तो नये सिरे से प्राण फूँकने की गुंजाइश ही रह गयी न उनकी जरूरत ही रही। फिर भी जब भी गर्मी आती है, मौके आते हैं, तो याद भी आती है, टीस भी उठती है। अब चिट्ठी खत्म करता हूँ। थोड़ा लिखा ज्यादा समझना।

तुम्हारा बड़ा भइया

मैना बाई

मैना बाई की कहानी गदर के साल सन् १८५७ के जुलाई-अगस्त से शुरू होती है। अगर यह क्रान्ति न हुई होती तो शायद मैना बाई की कहानी न बनती। इस क्रान्ति से अंग्रेजों के कान खड़े हो गये। देश के छोटे-बड़े शहरों और कस्बों में ऐसी अफरा-तफरी मची कि बस पूछिये मत। बनारस का तो कहना ही क्या? शहर में चारों तरफ सिपाही-ही-सिपाही और फौजी घोड़े-ही-घोड़े दिखायी देते। सूरज डूबते-डूबते शहर में पहरा और कड़ा हो जाता। इस बीच छिटपुट दो-चार वारदातें भी जहाँ-तहाँ हो गयी थीं। बहुत-से लोग इस सिलसिले में धरे-पकड़े गये, मारे-पीटे गये और दस-पाँच जेल भी भेजे गये। ऐसे दहशत-भरे माहौल में एक दिन गंगा के उस पार रामनगर की तरफ कछार में एक अंग्रेज की लाश पायी गयी। अफवाहों का भी बाजार गर्म हो गया। किसी ने सात अंग्रेज मारे जाने की बात कही, किसी ने पाँच। जितने मुँह उतनी बातें। सूनी गलियाँ, सूने चौराहे और बन्द घरों में सायँ-सायँ बतियाते लोग। दिन में भी चहल-पहल लगभग नहीं के बराबर थी। शाम होते ही चारों तरफ सन्नाटा छा गया। हलकी-फुलकी फुहार पड़ रही थी। बहुत देर तक बैजू गुरु सोचते रहे कि आरती के लिए चलूँ कि न चलूँ? आस-पास भी किसी मन्दिर में आरती नहीं हो रही थी। सहसा सन्नाटा टूटा-घाट की ओर जानेवाली गली जहाँ मुड़ती है वहाँवाले मन्दिर में आरती होने लगी। दूर कहीं से आती हुई शंख की भी आवाज सुनायी पड़ी। और धीरे-धीरे सावन की गहराती शाम घण्टियों-शंखों की ध्वनियों में डूबने-उतराने लगी। बैजू गुरु का अशान्त मन कुछ शान्त हुआ। डूबते को तिनके का सहारा मिला। दस-बारह साल की भानजी मीनाक्षी बैजू गुरु के पास आ गयी और बोली, मामा! अब चलो न। देर किस बात की? भक्तगण मन्दिर के बाहर खड़े होंगे हमारी प्रतीक्षा में। बैजू गुरु ने प्यार से उसके गाल थपथपाये और मन्दिर जाने की तैयारी में लग गये।

बैजू गुरु मूलतः दरभंगा के रहनेवाले थे। गन्धर्व थे। बहुत अच्छा पखावज बजाते थे। बिना बैजू गुरु के बनारस की कोई महफिल जमती नहीं थी। चाहे रईसों और राजघरानों में होनेवाली संगीत सभाएँ हों या बजरों पर होनेवाली महफिल हो, हर जगह बैजू गुरु की पूछ होती लेकिन इधर लगभग साल भर से बैजू गुरु शहर की महफिलों में बहुत कम शामिल हो पाते हैं। चाहते बहुत हैं लेकिन व्यस्तताओं के चलते हाँ नहीं

कह पाते। जब से उनके बहन–बहनोई यानी मीनाक्षी के माता–पिता प्लेग के शिकार हुए हैं, तब से उनकी जिम्मेदारी मीनाक्षी के प्रति बढ़ गयी है। मीनाक्षी के पिता संस्कृत के अध्यापक थे। ब्रह्मनाल मुहल्ले में रहते थे। सुबह–शाम शहर के चार–पाँच मन्दिरों में दीया–बाती और पूजन–अर्चन का भी काम किया करते थे और बहुत अच्छे ध्रुपद गायक भी थे। जब मीनाक्षी पाँच साल की थी तब से उसे नृत्य और शास्त्रीय संगीत की शिक्षा दिला रहे थे। शास्त्रीय संगीत वह स्वयं सिखाते थे और नृत्य सिखाते थे। उनके गुरुभाई बीसू पण्डित। नाम था पूरा पण्डित विश्वेश्वर प्रसाद मिश्र। लेकिन प्रसिद्ध थे बीसू पण्डित के ही नाम से। शहर की अनेकानेक नामी–गरामी नर्तकियों को नृत्य बीसू पण्डित ने ही सिखाया था। माता–पिता के यकायक गुजर जाने के बाद मीनाक्षी असहाय हो गयी। पिता का संकल्प था मीनाक्षी को सुप्रसिद्ध गायिका और नर्तकी बनाना। लेकिन जिसका संकल्प था जब वही नहीं रहा तो संकल्प कहाँ टिकता और कैसे टिकता? इस संकल्प को बीसू पण्डित ने अपना संकल्प बना लिया। उन्होंने ही बैजू गुरु को दारानगरवाले स्थान से हटने को विवश किया और बैजू गुरु ने बहन–बहनोई की जिम्मेदारी अपने ऊपर ले ली। मीनाक्षी की शिक्षा–दीक्षा भी और गोपाल मन्दिर की आरती भी। गोपाल मन्दिर की आरती बहुत विधि–विधान से होती। लगभग डेढ़–दो घण्टे तक यह कार्यक्रम चलता। मीनाक्षी कभी जयदेव का गीतगोविन्द गाती कभी विद्यापति के पद गाती। बड़ी सुरीली और मधुर आवाज थी। आरती के क्षणों में अपने पूरे राधा भाव के साथ वह नृत्य करती। बैजू गुरु पखावज बजाने में पसीने–पसीने हो जाते। और भक्तगण वाह–वाह करने लगते। इतना प्रसाद और चढ़ावा चढ़ता कि घर में चूल्हा जलाने की नौबत ही नहीं आती। मीनाक्षी इसीलिए मन्दिर चलने को मामा से कह रही थी ताकि घर में खाना न बनाना पड़े। क्योंकि जब घर में चूल्हा जलता तो बर्तन मीनाक्षी को ही माँजने पड़ते। खाना तो बैजू गुरु स्वयं बनाते और छोटे–मोटे कामों में मीनाक्षी भी हाथ बँटा देती। वह भरसक रसोई से दूर ही रहना चाहती। इस बात को बैजू गुरु समझते थे और जब तब भानजी को चिढ़ाते भी थे, तू अगर खाना बनाना नहीं सीखेगी तो तेरी सास मुझे गालियाँ देगी। मीनाक्षी पहले तो बनावटी गुस्से में भरकर आँखें तरेरती। लेकिन तुरन्त हँसकर अँगूठा दिखा देती। एक दिन मीनाक्षी से बैजू गुरु ने भाँग पिसवायी। सिल पर लोढ़ा चलाते–चलाते मीनाक्षी परेशान हो गयी। बैजू गुरु ने फिर कभी उससे भाँग पीसने को नहीं कहा। ऐसी मुँहलगी लाड़ली भानजी को साथ में लेकर वह गोपाल मन्दिर आ गये–आरती और भजन–पूजन के लिए इक्के–दुक्के लोग ही रास्ते में मिले वर्ना इन गलियों में देह छिलती थी चलने में। लेकिन माहौल बदला हुआ है घर के बाहर लोग कम–से–कम निकल रहे थे। मामा–भानजी जब मन्दिर पहुँचे तो मुश्किल से दस–बारह लोग वहाँ उपस्थित थे। बैजू गुरु फटाफट काम निबटाने में जुट गये। कुछ खास प्रसाद न देखकर मीनाक्षी को लगा कि

लौटकर चूल्हा जलाना पड़ेगा। लेकिन जैसे मन्दिर की घण्टी बजी और शंख फूटा कि बप्पा–रे–बप्पा लगा जैसे भक्तगण घर में बैठे–बैठे इन्तजार कर रहे थे। दस–बारह की भीड़ देखते–देखते दो ही चार मिनटों में सैकड़ों तक पहुँच गयी और छोटी–बड़ी पचासों थालियों में प्रसाद आया। मीनाक्षी ने बड़े मन से गीतगोविन्द का पद गाया– ललित लवंग लता परिशीलन कोमल मलय समीरे। और एक और एक और का सिलसिला चलता ही रहा। लोग जल्दी–से–जल्दी घर भी जाना चाहते थे लेकिन रस का यह संयोग छोड़ना भी नहीं चाहते थे। लोगों के आग्रह–विशेष पर मीनाक्षी ने दो पद और गाये। उस दिन उसका राधा भाव नृत्य नहीं हुआ। मन्दिर से निकलने के बाद बैजू गुरु की इच्छा हुई दारानगर चलने की। दारानगर में राजा औसानगंज की ओर से बैजू गुरु के रहने के लिए जगह मिली थी। वहीं रहकर वह कुछ शिष्यों को पखावज भी सिखाते थे। लेकिन जब से वह ब्रह्मनाल पर रहने लगे मीनाक्षी के साथ तब से दारानगर बहुत कम हो गया आना–जाना। कभी–कभार मन में आता तो दिन में ही हो लेते। हाल–चाल भी मिल जाता और कुछ मन भी बहल जाता। दरअसल दारानगर से बैजू गुरु हटना नहीं चाहते थे। वह चाहते थे कि मीनाक्षी भी उन्हीं के साथ दारानगर ही रहे। लेकिन बीसू पण्डित के आदेश को वह टाल नहीं सके और अपनी कोठरी में ताला लगाकर आ गये ब्रह्मनाल पर। लेकिन दारानगर के लिए मन हुड़कता रहता था। क्योंकि दारानगर में बैजू गुरु की परिचिता तवायफ शब्बो जो कि मुख्तार मुन्शी बहादुर लाल की रखैल थी, रहती थी। मुख्तार साहेब खुद अपने परिवार के साथ रहते थे हरतीरथ की तरफ, लेकिन शब्बो के लिए जो घर उन्होंने किराये पर लिया था वह बैजू गुरु की कोठरी के ठीक पीछे था। बीच में गली थी लेकिन वह बन्द थी इसलिए वह बहुत चालू गली नहीं थी। रात में या सुबह जब कभी बैजू गुरु पखावज पर रियाज कर रहे होते या किसी को सिखा रहे होते उस समय शब्बो अपने सारे काम भूलकर केवल पखावज का बजना खिड़की से निहारती रहती। शाम को मुख्तार साहेब आते घण्टे–दो घण्टे बैठकर चले जाते। जब तक मुख्तार साहेब आते गली में खुलनेवाली खिड़की बन्द रहती और उनके जाते ही खुल जाती। और एक समय ऐसा आया जब बैजू गुरु और शब्बो दोनों एक–दूसरे के आत्मीय हो गये। इस बात की थोड़ी–बहुत जानकारी बीसू पण्डित को थी। उन्होंने सोचा कि क्यों न ऐसा उपाय किया जाये कि लाठी भी न टूटे और साँप भी मर जाये। और यही सोचकर बैजू गुरु को उन्होंने ब्रह्मनाल पर रहने को कहा लेकिन जिस ढंग से कहा कि बैजू गुरु न नहीं कर सके। उन्होंने यही कहा कि दारानगरवाले स्थान पर कोई परिवार तो रहता नहीं, अकेले रहते हो, वहाँ मीनाक्षी का रहना उचित नहीं होगा। ब्रह्मनाल उसका जाना–समझा मोहल्ला है और चारों तरफ परिचित परिवार हैं। कोई दिक्कत नहीं होगी। और बैजू गुरु ब्रह्मनाल के ही होकर रह गये।

जब दारानगर चलने की बात उठी तो मीनाक्षी असमंजस में पड़ गयी। न हाँ कर सकी न ना, उसे भूख लग रही थी। जल्दी-से-जल्दी घर पहुँचना चाह रही थी साथ में खूब ढेर-सारा प्रसाद भी था-हलुवा, मालपुआ, पंजीरी, खीर-रबड़ी। भोग में छप्पनों प्रकार के व्यंजन चढ़ाये गये थे। जब तक वह कुछ कहती तब तक बैजू गुरु उत्तर की ओर चल पड़े। आगे-आगे मामा पीछे-पीछे भानजी। बिलकुल सन्नाटा नहीं था। फिर भी रात अँधेरी थी आकाश में बादल-ही-बादल। बादल गरज रहे थे लेकिन बरस नहीं रहे थे इस समय। जब-तब बिजली कौंध जाती थी। रास्ते में दो-चार इक्के भी आते-जाते दिखे। मैदागिन से आगे बढ़ने पर जहाँ आज हरिश्चन्द्र कॉलेज की बिल्डिंग है उसके बगलवाली गली के मुहाने पर ही दिन भर के थके-हारे पल्लेदार अहरा लगाये हुए थे। खाना भी बन रहा था और गाँजे की चिलम भी जगी थी। कजली भी चल रही थी। बैजू अक्सर इस मण्डली में बैठते थे जब दारानगर में रहते थे। घर में छानते थे भाँग और यहाँ आकर पीते थे गाँजा। और जब तबीयत पूरी तरह से छक्क हो जाती थी तब बैठते थे रियाज करने। कभी-कभी नशे की झोंक में ये सारी-सारी रात पखावज बजाते रह जाते थे। बैजू गुरु वहाँ आकर ठमक गये। पल्लेदारों को अपना प्रसाद दिया और उनसे उनका प्रसाद लिया। घर पहुँचकर दीया जलाया। कुएँ से पानी खींचा। और मीनाक्षी से बोले कि तुम खा-पी लो, मैं अभी एक जगह प्रसाद पहुँचाकर आता हूँ। इधर जैसे ही बैजू गुरु के कमरे में रोशनी हुई, उधर शब्बो के घर की ओर बढ़े वैसे ही टकरा गया गूँगे। गूँगे दौड़कर गया हरतीरथ मुख्तार साहेब को यह बताने कि बैजू गुरु आये हुए हैं। मुख्तार साहेब को कुछ भनक इसके पिछले कई महीनों से मिल रही थी लेकिन वह पकड़ नहीं पा रहे थे। इस काम के लिए उन्होंने गूँगे को लगाया। गूँगे उनके घर का कभी-कभार काम कर दिया करता था। बदले में उसे कुछ मिल जाता था। फिर जब मुख्तार साहेब ने बैजू गुरु को पकड़वाने पर पाँच रुपये का इनाम रख दिया तो गूँगे जी-जान से इस अभियान में जुट गया। गूँगे ने जाकर मुख्तार साहेब को बता दिया। मुख्तार साहेब अभी शब्बो के यहाँ से लौटे-ही-लौटे थे। चटपट दो-चार आदमियों को लेकर वह दारानगर की ओर चल पड़े। अभी वह शब्बो के घर से पचास गज दूर ही रहे होंगे कि बैजू गुरु अपनी गली में वापस लौट रहे थे और शब्बो आँचल की आड़ में चिराग लिये खड़ी थी। मुख्तार साहेब ने अपने आदमियों से कहा कि साले का पीछा करो। देखो कहाँ जाता है। आज इसका अन्त होना-ही-होना है। जब बैजू गुरु अँधेरे में खो गये तो शब्बो भी लौट पड़ी। मुड़ते समय आँचल उड़ा और दीया बुझ गया। बैजू गुरु चटपट घर आये। मीनाक्षी आधा कटा मालपुआ हाथ में पकड़े सो रही थी। टिमटिम दीया टिमटिमा रहा था। एक बार मन में आया कि आज यहीं सो जायें, फिर सोचने लगे कि अभी कबीरचौरा भी चलना है राधे को खबर कर देने कि कल जुग्गू बाबू की कोठी पर गाना-बजाना है। इस वक्त राधे घर पर मिल भी जायेगा।

यही सोचकर उन्होंने मीनाक्षी को जगा दिया। और दोनों मामा-भानजी सड़क पर आ गये। कबीरचौरा की तरफ कुछ ही दूर आगे बढ़े कि अँधेरे में मुख्तार साहेब के आदमियों ने घेर लिया। बैजू गुरु कुछ समझ नहीं पाये। लेकिन मारे डर के मीनाक्षी चिल्ला पड़ी। उसका चिल्लाना और बैजू गुरु का अरे बाप रे जान गयी। दोनों एक साथ सन्नाटे में गूँजे और सहसा पटपट-पटपट पुलिस के घोड़ों की थाप सुनायी पड़ने लगी। बहुत तेज बिजली कौंधी। बिजली की रोशनी में मीनाक्षी ने साफ-साफ देखा कि मामा की गर्दन कट गयी है वह बेतहाशा कबीरचौरा की ओर भागी। टप-टप बूँदें भी पड़ने लगीं। और देखते-देखते बूँदें धार-बौछार में बदल गयीं। मीनाक्षी भीगकर लथपथ। अब उससे भागते भी नहीं बन रहा था। फिर भी जैसे-तैसे वह राधे के दरवाजे तक पहुँची। राधे के यहाँ वह दो-चार बार अपने पिता के साथ भी आ चुकी थी। एक बार मामा के साथ भी आयी थी। कभी साँकल खटखटाती कभी दरवाजा भड़भड़ाती। बहरहाल राधे ने दरवाजा खोला। अँधेरे में मीनाक्षी को पहचानने में समय लगा। वह स्वयं कमरे में पहुँचकर रोने लगी। राधे के साथ उसका पूरा परिवार रहता था। माँ, पत्नी, भाई, बहन सब थे। सारा परिवार सन्न रह गया सुनकर। बैजू गुरु को किसने मारा, क्यों मारा, यह रहस्य किसी की समझ में नहीं आ रहा था। रात भर सारा परिवार तरह-तरह की शंका-आशंका में डूबता-उतराता रहा और मीनाक्षी निःशब्द रोती रही अपने भाग्य पर अपने भविष्य पर। राधे का परिवार भी भीतर से डरा हुआ था कि कहीं मीनाक्षी की तलाश में पुलिस यहाँ तक न आ जाये। राधे का दिमाग तेजी से इस दिशा में काम करने लगा और उसने स्नान भी किया। जैसे-तैसे सुबह हुई। मीनाक्षी ब्रह्मनाल जाने को तैयार हुई तो राधे ने मना कर दिया यह कहकर कि तुम वहाँ अब मत जाना। जो लोग तुम्हारे मामा को मारे हैं। हो सकता है वे तुम्हें भी खोज रहे हों या पुलिस ही तुम्हें खोज रही हो, ऐसी स्थिति में तुम वहाँ चलो जहाँ मैं ले चलता हूँ। वहाँ तुम चैन से रह सकोगी। वह मीनाक्षी को लेकर राजा दरवाजा चला गया शान्ती बाई के कोठे पर।

पिंजरे में कैद एक रूपसी

दो–एक बार शान्ती बाई ने मीनाक्षी को गाते–नाचते हुए गोपाल मन्दिर में देखा भी था। गंगा में बजरे पर हुए वसन्तोत्सव में भी मीनाक्षी ने एक पद गाया था सूरदास का। तभी से उसके मन में मीनाक्षी को हथियाने की चाह थी। राधे शान्ती बाई के कोठे पर तबला बजाया करता था और उसी माहौल में रहता था। लगन के दिन बीत चुके थे। इस समय कड़की चल रही थी। ससुराल में साले को बेटा हुआ था वहाँ बधावा भी लेकर जाना था। चार–पाँच सौ रुपये के खर्च की चिन्ता सिर पर मँडरा रही थी। शान्ती बाई ने दो–एक बार राधे से दबी–जबान कहा भी था कि अगर तुम मीनाक्षी को यहाँ ला दो तो मुँहमाँगी रकम दूँगी। यह लड़की सचमुच कोठे का नाम करेगी। मीनाक्षी को देखकर शान्ती बाई फूली नहीं समायी। उसे लगा कि आनेवाले दो ही चार वर्षों में उसका कोठा आकर्षण का प्रमुख केन्द्र बन जायेगा। पैसा–ही–पैसा बरसेगा। उसने बिना मुँह खोले राधे को पाँच सौ अशर्फियों की थैली पकड़ा दी चुपके–चुपके। और राधे मीनाक्षी से यह कहकर वहाँ से चल दिया कि तुम यहीं आराम करो मैं सारा हाल–चाल लेकर शाम को आऊँगा। बाहर मत निकलना वर्ना पुलिस देख लेगी तो बहुत बुरा होगा। तुम भी पकड़ जाओगी और साथ–ही–साथ हम सब भी पकड़े जायेंगे। और उसी दिन शान्ती बाई ने मीनाक्षी का नाम मैना रख दिया। ब्रह्मनाल की वह गन्धर्व बालिका राजा दरवाजा पहुँचकर सचमुच पिंजरे की मैना हो गयी।

मैना होते ही मीनाक्षी समझ गयी कि वह कहाँ आ गयी है। पिंजरे से मुक्त होने का उसे कोई उपाय सूझ नहीं रहा था। शाम को बहुत देर तक उसने इन्तजार किया राधे का, लेकिन राधे नहीं आया। दूसरे दिन भी नहीं आया। आया पाँचवें दिन बिलकुल सुबह–सुबह बारिश में भीगता हुआ। उसे देखते ही मैना की आँखें जलने लगीं लेकिन वह शान्त ही बनी रही। शान्ती बाई के पूछने पर राधे ने बताना शुरू किया, "पुलिस बड़ी तेजी से मीनाक्षी को खोज रही है। पुलिस ब्रह्मनाल भी गयी थी। पुलिस मेरे यहाँ भी आयी थी। हम लोगों ने तो साफ–साफ कह दिया कि हमारे यहाँ उस रात कोई लड़की नहीं आयी थी। हम नहीं जानते कि मीनाक्षी कहाँ है। पुलिस को शक है मीनाक्षी पर। हो सकता है पुलिस थाह पता लगाती कभी यहाँ भी आये। मीनाक्षी को कभी भी

पुलिस के सामने मत जाने दीजियेगा। जब तक पुलिस का लफड़ा खत्म नहीं हो जाता तब तक मीनाक्षी यहीं रहेगी।" इतना कहकर वह शान्ती बाई को एकान्त में बुलाकर ले गया। उसने पुलिस को देने के लिए शान्ती बाई से पाँच सौ अशर्फियों की माँग की। शान्ती बाई तब तक तो प्रसन्न थी जब तक राधे मैना को डराने-धमकाने के लिए पुलिस की चर्चा कर रहा था। लेकिन अब शान्ती बाई चौकन्नी हो गयी कि यह तो शेर के मुँह खून लग गया। उसने चुपके से दो सौ अशर्फियों की थैली राधे को पकड़ा दी। इस हिदायत के साथ कि इतने में ही पुलिस का मुँह बन्द कर दो वर्ना मुझे इन हरामजादों की शिकायत कोतवाल साहेब से करनी पड़ेगी। राधे भी समझ गया कि यह सिर्फ चरका दे रही है। उसने भी थैली पकड़ ली यह सोचकर कि सोने का अण्डा देनेवाली मुर्गी है। इससे ऐसे ही वसूलना ठीक रहेगा। राधे और शान्ती बाई की यह लुका-छिपी हफ्ते-हफ्ते होने लगी। राधे आता और पुलिस के बहाने कभी सौ-कभी पचास लेकर जाता और हर बार शान्ती बाई यही कहती ठीक है इस बार मैं कोतवाल से कहती हूँ। एक डाल-डाल चलता तो दूसरा पात-पात। शान्ती बाई राधे के ऐबों से पूरी तरह से वाकिफ थी। राधे जुआड़ी नम्बर एक, राधे शराबी नम्बर एक। इसके लिए पैसा चाहिए-ही-चाहिए। दो बार राधे चोरी में पकड़ा गया था तब इसी शान्ती बाई ने इसे छुड़वाया था। यह कम हरामी नहीं है नम्बरी झूठा, नम्बरी मक्कार, कोई बात नहीं बेटा मैं तुम्हारे बाप-के-बाप को जानती हूँ। ऐसा सबक सिखाऊँगी कि तुम भी क्या याद करोगे? इस प्रकार शान्ती बाई अपने मन को धीरज बँधाती रहती। वह मैना को नाचने-गाने की भरपूर तालीम दिलाने में जुट गयी। यही राधे गया और उस्तादों को बुलाकर ले आया। साल-डेढ़ साल में ही मैना बाई की गायकी ने अपनी एक हैसियत बना ली। शान्ती बाई का कोठा अब रोज-रोज गुलजार होने लगा।

इस बीच मैना बाई का कद भी कुछ बढ़ गया और देह भी सावन-भादों की वरुणा-सी उमड़ने लगी। गोरा रंग खिल उठा। मैना बाई किशोरी से युवती हो गयी। शहर के रईसों के यहाँ होनेवाली महफिलों में मैना बाई सर्वोपरि रहती। मैना बाई अकेली थी भीड़ में और उसका सब-कुछ अकेला था-हाव-भाव, बोल-चाल, लय-गतिवाले छन्द सब। विश्वेश्वरगंज में किसी रईस के यहाँ कोई मांगलिक उत्सव था जिसमें शहर के तमाम जाने-माने रईस और अधिकारी उपस्थित थे। मैना बाई जिस समय साज-बाज और पेशवाज के साथ महफिल में पधारी, उस समय देखनेवालों की टकटकी लग गयी। रंग-रूप भव्य भी मनोरम भी और सात्त्विक भी था। श्रृंगार कहीं से चमकीला, भड़कीला और फूहड़ नहीं था। और स्वर की मिठास का कहना ही क्या? भजन, गीत, ग़ज़ल, ठुमरी, दादरा, पूर्वी, कहरवा क्या नहीं गाया मैना बाई ने? सब-कुछ गाया फिर भी दर्शकों की प्यास नहीं बुझी। आखिर में हुआ मैना बाई का नृत्य। तबला राधे ही बजा रहा था। सारंगी पर थे गोपीचन्द। पखावज बजा रहा था हरिनाथ

बीसू पण्डित का शिष्य। बीसू पण्डित वहाँ उस महफिल में उपस्थित थे और मन-ही-मन सोच रहे थे कि यह तो कुछ जाना-पहचाना चेहरा लग रहा है लेकिन सही-सही सोच नहीं पा रहे थे मैना बाई के बारे में। यकायक उनके मुँह से नृत्य के बोल फूट पड़े-थइक थइक था, थइक थइक था-सबकी निगाह बीसू पण्डित की ओर मुड़ गयी। मैना ने भी नृत्य की मुद्रा में ही एक झलक उधर देखा, देखते ही सिहरी भी बहकी भी सँभली भी। बचपन में लगातार दो साल तक बीसू पण्डित से उसने नृत्य सीखा था। कोई शिष्य अपने गुरु को कैसे भूल सकता है? लेकिन इस समय उसे भूलना पड़ा क्योंकि बीसू पण्डित मीनाक्षी के गुरु थे मैना बाई के नहीं। महफिल खत्म हुई। बाहर शान्ती बाई की बग्घी तैयार खड़ी थी। अभी मैना बाई बैठने ही जा रही थी कि बीसू पण्डित भी वहाँ आ गये और बोले-वाह, आपने तो बहुत अच्छा नृत्य किया। मैना बाई ने झुककर पैर छुए और कहा-लेकिन मुझसे ज्यादा जानकारी तो नृत्य विद्या की आपको है? क्या आप बनारस में ही रहते हैं? यह सवाल सुनते ही बीसू पण्डित भीतर-ही-भीतर छितरा गये। नरो वा कुंजरो कुछ नहीं बोल पाये। राधे मुँह खोलने ही वाला था कि शान्ती बाई ने उसे बैठने को कहा। देखते-देखते बग्घी अँधियारे में ओझल हो गयी। घर पहुँचने पर राधे ने फिर शान्ती बाई से पुलिस के नाम पर सौ रुपये की माँग की। शान्ती बाई तमतमा गयी। उसने कहा-अच्छा, रुको अभी देती हूँ। इसी समय मैना भी शान्ती बाई के पास आ गयी और बोली-चाची! राधे का कुछ उपाय करिये वर्ना यह भेद खुल जायेगा। बीसू पण्डित को लगता है यही बुलाकर ले गया था मुझे पहचनवाने के लिए। वह मेरे गुरु रह चुके हैं आज जो कुछ भी मेरे पास नृत्य कला के नाम पर है सब उन्हीं का सिखाया-बताया है। अगर यह भेद खुल गया तो मेरे लिये बनारस में रहना मुश्किल होगा। शान्ती बाई और आग बबूला हो उठी। उसने नीचे गलियारे में सो रहे शेखू को जगाया। समझाया और उसे सौ रुपया पेशगी पकड़ा दिया। लौटकर गयी और राधे से बोली, 'लो सौ पुलिस के लिए और सौ अपना इनाम। तुमने आज तबला बहुत अच्छा बजाया।' राधे चला गया। सुबह लोहटिया में बेतिया कोठी के पास राधे की लाश पड़ी पायी गयी।

समय के साथ-साथ मैना बाई शोहरत की बुलन्दियों पर पहुँच गयी। बनारस और आस-पास के इलाकों के रईसों-जमींदारों, सेठों-महाजनों और ताल्लुकेदारों की महफिलों की शान बन गयी मैना बाई। इससे शान्ती बाई का भी रुतबा बढ़ गया। औरों के मुकाबले शान्ती बाई के कोठे की रौनक भी बढ़ गयी और हैसियत भी। आये दिन कभी सारनाथ किसी रईस के बागीचे में, कभी वरुणा-गंगा के संगम से जुड़े शुभानाले पर, कभी रामनगर की ओर बजरे पर और कभी अस्सी के आस-पास गंगा किनारे मैना बाई के गाने की महफिल जुड़ती ही रहती। शहर और आस-पास के रईस अपनी हैसियत का डंका ऐसी ही नामी-गिरामी महफिलों को अपने बलबूते सम्पन्न कराकर

बनवाते थे। वह रईस, रईस नहीं माना जाता था जो राग-रंग का शौकीन नहीं था और शहर ऊपर नाचने-गानेवालियाँ जिसकी रखैल नहीं होती थीं। रईसों में उसी की गिनती होती थी जो इन तमाम सामयिक मानदण्डों के साथ जीता था। वह जहाँ बैठ जाता था वहीं उसकी कचहरी लग जाती थी। वह पैसे का मुँह नहीं देखता था, जब कि आस-पास बैठे लोग निरन्तर उसका मुँह ही देखते रहते थे। बनारस के ऐसे रईसों में एक थे गंगाप्रसाद पाण्डे जिन्हें लोग सरकार साहेब के नाम से जानते-पुकारते थे। सरकार साहेब सचमुच बहुत सुन्दर थे। पक्का गोरा रंग, छह फुटी लम्बाई, एकहरी भरी शरीर बीसियों गाँव की जमींदारी थी। चन्दौली (अब सम्भवत: सकलडीहा) तहसील के महुवारी परगने के रुमेठा गाँव के मूल रूप से निवासी थे और आस-पास के चाँदपुर, तिरपाट, धनिका, सराय जैसे अनेक गाँव उनकी जमींदारी में थे। सराय पकवान में छावनी भी थी। लेकिन छावनी पर बहुत कम ही आना-जाना होता था। कभी-कभार जब कोई आयोजन वगैरह होता था, जब मालगुजारी वगैरह वसूली होती तब। सरकार साहेब आस-पास के इलाकों में ज्यादातर हाथी पर ही आते-जाते थे। एक इक्का भी था। जब बनारस-मुगलसराय जाना होता तो इक्के पर ही जाते थे। हाथी और हैसियत के नाते सरकार साहेब देश-कोस में मशहूर थे। सरकार का हाथी, सरकार का इक्का सब पहचानते थे। जमींदारी के नाते सरकार साहेब का आना-जाना अक्सर बनारस हुआ करता था। रामनगर महाराज बनारस के दरबार में हफ्ते-दस दिन पर जिले के तमाम जमींदार हाजिर होते थे और आपस में मिलते-जुलते भी थे। और ऐसे में संगीत के कार्यक्रम अवश्य आयोजित होते थे। हर जमींदार ऐसी महफिल में अपनी हैसियत का परिचय देने की कोशिश करता और कभी-कभी ऐसी महफिलें सारी-सारी रात चला करतीं। गऊघाट के रईस हरकिसुन बाबू के यहाँ महफिलें रतजगा के लिए सरनाम थीं। साल की तीन महफिलें उनके यहाँ की दूर-दूर तक जानी जाती थीं—चैत की 'वसन्तोत्सव' की महफिल जो गंगातट पर नावों में सम्पन्न होती थी, सावन 'कजरी-मल्हार' की महफिल उनके आवास पर ही सम्पन्न होती थी और एक महफिल शरद् पूनो की रात सम्पन्न होती थी कभी रामनगर के रामबाग में, कभी सारनाथ में और कभी बनारस से मिर्जापुर या चुनार तक की नाव-यात्रा में। ऐसी महफिलों में बाबू भारतेन्दु हरिश्चन्द्र विशेष अतिथि हुआ करते थे। भारतेन्दु जी की उपस्थिति से सांस्कृतिक समारोहों की गरिमा बढ़ जाती थी। एक बार ऐसी ही किसी महफिल में मैना बाई का कार्यक्रम आयोजित था जिसमें शहर के तमाम रईस थे—सम्भवत: यह घटना शिवालाघाट की है जहाँ महाराज बनारस की कोठी है। उसी कोठी में आयोजन था। भारतेन्दु बाबू भी उपस्थित थे और सरकार साहेब भी थे। मैना बाई का गायन शुरू हुआ गीत गोविन्द का पद शुरू हुआ माधव हरिरिहि सरस वसन्ते... और इसके बाद की पंक्ति मैना बाई के ध्यान से उतर गयी। बार-बार वह पहली ही पंक्ति दुहराती रही और पसीने-पसीने

हो गयी। गीत गोविन्द की अगली पंक्ति–नृत्यति युवति जनेन समं सखि विरहि जनस्य दुरन्ते यकायक भारतेन्दु जी और सरकार साहेब के मुँह से एक–साथ ही फूट पड़ी। भारतेन्दु जी कुछ दूरी पर बैठे थे और सरकार साहेब पास ही थे बगल में। मैना बाई मुस्कुरा उठी सरकार साहेब को देखकर। उस दिन की महफिल कभी न भूलनेवाली महफिल साबित हुई। यह महफिल सरकार साहेब और मैना बाई को परस्पर जोड़नेवाली कड़ी साबित हुई। और सरकार साहेब का रुपेठा रहना दिनोंदिन कम होता गया। अब वह ज्यादातर बनारस ही रहने लगे। इसके दो कारण थे एक तो मैना बाई का मोह और आकर्षण दूसरे भारतेन्दु जी जैसे मित्र का स्नेह सान्निध्य और निःस्वार्थ संरक्षण।

फक्कड़ों, अलमस्तों और जुझारुओं का शहर

इलाहाबाद हमेशा से फक्कड़ों, अलमस्तों और जुझारुओं का शहर रहा है। मुँह पर दो-टूक कहने में भी इसका कोई सानी नहीं है। यह बात और है कि यहाँ गुरुओं की तादाद केवल ज्यादा ही नहीं बल्कि बहुत ज्यादा है, एक ढूँढ़ो हजार मिलते हैं वाला हाल है। और सबसे मजे की बात यह है कि हर कोई अपने-आपको बुद्धिजीवी समझता है, बहादुर समझता है, सर्वाधिक एप्रोच और सोर्सवाला समझता है। बात डी. एम. से शुरू करता है और सी. एम. तक पहुँचता है सीधे। न कोई पड़ाव न कोई ब्रेक और सी. एम. से शुरू करता है तो दूसरी रफ्तार से पी. एम. तक पहुँच जाता है। फारेन के बारे में तो ऐसे बतियाता है जैसे औसत आदमी कटरा-चौक और खुल्दाबाद की बात करता है। जब सच बोलने का झूठा नाटक करता है तब बड़े-बड़े सत्यवादियों को कोसों पीछे छोड़ देता है। बिना जेब में हाथ डाले केवल जुबान से इतना तौलना-इतना तौलना कि सामनेवाला निर्धन और भामाशाह से बड़ा समझने लगेगा, और जब सचमुच हरमजदगी पर उतरता है तो बड़े-बड़े हरामजादे दाँतों तले उँगली दबाये देखते रह जाते हैं। उलटे छुरे से मूँड़नेवाले केवल संगम पर ही नहीं मिलते बल्कि चौक और सिविल लाइन्स में भी मिलते हैं। यहाँ भी आदमी सठियाता है लेकिन इतना नहीं कि रस लेना छोड़ दे घर भूल जाय। नहीं, वह सुबह-सुबह बीता भर की दातून मुँह में दबाता है और घण्टेभर के लिए चबूतरे पर जम जाता है और घण्टे सड़क साफ करनेवाली हो चाहनेवाली साफ करनेवाली हो चार साल उससे मुस्कराकर बतियाता जरूर है-एक पत्ता दही-जलेबी की चिन्ता नहीं करता और न चिन्ता करता है दही-जलेबी के बाद खिलायी जानेवाली जोड़ा पान गिलौरी की। और जब होलियाना मूड में आकर शरारत करता है तो सारे संस्कार और शिष्टाचार घड़ी-पहर के लिए खूँटी पर टाँग देता है। न हैसियत देखता है न उम्र। सिर्फ मजा लेता है। किसी भी ऐरे-गैरे नत्थू-खैरे को बौना तमोली की तरह सकुनी हाथी पर बैठाकर चुनाव का उम्मीदवार घोषित कर देता है और जहाँ चाहता है वहीं हाथ-भर के डण्डे से पीछे से हाथी को टिट कर देता है, हाथी पर बैठ आदमी करे तो क्या, जिये तो क्या? उसका काम तो

हो गया। सुप्रसिद्ध क्रिकेट खिलाड़ी सुनील गावस्कर ने एक ही बार में कान पकड़ लिया। और दुबारा न आने की कसम खा ली। इसी प्रयाग संगीत समिति में जगजीत सिंह जैसे गजल गायक को स्टेज तक पहुँचने और प्रोग्राम पेश करने में घण्टों लग गये। वह कह-कहकर हार गये कि मैं जगजीत सिंह हूँ लेकिन भीड़ ने उनकी एक न सुनी उलटे हँसी उड़ाया, अबे देख-देख ये 'पाई जी' अपने को जगजीत सिंह बता रहे हैं; और जब जगजीत सिंह भीतर घुसे तो पचासों बिना पास कार्ड 'साथ हूँ' कहते हुए ठाठ से हाल में घुसिया गये और बड़े-बड़े पासवाले बाहर ही देखते रहे...ऐसे स्वनामधन्य महिमामण्डित इलाहाबाद शहर का जिक्र आते ही डॉ. धर्मवीर भारती अक्सर एक जुमला जड़ दिया करते थे-"यार अद्‌भुत है इलाहाबाद, दूर रहो तो साला हाण्ट करता है और पास जाओ तो उँगली। जाहिर है ऐसे शहर के बारे में हर संवेदनशील आदमी जानना-समझना चाहेगा।

किसी भी शहर की वास्तविक पहचान वहाँ की वास्तविक संस्कृति एवं सभ्यता से ही बनती है। ऐसी संस्कृति और सभ्यता के पाये होते हैं... साहित्यकार, कलाकार, गायक... नर्तक, वादक, रीति-रिवाज... और वेशभूषा। राजनीतिक... आन्दोलन-नारे अभियान सब...होते हैं। एक निश्चित अवधि के बाद वे पूर्णतः अर्थहीन और...हो जाते हैं; इस्तेमाल किये गये...तरह। लेकिन संस्कृति निरन्तर...प्रयोगों से जुड़ती जाती है और... ही वह सन्तोष नहीं करती बल्कि... सम्भावनाओं को उजागर ही करती चलती है। यही कारण है कि... अर्द्धकुम्भ माघ मेला, दधिकान्दो, रामलीला की चौकियाँ आदि ऐसे सोपान...आज भी आदमी से जुड़े हुए हैं और कालान्तर में भी जुड़े रहेंगे। ...कविता के समानान्तर नये पत्ते ...प्रयोग केवल इसलिए स्वीकार कर...गया कि वह साहित्यिक प्रयोगों...सार्थक कड़ी थी वर्ना जहाँ विभाग कम और यूनियन ज्यादा हैं वहाँ मानवीय संवेदना को कौन पूछेगा। लेकिन नहीं लक्ष्मीकान्त वर्मा, डॉ. जगदीश गुप्त, डॉ. धर्मवीर भारती-जैसे लोगों ने एक प्रयोग किया कि सैकड़ों-हजारों अनुयायी देश भर में पैदा हो गये। इतना ही नहीं हास्य-व्यंग्य के क्षेत्र में केशवचन्द्र वर्मा द्वारा सम्पादित 'तुंग-शृंग' "आज भी मानक और मील का पत्थर बना हुआ है। इस बीच न जाने कितनी पत्रिकाएँ आँख मूँदकर किये गये रोमांरा की तरफ उभरीं और विलीन हो गयीं। उनका कोई नामलेवा भी नहीं है। नामलेवा हो भी तो कैसे? इस शहर की परम्परा रही है-रचना और मौलिक धरातल पर रचना। आज ठीक इसके विपरीत हो रहा है-बचना, मौलिक रचने से बचना।" और उसका निर्वाह भी धड़ल्ले से हो रहा है। और-तो-और आज का आयोजक ही दूसरे का रचा पढ़ रहा है-जहाँ के शाहजादे ऐसे होंगे वहाँ के हरामजादे कैसे होंगे। इसलिए मैं बात वहाँ से शुरू कर रहा हूँ जहाँ से मौलिक बदलाव की शुरुआत हुई थी और मैं वहाँ तक पहुँचूँगा जहाँ मिलावट की तूती बोल रही है। रचनाकार उमाकान्त मालवीय का नाम किसने नहीं सुन रखा। रोतों में बैठते थे

हँसाने के लिए, बीमारों में बैठते थे नर्स की तरह सेवा करने के लिए। ठोस काम में विश्वास ज्यादा करते थे, दिखावे में कम। गोपी भैया के बहुत अभिन्न और सम्भवतः उन्हीं के माध्यम से जुड़े भी परिमल से। लेकिन परिमल को कभी अपने ऊपर हावी नहीं होने दिया। बड़े सज-धज के साथ घर से निकले ऑफिस के लिए निरंजन पहुँचते-पहुँचते किसी मुर्दानस्लवाली ने अपनी पूँछ इधर-उधर घुमायी और सारा कीचड़, गोबर मालवीय जी की पीठ पर धूमकेतु की तरह उभर आया। मालवीय जी आधे रास्ते में दफ्तर चलें की घर? इसी सोच में वह सड़क किनारे खड़े थे। जो देखता वही पूछता, मालवीय जी यह क्या हुआ? मालवीय जी ने मुस्कराकर कहा, भैंस ने हल्लो किया है। पूछनेवाले सज्जन ने फिर पूछा, तो रुक क्यों गये? चलिये न? तब तक उसी भैंस ने उन्हें भी भरपूर हल्लो कर दिया। अब मालवीय जी ठठाकर हँसे और बोले, "दोनों रहिमन एक से चलिये-चलिये कन्हैया भइया।" कहाँ कहौं छवि आज की भले बने हो नाथ। अपनी-अपनी पीठ पर भैंस की भरपूर हल्लो लिये मालवीय जी और कन्हैया भइया प्रेमचन्द के हीरा-मोती की तरह अपनी-अपनी साइकिल चलाते सिविल लाइन्स की ओर बढ़ गये।

मालवीय जी ए. जी. ऑफिस में थे, लेकिन सीट पर शायद ही कभी मिले हों। एक बार जाड़ों में ठाकुर भाई लखनऊ से आये। पहले गये आकाशवाणी फिर वहाँ से आये ए.जी. ऑफिस। मालवीय जी की सीट पर गये। कुर्सी पर बन्द गले का प्रिन्स कोट टँगा हुआ था और मालवीय जी का कहीं पता नहीं। ठाकुर भाई लखनऊ लौट गये। संयोग देखिये कि दूसरे साल फिर सर्दियों में ठाकुर भाई आये और फिर गये ए.जी. ऑफिस मालवीय से मिलने लेकिन मालवीय फिर नहीं मिले। फर्क इतना था पिछले साल से कि जहाँ बन्द गले का प्रिन्स कोट टँगा था वहाँ इस साल ओवरकोट टँगा हुआ था। ठाकुर भाई ने एक चिट लिखकर वहाँ दबा दिया कोट बढ़कर ओवरकोट हो गया लेकिन धन्य हो उमाकान्त! तुम किस दशा को पहुँचे इसका पता कैसे चले?

उमाकान्त जी हाजिरजवाब बहुत थे। एक दिन आकाशवाणी में बैठे थे केन्द्र निदेशक विद्याभूषण अग्रवाल जी के पास। अग्रवाल जी ने बात-ही-बात में कहा, उमाकान्त जी आपको तो आकाशवाणी में होना चाहिए आप कहाँ वहाँ सड़ रहे हैं? उमाकान्त जी भला कब चूकनेवाले वह भी उसी वजन में बोले, यह विडम्बना ही कही जायेगी और क्या? आपको होना चाहिए ए.जी. में लेकिन आप यहाँ सड़ रहे हैं? अग्रवाल साहब ने फिर चुटकी ली, "आप तो बनिया के भी कान काट रहे हैं। मालवीय जी बोले, क्या करूँ मजबूरी है, बनियों के पास नाक होती ही नहीं।" और काफी देर तक वह कमरा ठहाकों से गूँजता रहा। विद्याभूषण अग्रवाल जी भारतभूषण अग्रवाल जी के बड़े भाई थे। दोनों भाई आकाशवाणी में थे। आज दोनों भाई हमारे

बीच नहीं हैं। विद्याभूषण जी जैसा ईमानदार और सिद्धान्तवादी आज खोजने से भी नहीं मिलेंगे। उन्हीं की बेटी हैं चर्चित कथा लेखिका–ममता कालिया। जिस दिन विद्याभूषण जी ने इलाहाबाद आकाशवाणी में केन्द्र निदेशक के रूप में पदभार ग्रहण किया उसी दिन उन्होंने हर विभाग के इन्चार्ज को बुलाया और कहा कि, "जब तक मैं यहाँ रहूँगा तब तक मेरे बेटी–दामाद ममता कालिया और रवीन्द्र कालिया की बुकिंग नहीं होनी चाहिए।" और सचमुच तब तक यह 'युगल' आकाशवाणी नहीं आया तो नहीं आया। जब कि वे दिन रवीन्द्र कालिया के लिए संघर्ष के दिन थे। ममता भाभी कॉलेज में प्रिन्सिपल जरूर हो गयी थीं। लेकिन धर्मयुग जैसी पत्रिका को ठोकर मारकर इलाहाबाद आने और उसी ठाठ से जिन्दगी जीनेवाले रवीन्द्र भैया के लिए अपनी व्यक्तिगत जेब का संकट तो था–ही–था। फिर भी इन्होंने ससुर के सम्मान की रक्षा की। आकाशवाणी की ओर नहीं झाँका तो नहीं झाँका।

विद्याभूषण जी रेडियो की गाड़ी का इस्तेमाल भरसक नहीं करते थे। व्यक्तिगत कामों में तो बिलकुल ही नहीं करते थे। दफ्तर से शाम को छूटते ही घर पैदल नापते थे और वहाँ से सपत्नीक रिक्शे से आते थे। सिविल लाइन्स नियमित–रूप से चाट खाने के लिए और चाट जमकर खाते थे जैसे खाते हैं मथुरा के चौबे पंगत में। आज खा ले प्यारे कल किसने देखा है इस भाव से। विद्याभूषण जी जितने ही स्ट्रिक्ट थे उतने ही सहज और सरल भी। नयी–नयी किताबों और पुरानी दुर्लभ किताबों को पढ़ने का उन्हें बेहद शौक था। उनकी इस कमजोरी का भरपूर फायदा उठाता था मेरा दोस्त उस समय का लाइब्रेरियन और आज का कार्यक्रम अधिशासी अशोक कुमार श्रीवास्तव। अशोक की नयी–नयी शादी हुई थी। दफ्तर में मन लगता नहीं था। हर वक्त पट्ठा घर की ओर ही मुँह किये रहता था। दफ्तर आते ही सीधे अग्रवाल साहेब के कमरे में घुसता था।

"क्या हुआ अशोक किताब मिली?"

...सर! कल पब्लिक लाइब्रेरी जल्दी बन्द हो गयी थी। आज फिर जाऊँगा और अगर वहाँ नहीं मिली तो भारती भवन जाऊँगा।" अशोक का यह सिलसिला महीनों चलता रहा। कभी–कभार बहुत पुरानी किताब यहाँ–वहाँ से लेकर वह अग्रवाल जी को दे भी देता था और अग्रवाल जी गद्‌गद...यार "तेरे जैसा तो बर्बर मैंने देखा नहीं।" यह देख–सुनकर कुढ़ते थे वे लोग जो मामूली–से–मामूली काम भी कछुआ की चाल से निबटाने में विश्वास रखते थे। अपनी इसी आदत के चलते अग्रवाल साहेब से सुबह–शाम डाँट भी खाते थे।

भारतभूषण जी इलाहाबाद में विद्याभूषण जी से बहुत पहले आये और नयी कविता के सशक्त हस्ताक्षर के रूप में उनकी पहचान भी बन गयी थी। एक बार वह रेडियो कार्यक्रम के सिलसिले में जौनपुर गये, दिन–भर इधर–उधर घूमते रहे, रिकार्डिंग

करते रहे, जौनपुर के बारे में जितना कुछ लोगों से सुन रखा था उसका एक चौथाई भी देखने को उन्हें नहीं मिला। वापसी के वक्त उन्होंने अपने सहयोगियों और वहाँ के दो-चार बुद्धिजीवियों के मुँह से जौनपुर के बारे एक जुमला कहा था। कविता बन गया। जुमला इस प्रकार है–

"अगर
यही जौनपुर है
तो फिर तौनपुर
कौनपुर है?"

जौन-तौन जैसे शब्दों की तार्किक व्याख्या भी हो गयी और दिन-भर की थकावट भी गायब हो गयी।

अच्छा रचनाकार मंच से भागेगा तो यह उसकी हार होगी

कवि-सम्मेलनों की स्थिति पर सुप्रसिद्ध कवि कैलाश गौतम से यश मालवीय की एक गैर रस्मी बातचीत

कवि-सम्मेलनों की हमारे देश में एक स्वस्थ परम्परा रही है। सामान्य जन से जुड़ने का कवि-सम्मेलन एक सशक्त माध्यम रहे हैं। वह दिन बीते ज्यादा दिन नहीं हुए हैं जब सूर्य की पहली किरण तक अपार जन-समुदाय के बीच यह सम्मेलन सम्पन्न हुआ करते थे। बच्चन, दिनकर, नेपाली, श्यामनारायण पाण्डेय, भवानीप्रसाद मिश्र, नरेन्द्र शर्मा आदि चोटी के रचनाकार मंचों से वास्ता रखते थे। कविता आम आदमी के बीच लोकप्रिय थी। आजकल तमाम जनवादी रचनाकार 'जन' से ही जुड़े ऐसे कार्यक्रमों का विरोध करते हैं, इसका स्पष्ट कारण है काव्यमंचों का गिरता स्तर। गलेबाज और चुटकुलेबाज मंच पर हावी हो गये हैं। यह बात भी सही है कि जब एक 'जेन्युइन' रचनाकार मंच से पलायन करता है तो वह किसी विदूषक या भाँड़ के लिए जगह खाली करता है। अगर कवि-सम्मेलनों को सही परिप्रेक्ष्य में फिर से रेखांकित किया जाये तो वह अलोकप्रिय होती कविता को फिर से सामान्य जनता में लोकप्रिय बना सकते हैं। इन्हीं सब मुद्दों पर सुप्रसिद्ध कवि और काव्यमंचों के उत्कृष्ट संचालक कैलाश गौतम से एक लम्बी बातचीत हुई जिसके प्रमुख अंश इस प्रकार हैं–

आज काव्यमंच पहले जैसे नहीं रह गये हैं। मंचों के गिरते स्तर के सन्दर्भ में आप प्रमुख रूप से किसे जिम्मेदार मानते हैं?

यश! तुम्हारे इस सवाल का बड़ा माकूल जवाब है मेरे पास, लेकिन प्यारे मेरी मजबूरी यह है कि मेरा जवाब, जवाब के साथ एक अहम् सवाल भी बना हुआ है। तुम्हीं सोचो कि आज गिरावट कहाँ नहीं आयी है? मैं पूछता हूँ कि गाँधी जैसा कोई गाँधीवादी है, लोहिया जैसा कोई लोहियावादी है। आज हर तरह के मंच बदले हैं। मंच अकेले से नहीं बनता, पंच से बनता है। जैसे-जैसे मंच बढ़ते हैं, वैसे-वैसे प्रपंच बढ़ता है। फिर कविता का तो मंच ही अद्‌भुत मंच है। माँ सरस्वती का मंच है। बुद्धिजीवियों और रसज्ञों को बड़े सौभाग्य से मिला है। लेकिन रोना इस बात का है कि इसकी सफलता और व्यवस्था की डोर तीन हाथों में अलग-अलग स्त

पर होती है–एक है आयोजन पक्ष, दूसरा है श्रोतापक्ष, और तीसरा है–रचनाकार पक्ष। इसके लिए केवल एक जिम्मेदार नहीं है बल्कि तीनों हैं, फिर भी सर्वाधिक जिम्मेदार है रचनाकार–मंच वही उठाता भी है और मंच वही गिराता भी है, लेकिन कविता का मंच तब नहीं गिरा था जब दिनकर-बच्चन-पन्त बैठते थे, साथ में गोपाल सिंह नेपाली भी, स्नेहलता स्नेह भी, श्यामनारायण पाण्डेय भी और हँसते-मुस्कराते बेधड़क बनारसी, रमई काका और ठाकुरप्रसाद सिंह भी होते थे। तब शायद मंच कोआपरेटिव जैसा धन्धा नहीं बना था। आज ज्यादातर कवि-सम्मेलन 'गिव ऐण्ड टेक' जैसे फार्मूले के तहत होते हैं, इसलिए वास्तविक रचना और वास्तविक रचनाकार को आयोजक घास नहीं डालता। वह उसे बुलवाता है जिसने अभी उसे बुलाया था जिसने निकट भविष्य में बुलाने का वादा किया है। दरअसल चन्दाजीवी महापुरुषों के लिए गाहे-ब-गाहे ऐसे संस्कारों का आयोजन बड़ा गुणकारी और लाभकारी साबित होता है और सामने बैठी पब्लिक का तो कहना ही क्या? पूरी शिव की बारात होती है। सबका खयाल रखना पड़ता है आयोजक को। वर्ना दुबारा चन्दा कौन देगा? कवि-सम्मेलन का श्रोता, रामायण, महाभारत और भागवत सुननेवाला घण्टे-दो-घण्टे का श्रोता नहीं होता। वह सारी रात का श्रोता होता है। वह रातभर रस में डूबने के लिए आता है। उसे सब-कुछ चाहिए–रस भी, सच्चाई भी, इतिहास भी, विज्ञान भी, हँसी-ठिठोली और ओज-उत्साह भी। जो सामनेवाला चाहता है, वही मंच परसता है। रचनाकार अगर नहीं सुना गया जमकर तो अगले साल नहीं बुलाया जायेगा, यह डर उससे बहुत-कुछ करवाता रहता है, एक तो लोकप्रियता की चाह, दूसरे आमदनी का सभ्य समाज द्वारा निर्मित और प्रतिष्ठित सारस्वत माध्यम। दोनों को सहज भाव से विरले ही जीते हैं। बाकी तो बहुतेरे बहती गंगा में हाथ धो ही रहे हैं। कवि-सम्मेलन की गंगा में तीनों बड़े मन से हाथ धो रहे हैं, कवि भी, आयोजक भी और श्रोता भी। लेकिन इस भीड़ में दस-बीस प्रतिशत ऐसे भी 'जेन्युइन' हैं जो तुम्हारे पिता उमाकान्त मालवीय के संकल्प और संघर्ष को अपनाये हुए हैं, जबकि उमाकान्त जी के पास बड़ी सच्चाई और निष्ठा के साथ किया जा रहा, संवेदना से ओत-प्रोत लेखन भी था, उसका यत्र-तत्र सहज-सार्थक और सराहनीय ढंग से प्रकाशन भी था और सबसे बड़ी बात थी कि कवि-सम्मेलन उनके लिए अनिवार्य नहीं था क्योंकि उनके पास मासिक सरकारी वेतन था, लेकिन दिनोंदिन बढ़ते प्रदूषण को देखते हुए उन्होंने तय कर लिया था कि यह प्रदूषण भगाकर रहूँगा। यश! एक लम्बे समय तक मैं उमाकान्त जी का सहयात्री रहा हूँ, मंच-यात्रा में। मेरी भी पूरी कोशिश होती है कि वातावरण साफ-सुथरा बनाया जाय, लेकिन अक्सर मैं मंच पर अपने को अकेला पाता हूँ–'किस-किस के कान फूँकूँ, किस-किस के कान खींचूँ'। एक बात

बताओ ! तुम भी तो एक अच्छे गीत-कवि हो और मंचों से भी जुड़े हो। मेरी तरह तुम भी अपने पिता का संकल्प बनो न, उनका संघर्ष जियो न। अच्छा रचनाकार अगर मंच से भागेगा तो यह उसकी हार होगी।

एक बात और! जो ऐसा कहते हैं कि कविता के मंच पर गिरावट आयी है, उनमें ज्यादातर प्रतिशत असफल कवियों का ही है—इन्हें अपनी फूटी नहीं दिखायी देती, दूसरे का ढेंढर निहारते फिरते हैं। वे चाहें तो मेरे द्वारा चयनित रचनाकारों को आमन्त्रित करके उनसे रचनाएँ सुन सकते हैं मंच पर। मेरा दावा है उनका भ्रम दूर हो जायेगा—उन्हें आत्मज्ञान प्राप्त हो जायेगा क्योंकि अनुभवजन्य ज्ञान नहीं आत्मज्ञान कहा गया है। कुछ तुम्हें आत्मज्ञान हुआ कि नहीं? पूछ नहीं रहा हूँ सिर्फ सोचकर छोड़ दे रहा हूँ। इसलिए मेरे प्यारे नये मुल्ले ! जहाँ आज के काव्यमंच के लिए संयोजक, संचालक, श्रोता और स्वयं रचनाकार जिम्मेदार हैं, उतना ही जिम्मेदार वह भी हैं जो स्वयं को 'जेन्युइन' बनाये हुए हैं लेकिन पता नहीं किस भय से मंच पर उतर नहीं रहे हैं। अरे भाई ! मंच कोई हौवा नहीं है—आपमें कविता की तमीज होगी तो आपकी कविता ही आपको मंच से जोड़े रखेगी। समस्या भागने से हल नहीं होती, सामना करने से होती है और सामना करने की जरूरत भी है। मैं तो 'जेन्युइन' रचनाकारों को आवाज़ दे रहा हूँ कि आओ भाई ! हमारे संघर्ष में साथी और सहयोगी दोनों बनो।

कवि-सम्मेलन की गरिमा क्या थी? इस सन्दर्भ में एक सुनी हुई घटना का जिक्र करना चाहूँगा। आचार्य नरेन्द्र देव जब वाइस-चान्सलर थे लखनऊ यूनिवर्सिटी में, बात तब की है। वही कवि-सम्मेलन के अध्यक्ष थे। लखनऊ का ही कोई नयी उम्र का कवि, पहले कवि के रूप में श्रीगणेश करने मंच पर आया। उसने गीत की पहली पंक्ति ही गाकर सुनायी, कि—"मैं वरमाला का इच्छुक था, तुम राखी लेकर आयी।" सहसा आचार्य जी का चेहरा तमतमा उठा। वह उठकर खड़े हो गये और माइक पर जाकर बोले, "अध्यक्ष की हैसियत से मैं कवि-सम्मेलन यहीं सम्पूर्ण घोषित करता हूँ, असुविधा के लिए सबसे क्षमा।" सब लोग स्तब्ध रह गये। आज के मंच को उस बटखरे से नहीं तौला जा सकता। मंच केवल पठनीय साहित्य की तरह कक्ष-विशेष में सजाकर रखने की चीज नहीं है। यह दर्शनीय है, प्रदर्शनीय भी है और सच तो यह है कि जैसे संस्कृत और हिन्दी के तमाम पौराणिक और आध्यात्मिक को आने-दो-आने में छापकर गीता प्रेस ने जन-जन तक केवल साहित्य ही नहीं पहुँचाया बल्कि भाषा को भी विस्तार दिया है, उसी तरह हिन्दी काव्यमंच ने भी हिन्दी को हिन्दी विरोधियों के बीच जाकर भी प्रतिष्ठित किया है। इतना तो न हिन्दी सेवी संस्थानों ने किया, न तथाकथित 'जेन्युइन' रचनाकारों ने।

प्रायः यह देखा गया है कि मुशायरों के आगे कवि-सम्मेलन मात खा जाते हैं। इसके क्या कारण हैं? गंगा-जमुनी काव्य-सन्ध्याओं में हिन्दी कविता

की ओर से केवल रस्म अदायगी होती है जबकि उर्दू कविता सिर चढ़कर बोलती है। ऐसी स्थिति में आपको कैसा महसूस होता है?

कुछ वर्षों तक मुझे भी यही भ्रम था। लेकिन अन्ततः मेरा भ्रम दूर हुआ। ईश्वर करे तुम्हारा भी दूर हो क्योंकि "ज्यों-ज्यों निहारिये नेरि है नैननि त्यों-त्यों खरी निकरै सी निकाई।" लेकिन यहाँ मैं इतना अवश्य कहना चाहूँगा कि आज मंच की भाषा पूरी तरह बदली है। न तो अरबी-फारसी बोझिल शायरी सुनी जाती है और न ही संस्कृतनिष्ठ शब्दावली से ओत-प्रोत कविता सुनी जाती है बल्कि लोकगीत दोनों मंचों पर बड़े चाव से पढ़े और सुने जाते हैं और दूसरी बात यह है कि जहाँ हिन्दी मंच कभी-कभी दायित्व से भटक जाता है, बहक जाता है, न व्याकरण सही-सही परस पाता है, न लय-गति-ताल-छन्द सँवार पाता है, फिर भी आस-पास के सहयोगी मठों की झूठी और 'प्रीप्लाण्ड' तारीफ उसे बार-बार मिलती रहती है। उर्दू मंचों पर ऐसा कम देखा जाता है। अव्वल तो बड़े बुजुर्ग ऐसी हरकत करनेवालों को इशारे से बैठा देते हैं और बाद में उसे सही सलाह भी देते हैं।

शुद्ध और परिष्कृत हास्य मंचों पर नहीं दिखायी देता। एक समय था जब रमई काका, बेधड़क बनारसी, काका हाथरसी आदि रचनाकार मंच को एक शालीन हास्य देते थे। आज मंच पर विदूषकों और कैरीकेचर करनेवालों की भीड़ है। हास्य के नाम पर हास्यास्पद तेवर अपनानेवाले रचनाकारों ने जी भरकर काव्यमंचों का सत्यानाश किया है। इन स्थितियों से निपटने का कोई चारा बतायें?

रमई काका और बेधड़क बनारसी के साथ काका हाथरसी को न जोड़ो तो अच्छा है क्योंकि मंच पर फूहड़ और सस्ता हास्य परोसने का श्रीगणेश पश्चिम के ही रचनाकारों से हुआ और पूरब के हास्य-व्यंग्य कवियों में व्यंग्य प्रमुख था और उनसे इनके सामाजिक-सांस्कृतिक मूल्य जुड़े हुए थे। .....रचनाकार मंच पर आता है हरिभजन हेतु ही लेकिन अन्ततः वह कपास ओटने जैसा कृत्य करता ही दिखायी देता है। स्वस्थ हास्य-व्यंग्य में आज भी सुरेश उपाध्याय, मक्खन मुरादाबादी, सुरेन्द्र सुकुमार, अशोक चक्रधर वगैरह भीड़ में अलग दिखते हैं। शायद हास्य-व्यंग्य काव्य-मंच की वर्तमान स्थिति को बहुत पहले ही 'वीणापाणि के कम्पाउण्ड' के रचनाकार श्री केशवचन्द्र वर्मा ने भाँप लिया था।

कथा-लेखन में तो महिलाओं ने अपना विशिष्ट स्थान बनाया है। कुछ कवयित्रियाँ भी कागजों पर दिखायी दे रही हैं, पर अपवाद छोड़ दिये जायें तो मंचों पर आज की तारीख में ढंग की कवयित्रियाँ नहीं हैं। या तो वह कवयित्रियाँ हैं जिन्हें कुछ महाकवि अपने शब्द दे रहे हैं या फिर वह कवयित्रियाँ हैं जो

तथाकथित कवियों की अंकशायिनी बनने को राजी हैं। ऐसे में कभी भूले से कोई जेन्युइन कवयित्री जब मंचों पर फँस जाती है तो उसकी स्थिति जिमि दसनन महँ जीभ बिचारी' वाली होती है। इस त्रासदी के बारे में आप क्या कहेंगे?

ऐसा केवल मंच पर नहीं है बल्कि सर्वत्र है। बहुतेरे सम्पादक भी यही करते हैं, जिन्हें कोई नहीं जानता उन्हें रातोंरात उजागर कर देते हैं। देखनेवालों की आँखें चुँधिया जाती हैं। चाहे वे कथा-लेखिकाएँ हों या मंच से दूर रहनेवाली कवयित्रियाँ। उनका भी बहुत-कुछ ऐसा ही प्रयोग होता है। बूढ़े-अधबूढ़े बहुतेरे ऐसे बगुला भगत छाप समीक्षकों, सम्पादकों और किसी प्रतिष्ठान से जुड़े रचनाकारों को मैंने ही नहीं तमाम लोगों ने देखा-सुना है तरह-तरह के कोरे आश्वासन, प्रलोभन और स्वार्थ से जुड़े आशीर्वचन देते हुए। लेकिन वहाँ, सब-कुछ ढँका-छुपा रहता है, जबकि मंच पर खुले-आम नजर आता है। मंच की कवयित्री के पास अगर लटके-झटके नहीं रहेंगे, कटारी मार्का मुस्कराहट नहीं रहेगी और बोलचाल में बेबाकपन नहीं रहेगा तो उन्हें दुबारा कौन बुलायेगा? कुछ संयोजक तो बहुतेरे ऐयाश तबीयतवाले धन-कुबेरों की पारिवारिक गोष्ठियों में भी सुदर्शनाओं और नाभिप्रदर्शनाओं को एकल पाठ के लिए हवाई जहाज से बुलवाते हैं और दस-बीस हजार पारिश्रमिक भी देते-दिलाते हैं। वह कवयित्री भी जानती है कि वह औरत पहले है कवयित्री बाद में।

कवि-सम्मेलनों की हूटिंग की भी अपनी सार्थकता होती है। आपने बहुत-सारे बीहड़ मंचों पर कविता की आत्मा के साथ न्याय किया है। हूटिंग का कोई मौलिक ढंग बतायें, जो आपने देखा हो और आज तक मन पर अंकित हो। क्या कभी हूट भी हुए हैं?

वैसे तो कोई भी हूट नहीं होना चाहता, लेकन यह कवि के हाथ में नहीं होता, इसलिए जब श्रोता हूट करने पर उतर आता है तो बड़े-बड़े हवा हो जाते हैं। वैसे अगर सलीके की हूटिंग होती है तो मजा देती है। इससे श्रोता की जागरूकता का परिचय तो मिलता ही है, साथ-ही-साथ उसकी अच्छी कविता के प्रति सुरुचिसम्पन्नता भी इसी नाते मंच को अपने से जोड़े रखती है। मैं मंच पर आने से पूर्व अपने विद्यार्थी-जीवन में कवियों-शायरों को हूट करनेवालों में आगे-आगे रहता था। और सचमुच बड़ा मजा मिलता था।

दरअसल हूटिंग भी एक कला है। केवल श्रोता हो जाने भर से यह कला नहीं आती। बल्कि शिष्ट हूटिंग, श्रोता को विशिष्ट बनाती है। इसलिए मुझे तो मौलिक हूटिंग बहुत अच्छी लगती है। मैं भी हूट हुआ हूँ, इलाहाबाद के इसी प्रयाग संगीत समिति के मेहता प्रेक्षागृह में। तब मेरा पहला-पहला अवसर था। सरसठ या अरसठ का किस्सा है। उन दिनों मैं धोती पर बुश्शर्ट पहनता था। ठाकुरप्रसाद सिंह का सम्मान था। काव्य-पाठ करने जब मैं मंच पर आया पहली पंक्ति अभी पूरी भी नहीं हुई थी कि सामने से एक आवाज़ आयी, "मारवाड़ी पुत्तर! कलकत्ते से आये हो कि बम्बई से" मैं

तो पसीने–पसीने हो गया। इतने ही में दूसरे कोने से दूसरी आवाज़ आयी, "फाफामऊ का लाल पेड़ा खाबो?" और मैं फिर बैठ गया।

एक ही कविता काव्यमंचों पर बार–बार पढ़ने के सन्दर्भ में क्या कभी कोफ्त भी होती है?

रचनाकार की मजबूरी देखो। उसके लिए श्रोता लगभग नये होते हैं। हर मंच पर वह श्रोता के विश्वास को तोड़ना नहीं चाहता। और एक सच्चाई यह भी तो है कि हर रचनाकार की दो ही चार सिग्नेचर पोयम्स होती हैं। परिचित और चर्चित रचनाकार से वह यानी श्रोता उसकी सिग्नेचर पोयम्स ही सुनना पसन्द करता है। ऐसे में रचनाकार को श्रोता का निर्णय स्वीकार करना ही पड़ता है और नयी कविता का चुनाव मन में धरा–का–धरा रह जाता है।

कम ऐसे कवि हैं जो काव्यमंचों से लेकर कागज तक समान रूप से अपनी स्थिति बनाये हुए हैं, आप उनमें से एक हैं। ददरी का मेला, कुम्भ–मेला, नौचन्दी का मेला आदि स्थान पर पचासों हजार की भीड़ में आपने रचना–पाठ किया है। क्या इन्हीं मंचों पर समकालीन कविता के महत्त्वपूर्ण कवि लीलाधर जगूड़ी, मंगलेश डबराल को खड़ा कर दिया जाय तो उनकी कविता के परखचे नहीं उड़ जायेंगे?

इस विधा के रचनाकार मंच पर हों तो संचालक की भी जिम्मेदारी बढ़ जाती है। वह दोनों को जानता हो, श्रोता को भी और जगूड़ी भाई और डबराल जी को भी। एक अच्छी और संक्षिप्त भूमिका निश्चय ही गोंद का काम करेगी। अग्रज कन्हैयालाल नन्दन भी तो पढ़ते हैं। खूब जमते भी हैं और सराहे भी जाते हैं। आज श्रोता बहुत जागरूक हैं और कविता के हर फार्म से परिचित हैं। सामने की भीड़ में केवल लल्लू–बुद्धू ही नहीं होते, प्रोफेसर भी होते हैं, इंजीनियर, डॉक्टर, वकील, व्यापारी सभी होते हैं। सबसे बड़ी चीज है अवसर के अनुकूल प्रस्तुति। तहत में बहुतेरे हैं और ठाठ से सुने जाते हैं और ऐसे लोगों को सुनवाने की जरूरत है। इन रचनाकारों को हर हालत में आम आदमी के बीच उपस्थित होना चाहिए। इससे विविध संवेदनाओं का साक्षात्कार एक साथ होगा।

●●●

अखबारों में स्तम्भ-लेखन

कैलाश गौतम जी के अखबारों में 'नाव–नदी संयोग', 'महतो की पाती' एवं 'संगम की हजामत' शीर्षक से लिखे लेख)

नाव-नदी संयोग

दे तुलसी के नाम

माँगने में हमारा मुल्क दुनिया में सबसे आगे है। बल्कि इस मामले में यह अकेला है, बेजोड़ है। इसका कोई सानी नहीं है। जब दाता के नाम पर माँगते-माँगते थक गया तो महापुरुषों के नाम पर भी माँगने लगा। ऐसा एक भी महापुरुष नहीं मिलेगा जिसके नाम पर किसी ने न माँगा हो। कभी गाँधी के नाम पर, कभी सुभाष के नाम पर, कभी किसी के नाम पर, कभी किसी के नाम पर। माँगने के इसी क्रम में वह उत्सवों-पर्वों-त्योहारों और सांस्कृतिक आयोजनों का बिल्ला लटकाये-लटकाये जब लगभग ऊब-सा गया तब सीधे-सीधे वह उतर आया बेहयाई पर और बाकायदा कार्ड छपवाकर उसने माँगना शुरू किया। ऐसे धन्धे में ज्यादातर सफेद कालरवाले ही हाथ साफ कर रहे हैं। आजकल गोस्वामी तुलसीदास के नाम पर माँगने का मौसम चल रहा है। जिसे देखिये वही मुँह बाये, आँख गड़ाये और हाथ फैलाये खड़ा है–दे तुलसी के नाम–

शायद तुलसी को अपनी ऐसी दुर्दशा की जानकारी नहीं थी वर्ना तुलसीदास कोई और काम करते, भगवान राम की कथा न लिखते। हनुमान जी अगर नाराज भी होते तो उनसे रो-गिड़गिड़ाकर माफी माँग लेते। पार्कों, कॉलेजों, पुस्तकालयों और हिन्दी सेवी संस्थाओं तक ही तुलसी-जयन्ती आज सीमित नहीं है। आज गली-गली में पहुँच गयी है और अनेक रूपों में पहुँच गयी है। बड़ी-बड़ी संस्थाओं में अब वह उत्साह नहीं है जो पहले था–क्योंकि उन्हें आम आदमी से कम सरकार से ज्यादा माँगना रहता है। वे बिना दाँत चियारे यह काम कर लेती हैं। खर्चा सौ रुपया होता है बिल हजार का बनता है। इसी बहाने हर साल इस मौसम में दस-बीस हजार पेट में समा जाता है। खाते का वजन बढ़ जाता है। बड़े-बड़े बाहरी विद्वानों के नाम पर अपने-अपने समधियों, दामादों, ससुरों-सालों को फर्स्ट क्लास का टी.ए. डी.ए. देकर बुला लिया जाता है। पैसे का सदुपयोग भी हो जाता है और इसी बहाने सम्बन्धियों से मिलने-जुलने का भी जुगाड़ लग जाता है। अगर सचमुच तुलसी न हुए होते तो न जाने कितने रिश्तेदार बेचारे तो पहचान में आते ही नहीं।

स्कूलों-कॉलेजों में भी ज्यादातर यही रुख अपनाया जा रहा है। हर विद्यार्थी से रुपया-दो रुपया वसूलने के बाद, तुलसी-जयन्ती जिस धूम-धाम से मनायी जाती है कि बस पूछिये मत। तुलसीदास की एक झोला साइज शीशा मढ़ी फोटो होती है, एक मामूली-सी फूलों की माला और लच्छेदार भाषण जब तक जी करे तब तक निहारो, जब तक जी करे तब तक सुनो और बीच से उठकर चले भी जाओ तो कोई बात नहीं। तुलसीदास इसका बुरा कतई नहीं मानेंगे। और प्रिन्सिपल साहेब भी घाटे में नहीं रहे। इकट्ठा किया आठ सौ खर्चा किया चार रुपया। खर्च और आमदनी का यह अनुपात क्या और किसी धन्धे में सम्भव है? नहीं न ? हाँ, मेरा भी यही विश्वास है।

और-तो-और थाने में भी तुलसी-जयन्ती मनायी जाने लगी है। पहले तो मैं ऐसे समाचार भी खूब सुनता था सन्तोष करना चाहा लेकिन तुलसी-जयन्ती के दिन थाने का रंग-रूप देखकर और आयोजन देखकर मैं हतप्रभ रह गया। थाने के आस-पास के सभी दुकानदार व्यस्त थे, 'पानवाला और ग्राहकों की सुनता ही नहीं था, आज साहेब दूसरी दुकान पर चले जाइये, आज समय नहीं है दो हजार पान देने हैं दारोगा जी को-तुलसी-जयन्ती जो है आप नहीं जानते क्या?' मैं कभी उसका मुँह देखता हूँ कभी अपना...। चायवाले का भी लगभग यही हाल है वह भी दूसरे ग्राहकों को चाय नहीं दे पा रहा है, तुलसी-जयन्ती जो ठहरी। उसे भी दो हजार कप चाय थाने में भेजनी है। यही दर्द हलवाई का भी है। यह बात और है कि दारोगा जी ने तुलसी-जयन्ती सिर्फ इसलिए मनायी है कि उनकी बिटिया तुलसी पर रिसर्च कर रही है और उसने अपने गाइड को पाँच हजार रुपये पर बुलवाया है थीसिस लिखवाने के लिए। भला सोचिये ऐसे पावन कार्य के लिए तुलसी-जयन्ती से बढ़कर कोई और अवसर हो सकता है क्या? ना कोई अवसर नहीं है। अगर होगा भी तो मुझे पता नहीं है क्योंकि मैं अवसरवादी नहीं हूँ और थाने से भी ज्यादा मजेदार तुलसी-जयन्ती थी शर्मा जी के घर की। शर्मा जी आज गद्य में तो कुछ बोल ही नहीं रहे थे। उनके होंठों से सिर्फ मानस की चौपाइयाँ ही आती रहीं। जैसे अनाज से भरा कोई बोरा पट गिर पड़ा हो और गिरते ही एक कोने से उसका मुँह खुल गया हो। कमरे में तुलसीदास का चित्र, इत्र, माला, धूप, अगरु की गन्ध। बरामदे में सत्यनारायण की कथा। और कथा भी समाप्ति पर फूटते हुए गुब्बारे, कटते हुए केक, 'हैपी बर्थ डे टू यू' की ध्वनि आदि-आदि नजारे एक साथ। बाद में पता चला कि शर्मा जी के पोते का जन्म-दिन है कथा भी मानी गयी है और तुलसी-जयन्ती भी बीच में टाँग अड़ाये है। इसी बहाने शहर के नये-पुराने बहुत-से कवियों का जमावड़ा भी हो गया। आये हुए मेहमानों का मुफ्त मनोरंजन। बिना तुलसीदास के यह सब कैसे सम्भव था?

हमारे शहर में तुलसी के नाम पर झोली फैलानेवाले घर पीछे भले एक भी न मिले लेकिन गली पीछे सौ-पचास जरूर मिलेंगे। कुछ तो यहाँ की जलवायु ही ऐसी

है कि माँगनेवालों की फसल बराबर तैयार होती रहती है। चन्दा देनेवाले घास की तरह होते हैं–फिर काटो, फिर...। एक बात और है मैंने अँगूठा गुरु से पूछा कि आखिर आप क्यों तुलसी के लिए इतना मर रहे हैं। आप तो अक्षर भी नहीं पहचानते? वह मुस्कराये, बोले, "हाँ, आप ठीक फरमाते हैं लेकिन मैं तुलसी को पहचानता हूँ। बुद्धिजीवी कहे जाने के लिए यह जरूरी है। फिर मैं ही क्या बड़े बुद्धिजीवी भी वही कर रहे हैं जो मैं कर रहा हूँ।" उनकी बात मेरी समझ में आ गयी है लेकिन क्या करूँ मेरे गले के नीचे उतर नहीं रही है। मैं अवाक् हूँ। बस टुकुर-टुकुर देख रहा हूँ कभी तुलसी को, कभी अँगूठा छाप बुद्धिजीवी को। मुझे अपने पर गुस्सा आ रहा है। क्योंकि न तो मैं ऐसा बुद्धिजीवी ही बन सका और न तो मैं तुलसी को ऐसी दुर्दशा से बचा ही सका। मैं किससे कहूँ–दे तुलसी के नाम तुझको...।

× × ×

गाँव ने पन्द्रह अगस्त मनाया

हमारे गाँव ने इस साल पन्द्रह अगस्त बड़े धूम-धाम से मनाया। नये-नये प्रधान, नये-नये सरपंच और नया-नया उत्साह। चौदह और पन्द्रह के बीच की रात तक तो यही लगा कि पन्द्रह अगस्त नहीं मनाया जायेगा लेकिन गाँव के बुद्धिजीवियों (चाणक्यों शकुनियों-जयचन्दों और मीरजाफरों) ने कुछ ऐसा गुल रातोंरात खिलाया कि बस पूछिये मत। मजा आ गया। सुबह होते ही डुग्गी बज उठी "भाइयो! आज सवेरे ठीक आठ बजे अपने दरवाजे पर सरपंच साहेब पन्द्रह अगस्त का झण्डा फहरायेंगे...।" इस डुग्गी और सूचना के बाद गाँव हरकत में आ गया और निश्चिन्त भी हो गया कि चलो अच्छा हुआ फाइनल तो हो गया कि झण्डा कहाँ फहराया जायेगा और कौन फहरायेगा।

लेकिन गाँव के इस सोच पर तुरन्त पानी फिर गया, तब जब दुबारा डुग्गी बजने लगी और यह ऐलान होने लगा कि "भाइयो! और बहनो! आज सवेरे ठीक साढ़े आठ बजे प्रधान जी अपने दरवाजे पर पन्द्रह अगस्त का झण्डा फहरायेंगे और मिठाई भी बाँटी जायेगी...।" और सहसा गाँव सकते में आ गया कि आखिर वही हुआ जिसकी आशंका थी। यानी पन्द्रह अगस्त भी सरपंच और प्रधान में बँट गया।

गाँव में और किसी के पास ऐसा खुला और फैला दरवाजा ही नहीं है वर्ना पन्द्रह अगस्त और कई लोगों में बँटा होता। क्योंकि इस पर किसी की बपौती तो है नहीं। पन्द्रह अगस्त तो सबका है और सबका रहेगा सिर्फ फहराने के लिए झण्डा और जगह चाहिए बस।

अब समस्या उठी कि लोग किसके पन्द्रह अगस्त में शामिल हों। दोनों अपने ही हैं। सबसे ज्यादा धर्म संकट मेरे लिये था, अगर मैं सरपंच के पन्द्रह अगस्त में जाता हूँ तो प्रधान जी बुरा मानेंगे और अगर प्रधान जी के पन्द्रह अगस्त में जाता हूँ तो सरपंच साहेब बुरा मानेंगे। दोनों तरफ से मेरा पन्द्रह अगस्त खराब हो रहा था। और अगर किसी के पन्द्रह अगस्त में न शामिल हों तो और बुरा। मेरे लिये दोनों रहिमन एक-से। जैसे नागनाथ वैसे साँपनाथ। न जाने का मतलब पानी में रहकर मगर से वैर करना यह स्थिति और भारी पड़ रही थी। इधर कुआँ उधर खाईं, रहना इन्हीं दोनों के साथ है। फिर मैंने सोचा कि हे मन! क्यों न हर साल की तरह इस साल भी प्राइमरी स्कूल के पन्द्रह अगस्त में शामिल हों। वहाँ न सरपंच जायेंगे न प्रधान जायेंगे।

यही सोचकर मैं स्कूल की ओर चल पड़ा लेकिन गाँव से बाहर निकलते ही देखता हूँ कि प्राइमरी स्कूल में मास्टर पीछे-पीछे और आगे-आगे सफेद कमीज खाकी हाफ पैण्ट में सजे-धजे स्कूली बच्चे कतार बनाकर कदमताल करते हुए गाँव की ओर आ रहे हैं।

मैंने हेडमास्टर साहेब से पूछा, झण्डा आपने फहरा दिया क्या? वह बोले, कैसे फहराता महतो! झण्डा तो प्रधान जी के बन्दूकधारी अंगरक्षकों ने रामआसरे मास्टर से छीन लिया, यह कहकर कि इस साल झण्डा प्रधान जी अपने दरवाजे पर फहरायेंगे। अभी मैं मास्टर साहेब से बतिया ही रहा था कि तब तक पाँच बन्दूकधारियों को सरपंच जी ने भेज दिया कि जाओ स्कूल से झण्डा भी ले आओ और सबको मेरे दरवाजे पर बुला लाओ। बच्चों का कदमताल रुक गया। "पन्द्रह अगस्त जिन्दाबाद" "गाँधी जी अमर रहें" जैसे नारे पता नहीं किस दिशा में समा गये। बन्दूकें और बन्दूकवालों की शक्लें देखकर मास्टरों की घिग्घी बँध गयी। हेडमास्टर साहेब गिड़गिड़ाकर बोले, दरअसल झण्डा तो एक ही था। उसे प्रधान जी ने मँगा लिया..." बन्दूकवालों ने कहा, "ठीक है ठीक, हम कुछ नहीं जानते, क्या तुम लोगों को यह पता नहीं था कि इस साल सरपंच साहेब के दरवाजे पर झण्डा फहराया जायेगा? प्रधान क्या तुम लोगों का बाप लगता है जो उसे झण्डा दे दिया...दो झण्डे क्यों नहीं रखते हो तुम लोग?" उनकी बातें सुनकर मुझे हँसी आ रही थी लेकिन मैं हँसी पी गया। हँसने का मतलब था बिना हाथ-पैर के जीना। रोना और मुश्किल था बहरहाल वह पूरी भीड़ बन्धक बना ली गयी और मैं भी उसी घेरे में बन्धक की ही तरह पहुँच गया। सरपंच साहेब के दरवाजे जहाँ और भी बन्दूकवाले खटिया बिछाये पसरे थे।

सरपंच साहेब के पास झण्डा नहीं था, फहरायें क्या? खरीदना भी चाहें तो आज मिलने से रहा : शहर कस्बे की दूकानें बन्द। छुट्टी जो ठहरी। परचून की दुकानों पर अगर झण्डा मिलता होता तो पता नहीं अब तक कितने झण्डे आ गये होते...। इसी बीच प्रधान के चार आदमी बन्दूक लिये सरपंच के दरवाजे पर आ गये और हेडमास्टर

साहेब से बोले, "हे मास्टर! झण्डा तो तुमने दे दिया अब वह गीत कौन गायेगा जो गाया जाता है। भेजो कुछ लड़कों और मास्टरों को।" यह भी कैसी बिडम्बना कि प्रधान जी ने झण्डे का जुगाड़ किया तो राष्ट्रगीत गानेवालों की टोंटा पड़ गया। और सरपंच जी के पास राष्ट्रगीत गानेवाले आ गये तो झण्डा नदारद। हेडमास्टर साहेब का प्राण पत्ते पर अटक गया—भई गति साँप छछूँदर केरी। सरपंच के पास झण्डा नहीं होने की खबर जब पुराने प्रधान को मिली तो वह फूले नहीं समाये और सन् '५२ के जमाने का रखा हुआ झण्डा लेकर सरपंच के दरवाजे पर हाजिर हो गये। पुराने प्रधान ने सरपंच की नाक रख ली। अगर यही हादसा नये प्रधान के साथ हुआ होता तो शायद पुराने प्रधान ऐसा नहीं करते। सरपंच के दरवाजे पर प्रसन्नता की लहर दौड़ गयी। सावधन की मुद्रा में केवल मास्टर और स्कूली लड़के ही रहे। बन्दूकधारी चारपाइयों पर ही पसरे रहे। कोई सुर्ती ठोंक रहा था, कोई मूँछें टे रहा था। कोई आँख फाड़े टुकुर-टुकुर निहार रहा था कि आखिर यह सब क्या हो रहा है। यही देखने के लिए सरपंचवा ने इतनी दूर से बुलाया है पूरा बेवकूफ है। सरपंच ने झण्डा फहराया, बच्चों ने राष्ट्रगीत गाया। मास्टरों ने नारा लगाया। जब गाँधी जी की जय, नेहरू जी की जय, राजेन्द्र बाबू की जय होने लगी तो सरपंच ने अपने आदमियों से अपनी भी जय बुलवायी। और इस प्रकार बन्दूकों के साये में सरपंच के दरवाजे का पन्द्रह अगस्त सम्पन्न हो गया।

इसके बाद वही मास्टर वही बच्चे प्रधान के दरवाजे गये। मैं भी गया कि प्रधान बुरा न मानें। वहाँ सब तैयारी हो गयी थी। जो छवि प्रधान की थी कि क्या कहने। गगरी में से निकाला गया सिल्क का कुर्ता और चटक छापे की लुंगी पहने कन्धे में बन्दूक लटकाये प्रधान ने झण्डा फहराया। बच्चे जब राष्ट्रगीत गाने लगे 'जनगण मन अधिनायक' तब प्रधान की दोनों तर्जनियाँ दायें-बायें कानों में घुस गयीं। वह बिरहा गाने के अन्दाज में खड़े थे। किसी ने उनसे जरूर कहा होगा कि सरपंच ने पुराने बड़े-बड़े नेताओं की जय-जय के साथ अपनी भी जय बुलवायी है। सावन से भादों कब पीछे रहनेवाला? प्रधान ने भी गाँधी, नेहरू, सुभाष, भगत सिंह के साथ अपनी जय बुलवायी। और केवल अपनी ही नहीं बल्कि डकैती के जुर्म में जेल में बन्द अपने पिता की भी जय बुलवायी। मैं सोच रहा था कि शायद अभी प्रधान दो-एक पीढ़ी और ऊपर चढ़ें लेकिन पिता की ही जय बुलवाकर रुक गये। इसके बाद मिठाई बँटी और लोग अपने-अपने रास्ते रवाना हो गये।

सम्पादक जी : अगले साल क्या होगा? जब हर आदमी अपने अपने दरवाजे पर पन्द्रह अगस्त मनाना चाहेगा। झण्डे कौन देगा? प्राइमरी स्कूल या गाँव सभा? फिर अगर झण्डे मिल भी गये तो ये बन्दूकवाले कहाँ से मिलेंगे? चाहता तो मैं भी हूँ कि अगले साल झण्डा फहराऊँ लेकिन हिम्मत नहीं पड़ रही है। आशा है आप सुझाव देंगे

और इस संकट से महतो को उबारेंगे। आपकी कृपा से और सब कुशल मंगल है। उम्मीद है आप भी कुशल मंगल से होंगे।

× × ×

प्रधान जी का कायाकल्प

प्रिय सम्पादक जी,

ऐसा कहा जाता है कि घूरे के दिन भी फिरते हैं। ऐसा होते हुए मैंने अपनी आँखों कई बार देखा है और अभी भी देख रहा हूँ। जब से नया पंचायती राज अपने गाँव में स्थापित हुआ है और जवाहर रोजगार योजना की शुरुआत हुई है तब से प्रधान जी अपना कायाकल्प कर रहे हैं। सारा गाँव इस समय प्रधान जी के ठेंगे पर है, जिस प्रधान जी से लोग सौ-पचास गज दूर ही बैठना चाहते थे क्योंकि उनकी देह से तरह-तरह की दुर्गन्ध आती थी मुँह से कच्ची दारू की, कभी गाँजे की, कपड़ों से कभी पनाले की कभी मिट्टी के तेल की वही प्रधान जी आज सहसा पारस हो गये हैं। उन्होंने सबसे पहले स्वयं को छुआ और सोने के हो गये। मैली धोती मैला कुर्ता दोनों तुरत देह से उतर गये। आज प्रधान जी के पास कई ड्रेस हो गये हैं कभी पहने कुर्ता पर पतलून आधा फागुन आधा जूनवाला हिसाब रहता है। कभी कुर्ता, धोती, सदरी और कन्धे पर टूटी माला की तरह सामने की ओर झूलता चौड़े किनारेवाला मद्रासी दुपट्टा और कभी चन्दुल सिर और उस पर सफारी हाय-हाय नजर न लगे हमारे प्रधान जी को, और कभी चौचक छींटदार चुनरी मार्का लुंगी और सिल्क का कुर्ता, ऐसे प्रधान जी से लोग अब सटकर बतियाते हैं बल्कि मुँह-में-मुँह सटाकर यह भी कैसी बिडम्बना है कि वही दुर्गन्ध आज सुगन्ध में बदल गयी है। शायद अब प्रधान जी की देह से दुर्गन्ध नहीं आती है ऐसा सुना गया है कि प्रधान जी अब पीयर्स साबुन से नहाते हैं हल्दी उबटनवाला सुप्रसिद्ध क्रीम लगाते हैं कपड़ों पर चौतरफा स्प्रेवाला सेण्ट छिड़कते हैं। कभी-कभी उन्हें देखकर भ्रम होता है कि वही हैं कि दूसरे हैं लेकिन जब बोलते हैं तो भ्रम दूर हो जाता है। भाषा वही, व्यवहार वही, संस्कार वही, ड्रेस बदल गयी तो क्या हुआ, हैं वही प्रधान जी।

जब प्रधान जी का दरबार लगता है तो शोभा देखते ही बनती है। दरबार में एक-से-एक रूल पड़े हैं। बड़े-बड़े साहबों से दरबार भरा रहता है। ग्राम सेवक साहेब, हेडमास्टर साहेब, दारोगा साहेब, तहसीलदार साहेब, ठेकेदार साहेब, दुकानदार साहेब, रिश्तेदार साहेब और आस-पास के असरदार साहेब आदि-आदि लोग चारों

तरफ से प्रधान जी को घेरे रहते हैं। जहाँ पहले इस दरबार में गाँव की भट्ठीवाली जिसे प्रधान जी खुद बनाते-बनवाते थे (प्रधान होने से पहले, हालाँकि वह धन्धा आज भी बदस्तूर चल रहा है) चलती थी, वहाँ आज अंग्रेजी चलती है। शहर से आती है। प्रधान जी का साला ले आता है। वह साला प्रधान जी का दाहिना हाथ है और साला हाथ ही क्या आँख, नाक, कान, पैर, पीठ, पेट सब वही है। गलियों में खड़ंजा बिछाने का, सिचाई की नाली बनाने का, पट्टे पर मछली पालने का यानी हर तरह के ठेके का काम उसी साले को प्रधान जी ने दिया है। लेकिन अभी साला अपने बहनोई जी का बँगला बनवा रहा है। आखिर प्रधान जी को रहने के लिए घर चाहिए कि नहीं? फिर रोज ही दस-पाँच लोग शहर से, कस्बे से, पास-पड़ोस से आते ही रहते हैं। उन्हें, उठने-बैठने के लिए कायदे की जगह चाहिए बस इसी परोपकार में प्रधान जी इस समय जी-जान से लगे हुए हैं।

सम्पादक जी ! जवाहर रोजगार योजना और नये पंचायती राज की व्यवस्था के लिए जो पहली किस्त मिली थी वह काफी नहीं थी उसे लेकर काफी तनाव हो गया गाँव में। सब अपनी-अपनी ओर खींचने लगे हर हाथ दुशासन हो गया। योजना हो गयी द्रौपदी का चीर इसी में बन्दूकें निकल आयीं। प्रधान जी ने जैसे-तैसे भूँकनेवालों का मुँह निंबुआ नून चटाकर बन्द कर दिया और तमाम बन्दूकों का जवाब देने के लिए चटपट आनन-फानन में एक राइफल खरीद ली, एक बुलेट मोटर साइकिल भी आ गयी और अपने उसी तथाकथित स्वनामधन्य साले को अपना अंगरक्षक बना लिया। जैसे ही गाँव के मकान का काम पूरा हुआ शहर में भी मकान बनाने लगा, "आनका आँटा आनका घी भोग लगाये बाबा जी वही हाल है।"

× × ×

फलाने ने चोला बदला

फलाने का कोई जवाब नहीं। गिरगिट के भी बाप हैं फलाने। हवा का रुख देखकर पीठ फेरते हैं। महीनों से हवा गर्म थी कि फलाने चोला बदल रहे हैं। लेकिन तब फलाने ने चोला नहीं बदला। लगता है हवा के पानी-पानी होने का इन्तजार कर रहे थे फलाने। इसीलिए चोला बदलने में इतनी देर लग गयी। फलाने का चोला बदलना मुझे अच्छा लगा। तरह-तरह चोलों में मैं फलाने को देख चुका हूँ। क्या नीलाम्बर, क्या पीताम्बर और क्या श्वेताम्बर और क्या दिगम्बर। वल्कल में भी फलाने के संस्कार वैसे ही रहे जैसे कुर्ता-धोती में रहे जैसे सफारी में रहे। करवट

बदलने में फलाने शुरू से माहिर भी हैं मशहूर भी हैं इनके आगे थाली का बैंगन भी शरमा जाता है। देखते-देखते फलाने ने घर बदला, शहर बदला, बाप बदला, बीवी बदली। सभा, सोसाइटी और मन्दिरों में फलाने ने चप्पलें बदलीं। नहीं बदली तो केवल उनकी मानसिकता नहीं बदली दृष्टि नहीं बदली। अगर दृष्टि बदल गयी होती तो शायद फलाने चोला नहीं बदलते।

वैसे बदलाव प्रकृति का नियम है और सामाजिक प्राणी होने के नाते नियम में बँधकर चलना ही चाहिए। पेड़ भी समय आने पर पत्ते बदलता है। साँप केंचुल बदलता है। नदी धारा बदलती है। पण्डा घाट बदलता है। गवाह बयान बदलता है। यानी पूरी दुनिया ही अपने को बदलती रहती है। ऐसे में केवल फलाने का रोना क्यों रोयें? फलाने तो अभी यह चोला भी बदलेंगे। यही देह रही तो न जाने कितने लहँगे फटेंगे। फलाने ने चोला सहसा नहीं बदला। पहले और दूसरे चोला बदलनेवालों को गौर से देखा फिर उनसे अच्छा-खासा सबक लिया। पहले अपना मन बदला फिर बदले मन ने पुराने चोले से बगावत की। तब कहीं नौबत आयी चोला बदलने की।

अब सवाल उठता है कि फलाने ने आखिर चोला बदला क्यों? फलाने को पुराने चोले में आखिर क्या तकलीफ थी पुराना चोला फलाने को काट रहा था या भारी पड़ रहा था या उसमें कोई जीव-जन्तु घुस गया था जिससे परेशान होकर ऊबकर उन्होंने ऐसा किया। या भीतर-ही-भीतर कुछ अतिरिक्त विकास हो रहा था। शरीर का जो उस चोले में समा नहीं रहा था जिसके लिए फलाने को चोला बदलना पड़ा। अगर ऐसी कोई बात थी तो उन्हें किसी सर्जन से मिलना चाहिए था। शरीर का अतिरिक्त विकास एक ही ऑपरेशन में ठिकाने लग जाता। कभी-कभी ऐसा विकास मनोवैज्ञानिक में होता है। यानी होता नहीं लेकिन लगता है कि हो रहा है। ऐसा विकास बहुत खतरनाक होता है। एक साहेब को सूँघने की आदत थी। जहाँ बैठते सूँघना शुरू कर देते। क्या दफ्तर, क्या कॉफी हाउस? क्या सभा-सोसाइटी क्या पास-पड़ोस? पहले सूँघते फिर उसका प्रचार-प्रसार भी करते। धीरे-धीरे उन्हें लोगों ने लम्बी नाकवाला कहना शुरू किया क्योंकि जहाँ सुई भी नहीं जा सकती थी वहाँ वह नाक डालकर सूँघ लेते थे। लोग उन्हें शाबाशी देते कि भाई सचमुच आपकी बड़ी लम्बी नाक है। एक दिन उन्हें ऐसा लगा कि उनकी नाक इतनी लम्बी हो गयी है कि उन्हें आगे बढ़ने में तकलीफ हो रही है। सड़क पर भी चल रहे हैं तो अनायास नाक टकरा जा रही है। बेचारे परेशान हो गये। अन्ततः उन्हें सर्जन की शरण में जाना पड़ा। सर्जन ने थोड़ी-सी नाक काट ली। जब से उनकी नाक कटी है बहुत आराम से हैं। सूँघने की भी आदत उनकी छूट गयी है। वैसे उनकी नाक लम्बी हुई नहीं थी सिर्फ उसका मनोवैज्ञानिक विकास हो रहा था। जिसके चलते उन्हें नाक कटानी पड़ी। फलाने भी ऐसा कर सकते थे कि

सम्भावित विकास के चलते उन्होंने चोला बदला हो। सम्भावित विकास सम्भावनाओं पर आधारित होता है। इसके लिए पहले से तैयारी करनी पड़ती है। इस सिलसिले में एक किस्सा याद आ रहा है एक साहेब के पास सिर्फ एक चबूतरा था और एक चटाई थी और वह उतने में ही मग्न रहते थे। एक दिन सहसा वह सम्भावित विकास के शिकार हो गये। उन्हें लगा कि जब वह शादी करेंगे तब कहाँ रहेंगे? तब केवल चबूतरा और चटाई से काम नहीं चलेगा। घर बहुत जरूरी है। रातोंरात उन्होंने चबूतरा तोड़ दिया। और वहाँ घर की नींव पड़ गयी। एक कमरा बन गया। फिर उन्हें ख्याल आया कि इसमें तो वह और उनकी होनेवाली बीवी बस दो ही रह पायेंगे। फिर मेहमान कहाँ रहेंगे? बच्चे कहाँ रहेंगे? और मेहमान बढ़ेंगे और बच्चे बढ़ेंगे तो वे कहाँ रहेंगे? वह रोज इसी तरह सोचते जाते और कमरों की संख्या बढ़ती जाती। सम्भावित विकास की आशंका ने उन्हें कहीं का नहीं रखा। जिन्दगी भर वह कमरे ही बनवाते रहे और कुँवारे ही मर गये। और घर हॉस्टल होकर रह गया। हो सकता है ऐसे ही किसी सम्भावित विकास के चलते फलाने ने चोला बदला हो ताकि नये चोले में वह मन पसन्द ढंग से जी सकें। अगर ऐसा हो तो भी मेरी उन्हें बधाई है। इतना अग्रसोची अब कोई होता कहाँ है?

दूसरा सवाल उठता है कि फलाने अब बदले हुए चोले से कौन-सा काम लेंगे। अब तक उन्होंने क्या नहीं किया जो कुछ अब तक उन्होंने किया है क्या उस पर पर्दा डालने के लिए उन्होंने चोला बदला है? यह रहस्य जानै कोउ कोऊ। क्या सचमुच फलाने इस चोले में रहकर अपने लिये कुछ नया नहीं करेंगे? जरूर करेंगे। क्योंकि चोला बदलने का मतलब ही होता है पहले से और ज्यादा सम्पन्न होना और ज्यादा सुरक्षित रहना, और ज्यादा गलत होना। फिर फलाने तो सर्वगुणसम्पन्न पहले से ही रहे हैं। चोला बदलने से उसमें और चार चाँद लग गया है। अब फलाने फलाने नहीं रह गये। अब फलाने फलाने हो गये हैं। मिलना-जुलना भी उनका केवल फलाने फलाने से होता है सबसे नहीं। फलाने का भाव बढ़ गया है। चोला बदलते ही फलाने में गुणों की भरमार हो गयी है अब तक फलाने, फलाने-फलाने के साथ उठते-बैठते, खाते पीते, बोलते-बतियाते थे। अब यही सब काम फलाने, फलाने फलाने के साथ करेंगे। अब तक फलाने-फलाने का काम करते थे अब फलाने-फलाने का करेंगे। चोला बदलने से फलाने की दिनचर्या बदल गयी है, दिमाग बदल गया है। फलाने जब सुबह अपने चबूतरे से उतरते हैं तो कुछ देखकर आगे लपकते हैं, कुछ बिचकाकर पीठ फेर लेते हैं। कुछ गरियाते हैं फलाने को सहलाते हैं कुत्तों को पता नहीं फलाने यह सब समझते हैं कि नहीं समझते? और समझते हैं तो क्या। सोचते हैं? कुछ लोग फलाने के बारे में बता रहे थे कि फलाने अब सुनते ही नहीं, फलाने अब देखते ही नहीं फलाने अब बोलते ही नहीं और कुछ लोग इसका उलटा ही बताते हैं। यानी

फलाने खूब सुनते हैं, खूब देखते हैं और खूब बोलते हैं। अब कभी फलाने मिलें तो असलियत मालूम हो कि फलाने कैसे हैं? लेकिन मुश्किल यही है कि फलाने अब पहचान में आयेंगे? क्योंकि मैंने सुना है कि फलाने बिलकुल ही बदल गये हैं, उन्हें पहचानना मुश्किल है? लेकिन मेरा दावा है कि फलाने जब बोलेंगे तो पहचान में आ ही जायेंगे क्योंकि बोलने से ही खेत खाता गधा पहचाना गया है। बोलने से ही जंगल का नकली राजा रँगा सियार पहचाना गया है बोलने से ही कोयल-कौवा भी पहचाने जाते हैं। और बोलने से ही फलाने भी पहचाने जायेंगे।

× × ×

बादल और बिजली की आँखमिचौली

आजकल गाँव अजीब ऊहापोह में पड़ा है वह यह नहीं सोच पा रहा है कि क्या करे क्या न करे। क्योंकि इस साल जैसी बारिश हो रही है वह किसी काम की नहीं है। सिर्फ कितने को ही यह बरसात का मौसम है लेकिन पानी कहीं नहीं है, न खेत में, न ताल-पोखर में, न आसमान में। अब तक जितनी बारिश हुई उससे सिर्फ कि जो कुछ थोड़ा-बहुत हम सबके कुठिला-बखार में बचा-खुचा था बेहन और खर्ची के नाम पर वह भी एक ही झटके में स्वाहा हो गया। क्योंकि हमें शुरू जुलाई में इसका अनुमान नहीं था कि ये काले-काले बादल मन के भी काले निकलेंगे। थोड़ा-सा बरस क्या गये कि किसान पसीज गया है पतिया गया कि इस साल बारिश भी अच्छी होगी और फसल भी अच्छी होगी। इसी भ्रम में पड़कर किसानों ने अपना सब-कुछ दाँव पर लगा दिया। खाद खरीदा, बीज खरीदा और खरीफ के कुरुक्षेत्र में कमर कसकर खड़ा हो गया योद्धा की तरह। और जैसे-जैसे मौसम की मार उस पर पड़ने लगी वैसे-वैसे किसान तिलमिलाने लगा। बादल आते हैं जाते हैं लेकिन नीचे जैसे देखते ही नहीं। फसल चितकबरी बकरी-जैसी दिखायी देती, कहीं रंग हरा है, कहीं पीला। और कहीं-कहीं खटिया-खटिया भर खेत खाली दिखायी पड़ते हैं, हरियाली हवा हो गयी है नंगी जमीन देखकर हम सबकी आँखें भर आती हैं—हम चिरौरी, मिन्नत और बिनती करके हार गये। लगता है बादल आँख मूँदे कानों में तेल डाले पड़ा है गाँव की गुहार पर पानी फिर गया बादल क्या कोई पत्थर भी होता तो इस गुहार पर पसीज जाता—

आ जा प्यारे आ जा
ओ पानी के राजा

पानी लेकर जल्दी आ जा
सूखे ताल हैं नदियाँ सूखी
सूखी-सूखी झीलें हैं
गिद्ध मुँड़ेरों पर बैठे हैं
देहरी बैठी चीलें हैं
धान हमारे प्यासे हैं
मेहमान हमारे प्यासे हैं
प्राण हमारे प्यासे हैं
भगवान हमारे प्यासे हैं
प्यासी मरी हिरनिया वन में
समाचार है ताजा
आ जा प्यारे आ जा

लेकिन साहेब गरीब की गुहार सुनता ही कौन है? अगर उसकी गुहार सुनी गयी तो वह गरीब ही क्यों होता? बादलों पर हमें बड़ा भरोसा था, भरोसा अभी भी है विश्वास मरा नहीं है लेकिन जो रवैया उनका है उससे तकलीफ होती है क्योंकि अगर यही रवैया रहा तो सचमुच विश्वास उठ ही जायेगा। क्योंकि अब बादलों के भरोसे खेती होने से रही हर साल हमारी घरवाली आर्द्रा नक्षत्र का न्यौता करती है। इस साल भी उसने बड़े प्रेम से न्यौता किया था बादलों को बड़े प्रेम से बुलाया था आउ आउ रे बदरवा दुआरी हमरे और इस फूल की थाली में पूड़ी व खीर परसा था बेईमान आये और खाकर चले गये फिर झाँकने नहीं आये कि जिसने उन्हें न्यौता था उसके घर-आँगन का क्या हाल है। बेचारी की पियरी लुगरी में बदल गयी है पैबन्द-ही-पैबन्द दिखायी देते हैं कहीं लाल, कहीं काला, कहीं गुलाबी, कहीं सफेद फिर भी वह अपने को ही दोष देती है कि जरूर कोई खोट या कमी रही होगी आर्द्रा के न्यौता में वर्ना बादल इतना बुरा व्यवहार नहीं करते। वे भले किसी की न सुनें लेकिन किसानों की, विरहियों की, चातकों की, करुणा की पुकार जरूर सुनते हैं और हाथ बँटाते हैं लेकिन अब मैं घरवाली को कैसे विश्वास दिलाऊँ कि-

तबके बादल और थे और आज के और
वे छीने थे हथकड़ी, ये छीनेंगे और

हाँ, इस संकट की घड़ी में अगर थोड़ी-बहुत चाँदी किसी की है तो सिर्फ बड़े किसानों की जिनके पास सिंचाई का अपना साधन है। उनकी फसल मरी नहीं है जी

रही है। लेकिन उनकी भी पूरी चाँदी नहीं है अगर हम बादलों की आँखमिचौली से परेशान हैं तो वे बिजली की। बिजली को जितनी देर तक रहना चाहिए उतनी देर तक रहती ही नहीं। आती है झलक दिखाकर चली जाती है अपने इंजीनियर साहेब की तरह। वह भी दफ्तर में कभी नहीं मिलते। गौरैया-जैसी गाड़ी में फुर्र से आते हैं और फुर्र से चले जाते हैं। हम बिजली का रोना किसके आगे रोयें? किससे शिकायत करें? जब कोई सुनने ही वाला नहीं है तो कहाँ चिल्लायें, कहीं ट्यूबवेल की मोटर जली हुई है, कहीं ट्रान्सफार्मर जला हुआ है। हम दोनों देखते रहे हैं लेकिन हमारी जलती हुई फसल कोई नहीं देख रहा है। हम दो पाटनों के बीच में पिसान हो रहे हैं ट्यूबवेल के इंजीनियर दूसरे हैं ट्रान्सफार्मर के दूसरे हैं कभी अर्जी यहाँ लगाते हैं कभी वहाँ। बड़े-बड़े ठेकेदार इन्हीं दफ्तरों से कमा-खा रहे हैं बाबू, चपरासी रसगुल्ला-समोसा काट रहे हैं लेकिन महतो ससुर का दुखड़ा सुनने के लिए किसी के पास समय नहीं है। सिंचाई विभाग के बड़े बाबू बोलते ही नहीं मुँह में बराबर पान भरे रहते हैं। उन्हें जब कोई ठेकेदार गुदगुदाता है तो मुस्कराकर रह जाते हैं उनकी मुस्कराहट देखकर देह में आग लग जाती है लेकिन क्या करूँ। पनहिया परवेज की इच्छा मन में ही रह जाती है क्या केवल गिनाने और दिखाने के लिए नहरें हैं? ये पानी शायद चैत में देंगी। रोज सुनायी पड़ता है नहर आनेवाली है लेकिन आती कभी नहीं है। कुछ लोगों का तो ऐसा भी अनुमान है कि पानी नहरें या नलकूप से भले न मिले लेकिन सिंचाई की गयी है। इसकी रसीद जाड़ों में जरूर मिलेगी क्या ऐसा सम्भव है? वैसे अपने मुल्क में असम्भव कुछ भी नहीं है आज हम पानी के लिए, बिजली के लिए, नहर और नलकूप के लिए रो रहे हैं और कोई सुन नहीं रहा है। तब भी कोई नहीं सुनेगा। व्यवस्था ही ऐसी है तब या तो हम घर की कुर्की झेलें या घर-दुआर खेतबारी गिरवी रखकर कुर्की बचाये राजी होगा। ऐसी खेती से जी भर गया है।

ई खेती ई बारी का कहै के वाह-वाह
छूटैना हत्यारी का कहै के वाह-वाह
सावन में गोड़ जरे गोड़ सड़े फागुन में
मौसम क बलिहारी का कहै के वाह-वाह

सम्पादक जी : सिर पर अकाल की काली छाया मँडरा रही है। कुछ सूझ नहीं रहा है। हम सबकी गुहार-पुकार आप पानी बिजली के व्यापारियों तक अगर पहुँचा सकें तो बड़ी कृपा होगी। आशा है आप हमारी विनती सुनेंगे और हमारी लड़ाई लड़ेंगे। बाकी सब कुशल मंगल है।

× × ×

ईंधन की समस्या

एक जमाना था जब गाँव के पास मीलों में फैले छोटे-बड़े जंगल थे। बाग-बागीचे थे। फलाने की बारी, फलाने की बारी के नाम से अनेक बागीचे गाँव के चारों तरफ होते थे। तब लखराँव जैसा सम्बोधन प्रचलित भी था और सार्थक भी था। हर तरह की लकड़ी उपलब्ध थी—पीढ़ा, पटरा, पल्ला, काँड़ी, धरन यानी गाँव की सारी जरूरतें इन्हीं बाग-बागीचों और वनों से पूरी हो जाती थीं। जिसके पास एक भी पेड़ नहीं होता था वह भी अपने को जंगल का मालिक समझता था, और अपनी जरूरत पूरी करता था, छानी, छप्पर की जरूरत, पीढ़ा-मण्डप की जरूरत और बारहों महीने के ईंधन की जरूरत उसकी भी बड़े मजे से पूरी हो जाती थी। लोग यूँ ही उठाकर दे देते थे। लेकिन आज गाँव के सामने बहुत बड़ा संकट है लकड़ी का। उसमें भी ईंधन की लकड़ी का बहुत बड़ा संकट है। क्योंकि अब वे छोटे-बड़े बाग-बागीचे नहीं रहे, वे जंगल नहीं रहे जिनसे काम चलता था। आज यह हाल है कि नाव सुना त बड़की बारी, होम करै के पल्लव नाहीं। अब आप स्वयं सोचिये कि जहाँ हवन के लिए पल्लव का संकट आ गया है वहाँ लकड़ी की और जरूरतें कैसे पूरी होंगी?

पेड़ों के कटने से बहुत-से बुरे नतीजे देखने में आये हैं केवल सूखा और बाढ़ के ही झटके नहीं लग रहे हैं बल्कि जमीन का कटाव निरन्तर बढ़ता जा रहा है और जमीन खराब होती जा रही है। इससे भी ज्यादा भयंकर खतरा उत्पन्न हो रहा है। पर्यावरण प्रदूषण चूँकि पहले गाँव का आदमी इन सब बातों की जानकारी नहीं रखता था। उसे पता ही नहीं था, लेकिन तरह-तरह की पत्र-पत्रिकाओं के पढ़ने से आँखें खुलने लगी हैं और अनजाने में हुई भूल आज मुँह पर तमाचे-सा महसूस हो रही है लेकिन वही हाल है कि अब पछताये होत क्या जब चिड़िया चुग गयी खेत...।

अगर पेड़ गाँव के पास आज होते तो शायद इस तरह गाँव रोता नहीं। रही बात इमारती लकड़ी की, वह तो खैर शहरों, कस्बों के जरिये जरूरत पड़ने पर जैसे-तैसे खरीदी जा सकती है लेकिन ईंधन की समस्या तो रोज-रोज की है, नून, तेल, लकड़ी की ही तरह। इसे कैसे हल किया जाय? आज सारा गाँव इसी का हल खोज रहा है।

सम्पादक जी! हमारे गाँव में दो-चार लोगों ने गोबरगैस और बायोगैस संयन्त्र लगवाया है। उससे उन्हें रोशनी भी मिलती है और उससे बननेवाली गैस पर खाना भी बनता है। यह संयन्त्र गाँव के लिए एक तरह से वरदान है लेकिन इसके साथ

सबसे बड़ी समस्या है गोबर। जो बड़े या औसत काश्तकार हैं उनके पास गाय-भैंस-बैल हैं उनके लिए गोबर की समस्या नहीं है लेकिन ऐसे किसानों का प्रतिशत अब बहुत कम हो गया है। ज्यादातर लोग ऐसे हैं जिनके पास खेत है ही नहीं या ऐसे लोग जिन्होंने अपनी खेती मजदूर न मिलने के कारण बँटाई पर दे दी है वे लोग क्या करें? एक गाय या भैंस पाल लेने से गोबर की पूर्ति नहीं होगी। हाँ, आप कह सकते हैं कि ऐसे परिवार आपस में सहकारिता के आधार पर संयन्त्र लगवा लें लेकिन यह सम्भव नहीं है। इसमें रोज कहा-सुनी और किचकिच की नौबत लगी ही रहेगी। और एक दिन ऐसा आयेगा कि वह ठप्प पड़ जायेगा यह नितान्त व्यक्तिगत साधन है।

अब आती है बात स्टोव की, इक्का-दुक्का परिवार में स्टोव इस्तेमाल में आता है लेकिन स्टोव केवल दो-चार का बनता हो वहाँ स्टोव पर बर्तन ही नहीं टिकेंगे खाना क्या बनेगा। गाँव में अभी भी बड़े-बड़े बटुए काम में आते हैं। और सबसे बड़ी बात यह है कि मिट्टी का तेल भी तो नहीं मिलता। मिलता भी है तो ब्लैक पर। काफी महँगा। हर आदमी नहीं खरीद सकता। फिर ले-देकर बात आती है कण्डी की। आज हर गाँव में पहले से मवेशी कम हुए हैं। इसके कई कारण हैं-कुछ तो ट्रैक्टरों के आ आने के कारण। कुछ चरागाहों के कम होने के कारण मवेशी अब खूटों पर ही बँधे रह जाते हैं। पहले गाँवों में गहेंड़ रखने की परम्परा थी अब यह भी धीरे-धीरे खत्म हो रही है। वर्ना सीवान में कण्डे बीनने से भी बहुत-से परिवारों में ईंधन की समस्या हल हो जाती थी। लेकिन अब सुविधा भी नहीं रही। और गाँव में जिनके पास बाग-बागीचे हैं वे लोग मामूली दातून तो तोड़ने नहीं देते ईंधन के लिए क्या मदद करेंगे?

इसी समस्या के हल के लिए पिछले कुछ वर्षों से बहुत बड़े पैमाने पर समाज की जमीन पर तरह-तरह के पेड़ लगाये जा रहे हैं। लेकिन इन पेड़ों का भी दुर्भाग्य देखिये-ये लगाये गये हैं सरकार की ओर से पंचायत की जमीन पर लेकिन गाँव के दबंग लोग सबको लकड़ी काटने नहीं देते। मारकर भगा देते हैं, और अगर कहीं किसी को पेड़ काटने की सहूलियत मिल भी गयी तो पेड़ की औकात ही कितनी पूरी होगी। छोटे-छोटे पेड़ होते हैं। बड़े पेड़ होते तो कुछ बात भी बनती लेकिन पेड़ गिनाने और चारों तरफ कागजी हरियाली की पहचान कराने के लिए होते हैं। अपने गाँव में इस साल बड़े पैमाने पर पेड़ आये थे लेकिन कहाँ गये पता नहीं। प्रधान ने कुछ पेड़ अपने बागीचे में बैठा दिया कुछ अपने दरवाजेवाले खेत के किनारे-किनारे लगवा दिया जो कुछ बाकी बचा था उसे रिश्तेदारियों में भिजवा दिया। गाँव टापता ही रहा। एक बात और है आज जो पेड़ लगाये जा रहे हैं वे किसी काम के नहीं हैं। न तो इनसे इमारती लकड़ी ली जा सकती है और न भरपूर

जलावनी। एक तरह से ये झाड़-झंखाड़ होकर रह जाते हैं। रात-बिरात निकलने में भी डर लगता है।

सम्पादक जी, मैंने सुना भी है और पिछले साल शहर की प्रदर्शनी में देखा भी था, एक चूल्हा का—सौर चूल्हा। सूरज की रोशनी से ईंधन का काम लिया जाता है। है तो खैर वह बहुत अच्छा लेकिन वह हम लोगों के लायक नहीं है। क्योंकि उसमें केवल ढक्कन बन्द खाना ही बन सकता है। यानी उबला हुआ खाना। तवे और कड़ाही में बननेवाली चीजें नहीं बन सकतीं। इसमें समय भी बहुत लगता है। सुबह सब सामान भरकर रख दीजिये धूप में। दोपहर तक खाना तैयार हो जायेगा। भला सोचिये अभी भी गाँवों में बहुत-से ऐसे परिवार हैं जहाँ केवल झोंपड़ी के और कुछ नहीं है। धूप ही नहीं आती तो चूल्हा रखकर क्या करेंगे। क्या दिखाना है कि हमारे पास सौर चूल्हा है। जाड़े और बरसात में तो और मुसीबत है न धूप आयेगी न कौर उठेगा। यहाँ तो मुँह अँधेरे से ही काम पर निकलने का सिलसिला शुरू हो जाता है—किसी को कचहरी जाना है, किसी को खाद-बीज के लिए जाना है। कोई ड्यूटी पर जा रहा है, कोई पढ़ने जा रहा है। जहाँ इतनी जल्दी हो वहाँ तो चटपटवाला ईंधन ही काम आयेगा। इसलिए आप हम सबकी बात वहाँ तक पहुँचाइये जहाँ से कुछ काम बन सके और हमारी यह जरूरत पूरी हो सके।

आशा है आप स्वस्थ सानन्द होंगे।

× × ×

कहाँ गये शिक्षक कहाँ गयी शिक्षा

कल शिक्षक-दिवस था, यानी डॉ. सर्वपल्ली राधाकृष्णन का जन्म-दिन। हमें इस बात का गर्व है कि कभी हमारे बीच ऐसे भी महान पुरुष थे जिन्होंने भारतीय शिक्षा-जगत् को अपनी अद्भुत और अभूतपूर्व सेवाएँ दीं। जब हमारी पीढ़ी के लोग पढ़ते थे तब ऐसे शिक्षकों का पूरा एक समूह था और देश का हर कोना इस समूह से जुड़ा था। न जाने कितने शिक्षकों ने, और उनके परिवारवालों ने आजादी की लड़ाई में अपना सब-कुछ स्वाहा कर दिया और फक्कड़ हो गये। केवल सुख-सुविधा की बलिवेदी पर अपने को न्यौछावर कर दिया। और अपने पीछे शिष्यों की एक ऐसी कतार खड़ी कर गये जो निरन्तर उसी लाइन पर चलती रही। सचमुच इस कतार ने हमें बहुत-कुछ दिया।

इसी कतार में डॉ. राधाकृष्णन, आचार्य नरेन्द्र देव, डॉ. सम्पूर्णानन्द, डॉ. जाकिर हुसेन जैसे अनेक राष्ट्रीय स्तर के महापुरुष थे और इन्हीं की कृपा से उन दिनों, भारतीय पारम्परिक मूल्य, मानवीय चरित्र, करुणा, नैतिकता, सामाजिक दायित्वबोध और राष्ट्रीयता जैसे गुण समाज और देश में दिखायी देते थे। लेकिन इस कतार के खत्म होते ही जो खालीपन शिक्षा-जगत् में आया वह ज्यों-का-त्यों बना हुआ है न भरा न भरने की उम्मीद है। बल्कि और दूसरे कोने भी इसी रफ्तार से खाली हो रहे हैं या यह कहें कि इसी खाली हुए हिस्से की नकल कर रहे हैं उसी रास्ते पर चल रहे हैं। यही कारण है कि आज सबसे ज्यादा गिरावट शिक्षा के स्तर में आयी है न शिक्षा के सही शिक्षक रह गये न शिक्षा ही सही रही, और पढ़नेवालों का तो कहना ही क्या, दुर्दशा है सिर्फ अविभावकों की जिन्हें खेत बेचकर, गहने बेचकर, पेट काटकर फीस जमा करनी पड़ती है, किताब-कॉपी जुटानी पड़ती है और बेटे-बेटियों को शहर-कस्बे में भेजकर पढ़ाना पड़ता है। आज की पढ़ाई का खर्चा उठाना साधारण परिवार के बूते के बाहर की बात है।

"भरी सभा में नाक कटी है पकड़ी गिरी पचीस में चाँदी की करधनी फँसी है रामलाल की फीस में"

क्या इस विडम्बना का कोई सार्थक हल हमारे देश-समाज के पास है? नहीं न? जी हाँ, बिलकुल यही बात है। उसका कारण है हमारी आज की शिक्षा।

आज की शिक्षा का असली भीतरी स्वरूप से घिन छूटती है। आज की शिक्षा आदमी नहीं जानवर बनाती है और जानवर बनाकर चरने-खाने को छोड़ देती है। जो हमें होना था वह हम नहीं हुए और जो हमें होना था वही हम हो गये। एक कहावत कही जाती है जो थोड़ा पढ़ा सो हरसेगा, जो ढेर पढ़ा सो घरसेगा। कम पढ़ने का नतीजा निकला कि लोग पुश्तैनी धन्धे को करने में अपमान समझने लगे और उधर से मुँह फेर लिये। और जो ज्यादा पढ़-लिख लिये वे घर से ही निकल गये। गाँव उन्हें काटने लगा। शिक्षा ने हमें अगर दो प्रतिशत इंजीनियर, डॉक्टर, प्रोफेसर, वकील और आफिसर बनाया है तो लगभग चालीस प्रतिशत के आस-पास लोगों को केवल क्लर्क बनाकर कोल्हू के बैल की तरह जोत दिया, काटो प्यारे चक्कर और पेरो तेल। जितने हमारे मानवीय गुण थे सबको हमसे परे रखा। इसी शिक्षा के चलते न हम अपने प्रति जागरूक हो सके न अपने देश-समाज के प्रति। दृष्टिकोण और दिशाएँ दोनों सीमित और निश्चित हो गयीं-पढ़ो और नौकरी करो। यानी पढ़ाई का सम्बन्ध नौकरी से हो गया।

ऐसी परिस्थिति में यह स्वाभाविक है कि हम उन तमाम आदर्शों और जीवन-मूल्यों से अलग होकर जियें। जिनकी रक्षा कभी पेड़ के नीचे पढ़नेवाले लोगों ने की थी, उन्हीं की हँसी उड़ा रहे हैं बड़ी-बड़ी बिल्डिंगों में पढ़नेवाले। इन्हें पता ही नहीं होगा कि कभी बारहों महीने पेड़ों की छाँह में ही मदरसे लगते थे और इन्ही पेड़ों की छाँह में पढ़ाई भी होती थी, डिप्टी साहब मुआयना करते थे और टूर्नामेण्ट भी आयोजित किये जाते थे। तब मिडिल पास आदमी की भी कीमत थी। क्या गणित, क्या संस्कृत और क्या इतिहास, भूगोल सब-कुछ जैसे जबान पर था। वैसे ही शिक्षक भी थे और वैसे ही विद्यार्थी थे। तब की शिक्षा हमें सही नागरिक और सही आदमी दोनों बनाती थी।

शिक्षा में आयी हुई गिरावट के लिए आज के शिक्षक ही जिम्मेदार हैं। आज का शिक्षक शिक्षक कम दुकानदार ज्यादा हो गया है। आज के शिक्षकों में रागदरबारी खन्ना मास्टर ही ज्यादा मिलेंगे। क्या गाँव क्या शहर! हर जगह वही हाल है कोचिंगों का जमाना है कुंजियों का बोलबाला है। स्कूल में बहुत-कम पढ़ाई होती है। लगभग नहीं के बराबर औव्वल तो स्कूल-कॉलेज खुलते ही बहुत कम हैं और अगर दुर्भाग्य से खुल भी गये तो कभी प्रिन्सिपल साहेब के इशारे पर कभी मास्टरों के इशारे पर कभी छोटे-बड़े नेताओं के इशारे पर फिर वही नारेबाजी और तरह-तरह के कुचक्रों की शुरुआत हो जाती है और जहाँ पठन-पाठन होना चाहिए वहाँ पी.ए.सी. के जवान दिखायी देने लगते हैं। पढ़ाई क्या होगी खाक? बहुत-से स्कूल-कॉलेज ऐसे हैं जहाँ दो-दो, तीन-तीन मैनेजर अपने-अपने ढंग से अपना-अपना सिक्का चला रहे हैं। कितने प्रिन्सिपल कभी स्कूल आते ही नहीं, बराबर शहर में ही बने रहते हैं। वहीं रजिस्टर चला जाता है, वहीं चपरासी चले जाते हैं, वहीं मास्टर चले जाते हैं, बच्चे स्कूल में दिनभर धमा-चौकड़ी मचाते हैं, और अगर पास-पड़ोस में कोई टाकीज हुआ तो उसमें गिरोह बनाकर घुसते हैं मुफ्त सिनेमा देखते हैं, और शाम होते-होते घर चले आते हैं। यानी पढ़ाई हो गयी। कोर्स पूरा करने की कृपा अब कोई मास्टर नहीं करता और न तो अतिरिक्त समय देकर पढ़ाता ही है। कोचिंग के नाम पर सामूहिक ट्यूशन पढ़ाने की नयी परम्परा बनती जा रही है। जिस माँ-बाप की हैसियत नहीं है वह भी अपने बेटे-बेटियों की जिद पर अपना सब-कुछ न्यौछावर कर देते हैं। यह न्यौछावर भी एक तरह का जुआ है अगर लह गया तो तीर नहीं तो तुक्का। फाइनल इम्तिहान के समय ये शिक्षक प्रिन्सिपल आपस में साँठ-गाँठ करके नकल की योजना बनाते हैं और हर विद्यार्थी से पास करने का ठेका ले लेते हैं। आर्ट्सवालों से पाँच सौ, साइन्सवालों से एक हजार बाबू माई झख मारकर देते हैं क्योंकि बेटे के भविष्य का सवाल है।

अब अगर इतने पर भी विद्यार्थी नहीं पास हुआ तो दुर्भाग्य है। वैसे अमूमन सभी पास ही हो जाते हैं और अच्छे नम्बरों से पास होते हैं। गाड़ी फँसती है जुलाई–अगस्त में। जब ऐसे पास विद्यार्थी बी.ए. बी.एस–सी. में नाम लिखाने के लिए फार्म भरते हैं। प्रवेश परीक्षा जैसा फाटक ज्यादातर विद्यार्थी नहीं पार कर पाते और लटककर रह जाते हैं। अब सवाल उठता है कि आखिर ये विद्यार्थी क्या करें? कहाँ जायें? हाईस्कूल, इण्टर तो नकल के जोर पर पास हो गये। लेकिन बी.ए. में नाम नहीं लिखा गया। यानी इनके लिए अब आगे पढ़ने का कोई रास्ता नहीं है। ये आई.टी.आई. भी करना चाहें तो नहीं कर सकते। वहाँ भी कम मारा–मारी नहीं है। फिर ऐसे विद्यार्थी घर–परिवार गाँव–समाज के लिए बोझ बनते हैं। घूमने की आदत वही, फूँकने की आदत वही और माँ–बाप पर गृहस्थी के और दूसरे खर्चे देखें कि इन्हें जेब खर्च दें तो कहाँ से दें न दें तो और मुसीबत। कहा–सुनी भी हो और पड़ोसी हँसे सो अलग, ये बिगड़े और निरंकुश हुए विद्यार्थी, गुण्डागर्दी, चोरी–डकैती जैसे धन्धों में हाथ बँटाने लगते हैं। क्योंकि नौकरी जब अव्वल नम्बरवालों को नहीं मिल रही है तो इन तीन और दो भाईवालों को कहाँ से मिल जायेगी? लिहाजा ये बोझ होकर जीते हैं।

इसमें सबसे ज्यादा दुर्दशा होती है अभिभावकों की कि वे क्या करें? आखिर उनका क्या कर रहे हैं फीस उन्होंने पूरी दी, सुविधाएँ भी अपनी सामर्थ्य के अनुसार मुहैया कराये लेकिन विद्यालय ने, अध्यापकों ने अपनी पूरी जिम्मेदारी नहीं निभायी। इसका नतीजा यह हुआ कि माँ–बाप के सारे किये–धरे पर पानी फिर गया। सपने चकनाचूर हो गये। भविष्य के सामने एक सवाल लग गया कि अब क्या होगा। यही सवाल एक अभिभावक होने के नाते देश–गाँव का नागरिक होने के नाते मैं भी पूछ रहा हूँ कि अब क्या होगा क्या हर साल हम आप सब शिक्षक–दिवस मनाते हैं लेकिन कभी भी अपने भीतर डॉ. राधाकृष्णन को धारण करने की कोशिश नहीं करते। न अध्यापक, न विद्यार्थी फिर इसकी क्या जरूरत है यह हम डॉ. राधाकृष्णन का सम्मान करते हैं या अपमान करते हैं। एक दिन के शिक्षक–दिवस मना लेने से क्या बारहों महीने बन्द रहनेवाले विद्यालय खुल जायेंगे? कट्टा लेकर छुरा लेकर इम्तिहान देनेवाले क्या सुधर जायेंगे या बेटों को जैसे–तैसे पास कराकर नौकरी दिलानेवाले अभिभावक फिर ऐसा नहीं करेंगे? इसकी कोई गारण्टी तो नहीं है। कहाँ गये वे शिक्षक? कहाँ गयी वही शिक्षा? सम्पादक जी! उम्मीद है आप भी इस समस्या पर गौर करेंगे और कोई–न–कोई सार्थक हल ढूँढ़ने में मेरी मदद करेंगे। आशा है आप स्वस्थ सानन्द होंगे।

× × ×

दधिकान्दो-मेला

हर साल भादों के महीने में कृष्ण-जन्म के बाद से इलाहाबाद शहर के कई मुहल्लों में बारी-बारी से दधिकान्दो का मेला सम्पन्न होता है। यह मेला कब से शुरू होता है यह बताना बड़ा मुश्किल है। क्योंकि इसका कोई लिखित इतिहास नहीं मिलता। ऐसा शायद इसलिए कि दधिकान्दो कोई बहुत प्रसिद्ध और बड़ा मेला नहीं है और न तो यह हर जगह सम्पन्न होता है। दधिकान्दो की परम्परा सिर्फ इलाहाबाद में देखने को मिलती है वह भी केवल शहर में, देहात में नहीं। शहर में भी हर मुहल्ले में नहीं बल्कि विशेष रूप से उन मुहल्लों में जो शहर की बाहरी सीमा पर स्थित हैं। मुख्य शहर से इस मेले का कोई सम्बन्ध नहीं है। यह बात अलग है कि आज शहर का हर कोना हर मुहल्ले के दधिकान्दो में शरीक होता है। इलाहाबाद में पिछले सप्ताह से ही दधिकान्दो का सिलसिला शुरू हो गया है। अभी सलोरी और सुलेमसराय का दधिकान्दो सम्पन्न हुआ है। और अभी राजापुर, दारागंज और कीडगंज का दधिकान्दो सम्पन्न होने को है। इन मुहल्लों को अगर इलाहाबाद शहर के नक्शे में देखें तो सब-के-सब शहर के बाहरी छोर पर बसे मिलेंगे। शहर की आबादी बढ़ने और शहर से सीधे जुड़ने के कारण ये मुहल्ले अब लगभग शहर के मुख्य अंग हो गये हैं वर्ना कभी ये ठेठ गाँव ही रहे होंगे। तब इनका रंग-रूप और नक्शा कुछ और रहा होगा। खेत, जंगल, बाग से होकर लोगों का आना-जाना रहा होगा। वैसे भी इलाहाबाद कभी किसी जमाने में बागों का शहर कहा जाता रहा और उससे भी पूर्व बौद्धकाल में यह केवल घनघोर जंगल था। बहुत छोटी-सी आबादी के प्रमाण मिलते हैं और वह भी छिटपुट रूप में थी। प्राज्यों से तो ऐसा पता चलता है कि यहाँ सिर्फ साधु-सन्तों के आश्रम थे, भरद्वाज ऋषि का गुरुकुल था और चारों तरफ जंगल हो सकता है। जंगल में मंगल मनाने की परम्परा ही धीरे-धीरे दधिकान्दो जैसे प्रतीक से जुड़ गयी हो। और आज तक यह परम्परा चलती चली आ रही है। कोई परम्परा कभी बुरी नहीं होती लेकिन गलत लोगों के हाथों में अच्छी भली परम्परा भी जाती है। तो दूध कलारी कर गेह जैसी बात देखने में आती है। आज इस मेले की लगभग यही हैसियत रह गयी है।

सवाल उठता है कि आखिर इस मेले की सार्थकता क्या है और इसका उद्देश्य क्या है। क्या सचमुच यह मेला हमें अपने सामाजिक, पारिवारिक, नैतिक और मानवीय मूल्यों से जोड़ता है। जी हाँ, इस मामले में इस मेले का कोई जवाब नहीं है। क्योंकि यह मेला जनमानस द्वारा निरंकुश शासन के प्रति किये गये बिद्रोह के श्रीगणेश का ज्वलन्त प्रमाण है। इसकी मूल संवेदना है श्रीकृष्ण द्वारा मथुरा के निरंकुश राजा कंस का किया गया सहज विरोध। जनसाधारण द्वारा रोज कर के रूप में दूध, दही, घी, मक्खन और गौएँ कंस के दरबार में पहुँचाये जाते थे। कृष्ण ने अपने सहयोगियों

और गोकुलवासियों से कर न देने का आग्रह किया और कंस से लोहा लिया। सबने कृष्ण की बात मान ली। चूँकि व्रज में दूध–दही इतना इफरात होता था कि तब भी खपत नहीं हो पाती थी और जिस दिन विद्रोह की शुरुआत हुई उस दिन गोकुलवासी बिना दूध–दही दिये ही मथुरा से वापस लौट रहे थे। सिर का बोझ भी हलका करना था और अपने उत्साह उमंग को भी एक साकार रूप देना था। फिर क्या? शुरू हो गयी धमा–चौकड़ी। ग्वाल–बाल दही का फगुआ खेलने लगे वह भी भादों में सब एक–दूसरे के मुँह पर दही पोतने लगे। सारा रास्ता दही के रंग में रँग गया। दही का कीचड़ मीलों में फैल गया। भीड़ उसी कीचड़ में सन–सी गयी। उस दिन पहली बार शोषित–दलित और डरे हुए लोगों ने कृष्ण के नायकत्व में अपनी खुशी जाहिर की। सचमुच उनकी खुशी का कोई ठिकाना नहीं था।

अब सवाल उठता है कि आखिर यह घटना एक प्रतीक के रूप में परम्परा के रूप में केवल इलाहाबाद से ही क्यों जुड़ी है? और दूसरे शहरों और नगरों से क्यों नहीं जुड़ी? इसका भी कोई ठोस ऐतिहासिक प्रमाण तो कहीं नहीं मिलता लेकिन इस बात के प्रमाण जरूर मिलते हैं कि कभी प्रयाग में कृष्ण की उपासना बहुत बड़े पैमाने पर होती थी। और गौर कृष्ण चैतन्य महाप्रभु का भी यह नगर ऋणी रहा है उसके अतिरिक्त कुछ भी नहीं है। कृष्ण को अपने भीतर धारण करो और घर–घर में प्रतिष्ठित–मण्डित करो। कृष्ण ने कंस का गर्व चूर किया, इन्द्र का गर्व चूर किया आदि आदि का प्रतिफल है दधिकान्दो। लेकिन इन्हीं दोनों में से एक। ऐसा बहुत बार हुआ है। सन्तों–कवियों–महापुरुषों ने समाज को धर्म की संस्कृति को टूटने–बिखरने से बचाने के लिए जनसाधारण की सोयी चेतना को अनेक रंगों–रूपों में प्रभावित किया है प्रेरित किया है और असहायों–असमर्थों में नयी शक्ति भरने का सार्थक प्रयास किया है। भक्ति और प्रेम के रस का स्वाद चखनेवाली भीड़ की आँखें जरूर खुली होंगी। और भीड़ ने जनमानस ने अपना दायित्व समझा होगा दायित्व का ज्ञान कराना और उसके अनुरूप आचरण करना अपने को ढालना भारतीय जनमानस ने बहुत अच्छी तरह से इन गुणों को ग्रहण किया है। प्रयाग ऐसी भीड़ में आज भी अपनी पहचान बिलकुल अलग बनाता है। सन्तों का आशीर्वाद कहिये या कृष्णभक्ति की शाश्वत प्रेरणा जो भी हो लेकिन वह जनमानस के बीच संजीवनी का काम करती है। इसके आदि स्वरूप की क्या छवि रही होगी यह सोच–सोचकर एक अद्‌भुत रोमांच हो आता है। गोप–गोपी के वेश में दूध–दही की मटकी सिर पर लिये गायों के झुण्ड के साथ गाते–बजाते लोगों का समूह कृष्णलीला के स्वाँग के साथ जब निकलता रहा होगा तो सचमुच देखनेवाले भी इस भीड़ का हिस्सा हो जाते रहे होंगे। आज यह मेला रात में सम्पन्न होता है। लेकिन विश्वास मानिये यह पहले अपने जब आदिम स्वरूप मे रहा होगा तब

दोपहर में या दोपहर बाद सम्पन्न होता रहा होगा। क्योंकि तब निश्चित ही इस मेले का स्वरूप आज जैसा न तो इतना व्यापक रहा होगा और न तो इतना व्यावसायिक। जंगल, खेत, टीले, नाले आदि के कारण दिन-ही-दिन की व्यवस्था रही होगी। बाजार लगते रहे होंगे, दुकानें सजती रही होंगी, नाच-गाना, खेल-तमाशे आयोजित होते रहे होंगे। क्योंकि कभी दशहरे और रामदल की चौकियाँ झाँकियाँ भी जब रोशनी यानी बिजली की भी व्यवस्था नहीं थी तब दिन में ही निकलती रहीं। थोड़ी-बहुत रोशनी की जरूरत अगर शाम होते-होते पड़ती भी रही होगी तो मशालों से काम लिया जाता रहा होगा। आज बिजली की व्यवस्था है इसलिए रामदल की सारी तैयारी बिजली पर ही निर्भर करती है। कभी दोपहर बाद दिन रहते सम्पन्न होनेवाला रामदल आज रात के बारह बजे निकल रहा है इसी की छूत दधिकान्दो को भी लगी है। दधिकान्दो की चौकी भी अब रात के नौ-दस बजे से पहले नहीं निकलती और दर्शक सारी-सारी रात रोशनी देखते हैं दुकानों का जायजा लेते हैं।

एक बात और है आज दिनोंदिन दधिकान्दो जिस तरह की भीड़ का, जिस तरह की मानसिकता का और जिस तरह की व्यावसायिकता का शिकार होता जा रहा है उससे जी डरता है। आज न तो वह पारम्परिक सांस्कृतिक छवि उभरती है और न तो लोगों में वह स्नेह और सद्भावना ही दिखायी देती है। अब होड़ी-होड़ा है चौकियाँ निकालने में उसे सजाने-सँवारने और आकर्षक बनाने में तरह-तरह की रसीदें और तरह-तरह के चन्दा वसूलनेवाले लोग सबकी रसीद की आबरू रखनी पड़ती है किसी को भी इन्कार नहीं किया जा सकता। और चौकियाँ ऐसी निकलती हैं कि जिधर से जाती हैं उधर-उधर के बिजली के तार तोड़ती झकझोरती यानी सड़कों की घरों की रोशनी भगाती चलती हैं। चन्दा भी दीजिये और अँधेरे में भी रहिये और अगर कुछ कहिये तो भरपूर सुनिये। कभी-कभी कहना इतना महँगा पड़ जाता है कि भोगना पड़ता है जान से हाथ भी धोना पड़े तो कोई ताज्जुब नहीं वह ऊँची चौकी निकालेंगे चाहे बिजली जाये या रहे इससे उन्हें कोई मतलब नहीं। यही हाल मेला देखनेवालों का होता है चोर-उचक्के-गिरहकट और मँजनूँ बने छैला छाप अकड़ जवानी का प्रतिशत ज्यादा रहता है। किसी के पास कट्टा होता है किसी के पास लाइसेन्सी राइफल होती है। किसी के पास पटाखों की तरह झोले में बम होते हैं। तनिक-तनिक-सी बातों में ये अस्त्र-शस्त्र इस्तेमाल में आ जाते हैं दुश्मनी मनायी जाती है बदला फेरा जाता है लोग असहाय-से देखते रह जाते हैं कोई चूँ नहीं करता क्योंकि मेला उनका है जैसा चाहते हैं वैसा करते हैं। जिस दुकान से जो चाहें उठा लें खा लें पी लें और बिना पैसा दिये चल भी दें दुकानदार की क्या हिम्मत जो टोक दे वह सब-कुछ चुपचाप सह जाता है आज यह मेला

राजनीति गुट और प्रचारवाद से ज्यादा प्रभावित हो गया है। अब इसकी वह मूल संवेदना कहीं नहीं दिखायी देती। अगर सही लोगों के हाथ में इसकी व्यवस्था रहे और सही ढंग से यह सम्पन्न हो तो यह हमारी बहुत बड़ी देन साबित होगा। लेकिन यह तभी सम्भव होगा जब मेला पूरी तरह से टोले-मुहल्ले की आपसी खींचातानी और गन्दी राजनीति से अलग हटकर सम्पन्न कराया जाय। इसी में इस मेले की भी मर्यादा सुरक्षित है और हमारी भी।

× × ×

हिन्दी हमारी मातृभाषा है। आज से नहीं सदियों से। और हम न एकवचन में हैं न द्विवचन में हैं आज हम बहुवचन में हैं। इस बहुवचन को देश के लगभग साठ से सत्तर प्रतिशत लोग हिन्दी बोलते हैं–समझते हैं। लेकिन यह सब एक दिन में नहीं हुआ है–हिन्दी का जो स्वरूप आज वर्तमान है उसे तैयार करने में न जाने कितने सौ साल लगे हैं। वैदिक संस्कृत से लौकिक और प्राकृत-पालि-अपभ्रंश जैसे सोपानों से होती हुई हिन्दी डिंगल-पिंगल के बीच से रास्ता बनाती हुई व्रज, अवधी, मौथिली, बुन्देली बोलियों और उपबोलियों के सान्निध्य से विकसित होनेवाली हिन्दी न एक दिन की देन है, न किसी एक रचनाकार की रचना का प्रतिफल है। बल्कि यह हमारी संस्कृति-सभ्यता-परम्परा और अनुभूति का वह स्वरूप है जो अपने को सम्पूर्ण रूप में जीवन्त बनाये रखने के लिए निरन्तर चरैवेति-चरैवेति जैसे मन्त्र का पाठ करता रहा है, वैसी ही साधना करता रहा है और उतना ही संघर्ष करता रहा है।

यह बहुजनहिताय, बहुजनसुखाय है। क्योंकि भाषा की पहचान हमारे बीच माँ की पहचान बनाती है। हम भाषा को वही सम्मान देते हैं जो माँ को देते हैं। इसलिए हम जैसे माँ की मर्यादा पर आँच नहीं सहन कर सकते उसी तरह भाषा की मर्यादा पर भी हम आँच कभी सहन नहीं करेंगे। यह हमारा अटल संकल्प है।

हिन्दी का अतीत–मैं जिस अतीत को उजागर करना चाह रहा हूँ वह ठीक उसके कहावत की तरह है कि मेरे पिता ने शुद्ध देशी घी खाया था, आप चाहें तो मेरी हथेली सूँघ सकते हैं...। घी किसी ने खाया, हथेली कोई और सुँघा रहा है लेकिन नहीं अगर आप मजदूर की हथेली, चित्रकार की हथेली, कलाकार की हथेली, रचनाकार की हथेली की पहचान रखते होंगे तो आप हथेली में पड़े गड्ढे, हथेली में लगे रंग, हथेली में रचे-बसे हुनर, हथेली में खिले मेंहदी के फूल, रेत पानी की छुअन सबको

आप अच्छी तरह पहचानते होंगे। हिन्दी की हथेली आपके सामने है पहचानिये–इसमें जायसी, कबीर हैं कि नहीं, तुलसी, मीराँ हैं कि नहीं, नानक और नरसी मेहता हैं कि नहीं, सूर, विद्यापति हैं कि नहीं, रहीम, रसखान हैं कि नहीं, रत्नाकर, पद्माकर, देव, बिहारी, घनानन्द, रसलीन, रैदास साफ–साफ दिखायी देते हैं कि नहीं? भारतेन्दु की साधना का रंग इसी हथेली का रंग है, प्रेमचन्द, प्रसाद, पन्त, निराला, महादेवी, रामचन्द्र शुक्ल, हजारीप्रसाद द्विवेदी, महावीरप्रसाद द्विवेदी, मैथिलीशरण गुप्त, माखनलाल चतुर्वेदी जैसे सैकड़ों–हजारों बेटी–बेटे इसी हथेली की छाँह में खड़े और बड़े हुए हैं। आज भी यह परम्परा बरकरार है। गाँधी जी हिन्दी की हैसियत पहचानते थे, उसके स्वभाव और संस्कार को अपने भीतर उन्होंने धारण किया था। अपने अथक प्रयासों से उन्होंने हिन्दी की भौगोलिक सीमा ही बदल दी थी।

घी खानेवाले अब हमारे बीच नहीं रहे बल्कि उन्हीं के वंशज भीड़ में हथेली सुँघाने के लिए खड़े हैं। वर्ना कभी बंगाल में, उड़ीसा में, नेपाल, बर्मा, रंगून में, कश्मीर में और दक्षिण में हिन्दी क्या हिन्दी की बोलियाँ सुनी समझी जाती थीं। लेकिन तब हमारे साथ भाषा को लेकर कोई गन्दी राजनीति नहीं थी, भाषा तब धर्म और जाति से नहीं जुड़ी थी, भाषा तब संविधान की कृपा पर नहीं थी। लेकिन कुछ ऐसी नजर लगी, कुछ ऐसे तेवर और कलेवर बदले कि हिन्दी पाण्डवों की द्रौपदी हो गयी। आखिर ऐसी अभिशापित जिन्दगी किस काम की है? कोई जो इसे इस अभिशाप से मुक्ति दिलाये और उसको उसके अतीत से जोड़ सके?...है तो, लेकिन ऐसा कोई आदमी नहीं। हिन्दी भी आज समय का मुँह देख रही है और समय आँख मूँदे हुए है लेकिन कब तक आँख मूँदे रहेगा? जब भी समय की आँख खुलेगी वह हिन्दी को पहचानेगा और केवल पहचानेगा ही नहीं उसे स्थापित भी करेगा।

हिन्दी का वर्तमान–हिन्दी का अतीत जितना ही गौरवपूर्ण कहा जा सकता है, उसका वर्तमान उतना ही दुर्भाग्यपूर्ण कहा जाना चाहिए। आज हिन्दी 'भरत' होकर रह गयी है–

ग्रह ग्रहीत पुनि बात बस, तेहि पुनि बीछी मार
ताहि जियावहि वारुणी, कहा करै उपचार।।

हिन्दी के कल्याण में जो लोग लगे हैं वे सिर्फ अपना कल्याण कर रहे हैं, किसी के हाथ में हिन्दी भिक्षा–पात्र की तरह है। किसी के हाथ में रसीद बुक की तरह है, किसी के हाथ में हुण्डी की तरह है, किसी के हाथ में अलबम की तरह है। नाम गिनाने के लिए एक–से–एक सभाएँ, संस्थान, सम्मेलन, समितियाँ हैं लेकिन नीयत सबकी वही है। हिन्दी के नाम पर फर्जी प्रमाण–पत्रों को बेचनेवाले ये हिन्दी सेवी, पुरस्कारों के नाम पर लूटने–खसोटनेवाले ये हिन्दी सेवी, सरकारी अनुदानों के बल पर फूलने–फलनेवाले हिन्दी सेवी, आचार्य नरेन्द्र देव को भूल गये हैं, पराड़कर को भूल गये हैं,

राजर्षि टण्डन को भूल गये हैं, पण्डित मदन मोहन मालवीय को भूल गये हैं–सिर्फ अपना माल और अपनी दुकान पहचानते हैं इनका वश चले तो ये हिन्दी की बोटी-बोटी बेच दें और गंगा नहा लें लेकिन इन दलालों, गद्दारों, दुकानदारों, ठेकेदारों और हत्यारों की पूरी तरह से चल नहीं रही है। फिर भी हिन्दी तरह-तरह की साजिशों की शिकार है–पुरस्कारों और सम्मानों का मुलम्मा घाव पर पर्दा नहीं डाल सकता। जहाँ मक्खियाँ भिनभिना रही हैं, खून रिस रहा है वहाँ दृष्टि नहीं है–दृष्टि वहाँ है जहाँ से एक नारा दिया जा सकता है, शिगूफा उछाला जा सकता है, बखेड़ा खड़ा किया जा सकता है और हिन्दी को एक धक्का और दिया जा सकता है।

यह दुर्भाग्य ही है हिन्दी का कि वह अभी भी तरह-तरह के सवालों से घिरी है, तरह-तरह की फाइलों से जूझ रही है, और दो-चार हाथों में तरह-तरह से खेल रही है–पता नहीं बेचारी कब तक खेलती रहेगी। राम जाने कब इसका उद्धार होगा। वर्तमान के चंगुल से कब मुक्त होगी? नहीं कहा जा सकता–।

हिन्दी का भविष्य–आज हिन्दी का भविष्य अँधेरे में है कल इसके साथ लोग कैसा सलूक करेंगे कहा नहीं जा सकता। अगर छोटी-बड़ी हर तरह की प्रतियोगितात्मक परीक्षाओं का माध्यम हिन्दी को नहीं बनाया गया, अगर सरकारी, अर्द्धसरकारी और व्यक्तिगत प्रतिष्ठानों में काम-काज का माध्यम नहीं बनाया गया, अगर कट्टरपन्थी और दकियानूस लेखकों, रचनाकारों द्वारा भाषा के प्रति उदारवादी दृष्टिकोण नहीं अपनाया गया और हिन्दी साहित्यकारों, आम पाठकों के लिए सुलभ नहीं कराया गया तो इस राजनीतिक साठ-गाँठ दाँव-पेच, उठा-पटक में हिन्दी कहीं नहीं ठहरेगी। क्योंकि इसके सेवक भी दो तरह के हैं–एक वे जो सही माने में हिन्दी के पुजारी हैं वे सन्तों की तरह साधना कर रहे हैं और एक वे हैं जो बड़े-बड़े शहरों में, राजमार्गों पर हिन्दी की दुकान खोल बैठे हैं, जिनके यहाँ सही सेवक पानी भर रहे हैं। दूसरे नम्बर के सेवक ही हिन्दी के आस्तीन में साँप की तरह जी रहे हैं, हिन्दी को खतरा इन्हीं से है। वह दिन अब दूर नहीं जब हिन्दी सिर्फ एक दिन की होगी यानी १४ सितम्बर की यानी लोग हिन्दी की भी यहाँ-वहाँ किसी के घर-ओसारे में जयन्ती मना लेंगे और अपने-अपने मन की भड़ास निकाल लेंगे। फिर सब भूल जायेंगे अगली जयन्ती तक के लिए। हमने अपने महापुरुषों के साथ भी तो यही किया जयन्तियों के टुकड़ों में बाँधकर उन्हें काल के अँधेरे में डाल दिया। हिन्दी के साथ ऐसा नहीं होगा इसकी क्या गारण्टी है? अगर यही रवैया रहा तो हिन्दी मॉरिशस, सूरीनाम, फिजी, कनाडा में रहेगी। हिन्दुस्तान के बारे में मैं कुछ नहीं कह सकता, क्योंकि बहुत बड़ा लोक सत्य मेरे सामने है–मेहरी के धोती ना, बिलार बान्है गाँती।

× × ×

अन्हारे से लड़ाई

देखा जहाँ अन्हारे के
मारा पहट के सारे के

उठा-उठा के पटक-पटक के
धै-धै टँगरी सटक-सटक के
खेला-खेला के नचा-नचा के
रोवा-रोवा के हँसा-हँसा के
अगवारे-पिछवारे मारा
गलियारे-गलियारे मारा
अपने घरे-दुआरे मारा
मारा बीच बजारे मारा
जहाँ मिलै ललकार के मारा
मुँह पर दीया बार के मारा
देहरी-देहरी ताखा ताखा
बइठावा उजियारे के।। देखा जहाँ...।।

हाथ उठावै हाथ काटला
माथ उठावै माथ काटला
गाल बजावै गाल बना दा
गारी दे शिशुपाल बना दा
बेपानी कै-कै के मारा
धै के खूब सधै के मारा
घर में ढेला छेंक के मारा
चौराहे पर देके के मारा
हे भइया धिक्कार के मारा
साफ-साफ फटकार के मारा

भिंगो-भिंगो के डुबो-डुबो के
कनई करा पठारे के ।। देखा जहाँ...।।

सूरत देखा करनी देखा
अलग-अलग बैतरनी देखा
देखा कारस्तानी देखा
दूध में पानी-पानी देखा
बाहर हउवै अन्दर हउवै
एकर पेट समुन्दर हउवै
खाली पोलै पौल हौ भइया
उहै दूर कै ढोल हौ भइया
बड़की पगड़ी बड़का आसन
वाह-वाह रे वाह दसानन
मन्दिर में मसजिद में हउवै
भित्तर हौ गुरद्वारे के।। देखा जहाँ...।।

गाँव क भइया बाबू जागा
महँगू अउर सहाबू जागा
जागा हो कतवारू जागा
चिथरू अउर सोभारू जागा
हौ लोहा लैवै के न्योता
फिर नइया खैवे के न्योता
घरे-घरे में जाग लगा दा
जे न जागै आग लगा दा
एही आग में दिया लेसाई
दिया देख के भूत पराई
आज दिया अगवारे चाही
आज दिया पिछवारे के ।। देखा जहाँ...।।

भँइसा नियर हरियारी में हौ
पइसा नियर कचहरी में हौ
चोर कऽ संगी साथी हउवै
ईहै उज्जर हाथी हउवै
हम बोई ई बीन-बीन ले
मुँह कऽ कौरा छीन-छीन ले
जेकरे बल पर फूल रहल हौ
हमरै तोहरै भूल रहल हौ
पंचों आपन जोर देखा दा
सच्चों तनी अँजोर देखा दा
आखिर कब तक नाबदान ई
उगर बही कपारे के।। देखा जहाँ...।।

हमरै जिनगी खाद होत हौ
हमरै घर बरबाद होत हौ
हरदम हमरै हाथ बन्हाला
हमरै मुँह पर लटकै ताला
हमहीं रन में बन में जूझी
जब-जब हो गरहन में जूझी
हमरै आधा पेट देखाला
हमरै मैं हिस्सा मारल जाला
हमहीं भइया राम भरोसे
जाड़ा काटीं धाम भरोसे
हे अबरा! जबरा से छीना
जबरी तू अधिकारे के।। देखा जहाँ...।

× × ×

हाय चीनी तू कहाँ गयी री...

वैसे तो पिछले पखवारे से ही चीनी गाँव में बड़ी मुश्किल से दिखायी देती थी लेकिन आज तो गजब हो गया, चीनी गाँव छोड़कर पता नहीं कहाँ चली गयी? कहीं पता नहीं चल रहा है। छोटी-बड़ी सभी दुकानें रो रही हैं। गिरिधर लाला तो ऐसा रो रहे थे कि मुझसे रहा नहीं गया। उनकी रुलाई सुनकर मेरा कलेजा फटा जा रहा था। मैंने पूछा, लाला जी! कोई मर गया है क्या? इतना दुःखी तो मैंने कभी आपको नहीं देखा। लगता है आपकी सचमुच नानी मरी है...? लाला जी मेरी बात सुनकर उछल पड़े...मैं हक्का-बक्का रह गया, यह सोचकर कि क्या मैंने कुछ गलत पूछ लिया या लाला जी का दिमाग खराब हो गया है। तब तक वह बोल पड़े, हाँ, महतो आपके मुँह में घी-शक्कर...। मैंने हँसकर कहा, लाला जी, झूठ न बोलिये, कहावत आधी होकर रह गयी है। अब मुँह में ज्यादा-से-ज्यादा घी ही हो सकता है शक्कर नहीं। लाला ने अपनी भूल के लिए क्षमा माँगी और बोले, हाँ, ठीक कहते हो महतो, यह चीनी, सुना है आज आसमान छू रही है। अरे इतने पंख तो कभी किसी चिड़िया के भी नहीं लगे होंगे। रावण होता तो आज फूला नहीं समाता, बेचारा चाहता रहा लेकिन स्वर्ग यानी आसमान तक सीढ़ी नहीं लगवा सका। आज होता तो वह भी वही फार्मूला अपनाता जिसकी बदौलत चीनी आज आसमान में है। मैंने भी चुटकी लेते हुए कहा, हाँ लाला जी, दुकानदार के यहाँ कोई मर जाय वह सहन कर लेता है लेकिन जब मुहावरे के अर्थ में उसकी नानी मरती है तो वह फूट-फूटकर रोता है दुनिया जान जाती है आज दुकानदार की नानी मरी है। अगर लाला जी से बात न हुई होती तो मुझे मोहनलाल की याद न आती। मोहनलाल गाँव में कण्ट्रोल की दुकान करते हैं अभी जुलाई की भी चीनी गाँव में नहीं मिली। एक दिन उनसे मैंने कहा, मोहनलाल! चीनी कब आ रही है? वह जैसे पहले से रोने के लिए बैठे थे, मेरे पूछते ही पुक्का फाड़कर रो पड़े, हाय महतो! मैं तो लुट गया, आज ही तीन महीने की चीनी लेकर आ रहा था कि वह पानी बरसा वह बरसा कि हाय मोर बप्पा सब चीनी रस्ते में ही गल गयी, खाली बोरे ढोकर क्या करता, मारे गुस्से के उन्हें भी फेंक दिया। इस साल मेरी किस्मत में मुसीबत-ही-मुसीबत लिखी है...मैं आगे बढ़ गया लेकिन मैंने इसी बीच देखा कि बाजार का हलवाई रामप्रसाद मोहनलाल को कुछ रुपये दे रहा था। लाला, गिन रहे हैं, अबे रामप्रसाद यह क्या, पूरे दो सौ कम हैं वह तो पूरा करो...। रामप्रसाद ने कहा, लाला! बस चुपाय मारो वह साला इन्स्पेक्टर आया था, चोरी की चीनी का पता लगाने उसे दो सौ देने पड़े हैं...और मुस्कराता हुआ चला गया मैं समझ गया कि तीन महीने की चीनी कहाँ-से-कहाँ चली गयी...।

सम्पादक जी! लोग चीनी की तलाश में कहाँ-कहाँ नहीं जा रहे हैं। लेकिन हर जगह चीनी के नाम पर ठेंगा दिखाया जाता है। लोग देखते हैं आँखें फाड़कर देखते हैं अन्त में छूकर आजमाते हैं तब कहते हैं आ जी ऐसा मजाक न करिये, अब चीनी का काम ठेंगा देगा। मैं इतना बुद्धू हूँ क्या? यही हाल रहा तो देखियेगा एक दिन चीनी हवाई जहाज से बरसायी जायेगी। फिर देखियेगा चीनी के पैकेट गिरेंगे, चीनी के बोरे गिरेंगे, लोग हर वक्त आसमान निहारते रहेंगे क्योंकि किसी भी समय हवाई जहाज आ सकता है और चीनी गिराकर चला जायेगा। जो उस समय वहाँ रहेगा वही फायदे में रहेगा। लेकिन हवाई जहाज से गिरायी जा रही चीनी का सपना केवल सपना ही है। यह शायद कभी पूरा हो वैसे चीनी को आसमान तक पहुँचाने में हम लोगों का भी कम हाथ नहीं है बल्कि बहुत है। बिला वजह हमने चीनी को इतना मुँह लगा लिया कि उसका दिमाग बढ़ गया।

अब वह सीधे मुँह बात नहीं करती हर वक्त नाक फुलाये रहती है। हम अगर यही रिश्ता अपने गुड़ से बनाये रहे होते तो यह चीनी ससुरी भी मुट्ठी में रहती। अब तो न गुड़ हमारा साथ दे रहा है न साथ दे रही है चीनी। गुड़ हमारे स्वभाव और आदत से परे है और चीनी हमारी हैसियत से परे है। गरीब-से-गरीब आदमी के घर भी चीनी का आना-जाना है। इधर दस-बीस दिन के भीतर की बात मैं नहीं बता सकता, हो सकता है चीनी ने गरीब का साथ छोड़ दिया हो क्योंकि गरीब का साथ जल्दी कोई नहीं देता और जो देता है वह सिर्फ गरीबी होती है दूसरा कोई नहीं।

आज मेरे साथ भी ऐसा ही हुआ है। सुबह की लायी पाव-भर चीनी जब मेहमानों के आने पर तलाशी गयी तो रसोई-घर में नहीं मिली, मिला सिर्फ खुला खाली ठोंगा, गौर से देखने पर चीनी का दाना-दाना दीवारों पर रेंगता गिला क्योंकि सारी चीनी चींटियों के मुँह में थी घरवाली कभी इधर बर्तन गिराती कभी उधर और बोलती जाती आज ही चीनी आयी पाव-भर और आज ही गायब, इस घर में चुड़ैल है कि भूत है। मैं बदहवासी में चीख उठा, हाय चीनी तू कहाँ गयी री...और अब अपनी बेवकूफी पर हँस रहा हूँ अरे, इस बेवफा को मुँह लगाना ही नहीं चाहिए था, अच्छा सम्पादक जी, अब चिट्ठी खत्म करता हूँ बाकी हाल अगली पाती में।

× × ×

आजकल पितृपक्ष चल रहा है–क्योंकि रोज हाकुड़ी–हाकुड़ी कहकर कौवा उड़ानेवाले रामपदारथ हाथ में कौर लेकर घण्टों प्रतीक्षा करते रहते हैं कौवे की, लेकिन कौवे उन्हें देखकर वैसे ही भड़कते हैं जैसे कुत्ता पकड़नेवाली नगरपालिका की गाड़ी देखकर कुत्ते भड़कते हैं। ऐसे ही क्षणों को जाने के बाद बिहारी ने लिखा होगा–

मरत प्यास पिंजरा पर्‌यो सुआ समय को फेर।।

आदरु दै–दै बोलियत, बायस बलि की बेर।।

यह समय की बलिहारी ही कही जायेगी कि पिंजरे में पड़ा सुआ प्यासा मर रहा है उसे कोई पानी देनेवाला नहीं है और कभी भी फूटी आँखों नहीं भानेवाला कौवा आज आँखों की पुतली बना हुआ है। इस विडम्बना की वास्तविकता से सुआ भी परिचित है और कौआ भी परिचित है। इसलिए इस पितृपक्षीय सम्मान से अभिभूत कौवे के प्रति सुआ का यह कटाक्ष कम मर्मस्पर्शी नहीं है कि–

दिन दस आदर पाइ कै, करि लै आप बखान।

जौ लौं काग सराध पख, तौ लौं तक सनमान।।

अब सवाल उठता है कि आखिर ऐसा सम्मान क्यों? हम जिसके गले में माला पहनाकर स्वागत करते हैं, स्वागत–गीत गाकर उसका सम्मान करते हैं और श्रीमान्–श्रीमान् कहते नहीं थकते उससे भी कुछ–न–कुछ झाड़ने–बटोरने की नीयत रहती है तभी तो अन्यथा दूसरों को सम्मान देना तो दूर उनसे बात करने की भी फुरसत आज हमारे–आपके पास नहीं है। लेकिन कहीं–न–कहीं हमारा स्वार्थ टकरा रहा है जिसके चलते हमें ऐसा करना पड़ रहा है। और सच पूछिये तो पितृपक्ष में कुछ ऐसा ही स्वार्थ टकरा जाता है पितरों के नाते कौवों से, जिसके चलते हाथ में कौर लेकर घर के बाहर खड़ा होना पड़ता है। हम ऐसा करना नहीं चाहते लेकिन मजबूरी में हमें ऐसा करना पड़ता है। रामपदारथ उसके प्रत्यक्ष गवाह हैं। पितरों को याद करना कोई गुनाह नहीं है बल्कि गुनाह है उन्हें भूलना, उनकी उपेक्षा करना। लेकिन हम जिस तरह से पिण्ड छुड़ानेवाली भावना और दृष्टि से अपने पितरों को याद करते हैं वह भावना, वह दृष्टि किसी बात या गुनाह से तनिक भी कम नहीं है। लगता है जैसे हम सिर का बोझ फेंक रहे हैं कन्धे का मुर्दा उतार रहे हैं। श्राद्ध भी करते हैं तो श्रद्धा से नहीं बल्कि जल्दी–से–जल्दी छुटकारा पाने की नीयत से करते हैं। उस समय हम यह भूल जाते हैं कि हम भी कभी इसी कतार में खड़े होंगे। और वंशज जैसे अब तक पूर्वजों को पीढ़ा–पानी देकर पिशाचमोचन और गया बैठाते आये हैं वैसे ही आगे भी बैठाते रहेंगे। यानी पूर्वजों और वंशजों के बीच यह सिलसिला निरन्तर चलता रहेगा। ईश्वर करे यह सिलसिला निरन्तर चलता रहे लेकिन कुछ मर्यादा के साथ सीमाओं के साथ। आडम्बरों और कुरीतियों से अलग रखकर पितृपक्ष को जीने की जरूरत है। हमेशा

परम्पराएँ और मान्यताएँ समय के साथ चलती-बदलती रही हैं। यह परम्परा आज समय से कोसों दूर है इसे समय से जोड़ने की जरूरत है। वर्ना पूर्वजों और वंशजों के बीच का यह रिश्ता टूट और छूट भी सकता है।

पितृपक्ष में पूर्वजों के प्रति वंशजों का यह हृदय-परिवर्तन देखकर मेरा सिर चकरा जाता है। मुझे विश्वास ही नहीं होता कि यह भी सम्भव है। क्योंकि मेरे देखते-देखते राघो ने दिन दहाड़े बाप का काम तमाम कर दिया। सिर्फ इसलिए कि वह अपने आवारा बदचलन इकलौते राघो को अपनी सम्पत्ति से अलग कर चुके थे। पिता का यह व्यवहार पुत्र से सहन नहीं हुआ और अपने ही कर्मों से बेटा बिना पिता का हो गया। आज वही बेटा अपने पिता की श्राद्ध गया-जैसे तीर्थ में करना चाह रहा है। जिन्दगी-भर पास-पड़ोस में कुबेर की माई छुछुवाती रही, माँगकर पहनती रही, माँगकर खाती रही फिर भी कुबेर की बीवी के लिए वह आँखों की किरकिरी थी कलेजे का काँटा थी। बीवी की मुट्ठी में रहनेवाले कुबेर ने बीवी के सिर्फ इशारा भर करने से ही अपने से माँ को परे कर दिया, खाना मुहल्ला दे, कपड़ा मुहल्ला दे, दवा-दारू मुहल्ला कराये, ऐसी बुढ़िया को मरे अभी साल भर भी नहीं हुआ लेकिन कुबेर परेशान है वह जल्दी-से-जल्दी अपनी मरी माँ को गया में बैठाना चाह रहा है अब ऐसे अनायास उमड़ आये स्नेह को क्या कहा जाये सिवा इसके कि पितृपक्षीय सम्बन्ध कहें। इन दिनों गाँव-देहात में पितृपक्ष मनानेवालों की कुछ अजीब-सी हुलिया बन जाती है, न कपड़े में साबुन, न देह पर तेल-साबुन, औरतें भी शोक मनाती हैं, धुले साफ कपड़ों में भी जैसे मनाही है। सास के विछोह में रामकली बौ को देखकर मुझे हँसी आ गयी जब तक सास जीती थी रोज झोंटी-झोंटा, अक्सर सास बिचारी पास-पड़ोस में अपनी नंगी छिली पीठ दिखाती फिरती थी कि आज रामकली दुलहिन ने डण्डे से मारा है, आज रस्सी से मारा है, और जब सास मर गयी तो रामकली बौ पहचान में नहीं आ रही है इतना शोक पितृपक्ष में मनाती है कि बस देखते ही बनता है। उसका सिर अक्सर दर्द करता रहता है। उसे डर है कि कहीं उसकी मरी सास तो नहीं सताती है उसे। ओझा ने शायद उसे यही बताया है वह परेशान है और रामकली को जबरदस्ती गया भेज रही है—सास को बैठाने के लिए। मैं कह नहीं सकता कि आखिर यह कहाँ तक सच है कि गया में पितरों को तर्पण देने से श्राद्ध करने से और विधिवत् उन्हें स्थापित कर देने से मनुष्य को मोक्ष मिलता है।

क्या पितर अपने साथ किये गये दुर्व्यवहार भूल जाते हैं या गया बैठने से वे देवता हो जाते हैं? क्यों गया या पिशाचमोचन जैसी जगहों में पिण्डदान करने से, पितरों को क्या मिलना है, मिलता तो उन्हें है—जो मोक्ष दिलाने का ठेका लिये बैठे हैं, दुकान खोले बैठे हैं—लोग चले जा रहे हैं गेहूँ, चावल बेचकर, गहना गिरवी रखकर, हजार-दो हजार कर्ज लेकर अपने-अपने पूर्वजों को स्थापित करने। वाह रे लोग वाह

री मानसिकता। जीते जी सीधे मुँह बात नहीं किये मरते ही ऐसे श्रद्धालु हो गये कि बस पूछिये मत, इस बदलाव के पीछे सिर्फ एक ही भावना काम करती है भूत हो गये पितरों से अपनी और अपने बाल-बच्चों की रक्षा। आजकल पितर लोग घर-आँगन की ओरी-बँड़ेरी में निवास करते हैं और अपना-अपनी मृत्यु की तिथि के दिन अपना-अपना श्राद्ध ग्रहण करते हैं। घर में औरतें उस दिन कड़ाही महकाती हैं और सादर पितरों को आमन्त्रित करती हैं अन्तिम दिन तो स्नान करती हैं-

छोड़ा पितराइन ओरी
तूँ धरा सरग कइ डोरी

यानी अब पितृपक्ष बीत गया है पितर-पितराइन अब आप लोग अपने-अपने मूल स्थान को जाइये। पता नहीं वे जाते हैं कि नहीं जाते हैं, लेकिन औरतों के इतना ऐलान करने से पितृपक्ष चला जाता है और वंशजों-पूर्वजों के बीच का यह पुल आनेवाले पितृपक्ष तक के लिए टूट जाता है या इधर का रास्ता बन्द हो जाता है। पितृपक्ष में गया नरक बन जाता है, मूँड़ मुँड़ाये लोग भौंकते-गुर्राते कुत्ते, नींबू की तरह यजमानों को निचोड़ते तथाकथित कर्मकाण्डी चारों तरफ हाँड़ी-अहरा-पत्तल की गन्दगी और ऐसे वातावरण हमारे पितर सुख की साँस लेते हैं, पता नहीं पूर्वजों के मोक्ष के नाम पर वंशज इस तरह से कब तक गया का दण्ड भरते रहेंगे। राम जानें।

× × ×

गाँव के अस्पताल : हाय-हाय

आपको यह जानकर प्रसन्नता होगी कि अब हमें घायल होकर या बीमार होकर मरने के लिए शहर नहीं जाना पड़ता। शहर जाकर मरने में समय बहुत लगता था और पैसा भी बहुत लगता था दवा-दारू में फिर भी शहर के अस्पताल में भर्ती होकर मरने में वह मजा नहीं मिलता था जो मजा अब घर बैठे बीमार होकर मरने में मिल रहा है क्या कहने हैं? मरीज मारने के लिए गाँव के आस-पास छोटे-बड़े अस्पताल खुल गये, स्पेशल तरीके से मरीज मारनेवाले स्पेशल डॉक्टर आ गये और स्पेशल दवाएँ आ गयीं। अब इतने से भी कोई मरीज न मरे तो यह उसका कुसूर है। यह अस्पताल का कुसूर नहीं है। न डॉक्टरों का है और न तो दवाओं का है। उन्होंने तो अपनी ओर से पूरी कोशिश की। अब कोई बेहया मरीज इतने प्रयासों से भी न मरे तो इसमें उनका क्या

दोष है? पिछले कई महीनों से हमारे गाँव-देहात में अब तक लगभग सौ-डेढ़ सौ लोग जिनमें स्त्री-पुरुष-बच्चे सभी शामिल हैं मर चुके हैं और अभी जिस रफ्तार से लोग मरते जा रहे हैं उसे देखते हुए यह नहीं कहा जा सकता कि लोग कब तक मरते जायेंगे और कितने लोग मरेंगे? अभी यही नहीं तय हो पाया है कि लोग क्यों मर रहे हैं? बीमारी क्या है? यह कोई नहीं बता पा रहा है? सब यही कह रहे हैं मलेरिया है लेकिन मलेरिया तो पहले से चला आ रहा है कोई नया तो है नहीं। और अगर मलेरिया ही है तो मलेरिया उन्मूलनवाले कहाँ अलख जगाये हुए हैं? उन्हें दिखायी नहीं दे रहा है कि सुनायी नहीं दे रहा है? या वे मलेरिया छोड़कर किसी और बीमारी के उन्मूलन में हाथ बँटा रहे हैं? कहने को बहुत बड़ा अस्पताल है गाँववालों के लिए लेकिन जरूरत पड़ने पर कभी भी डॉक्टर तुरन्त नहीं मिलते। पूछने पर पता चलता है कि डॉक्टर साहब शहर गये हैं सुबह भी शहर शाम भी शहर दोपहर में भी शहर और आधी रात में भी शहर। जब हर वक्त उन्हें शहर ही रहना है तो वहीं क्यों नहीं रह जाते? गाँव के अस्पताल में नौकरी करने की क्या जरूरत है? डॉक्टर ऐसे नहीं मिलते और जो कम्पाउण्डर और नर्सें हैं वे और नहले पर दहला हैं। ये डॉक्टर से भी ज्यादा योग्य और अनुभवी अपने को समझते हैं और डॉक्टर का सारा काम खुद करते हैं। नाड़ी देखते हैं, थर्मामीटर लगाते हैं, इंजेक्शन लगाते हैं और वैसे ही पर्चा लिखकर सुझाव भी देते हैं, चाल-ढाल और बातचीत का लहजा भी वही रहता है डॉक्टरों जैसा। कोई कह नहीं सकता कि ये डॉक्टर नहीं हैं। लेकिन भगवान् ही जानता है ये जैसे डॉक्टर हैं।

सम्पादक जी! जितने अच्छे डॉक्टर हैं उतनी ही अच्छी दवाएँ भी हैं। वे भी अस्पताल से दूर-ही-दूर रहती हैं। मरीज दौड़ता-दौड़ता ऊब जाता है और सरकारी दवा का आसरा छोड़ देता है। वह जाता है प्राइवेट डॉक्टरों की शरण में। अस्पताल होने के कारण आस-पास दवा की दुकानें भी हैं इन्हीं दुकानों पर प्राइवेट डॉक्टर भी बैठते हैं सरकारी डॉक्टर भी बैठते हैं ऐसा भी देखने-सुनने में आया है कि सरकारी अस्पताल की दवाएँ आधे दामों पर इन्हीं दुकानों पर बिकती हैं। सरकारी डॉक्टर भी खुश, कम्पाउण्डर भी खुश, नर्सें भी खुश और प्राइवेट डॉक्टर तथा दुकानदार भी खुश। दुर्दशा मरीजों की है। आज इलाज कितना महँगा हो गया है यह रहस्य आपसे छिपा नहीं है। एक मामूली फुन्सी भी इलाज में हफ्ते-दस दिन का समय ले लेती है और चार-पाँच सौ रुपया तो बहुत मामूली बात है। क्योंकि पहले के डॉक्टर दो-एक गोली देकर दो-एक दिन में आदमी को भला-चंगा कर देते थे वह काम-धाम करने लगता था लेकिन आज के डॉक्टर तो सबसे पहले कैंची-छुरी ही उठाते हैं और आँख मूँदकर ऑपरेशन कर देते हैं। ऑपरेशन इनका जन्म-सिद्ध अधिकार है। अपने इस अधिकार की रक्षा में मरीज की प्राण रक्षा नहीं कर पाते यह और बात है रक्षा एक ही

की हो सकती है या तो ऑपरेशन करने जैसे जन्म-सिद्ध अधिकार की या फिर मरीज की गाँव की बड़ी-बूढ़ी और दाइयाँ जो काम अपने हाथों की कुशलता से सम्पन्न करा देती थीं उसी काम को ये डॉक्टर बिना मरीज का पेट फाड़े कर ही नहीं सकते। बच्चा पैदा कराने के लिए फेट फाड़ना आवश्यक हो गया है क्या गाँव की सैर की परम्परा अब धीरे-धीरे उठती जा रही है जमुआ का खतरा उसमें रहता था लेकिन इसमें कौन-सी सहूलियत है। चार-पाँच हजार का चूना लग जाता है। खून चढ़ेगा, ग्लूकोज चढ़ेगा और हफ्ता-दस दिन टिकिये तब काम बनता है और ऑपरेशन के महीना-बीस दिन बाद घाव के आस-पास अगर फिर दर्द होता है तो समझिये कि जरूर डॉ. साहेब की कृपा से रुई पट्टी या कोई औजार उसी में दबा पड़ा है चलिये फिर ऑपरेशन कराइये तब यह रहस्य प्रकट होगा।

सम्पादक जी! गाँवों में जो छोटे-छोटे उपचिकित्सा-केन्द्र बने हैं वहाँ कोई रहता ही नहीं। यहाँ जिनकी ड्यूटी रहती है वे कभी-कभार छठें-छमासे दिन में घड़ी-दो-घड़ी के लिए आये और दर्शन देकर चले गये। रात में तो कभी रहते ही नहीं। बहुत दिन हुए एक मिडवाइफ हमारे गाँव के केन्द्र पर आयी थी। दो-एक दिन रही फिर उसे बुलाने के लिए एक मोटरसाइकिलवाला अक्सर आता रहा जब से वह गयी है तब से मोटरसाइकिलवाला भी नहीं दिखायी देता।

इसकी शिकायत जिला के बड़े अस्पताल में हुई तो पता चला कि उस मिडवाइफ ने यह शिकायत की है कि उस गाँव के लोग अच्छे नहीं हैं रात में दरवाजा पीटते हैं इसलिए मेरे गाँव में कोई मिडवाइफ आने को तैयार नहीं है लेकिन वास्तविकता कुछ और वह मोहतरमा खुद ही गाँव में नहीं रहना चाहती क्योंकि उनका सिलसिला जो शहर में बना हुआ है वह गाँव में रहते हुए नहीं चल सकता वर्ना वह केन्द्र पर रहने में डरती नहीं और अगर डरती तो गाँववालों से कहती अगर गाँव उनकी समस्या न हल करता तब न गाँव का दोष माना जाता। भला सोचिये इसी गाँव के परिवारों में कन्या पाठशाला की अध्यापिकाएँ रहती हैं, आँगनबाड़ीवाली महिलाएँ रहती हैं उनके दरवाजे कभी कोई नहीं पीटता और मिडवाइफ जी का दरवाजा पीटा जाता है। मैं इतने बड़े असत्य को कैसे सत्य मान लूँ। मैं यह नहीं कहता कि मेरा गाँव दूध का धुला है लेकिन इतना जरूर है कि अभी हमारी आँख का पानी मरा नहीं है अतिथि की मर्यादा हमारी मर्यादा है इसे सारा गाँव निभाता है और ईश्वर की कृपा रहेगी तो निभाता रहेगा। लेकिन यह सच है कि सरकारी चिकित्सा की सुविधाएँ गाँव के लिए दूर की ढोल है।

अच्छा सम्पादक जी, चिट्ठी खत्म करता हूँ। राम-राम।

× × ×

होली और इम्तिहान

...भीतर-भीतर कुलबुला रहा है...हर साल होली है—फागुन आता है। गाँव...फागुन खुद गाँव को पानी पर चढ़ाता है। गाँव...बहता है, रौ में आकर बहुत-कुछ कर गुजरता भी है। कुछ शरारतन कुछ आदतन फागुन की रंग में, कीचड़ में, गोबर में, तारकोल और पेण्ट में नहाकर चला जाता है। गाँव की हवा निकल गये गुब्बारे की तरह कुश्ती खाये पहलवान की तरह और अफसर की डाँट खाये मातहत की तरह शान्त हो जाता है। त्योहार का मौसमी जोश उतर जाता है। हारकर कहिये या कहिये चैतन्य होकर नये सिरे से लोग अपने-अपने खेत-खलिहान में जुटते हैं। लेकिन यह सब उन्हें शोभा देता है जिनके सिर पर केवल खेत-खलिहान होता है। इम्तिहान नहीं। जिसके सिर पर इम्तिहान नहीं होता उसके सिर पर सब-कुछ अच्छा लगता है—टोपी भी, पगड़ी भी, बोझा भी, भूत भी। लेकिन जिसके सिर पर इम्तिहान होता है, उसके हाथ में अगर किताब न हो तो यह अच्छा नहीं लगता। आज गाँव के लड़कों का यही हाल है। इम्तिहान सिर पर है, लेकिन जो सिर पर है उसकी कोई चिन्ता नहीं है। क्योंकि आँखों की शरारत, हाथों की कुल्हाड़ी, मुँह की गाली दिगाग की खुराफात और शैतानी के आगे कुछ दिखायी नहीं दे रहा है। उन्हें इतना भी नहीं पता है कि इम्तिहान बार-बार नहीं आयेगा और होली बार-बार आयेगी।

मैं यह नहीं कह रहा हूँ कि वे होली नहीं मनायें, रंग नहीं खेलें, फाग नहीं गायें, नहीं वे सब-कुछ करें, होलिका भी सजायें, रंग भी डालें, फाग भी गायें लेकिन कायदे से, बेकायदे नहीं। और घड़ी देखकर। तब तो बात बनेगी वर्ना पछताना ही हाथ रहेगा। क्योंकि सामने इम्तिहान भी है और होली भी है। फिलहाल चुनना किसी एक को ही है। अगर चार दिन की होली है तो चार दिन का इम्तिहान भी है। किसको कितना महत्त्व दिया जा सकता है—सोचना यही है। समय बहुत कम है बल्कि बिलकुल ही नहीं है। जितना है उतने में दोनों को नहीं जिया जा सकता। जबकि इम्तिहान जरूरी ही नहीं अनिवार्य भी है। आज का इम्तिहान कल की कसौटी साबित होगा। इसी भरोसे आगे का रास्ता तय होगा, दूरी तय होगी। एक तरह से नींव के ऊपर उठती हुई दीवार है—इम्तिहान। इसी दीवार पर छत पड़ेगी। मुँडेर उठेगी। तब कहीं जाकर पूरी इमारत जगमगायेगी लेकिन जब दीवार ही नहीं उठेगी तो इमारत क्या हवा में लहरायेगी? नहीं।

इम्तिहान से आँख मूँदना, अपने भविष्य से पीठ फेरना है। जिनके हाथों में कुल्हाड़ियाँ हैं, होंठों पर कबीर है फाग है बेलवरिया और चौताल है उनके माँ-बाप को पता है कि जुलाई में नाम लिखाने के लिए कितने में खेत रेहन हुआ। हॉस्टल में रखकर पढ़ाने या शहर में किराये पर कमरा लेकर पढ़ाने में आलू, गन्ना, गेहूँ, चावल और दाल का सौदा भी कम पड़ जाता है। कितने जून उपवास करने पड़े हैं, अपना पेट

काटकर पढ़नेवाले तथाकथित सपूत का पेट भरना पड़ा है। कभी मालगुजारी बाकी रह गयी है, कभी पनकट लेकिन कॉलेज या स्कूल से सपूत का नाम नहीं कटने दिया है। खुद माघ-पूस की ठिठुरन पुआल और अलाव के सहारे काट दिये हैं लेकिन सपूत की तीन पीस की माँग जरूर पूरी किये हैं। सावन-भादों में धारोधार दिन-दिन-भर रात-रात-भर खेत-सीवान में बार-बार भीगे हैं तब जाकर कहीं यह नौबत आयी है और इस नौबत को ये लायक सपूत इस नौबत तक पहुँचा चुके हैं कि देखकर घिन छूटती है।

दुनिया पेड़ बड़े हौसले से लगाती है लेकिन और छाँह का सुख देना तो दूर रहा उलटे ये पेड़ लगानेवाले के ऊपर ही गिरने लगे हैं–इससे बड़ी विडम्बना और क्या होगी? मनाओ प्यारे मनाओ होली पेड़ काटकर मनाओ, झोंपड़ी उजाड़कर मनाओ और गाओ फूहड़ और अश्लील कबीर। रंग की पहचान तो रही नहीं। क्या जानो टेसू, कचनार और कुसुम के रंगों की अहमियत? केवल कीचड़, गोबर, नाबदान और पेण्ट ही पहचानेंगे और इसी दायरे में बँधकर फागुन जियोगे। आज हँस रहे हो हँसो, खूब ठठा-ठठाकर, ताली पीट-पीटकर हँसो, लेकिन कल तुम्हीं रोओगे, फूट-फूटकर रोओगे तब आस-पास कोई आँसू पोंछनेवाला भी नहीं होगा जब झोले में हाईस्कूल फेल, इण्टर फेल की मार्कशीट लेकर शहर-शहर, कस्बे-कस्बे, इस दफ्तर से उस दफ्तर में इस सड़क से उस सड़क पर इस साहेब से उस साहेब तक दौड़ोगे, और दौड़ते-दौड़ते पस्त हो जाओगे, पेट पकड़कर बैठ जाओ, चपरासीगिरी भी नहीं मिल पायेगी। क्योंकि उसके लिए भी हाईस्कूल, इण्टर पास को कौन कहे बी.ए., एम.ए. पास को नाकों चने चबाने पड़ेंगे। मामा का, फूफा का, चाचा का, भैया का न जाने कहाँ-कहाँ का सोर्स जुटाना पड़ेगा और कोई जरूरी नहीं कि ये सोर्स काम कर ही जायें। क्योंकि काम का सम्बन्ध अब केवल नाम से ही नहीं है बल्कि नाम से ज्यादा दाम से है। दाम है कहाँ? दाम ही होता तो यह अंजाम क्यों होता। तब आज के ये गुलछर्रे याद आयेंगे, यह मौजमस्ती याद आयेगी, यह आवारागर्दी याद आयेगी और याद आयेगी, यह गदहपचीसी। लेकिन तब केवल हाथ मलना ही हाथ रहेगा। इसके अलावा कुछ नहीं, रोना और पछताना, पछताना और रोना।

इसलिए हे खुली सड़क पर, सीने के बटन खोले और हाथ छोड़कर आँख मूँदकर बेतहाशा साइकिल चलानेवाले फागुन में इतना मत उड़ो कि कोई पक्षी भी वहाँ तक न उड़ सके पर बेशक उड़ो लेकिन अपनी जरूरत भर अपनी सीमा भर और अपनी हैसियत भर। क्योंकि सामने केवल फागुन ही नहीं है, सामने केवल रंग और उल्लास ही नहीं है, सामने केवल वसन्ती हवा का झोंका ही नहीं है, बल्कि सामने से हरहराता भड़भड़ाता ट्रक भी चला आ रहा है।

सामने आगे जाने पर गहरी लम्बी अन्धी खाईं भी खुदी है। सामने कुआँ भी है। सामने पेड़ और पहाड़ भी है। सामने दीवार भी है ऐसे में कुछ भी घटित हो सकता है। यह कोई जरूरी नहीं है कि सब–कुछ मन के माफिक ही घटित होगा। नहीं। ज्यादातर अघटित ही घटित होता है।

लेकिन इस अघटित को घटने न देना ही समझदारी है। और केवल समझदारी ही नहीं किशोर नागरिक के नाते एक राष्ट्रीय जिम्मेदारी भी है। और जिम्मेदारी से भागना–पराना मुँह मोड़ना केवल अपने पैरों में कुल्हाड़ी मारना ही नहीं है। बल्कि कायरता भी है और कायरता कभी भी हमारे देश, समाज, घर–परिवार ने स्वीकार नहीं किया है न करेगा ऐसे में मेरे निवेदन और आग्रह की रक्षा अगर कर सको तो जरूर करो।

क्योंकि यह प्रार्थना मै तुम्हारे लिये, सिर्फ तुम्हारे लिये कर रहा हूँ! अपने लिये नहीं। अतः पहले देखो इम्तिहान फिर देखना फागुन। फागुन फिर आयेगा। इम्तिहान फिर नहीं आयेगा।

× × ×

पुलिस के बारे में कुछ भी कहना जानलेवा खतरों को न्योता देने के बराबर है। क्योंकि पुलिस न किसी का मित्र है न किसी का दुश्मन है। वह झूठ के भी साथ है और सच के भी साथ है। जहाँ उसको अपना फायदा दिखायी देता है वहीं वह हाथ बँटाती है। शरीफ को जानती है बदमाश को भैया कहती है। डकैतों और गुण्डों के आगे हथियार डाल देती है, चोर को गुरु कहती है, चाय पिलाती है, पान खिलाती है और रँगे हाथ पकड़े जाने पर भी उसे थाने ले जाकर छोड़ देती है। क्योंकि सच का साथ देने और गलत का विरोध करने में पुलिस की नानी मरती है। यानी सब मिला–जुलाकर पुलिस की जो छवि जनसाधारण में बनी हुई है वह किसी से छिपी नहीं है।

विमली का पेट गिरा कमली का फूला है,
सोते हैं थाने के दो दीवान गाँव में।

मतलब यह कि जहाँ बाहरी आक्रमणों से सुरक्षा की गारण्टी पाने के लिए गाँव ने पुलिस की पुकार लगायी वहाँ पुलिस के आते ही गाँव की नाक कट गयी। मर्यादा का बहुत बड़ा संकट पुलिस की उपस्थिति ने खड़ा कर दिया है। अनजाने में भले कोई औरत थाने के सामने से निकल जाये यह और बात है वर्ना जानकारी में वह उस रास्ते से कभी नहीं जायेगी क्योंकि पुलिस द्वारा बनायी गयी परम्परा से पूरा देश–समाज परिचित हो गया है।

उसको पता नहीं है शायद, गाँव की औरत है इस रास्ते में आगे चलकर थाने पड़ते हैं ऐसी शानदार परम्परा को जन्म देनेवाली पुलिस प्रणाम के योग्य है। इसी परम्परा की देन है बागपत का मायात्यागी काण्ड। और इतने बड़े अथाह जनमानस में न जाने कितनी पुलिस है न जाने कितने थाने हैं और न जाने कितनी माँ-बहनों को 'मायात्यागी' होकर जीना पड़ता है "हरि अनन्त हरिकथा अनन्ता।"

एक थानेदार साहेब हैं उन्हें आस-पास के सम्भ्रान्त और सम्पन्न लोगों के यहाँ जबरदस्ती दावत लेने की आदत पड़ गयी है। शायद उनके घर में चूल्हा नहीं है और है भी तो उन्होंने देखा नहीं है और अगर देखा भी होगा तो उन्हें वह पसन्द नहीं है लिहाजा दारोगा जी ने अपना सवेरे का नाश्ता, दोपहर का भोजन और शाम की चाय, शाम का भोजन सब-कुछ बाँट रखा है। जिसके यहाँ दावत खाते हैं उसकी सवारी से आते-जाते भी हैं। गलती से बेचारे शहर से देहात में पोस्ट कर दिये गये और यहाँ भी दिन बँट गया, गाँव बँट गया, गाँव के रईस बँट गये। लेकिन सवारी की समस्या यहाँ बढ़ गयी। दावत पक्की हो गयी, आना-जाना खटाई में पड़ गया। एक दिन उन्हें रात में खाना खाने किसी गाँव में जाना था भरपूर पीकर सवारी की प्रतीक्षा में बाहर चारपाई बिछाकर लेट गये और पहरा पुलिस से बोल दिये जो जीप आये उसी को रोकना लेकिन दुर्भाग्य से उस रात कोई जीप नहीं आयी और दारोगा जी भी ठण्डी पुरवैया के झोंकों में खो गये और सो गये। सुबह उठते ही आदेश हो गया ट्रैक्टर और बस रोड पर सभी गाड़ियों को रोक लिया जाये। आदेश-तो-आदेश। पचासों गाड़ियाँ सड़क पर खड़ी हो गयीं, ड्राइवर थाने में आ गये। सबका चालान भी होने लगा—चालान होने के बाद, दीवान ने दारोगा से कहा-फलाँ नम्बर की गाड़ी मन्त्री जी के रिश्तेदार की है यह बात पहले बतानी थी तुझे गधे की औलाद। दीवान ने हँसकर कहा, हुजूर आपने सही कहा मेरे बाप भी थानेदार थे, और जब तक मन्त्री जी का फोन थाने पर आये उससे पहले ही उनका रिश्तेदार जेल पहुँचा दिया गया था, बाकी सारी गाड़ीवाले सौ-पचास थानेश्वर भगवान को चढ़ाकर हाथ जोड़ लिये और अपने-अपने रास्ते पर चले गये। सिर्फ जेल गया गाड़ीवाला हफ्ता-दस दिन कभी कचहरी कभी जेल का चक्कर काटता रहा।

पिछले दिनों मुहल्ले में डकैती पड़ी और डकैत तो भाग गये लेकिन जो पकड़ा गया वह पुलिस का सिपाही निकला, और उसे जब मुहल्लेवाले थाने ले गये तो पूरा थाना नागरिकों पर टूट पड़ा। गश्त पर निकले हुए हमारे सिपाही भी नहीं पहचानते और फिर किसी मुहल्लेवाले ने थाने की ओर डर से पलटकर देखा भी नहीं। वह दीवान का बच्चा उसी शान से मुहल्ले में घूमता है लेकिन कोई चूँ नहीं करता। गरीब रिक्शेवाले की बीवी को पुलिस गवाही के लिए घर से बुलाकर थाने ले गया था सारी गली ने देखा था लेकिन वह थाने से वापस नहीं लौटी। दो-चार दिन बाद नदी

कछार में एक औरत की लाश मिलने की खबर उड़ी थी फिर भी कुछ पता नहीं चला। रिक्शेवाला अब सवारी नहीं ढोता दिन-भर सिर्फ अपनी गायब हुई बीवी का पता लगाता रहता है, दारोगा जी के बच्चों को स्कूल पहुँचाता है ले आता है। दिन भर वहीं थाने के सामने पड़ा रहता है।

ऐसी पुलिस पर हमें गर्व है क्योंकि यह हमारी पुलिस है। हमारी रक्षा के लिए है और हमारी रक्षा करती है अपने हिसाब से, हमारे हिसाब से नहीं हमें कहीं भी पकड़ सकती है, हम पर कोई भी दफा लगा सकती है और हमें आदमी नहीं चोर, बदमाश, लुटेरा, स्मगलर, जुआड़ी, शराबी जो चाहे सो बना सकती है, और दिखा सकती है। क्योंकि सब-कुछ करने में सक्षम भी है। ऐसी अद्भुत क्षमतावाली पुलिस को मैं दूर से प्रमाण करता हूँ। और ईश्वर से प्रार्थना करता हूँ कि वह पुलिस से मुझको सदा दूर ही रखे।

× × ×

इलाहाबाद की रामलीला केवल झाँकियों और शोभा-यात्राओं की लीला है। न तो रामकथा प्रस्तुत की जाती है और न तो रामकथा की घटनाएँ और संवाद ही प्रस्तुत किये जाते हैं। झाँकियों और शोभा-यात्राओं में भी राम, लक्ष्मण, सीता, हनुमान आदि के अतिरिक्त कुछ और विशेष पात्रों की झाँकियाँ सजाकर प्रस्तुत की जाती हैं। पहले केवल चार जगहों से ही रामलीला जुड़ी थी। ये जगहें हैं—हाथीराम का दल, बेनीराम का दल, दारागंज और कटरे का दल। सिविल लाइन्स का दल बहुत बाद में इस परम्परा से जुड़ा है। पुराने दल केवल हाथीराम और बेनीराम के ही हैं। कटरे और दारागंज के दल इनके बाद के हैं। इलाहाबाद शहर के शाहगंज मुहल्ले में राय बिंद्रा प्रसाद की गली में एक साधु रहते थे। नाम था बाबा हाथीराम। वैष्णव सम्प्रदाय के थे। किसी कुम्भ या माघ मेले के अवसर पर उनके कुछ सन्त बनारस से आये हुए थे। उन्होंने बनारस में होनेवाली रामलीला की चर्चा बाबा से की। बाबा हाथीराम उनके आग्रह पर एक बार दशहरे के आस-पास बनारस गये और वहाँ की रामलीला देखकर बहुत प्रभावित भी हुए और इलाहाबाद में भी अगले साल से उन्होंने रामलीला उसी रूप में कराने की योजना बनायी लेकिन इस योजना को उस रूप में वह साकार नहीं कर सके जिस रूप में वह चाहते थे। कई मुश्किलें उनके सामने आयीं—जगह की

कमी, पैसे की कमी, साधनों की कमी और सच्चे सहयोगियों की कमी। इसलिए मंच बनाकर रामलीला करने का निर्णय उन्होंने छोड़ दिया और केवल बैलगाड़ियों पर शोभा-यात्राओं के माध्यम से रामलीला की उन्होंने शुरुआत की। हनुमान दल के साथ भगवान राम की सवारी निकलती और ककरहे घाट पर जाकर लंकादहन के साथ रामलीला सम्पूर्ण होती। रात में चौक में मशाल और गेंदे की रोशनी होती। धीरे-धीरे हर साल भीड़ बढ़ने लगी और शाहगंजवाली जगह कम पड़ने लगी। इसलिए सदियापुर के पजावे के मैदान में रामलीला होने लगी और यही बाद में चलकर पजावे का दल कहा जाने लगा।

दूसरा दल निकलता पथरचट्टी का। इसका इतिहास यह है कि कड़े के बाबू बेनीप्रसाद जो शहर में रहकर वकालत करते थे वही इसके कर्त्ता-धर्त्ता थे। दशहरे में मलाका मोहल्ले के पास पथरचट्टी के मैदान में रामलीला कराते थे। हाथीराम का दल नवमी को बीच चौक में निकलता था लेकिन पथरचट्टी का दल केवल दशहरे को निकलता। पथरचट्टी मैदान से दल निकलकर मुट्ठीगंज चौराहे से होता हुआ भारती भवन की ओर आता और हाथीराम के दल के पीछे शाम को चौक में पहुँचता और साथ-साथ ककरहे घाट तक जाता। रात में दोनों ओर से चौक में रोशनी होती दशहरा सम्पन्न होने के बाद दोनों दलों का भरत-मिलाप भी चौक में ही सम्पन्न होता था और जैसे बाबा हाथीराम के बाद पजावावाली रामलीला की व्यवस्था खत्री समाज ने अपने हाथ में ले ली उसी तरह से पथरचट्टीवाली रामलीला की व्यवस्था दशहरे के वकील बाबू बेनीप्रसाद अग्रवाल ने अपने हाथ में ले ली। उन्होंने पथरचट्टी का पूरा मैदान ही इस कार्य के लिए खरीद लिया। उसकी चहारदीवारी बनवायी और तभी से उसका नाम रामबाग पड़ गया। इन दोनों दलों में हर साल अच्छी-अच्छी चौकियाँ निकलने लगीं। रोशनी और श्रृंगार की झाँकी देखने के लिए लोग टूट पड़ते। राम लक्ष्मण और सीता का श्रृंगार विशेष रूप से किया जाता कभी केवल फूलों से होता कभी मोतियों से होता और कभी जड़ाऊ काम किया जाता। दशहरे की रात यह रोशनी गुड़मण्डी से लेकर खलीफामण्डी तक होती। जब बिजली नहीं थी तब मोमबत्तियों और मशालों से ही काम लिया जाता था। बिजली आने पर रोशनी का दायरा बढ़ गया। आज शहर का हर मुख्य मार्ग जगमगाता है तब ऐसा नहीं था। दारागंज का दल सप्तमी को निकलता था। इसकी व्यवस्था दारागंज के पुराने रईसों और तीर्थपुरोहितों की ओर से होती थी। इसकी व्यवस्था में बड़ी कोठीवालों का विशेष योगदान होता था।

कटरे की रामलीला का भी एक इतिहास है। उन दिनों चैथम लाइन्स में फौज के सिपाही रहते थे। वे ही अपनी ओर से रामलीला की व्यवस्था करते थे। लेकिन जब पल्टन नयी छावनी में चली गयी तो मेले की व्यवस्था भरद्वाज आश्रम के जो

समुदाय ने अपने हाथ में ले ली। बाद में इसमें कटरा और आस-पास के कई लोगों ने हाथ बँटाना शुरू कर दिया। अष्टमी को दल निकलता और रात में चौराहे पर रोशनी होती और लीला मुस्लिम बोर्ड हाउस के पीछे हुआ करती थी–यहाँ का भरत-मिलाप रात कर्नलगंज चौराहे पर दीपावली के बाद अक्षय नवमी को सम्पन्न होता। रात में रोशनी होती और आतिशबाजी छूटती।

रामलीला का वर्णन अंग्रेज महिला फैली पार्क्स ने सन् १८२९ में इस प्रकार किया है–एक बड़ा रावण हना चक्की के समान मोटा परेड ग्राउण्ड की भूमि में बनाया गया था जिसके भीतर आतिशबाजी भरी हुई थी। राम ने उसका विध्वंस किया। सिपाही लोग परेड पर हर प्रकार के खेल-तमाशे कर रहे थे। नकली लड़ाइयाँ लड़ी जाती थीं तथा कुश्ती होती थी। आखीर में आतशबाजी होती थी। दस-बारह साल के बच्चे राम-लक्ष्मण बने थे। बहुत-से लोग नकली पूँछ लगाये बन्दरों की सेना का रूप धारण किये थे जिनके अगुआ हनुमान थे। प्रत्येक देशी रेजीमेण्ट के सिपाही अपना-अपना झण्डा निकालते थे और मिठाई फूल चावल तथा पान से उसकी पूजा करते थे...।

आज इन्हीं दलों में एक दल और बढ़ गया है सिविल लाइन्स का रामदल। यह दल षष्ठी को निकलता है। हाईकोर्ट से शुरू होता है। आस-पास के इलाकों की चौकियाँ भी इसमें शामिल होती हैं। एक तरह से दलों के निकलने की शुरुआत श्रीगणेश षष्ठी से ही होती है। रात्रि सिविल लाइन्स के रामदल से ही इलाहाबाद शहर की रामलीला होती है और लगातार दशहरे तक हर रात शहर रोशनी में नहाता हुआ दिखायी देता है। लेकिन पहले जो सात्त्विकता श्रद्धा इस रोशनी में थी वह आज बिलकुल ही नहीं है पहले बिजली न होने के कारण दल जल्दी निकलते थे, आज ये दल कभी-कभी रात के बारह बजे के बाद ही निकल पाते हैं व्यवस्था ही ऐसी है। आज यह भावना व्यावसायिक हो गयी है और लाउडस्पीकरों का शोर इस कदर होता है कि बस पूछिये मत। निकलना दूभर हो जाता है रोशनी के दायरे से बाहर आने पर लोग छू-छूकर अपने कान देखते हैं कि हैं कि नहीं। मुख्य-मुख्य चौराहों पर सैकड़ों लाउडस्पीकर लगे रहते हैं केवल तरह-तरह के प्रचार के लिए मेला घूमने और देखने का सारा मजा किरकिरा हो जाता है। एक तो सारा शहर ध्वनि प्रदूषण का शिकार होता है दूसरे, रामलीला जैसी श्रद्धा और भावना रह नहीं पाती। अव्वल तो अब शरीफ आदमी जल्दी निकलता नहीं और अगर निकलता भी है तो सिर्फ दल देखकर वापस चला जाता है। रात में रोशनी देखने से वह घबराता है क्योंकि रोशनी देखनेवालों की भीड़ में ज्यादातर गुण्डे, लुच्चे और लफंगे ही भरे होते हैं। वे अपनी फूहड़ और अश्लील हरकतों से शरीफ परिवार का गुजरना दूभर कर देते हैं। चूँकि संख्या ऐसे ही लोगों की ज्यादा होती है इसलिए शरीफ लोग जान-बूझकर सब-कुछ सहन कर लेते

हैं और आँख मूँदकर आगे निकल जाते हैं। यह कोई अच्छा लक्षण नहीं है। इसे रोकने की जरूरत है वर्ना आनेवाले दिनों में रोशनी देखने के लिए किस तरह के लोग बचे रहेंगे यह कहना मुश्किल है।

× × ×

आश्विन और कार्तिक शरद् के मित्र भी हैं और उत्तराधिकारी भी। आश्विन की राशि कन्या है और कार्तिक की तुला। ऐसी मान्यता है कि कन्या और तुला की संक्रान्ति जन-जीवन और प्रकृति दोनों को जीवन्त और रसवन्त बनाती है। जीवन्त इन अर्थों में कि धान, तिल, उर्द, मूँग, ज्वार-बाजरा, गुड़, चिउड़ा के रूप में नयी अन्नपूर्णा हमारे घर आती हैं। और रसवन्त इन अर्थों में कि इन्हीं दिनों धनतेरस और दीपावली जैसे मांगलिक पर्वों की शुरुआत होती है, व्यापारिक सम्बन्ध नये होते हैं– बधाइयों और शुभकामनाओं के माध्यम से। कभी दीपावली से ही वर्ष की शुरुआत मानी जाती थी। लक्ष्मी-गणेश पूजा, लेन-देन का श्रीगणेश नये सिरे से होता है। महारास का श्रम जैसे सार्थक होता है। "तेरह कातिक तीन असाढ़" की भूमिका निभाने के लिए अपने को नये सिरे से प्रस्तुत करता है–स्थापित करता है। मैं इस माहौल का एक हिस्सा लेकर जी रहा हूँ–सिहरन होती हवा, ओस नहायी दूब और दूध नहायी कार्तिक की चाँदनी। परदेसी आदमी को परेशान करने के लिए इतना बहुत है–

कार्तिकी की राति, थोरी-थोरी सियराति
सेनापति है सुहात, सूखी जीवन के गन हैं
फूले हैं कुमुद, फूली मालती सघन वन
फूल रहे तारे मानो मोती अनगन हैं
उदित विमल चन्द, चाँदनी छिटकि रही
राम कैसो जस, अथ उरध गगन है
तिमिर हरन भयों, सेत है वरन सब
मानहूँ जगत छीरसागर मगन है।।

चौमासे की तपस्या है व्यर्थ कैसे जायेगी? नियन्त्रित होकर जीना पड़ा है, सन्त को। अब राहें मिली हैं–नदी पार चलने का, पहाड़ चढ़ने-उतरने का, देहरी लाँघने को नयी मर्यादाओं से बँधने का अवसर अब मिल रहा है। ऐसा अवसर हाथ से जाने न पाये इसलिए सब जल्दी में ही व्यापारी भी, गृहस्थ भी, सन्त भी, शिकारी भी, प्रकृति

भी क्या जड़ क्या चेतन? सब-के-सब अपने-अपने उद्दीपनों और आलम्बनों से लैस हैं भूमिका ही ऐसी है हालाँकि ठहरे हुए ताल-सा निर्विकार निर्मल और शान्त है। लेकिन इस मुद्रा में आखिर कब तक बँधा रहेगा? कसा रहेगा-

मारकीन का कुरता कैसा, कसा-कसा है देह में
भीतर-भीतर जैसे कोई ताल धँसा है, देह में।

प्रकृति के भीतर का सब-कुछ अपने-आप आज प्रदर्शित हो रहा है अनायास, अपने-आप। इसे सहेजने-समेटने की जरूरत है। इसी को जीने और धारण करने की जरूरत है, इसी के साथ सन्तुलन बनाये रखने और सामंजस्य स्थापित करने की जरूरत है। आँखों-ही-आँखों में नींद भी समायी हुई है, सपने भी करवट बदल रहे हैं और काजल से भरे-भरे कजरौटे काले गुलाब की तरह तैर भी रहे हैं। गाँव की बातों में ढेले मिलते हैं लेकिन ये ढेले आदमकद पुरुष एड़ियों के नीचे हैं उन्हें हर हाल में रवा-रवा टूटना-ही-टूटना है-मैदा होना है। क्योंकि कार्तिक के खेत को बिना गाँठ का मैंने पहले भी देखा है और आज भी देख रहा हूँ। परम्परा यहीं आकर संजीवनी साबित होती है-जीना, केवल अपने ही लिये नहीं दूसरे के लिए भी जीना आवश्यक होता है खेत की तरह, नदी की तरह, जल-पहाड़-प्रकृति और आदमी की तरह। सुबह जागरण और कलरव होकर जी रही है और शाम दीप देहरी होकर जी रही है। यही छूत मुझे भी लगी है-चाँदनी ने छुआ है, ओस ने छुआ है, ताल और हवा ने छुआ है, वनस्पतियों ने छुआ है, विसंगतियों ने छुआ है और न जाने कितनी अनुभूतियों और गलतियों ने छुआ है। मेरे पास इसका कोई हिसाब नहीं है। क्योंकि हिसाब वह रखता है जिसे हानि-लाभ की चिन्ता रहती है यहाँ तो सब-कुछ समर्पित कर देने की उत्कट अभिलाषा है-स्नेह भी है, संकेत भी है, संवेदना भी है, सौन्दर्य भी है और साधना का साधरणीकरण भी है

ठढ़ी बतरात इतरात परोसिन तै
जैसी तिय दूसरी न पूरब पछाह में
दीठि परि गये तहाँ सुन्दर सुजान कान्ह
औचक ही प्रगटि पूछति पर छाह में
सोमनाथ ज्यों ही प्रान प्यारे को सुनायी कह्यो
तिय न सखी सों तरुनाइ क उछाह में
बंसी बट निकट हेतु मिलियों ..री काल्हि
कार्तिक मैं न्हाऊँगी तरइय्यन की छाँह में।।

कार्तिक जोड़ता है-आर-पार को पीपे के पुल से इस पार को पैदल पगडण्डियों से झाड़ियों से। ठिठुरन को अलाव सौंपता है पुआल बिछाता है। घर को लीप-पोतकर

साफ चमकाता है बरसात के घाव को भरपूर भरने की, छिपाने की कोशिश करता है क्योंकि मौसम का घाव मौसम ही भरता है। वहीं नये मौसम का मन उदार होता है ऐसे उदार क्षणों की वापसी कितना सुखकर प्रतीत होता है जल से भी ज्यादा तरल हवाएँ मिलती हैं और हवाओं से ज्यादा गतिशील और आँखों से ज्यादा साफ आकाश एकटक निहारते चार-चार आँखों में एक-साथ रचा-बसा होता है दूरी भी बनी रहती है और एक-दूसरे की छुअन भी मिलती रहती है सान्निध्य और अलगाव का अद्‌भुत संयोग इसी को कहते हैं।

दूब को आचर ओस भरै सब लागै नयो न परै कछु बासी
भूलि गये बदरान की बातैं, अकास सत्योज न लेत उबासी
रहित कहू सियराति लागति, तारक पाँति छपी कतिवासी
आँखिन आँखि कपूर-सी पूरति कातिक मास की पूरनमासी

× × ×

कबीर संस्थान प्रीतमनगर इलाहाबाद की ओर से आयोजित तीन दिवसीय कबीर सत्संग समारोह सकुशल सम्पन्न हुआ। तेरह अक्टूबर से लेकर पन्द्रह अक्टूबर तक चलनेवाले इस समारोह में देश के अनेक क्षेत्रों और अनेक प्रदेशों से लोग आये हुए थे। महाराष्ट्र, गुजरात, मध्य प्रदेश, बिहार, बंगाल, पंजाब, हरियाणा और उत्तर प्रदेश के सुदूर इलाकों से आनेवाले साधारण जन जिस उत्साह-ललक, श्रद्धा-भक्ति और विवेक से अभिभूत होकर यहाँ आते हैं सचमुच वह प्रशस्य है। ऐसा हर साल होता है शरद् पूर्णिमा से इस समारोह की शुरुआत होती है और इसी तरह सैकड़ों की संख्या में साधारण जन इकट्ठा होते हैं। इसमें स्त्री-पुरुष सब होते हैं। बारहों महीने अपनी गृहस्थी में खटनेवाले लोग खेत-खलिहान, गौना-ब्याह, थाने-कचहरी से हर हालत में हफ्ते भर के लिए मुक्त करा लेते हैं और इस जातिविहीन, वर्गविहीन, सम्प्रदायनिहीन और राजनीतिनिहीन सत्संग समारोह में खुलकर शामिल होते हैं।

भजन और प्रवचन के वातावरण में आकण्ठ डूबा साधारण जन अपने भीतर एक कबीर धारण करता है। वही प्रेरणा देता है, वही साधारण को असाधारण बनाता है आदमी को आदमी से जोड़ता है, बोली को बोली से जोड़ता है, संस्कृति को संस्कृति से जोड़ता है। कबीर आदमी की मर्यादा भी बनते हैं और हैसियत भी। सचमुच देश की सांस्कृतिक एकता को एक धरातल पर स्थापित करने की जो भावना, जो दृष्टि, जो सामर्थ्य और जो सक्रियता कबीर के पास है वह किसी के पास नहीं है। इस मामले में

कबीर का पलड़ा बहुत भारी पड़ता है। उसका कारण भी है कबीर ने कलम और करघा दोनों को हथियार नहीं बनाया क्योंकि लड़ाई खत्म होने के बाद हथियार बेकार हो जाते हैं, कबीर ने इन्हें अपनी चेतना का मूल आधार बनाया। यही कारण है कि कबीर आज भी हमारे लिये उतने ही प्रासंगिक, उतने ही नये, उतने ही सार्थक और उतने ही सहज हैं। जितना तब थे। कबीर जहाँ मिलेंगे रचते हुए स्थापित करते हुए, ठोंकते-पीटते हुए, बुराइयों और कुरीतियों पर उँगली उठाते हुए। मंच चाहे सामाजिक हो, साहित्यिक हो, सांस्कृतिक हो या राजनीतिक हो उद्देश्य हर जगह वही होता है बेहतर आदमी बनाना, बेहतर समाज बनाना, बेहतर परिवेश की रचना करना और बेहतर जिन्दगी जीना, ढकोसलों से दूर रहकर, कर्मकाण्डों से हटकर, आडम्बरों की जकड़बन्दी से मुक्त होकर, घिनहे और फूहड़ साँचे को तोड़कर आदि-आदि।

यह भी सोचने की बात है कि आखिर कबीर में वह कौन-सा अंश अतिरिक्त है जो उन्हें भीड़ से बिलकुल अलग स्थापित करता है वहाँ कबीर केवल एक मुँहफट कवि ही नहीं होते, सत्य बोलनेवाले सचिव और सुहृद् भी होते हैं वहाँ कबीर केवल आलोचक और समीक्षक ही नहीं होते, नये मूल्य और नये मानक भी होते हैं। सुधारक भी होते हैं। विवादों में शामिल होते हुए भी अपवाद बने रहते हैं। वह सबको प्रिय हैं हिन्दू को भी, मुसलमान को भी, सिख को भी, बौद्धों को भी, जैनियों को भी जबकि कबीर किसी की मुँहदेखी नहीं करते, डंके की चोट पर एलान करते हैं जो घर फूँकै आपना चलै हमारे साथ। और लोग इस ऐलान के पीछे-पीछे चल पड़ते हैं अपना अहंकार छोड़कर अपनी-अपनी सीमाएँ तोड़कर एक नयी पहचान बनाने, एक नया समाज रचने, एक नया आदर्श स्थापित करने और एक नया मानक बनने। कल भी देश का चप्पा-चप्पा कोना-कोना कबीर से प्रभावित था, आज भी प्रभावित है और आनेवाले दिनों में प्रभावित रहेगा। आज कबीर अपने इन्हीं मूल्यों, आदर्शों और प्रतिमानों के कारण शोधकर्त्ताओं की बढ़ती भीड़ में चर्चा का विषय बने हुए हैं, गाँव-घर के साधारण गृहस्थों में, रचे-बसे हुए हैं, राजनीतिज्ञों की दृष्टि में भी हैं लेकिन उनके बदले हुए चश्मे में आ नहीं रहे हैं। बुद्धिजीवियों में कबीर पहले से और ज्यादा खरा उतरे हैं।

ये सारे-के-सारे तथ्य इन्हीं तीन दिनों में उजागर हुए। उजागर करनेवालों में न्यायमूर्ति श्री अंशुमान सिंह, डॉ. रामलाल सिंह, डॉ. आशा गुप्ता, डॉ. गयाचरण त्रिपाठी, ज्ञानी लाल सिंह, शैलेन्द्र कुमार, रतन साहेब, सजीवन साहेब, गुरुबोध साहेब और संस्थान के प्रमुख सन्त श्री अभिलाष साहेब। कबीर और कबीर के सम्पूर्ण व्यक्तित्व की निरन्तर हो रही नयी-नयी व्याख्या भारतीय जनमानस को ही नहीं बल्कि सम्पूर्ण मनुष्य जाति को एक नयी संजीवनी प्रदान करती है और करती रहेगी। लेकिन यह तब सम्भव है जब हर आदमी अपने भीतर कबीर को धारण करेगा अन्यथा नहीं।

क्योंकि आज मनुष्य जाति जिस संकट के दौर से गुजर रही है उससे समूचा विश्व परिचित है। हिंसा और प्रतिहिंसा के दो पाटों के बीच ऐसी ही जिन्दगी को कबीर ने लताड़ा है लेकिन उस लताड़ का हमारे सोच-विचार पर कोई असर नहीं है। जहाँ असर है वहाँ अभी बहुत कम प्रतिशत है। काश यह दो-चार प्रतिशत का प्रतिशत बढ़कर शतप्रतिशत की सीमा तक पहुँच पाता। सचमुच वह दिन अभी दूर है बहुत दूर है वहाँ तक हमें पहुँचने में सदियों लगेंगे फिर भी कोई गारण्टी नहीं है कि हम उस प्रतिशत तक पहुँच ही जायेंगे। लेकिन इतना जरूर है कि अगर हमें अपनी अस्मिता की रक्षा करनी है तो इसी रास्ते पर चलना होगा। क्योंकि इसके अतिरिक्त भी कोई रास्ता नहीं है और इसके समानान्तर भी कोई रास्ता नहीं है।

कबीर जैसे विराट् व्यक्तित्व के सन्दर्भ में ये दैनिक, साप्ताहिक या पाक्षिक आयोजन समारोह नियमित और निरन्तर की सीमा में जब तक नहीं आयेंगे तब तक सम्भवतः हम पूरी तरह से कबीर से नहीं जुड़ पायेंगे। लेकिन इस तरह के समारोहों की एक सार्थकता यह भी है कि ये कम-से-कम छोटे पैमाने पर ही सही हमें निरन्तर कुरेद तो रहे ही हैं। कहीं-न-कहीं ये सोचने और जुड़ने को विवश भी कर रहे हैं, हालाँकि प्रतिशत बहुत कम है लेकिन पहले तो और कम था तब से अब की बढ़ोत्तरी इस बात का संकेत करती है कि कबीर का विस्तार हुआ है और उसी विस्तार की छाँह में लोग खड़े हैं खड़े होनेवालों की संख्या दिनोंदिन बढ़ती जा रही है। और कबीर संस्थान का करीब-करीब उद्देश्य भी यही है सन्त सेवा, अभावग्रस्त लोगों को अपनाना, निःशुल्क चिकित्सा, विद्यालय, कबीर साहित्य का प्रचार-प्रसार, आश्रम एवं धर्मशाला का निर्माण, वाचनालय पुस्तकालय की स्थापना, सामाजिक एवं नैतिक मूल्यों की स्थापना। सत्संग और गोष्ठियों के माध्यम से जनसाधारण को जागरूक बनाना। फिर भी जनसाधारण को आगे बढ़कर स्वयं हाथ बढ़ाने की जरूरत है। देश-समाज का सही नागरिक होने के नाते हमें अपना दायित्व भी निभाना चाहिए। भागते रहने से अच्छा है आगे बढ़कर जलती हुई मशाल को थाम लेना। इसी में हमारी मर्यादा और मानवता दोनों सुरक्षित हैं।

× × ×

दीवाली का रंग

अब त्योहार कन्धे पर बोझ-सा महसूस होता है। हर आदमी जल्दी-से-जल्दी उसे उतार फेंकने के जुगाड़ में लगा हुआ दिखायी दे रहा है। आज दीपावली का भी

लगभग यही हाल है। अब इस त्योहार में वह बात नहीं है जो पहले थी। न वह उत्साह है न वह आकर्षण है न वैसी संवेदना है। अगर कुछ है तो सिर्फ फिसल पड़े की हर गंगा कहाँ त्योहार और कहाँ बाजारी गाँव-घर में माटी का संकट है माटी अब पुराने घरों की मरम्मत के लिए भी नहीं मयस्सर है वर्ना अब तक गलियाँ और दीवारें नयी जैसी दिखायी देती थीं। लिपनी-पोतनी की ताजगी से घर, आँगन, गलियारे महमहा उठते थे। भला सोचिये जहाँ पुरानी दीवारों पर लगे बौछारों के घाव को भरने के लिए माटी नहीं मिल रही है वहाँ नये दीयों की कतारें कैसे दिखायी देंगी? कुम्हार का रोना तनिक भी गलत नहीं है। उसके चाक की आबरू खतरे में है। माटी उसके पास भी नहीं है और जहाँ थोड़ी-बहुत है भी वहाँ बेकार पड़ी है। माटी की भी माटी खराब हो रही है उसके सामने भी कई तरह के सवाल हैं क्या बनायें क्यों बनायें और कब तक बनायें वह जो कुछ बनाता है उसकी खपत अब नहीं है। सब धरा-का-धरा रह जाता है क्या हँड़िया क्या पुरवा और क्या दीया-परई अगर पूरे साल में सौ-पचास बिक भी गये तो इतने से क्या होना है पहले उसकी चाक बारहों महीने चलती थी। बरसात में भी छाँह में गीले बरतन सुखाये जाते थे और आसमान देखकर आँवाँ लगाया जाता था। हर सप्ताह आँवाँ लगता था। आज यह नौबत छठे-छमासे आती है इसलिए अब कुम्हार भी शहरी मजदूर होकर जी रहा है और महँगाई ऐसी है कि बाप-रे-बाप। हर चीज का दाम आसमान छू रहा है क्या तेल क्या चीनी क्या घी और क्या लाई-लावा, मिठाई? सब साधारण आदमी की पहुँच से परे हो गये हैं। विरले ही आदमी खाली जेब में हाथ डाले, टुकुर-टुकुर दुकानों को निहार रहा है लेकिन निहारने से भी काम चलनेवाला नहीं। इस महाभारत में उतरना-ही-उतरना है अपने लिये नहीं सही परिवार के लिए मेहमानों के लिए और इतना बड़ा त्योहार जो ठहरा आखिर सब-के-सब इसी कतार में तो खड़े हैं हण्डा से लेकर चम्मच तक खरीदनेवाली भीड़ है। चाँदी-सोने की दुकानें भी भीड़ से भरी हैं धाँय-धाँय की शोर मीलों में हैं जैसे पटाखे भी बम की तरह फूट रहे हैं। यह तो त्योहार के बाद ही पता चलेगा कि कितने बम बजे और कितने पटाखे, ताशों की गड्डियाँ धुआँधार बिक रही हैं। इन दिनों बहुत-से नये खेलनेवाले भी पैदा हो गये हैं ताश वहाँ भी है जहाँ मन्दिर का शृंगार चल रहा है ताश वहाँ भी है जहाँ दरवाजे के बाहर पुलिस बैठी है ताश वहाँ भी है जहाँ दफ्तरों में ओवर टाइम चल रहा है चूँकि समय सबके पास है और इफरात समय है इसलिए उसे हर हालत में बिताना-ही-बिताना है और बीत भी रहा है कहीं हँसकर कहीं रोकर। भगवान् करे दीपावली सबकी अच्छी बीते...टिकट के लिए बिना टिकट यात्रा-

ऐसा लगता है कि भारतीय रेल सिर्फ बिना टिकट चलनेवालों के लिए ही बनी है क्योंकि ये बारहों महीने यात्रा करते हैं बल्कि निरन्तर यात्रा में ही रहते हैं। कहाँ तक टिकट खरीदें? कभी-कभी तो टिकट खरीदनेवाले भी खीझ उठते हैं क्योंकि टिकट

खिड़की पर कोई रहता ही नहीं जो टिकट दे सके। कहाँ गये हैं पता नहीं? ट्रेन आ गयी अब आप जैसा चाहिए वैसा करिये। इन्तजार करिये टिकट बाबू का अगर ट्रेन छूटते-छूटते दो-चार-दस को टिकट मिल भी गया तो पचीस-पचास बिना टिकट ही चढ़ गये वर्ना दूसरी ट्रेन कितने घण्टों बाद मिलेगी इसकी कोई गारण्टी नहीं है और रिजर्वेशन कराकर चलना तो झगड़ा मोल लेना है क्योंकि जिसका रिजर्वेशन होता है वह बेचारा भकुआ बना या तो एक कोने में दुबका रहेगा या अपनी बर्थ तक पहुँच ही नहीं पायेगा। भीड़ में खड़ा रहेगा बर्थ का सुख लेते हैं वे जो बिना टिकट चलते हैं और अगर कुछ कहिये तो कुछ ही मिनटों में वे आपको कुछ कहने लायक नहीं रहने देंगे आप शीशा देखिये और रूमाल से घाव पोंछिये।

आजकल एक और तरह के बिना टिकट चलनेवाले पाये जा रहे हैं जैसे बरसात में टर्र-टर्र की ग्राह्य पुकार कुछ ज्यादा ही बढ़ जाती है लेकिन धीरे-धीरे मौसम के साथ-साथ समाप्त भी हो जाती है ठीक वही हाल इनका है। ट्रेन में आजकल ऐसे ही टर्र-टर्रवाले ज्यादा मिल रहे हैं। मैं जिस डिब्बे में बैठा था उसी में सौभाग्य से कहिये या दुर्भाग्य से कहिये टी.टी.ई. साहेब भी हटो बढ़ो कहते हुए पधारे और टिकट चेक करने लगे। डिब्बा खचाखच भरा था तिल रखने की जगह नहीं ऐसे में कैसे वह घुस आये यह भी अचरज ही है। बहरहाल उस खचाखच भीड़ में केवल बीस आदमियों के पास टिकट था जिनमें से बारह खड़े थे उन्हें सीट नहीं मिली थी और ऐसे ही लगभग पन्द्रह-बीस आदमी एम.एस.टी. वाले थे। वे भी लगभग सब-के-सब बैठे थे बाकी सत्तर-पचहत्तर लोग बिना टिकट-एक साहेब साफ धुली खादी पहने जैसे सीधे गाँधी आश्रम का लाउण्ड्री से निकलकर डिब्बे में ही आये हों बर्थ पर लेटे हुए चल रहे हों और उनके आस-पास अगल-बगल सात-आठ बन्दूकधारी भी थे आधा खद्दर-आधा टेरीकाट में चल रहे थे। जब लेटे हुए नेतानुमा जीव के सामने टिकट माँगने टी.टी.ई. साहेब गये तो वह मुस्कराये और बोले क्या जी आप इतना भी नहीं जानते कि हम कौन हैं अरे हम अभी कैसे टिकट देंगे जी अभी तो हम टिकट लेने दिल्ली जा रहे हैं।

छोटा-मोटा टिकट हम नहीं खरीदता बोल न बे पनरुआ तुम्हें बताना चाहिए न कि हम एम.पी. के टिकट के लिए दिल्ली जा रहे हैं मिल जायेगा तो ठीक-ही-ठीक है वर्ना फिर इसी तरह हम वापस भी आयेंगे और ताली पीटकर हँसने लगे। टी.टी.ई. भौचक, उसने अगल-बगलवालों से जो राइफलें और बन्दूके लिये हुए थे जब टिकट माँगा तो वे बोले हम लोग आपको टिकट दिलाने की सिफारिश करने-कराने जा रहे हैं जब टिकट मिल जायेगा तो मिलियेगा आपकी भी पूजा होगी इतनी जल्दी क्या है जी यह रेलगाड़ी जनता की है न, आपकी तो नहीं है आप क्यों परेशान हैं आप दूसरे डिब्बे में घुसिये इसमें नाहक फँसे हैं। यहाँ किसी के पास टिकट नहीं है फालतू सामान हम

लोग रखते ही नहीं...। टी.टी.ई. साहेब जो डिब्बे से गये तो फिर वापस नहीं आये। यह तो सिर्फ एक डिब्बे का हाल था और दूसरे डिब्बे में कितने लोग टिकट के लिए बिना टिकट चल रहे थे यह तो उन डिब्बों की सवारियाँ ही बता सकती हैं। मुझे भी धीरे-धीरे यही लगने लगा था कि छोटे-मोटे टिकट कोई माने नहीं रखते। असली टिकट तो चुनावी टिकट ही है और दूसरे टिकटों के चक्कर में जो रहते हैं वे किसी लायक नहीं हैं मेरी ही तरह वे भी नालायक हैं जिन्दगी भर इसी तरह टिकट खरीदते रहेंगे और धक्के खाते रहेंगे सीट नहीं मिलेगी।

× × ×

एक जमाना था जब मेहमान के नाम पर लोग बिछ जाते थे। स्वागत में सिर के बल खड़े हो जाते थे। पास-पड़ोस, टोला-मुहल्ला सभी जान जाते थे कि फलाँ के यहाँ मेहमान आये हैं लोग दौड़कर मिलते थे हाल-चाल लेते थे पद की गरिमा को बनाये रखते हुए आपस में हँसी-ठिठोली भी करते थे तब मेहमान के मनोरंजन का यही एक साधन भी था इसी बहाने मेहमान भी खुलता था और मेजबान भी और धीरे-धीरे सारी औपचारिकता मित्रता में बदल जाती थी कोई संकोच नहीं कोई झिझक नहीं बल्कि मेहमान घर-परिवार की एक महत्त्वपूर्ण इकाई बन जाता था उसी से पूछकर खाना भी बनने लगता, उसी से पूछकर घूमने-फिरने की भी योजनाएँ बनने लगतीं लेकिन पता नहीं किसकी नजर लगी कि यह भागना बिलकुल ही गायब हो गयी। न अब वैसे मेहमान रह गये न अब वैसे मेजबान। आज मेहमान सचमुच बोझ हो गया है। पहले वह आता था जाने के लिए, आज आता है तो जाने का नाम ही नहीं लेता, ठाठ से बीमार की तरह घर में पड़ा रहता है जो उसे अच्छा लगे वही खिलाइये जो माँगे वह दीजिये क्योंकि मेहमान जो ठहरा। वर्ना वह सबसे शिकायत करेगा। जिस थाली में खायेगा उसी में वह छेद करेगा। थाली छेदक मेहमानों से मुझे बहुत डर लगता है क्योंकि पूरी थाली बेकार हो जाती है। ऐसी थाली मैं घर में नहीं रखता उसी मेहमान को विदाई में दे देता हूँ ले जाइये इसी बहाने कम-से-कम आप मुझे याद तो करेंगे। वर्ना मेरे यहाँ यह थाली रहेगी तो जब-जब मुर्दे का मुँह खुलेगा तब-तब रुलायी आयेगी। इससे अच्छा है आँख ओट पहाड़ ओट। न देखेंगे न अफसोस करेंगे।

वैसे मेहमान की कई किस्में हैं और सबकी अपनी-अपनी विशेषताएँ हैं। लगभग हर घर-परिवार इन किस्मों को जानता-पहचानता है लेकिन उसने कभी नाम और किस्म के हिसाब से मेहमानों का वर्गीकरण नहीं किया होगा। मैंने बड़ी मेहनत करके वह असाध्य कार्य किया है। मेरे हिसाब से मेहमान आज के जमाने में सात प्रकार के

पाये जाते हैं। ये किस्में हैं हलबल हुलास दमकन दन्तनिपोर चुल्हिकट वज्राघात और मुसीबत यानी मान-न-मान मैं तेरा मेहमान। हलबल किस्म के अन्तर्गत वह आते हैं समझो जैसे मर्यादित और पूज्य लेकिन मेजबान भीतर-ही-भीतर डरता भी रहता है कि कहीं कोई भूल-चूक न हो जाये और मेहमान पल-भर में ही दुर्वासा साबित हो जाये। इसलिए बाहर-भीतर अगल-बगल बड़ी सावधानी बरती जाती है।

घर-परिवार के लिए यही वी.आई.पी. बन जाता है। हुलास किस्म में आता है दामाद हर्ष और उल्लास के साथ-ही-साथ मेजबान के चेहरे पर पूर्ण सन्तोष का भी भाव सहज रूप से दिखायी देता है दामाद का आतिथ्य दामाद होने से पहले महँगा पड़ता है बाद में सस्ता क्या एकदम से घरेलू हो जाता है। अस्सी दामाद के खासी रोजिना दामाद के भेंड़ा यानी अस्सी दिनों के अन्तराल पर आनेवाला दामाद खासी यानी बकरे का हकदार होता है और रोज आनेवाला भेंड़ का (वैसे आज भेंड़ भी सस्ती नहीं है)। दमकन किस्म के अन्तर्गत आता है साला। यह सब-कुछ अपना ही समझता है और उसी हिसाब से व्यवहार भी करता है। कहा भी गया है कि जिसकी बहन अन्दर उसका भाई सिकन्दर। वैसे यह बिना संकोच घर के हर काम में हाथ बँटाता है मेहमान-का-मेहमान और सहयोगी-का-सहयोगी। दिक्कत तब होती है जब घर की बागडोर साले के हाथ में चली जाती है फिर तो वही होता है जेहि घर साला सारथी सो घर माँगै भीख। दन्तनिपोर किस्म के मेहमान होते हैं जो दाँत चियारे हुए ही घर में घुसते हैं मामा पाँलागी मामी पाँलागी यानी भानजे-भतीजे आते ही घर में घुल-मिल गये न कोई चिन्ता न कोई परेशानी। चुल्हिकट किस्म के मेहमान हैं साढ़ू। इन्हें आते ही अपना पूरा परिचय देना पड़ता है मेजबान को भी पहचानने में समय लगता है अच्छा-अच्छा तो आप मुन्ना के साढ़ू हैं ऐसा क्यों नहीं कहते साढ़ू के घर साढ़ू आया...और ठहाका लगने लगता है सढ़ुवाइन की चाल बदल जाती है। उसकी चूल्हे की ड्यूटी कट जाती है वह अपने मेकअप में लग जाती है कि हाय रे जीजा देखेंगे तो क्या कहेंगे मैं कैसी थी और कैसी हो गयी। ये सारी किस्में तो हँसकर झेली जाती हैं लेकिन मेहमानों की दो किस्में ऐसी भी हैं जो रुला मारती हैं जैसे वज्राघात और मान-न-मान मैं तेरा मेहमान वज्राघात किस्म में वज्र कुछ ही देर के लिए गिरता है अब जैसे खा-पी चुकने के तुरन्त बाद आया हुआ मेहमान इसी किस्म में आता है गाँव-देहात में जाड़े-पाले की रात में समझिये वज्र ही गिरता है चलो जूठे बर्तन माँजो चूल्हा फूँको फिर जियाओं शहर में गैस स्टोव की सुविधा के बावजूद कुजून का मेहमान वज्र ही महसूस होता है। इसीलिए शरीफ मेहमान अगर रात-बिरात पहुँचता भी है तो होटल से खा-पीकर सिर्फ सोने के लिए लेकिन साहेब यह जो अन्तिम किस्म है मेहमानों की अब यही शाश्वत होती जा रही है ये कई पीढ़ियों की रिश्तेदारियाँ जोड़कर पहुँचते हैं कई परिचितों का परिचय बाँधकर पहुँचते हैं और उठने

का नाम नहीं लेते। ये मुसीबत बन जाते हैं इन्हें जो चुटकियों में सड़क का रास्ता दिखा दे उसे मैं गुरु मान लूँ।

पिछले दो-चार दिनों से एक साहेब बिना जान-पहचान के टिके हैं। खा-पीकर निकलते हैं कनवेसिंग करने और शाम होते ही दो कनवेस्टरों के साथ आकर घर में पसर जाते हैं डबल बेड पर वे सो रहे हैं फर्श पर हम लोग। साबुन मंजन तौलिया ही नहीं लिफाफा और पोस्टकार्ड भी मेरा ही इस्तेमाल में ला रहे हैं। आज तो गजब ही कर दिया उन्होंने चलते-चलाते अपने घर का पता दिया है और कहा है कि इस पते पर कृपया आप तार दे दें बाल-बच्चों को देखे बहुत दिन हो गये आ जायेंगे तो मिलना-जुलना हो जायेगा और मैं तब से सिर पकड़े बैठा हूँ कि मेहमानों की इस किस्म का सामना कैसे करूँ। क्या सचमुच इनके आगे हथियार डाल दूँ या सचमुच हथियार उठा लूँ। हे ईश्वर मुझे ताकत दो जुबान दो और साहस दो ताकि मैं ऐसे ऐरे-गैरे नत्थू-खैरे से दो-टूक बात कर सकूँ। मुझे विश्वास है कि ईश्वर मेरी प्रार्थना सुनेगा, अवश्य सुनेगा क्योंकि वह नहीं सुनेगा तो मैं ऐसे मेहमानों को उसी के पास भेज दूँगा फिर तो ये मेहमान ही उससे निपटेंगे।

× × ×

कभी-कभी पीछे मुड़कर देखना बहुत अच्छा लगता है मन सुखद आश्चर्य से भर उठता है। यह जानकर कि सचमुच बहुत लम्बी दूरी तय की जा चुकी है। और जब यह पीछे छूटी दूरी का सिलसिला वर्षों और दशकों में बाँधना-बाँटना पड़ता है तो फिर कहना ही क्या? न जाने कितनी संवेदनाएँ, कितनी अनुभूतियाँ, कितनी-कितनी घटनाएँ और कितने-कितने मोड़-पड़ाव और सहयात्री सब-के-सब एक साथ यादों की जकड़-पकड़ में आ जाते हैं। हलकी गहरी छुवनें खट्टी-मिट्ठी स्मृतियाँ तन-मन को पुलक रोमांच सिहरन और सद्भावना से आनन-फानन में जोड़ देती हैं और आदमी सहज होते हुए भी विवश हो जाता है। वह बड़ी ललक से पीछे की ओर देखता है। आज बहुत-से लोग अपने घर-परिवार देश-समाज से जुड़े अतीत की ओर जरूर देख रहे होंगे क्योंकि उनका देखना भी स्वाभाविक है और देखने का संयोग भी स्वतः जुड़ गया है।

पण्डित जवाहरलाल नेहरू की शताब्दी लगभग पूरी होनेवाली है और मन बार-बार उनके प्रति अगाध श्रद्धा से नतमस्तक होने को आतुर हो उठता है। चूँकि मन ठेठ गाँव का है इसलिए यह आतुरता आज और भी सहज प्रतीत होती है। गाँव के कायाकल्प की एक अद्भुत दृष्टि नेहरू जी के पास थी और उस स्वप्न को, उस

संकल्प को, उस रूपरेखा को बुनियादी तौर पर नेहरू जी ने बहुत-कुछ अपने जीवन-काल में साकार कर लिया था। फिर भी बहुत-कुछ बाकी रह गया था। जो बाकी रह गया था वह आज देश के कोने-कोने में दिखायी दे रहा है। रूस की खेती-बाड़ी के तौर-तरीके, रहन-सहन, खान-पान सबने उन्हें प्रेरित किया था। हिन्दुस्तानी गाँव की पारम्परिक जकड़बन्दी नेहरू जी को कचोटती थी लेकिन साधनों का अभाव, गरीबी, अशिक्षा और पोंगापन्थी जैसे कठघरे से वह गाँव को अलग करना चाहते थे।

अपने इस अभियान में वह कमर कसकर अन्ततः भगीरथ की तरह उतर भी पड़े। छोटी-बड़ी अनेक योजनाएँ और परियोजनाएँ उनकी आँखों में समा गयीं। नदियों, पहाड़ियों, घाटियों ने अपने बीच बड़े-बड़े बाँधों को जगह देना शुरू किया, बिजली का उत्पादन नये सिरे से शुरू हुआ और शहरों की कौन कहे कस्बों और गाँवों की ओर भी बिजली झाँकने लगी। हलकी हैसियत बढ़कर ट्रैक्टर हो गयी। खेती की तकनीक बदल गयी। रबी, खरीफ, जायद जैसे बहुफसली खेती का सिलसिला शुरू हो गया। ऊसर बंजर को दूर भगाने का गुप-चुप ऐलान भी होने लगा। तरह-तरह के कृषि यन्त्र और मशीनें, खेती-बाड़ी के आभूषण बन गये। प्रदर्शन की खेती ने सोने में सुहागे का काम किया, जिन उर्वरकों को छूने में किसान हिचकिचाता था, उनका असर खेतों में देखकर वह अपनी पारम्परिक लीक से अलग हटकर खड़ा हो गया।

नेहरू जी के सपनों को इससे बहुत बल मिला। वे देश के कोने-कोने धीरे-धीरे ही सही फूलने-फलने लगे। किसान बदला, उसकी सोच बदली, उसकी खेती बदली, खेती के तौर-तरीके बदले और भीतर-भीतर पूरा गाँव-समाज बदलने लगा। घाघ-भड्डरी समय के साथ नहीं चल सके, अन्ततः गाँव उन्हें छोड़कर आगे निकल गया। अनेक कहावतें, मुहावरे और लोकोक्तियाँ जो होंठों पर चढ़ी रहती थीं सब-की-सब इस्तेमाल से कोसों दूर हो गयीं। अब वे मिलेंगी भी तो केवल शब्दकोशों में मिलेंगी व्यवहार में बिलकुल नहीं। उस पिछड़ेपन को उस दारिद्र्य को नेहरू जी ने जिस साहस और जिस सहजता से दूर भगाया है उसका कोई साथी आजाद भारत के इतिहास में अब तक नहीं हुआ है। सच पूछिये तो नेहरू जी हिन्दुस्तान के विकास के फार्मूलों के जनक थे उनके सभी फार्मूले आज अपनी अहमियत बनाये हुए हैं और लोग-बाग उन्हीं फार्मूलों गर जी रहे हैं। सचमुच नेहरू जी हमें आईना देकर चले गये, दृष्टि देकर चले गये, रास्ता देकर चले गये, स्वप्न और संकल्प देकर चले गये, उड़ने और पहुँचने की सीमाएँ देकर चले गये। आज भी हम उन्हीं सीमाओं में करवट बदल रहे हैं यह हमारे लिये सचमुच सौभाग्य की बात है।

मुझे अपने बचपन का गाँव भूलता नहीं है और आज का गाँव भी मेरे सामने है। हम मन से नेहरू जी को अपने भीतर नहीं धारण कर सके यही कारण है कि बाहर से साफ-सुथरा और सम्पन्न जैसा दिखायी देनेवाला गाँव भीतर से रोगी, घिनहा और

कुरूप हो गया है। उस सहज भौतिकता की कल्पना मात्र से गाँव बावला और विवेकहीन हो गया। सम्बन्धों और सम्बोधनों से कटकर जीने लगा और जाने या अनजाने उसने स्वयं अपने पैरों में कुल्हाड़ी मार ली और सारी सम्पन्नता के बावजूद हम आत्मनिर्भर होने की जगह अपाहिज हो गये, तरह-तरह की बैसाखियों के गुलाम हो गये।

नेहरू जी ने कभी सोचा भी नहीं होगा कि बीसवीं सदी के उत्तरार्द्ध से ही हिन्दुस्तान का गाँव हिन्दुस्तान के लिए मादा बिच्छू का गर्भ साबित होगा। यह स्थिति कितनी भयावह और कितनी दु:खदायी होती है। इसकी कल्पना मात्र से संवेदनशील मन चीखने-चिल्लाने लगता है। यह भी कैसी विडम्बना है कि हम न तो नेहरू जी की भाषा अपना सके, न नेहरू जी की दृष्टि अपना सके। केवल शताब्दी वर्ष के नाते बिना भनके नेहरू जी को ओढ़ने-बिछाने लगे, यह हमारी गद्दारी भी है और बेईमानी भी। नेहरू जी आजाद हिन्दुस्तान के एकमात्र भगीरथ थे। और भगीरथ के प्रति हमें बार-बार कृतज्ञ होना चाहिए। हम भगीरथ को भी धारण करें और भगीरथ की तपस्या साधना की प्रतीक गंगा को भी मैली होने से बचायें। यही हमारी उस पुण्यात्मा के प्रति, सच्ची, सार्थक और सहज श्रद्धांजलि होगी।

× × ×

चुनाव में खड़ा होना आसान है लेकिन बैठना मुश्किल है। लोग अपने से खड़े हो जाते हैं लेकिन लोग खड़े होने के बाद इतने असहाय और लाचार हो जाते हैं कि बेचारे अपने से बैठ भी नहीं पाते। अगर वे मौका और जगह देखकर बैठना भी चाहते हैं तो उन्हें उनके साथ खड़े होनेवाले नहीं बैठने देते। कोई बगल में कट्टा गड़ाये रहता है खबरदार बैठना मत वर्ना देख रहो हो न? कोई नोटों की गड्डियाँ लिये साथ-साथ चलता है यह सब आप पर न्योछावर है। बैठना आपको शोभा नहीं देगा। फिर आपको मैंने खड़ा किया है आप मेरे विरोधी का वोट काटेंगे। आप पर मैंने अब तब कुल कितना खर्च किया है। आपको कुछ याद है? स्कूटर दिया, फ्रीज दिया, रंगीन टी.वी. दिया और जो रोज पाँच हजार आप पर स्वाहा हो रहा है। आखिर किसलिए आपकी यह मुस्कराहट मेरे पैसे से है। आपका कोटा, परमिट, ठेका, लाइसेन्स क्या इसीलिए दिलाया कि आप गद्दारी करेंगे। ऐन मौके पर पीठ घुमा लेंगे? खबरदार, बैठने का नाम न लीजियेगा वर्ना मिनटों में कन्धे से ऊपर नहीं रहेंगे। अब उस बेचारे उम्मीदवार

की सिट्टी-पिट्टी गुम हो गयी। जैसे किसी ने उसके पैर काट दिये हों और बैसाखियों पर खड़ा कर दिया हो। वह भीतर-ही-भीतर छटपटा रहा है बैठने के लिए लेकिन उसके पास पैर नहीं है, और सबसे बड़ी बात यह है कि उसके पास बैठने के लिए जगह नहीं है कहाँ बैठे? जहाँ वह बैठना चाह रहा है वहाँ बैठने की गुंजाइश नहीं है। अब वह उम्मीदवार नहीं रह गया है अब वह किसी के हाथ का मुहरा हो गया है। वैसे तो किसी भी मुहरे की अपनी कोई हैसियत नहीं होती लेकिन जब वह दाँव लगानेवाले के हाथ में होता है तो उसकी कीमत यकायक दोगुनी-चौगुनी हो जाती है। और वही अपना-सा मुहरा मौके पर खास मुहरा हो जाता था। आज पता नहीं कितने मुहरे कितने-कितने हाथों में खेल रहे हैं किस-किस दाँव पर लगे हैं और किस दुर्दशा को प्राप्त हो रहे हैं इसका कोई हिसाब नहीं है। लेकिन ये मुहरा होनेवाले लोग कम घाघ नहीं हैं। ये अपनी नाक कटाकर दूसरे का सगुन बिगाड़नेवाले हैं। क्योंकि इनके लिए नाक की कोई कीमत नहीं है। ये बिके हुए लोग होते हैं। न इनके पास रीढ़ होती है, न इनके पास विवेक होता है, न इनके पास स्वाभिमान होता है। इन्हें अगर आप चार जूते मारकर एक बीड़ा पान खिला दीजिये तो ये जूते भूल जायेंगे पान याद रखेंगे।

अब चुनाव में ऐसे लोगों की भरमार होने लगी है। इस बार भी भरमार है। पर्चा भरने से लेकर वोटों की गिनती तक ये त्रिशंकु बने रहते हैं। नये विश्वामित्र के हैं न ये वशिष्ठ के हैं, और वे भी उनके नहीं है। आज लगभग हर अच्छे उम्मीदवार को ऐसे संकट का सामना करना पड़ रहा है। थोड़ा-बहुत वोट काटनेवालों की संख्या दिनोंदिन बढ़ती जा रही है ये चुनाव जीतने के लिए नहीं खड़े हैं ये खड़े हैं गलत को जिताने के लिए, ये खड़े हैं सही को हराने के लिए, ये खड़े हैं मतदाता के किये-धरे पर पानी फेरने के लिए, ये खड़े हैं कुछ कमाने के लिए। क्योंकि ये और कुछ तो कभी करते नहीं सिवा इसके कि थाने, कचहरी और ब्लाक की दलाली करें, झगड़ा लगायें, मुकदमा लड़ायें और बन्दर बाँट करें। लेकिन इतने से इनका पेट नहीं भरता हमेशा छुछुवाते रहते हैं इनका पेट भरता है तब, जब चुनाव आता है।

चुनाव में पेट-भर खाते हैं और अगले चुनाव तक के लिए बचाते हैं। सौ में नब्बे ऐसे ही लोग हैं खड़े हैं सिर्फ कमाने के लिए। ये अगर बैठेंगे भी तो सौ-पचास हजार लेकर बैठेंगे। और अगर नहीं बैठ रहे है तो यह मानकर चलिये कि सौ-पचास हजार इनके पेट और पॉकेट में समा चुका है। वही इन्हें नहीं बैठने दे रहा है। ऐसे लोगों का पेट चुनाव में इस तरह से भरता है जैसे हाथी के मरने पर सभी सियारों, गिद्धों और चीलों का पेट भरता है। चुनाव में मान-न-मान मैं तेरा मेहमान, बनवाये जाते हैं और एक साथ दो काम करते हैं। एक तो अपना उल्लू सीधा करते हैं दूसरे मतदाता विवेक निर्णय स्वाभिमान और प्रयास को रौंदते हैं अपने तरीके से। मतदाता हाथ मलकर रह जाता है। जिस वक्त औसत मतदाता हाथ मल रहा होता है उस समय ये महानुभाव

लोग चुनाव में काटी गयी रकम की बदौलत किसी थ्री स्टार, फाइव स्टार में गुलछर्रे उड़ा रहे होते हैं। आप ही सोचिये आखिर यह कहाँ की शरारत है? कहाँ की भलमनसाहत है?

किसी भी ऐरे-गैरे नत्थू-खैरे उम्मीदवार को देखिये क्या कहने हैं। सरकार की तरफ से सुरक्षागार्ड मिला हुआ है वह हर वक्त परछाईं की तरह साथ-साथ लगा रहता है। मैंने एक सुरक्षागार्ड से पूछा, कैसा चल रहा है आपके उम्मीदवार का चुनाव-प्रचार? वह मुस्करा उठा और बोला, जैसा चलना चाहिए वैसा ही चल रहा है? मैं तो विवश हूँ गलत की सुरक्षा करने के लिए। मैंने फिर पूछा, आपका मतलब मैं नहीं समझ सका और खुलासा करिये न? वह बोला, भाई साहब! मैं जिनकी सुरक्षा में लगा हूँ उन्हें कई बार चोरी में, जुआ खेलने में, बम, कट्टा बनाने-चलाने में, औरतों का धन्धा कराने में, बन्द कर चुका हूँ और थाने में पीट भी चुका हूँ लेकिन आज उन्हीं को बचाने में लगा हूँ। यह मेरी मजबूरी है। मैंने उम्मीदवार से पूछा, आपको कैसा लग रहा है? वह तपाक से बोले, बहुत अच्छा, पब्लिक खूब साथ दे रही है और लगभग जीत पक्की है फिर आप तो जानते हैं कि मेरी अगर आँख उठ जाये तो मुहल्ला साफ हो जाये, शहर क्या चीज है? मैंने कहा जी हाँ, वैसे मेरे मुहल्ले की ओर आप आँख उठा दें तो सचमुच मेरे मुहल्ले की सफाई हो जाती है बहुत दिनों से कूड़ा पड़ा हुआ है। आपके तो सिर्फ एक इशारे पर पता नहीं क्या-क्या साफ हो जाता है। इतनी सफाई और करा दीजिये। लोग आपको याद करेंगे। वह बेचारे कटकर रह गये और मैं मुस्कराकर रह गया।

× × ×

वोट के दिन, मैं जैसे ही घर से बाहर निकला मतदान-केन्द्र पर जाने के लिए कि सहसा सड़क पर मुझे कई लोगों ने घेर लिया। मैं अचकचा गया कि आखिर मामला क्या है? ये लोग हैं कौन? लेकिन घेरनेवालों ने मेरा संकट तुरन्त हल कर दिया। जान-में-जान आ गयी यह जानकर कि ये लोग वोटर ढोनेवाले हैं-मारने, पीटने, लूटने और अपहरण करनेवाले नहीं। एक ने मेरा दाहिना हाथ पकड़कर अपनी ओर खींचा और बोला, आइये, मैं बहुत देर से आपकी प्रतीक्षा कर रहा था वह मारुति आप ही के लिए आयी हुई है। दूसरे ने झटका देकर मेरा बायाँ हाथ अपनी ओर खींचा और कहा, मैं आप ही के लिए फियेट लेकर आया हूँ। जो सज्जन मेरे पीछे खड़े थे उन्होंने पूरी तरह से अपनी बाँहों में मुझे भर लिया था। वह बोले, गौतम साहेब। आप सफेद

ऐम्बेसडर में चलिये आज आप इनकार नहीं कर सकते, और आप करें भी तो मैं मानने से रहा। जो सज्जन मेरे सामने हाथ जोड़ दाँत चियारे खड़े थे वे अलग मेरे लिये छटपटा रहे थे और मैं अलग छटपटा रहा था मुक्त होने के लिए।

जैसे सफेद ऐम्बेसडर दूर हुई तो मैंने अपने आस-पास और सामने की ओर कई लोगों को बैठे देखा एक साहेब भुनभुना रहे थे यह भी कोई शराफत है मैं ठहरा परदेशी आदमी और मैं बार-बार कह रहा हूँ भइया, मैं रिश्तेदारी में आया हूँ लेकिन, जब मेरी कोई सुने तब न–। इसी बीच एक आदमी मोटर में बैठे हम लोगों को चाय की गिलास देकर चला गया। अभी चाय खत्म नहीं हुई थी कि वोटर पकड़नेवाले दो मोटर और ले आये और उसी मोटर में ठूँसकर चले गये। कार स्टार्ट हो गयी। रास्ते में मैंने ड्राइवर से कहा, भाई, इतनी सवारियाँ आप क्यों भरते हैं? बैठने में तकलीफ होती है। वह बोला, साहेब! हम तो ठेके पर वोटर पहुँचा रहे हैं हमें वोटरों की संख्या के हिसाब से पैसा मिलेगा–फी वोटर दो रुपया तय है। अब आप ही सोच लीजिये अगर ज्यादा-से-ज्यादा नहीं बैठायेंगे तो परता नहीं पड़ेगा। इसी बीच बगल से एक फीयेट निकली। उसमें से आवाज आ रही थी। मुझे बचाओ-मुझे बचाओ–मैंने अपनी गाड़ी के ड्राइवर से पूछा, फियेट में भी वोटर ही भरे थे न? वह बोला, हाँ साहेब। आज जितनी गाड़ियाँ आपको दिखेंगी सब वोटर ढोनेवाली मिलेंगी। वोटरों को मतदान-केन्द्र तक पहुँचाने का ठेका हुआ है–असली ठेकेदार तो और कोई है। हम लोग तो पेटी में काम कर रहे हैं। मेरे बगलवाले सज्जन बोले, भाई, मुझे तो आप लोग बेकार में ले चल रहे हैं। मैं तो यूँ ही घर से निकला था मैं तो बाहर का–ड्राइवर ने कहा, आज कोई बेकार नहीं है, आज सब काम आयेंगे। और सहसा मोटर रुक गयी–दरवाजा खुला धीरे-धीरे सब बाहर आये और फिर घिर-से गये। कई लोगों के पहरे में हम लोग चलने लगे। मैंने गौर से देखा तो मेरे कुर्ते की भी एक बाँह नहीं है। और पीछे की ओर से भी कुर्ता मरक गया। दूसरे सज्जन की कमीज कई जगह से फट-फटा गयी है एक साहेब की घड़ी भी गायब है। जब उन्होंने घड़ी की बात कही तब मुझे पर्स का खयाल आया। जेब में हाथ डाला तो जेब खाली। ज्यादा नहीं था। था दस-बीस रुपया ही, लेकिन पर्स गायब था–वोटर ढोनेवालों का कहीं पता नहीं था वे हमें कसाईबाड़े में मवेशियों की तरह छोड़कर चले गये। वहाँ जितने थे सब एक-दूसरे का मुँह देख रहे थे।

मजा तब आया जब मैं वोट देने के लिए लाइन में लगा। नम्बर आया। वोटर लिस्ट में बाप का नाम देख-सुनकर माथा चकराया लेकिन ठण्डे दिल-दिमाग से काम लिया यह सोचकर कि पिता जी का यह नाम कोई बुरा नहीं है। सामनेवाली लाइन में खड़े एक सज्जन आपे से बाहर थे। वे जोर-जोर से चिल्ला रहे थे मेरे बाप का नाम राम अँजोर और इसमें है स्वर्गीय प्यारे मियाँ, मुझे कुछ शरारत सूझी, मैंने कहा, भइया, यह नाम भी कोई बुरा नहीं है। वोट देने के लिए कोई भी नाम बहुत है।

छोड़िये राम अँजोर को बस प्यारे मियाँ से काम चलाइये। सिर्फ नाम बदला है कोई बाप थोड़े ही बदले हैं आपके? एक महिला अलग चीख रही थी उनके पति का नाम सूर्यभान से बदलकर किशोरी हो गया था। उनकी शिकायत यह थी कि किशोरी मेरे भाई का नाम है। आखिर ऐसा मजाक किसी ने क्यों किया...और मेरे सास-ससुर को मरे तो चार साल हो गये वे कब आये? कहाँ से आये और वोट दे गये। उन्हें एक साहेब समझा रहे थे मैडम। आप अपना वोट डालिये दूसरों का हिसाब आप बेकार ले रही हैं? यहाँ तो निरन्तर आत्माएँ भटकती रहती हैं आपके सास-ससुर की आत्माएँ आयी होंगी-वह झल्ला उठी-वोट देने आ सकती हैं आत्माएँ और बेटों-बहुओं के झगड़े मिटाने नहीं आ सकतीं-जब से सास-ससुर मरे हैं तब से घर में मुकदमा चल रहा है इसकी उन्हें चिन्ता नहीं है चिन्ता रही तो बस इसी वोट की। हमें दिख जाते तो बस आज सारी रही-सही कसर निकल जाती। सब-कुछ बिटिया-दामाद के नाम कर गये हैं...

बहरहाल तरह-तरह के मतदाताओं के दर्शन हुए, जी खुश हो गया। बस तकलीफ यही रही कि पर्स गायब हो गया था कुर्ता फट गया था वोट देकर बाहर आने पर कोई वोटर ढोनेवाला दिखायी नहीं दे रहा था। न ऐम्बेसडरवाले न फियेट न मारुति न जीपवाले सब-के-सब केवल मतदाताओं को मतदान-केन्द्र तक ले आने में लगे थे। यहाँ ले जाने के लिए कोई नहीं था। कई मतदाता वोट लेकर गाली देने पर उतारू हो गये थे। साले हरामजादे जबरदस्ती पकड़कर ले आये और अब कोई नहीं पूछ रहा है कि कहाँ जाइयेगा? आइये चलिये घर तक छोड़ दूँ-? मैंने भगवान् को धन्यवाद दिया कि हे ईश्वर तू जो करता है अच्छा करता है वोटर लिस्ट में बाप का नाम बदल गया, वोट देने में कुर्ता फट गया, पर्स चला गया लेकिन बाल-बच्चों की परवरिश के लिए मैं जीवित हूँ यही क्या कम है? इसे मैं तुम्हारी ही कृपा मानता हूँ।

× × ×

चुनाव सम्पन्न हुआ सैकड़ों-हजारों की संख्या में हत्याएँ हुईं क्यों हुईं? सिर्फ अपनी-अपनी कुर्सी के लिए लेकिन सवाल यह उठता है कि आखिर कुर्सी तक पहुँचने के लिए यह रास्ता कहाँ तक उचित है? जिस लोकतन्त्र को स्थापित करने के लिए गाँधी जी का पूरा जीवन अहिंसा को समर्पित हो गया उसी गाँधी के देश में लोकतान्त्रिक के नाम पर गोलियाँ बरसायी जा रही हैं, खून की नदियाँ बहायी जा रही है, लाशों से कुएँ पाटे जा रहे हैं और मुद्दा बनाया जा रहा है कहीं मन्दिर-मस्जिद

को, कहीं जाति–बिरादरी को, कहीं भाषा–बोली को, कहीं वर्ग–सम्प्रदाय को और कहीं क्षेत्रवाद और प्रान्तवाद को। क्या आजादी के लिए लड़ी गयी लड़ाई का लक्ष्य यही था कि आजादी मिलने के बाद हम आपस में ही लड़ेंगे? आज न हमारे बीच कोई सीमा रह गयी है नैतिकता की, मर्यादा की, न कोई सम्बन्ध रह गया है न कोई सम्बोधन रह गया है। जो कुछ इनके नाम पर हमारे बीच आज है भी वह इतना कलुषित और जहरीला रिश्ता है जिसे कोई भी संवेदनशील आदमी जीना नहीं पसन्द करेगा। बुद्धिजीवी तो बिलकुल ही नहीं पसन्द करेगा। राजनीतिज्ञों की बात बिलकुल इसके विपरीत है कोई भी दल हो सब–के–सब इसी दलदल के शिकार हैं सब एक–दूसरे पर कीचड़ उछाल रहे हैं एक–दूसरे की टाँग खींच रहे हैं और अपने–अपने स्वार्थ के लिए आम आदमी को मुहरा बना रहे हैं लेकिन इस चुनाव में आम आदमी ने अपने को मुहरा बनने नहीं दिया बल्कि अपनी मुहर का सही इस्तेमाल किया उसने अपना आक्रोश, अपना विरोध, अपना विद्रोह और अपनी छटपटाहट, अपनी कसमसाहट, अपनी कथा, अपनी यन्त्रणा और सन्त्रास अपने विवेक को अपने मत के माध्यम से अपनी मुहर के माध्यम से भीतर–ही–भीतर उजागर कर दिया और हारे हुए प्रतिनिधि को एक सबक भी दिया आईना भी पकड़ा दिया। इस विश्वास के साथ कि लो देखो तुम कहाँ हो जैसा तुमने किया वैसा पाया। इसमें कोई दो राय नहीं है कि यही कारण है कि दक्षिण भारत का मन भी बदलाव चाह रहा था। और उत्तर भारत का मन भी बदलाव चाह रहा था। दक्षिण भारत ने अपना आक्रोश अपने ढंग से प्रकट किया। उत्तर भारत ने अपना आक्रोश अपने ढंग से प्रकट किया। आम आदमी द्वारा लिया गया निर्णय सबको सिर झुकाकर मन से स्वीकार करना होगा। क्योंकि जनता जनार्दन कभी गलत कदम नहीं उठाता वह जब भी निर्णय लेगा सही और ठोस निर्णय लेगा।

लोकतन्त्र में जनमानस सर्वोपरि है और उसकी इच्छा का आदर करना जन प्रतिनिधित्व का परम कर्त्तव्य बन जाता है जब–जब जनमानस की उपेक्षा हुई है अवहेलना हुई है तब–तब यही हुआ है एक विशेष प्रकार का असम्भावित अप्रत्याशित परिवर्तन। इसलिए यह कहना कि उत्तर भारत ने सही निर्णय लिया है कि दक्षिण भारत ने सही निर्णय लिया है गलत होगा क्योंकि वह निर्णय भी आम आदमी का है यह निर्णय भी आम आदमी का है। वह निर्णय भी वास्तविक और समयानुकूल है और यह निर्णय भी वास्तविक और समयानुकूल इसलिए उत्तर और दक्षिण दोनों के निर्णय सराहनीय हैं।

क्योंकि इस निर्णय से मनुष्य की अस्मिता का पता चलता है उसके विवेक का पता चलता है। यह आम आदमी का लिया हुआ निर्णय है यह लोकतन्त्र की आवाज है प्रजातन्त्र की मूल संवेदना है, अगर ये निर्णय हमारे जनप्रतिनिधियों को निरन्तर सालते रहेंगे जगाते रहेंगे संवेदनशील बनाते रहेंगे तो निश्चय ही एक समय ऐसा भी

आयेगा जब न केवल आम आदमी की छवि सुधरेगी बल्कि हमारे देश–समाज और देश–समाज की प्रजातान्त्रिक व्यवस्था की भी छवि सुधरेगी। ये हत्याएँ बन्द होंगी यह अराजकता बन्द होगी और सारा देश–समाज एक सुखद वातावरण में अपने को जीवित महसूस करता रहेगा, सुरक्षित महसूस करता रहेगा। जिन संवेदनाओं की कमी आज हमारे बीच हो गयी है संवेदनाएँ फिर हमारे बीच जीवित दिखायी देंगी क्योंकि आज जिस तरह का वैचारिक–चारित्रिक सामाजिक–सांस्कृतिक और नैतिक संकट हमारे साथ है वैसा पहले कभी नहीं था। हमारे सामने हमेशा कुछ मूल्य हुआ करते थे, कुछ प्रतिमान हुआ करते थे, कुछ आदर्श हुआ करते थे, लेकिन न जाने कैसी हवाएँ बहीं, न जाने कैसी घटनाएँ घिरीं, न जाने कैसे–कैसे लोग आये कि वे मूल्य वे प्रतिमान वे आदर्श सब–के–सब हवा हो गये और एक खतरनाक अभाव के दायरे में इस देश का आम आदमी निरन्तर समाता चला गया। आज वह ऐसी जगह पहुँच गया है जहाँ वह न अपने को, न मूल संस्कारों को, अपने–न–अपने भौतिक परिवेश को पहचान रहा है, शायद यह आया हुआ बदलाव उसके इस अभाव को उसे दिखा सके, उसके मन–मस्तिष्क को बदल सके उसे शुद्ध और प्रबुद्ध बना सके ताकि वह अपने को नये सिरे से स्थापित कर सके जी सके और उन खोये हुए मूल्यों को आदर्शों को प्रतिभाओं को फिर जोड़ सके स्थापित कर सके।

× × ×

तालमेल का खेल बात से खेला जा रहा है जब से आदमी एकवचन से द्विवचन में आया है। तब इसका रंग–रूप कुछ और रहा होगा निश्चय ही आज जैसा नहीं रहा होगा और तब परिस्थितियाँ भी आज जैसी नहीं रही होंगी लेकिन तालमेल की जरूरत तब भी कदम–कदम पर रही होगी क्योंकि उन लोगों के सामने भी यह सवाल बार–बार आया होगा उठा होगा कि अगला कदम कैसा उठेगा और कहाँ पड़ेगा। बिना इस सवाल से टकराये मंजिल पर कोई पहुँचा ही नहीं होगा क्योंकि मंजिल तक की सकुशल यात्रा व्यवस्था ही तालमेल का प्रतिरूप है। आज यह तालमेल स्वभाव और संस्कार में शामिल हो गया है। घर में तालमेल ताकि सम्बन्धों सम्बोधनों और पारस्परिक मर्यादाओं की पहचान बनी रहे और घर घर–जैसा महसूस होता रहे। फिर घर और पड़ोस में तालमेल बैठाना पड़ता है क्योंकि दायें भी पड़ोसी हैं बायें भी पड़ोसी हैं सामने भी, पीछे भी, ऊपर भी, नीचे भी, पड़ोसी हैं। और एक–दूसरे को खुश रखना मिलाकर चलना बिना आँख की किरकिरी बने यही तालमेल का खेल है। हर आदमी

का आज सबसे ज्यादा समय इसी खेल में बीत रहा है कुर्सी के लिए तालमेल, रोटी-कपड़ा और मकान के लिए तालमेल, धन्धे के लिए तालमेल, अपना उल्लू सीधा करने में तालमेल, अपनी खिचड़ी पकाने में तालमेल, अपनी डफली अपने राग में तालमेल बैठाना पड़ता है बनाये रखना पड़ता है बिना इस तराजू और बटखरे से तौले-नापे काम चल ही नहीं सकता सन्तुलन बिगड़ जाता है बिगड़ गया है और तालमेल नहीं रहेगा तो सन्तुलन कभी भी गड़बड़ा सकता है सारा कमाल सारा आकर्षण अफसोस का पात्र बन जायेगा। तालमेल का ही कमाल है कि छोटा बच्चा दो बाँस के सहारे तनी रस्सी पर बाँस लेकर दौड़ रहा है रस्सी भी हिल रही है खिलाड़ी भी हिल-काँप रही है लेकिन वह गिरेगा नहीं क्योंकि वह सधा हुआ खिलाड़ी भी है और खिंची हुई रस्सी से तालमेल भी है। भीड़ आँखें फाड़े देख रही है कि अब गया तब गया लेकिन विश्वास रखिये वह इसी तरह टँगा लहराता रहेगा गिरेगा नहीं। तालमेल के ही चलते अन्धा अपने कन्धे पर लँगड़े को ढोता फिरता है और लँगड़ा मंजिल का रास्ता बताता है सारथी बना रहता है इधर नहीं इधर चलो, रुको, सुनो, बढ़ो जैसे अनेक रास्तों से होकर गुजरना पड़ता है। यही तालमेल उदई और भान के बीच भी है, 'जैसे उदई वैसे भान, इनको चुन्नी न उनको कान।'

आज अच्छा-से-अच्छा प्रदर्शन जो हो रहा है वह सिर्फ इसी तालमेल का प्रतिफल है। खिलाड़ियों, प्रतिभागियों, कलाकारों और सहयोगियों की आपसी सूझ-बूझ और आन्तरिक पकड़ की मूल संवेदना ही तालमेल है अगर यह नहीं तो कोई प्रदर्शन नहीं, कोई मंच नहीं, कोई आकर्षण नहीं, इसी के चलते आम आदमी भी विवश है घर-दफ्तर में तालमेल बनाये रखने को और अपनी व्यक्तिगत, पारिवारिक, सामाजिक और राजनीतिक जरूरतों को यथासमय पूरा करने की मानसिकता से तालमेल बनाये रखने को, इसीलिए वह छल, कपट, झूठ, चोरी, बेईमानी, घूसखोरी, लुच्चई, लफंगई, गुण्डई सबका सहारा लेता है। सबका मन पहचाना है सबसे दुआ सलाम रखना है और सब-के-सब उसके काम में हाथ बँटाते हैं क्योंकि जल के सीमित दायरे में सब एक-दूसरे को मगर ही समझते हैं इसलिए मुहावरे का सन्तुलन नहीं बिगड़ने देते और पानी में रहकर मगर से वैर नहीं करते। करना भी नहीं चाहिए एक-से-एक आँधी-तूफान आकर चले जाते हैं लेकिन अगर नाव में सन्तुलन है और माँझी सूझ-बूझवाला है तो निश्चय ही नाव पार लगकर रहेगी लेकिन यात्रियों में सवारियों में सन्तुलन नहीं है तो छिछले पानी में भी नाव जा सकती है क्योंकि यह भी तो कहा गया है।

कश्ती का जिम्मेवार फकत ना खुदा नहीं
कश्ती में बैठने का सलीका भी चाहिए

ऐसा सलीका सहयोगी भी सिखाते हैं और परिस्थितियाँ भी सिखाती हैं। सहयोगियों का सिखाया गुरुओं का पढ़ाया आदमी कभी-कभी भूल भी जाता है लेकिन समय का सिखाया वह कभी भूलता नहीं क्योंकि समय किसी का होता नहीं समय मरता नहीं वह निरन्तर बना रहता है। यही चिन्तन सत्य है। समय अच्छा भी होता है समय बुरा भी होता है लेकिन समय के ऊपर यह आक्षेप व्यक्तिगत ही हो सकता है सामूहिक नहीं क्योंकि समय सबका है और इसीलिए मैं कहने का साहस नहीं कर पा रहा हूँ कि समय अच्छा चल रहा है या यह समय बुरा चल रहा है यह मैं अपने समय के बारे में तो कह सकता हूँ लेकिन इनके उनके आपके सबके समय के बारे में कैसे कह दूँ। किस मुँह से कह दूँ। और क्यों कह दूँ। मैं भी इस तालमेल में शामिल हूँ आदमी होने के नाते नागरिक होने के नाते सामाजिक होने के नाते और सहयोगी समर्थक होने के नाते।

कभी बया का घोंसला आपने देखा है हवा को कौन कहे तेज आँधी में भी गिरता नहीं डाल से झूलता रहता है झोंके खाता रहता है उसकी बुनावट ऐसी होती है कि बड़ी-से-बड़ी आँधी भी उसका कुछ बिगाड़ नहीं सकती वह छोटे-बड़े पेड़ तो गिरा सकती है लेकिन बया के उस घोंसले को नहीं गिरा सकती यह बया की सूझ-बूझ से जुड़ा तिनको का तालमेल है। और सच पूछिये तो तालमेल की भी एक अवधि होती है जरूरत होती है कभी-कभी अच्छे-से-अच्छे रसायनों से तैयार की गयी दवा भी अवधि बीतने के साथ-ही-साथ अपनी वास्तविक हैसियत खो देती है उसका विश्वास नहीं रह जाता क्योंकि उसमें निहित जितने भी तत्त्व होते हैं सबका तालमेल खटाई में पड़ गया होता है यह बता पाना मुश्किल हो जाता है कि कौन-सा तत्त्व जहर बन चुका है कौन-सा नहीं इसीलिए हर तरह का तालमेल आवश्यक होते हुए भी समय सापेक्ष होता है जब तक कार्यक्रम चल रहा होता है तभी तक कलाकारों का, मंच का, श्रोताओं का, आयोजकों का, एक व्यवस्था का तालमेल दिखायी देता है हालाँकि मुख्य भूमिका कलाकारों की होती है फिर भी उनका तालमेल पूरे वातावरण से जुड़ा होता है इसीलिए वातावरण को दूषित होने से बचाना ही तालमेल की मूल संवेदना है मूल सार्थकता है और मूल मन्त्र है।

× × ×

अहिंसा का एक दिन

आज भगवान महावीर की जयन्ती है। आज देश में मांस-मदिरा की दुकानें बन्द रहेंगी ऐसी सम्भावना है क्योंकि ऐसा हर साल होता है और साल में तीन बार होता है

गाँधी जयन्ती, महावीर जयन्ती और बुद्ध जयन्ती के दिन न देश में कोई मवेशी कटता है न कहीं कोई दारू पीता है ऐसा नियम है लेकिन यह देश यह समाज कितने नियमों–कानूनों और संविधानों का पालन करता है यह किसी से छिपा नहीं है। बड़े–बड़े होटलों में मुर्गा भी मिलेगा, बकरा भी मिलेगा, मछली भी मिलेगी और सूअर भी मिलेगा शहर–कस्बों के बारों में दारू भी मिलेगी और लोग या तो अहिंसा पर बोलने से पहले खा–पी लेंगे या जब भाषण दे लेंगे तब खायेंगे–पीयेंगे क्योंकि ऐसे ही लोगों के लिए ऐसी व्यवस्था की गयी है और की जाती है। यह भी सोचने की बात है कि जहाँ साल में तीन सौ चौसठों दिन हजारों–लाखों बकरे, मुर्गे, सूअर, हमारे–आपके पेट में समा जाते हैं और हजारों–लाखों दारू की बोतलें पेनी पलट की दशा में आ जाती हैं वहाँ भला यह एक दिन का अहिंसा अभियान कितना कारगर साबित होगा? यात्राएँ बन्द के दिनों में भी होती हैं। अगर यात्राएँ न हों तो बन्द का पता कैसे चलेगा? भले रेलें न चलें, बसें न चलें लेकिन जिन्हें पैसा कमाना होगा वे अपनी–अपनी टैक्सी चलायेंगे और दुगुना पैसा भी लेंगे लोग बड़े शौक से देंगे भी और शुक्रिया भी अदा करेंगे आपको बहुत–बहुत धन्यवाद आप न होते तो यहाँ तक पहुँचना बड़ा मुश्किल था वगैरह–वगैरह। यही हाल इस एक दिन की अहिंसा का भी है कहने को सब यही कहेंगे बल्कि कुछ पहुँचे हुए लोग तो गोश्त और दारू की दुकानों पर धरना भी दे देंगे खबरदार जो दुकान खुली–लेकिन दुकानदार भी उनकी ट्रिक जानते हैं कुछ बोलते नहीं धरना खत्म होते ही सब–कुछ उन्हें अपनी ओर से मुहैया करा देंगे वे भी खुश ये भी खुश साँप भी नहीं मरा और लाठी भी नहीं टूटी, कहने को साँप भी निकला लाठी भी बजी हो हल्ला भी हुआ अब क्या चाहिए? इतना बहुत है जागरूक बने रहने का इससे अच्छा सबूत और क्या होगा दुनिया ऐसे ही सबूतों को मानती और पतियाती भी है और इतने ही से इस मुल्क का काम भी चल जाता है अहिंसा का एक दिन इस देश–समाज का क्या बिगाड़ सकता है न तो यह संस्कारित ही कर सकता है और न तो यह स्थापित ही कर सकता है।

यह भी एक विडम्बना ही कही जायेगी कि सबसे ज्यादा अहिंसावादी अपने देश में हुए हैं और सबसे ज्यादा हिंसा अपने ही देश में हो रही है ऐसा एक दिन भी नहीं बीतता जिस दिन कहीं–न–कहीं कोई–न–कोई हिंसा का शिकार न होता हो बल्कि कभी–कभी तो यह संख्या अगर पूरे देश का आँकड़ा इकट्ठा किया जाय तो हर जिले में दस–बीस से कम नहीं होगी लेकिन इसे लोग हिंसा में नहीं मानते क्योंकि आदमी का मारा जाना कोई हिंसा है? क्या कश्मीर, क्या पंजाब और क्या घर–घर गाँव–गाँव में आपसी रंजिश के चलते मारे जानेवाले लोग आदमी क्या जानवरों से भी गया बीता है लगता तो ऐसा ही है क्योंकि उसके लिए कोई रोनेवाला दिखायी नहीं दे रहा है वह कटता–मरता है धर्म के लिए अपनी जमीन के लिए इसलिए उसका कटना–मरना

कोई माने नहीं रखता आदमी ही अकेले-दुकेले में मारा जा रहा है मेले-ठेले में मारा जा रहा है सभाओं-जुलूसों में मारा जा रहा है खेत-खलिहाल में मारा जा रहा है गली-चौराहे पर छेंककर मारा जा रहा है घर में बुलाकर मारा जा रहा है आदमी को मारना सबसे ज्यादा आसान भी है और इसमें कोई झंझट भी नहीं है जिस देश में महाभारत हो चुका हो, आल्हा-ऊदल की लड़ाई हो चुकी हो, पानीपत और हल्दीघाटी की लड़ाइयाँ लड़ी गयी हों भला उससे बड़ा अहिंसक देश और कौन होगा? कोई नहीं। सारे जहाँ से अच्छा हिन्दोस्ताँ हमारा, जब चाहो तब जिसे चाहो उसे बम से उड़ाया चाकू घोंप दो, दो गोली मार दो कुछ नहीं होगा क्या कभी हम इस ओर भी देखेंगे? और अपने को हिंसा से अलग रखेंगे शायद ऐसा होना अब मुश्किल ही नहीं असम्भव भी प्रतीत हो रहा है जब तक यह रोज-रोज की हिंसा बन्द नहीं होगी तब तक यह एक दिन की अहिंसा भी जहाँ-की-तहाँ ही पड़ी रहेगी और अलग-थलग दिखायी देती रहेगी ऐसा कौन-सा दिन होगा, जिस दिन कोई बहू नहीं जलायी जायेगी, जिस दिन कोई पोस्टमार्टम नहीं होगा, जिस दिन सामूहिक नरसंहार नहीं होगा, जिस दिन अहिंसा का एक दिन अकेला नहीं गिना जायेगा और जिस दिन देश का हर नागरिक अपने भीतर भगवान महावीर जैन को महात्मा गौतम बुद्ध को और गाँधी जी को धारण करेगा और केवल धारण ही नहीं करेगा बल्कि उसके अनुरूप आचरण करेगा।। कभी-कभी लगता है कि इस महाभारत का भी अन्त किसी-न-किसी शान्ति पर्व से अवश्य जुड़ा है लेकिन वह पर्व अभी हम सबसे कितनी दूर है इसकी कोई जानकारी नहीं मिल रही है लेकिन उस शुभ घड़ी की प्रतीक्षा मुझे कल भी थी आज भी है और कल भी रहेगी अभी मैं पूरी तरह से निराश नहीं हुआ हूँ।

× × ×

दाल हो जाय तो चाय का पानी चढ़ा दूँ वह बगल की कुर्सी में धँसकर बैठ गयी। मेरी स्थिति ठीक उस परीक्षार्थी की तरह थी जिसकी जेब में चिट हो और पास ही निरीक्षक भी खड़ा हो। बहरहाल बीवी बैठी तो बैठी ही रही उठने का नाम ही नहीं लिया उसने। इसी बीच मुझे दाल जलने की महक लगी। मैंने उससे कहा, अरी सुशीला, जाओ किचेन में तुम्हारी दाल जल गयी है। वह बोली, ठीक है ठीक, मेरी दाल भले जले लेकिन आज आपकी दाल गलने नहीं दूँगी। और पूरा कमरा धुएँ से भर गया। हालाँकि वह महिला मित्र दुबारा नहीं आयी।

सच कहता हूँ आपसे, ये बीवियाँ बड़ी निष्ठुर होती हैं। अपने-अपने मियाँ को पालतू बनाकर रखती हैं, क्या मजाल जो मियाँ कभी चूँ कर दे। और मियाँ की मुसीबतों और परेशानियों को तो ये कतई समझती ही नहीं।

घण्टे–दो घण्टे देर से घर पहुँचने का मतलब है कि आप कुछ गलत करके लौट रहे हैं। आपकी तबीयत खराब हो गयी होगी। आप दफ्तर के काम से रुक गये होंगे। आपके कोई दोस्त साहब आ गये होंगे आप इधर–उधर कहीं किसी जलसे में चले गये होंगे इससे बीवी को क्या लेना–देना वह तो आपके हाजिर होते ही गुनगुनाने लगती हैं–कहवाँ गँवाई सारी रैन? भले आपकी रात किसी भजन–पूजन में बीती हो मैं बीवी हूँ लेकिन बीवी को शक करने का इतना बहाना काफी है। कोई–कोई बीवियाँ तो ऐसी होती हैं कि मियाँ के घर पहुँचते ही मियाँ के कपड़ों की तलाशी लेने लगती हैं जैसे कोई माँ स्कूल से लौटे छोटे बच्चे की जेब तलाशती है कि गोली तो नहीं है किसी जेब में। इसी तरह की तलाशी लेने की आदत मेरे एक मित्र की बीवी में थी। नयी–नयी शादी हुई थी। मित्र बेचारा कहीं बाहर से थका आया, बीवी पहले से आग–बबूला बैठी थी। कहीं कप–प्लेट टूटे पड़े थे, कपड़े बिखरे थे यानी सारा घर तितर–बितर, मित्र समझ गया कि मामला गर्म है। लेकिन कारण उसकी समझ में नहीं आ रहा है शकुन सब ठीक तो है। बीवी ने चाबी का गुच्छा पकड़ाया और पहले से भरी अटैची हाथ में लेकर खड़ी हो गयी। और बोली, हाँ सब ठीक है। ये रही चाबी। मैं मम्मी के पास चली मैं नहीं जानती थी कि आपके इतनी ढेर–सारी लड़कियों से सम्बन्ध थे। मित्र बेचारा सुनकर दंग हो गया। काटो तो खून नहीं, वह भागा–भागा मेरे पास आया। मैं बगल ही में रहता था। दोनों परिवारों में काफी मधुर सम्बन्ध थे। मैंने बिना किसी औपचारिकता के पूछा, पत्नी उबल पड़ी कि भाई साहेब! मैं नहीं जानती थी कि ये इतने छुपेरुस्तम निकलेंगे। मैं तो बहुत सीधा–सादा समझती थी–और रोती–बिलखती शकुन भाभी ने एक उचारी मेरे सामने पटक दी, बोली–भाई साहेब, ये देखिये ये क्या लिखा है–उस पर लड़कियों के नाम–पते। शान्ती देवी उम्र २२ वर्ष रंग गोरा एकहरा बदन पीपल गली नागपुर। उर्मिला उम्र ३० वर्ष एक बच्चे की माँ काली सड़क जबलपुर। कुमारी छाया उम्र २५ वर्ष रहनेवाली लखनऊ की बनारस में भी रहती है यानी इसी तरह के पचासों नाम–पते जहाँ–तहाँ लिखे थे और सबके चित्र भी थे। मेरा मित्र ठठाकर हँस पड़ा और कहा, अवश्य तो यह बात है, भारी बेवकूफ! मुझसे पूछ लेतीं इसमें कौन–सी बात थी जो इतना आग–बबूला हो गयी। अरे यह सब तो ऐसी लड़कियों की लिस्ट है जो अपराध करती हैं स्मगलिंग करती हैं लड़कियाँ भागती हैं पुलिस में होने के नाते यह सब तो मुझे करना ही पड़ता है जब सच्चाई सामने आयी तो शकुन भाभी पश्चात्ताप करने लगी लेकिन तभी मैंने आड़ में अपने मित्र के कान में कुछ कहा–शकुन भाभी के कान खड़े हो गये यानी शक करने की आदत जो ठहरी।

आज से अच्छा तो बल्कि पुराना जमाना होता था। तब भी बीवियाँ शक करती थीं। लेकिन तब वे सीधे कोप–भवन में चली जाती थीं। और राजा यानी उनके मियाँ

साहेब बुलाये जाते, फिर कोप-भवन में डायलॉग शुरू होता अगर मियाँ साहेब कहते कि प्राणेश्वरी, विश्व अभयी तुम्हारे मुखमण्डल पर यह आसी कैसा? तब रूठी हुई रानी यानी बीवी कहती है निष्ठुर छलिया राजा तू जंगल-जंगल शिकार कर रहा है और मैं तुम्हारे विरह में तड़प रही हूँ। इस तरह के डायलॉग घण्टों हफ्तों और महीनों चलते रहते थे। लेकिन अब वैसी सुविधाएँ कहाँ, बीवियाँ तो आज भी हैं लेकिन कोप-भवन एक भी नहीं। तू डाल-डाल मैं पात-पात जहाँ ऐसी स्थिति हो वहाँ कब तक कोई मर्द अपनी बीवी पर शकभरी निगाहों से बच सकता है वैसे इतना जरूर है कि शक्की बीवियाँ अपने मर्दों को बहुत ही चालाक और स्मार्ट बना देती हैं।

× × ×

भारतीय संस्कृति में तीर्थों का बहुत महत्त्व है। हर कोने और हर दिशा में सैकड़ों- हजारों तीर्थों की परिकल्पना की गयी है। और ये तीर्थ आज भी अपनी महिमा और गरिमा बनाये हुए हैं। इन सभी तीर्थों का अद्भुत संगम है प्रयाग। क्योंकि पुराणों के अनुसार तीर्थ दो प्रकार के माने गये हैं एक वे हैं जो हमारी कामनाएँ पूर्ण करते हैं और दूसरे वे हैं जो हमें मोक्ष देते हैं आदमी दोनों चाहता है वह चाहता है कि उसकी कामनाएँ भी पूर्ण हों और वह चाहता है कि उसको मोक्ष भी मिले और अगर उसकी दोनों इच्छाएँ एक-साथ एक ही स्थान पर पूरी हो जायें तो फिर कहना ही क्या लेकिन यह सामर्थ्य किसी साधारण तीर्थ की नहीं है अगर किसी में कामना पूर्ण करने की सामर्थ्य है तो मोक्ष देने की सामर्थ्य नहीं है और अगर किसी में मोक्ष देने की सामर्थ्य है तो कामना पूर्ण करने में वह सक्षम नहीं है ऐसे क्षणों में केवल तीर्थराज प्रयाग ही काम आते हैं इसीलिए उन्हें तीर्थराज कहा भी गया है।

अथोच्यते तीर्थराज प्रयाग सर्वतोधिक:
तस्य ऋणवत्त माहात्म्यं मुनय: सनकादय:

यानी अर्थ, धर्म, काम, मोक्ष जैसे चारों फलों को देने की सामर्थ्य केवल प्रयाग के पास है इसीलिए यहाँ हर कोई आता है सिर के बल आता है तीर्थों में प्रयाग श्रेष्ठतम है ऐसा वासुकी नाग ने कहा भी है-

तीर्थं हि द्विविधं प्रोक्तं कामदं मोक्षदं तथा कामदं मोक्षदं नैव मोक्षदं कामदं न च
तत्रापि सर्व तीर्थानि तीर्थराजाशया बिना कामदाने मोक्ष दाने, सगर्थन भवन्ति न

यही कारण है कि शिव भी यहाँ भगवान माधव को अपने नृत्य द्वारा प्रसन्न करने की चेष्टा करते हैं ब्रह्मा यज्ञ करते हैं सफल होते हैं और अपनी इसी सिद्धि के बाद जब

माधव शिव से मिलने जाते हैं कि शिव स्वयं माधव-माधव रट रहे होते हैं माधव शिव के उस स्वरूप को देखकर स्वयं को जैसे भूल जाते हैं त्रिदेवों का ऐसा पारस्परिक आन्तरिक स्नेह अन्यत्र नहीं मिलता जैसा यहाँ मिलता है। ऐसा कहा गया है कि पाँच योजन तक विस्तृत प्रयाग मण्डल में पैर रखते ही अश्वमेध का फल कदम-कदम पर दिखायी देता है, मिलता है।

पंचयोजन विस्तीर्ण प्रयागस्यत् मण्डलम्
प्रविस्टरस्यैव तद् मूयावश्वमेध: पदे पदे
अकार शारदा प्रोक्ता प्रद्युम्नस्तम देवता:
उकारो यमुना प्रोक्ता निरुद्धस्त अलात्मक:
मकरोजाह्नवी गंगा तत्र संकर्षणो हरि:
एवं त्रिवेणी विख्याता वेदबीज निरूपिता

शताहमारी ने त्रिवेणी की त्रिगुणात्मिका रूप में कल्पना भी की है और इसीलिए शायद सरस्वती को श्वेतवस्त्रावृता न कहकर अरुणवर्णा कहा गया है। एक धारणा ऐसी भी है कि सम्भवत: यमुना पुरानी नदी है गंगा का प्रादुर्भाव यमुना के बाद हुआ है। लेकिन माहात्म्य के स्तर पर अवस्था आड़े आती है मामूली छोटाई-बड़ाई भूल जाती है और महिमा को देखते हुए गंगा को अर्घ्य प्रदान करती है जिसे गंगा स्वीकार नहीं करती है यमुना तिलमिला जाती है कहती है, गंगा, तुम पूज्य भी हो और गरिमा-महिमावाली भी हो फिर मेरा अर्घ्य क्यों नहीं ले रही हो आखिर इसका क्या कारण है? बताओ न गंगा-यमुना का जवाब देती है यमुना तुम नदियों में सबसे बड़ी हो लेकिन तुमसे मिलने का मतलब है अपनी अस्मिता को समाप्त करना। हाँ, अगर तुम्हारे साथ रहने और तुममें अपने को विलीन करने पर भी मेरा नाम अभी बना रहे तो मैं तुम्हारा अर्घ्य निरन्तर स्वीकारती रहूँगी।

यमुना ने उत्तर दिया-गंगा, तुमने अच्छा प्रश्न किया है सौ योजन तक तुम्हारा ही नाम रहेगा इसके आगे फिर हमारे-तुम्हारे रास्ते भी अलग-अलग हो जायेंगे तुम अपने रास्ते पर मैं अपने रास्ते पर जहाँ दोनों नदियों की धाराएँ अलग हुई हैं उस स्थान को गंगा दे भेद कहते हैं यह चिनती है यहीं से लगभग सौ धाराओं में होकर यमुना समुद्र में मिलती है और हजार धाराओं में होकर गंगा समुद्र में मिलती है।

प्रयाग यज्ञ भूमि का एक सार्थक सम्बोधन है प्रतीक है प्रतिमान है, यह एक तरह से यज्ञ स्वरूप का मस्तक भी कहा जाने के योग्य है। मनुस्मृति में मनु द्वारा मध्यदेश की सीमा पूर्व में प्रयाग तक मानी गयी है जो उत्तर में हिमालय दक्षिण में विन्ध्याचल और पश्चिम में सरस्वती नदी के विलीन होने के स्थान विवसन से घिरे इलाके का नाम-

हिमवद्विन्ध्ययोर्मध्ये यत्याग्विनशनारपि
प्रत्यगेव प्रयागाच्च मध्यदेशः प्रकीर्तितः

प्रयाग का विस्तार बीस करोड़ तक माना गया है और अग्नि पुराण और सूर्य पुराण में उसे पृथ्वी का जंघा भी बताया गया है। प्रयाग को वैसे प्रयागराज की पदवी मिली जैसे उसे तीर्थराज की मिली यही कारण है कि हर संगम सम्भवतः प्रयागराज से सम्बद्ध है। और हर तीर्थ प्रयाग के तीर्थराज का परिचायक है।

× × ×

देवी का लोकायतन

भारतीय जनमानस में देवी-देवताओं की जहाँ सांस्कृतिक और पौराणिक पहचान अपनी समूची मर्यादा और अस्मिता के साथ स्थापित हुई दिखायी देती है वहीं इनकी एक पहचान और इसी के समानान्तर दिखायी देती है। यह पहचान है लोकमानस में रची-बसी उनकी छवि। राम-कृष्ण-शिव के साथ-साथ देवी का भी अपना एक विशाल और आकर्षक लोकायतन देखने में आता है। देवी का यह साधारणीकरण हमें जीवन्त और सरस बनाता है। हमें भीतर से और भरपूर और स्वस्थ बनाये रखने के साथ-साथ अनुशासित और मर्यादित भी रखता है। यही कारण है कि हम अपने गाँव-घर के बीच अपने जनमानस के बीच देवी की प्रतिच्छवि, प्रतिमूर्ति और परिचायक के रूप में निरन्तर किसी-न-किसी को दरसनिया के रूप में देखते रहते हैं ऐसी हमारी धारणा है कल्पना है। ऐसी हमारी मान्यता है कि इस दरसनिया-जैसे माध्यम से हम देवी को बराबर अपने आस-पास पाते हैं और हमें जो कुछ जानना-समझना होता है कहना-सुनना होता है इसी माध्यम से जानते हैं कहते-सुनते हैं उसी के माध्यम से पूरा गाँव अपनी पूजा देवी तक पहुँचाता है और उनसे अपने कल्याण की कामना करता हैं और वह दरसनिया भी बड़े विश्वास से कड़ाहे में खौल रहे दूध जिसे ताई कहा जाता है में हाथ बार-बार डालता है और बार-बार ताई सना हाथ चरणों में मुझे जनमानस की खुली पीठ पर आशीर्वाद की तरह छापे देता है न जनमानस की पीठ जलती है न दरसनिया की हथेली। जब कि घण्टों से खौलती ताई सब देख रहे होते हैं यह दरसनिया अपने सेवकों भक्तों के साथ पूरे गाँव की परिक्रमा करता है। उसी देवी थान से परिक्रमा शुरू होती है और वहीं आकर खत्म होती है। यह परिक्रमा पूरे गाँव

की रक्षा के संकल्प से जुड़ी होती है–कोई महामारी गाँव में नहीं आयेगी, गाँव में शान्ति बनी रहेगी। आनेवाले दिनों में सूखा पड़ेगा कि बाढ़ आयेगी इस सवाल का भी समाधान दरसनिया करता है। कभी–कभी हमारे इस लोक विश्वास को झटका भी लगता है लेकिन यह विश्वास कोई कच्चा धागा नहीं है जो एक झटके में टूट जाये। यह तो सदियों से इसी तरह हमारे साथ चलता चला आ रहा है और चलता रहेगा।

चैत्र के नवरात्र में देवी का यह लोकायतन कुछ विशेष मुखर हो उठता है। भोर होते ही स्त्रियाँ अपने–अपने घर से आराधना के बोल गुनगुनाती–गाती निकलती हैं। हाथ में साफ ताजा जल लिये फूल लिये और श्रद्धा से ओत–प्रोत मन लिये देवी–पूजन करने लगता है जैसे कहीं कुछ ऐसा पहले से निश्चित और स्थापित है देवी थान के रूप में जहाँ हमारा सर्वस्व संचित और सुरक्षित है। पहाड़ियों में, घाटियों में, टीलों–कन्दराओं में, बीहड़ों में, जंगलों में, कहीं भी, कभी भी हम उसे टेरते हैं और वह माँ की तरह हमें अपनी बाँहों में भर लेती है, स्नेह से, ममता से, नीम की कोंपल, हरी नयी पत्तियाँ, टहनियाँ इस संवेदना की प्रहरी होती हैं। यह भी कैसा सहज लोक–मन है कि इन दिनों नीम की दातून भी वर्जित हो जाती है शायद इसीलिए कि नीम में देवी वास करती हैं। नीम के पेड़ को हम अपने हाथों सींचते हैं। घरों में चेचक के निकलने पर नीम की ये कोमल पत्तियाँ–टहनियाँ हमारे आस–पास होती हैं। यही कारण है कि पेड़ों को काटने से बचाने के लिए उनमें तरह–तरह के देवी–देवताओं की अवधारणा मान ली गयी है इसीलिए नीम, पीपल, पकड़ी, बरगद, बेल और नीम के पेड़ पर तो देवी भगवती का हिंडोला बारहों महीने पड़ा रहता है शायद यही कारण है कि नीम का पेड़ जितना आबादी के बाहर दिखायी देता है उससे कहीं ज्यादा आबादी के भीतर दिखायी देता है। घर के आगे–पीछे, गली में, मन्दिर के पास भीटे पर चबूतरे पर जहाँ देखिये वहीं।

निबिया की डारी मइया नावैली झुलनवा कि झूलि–झूलि ना मइया गावै गीत हो कि झूलि–झूलि ना

झूलत–झूलत मइया के लगली पियसिया कि चलि भइली ना वाही मालिनी दुअरिया कि चलि भइली ना

झूला झूलते–झूलते देवी को प्यास लगती है। वह सीधे मालिन के घर जाकर पानी माँगती हैं। मालिन की गोद में उस समय उसका बच्चा सो रहा होता है। वह बच्चे की नींद टूटने के डर से असमर्थता प्रकट करती है। देवी स्वयं उसके बालक को अपनी गोद में ले लेती हैं और मालिन उन्हें पानी पिलाती है। पानी पी लेने के बाद देवी उसे आशीर्वाद भी देती हैं कि जैसे तुमने मेरी प्यास शान्त की वैसे ही तुम्हारी भी इच्छाएँ, कामनाएँ पूर्ण हों और आशीर्वाद देकर देवी चली जाती हैं। यह सहजता, यह सरसता और यह ममत्व, अपनत्व हमें और कहीं नहीं मिलता। इसी भावना के चलते

हम देवी को चुनरी–पियरी चढ़ाते हैं, गा–बजाकर ध्वजा पहनाते, फहराते हैं, तभी तो गाड़ियों, बसों में, पैदल हजारों की संख्या में भारतीय लोकमानस देवी की जय बोलता, गीत गाता कभी विन्ध्याचल, कभी मैहर, कभी कड़े, कभी बैजनाथ जाता हुआ दिखायी देता है। यह यात्रा अनन्त है, यह रास्ता अनन्त है, इसका न कभी अन्त हुआ, न होगा। इस यात्रा की वापसी हमारी खुशियों की वापसी है, धन–धान्य की वापसी, श्रीसम्पन्नता की वापसी, कुशलता की वापसी और वंश–परम्परा की वापसी। जहाँ यह वापसी नहीं हो पाती वहाँ कहीं–न–कहीं, कोई–न–कोई संशय या खोट हमारे मन में होता है जिसके चलते हमारा संकल्प अधूरा होता है वर्ना देवी के इस लोकायतन में क्या नहीं है।

× × ×

गाँव का हाल–चाल करीब–करीब ठीक ही समझिये। खेत–खलिहान में आग लगी कुछ नहीं हुआ पता नहीं गाँव का अब और कितना नुकसान हो कि लोग जान सकें कि गाँव का हाल खराब है लेकिन यह बात गाँव के गले के नीचे कभी नहीं उतरेगी। अब गाँव शहर हो गया है शहर। इस टोला क्या हुआ इसकी खबर उस टोला को नहीं है और उस टोला की खबर इस टोला को नहीं है बस एक रस्म अदायगी बाकी है बाकी सब गायब है इसीलिए अब आग लगने पर गाँव आँख मूँद लेता है लाठी चलती है जिसका सिर फूटे इससे क्या लेना–देना है चोरी हो गयी यह सब तो आजकल रोज ही हो रहा है हर जगह आदमी को नहीं झाँकना चाहिए वर्ना झाँकने का मतलब है अपने को फँसाना और अब वह गाँव कहाँ जो दूसरों के लिए अपने को परेशानी में डाले या दूसरे की मुसीबत में हाथ बँटाये अब गाँव ऐसे मौके पर और हाथ खींच लेता है भीतर–भीतर वह प्रसन्न होता रहता है यानी आपस का लगाव अब पूरी तरह से खत्म हो गया है कहाँ क्या हो रहा है इससे किसी का कोई मतलब नहीं है। पहले ऐसा नहीं था पहले सबका सबसे मतलब था आपस में दुश्मनी भी थी तब भी ऐसे मौकों पर लोग दुश्मनी भूलकर हाथ बँटाते थे यानी हमारे भीतर का आदमी नहीं मरा था लेकिन आज वह बात नहीं है आज हमने सबसे पहले अपने भीतर के आदमी को ही मारा है क्योंकि न रहेगा बाँस न बजेगी बाँसुरी लेकिन ऐसे निर्णय से गाँव नहीं चल सकता न जी सकता है उसे तो हर हालत में अपना यह रवैया बदलना ही पड़ेगा क्योंकि गाँव की बुनकर ऐसी है कि उसके ताने–बाने को अलग–अलग करके नहीं देखा जा सकता ऐसा करने से गाँव की पूरी पहचान नहीं बनेगी इसकी पूरी पहचान

तभी बनेगी जब इसको इसके मूल रूप में ही रहने दिया जायेगा लेकिन यही नहीं हो पा रहा है जो भी इसे देख रहा है टुकड़े में देख रहा है और यही गलत हो रहा है।

सम्पादक जी, अब चाहे शादी–ब्याह हो या मरनी–करनी हो पत्तल–पुरवा और टाट–दरी के दिन नहीं रहे अब तो कस्बों–शहरों की कृपा से गाँव में भी टेबुल–कुर्सी लगते हैं और लोग प्लेट में लेकर चम्मच से खाते हैं सब–कुछ ठेके पर चलता है न तो चौकी–बेलन इकट्ठे करने पड़ते हैं न बेलनेवालियाँ जुटाने की जरूरत पड़ती है। अब तो ठेके पर हलवाई आ गया और बना दिया खिला दिया उसके रहते जो आया खाकर चला गया जाने पर जो आयेगा भूखा सोयेगा चाहे जो हो यही हाल बिस्तरों और चारपाइयों का भी है अब न कोई माँगने निकलता है न कोई माँगने से देता है इसीलिए अब चारपाइयाँ और बिस्तरे भी किराये पर चले आ रहे हैं जितना चाहिए उतना मँगाइये और लोग मँगाते हैं ले आने ले जाने के लिए गाँव में ट्रैक्टर हो ही गये हैं दिक्कत किस बात की अब भोजन–भात जैसी रस्म खत्म हो चुकी है न अब दरी रह गयी न दरी पर बैठनेवाले लोग रह गये। तब भोजन–भात में सबका इन्तजार होता था जो नहीं आता था उसके लिए खाना परोसा के रूप में भेज दिया जाता था अब कौन आया कौन नहीं यह भी कोई नहीं देखता और परोसा देना तो बन्द ही हो गया है पुरजन–परिजन को भी परोसा नहीं जाता और वे भी अब रह ही कितने गये हैं ये रिश्ते भी दिनोंदिन टूटते गये और छूटते गये आज दिखायी ही नहीं दे रहे हैं वर्ना अपना ही परिवार कितना भरा–भरा और बड़ा–बड़ा–सा लगता था अब हर जगह खालीपन है और यह खालीपन अब भरने से रहा इसे न कोई भरना चाहता है और न तो यह अब भरने ही वाला है क्योंकि लोग अब इसकी जरूरत ही नहीं महसूस करते हमने कभी इस बात पर गौर ही नहीं किया कि हमें क्या छोड़ना है और क्या ग्रहण करना है जिसका नतीजा यह निकला कि जिसे हमें ग्रहण करना था उसे हमने छोड़ दिया और जिसे हमें छोड़ना था उसे हमने ग्रहण कर लिया इतना बड़ा अन्धेर आज हर गाँव के साथ है राम जाने कैसे बेड़ा पार लगेगा। अच्छा सम्पादक जी अब मैं चिट्ठी खत्म करता हूँ थोड़ा लिखा ज्यादा समझना। आशा है आप स्वस्थ–सानन्द होंगे।

महतो की पाती

नागपंचमी की छीछालेदर

नागपंचमी का त्योहार बीत गया। कैसे बीता यह कहने लायक नहीं है लेकिन बिना आपसे कहे रहने लायक भी नहीं है। इसलिए कहना भी उचित समझता हूँ। नागपंचमी की जैसी छीछालेदर इस साल हुई है वैसी कभी नहीं हुई थी। बारहों महीने जिन अखाड़ों में कुत्ते लोटते थे, गाँव के हीरो छाप सींकिया पहलवानों की कृपा से एक दिन के लिए उनका कायाकल्प हो गया। पहले जहाँ दो-एक अखाड़े और दो-एक खलीफा या उस्ताद हुआ करते थे वहाँ आज हर टोले-मुहल्ले में नये-नये अखाड़े और नये-नये खलीफा पैदा हो गये हैं और (उल्लू के) पट्ठों की गिनती मत पूछिये जैसे आजकल छोटी-से-छोटी गड़ही में भी सौ-पचास मेंढक दिखायी देते हैं, वही हाल पहलवानों का है। चढ़ी जवानी माँझा ढीलवाला हाल है। धँसी हुई आँखें, पिचके हुए गाल, कान में खूँसी आधी बुझी बीड़ी, उपवासों की टूटी-मारी देह देखते ही बनती है। तेज आँधी चले तो बेचारे कहाँ जाकर गिरेंगे इसका अन्दाज लगाना मुश्किल है। लेकिन वे नाग-पंचमी के दिन सुबह से ही अपने भीतर हनुमान जी को महसूस करने लगे थे। घर के बाहर निकलते तो अपनी छाता की डण्डी छाप मुश्कें निहारते चलते। लंगी ऐसी मारे थे जैसे जाँघे समा नहीं रही थीं। दिन की शुरुआत हुई अखाड़ों की सफाई से। फिर टोली बनाकर निकले चन्दा वसूलने। दोपहर होते-होते कूड़ी-कबड्डी का कम्पीटिशन भी हुआ लेकिन सो-सो ही कहा-भाई घीसा गवनहर बाप-पूत बजनियावाला हाल था। क्योंकि पहले सारा गाँव इकट्ठा होता था अब हर जाति-बिरादरी की नागपंचमी अलग-अलग सम्पन्न होने लगी है। इसमें भी कई धड़े हो गये हैं। जगह की कमी को लेकर कि पहले हमारी टीम खेल-कूद करेगी। काफी बमचक मचा, लाठियाँ भाँजी गयीं, बन्दूकें दिखायी गयीं लेकिन सब-के-सब भौंकनेवाले ही थे, काटनेवाले नहीं। भौंक-भौंककर थक गये और आनेवाली नागपंचमी पर देख लेने का ऐलान करके चले गये। जैसे बदली घिरी बरसी नहीं और उमस बढ़ा करके चली गयी। गाँव का माहौल थोड़ा गरम हो गया।

और घरों की हैसियत मत पूछिये–"खाये के ठेंगना नहाये के तड़के।" बहुत–से परिवारों ने लावा जुटाया तो दूध के लिए छटपटाकर रह गये। बाल्टावालों की असीम अनुकम्पा से दूध, मुँह अँधेरे ही गाँव छोड़कर शहर की सड़क पर टेम्पो की रफ्तार से भाग निकला। और मँगनी देनेवाले लोग अब रहे नहीं वर्ना सौ–पचास ग्राम दूध कोई माने नहीं रखता। सीता की माई ने तो इसीलिए दूध किसी को नहीं दिया कि रविवार, मंगलवार को दूध देने से पाप लगता है। कितने घरों में नागदेवता सिर्फ लावा फाँककर रह गये। त्योहार मनाने की सिर्फ लकीर भर पीटी गयी। गेरू के साँप भी दीवारों पर उरेहे गये, पान–फूल चढ़ाये गये लेकिन त्योहार का वह मजा कहाँ। न खीर, न बखीर, न सेंवई, न मालपुआ, न गुलगुला। दो–चार घरों में बना ही होगा तो सारे गाँव को उससे क्या लेना–देना। साधो बो, राधे बों, जोगी–बैरागी सब निकले थे अपनी–अपनी जजमानी में लेकिन सब–के–सब कुड़भुड़ाते भुनभुनाते चले गये–"यह दिन आ गया कि अब त्योहार पर भी पकवानों से भेंट नहीं हो रही है आग लगे ऐसी जजमानी में।" दरअसल इसका एक कारण और भी है ये परजन–परिजन भी अब जजमानों के घर त्योहारों के दिन ही झाँकते हैं वैसे कभी नहीं आते। इसीलिए एक हाथ से न कभी ताली बजी है न बजेगी। यह दूरी यह खाईं दिनोंदिन और बढ़ती और गहराती चली जा रही है। यही कारण है कि न वे हुलसकर आते हैं न ये किलक करके आगे बढ़ते हैं। तिरसठ जैसे रिश्ते घटकर छत्तीस हो गये हैं। आमने–सामने बैठकर बोलने–बतियानेवाले अब गाँव में नहीं रह गये।

तब के अखाड़े भी और थे और पहलवान भी और थे। गाँव की बहू–बेटियाँ सामने से निकल जाती थीं, लेकिन पहलवानों की आँखें झुकी ही रहती थीं। आज के पहलवान किसी की भी बहू–बेटी हो एकटक घूरते हैं मन–ही–मन माला भी जपते हैं। अखाड़े भी कैसे–कैसे हो गये हैं। मास्टर का अखाड़ा जहाँ केवल तिकड़म सिखायी जाती है। नेता का अखाड़ा जहाँ केवल दाल गलाने के तरीके बताये जाते हैं। चौधरी के अखाड़े में सारे नियम–कानून ताख पर रखकर काम करने को महत्त्व दिया जाता है और इन सबसे अलग हैं जोखन और रियाजू के अखाड़े। जोखन के अखाड़े में नोचो–बकोटो लूटो–खसोटो की ट्रेनिंग दी जाती है और रियाजू के अखाड़े का तो कहना ही क्या सब–के–सब अपने–अपने फन के उस्ताद हैं, कोई डकैती में, कोई ताला तोड़ने में, कोई सेंध मारने में, कोई दारू बनाने में, कोई कट्टा बनाने में, कोई पुलिस को पटियाने में, कोई धूल झोंकने और पहाड़ा पढ़ाने में। ऐसे–ऐसे अखाड़ों से होकर इस साल नागपंचमी को गुजरना पड़ा है। अपने पेड़ के कटहल की तरकारी खिलाकर पितरों को विदा करनेवाले मिसिर जी गरिया–गरियाकर हार गये, सारे गाँव का घूर देख डाले लेकिन कहीं भी उनके कटहल के छिलके नहीं मिले जबकि पेड़ सूना हो गया। पता नहीं कटहल यक्ष–किन्नर तोड़कर ले गये कि जिन्न और दैत्य ले गये। चोरी से

तोड़कर ले जानेवालों ने अचार डाला कि तरकारी बनायी कि बाजार में बेचा कि रिश्तेदारी में पहुँचाया राम जानें। मिसिर जी नागपंचमी पर कटहल की तरकारी नहीं खा सके।

शाम होते-होते हर अखाड़े पर जय-जयकार शुरू हो गयी, चुनौतियाँ भी दूसरे को दी गयीं। धनराज साहू की दुकान से कई थान मारकीन के उठ गये और लँगोट बनकर रह गये। धनराज साहू किस-किस पहलवान का लँगोट टटोलें? फिर मारकीन पर कोई उनका नाम तो लिखा नहीं है। हाथ में गज लिये गली-गली दुहाई देते फिर रहे हैं। पहलवानों की ही कृपा से कई घरों में सेंध फूटी है। सुलई की बँसवारी में बसमतिया की लाश भी मिली है। यह सब भगवान की ही कृपा और लीला कही जायेगी।

हर साल नागपंचमी के मेले में बच्चे जाते थे तो वापसी में गुब्बारा फुलाते, पिपिहरी बजाते, नानखटाई खाते वापस आते थे लेकिन इस साल बच्चों ने अपना शौक बदल दिया। इस साल मेले में धनुष-बाण की बिक्री बहुत हुई है। हर बच्चा कौरव-पाण्डव की भूमिका निभाने की तैयारी कर रहा है। हँसी-हँसी में रामपदारथ के छोटे लड़के पपुआ ने ऐसा बाण चलाया कि राघव की एक आँख पर पट्टी बँध गयी है और इसी को लेकर फौजदारी होते-होते बची है। मैं बड़े असमंजस में हूँ कि आखिर ऐसी छीछालेदर से कैसे किसी त्योहार को बचाया जाये? क्योंकि अब गाँव में कोई किसी की सुनने को भी तैयार नहीं है। ऐसे में मुँह खोलना अपने ही मुँह पर जूता मारने जैसा है।

सम्पादक जी! आप ही बताइये ऐसे में क्या किया जाय? आशा है आप मेरी अरज-गरज पर विचार करेंगे और उपाय सुझायेंगे। शेष कुशल है।

× × ×

एक जीप सूखा, एक जीप बाढ़

इस समय समूचा इलाहाबाद सूखे का सामना कर रहा है, क्या गंगापार क्या जमुनापार और क्या दोआबा। इलाहाबाद की ऐसी कोई तहसील नहीं है जो सूखे की चपेट में न हो-हर तरफ एक-सा हाहाकार मचा है-पानी-पानी-पानी...। पानी धान के लिए, पानी ज्वार के लिए, पानी साग-सब्जी के लिए, पानी जानवरों के लिए, पानी

आदमियों के लिए। पानी की जरूरत सबको है। सबके पानी पर आँच आ रही है। बड़े-बड़े पानीदार भी बेपानी साबित हो रहे हैं। जो हाल ताल-पोखरों का है वही नहरों का है और वही बाँधों का है। कहीं कीचड़ है, कहीं पपड़ी जमी है और कहीं धूल उड़ रही है। खरीफ में आधा से ज्यादा नुकसान हुआ है। सरकार की आँखें अब खुली हैं। उसे भी विश्वास हो गया कि इलाहाबाद में सूखा है। लेकिन यह भी कैसी विडम्बना है कि जहाँ तीन-तीन नदियों का संगम है वहाँ का हाल यह है कि धान झुलसकर मुआउर हो गये, ज्वार-बाजरे जड़ से ही उखड़ गये और अगर यही हाल रहा तो बिना नमी के रबी की भी बुआई मुश्किल है। मुझे इस नदीवाले इलाकों के दुःख के आगे अपना दुःख हलका लगता है। सचमुच उनका क्या हाल होगा? वहाँ तो और त्राहि-त्राहि मची होगी। सीवान के कुएँ तो पहले से ही पट पड़ गये हैं गाँव के भी कुएँ भादों से ही दाँत चियारने लगे हैं। बैशाख-जेठ में तो ठेंगा ही दिखा देंगे। जाने कितने बड़े रकबों को ये माइनरें, नहरें, गुलें और छोटी-बड़ी नालियाँ निगल गयीं और हम यह सोचकर झेल गये कि अब कभी पानी की किल्लत नहीं पड़ेगी, न जाने कितने खेत ट्यूबवेल के नाम पर बिजली के खम्भों के नाम पर हमारी जोत से अलग-थलग हो गये, लेकिन सिंचाई की समस्या आज भी बनी हुई है। पता नहीं हम सिंचाई के मामले में कब आत्मनिर्भर होंगे? जब सब वर्षा पर ही निर्भर है तो फिर इस दिखावे के तामझाम की क्या जरूरत है। आज बाँधों में पानी कम है लेकिन जब हमें पानी की जरूरत नहीं रहेगी तब ये बाँध भी मुँह खोल देंगे।

सुविधाओं ने हमें पूरी तरह से असमर्थ और अपाहिज बना दिया है। सिंचाई के पुराने साधन ढूँढ़े से भी नहीं मिलेंगे। ताल-पोखर खेत हो गये। वैज्ञानिक और तकनीकी खेत के धुआँधार प्रयोग ने हमें आज जिस चौराहे पर लाकर खड़ा कर दिया है कि बस पूछिये मत। आज यह निर्णय लेना मुश्किल हो गया है कि हम किधर जायें। सवाल उठता है कि इसका विकल्प क्या है? इस अन्तराल को कैसे भरा जा सकता है?

कहा तो प्रथा चिरागाँ हर एक घर के लिए
कहाँ चिराग मयस्सर नहीं शहर के लिए।

हम सपने देखने लगे थे सघन खेती के। खेत कभी खाली न छूटे और ताल-पोखरों से भी मछली, सिंघाड़े के जरिये आमदनी करने की बात बतियाते मुँह नहीं थकता था अब मुँह खुल ही नहीं रहा है। रबी और जायद की कौन बात करे यहाँ खरीफ ही भारी पड़ रही है। चार-चार पाँच-पाँच पानी की फसलें अपना ली गयीं, महँगी खादें खरीद ली गयीं और पानी के नाम पर हम आसमान की ओर निहार रहे हैं। वही हाल है कि खाये के ठेंग न, नहाये के तड़के। जो कीमत आज गेहूँ, चावल और

दाल, सरसों की हो रही है वही कीमत अब भूसे की होने जा रही है। अनाज तो किसी कीमत पर मिल भी जायेगा लेकिन भूसा कहाँ से आयेगा। जिनके पास है वे एक का चार माँग रहे हैं। जिनके पास नहीं है वे पहले अपना पेट भरें कि अपनी गाय-भैंस का पेट भरें। गरीब भी गाय-भैंस पैसेवाले जैसे-तैसे आधा-तीहा दामों में खरीद रहे हैं। खूँटे पर बाँधकर भूखों मारने से तो अच्छा ही है कि उसे घाटे में ही बेचकर बाल-बच्चों को पालने की जिम्मेदारी निभा लें। ज्यादातर यही हो रहा है। गरीब का खूँटा भी सूना हो रहा है क्योंकि चारा नहीं है। जिस तरह से सरकार ने सरकारी अदायगी पर अगली फसल तक के लिए रोक लगा दिया है उसी तरह से उसे यह भी व्यवस्था करनी चाहिए कि तब तक सस्ते दर पर गाँववालों को चारा मुहैया कराये जिससे गरीब का खूँटा सूना होने से बच सके। वैसे हो सकता है छूत छुड़ाने के लिए कहीं दो-चार ट्रक भूसा सरकार गिरवा भी दे लेकिन व्यवस्था करनेवालों की असीम अनुकम्पा से वह भूसा भी-भूसा व्यापारियों के ही पास चला जायेगा। वे ही कमीशन भी देंगे और सारा-का-सारा भूसा अपने भूसा-घर में रखवा लेंगे। फिर अपने रेट पर उसे बेचेंगे। यही हमेशा से होता आया है और होता रहेगा-"लरकोरी के नून अ नबुआ बाँझिन के अछवानी" कोई नयी बात नहीं है।

सम्पादक जी! कल ब्लाक की जीप आयी थी। बड़े-बड़े सरकारी अधिकारी, कर्मचारी सब लदकर आये थे। गाँव का मुआयना करने, तोरिया का बीज बाँटने, रबी की मीटिंग के लिए दिन और जगह तय करने और यह बताने कि खरीफ का घाटा जल्दी-से-जल्दी कैसे पूरा हो सकता है। तरह-तरह की तरकीबें और योजनाएँ लेकर। सुनकर आग लग गयी। लोग धुआँ देखकर कुआँ खोदना शुरू करते हैं खैर, हम सब चुपचाप उपदेश सुनते रहे। लेकिन बी.डी.ओ. साहेब से यह नहीं हुआ कि बरसों से बन्द पड़े सरकारी ट्यूबवेल को इस सूखे में चलवा दें। जरूरत पर सही काम करने में सबकी नानी मरती है। बातें सबकी लम्बी-लम्बी होंगी। बतियाने में कोई कम नहीं है। भला सोचिये हम बीज लेकर क्या करेंगे। हवा में उगायेंगे। जो खेत में है उसी के लिए पानी नहीं है, दूसरे के लिए पानी कहाँ से आयेगा, यह कोई नहीं सोच रहा है। सुझाव सब दे रहे हैं। सनई खेत में खड़ी है। ताल-पोखरों में पानी नहीं है कि सनई को काटकर सड़ाया जाये और सन निकाला जाये। और उपदेश मिल रहा है टाट-पट्टी उद्योग बड़े पैमाने पर करने का। उद्योग जरूर करिये भले आपको कच्चा माल एक का दस लगाकर बंगाल से मँगाना पड़े इससे क्या? और उसके बाद ये उपदेशक तैयार माल को खरीदने नहीं आयेंगे। घर में ही बिछाइये ओढ़िये तकिया लगाइये। गाँव के उद्योग-धन्धों के साथ यही हो रहा है। उनके द्वारा तैयार किये गये माल को कोई नहीं पूछता। क्योंकि वहाँ दलाली की गुंजाइश नहीं रहती। इसलिए उनके धन्धे में उन्हें लाभ नहीं घाटा-ही-घाटा होता है।

सम्पादक जी ! अभी सुबहवाली जीप गयी ही गयी थी कि तब तक तहसीलवाली जीप भी गाँव में आ गयी, तहसीलदार साहेब की गाड़ी देखते ही प्राण सूख गये कि पता नहीं किसके घर कुर्की आयी है क्योंकि उसमें अमीन, पटवारी और थाने के सिपाही भी थे। बहुत-से लोग तो इधर-उधर खिसक गये लेकिन महतो ससुर कहाँ भागें। सो उन्हें भी बैठाया, पानी पिलाया। जब कुछ ठण्डे हो लिये तब बोले, "महतो, गंगा जी में पानी बढ़ रहा है...होशियार रहियेगा। वैसे दो नावें आपके गाँव के लिए रहेंगी और अगर और जरूरत पड़ेगी तो नावें आयेंगी। कोई डूबकर मरने नहीं पायेगा-रही बात मवेशियों और सामानों की तो पता नहीं रात-बिरात कब हटाना-बढ़ाना पड़े उन्हें, अगर पहले से हटाये-बढ़ाये रहेंगे तो ज्यादा अच्छा रहेगा..." मुझे हँसी भी आयी, गुस्सा भी आया, मैंने पूछा भी साहेब कितना तेज पानी बढ़ रहा है, नदी किनारे का होने के नाते हम लोग भी नदी का रंग-ढंग पहचानते हैं, बाढ़ का तो कहीं कोई लक्षण दिखायी ही नहीं दे रहा है आप लोग भी अच्छा मजाक करते हैं? वह समझ गये, बोले दरअसल नरौरा में पानी बढ़ना शुरू हो गया है। भगवान न करे यहाँ बाढ़ आये लेकिन हम सबको तैयार तो रहना ही है पता नहीं कब कैसी स्थिति आ जाय। इसलिए आप सब लोग सावधान रहें-माचिस, चना, नाव, मिट्टी का तेल वगैरह सब तहसील में आ गया है। चने के बोरों में चूहे लग रहे हैं क्या-क्या देखा जाय वहाँ चूहा अगोरे तो यहाँ नाव कौन पहुँचायेगा और यहाँ की व्यवस्था देखें तो वहाँ चना ही गायब हो जायेगा। तहसीलदार साहेब की जीप चली गयी है लेकिन लगता है वह अभी भी मेरे सीने पर दौड़ रही है भला सोचिये वहाँ प्रत्यक्ष रूप से दिखायी देनेवाली यह सूखे की भेंट और कहाँ बाढ़ की आशंका-भरी अफवाह इस दो पाटन के बीच जीना दुश्वार है। तहसीलदार साहेब चाहते हैं बाढ़ आ जाये वर्ना राहत सामग्री सहित ठिकाने पर कैसे पहुँचेगी और बी.डी.ओ. साहेब चाहते हैं सूखा जो घोषित हो गया है वह बना रहे वर्ना सूखा राहत कोष का कल्याण कौन करेगा कैसे करेगा? धन्य है ईश्वर की माया कहीं धूप कहीं छाया। सब अपने-अपने जुगाड़ में हैं किसी को सूखा दिखायी दे रहा है किसी को बाढ़। गधा खेत खा रहा है धोबी छियो राम छियो में मगन है और किसान नये-पुराने महाजनों के बीच त्रिशंकु की तरह लटका हुआ है लगता है इस साल पितर भी पानी नहीं पायेंगे?

अच्छा सम्पादक जी ! अब पाती खत्म करता हूँ। आशा है आप स्वस्थ-सानन्द होंगे।

× × ×

घर-घर लंका

बड़े धूम-धाम से गाँव में दशहरा मनाया गया। हजारों की भीड़ में दिखाने के लिए रावण मारा गया, जलाया गया। लेकिन असलियत यह है कि रावण अपनी जगह पर ज्यों-का-त्यों बना हुआ है। अब तक अपने गाँव में सिर्फ दशहरे के दिनों में रावण दिखायी देता था। लेकिन इस साल से प्रधान जी ने अपनी मर्जी से रावण को सीमेण्ट का बनवा दिया। यानी रावण अब परमानेण्ट हो गया। ठाठ से बारहों महीने रामलीला मैदान की छाती पर मूँग दलेगा। जरूरत भी थी रावण को परमानेण्ट करने की। क्योंकि टेम्परेरी, रावण बनवाने में जितना पैसा खर्च होता था सब गया का डाँड़ साबित होता था। इस साल प्रधान जी और उनकी पैदा की हुई रामलीला कमेटी ने एक ऐतिहासिक कदम उठाया।

रामलीला मैदान के नाम पर गाँव समाज की बहुत-सी जमीन को घेर लिया और आनन-फानन में चहारदीवारी भी उठवा ली। एक ही जमीन दो नामों से जानी जाने लगी। एक नाम उसका रामलीला मैदान तो था ही। दूसरा नाम हो गया प्रधान जी का बाड़ा। दूसरा नाम आजकल गाँव में खूब प्रचलित है। पचासों बोरी सीमेण्ट और पचासों ट्रक ईंट आयी थी। सारे गाँव से प्रधान जी ने चन्दा वसूला था। कितना रावण की देह में लगा यह तो रावण ही जानता होगा या फिर प्रधान जी को पता होगा। मेरे राम को सिर्फ इतना पता है कि पुराने मदरसे की मरम्मत और दो कमरों की बढ़ोत्तरी के लिए पैसा कागज पर खर्च किया गया है। गाँव पुराना मदरसा भी देख रहा है और सीमेण्ट का पक्का रावण भी देख रहा है। अब तक दशहरे के बाद से लोग रावण को भूल जाते थे लेकिन अब भूलने को कौन कहे लोग उसे रोज याद करेंगे और उससे प्रेरणा लेंगे।

रामलीला मैदान में पहले गाँव के बच्चे बारहों महीने खेलते थे गुल्ली-डण्डा, हॉकी, बालीबाल, फुटबाल, कबड्डी आदि। और गाँव के मवेशी भी पड़े रहते थे। शादी-ब्याह के दिनों में बारातें ठहरती थीं। तम्बू तनता था। लेकिन अब तक वह प्रधान जी का बाड़ा हो गया है बीच में सीमेण्ट का बड़ा-सा रावण, चारों तरफ दीवारें और एक खूब बड़ा-सा फाटक। फाटक पर प्रधान जी का ताला भी लग गया है।

सम्पादक जी ! गाँव में रावण की यह स्थापना सचमुच मजेदार है। जितना ही सोचता हूँ उतना ही मजा मिलता है। क्योंकि अब तक परम्परा यह रही है कि हम उसी की स्थापना करते हैं जिसकी आराधना करते हैं। राम, कृष्ण, शिव, हनुमान, काली, दुर्गा जैसे अनेक देवी-देवता इसके प्रत्यक्ष उदाहरण हैं लेकिन प्रधान जी ने हिसाब लगाया, और जोड़-घटाकर यही पाया कि अब जमाना इनका नहीं रहा इनके पूजन से

उतना परता नहीं पड़ेगा जितना रावण के पूजने से पड़ेगा। यही सोचकर उन्होंने इतना बड़ा निर्णय लिया।

भगवान उनके निर्णय की रक्षा करें। रोज खेलनेवाले लड़के अब उधर देखते नहीं। बेचारे खेल भूल गये। कार्तिक में कौन अपने खेत में खेलने देगा? पुराना रामलीला मैदान भी अब प्रधान जी का खेत ही समझिये। और खेत का इस्तेमाल तो खेतवाला ही कर सकेगा। जब जिस चीज का मौसम रहेगा, वह तब वही चीज उस खेत में बोयेगा। मेरा ऐसा खयाल है कि प्रधान जी भी जमाने के हिसाब से चलेंगे। अभी उन्होंने रावण बोया है। अब देखना है कि फसल कैसी होती है। क्योंकि प्रधान जी दूरद्रष्टा हैं।

रावण की खेती करने में उन्हें जरूर कोई-न-कोई फायदा दीखा होगा, तभी उन्होंने ऐसा किया है। वैसे सही जानकारी तो आनेवाला समय ही देगा। जब रावण फलेगा तब प्रधान जी का रंग देखने लायक होगा। कुछ लोग दबी जबान से यह भी कह रहे हैं कि शायद रावण प्रधान जी का पूर्वज है, प्रधान जी उसके वंशज हैं। पूर्वज की पूजा वंशज को करनी ही चाहिए। ऐसी पूजा देखने में भी अच्छी लगती है। इतने लायक वंशज आज मिलते कहाँ हैं? अगर देश के और किसी कोने में होंगे भी तो मैं नहीं जानता। मैं तो सिर्फ अपने प्रधान जी को ही एकवचन में देख रहा हूँ। यह भी हो सकता है कि प्रधान जी रावण की नीतियों से उसके आदर्शों से काफी प्रभावित हैं। इसलिए उसे अपना आदर्श मानकर उसकी स्थापना उन्होंने की हो।

सम्पादक जी, आनेवाले दिनों में बहुत-सारी चीजें प्रधान जी के बाड़े में पैदा होंगी। क्योंकि प्रधान जी जब प्रधान नहीं थे तब अरहर के खेत में गाँजे की खेती करते थे। पुलिस जानती थी। प्रधान जी ले-देकर छूट जाते थे। तब दूसरे लोग प्रधान जी का गाँजा चोरी से तोड़ लेते थे। जितना फायदा होना चाहिए था उतना नहीं होता था। आज तो सारा गाँव गँजेड़ी हो गया है उसी खेती का आशीर्वाद है। अब गाँजा कोई चोरी से नहीं तोड़ेगा। बाड़े में सब पहुँचेंगे कैसे? पहले प्रधान जी कभी मदरसे के बरामदें में कभी ईख के खेत में जुआ खिलवाते थे, अब ठाठ से अपने बाड़े में खेलेंगे खिलवायेंगे। न कोई देखेगा न थाने में जाकर बतायेगा। क्योंकि कई बार प्रधान जब प्रधान नहीं थे, जुआ खेलने में पकड़ गये और जेल भेज दिये गये। अब उनके लिए रामराज हो गया है।

वही काम कायदे से होगा और किसी को पता भी नहीं चलेगा। गाँव में जुआरी परम्परा इन्हीं की तो देन है। दो-चार-दस लोगों को छोड़कर सारा गाँव जुआरी है। इतना ही नहीं प्रधान जी जब प्रधान नहीं थे तब भागकर बम्बई चले गये थे और भागे इसलिए थे कि अक्सर गाँव के सूने घरों में रात में कूद जाया करते थे और एक बार

जैराम की बीवी ने इन्हें पकड़ लिया और मूँछ भी उखाड़ लिया है। बम्बई में प्रधान जी भट्ठीवाली शराब बनाते थे और चोरी से बेचते थे। वहाँ भी कई बार जेल का मुँह देख चुके हैं। अब यह है कि गाँव में अपना बाड़ा हो गया है उसी में भट्ठी लगायेंगे और शराब उतारेंगे। रावण जहाँ फलता है इसी तरह तो फलता है, पनपता और बढ़ता है। आज आधे से ज्यादा गाँव प्रधान जी की हाँ-में-हाँ मिलाता है और उनके बाड़े में बैठकी लगाता है।

अच्छा सम्पादक जी! मैं चिट्ठी खत्म करता हूँ। आशा है कि आप स्वस्थ-सानन्द होंगे।

× × ×

दीपावली बीत गयी और नीके-नीके बीती। इसके लिए हम सब ईश्वर के आभारी हैं। लेकिन दीपावली ने जाते-जाते हमें जिस भीड़ के सामने खड़ा कर दिया है कि बस पूछिये मत। सबके होंठों पर एक ही बोल है अबकी राखो लाज हरी। भला सोचिये महतो अन्धे हैं क्या? महतो सबको पहचानते हैं सब थाली के बैगन हैं रँगे सियार हैं, दुम हिलाते कुत्ते हैं, बने बुद्धू हैं, पलटा खाये साँप हैं, काठ के उल्लू हैं, चोर हैं, घूसखोर हैं, लुटेरे हैं, लम्पट हैं, धूर्त और मक्कार हैं। सब-के-सब निर्लज्ज हैं। महतो किस मुँह से इनकी लाज रखेंगे और अगर रखेंगे भी तो किसकी-किसकी लाज रखेंगे और कब तक रखेंगे? लाज उसकी रखी जाती है जिसके पास लिहाज होता है, जिसकी आँखों में पानी होता है यहाँ तो सबकी आँखों में बाल उगे हैं सरसों फूली है। ये अपने को नाहक हिन्दुस्तानी कहते हैं असलियत यह है कि ये सब उसी रावण के वंशज हैं और अपनी-अपनी लंका में अपने-अपने ढंग से रहते हैं कोई माफिया का सरदार है कोई नामी-गिरामी और इनामी डकैत है, कोई बलात्कारी है, कोई दुराचारी है, किसी की आँख में पूरा देश है, किसी के गले में कोई देश खाने का हौसला बाँधे कठौत लिये खड़ा है, कोई देश को विदेश बनाने का दावा कर रहा है। लगता है कि जितनी संख्या में ये हैं उतनी संख्या में छोटी-छोटी लंकाएँ भी देश में बनी हुई हैं। यानी हिन्दुस्तान भीतर-भीतर लंका में बदल गया है तभी सब बावन हाथ के दिखायी देते हैं न कोई छोटा न कोई बड़ा। घर-घर में राक्षस-राज लूटो-मारो

छीनो–खाओ हर वक्त चल रहा है इसी में मन्त्री भी शामिल हैं और सन्तरी भी इसी में साहेब भी, अर्दली भी, अधिकारी भी, व्यापारी भी, चोर भी, सिपाही भी। महतो सब को पहचानते हैं सब एक आँवाँ में पके हैं और एक ही कुम्हार के गढ़े हैं हम किसे अच्छा कहें किसे कहें बुरा?

सम्पादक जी ! अब सब महतो को पहचानने लगे। इसके पहले महतो जैसे थे ही नहीं। गाँव में बीमारी फैली पचासों मरे तब नहीं, सूखा पड़ा, मवेशी बिके, तब नहीं आये, डकैती पड़ी, अपहरण हुए तब नहीं आये, झोंपड़ियाँ जलीं, लाशें बिछीं, तब नहीं आये, आये कब? अब जब चुनाव आया तब। आओ बेटा! मैंने भी बदला नहीं लिया तो मेरा नाम महतो नहीं, ससुर मोटर लेकर आये हैं चलिये महतो जी हमारे सारथी आप हैं वाह रे मौका वाह रे बोल तेवर बदल गये भाषा बदल गयी, अन्दाज बदल गया। ऐसा झुककर पाँलागी करते हैं कि डर लगने लगता है। सब अपनी–अपनी मोटर में बैठाना चाहते हैं कोई ऐम्बेसडर का दरवाजा खोले खड़ा है कोई फीयेट का कोई मारुति लिये खड़ा है कोई जिप्सी और कोई नयी जीप की ओर बाँह पकड़कर खींच रहा है। मोटर भी आज पितृपक्ष का कौआ हो गया है। यह मोटर सिर्फ चुनाव तक हमें पहचानती है वोट डालने के बाद मतदाता पैदल आता है मैं आ चुका हूँ इसलिए अब इन मोटरों में बैठने की इच्छा नहीं होती घिन छूटती है। फिर यह भी तो है कि अगर किसी एक मोटर में बैठ जाओ तो दूसरी मोटर या तो दुश्मनी ठान लेगी या फिर एक झूठा अपनापन दिखाने के लिए रास्ता छेंक लेगी इस नारे के साथ महतो को हम नहीं छोड़ेंगे महतो हमारे हैं। हालाँकि इस सच्चाई से वे भी कोसों दूर हैं और महतो भी ऐसे भ्रम से अलग नहीं होना चाहते। क्योंकि अलग होने का मतलब है किसी–न–किसी का पल्ला पकड़ना और महतो की आदत कई पल्ला पकड़कर चलने की नहीं रही। इसलिए इस बार भी यही करने का इरादा है। ये तो अपनी मोटर में बैठाकर जोकर की तरह गली–गली महतो को दिखा देंगे लेकिन उसके बाद जो दुर्दशा महतो की होगी वह तो सिर्फ महतो ही झेलेंगे। उसमें ये मोटरवाले हाथ नहीं बँटायेंगे और न महतो के बुलाने पर आयेंगे। चुनाव जीतने के बाद अपने पारम्परिक पंचसाला अज्ञातवास में चले जायेंगे। ऐसे में जो इन्हें ढूँढ़ लेगा मैं उसे गिद्ध ही समझूँगा। क्योंकि गीधहिं दृष्टि अपार ऐसा कहा गया है तब ये साधारण आदमी की पकड़ से बाहर हो जाते हैं।

सम्पादक जी ! काठ की हाँड़ी केवल एक बार चढ़ती है बार–बार नहीं चढ़ती। इस बात को हाँड़ीवाले भी जानते हैं लेकिन बेचारे करें क्या उन्हें दूसरी हाँड़ियाँ मिल नहीं रही हैं इसलिए बार–बार उसी हाँड़ी की दुहाई दे रहे हैं मुझे एक किस्सा याद आ रहा है। एक कौआ था एक बार वह बीमार पड़ गया। बीमारी के दौरान वह डीहबाबा,

कालीमाई, शंकर जी, सतीमाई यानी सभी देवी–देवताओं की मनौती मानता रहा फिर भी ठीक नहीं हुआ, उसे कुछ आश्चर्य भी हुआ कि आखिर ऐसा क्यों? देवी–देवताओं को तो मेरी रक्षा करनी चाहिए। उसकी पत्नी ने कहा, तुमने सभी देवी–देवताओं के ऊपर अब तक बीट ही तो किया है वे किस मुँह से तुम्हारी रक्षा करेंगे और तुम्हें आशीर्वाद देंगे। ठीक वही स्थिति इनकी है। अपने किये का फल तो सभी को भोगना पड़ता है ये भी भोंगेगे। इसमें कोई दो राय नहीं है। सब जानते हैं इनकी यह टेर अब भी राखै लाज हरी केवल नाटक है और नाटक से अब जी ऊब गया है। अच्छा सम्पादक जी ! अब चिट्ठी खत्म करता हूँ। आशा है आप स्वस्थ–सानन्द होंगे।

× × ×

ग़ज़ल

बह रही हैं देश में खूनी हवाएँ आजकल,
आततायी हो गयीं सारी दिशाएँ आजकल।

आदमी की शक्ल में हैं शेर, भालू, भेड़िये,
रोज मारी जा रही हैं सभ्यताएँ आजकल।

कौरवों के बीच में नंगी खड़ी फिर द्रौपदी,
अनसुनी हैं पाण्डवों की प्रार्थनाएँ आजकल।

जी दहल उठता है स्वागत फूल–माला देखकर,
बारूद होकर जी रही हैं सद्भावनाएँ आजकल।

हर रथ यहाँ षड्यन्त्र है, हर रास्ता है पैंतरा,
दूर की कौड़ी बड़ों की यात्राएँ आजकल।

आ गये उल्लू, जहाँ कोयल पपीहा मोर थे,
अमराइयाँ हैं सोच में, रोयें कि गायें आजकल।

मुट्ठियाँ थीं हो गयीं खुलकर हथेली भीड़ में,
और ठोकर खा रहीं, दर-दर कलाएँ आजकल।

रामधुन होंठों पर है, आँखों में कुर्सी नाचती,
शान्तिवन में हो रहीं, ऐसी सभाएँ आजकल।

× × ×

आजकल गाँव चुनाव के रंग में पूरी तरह से रँग गया है। हर जगह चुनाव की ही चर्चा है। स्कूल में मास्टर लोग भी आपस में चुनाव की ही बात करते हैं। पढ़ाते नहीं। कचहरी में वकील, मुवक्किल, अर्दली, हाकिम सब चुनाव की बात करते हैं, मुकदमे की नहीं। अस्पताल में डॉक्टर, नर्स, मरीज, कम्पाउण्डर भी चुनाव की चिन्ता में पड़े हुए हैं, दवा की चिन्ता में नहीं। मन्दिर में पुजारी भी भोग लगाते हैं तो यही मानते हैं, "हे भगवान! फलनवाँ के जिताय दा।" पता नहीं फलनवाँ उनका कौन है? साला है कि जीजा है लेकिन कुछ है जरूर तभी तो ईश्वर से प्रार्थना कर रहे हैं। यही हाल मस्जिद का भी है। नमाज पढ़ने जाते समय भी और पढ़कर वापस आते समय भी नमाजी भाई लोग चुनाव के बारे में ही बतियाते हैं। गाँव के बारे में कोई भकुआ न सोचता है न बतियाता है। कुटियावाले साधू बाबा की लाश बोरे में बँधी धान के खेत में मिली है, इसके बारे में कोई नहीं बतियाता, रामदेव हरिजन की जमीन गोपी तिवारी ने हड़प ली, इसके बारे में कोई नहीं बतियाता, जूठन की भैंस खूँटे से गायब हो गयी, इसके बारे में कोई नहीं बतियाता, सुकुल की पतोहू घर में मरी पायी गयी, इसके बारे में कोई नहीं बतियाता। लेकिन चुनाव के बारे में सब बतियाते हैं ऐरे-गैरे नत्थू-खैरे सब। आज सब-कुछ उलटा हो गया है। बिजली जो पहले कभी-कभार गलती से दिखायी दे

जाती थी अब सारी-सारी रात पाटी पकड़कर बैठी रहती है। नहरें जिनमें सावन-भादों में धूल उड़ती थी। आज भरी-भरी डोल रही हैं, पके धान में हचाहच पानी भर गया है जिसमें गेहूँ आलू बोना है। उनमें चम्बल छिटका है। कण्ट्रोल की दुकानें भी खुली दिखायी दे रही हैं, ट्यूबवेल के ऑपरेटर साहेब दोनों वक्त जै रामजी की महतो करते हैं। उन्हें देखकर विश्वास ही नहीं होता कि ये वही ऑपरेटर हैं जिनका पता लगवाने के लिए गाँववालों ने अखबार में इश्तहार छपवा दिया था। तब भी ये नहीं प्रकट हुए अब अपने-आप अवतरित हो गये हैं यह भी चुनाव की ही माया है। पहले हमारे ट्रैक्टर और बैलगाड़ी के लायक भी गाँव की सड़कें नहीं थीं। आज उन पर चुनाव की मोटरें दौड़ रही हैं। देखकर अचरज होता है। काश! यह चुनाव इसी तरह बारहों महीने चलता रहता। गाँव को कभी कोई तकलीफ होती ही नहीं, न पानी की, न बिजली की, न रोजी की, न रोटी की लेकिन ऐसा होगा नहीं चुनाव बीतने के बाद फिर वही हाल हो जायेगा जो पहले था "सत्य कहौं लिखि कागद कोरे।"

सम्पादक जी! इस समय प्रधान जी की चाँदी है। हर पार्टी की मोटर सबसे पहले उन्हीं के दरवाजे पर जाती है कल उनके दरवाजे पर रातोंरात सैकड़ों कम्बल, कुर्ता, कोट बाँटे गये, परसों उन्हीं के दरवाजे पर दूसरी पार्टी की ओर से शराब की बोतल भी बाँटी गयी, और आज सुना है कि किसी पार्टी की ओर से रात में नोटों की गड्डी भी बाँटी जायेगी। दरअसल प्रधान जी ने शायद गाँव के सारे वोट का ठेका ले लिया है। एक पार्टी में प्रधान है दूसरी पार्टी में प्रधान की मेहरिया है। तीसरी पार्टी में प्रधान का बड़ा बेटा है चौथी पार्टी में बड़े बेटे की बहुरिया है। यानी उनके घर का हर सदस्य अपने हिसाब से पार्टी पकड़े हुए है। प्रधान जी का कुत्ता भी किसी मजबूत पार्टी में है। उसका पट्टा बदल गया है। जंजीर बदल गयी है भोजन बदल गया है, थाली बदल गयी है आजकल उसका रंग भी बदल गया है क्योंकि अब वह साबुन से नहलवाया जाता है। इतना ही नहीं प्रधान जी ने अब उसका नाम खउरहा से बदलकर 'टीप टाप' रखा है। कुत्ता भी प्रधान जी से बिलकुल सटकर बैठता है। प्रधान जी की बैठक आजकल झण्डों का, नारों का, पोस्टरों का, पार्टियों का संगम बनी हुई है। उनकी डूँड़ी भैंस भी झण्डा ओढ़े हुए मिलती है। असली रामराज प्रधान जी के घर में आया हुआ है। "नहि कोई दैविक भौतिक तापा।" सब चैन की बाँसुरी बजा रहे हैं। वे भी जानते हैं कि यह सब केवल चार दिन की चाँदनी है। फिर न कोई भकुआ इधर झाँकेगा न किसी को पहचानेगा इसलिए जितना नोचते-बकोटते बने नोच-बकोट लो, यही समय है। मत चूको चौहान। "राम नाम की लूट है लूट सकै तो लूट।" वोट पड़ जाने के बाद कुछ भी हाथ नहीं आयेगा।

सम्पादक जी! मैं उन्हें क्या कहूँ जो प्रधान जी को वोट का ठेका दिये बैठे हैं। सोचिये भला जिसके घर का हर सदस्य अलग-अलग पार्टी की कनवेसिंग में लगा है वह भला किस मुँह से पूरे गाँव के वोट का ठेका लिये हुए है। ठेके का काम जितना मजबूत होता है वह किसी से छिपा नहीं है। नहर की नयी पुलिया बैठ गयी, पोखरे की मरम्मत ठेके पर तीन साल से हो रही है अभी तक काम शुरू नहीं हुआ। वैसा ही होगा इस वोट में भी जिधर-जिधर प्रधान हैं उधर गाँव नहीं है।

अच्छा सम्पादक जी! चिट्ठी खत्म करता हूँ। आशा है आप स्वस्थ-सानन्द होंगे।

× × ×

नेहरू किसान मेला देखा और देखकर दंग रह गया। महीनों पहले से इस मेले की तारीफ सुनता आ रहा था अखबारों से रेडियो से। इसीलिए बड़ी लालसा से गया था इसका उद्घाटन देखने। जिस गेट से सरकारी मोटरें फुर्र-फुर्र आ-जा रही थीं उसी गेट से मैं भी अपनी खटारा साइकिल लिये-दिये घुस रहा था कि तब तक पुलिसवालों ने मुझे घेर लिया अबे पागल है क्या रे? तू इधर कहाँ रे? और जब तक एक ने कहा कि लगता है साला लेबर है तब तक दूसरे सिपाही ने एक डण्डा पीठ पर रसीद कर दिया। गनीमत यही समझिये कि आस-पास कोई गाँववाला नहीं था वर्ना देख लेता तो मेरी बड़ी बेइज्जती होती...बहरहाल मैंने पूछा-भइया क्या इस मेले में मैं नहीं घुस सकता? मैं किसान हूँ और गाँव से आगा हूँ। सुना है यह मेला किसानों का मेला है? इतने में एक डण्डा पीठ पर और पड़ गया इस हिदायत के साथ कि यहाँ कोई किसान दिख रहा है तू ही एक बड़का किसान बना है? और साइकिल लिये-दिये मेले में घुस रहा है। एक सिपाही ने कहा-लगता है साला कम्युनिस्ट है मेले में आया है फटा कुर्ता दिखाने अबे मेला देखना है तो जा पहले अपनी ये खटारा कहीं बाहर रखकर आ, भाग जल्दी...और जब तक पुलिस का तीसरा डण्डा पड़ता मैं पीछे मुड़ चुका था और साहेब साइकिल मेले के बाहर परिचित दुकानदार के यहाँ रखकर चुपके से पुलिसवालों

की आँख बचाकर उसी गेट से जहाँ पहले दो डण्डे खा चुका था भीड़ के साथ घुसा और भीतर पहुँच गया।

सम्पादक जी! मेले के भीतर पहुँचते ही मुझे अपनी गलती का एहसास हुआ। सचमुच मुझे मेले में नहीं जाना चाहिए था क्योंकि वहाँ एक भी किसान नहीं था जितने थे सब सूट-बूटवाले थे कोई किसी विभाग का अधिकारी कोई किसी विभाग का। यह मेला केवल सरकारी अधिकारियों का मेला है। अपने फटे कुर्ते और फटे जूतों से झाँकती उगलियों को देखकर सचमुच शर्म महसूस हुई, मन ग्लानि से भर उठा कि लोग क्या सोचेंगे मुझे देखकर। मैंने सोचा कि कहीं ऐसा तो नहीं कि ये सभी-के-सभी किसान ही हों और यहाँ आने पर इन्हें ये कपड़े पहनने को दिये गये हों ताकि हिन्दुस्तान के बदले हुए किसान की छवि उजागर हो सके। यही सोचकर मैंने एक साहेब से पूछा-भइया! आप कहाँ के किसान हैं? वह बेचारे शायद कुछ पहले से झल्लाये हुए थे। उन्होंने कहा-मैं जहन्नुम का किसान हूँ...। लेकिन मुझे प्रसन्नता हुई यह जानकर कि कम-से-कम जहन्नुम का ही सही एक किसान मिला तो। मैंने पूछा-भइया! ये कपड़े जो आपने पहने हैं ये आपको यहाँ दिये गये हैं या आप अपने मुल्क जहन्नुम से ही पहनकर आये हैं...। वह जब तक कुछ कहते तब तक हटो-बढ़ो शुरू हो गया और लोग किनारे हट गये। मैं भी किनारे हट गया, कुछ मोटरें और घुस आयीं किसी से अफसरों के बच्चे उतरे किसी से अफसर उतरे। और उद्घाटन शुरू हो गया- नगाड़े बजने लगे, देश के कई प्रदेशों से आये हुए नाचने-गानेवालों ने उछलना-कूदना शुरू कर दिया। उनका उत्साह उनकी हँसी उनकी खुशी देखकर मैं कुछ देर के लिए अपना फटा कुर्ता भूल गया और यह भी भूल गया कि मैं गरीब देश का किसान हूँ। तरह-तरह के नाच-तमाशे देखने को मिले रंगारंग झमाझम।

सम्पादक जी! जिस किसान मेले का उद्घाटन प्रधानमन्त्री जी करनेवाले थे फिर हुआ कि नहीं मुख्यमन्त्री जी करेंगे फिर नाम आया देश के कृषिमन्त्री जी का। और किया कृषि उत्पादन आयुक्त ने। यानी इस मेले के उद्घाटन के लिए कोई बड़ा नेता मिला ही नहीं? कैसे मिलता सब तो अपने-अपने अखाड़े में उतरे हैं और वाह पट्ठे वाह शाबास पट्ठे के बीच पैंतरा मार रहे हैं देखिये ऊँट किस करवट बैठता है। काश! इस मेले का उद्घाटन किसी किसान ने किया होता तो कितना अच्छा होता? मैं तो वहाँ था एकदम पीछे की ओर सड़क पर लेकिन मेरी ओर किसी ने देखा ही नहीं वर्ना मैं अपने इसी फटे कुर्ते में मेले का उद्घाटन कर देता, लोग किसान को पहचान भी लेते और किसान मेले की लाज भी रह जाती। भला सोचिये कितना नाम होता कि नेहरू किसान मेले का उद्घाटन एक किसान ने किया लेकिन ऐसा हुआ नहीं मेले का रंग-रूप आकार-प्रकार देखने से ऐसा लगा कि यह मेला किसानों के लिए है भी नहीं।

पता नहीं यहाँ क्या सोचकर लगाया गया है। सुना है बीसियों करोड़ का वारा-न्यारा हुआ है। इतना अगर सचमुच किसानों को मिला होता तो बड़े प्रेम से नेहरू जी की जय भी बोलते और अपने गाँव-घर खेत-खलिहान को चमका भी देते। लेकिन ऐसा भला कहाँ सम्भव है कि इस देश का किसान खुशहाल दिखायी दे वह तो गरीबी में पैदा होता है गरीबी में बड़ा होता है और गरीबी में मरता है यही उसका इतिहास रहा है और रहेगा। सचमुच नेहरू किसान मेला किसानों के लिए एक भूल-भुलैया है देखो और इसी में फँसकर रह जाओ।

अच्छा सम्पादक जी ! अब चिट्ठी खत्म करता हूँ। आशा है आप स्वस्थ-सानन्द होंगे।

× × ×

वोट का असली पहाड़ा ओट में ही पढ़ा जाता है जहाँ न दूसरा कोई झाँकनेवाला होता है न टोकने-रोकनेवाला होता है। मतदाता अपने मन का राजा होता है मतपत्र हाथ में आते ही मतदाता अपने ही सवालों से जूझने लगता है जैसे वोट किसे देना चाहिए वोट के लायक कौन है वोट क्यों दिया जाता है वोट की कीमत क्या है फिर निगाह धीरे-धीरे हर उम्मीदवार की ओर बारी-बारी जाने लगती है, कौन सही गलत कौन है, कौन कितने पानी में है, कौन हमारे वोट की लाज रखेगा, कौन हमारे वोट से खिलवाड़ नहीं करेगा, कौन साथ देगा, कौन विश्वासघात करेगा...सहसा ये सारे सवाल मतदाता को झकझोरने लगते हैं वह अगर सचमुच जागरूक होता है तो एक क्षण में निर्णय लेता है और मन को पक्का बनाकर मुहर का इस्तेमाल करने लगता है और बाद में अपने द्वारा लिये गये निर्णय पर पश्चात्ताप नहीं करता।

लेकिन कुछ ऐसे भी मतदाता होते हैं जो मतपत्र देखते और सोचते रह जाते हैं कि अब क्या करें सभी तो एक जैसे ही दिखायी देते हैं एक ही थैली के चट्टे-बट्टे हैं क्या नागनाथ क्या साँपनाथ किसे दूँ और उसे अगर पता चल जाये तो और बुरा और अगर उसे दूँ और इसे पता चल जाये तो और बुरा फिर बिरादरी का दबाव अलग है कि नाक न कटने पाये वर्ना हुक्का-पानी बन्द रिश्तेदारी का दबाव अलग है पड़ोसी कहीं और खींच रहा है मन कहीं और जो रिश्तेदार जल्दी कभी नहीं आते थे वे भी आये

और दबाव डाल गये गुरुमुख होने के नाते गुरु जी से भी लोग दबाव डलवा गये अब मतदाता बड़े धर्म-संकट में फँसा है दबाव देखे कि अपना लगाव देखे। क्योंकि ऐसे क्षण हमेशा नहीं आते जब आते हैं बड़े भाग्य से आते हैं और इतिहास बनते हैं अच्छा या बुरा दोनों तरह के इतिहास एक मत की भी अपनी एक हैसियत होती है यही एक धीरे-धीरे बहुवचन में बदल जाता है और यही बहुवचन बहुमत का जनक होता है आज हमारे हाथ की मुहर रंग लायेगी ऐसा हमें विश्वास है।

सम्पादक जी! वोट के दिन सचमुच यह ओट बहुत काम आता है ओट की सुविधा न हो तो मतदाता नंगा हो जाये लेकिन जैसे ही वह ओट में खड़ा होता है अपने को कुछ क्षणों के लिए भीड़ से अलग पाता है कभी गुनगुनाता है अबलौं नसानी अब ना नसैहौं, बुदबुदाता है मत चौंको चौहान मोहग्रस्त अर्जुन की तरह अपने भीतर के कृष्ण से पूछता है तुम्हीं बताओ केशव मैं अब क्या करूँ एक ने वोट के लिए भरपूर पैसा दिया है, दूसरे ने कोटा-परमिट का भरपूर वजनदार आश्वासन दिया है, एक सगा रिश्तेदार होने का दम भरता है, दूसरा चुनाव बाद देख लेने की धमकी खुलेआम दे रहा है, कोई चोर है, तो कोई लुटेरा है, कोई दबंग है, कोई रँगा सियार है, तस्कर है, कोई दलाल है, इन्हीं में से किसी एक पर मुझे मुहर मारनी है बताओ केशव मैं अपनी मुहर किस पर मारूँ ओट में खड़ा मतदाता सचमुच मोहग्रसित हो जाता है। लेकिन उसके मोह को यह आदमकद ओट ही दूर करता है वोट का फैसला ओट में बड़ी आसानी से हो जाता है और इसी के साथ-ही-साथ बहुत बड़े संकट से मतदाता उबरता है कभी-कभी क्षणिक आवेश में आकर लिया गया फैसला अपने ही पैर में कुल्हाड़ी मारना साबित होता है तब केवल हाथ मलना और पश्चात्ताप करना ही शेष रह जाता है इसलिए वोट और ओट दोनों की मर्यादा रखने के लिए यह जरूरी है कि हम वही करें जो हमें शोभा दे जिसे करने के बाद हम स्वयं की दृष्टि में तनिक भी न गिरें बल्कि अपने निर्णय पर हम विश्वास रखें भरोसा रखें शायद ओट में खड़ा होते ही आदमी का मन इसी प्रकार का बनता है बनना भी चाहिए।

सम्पादक जी! वोट-ओट में जाकर कितना सही साबित होगा इसके बारे में कुछ भी कहना सम्भव नहीं है क्योंकि नया मतदाता बिलकुल अगिया बैताल है उसके बारे में बताना क्या उसका मन जग जाहिर है पहल है, उत्साह भी है, उमंग भी है, आँधी के तिनके कहाँ जायेंगे कहना मुश्किल है, पुराना मतदाता भी भीतर-ही-भीतर कसमसा रहा है क्योंकि वह दूर तक देख रहा है कि पीछे भी, आगे भी, दायें भी, बायें भी लेकिन वह असमर्थ है इस मायने में कि आज वह अपने को किसी पर लाद नहीं सकता थोप नहीं सकता क्योंकि वह इन बिगड़ी हुई परिस्थितियों के लिए कहीं-न-कहीं से अपने को जिम्मेदार मानता है इसलिए वह कुछ न कहने की स्थिति में आ

गया है भाड़ में आज तरह–तरह की डफलियाँ हैं तरह–तरह के राग हैं हर उम्मीदवार जीतने का दावा करता है उसके पास अपनी जीत के लिए अपना गणित अपना तर्क है और उसके तर्क में दम भी है लेकिन ऐसा ही तर्क दूसरा भी दे रहा है तीसरा–चौथा यानी सब–के–सब बस एक जैसा ही तर्क अपने–अपने पक्ष में दे रहे हैं मैं किसे गलत कहूँ किसे कहूँ सच्चा। हाँ, इतना जरूर है कि आज मतदाता किसी के बहकावे में आनेवाला नहीं है वह सब समझता है जानता है और सबको पहचानता है इसलिए वह जो कुछ करेगा बहुत सोच–समझकर करेगा वह चाहे किसी की मोटर में बैठकर जाये चाहे किसी भी पार्टी की पर्ची लेकर पहुँचे किसी भी पार्टी के पेण्ट से होकर गुजरे लेकिन वोट उसका वहीं पड़ेगा जहाँ के लिए उसने ठान लिया है सोच लिया है। आज वह बदलनेवाला नहीं है बड़े सहज मन से वह वोट देने के लिए ओट में खड़ा है वह जानता है यहाँ उसे कोई देखने नहीं आयेगा इसलिए वह निश्चित भी है उसके दिमाग में चौदह रुपये किलोवाली चीनी भी है सूख गयी खेती भी। बेरोजगार बेटा भी है, आस–पास में भड़की हुई हिंसा भी है तरह–तरह की रँगा रंग अखबारी खबरें भी हैं, अपने ऊपर आनेवाले संकट की आशंका भी है और मुहर मारने का हौसला है समय से पहले मुहर न मारनी पड़े ऐसी चिन्ता भी लेकिन इन्हीं सबके बीच में वह रास्ता बनायेगा और बनाकर दिखायेगा।

अच्छा सम्पादक जी ! अब मैं पत्र खत्म करता हूँ। आशा है आप स्वस्थ–सानन्द होंगे।

× × ×

भगवान की कृपा से मेरे गाँव में चुनाव अच्छी तरह सम्पन्न हुआ। जैसे होना चाहिए। दो लोग तो उसी दिन उसी समय भगवान की कृपा से भगवान को प्यारे हो गये बीस लोगों की अभी मरहम–पट्टी चल रही है और चार लोग अभी गायब हैं। भगवान की कृपा से वे जिन्दा मिलेंगे या मुर्दा कुछ कहा नहीं जा सकता जो चुनाव अधिकारी आये थे नमूने थे। शहरी को गाँव में उन्हें शहर की सुविधा जब नहीं मिली तो मजबूरी में बेचारे सुबह लोटा उठाकर खेत की ओर चले गये लेकिन उनके गहरे

लाल रंग के स्वेटर और गहरी छीटदार लुंगी देखते ही सीवान में चर रहे मरकहे साँड़ ने उन्हें दौड़ा लिया वह भागने लगे कभी दायें कभी बायें जैसे जयन्त का पीछा राम का बाण कर रहा था आस-पास के लोग तमाशा देख रहे थे और वह बेचारे भगवान की कृपा से सिर पर पाँव रखकर भाग रहे थे। एक बार भी पीछे मुड़कर देखने का साहस उन्होंने नहीं किया जब दौड़ते-दौड़ते थक गये तब चिल्लाये बचाओ-बचाओ उनकी इस बचाओ का असर भगवान की कृपा से सुननेवालों पर बड़ी तेजी से हुआ लोग लाठी-बल्लम लेकर साँड़ भगाने दौड़ पड़े फिर किसी ने उनसे कहा-लाल स्वेटर उतारकर फेंक दीजिये। उन्होंने पहले हाथ का लोटा फेंका फिर दौड़ते-ही-दौड़ते स्वेटर उतारकर फेंका फिर गाँववालों ने कहा लुंगी भी उतार दीजिये भगवान की कृपा से उन्होंने लुंगी भी उतार फेंकी जाँघिया गंजी में वह नियमित दौड़ लगानेवाले की तरह लग रहे थे। स्वेटर और लुंगी के हटते ही साँड़ भी ठहर गया यह देखकर भाग रहे अधिकारी बेहोश होकर गिर पड़े बहरहाल गाँववाले किसी तरह उन्हें उठाकर ले आये और इसी वजह से वोट डालने का काम लगभग दस बजे से शुरू हो सका। वोट डालनेवालों की भीड़ बाहर कसमसाती रही लेकिन भीतर कोई था नहीं जब साँड़ साहेब आये तब काम आगे बढ़ा लेकिन वह भी जिस रफ्तार से बढ़ा उसका कोई जवाब नहीं है। धीरे-धीरे पहले शुरू हुआ और झमाझम सहसा शुरू हो गया। बसों में, ट्रकों में, ट्रैक्टरों में, एक्कों, रिक्शों, टेम्पो और मोटरों में ढोये गये वोटर अपनी-अपनी कतारों में खड़े हो गये वोट डालने के लिए लेकिन ज्यादातर लोग वोट नहीं डाल सके। वहाँ जाने के बाद उन्हें पता चला कि वोटर लिस्ट तब की है जब वे पैदा नहीं हुए थे इसलिए बेचारे हाथ मलकर रह गये और जो कुछ थोड़े-से लोग बड़ी ललक से इसलिए गये थे कि कई बार वोट डाल चुके हैं और वे तो हर हालत में इस बार भी वोटर लिस्ट में होंगे-ही-होंगे उनके नाम सचमुच थे भी लिस्ट में लेकिन जब वे वोट देने गये तो पता चला कि उनका काम हो चुका है यानी उन लोगों के वोट पड़ चुके थे वे भी मन मसोसकर लौट गये।

सम्पादक जी ! इसी बीच एक नाटक और हुआ। दुष्ट खद्दरधारी लोग पिस्तौल बन्दूक राइफल और बम चटकाते-धमकाते आये और बैलेट पेपर भी अपने साथ ले गये और बैलेट बाक्स भी अपने साथ ले गये। पीठासीन अधिकारी और उनके सहयोगी एक-दूसरे का मुँह देखते रह गये विरोधी पार्टीवालों ने कुछ विरोध करने का प्रयास किया तो उसका नतीजा यह निकला कि दो लोग वहीं मौत के घाट सुला दिये गये, चार लोग अस्पताल पहुँच गये, रहे वोटर बेचारे वे डरकर घर चले गये जब एक पार्टी के लोगों ने इतना किया तो दूसरी पार्टीवाले भला कैसे पीछे रहते वे भी दल-बल के साथ बैलेट पेपर लूटने और बैलेट बाक्स लूटने के इरादे से आये। तरह-तरह के हथियारों से लैस होकर आये चार-छह बम बाहर पटके सो बीस भीतर और बाकी

बचे बैलेट पेपर बैलेट बाक्स को उठाकर चलने लगे। पीठासीन अधिकारी ने उन्हें रोकने का प्रयास किया लेकिन असफल रहे और वे लोग अपने मन की करके चले गये यानी मतपत्र भी ले गये और मतपेटिका भी। मतदाता बेचारे टुकुर-टुकुर मुँह देखते रहे और कुछ कर नहीं सके। बल्कि असहाय-से खड़े रहे क्योंकि मतदान केवल वोट देने गये थे इसलिए वे अपने साथ न बम ले गये थे, न पिस्तौल, न बून्दक, न कट्टा, इसीलिए वे भाग भी खड़े हुए बिना वोट दिये। वोटों का प्रतिशत कुछ इसलिए भी कम रहा और कुछ इसलिए भी कम रहा कि हिंसा की आशंका से डरे हुए लोग वोट देने के लिए घर से बाहर निकले ही नहीं क्योंकि उन्हें कहीं भी अपनी सुरक्षा दिखायी नहीं दी।

सम्पादक जी! सुरक्षा के नाम पर जो व्यवस्था थी वह काबिले तारीफ थी किसी को दिखायी नहीं दे रहा था किसी को सुनायी नहीं दे रहा था और आधे से ज्यादा लोग इतना ज्यादा खा लिये थे कि वे दिनभर खेत की ओर ही भागते रहे कहिये-न-कहिये खाने का कोई अवसर उन्होंने नहीं छोड़े आस-पास की शराब की कच्ची दुकानें कहने को बन्द थीं लेकिन अपराध करनेवालों के लिए खुली थीं सिपाही भी पिये थे गुण्डे भी फिर बन्द किसके लिए थी यह बात मेरी समझ में आज तक नहीं आयी चुनाव के नतीजे आ रहे हैं और आते रहेंगे लेकिन यह गिरावट जो आयी है इसके लिए कौन जिम्मेदार है आम आदमी या व्यवस्था।

अच्छा सम्पादक जी! अब मैं चिट्ठी खत्म करता हूँ। आशा है आप स्वस्थ-सानन्द होंगे।

× × ×

कल गाँव लौटा हूँ परेशान हूँ इस समय नहर ने भरपूर पानी दिया है और उसकी एक पटरी जो भीतर से चूहों की कृपा से पोली हो गयी थी टूट गयी और सारा पानी हमारे गाँव के सिवान में चम्प गया है जब कि हमारे गाँव में इस समय पानी की बिलकुल जरूरत नहीं थी अभी-अभी सिंचाई हुई थी इस अनहोनी की कोई क्या करे जी अटक गया खेत-सिवान में सारी फसल चौपट

हो गयी है। आलू की दो ही चार दिनों में खुदाई होनेवाली थी लेकिन घुटने भर पानी लग गया है। आलू तो गयी और मेरी ही नहीं लगभग आधे गाँव की आलू चौपट हो गयी। कई लाख का घाटा हुआ समझिये यही हाल चना-मटर का भी है दोनों फसलें डूब गयी हैं थोड़ी-बहुत अगर दिखायी दे रही है तो गेहूँ की फसल लेकिन पानी निकलते-निकलते यह फसल भी रसातल चली जायेगी लाखों का नुकसान सिर्फ हमारे ही गाँव का हुआ है आस-पास के दो-चार गाँव और बुरी तरह प्रभावित हुए हैं ऐसा पहली बार नहीं हुआ है अक्सर हो जाया करता है नहर किनारे के गाँव इसी तरह फसलों से हाथ धो लेते हैं यह नहर तब पानी के नाम पर ठेंगा दिखाती रही जब आषाढ़-सावन में पानी की जरूरत थी न धान की बेहन पड़ सकी थी न रोपाई हुई थी तब भी हम सब हाथ मलकर मन मसोसकर राम भरोसे रह गये थे और आज भी हम उसी दशा को प्राप्त हो रहे हैं। भला सोचिये कहाँ तो हम यह सोचे बैठे थे कि खरीफ की कमी इस रबी में पूरी हो जायेगी लेकिन अब क्या होगा अभी तो सब-कुछ ज्यों-का-त्यों लेना-देना पड़ा है खाद उधार है बीज उधार है दवाओं और कृषि यन्त्रों का भी तो पैसा देना है लगान पनकट अलग कुछ समझ में नहीं आ रहा है कि आखिर गाँववाले क्या करें इस समय सबके चेहरे पर हवाइयाँ उड़ रही हैं यह सोच-सोचकर कि दिन कैसे बीतेंगे जिम्मेदारियाँ कैसे पूरी होंगी इसी खेती-बारी के भरोसे हम लोगों का सब-कुछ रहता है और उसी पर पानी फिर गया अब तो महाजन भी खोजे से नहीं मिलेंगे और जो मिलेंगे वे भी सीधे मुँह बात नहीं करेंगे अपने हिसाब से सौदा धरेंगे सौदा खेत का करेंगे सौदा घर का करेंगे सौदा मूँछ और पगड़ी का करेंगे और मजबूरी कहिये या लाचारी हम उस सौदे के शिकार होंगे क्योंकि जीना तो हर हालत में है।

सम्पादक जी! यह नहर भी खूब है और खूब हैं इसके अधिकारी और कर्मचारी, ये न देखते हैं न सुनते हैं न मिलते हैं। इसलिए कहने-सुनने का सवाल ही नहीं उठता। नहर की पटरियों की शिकायत कितनी-कितनी बार बड़े-बड़े अधिकारियों से की गयी लेकिन कोई फायदा नहीं हुआ और सुना ऐसा गया है कि पटरियों की कागजी मरम्मत साल में कई-कई बार हो जाती है सारा पैसा ठेकेदार जूनियर इंजीनियर और बड़े-बड़े इंजीनियर मिल-बाँटकर खा जाते हैं धेले भर का भी काम नहीं होता भला सोचिये ऐसे बेईमानों और गद्दारों के भरोसे किसान कब तक जीयेगा नहर से लेकर गाँव-गली तक बारहों महीने सीलन बनी रहती है जमीन पर अनाजों का सुखवन नहीं डाला जा सकता सूखना तो दूर रहा अनाज और नम हो जाते हैं कच्चे मकानों की उम्र बहुत कम हो गयी है जो मकान पचास-साठ साल चल सकते थे अब दस-बीस साल में भी धम्म से बैठ जा रहे

हैं। हर आदमी की ऐसी हैसियत नहीं है कि पक्का मकान बनवाये, एक ईंट अब एक रुपये से ज्यादा में पड़ रही है ऐसी स्थिति में गरीब, किसान, मजदूर खायें कि मकान बनायें, मवेशी भी नंगी जमीन पर ज्यादा देर नहीं बैठे रहते सीलन के ही कारण बहुत कम लोगों की चरनी पक्की है नीचे क्या बिछायें, अब तो सबसे बड़ी समस्या इन पशुओं के चारे की हो गयी अपने लिये तो हम जैसे-तैसे माँग-जाँचकर राशन-पानी ले लेंगे लेकिन भूसा कहाँ से आयेगा वैसे ही बहुत किल्लत थी भूसे का दाम आसमान छू रहा था अब तो और सातवें आसमान पर चला जायेगा अनाज के भाव भूसा हो जायेगा।

सम्पादक जी : गाँव बिलबिला उठा है। मैं अभी दो-चार दिन के लिए कल्पवास में हूँ अब आप ही कुछ करिये। न आप भी सब सुनते हैं कलेक्टर भी, एस.एस.पी. भी और इंजीनियर भी हम किसानों की कोई नहीं सुनता। वे भी गायब हैं जो चुनकर गये हैं फिर मुँह दिखाने नहीं आये ऐसे में आयेंगे तो गाँववाले उनका मुँह नोच लेंगे। कम-से-कम कुछ ऐसी व्यवस्था करें कि अब भविष्य में ऐसी दुर्घटना न होने पाये जो हुई सो हुई कम-से-कम आगे के लिए तो हम निश्चिन्त रहें।

अच्छा सम्पादक जी! अब चिट्ठी खत्म करता हूँ आशा है आप स्वस्थ-सानन्द होंगे थोड़ा लिखा ज्यादा समझना।

× × ×

लालू का दही

कभी किसी जमाने में, किसी गाँव में लालू नाम का कोई व्यक्ति रहता था, उसमें दो कमियाँ थीं। एक तो वह जरूरत से ज्यादा सीधा था सरपत की तरह। और दूसरी कमी थी कि उसके पास मुँह नहीं था, अगर मुँह रहा भी होगा तो मुँह में जुबान नहीं थी अपनी इन्हीं दोनों कमियों के कारण लालू कहावतों में आ गया वर्ना वह भी मेरे जैसा साधारण खेतिहर मजदूर था लेकिन केवल इतने से ही उसका काम नहीं चलता था इसलिए वह कुछ और काम करना चाहता था जिसमें चार पैसा ज्यादा मिले जरूर उन दिनों दही के धन्धे में आमदनी की गुंजाइश रही होगी तभी लालू ने दही बेचने का

काम शुरू किया सिर पर दही का मटका लेकर वह बेचारा जैसे घर के बाहर निकला दही चखनेवालों का ताँता लग गया जिसने हाथ फैला दिया उसकी हथेली पर लालू ने बेहिचक दही रख दिया बहुत बढ़िया बहुत मीठा कहनेवालों की भीड़ जुट गयी। खरीदा किसी ने नहीं सबने और चखने-चखाने में ही दही का मटका खाली हो गया तकदीर को कोसता खाली मटका लिये लालू वापस लौट आया और दूसरे दिन उसकी हिम्मत नहीं हुई दही बेचने की एक ही दिन में धन्धा बैठ गया तब से कहावत बन गयी लालू की दही चखाई में गयी दही चखनेवालों ने कभी पलटकर लालू से यह नहीं पूछा कि उसने दही बेचना बन्द क्यों कर दिया। किसी ने यह भी जानने की कोशिश नहीं की कि लालू के घर चूल्हा जलता है कि नहीं लालू ने कोई और धन्धा किया कि नहीं किया इसका कोई इतिहास नहीं मिलता लेकिन लालू चुप्पा निरीह और शान्त स्वभाव का प्रतीक बन गया आज भी अपने गाँव-देहात में सैकड़ों-हजारों लालू अव्यवस्था के शिकार होते ही रहते हैं लेकिन उनकी कहीं भी सुनवायी नहीं होती, वे जहाँ जाते हैं वहीं दबाये-सताये जाते हैं अन्ततः बेचारे चुप लगा जाते हैं आखिर सीधा-सादा आदमी कब तक लालू बनता रहेगा। क्या कभी इस अन्याय और अत्याचार का अन्त सम्भव है।

सम्पादक जी, तब लालू एकवचन में था आज वह बहुवचन में है नाम बदल गया है काम बदल गया है लेकिन जो अन्याय तब होता था लालू के साथ वही आज भी अनेक लालुओं के साथ खुलेआम हो रहा है लेकिन न कोई सुननेवाला है न कोई देखनेवाला है इस सन्दर्भ में मैं अपना ही उदाहरण दे रहा हूँ पिछले दिनों सरकार ने गन्ने की कीमत बढ़ा दी यह सुनकर अच्छा लगा क्योंकि गन्ने की खेती में किसान को लोहे का चना चबाना पड़ता है जेठ-वैशाख की तपती दोपहरी में सिंचाई करनी पड़ती है गुण्डई करनी पड़ती है इस माघ की रातों में जाग-जागकर पेरायी करनी पड़ती है, गुड़ बनाना पड़ता है या आधी रात से ही कटाई शुरू करके जल्दी-से-जल्दी उसे मिल पर पहुँचाना पड़ता है ट्रैक्टर से, ट्रक से, बैलगाड़ी से जैसे भी सम्भव हो सके मैं भी बड़े हौसला से एक ट्रक गन्ना लेकर मिल पर बेचने के लिए घर से निकला था लेकिन वह नौबत नहीं आयी और खाली ट्रक लेकर घर वापस लौट आया ट्रक का किराया चुकाने के लिए हुआ यह कि जब गन्ने का ट्रक रेलवे फाटक के पास पहुँचा तो फाटक बन्द था। फाटक के खुलने में समय लगा दस-पाँच गन्ना गेटमैन साहेब ने ले लिया फिर उनकी देखा-देखी गैंती में काम कर रहे दस-पन्द्रह मजदूरों ने दो-दो के हिसाब से खींचा और दो बोझ गन्ना साफ हो गया उन्हें गन्ना लूटते देखकर स्कूली लड़कों का दल जो टूटा तो फिर पूछिये मत बीसियों लड़कों ने छाँट-छाँटकर गन्ना खींचना शुरू किया और रामकसम ट्रक एक चौथाई खाली हो गया मैं टुकुर-टुकुर देखता ही रहा खैर फाटक खुला ट्रक पार हुआ जब ट्रक पक्की सड़क पर आ गया तो

कुछ राहत की साँस मिली लेकिन थाने से गुजरते समय दीवान जी की आँखों में दो-चार दस-बीस गन्ने ही नहीं समाये बल्कि ५१ ट्रक समा गया उन्होंने ट्रक रोक लिया किनारे लगवा दिया और आदेश दिया कि अबे पगड़ीवाले पचास गन्ना छाँटकर यहाँ उतार दे, मरता क्या न करता मैंने उतार दिया फिर एक और दीवान जी आ गये उन्होंने भी उतरवाया गन्ना और इसी तरह पूरा थाना बारी-बारी आता रहा और मैं गन्ने उतारता गया। छोटे दारोगा, बड़े दारोगा जब सब हो गये तो मैंने पचास गन्ने और उतार दिये भैया उतना अपने एस.पी. साहेब और एस.एस.पी. साहेब के लिए रख लीजिये उनके घर अगर गन्ना नहीं गया तो मुझे बहुत अफसोस होगा और उनके बाल-बच्चों की बददुआ लगे इतने में दारोगा साहेब की बीवी ने हुक्म दिया कि दो बोझ गन्ने उतरवा लो बहुत मीठे हैं बिटिया-दामाद के यहाँ भिजवाना है मैं सिपाहियों का मुँह देखता रहा उन्होंने अपने हिसाब से दो ही उतारा लेकिन एक के साथ दो-दो बोझ अपने आप फँसे चले आये और अब ट्रक आधा से ज्यादा खाली हो चला था ऐसी डकैती का शिकार होने के बाद मैं ट्रक लेकर आगे बढ़ा नदी पर जो नया पुल बना है उस पुल को पार करने की कीमत चुकानी पड़ी नकद तो दस-पन्द्रह लिया उन्होंने वह तो लिया-ही-लिया उनके गुमाश्तों ने दो बोझ गन्ना अपने लिये उतार लिया तब ट्रक जाने दिया और जब मैं मिल के पास पहुँचा तो लाइन में ट्रक खड़ा कर दिया मुझसे आगे न जाने कितने ट्रक थे कितने ट्रैक्टर थे कितनी बैलगाड़ियाँ थीं और न जाने कितनी ट्रालियाँ थीं दो दिन लगातार वहीं अहरा फूँकना पड़ा तीसरे दिन जब आगे की भीड़ कुछ खिसकी तब राहत की साँस मिली लेकिन इस दिन दद्दा का भी हक अदा करना पड़ा दद्दा इस इलाके के राजनीतिक गुण्डा हैं सौ-पचास बन्दूकधारी उनके साथ-साथ चलते रहते हैं दद्दा खेती नहीं करते लेकिन गाय-भैंस पालते हैं सौ-पचास मन गल्ला भी रखते हैं उनका नियम है रोज हर ट्रक से ट्रैक्टर से बैलगाड़ी से बोझ-दो बोझ गन्ना महसूल के रूप में सबसे लेते हैं और सबसे पहले दद्दा उन्हीं गन्नों को मिल पर बेचते हैं तीन दिनों में ६ बोझ गन्ने मेरे भी चले गये दद्दा के हिस्से फुटकर में जो इधर-उधरवाले थे वे भी चूसते रहे मुश्किल से चार-पाँच बोझ गन्ने बचे थे मैंने राम का नाम लिया कान पकड़ा कि महतो अब घर चलो गन्ना की खेती नहीं करनी है असली सियारों से बच गये गन्ने लेकिन इन आदमकद सियारों से नहीं बचेंगे अभी पिछले साल का ही पैसा चीनी मिल ने नहीं दिया इस साल का कब मिलना राम जाने छाती पर पत्थर रखकर लौट आया।

सम्पादक जी : गन्ने की कीमत बढ़ गयी लेकिन फायदा किसान को कैसे मिले वह तो हमेशा दहीवाला लालू होता रहा है और होता रहेगा आखिर वह कब ऐसे लोगों के चंगुल से मुक्त होगा और जब तक इस देश का किसान इस तरह से सताया जाता रहेगा तब तक यह अव्यवस्था इसी तरह जीती-जागती रहेगी सीधा और शरीफ होना

कोई गुनाह है क्या न जाने कितने किसान मेरी तरह इस अव्यवस्था के शिकार होते रहते हैं और आगे भी होते रहेंगे। लेकिन उनकी ओर देखनेवाला कोई नहीं है मैं दद्दा नहीं हो सकता, गेटमैन नहीं हो सकता, थाना पुलिस नहीं हो सकता, पुल का गुण्डा ठेकेदार नहीं हो सकता और मैं आवारा बिगड़ा हुआ पढ़वैया भी नहीं हो सकता लेकिन मैंने किसी का क्या बिगाड़ा है कि लोग मुझे एक आदमी की तरह भी जीने नहीं देते। आखिर मुझे किस सीमा तक अव्यवस्था सतायेगी आग हमारे भीतर भी है कहीं ऐसा न हो कि सन्त की हाय लगने लगे।

अच्छा सम्पादक जी ! ऐसे किसानों के लिए आप कुछ करिये आप अपनी कलम से मारिये शायद कुछ बात बन जाये इसी विश्वास के साथ पाती लिख रहा हूँ थोड़ा लिखा ज्यादा समझना।

संगम की हजामत

मुन्शी जी कोई भी त्योहार हो, उत्सव हो, मेरी कॉलोनी के होनहार बिरवान से जाने जानेवाले फौरन चुस्त-दुरुस्त हो जाते हैं। जब तक इन नौजवानों का हाथ नहीं लगता तब तक कोई भी समारोह सकुशल सम्पन्न नहीं होता। अब तक का इतिहास यही रहा है और भविष्य में भी अगर ऐसे लायक नौजवानों के पैदा होने की परम्परा खत्म नहीं हुई तो इतिहास सुरक्षित रहेगा बल्कि सुनहले अक्षरों में लिखा जायेगा। आजकल इन नौजवानों का सारा समय होली के लिए चन्दा इकट्ठा करने में बीत रहा है भूले-भटके घण्टे-दो घण्टे के लिए बेचारे कभी-कभार स्कूल-कॉलेज भी चले जाया करते थे आजकल वह भी बन्द है स्कूल-कॉलेज होली बाद चले जायेंगे जल्दी क्या है जल्दी जिस काम की है उसे तो ये जी-जान से कर ही रहे हैं सात-आठ की संख्या में टोली बनाकर निकलते हैं रसीद बुक लेकर और गेट खटखटाते हैं जैसे नगर महापालिकावाले दुकानों से झरी वसूलते हैं उसी उसके लहजे में ये भी भीतर दाखिल होते हैं और बिना पूछे कम-से-कम इक्यावन की रसीद काटकर रसीद पकड़ा देते हैं मनहूस आदमी हो तो रसीद देखते ही झगड़ा करना शुरू कर दे और लाल साहेब की तरह झंझटिया हो तो बहस करने लगे और लगभग आधे घण्टे की लगातार बहस के बाद इक्यावन का एक गायब हो जाता है लेकिन जो शरीफ होता है वह या तो भीतर-ही-भीतर छटपटाता है और यह तो बहुत ज्यादा है बहुत ज्यादा चिल्लाता रहता है कुछ कम हो गया तो हो गया वर्ना अच्छा फिर आइयेगा कहकर तुरन्त की बला टाल देता है।

ये चन्दा माँगनेवालों की टोली एक ही नहीं होती कई-कई टोलियाँ हमारी कॉलोनी में हैं एक जाती है दूसरी आती है दूसरी गयी तीसरी आयी फिर चौथी फिर पाँचवीं यह सिलसिला सुबह से लेकर रात के दस बजे तक आजकल चल रहा है। इनकार तो कोई किसी को कर ही नहीं सकता वर्ना किसी भी दिन दरवाजे पर बम फूटने लगेंगे पहली से कम का तो सवाल ही नहीं उठता जैसे कभी भीख माँगनेवाले आपस में पहले से तय करके निकलते हैं ठीक वही हाल इन चन्दा माँगनेवालों का भी है आपस में एक-दूसरे को बता भी देते हैं कि फलाँ ने इतना दिया है फलाँ ने इसी

दिन बुलाया है और सब ऐसा सटे-बटे रहते हैं कि बस पूछिये मत आप यह नहीं पूछ सकते कि इस चन्दे का क्या होगा और अलग-अलग नाम से रसीदें क्यों हैं पूछने पर यही उत्तर मिलेगा वे लोग उस सड़क पर रहनेवाले हैं उनसे हमारा कुछ भी नहीं लेना-देना है हम लोग तो इस सड़क पर रहनेवाले हैं हमारी होली देखिये वहाँ जलेगी उस पार्क के कोने में जो आता है वही अपने को किसी-न-किसी सड़क का बताता है होली कहाँ जलेगी ऐसे ढंग से समझाता है कि कोई समझ नहीं सकता और चट रसीद बुक सामने कर देते हैं दो एक रसीदें एक सौ एक की एक सौ इक्यावन की कटी हुई दिखाते हैं ताकि आप पर भी कुछ प्रभाव पड़ सके और आप उसी अनुपात में अपने को रखें कटी हुई अधिक पैसेवाली रसीदें फर्जी होती हैं सिर्फ दिखाने के लिए, नाम फर्जी, पता फर्जी और अगर दोनों फर्जी भी नहीं हुए तो इतना निश्चित है कि ये रसीदें या तो स्वयं उनके घर-परिवार के नाम कटी होती हैं या संस्था के ऊँचे पदाधिकारियों के नाम से कटी होती हैं जिनसे कभी कुछ मिलना-जुलना ही नहीं है बहरहाल जैसे-तैसे लोग रसीद बुक का सम्मान करते हैं कुछ-न-कुछ देते हैं लेकिन जो सबसे दुःखद प्रसंग है वह है होली के नाम पर चन्दा वसूलनेवालों का रवैया। ये चन्दे की ही रकम से शाम को किसी अच्छे खासे होटल में बैठकर शराब पीते हैं, मीट-मुर्गा खाते हैं और आधा बिल बकाया करके लड़-झगड़कर तमंचा लहराकर होटल से बाहर हो जाते हैं होटलवाला भी उतने से ही सन्तोष कर लेता है बिना वजह कौन मुसीबत मोल ले खा गये खा गये। कॉलोनी में एक साहेब ऐसी टोली से लड़ बैठे मिनटों में चन्दा माँगनेवालों ने पैंतरा बदल दिया सब के हाथ में कट्टा लहराने लगा दनादन दो-चार हवाई फायर भी हुए सभी लोग अपने-अपने गेट के भीतर हो गये, देखते- सुनते रहे लेकिन बाहर नहीं निकले-निकले तब जब चन्दा माँगनेवाले दूसरी सड़क पर चले गये तब, अब तो जहाँ कहीं भी जोरदार धमाका होता है लगता है कोई टोली चन्दा माँग रही है क्या दिन आ गये जो माँगे से न दे उसके सीने पर रिवाल्वर सटा दो चन्दा क्यों नहीं देगा, चन्दा माँगने का अच्छा फैशन चल निकला है सीजन भी चल रहा है। इसी का इतना तो भोगना ही पड़ेगा कहीं भी किसी भी रंग की रसीद का सामना करना पड़ सकता है और अगर रसीद का मान-सम्मान आपने नहीं किया तो फिर तैयार रहना होगा बम गोली खाने के लिए क्योंकि यह नौजवानों की टोली है इनके पास इसके अलावा और कोई काम नहीं है, कुछ-न-कुछ तो ये करेंगे ही सो वही ये नौजवान कर रहे हैं।

× × ×

वे बहुत भाग्यशाली होते हैं जिन्हें सौभाग्य से पड़ोसी अच्छे मिलते हैं लेकिन हम सबका यह दुर्भाग्य ही कहा जायेगा कि हमें पाकिस्तान जैसा पड़ोसी मिला दुष्ट, धूर्त, मक्कार, धोखेबाज और अविश्वसनीय ऐसे पड़ोसी से भगवान ही बचाये पाकिस्तान कभी अपने भीतर नहीं झाँकता जब देखता है तब इधर ही देखता है क्योंकि इधर हरियाली है, खुशहाली है, दशहरा है, ईद है, दीवाली है, बैसाखी है, तरह-तरह के पर्व-त्योहार उसे बराबर दिखायी देते हैं और उसकी नीयत यह है कि वह किसी को खुशहाल नहीं देख सकता हिन्दुस्तान को तो और नहीं देखना चाहता पता नहीं क्यों हिन्दुस्तान के नाम से उसे जलन होती है क्यों इसलिए कि दो-दो बार उसे हिन्दुस्तान ने पीट-पीटकर दुरुस्त करना चाहा फिर भी वह दुरुस्त नहीं हुआ वह देश कम है कुत्ते की पूँछ ज्यादा है छोड़ते ही कुत्ते भी पूँछ फिर ज्यों-की-त्यों हो जाती है वही हाल उसका है जब तक पड़ती रहती है तब तक वह शान्त और भीगी बिल्ली बना रहता है और जब नहीं पड़ती तो भौंकने-गुर्राने लगता है।

पहली बार सन् पैंसठ में ठोंका-पीटा गया था लेकिन कुछ हलकी ही पिटाई हुई थी। उसे भाई जानकर हिन्दुस्तान ने हलका-सा सबक देकर छोड़ दिया था उसे वह दो ही चार साल में भूल गया और फिर फूलने-ऐंठने लगा लिहाजा इकहत्तर में उसे फिर सबक सिखाया गया और तगड़ा सबक सिखाया गया ऐसा सबक कि एक इतिहास बन गया एक लाख सैनिकों का आत्मसमर्पण मिनटों में और देखते-देखते हो गया सारी ऐंठ गायब हो गयी, एक-से-एक लम्बे-तगड़े जवान सिर झुकाये कैदी बने इसी इलाहाबाद के प्लेटफार्म पर उतारे गये थे सारे शहर ने देखा था सब-के-सब आँखें झुकाये एक के पीछे एक कतार बनाये संगीनों के पहरे में चुपचाप चलते चले गये जैसे-चींटियों की कतार चल रही हो। शायद अपनी वह दुर्दशा आज पाकिस्तान भूल गया है। जरूर भूल गया है वर्ना फिर ऐसी हरकत कभी नहीं करता, लेकिन इसमें उसका दोष नहीं है दोष है उसके संस्कारों का उसके संस्कार ही ऐसे हैं फिर उतर आया है बेहयाई पर फिर बेवकूफों और पागलों की तरह अण्ट-शण्ट बोलने-बतियाने लगा है यह और कुछ नहीं केवल चींटी के पर निकलने जैसा है। चींटी के पर तभी निकलते हैं जब उसके दिन लगभग पूरे हो चुके होते हैं। हो भी गये हैं करीब उन्नीस साल इसी बीच अगर एक बार और ठोंका-पीटा गया होता तो इतना जहर नहीं उगलता बोलता भी तो कम बोलता और संयत बोलता लेकिन खैर जैसा वह करेगा वैसा पायेगा उसे लगता होगा कि पिछले उन्नीस वर्षों में वह बहुत शक्तिशाली हो गया है जरूर हुआ होगा लेकिन उतना ही जितना चूहा मोटा होता है यानी ज्यादा-से-ज्यादा लोढ़ा दिखायी देता है। और इसी गुमान में वह फूला-फूला फिर रहा है फिर लो प्यारे तुम्हें इसके लिए भी माकूल जवाब मिलेगा और ऐसा जवाब कि तुम भी जिन्दगी भर याद करोगे? कहा गया है कि गीदड़ की जब मौत आती है तो वह शहर की ओर

भागता है और पाकिस्तान को जब अपनी ऐसी की तैसी करानी होती है तो वह हिन्दुस्तान की ओर भागता है आओ लेकिन खूब सोच-समझकर ऐसा न हो कि फिर आकर माफी माँगने लगो, गिड़गिड़ाने लगो कि छोड़ दीजिये, छोड़ दीजिये। गलती हो गयी मैं जानता हूँ फिर तुम वही सब दुहराओगे और दाँत चियारकर रह जाओगे तुम हमारे पड़ोसी हो तुम्हें, हमसे ज्यादा दूसरा कोई नहीं जानता। हम तुम्हारी रग-रग से वाकिफ हैं और तैयार भी हैं इस बार क्षमा नहीं करना है।

× × ×

आजकल कल्पवास में हूँ गंगा द्वीप में राम भरोसे पड़ा हूँ। दिन इधर-उधर प्रवचन में, भजन-कीर्त्तन में बीत जाता है। उम्मीद है कि आगे भी इसी तरह बीतता रहेगा। हाँ, खिचड़ी के दिन बहुत मजा आया। एक-से-एक लोग संगम पर देखने को मिले, कोई नहाने आया था कोई नहाने के बहाने आया था भीड़-ही-भीड़, लोग-ही-लोग, नहा-नहाकर लोग दान कर रहे थे, तिल खिचड़ी गुड़ का दान, नगद का दान, सारी भीड़ पुण्य कमाने में लगी। बैजू दूधवाला भोर से ही संगम में धँसा था दूध की बाल्टी में पता नहीं उसकी बाल्टी में कितना दूध था कि खत्म ही नहीं हो रहा था नपना भी उसका खूब था मिट्टी का छोटा कुल्हड़ जिसमें ज्यादा-से-ज्यादा कान में डालने भर का दूध आता रहा, उसी से नापकर आठ आने में एक कुल्हड़ दूध दे रहा था और जब उसका कुल्हड़ बाल्टी में बजने लगता यह छिपा करके बाल्टी लिये-दिये गंगा में फिसलने का नाटक करता और आधी से ज्यादा बाल्टी फिर भर जाती गंगा मैया उसे दूध दे रही थी यह बेच रहा था। गंगा की जै बोलकर तिरबेनी की जै बोलकर, संगम की जै बोलकर तीर्थराज की जै बोलकर मूँड़नेवाला उल्टे छुरे से मूँड़ता था लोग सिर झुकाये शान से प्रयाग में मुण्डन का पुण्य कमा रहे थे बरसों से जिस छुरे पर धार नहीं धरी गयी थी वह छुरा भी आज सिर पर सरासर्र दौड़ रहा था। यह बात और है कि मुँड़ानेवाले का सर लहूलुहान हो जाता था इस पर क्या वह भी इसी बहाने रक्तदान दे रहा था और पुण्य कमा रहा था। सम्पादक जी, मैं भी हाय माई हाय बाबू कहता जब लहूलुहान सर लिये नाईबाड़े से बाहर निकला तो मुझे कुछ सूझ नहीं रहा था। झोला गठरी कम्बल लिये-दिये मैं भी घाट की ओर बढ़ गया नहाने लेकिन चलता था तो जमीन दलकती थी, दलदल था, इसलिए कुछ आगे बढ़ गया किनारे-किनारे और सामान रखकर मैंने सोचा कि यहीं नहा लूँ इसी बीच एक दस-

बारह साल का लड़का आया और बोला फूफा पाँलागी, मैंने उसे आशीर्वाद दिया कि चिरंजीवी होओ. और उसे अपना सारा सामान दिखाकर मैं उतर गया पानी में डुबकी लगाने, बहुत दिनों पर संगम आना हुआ था। खूब जीभरकर मैंने डुबकी लगायी जब नहाकर बाहर आया तो उस भीड़ में मुझे न वह लड़का दिखायी दिया न मेरा सामान दिखायी दिया। बहुत देर तक इधर-उधर देखता रहा फिर मैंने जोर से चिल्लाकर पूछा, अरे मैं किसका फूफा हूँ। कौन बोले उस भीड़ में कि मैं किसका फूफा हूँ, मैं उसी गीली धोती में गनगन-गनगन काँपता इधर-से-उधर यही पूछता फिरता रहा कि मैं किसका फूफा हूँ गीली धोती देह पर ही सूख गयी लेकिन मुझे किसी ने नहीं बताया कि मैं किसका फूफा हूँ अलबत्ता मुझे मेरी ही तरह के दो-चार और लोग गीले कपड़े में इधर-उधर चकर-मकर ताकते मिले मैंने मुस्कराकर उन लोगों से पूछा, क्या आप भी किसी के फूफा बने हैं। वे लोग कटकर रह गये, क्यों कटे पर नमक छिड़क रहे हैं। एक साहब जो बिहार के थे खिलखिलाकर बोले, लिखा जो तीर्थराज में धोखा खाना सो खा गये और मैं तो ससुराल में ही घर जमाई बनकर रहता आया हूँ फिर भी मैं नहीं पहचान सका। अब इसे क्या कहियेगा।

सम्पादक जी! मैंने बड़े मन से गाँधी आश्रम से कम्बल खरीदा था, सदरी भी नयी थी, कुर्ता भी नया था, छड़ी भी, नयी धोती भी, नगद भी हजार के आस-पास था, मैं हूबहू वही कम्बल घाट पर तखत बिछाये पण्डा को ओढ़े देख रहा था। लेकिन मेरी हिम्मत नहीं पड़ रही थी कि उन्हें टोक दूँ, बड़े हौसले से खिचड़ी नहाने गया था लेकिन सब पर पानी फिर गया, पहले ही नहाने में कमर टूट गयी, चूँकि कल्पवास का संकल्प ले चुका हूँ इसलिए बीच में इसे छोड़ा भी नहीं जा सकता न। इसलिए रुका हूँ अब तो जैसे-तैसे इसे पूरा करना ही करना है, राम जाने अमावस्या का नहान कैसे बीतेगा वैसे अब रह ही क्या गया है सोच रहा हूँ सिर्फ अँगोछे में ही नहाने निकलूँगा अब उस पर भी अगर किसी की नीयत खराब हो जाये तो क्या किया जा सकता है। अच्छा सम्पादक जी! चिट्ठी खत्म करता हूँ। आशा है आप स्वस्थ-सानन्द होंगे।

× × ×

क़ौवाली नये साल की

मैं उनमें से नहीं हूँ जो केवल अपना खयाल रखते हैं, मैं उनमें से हूँ जो सबका खयाल रखते हैं। इसलिए मैं जो कुछ करता हूँ सबके लिए करता हूँ। कभी-कभी तो

अपने लिये मैं कुछ भी नहीं कर पाता, दूसरों से ही फुर्सत नहीं मिलती, और कभी-कभी तो एक पन्थ दो काजवाला फार्मूला अपनाता हूँ ताकि समय भी कम लगे और काम भी ज्यादा हो। मेरा बहुत दिनों का यह सपना इस साल पूरा हुआ है। अब जैसे नये साल की बधाई को ही ले लीजिये। बधाई तो कोई भी किसी को भी दे सकता है लेकिन खाली बधाई से क्या होता है? मैं तो बधाई के साथ-साथ आपको काम भी दे रहा हूँ। हालाँकि काम देने का काम केवल सरकार का है, लेकिन सरकार के पास इतने काम हैं, इतने काम हैं कि उसे फ़ुर्सत ही नहीं है कि वह किसी को काम दे सके, इसलिए सरकार का यह काम मैं कर रहा हूँ। क्योंकि सरकार हमारी है और मैं सरकार का हूँ। इसलिए मैं नये साल की बधाई तो दे ही रहा हूँ, बधाई के साथ-साथ उन तमाम लोगों के लिए जिनके पास कोई काम नहीं है, बेकार बैठे हैं, या जिनके पास कुछ काम है और वे अतिरिक्त काम की तलाश में दर-दर भटक रहे हैं उन सबके लिए एक कौवाली दे रहा हूँ ताकि वे सुबह, दोपहर, शाम, रात-बिरात, घर में, गली-चौराहे, मेले-ठेले में, खूब ठाठ से सज-धजकर ताली बजायें और ये कौवाली गायें। इससे जहाँ खाली हाथों को ताली बजाने का काम मिलेगा वहीं भीड़ को अच्छा खास मनोरंजन का जरिया भी मिलेगा पेश है कौवाली नये साल की-

मुबारक हो सबको नया साल भैया
ये आँसू मुबारक जो ससुराल में हैं
उन्हें हो मुबारक जो ननिहाल में हैं
उन्हें हो मुबारक जो पण्डाल में हैं
उन्हें हो मुबारक जो तिरपाल में हैं
उन्हें हो मुबारक जो हड़ताल में हैं
उन्हें हो मुबारक जो पड़ताल में हैं
उन्हें हो मुबारक जो टकसाल में हैं
उन्हें हो मुबारक जो भोपाल में हैं
गये साल में दाल जिनकी गली थी
उन्हीं की गलेगी क्या फिर दाल भैया।।
उन्हें हो मुबारक जो संसार में हैं
उन्हें हो मुबारक जो परिवार में हैं
उन्हें हो मुबारक जो बाजार में हैं
उन्हें हो मुबारक जो व्यापार में हैं
उन्हें हो मुबारक जो सरकार में हैं

उन्हें हो मुबारक जो दरबार में हैं
उन्हें हो मुबारक जो अखबार में हैं
उन्हें हो मुबारक जो मँझधार में हैं
खिलाड़ी हैं कम जो अनाड़ी हैं ज्यादा
मुबारक हो उनको नया साल भैया।।
उन्हें हो मुबारक जो कविता चुराते
उन्हें हो मुबारक जो अण्डा उड़ाते
उन्हें हो मुबारक जो चूना लगाते
उन्हें हो मुबारक जो टिप्पस भिड़ाते
उन्हें हो मुबारक जो पट्टी पढ़ाते
उन्हें हो मुबारक जो गुल हैं खिलाते
उन्हें हो मुबारक जो दुम हैं हिलाते
उन्हें हो मुबारक जो शीशा दिखाते
उन्हें हो मुबारक जो ताली बजाते
है गीदड़ बना आज जंगल का राजा
मुबारक उसे शेर की खाल भैया

देखा आपने! है न मजेदार कौवाली! वैसे यह कौवाली केवल कौवाली नहीं है बल्कि बेरोजगारों के लिए रोजगार है, बेसहारों के लिए सहारा है, बशर्ते कि आप इसे मन से गायें और खुलकर ताली बजायें। अगर आप इसी तरह कौवाली गाते-बजाते रहेंगे तो पूरा साल आपका अच्छा बीतेगा। दफ्तरवाले दफ्तर में, मजदूर कारखाने में, अध्यापक और विद्यार्थी विद्यालयों में, वकील और मुवक्किल कचहरियों में, अपराधी और सिपाही थानों में, दुकानदार दुकानों में, खिलाड़ी मैदानों में, मुसाफिर मुसाफिरखानों में और नेता-अभिनेता अपने-अपने जजमानों में अगर यह कौवाली गायेंगे तो वे पुण्य कमायेंगे। ऐसे काम के लिए पुरखे आशीष देंगे, बाल-बच्चे यानी वंशज एहसास मानेंगे। सिर्फ एक ही सावधानी बरतनी है कि इसे किसी बहरे को न सुनायें वर्ना सारे किये-धरे पर पानी फिर जायेगा, इसलिए दोस्तों मेरे उपहार की लाज रखिये, और साल भर इस कौवाली को भीड़ के सामने रखकर परखिये, आप गाते-गाते झाग फेंकने लगियेगा और भीड़, वाह-वाह, वाह-वाह, वाह-वाह करेगी...ऐसा मेरा दावा है कि अगर ऐसा नहीं हुआ तो फिर कौवाली मेरी और साल आपकी...

× × ×

आज मुन्शी जी की मोपेड गुरुओं के मुहल्ले की ओर निकल पड़ी है, यहाँ जितने हैं सब गुरु के ठेंगा गुरु, चिकोटी गुरु, चश्मा गुरु, भोला गुरु, खैनी गुरु, सरौता गुरु सब-के-सब एक-दूसरे से बढ़कर हैं गुरुओं के मुहल्ले को मिनी लंका समझिये बावन हाथ से कम कोई नहीं है, मुन्शी जी की मोपेड सरौता गुरु के चबूतरे पर जाकर खड़ी हो गयी है सरौता गुरु अखबार खोले बैठे हैं हद हो गयी मुन्शी जी अब तो?

क्या हुआ?

अरे, पूछ रहे हैं क्या हुआ यह पूछिये कि क्या नहीं हुआ बाप-रे-बाप इतना बड़ा अन्धेर देखिये-देखिये अखबारवालों ने क्या छापा है... ऐसी धाँसू खबर है कि...

मुन्शी जी अखबार में छपी खबर को गौर से देखते हैं फिर मुस्कराते हैं लिखा तो गुरु सही ही है अखबार गलत नहीं है नगर महापालिका ने दो हजार टन लकड़ी अलाव में जलाया होगा कोई आश्चर्य नहीं है इतना बड़ा शहर है इतने सभासद हैं और इतनी भयंकर सर्दी है।

लेकिन ये अलाव जाने कहाँ आकाश में कि पाताल में करने में, कोतवाली में, कचहरी में हवा में तो जले नहीं होंगे कहीं-न-कहीं किसी-न-किसी सड़क पर ही तो जले होंगे। हर टोले-मुहल्ले में तो सर्दी से भरे हैं फिर अलाव जले कहाँ गंगापार जमुनापार में तो नहीं जले।

सरौता गुरु की बात खैनी गुरु बहुत देर तक सुनते रहे चौचक मुँह में खैनी जमाकर बोले-जला है भैया अलाव जला है नगर महापालिका में ही जला है पूरा सिविल लाइन्स धुआँ-धुआँ है दिखायी नहीं दे रहा है फिर ऐसी कड़ाके की सर्दी पड़ रही है इसमें दो हजार टन लकड़ी का क्या पता चलेगा आपको कुछ पता भी है कि नगर महापालिका में कितने हाथ सेंकनेवाले हैं हजारों-हजारों हैं इसी लकड़ी की बदौलत तो बेचारे बचे हैं वर्ना ऐंठ गये होते क्यों मुन्शी जी आप तो गये होंगे नगर महापालिका हाथ सेंकनेवालों का मेला लगा है इतनी तेज लपटें उठ रही हैं कि बहुत-से लोग तो बाहर सड़क पर ही छटपटाकर रह जा रहे हैं भीतर तक जहाँ अलाव के नाम पर दो हजार टन लकड़ी सुलगायी गयी हैं कोई पहुँच ही नहीं पा रहा है जिनके हाथ लम्बे हैं वे शान से सेंक रहे हैं तरसिये आप, तरसें हम और तरसें मुन्शी जी। इसी बीच एक आदमी सिर पर लकड़ी का बहुत बड़ा गट्ठर लिये हुए चबूतरे के बगल से निकलता है चट सरौता गुरु पूछ बैठते हैं-

क्यों भइया, नगर महापालिका से ला रहे हो क्या? कहाँ जलाइयेगा लकड़ी अच्छी है जलेगी खूब ऐसी लकड़ी तो घाट पर होनी चाहिए कल मुन्शी जी पूरा घण्टा लग गया लकड़ी जुटाने में सर्दी में मरना भी मुसीबत है खैनी गुरु आप मई-जून में

मरियेगा थोड़ी लकड़ी भी रहेगी तो भक्क से काम बन जायेगा हाँ, खल जाता है बैठे-बैठे? क्यों मुन्शी जी।

खैनी गुरु बोले–मैं तो मुन्शी जी पिछले साल भर से मरा हुआ हूँ जो बचे हैं वे सोचें मुझे तो नगर महापालिका ने अपनी वोटर लिस्ट में मरा हुआ दिखाया है चाहकर भी मैं वोट नहीं डाल सका न सभासदों के चुनाव में न इस लोक सभा विधान सभा के चुनाव में ऐसी नगर महापालिका हर जगह होनी चाहिए क्यों मुन्शी जी।

मुन्शी जी क्या बोलें वे खबर पढ़कर ही हैरान–परेशान हैं। दो हजार टन लकड़ियाँ कहाँ से आयीं, कहाँ गयीं, कहाँ जलीं, किसने जलाया, किसने देखा और किसने–किसने तापा–सेंका। टालवाले अलग रो रहे हैं कि जब ऐसी सर्दी में लकड़ी नहीं बिकी तो अब क्या बिकेगी सर्दी ससुरी भी आयी तो दो–चार दिन के लिए अरे महीना–बीस दिन सर्दी पड़े तो कुछ बात बने अब लकड़ी खरीदता ही कौन है या तो रिक्शेवाले–ठेलेवाले मजदूर खरीदते हैं या फिर साधू–सन्त खरीदते हैं शहर में लकड़ी की दुकान खोलने से अच्छा है घाट पर दुकान खोलना मरनेवालों की कृपा से कुछ तो बिकेगी–ही–बिकेगी यहाँ तो ग्राहकों की राह देखनी पड़ती है मुन्शी जी सोचते हैं फिर कहते हैं गुरु और कहीं लकड़ी मिले–न–मिले लेकिन अकबर इलाहाबादी का यह शेर जब तक रहेगा तब तक लकड़ी का एहसास बना रहेगा अजब सुलगती हुई लकड़ियाँ हैं रिश्तेदार अलग रहें तो धुआँ दें मिलें तो जलने लगें...

और मोपेड स्टार्ट करके आगे बढ़ जाते हैं अपनी मंजिल पर।

× × ×

इलाहाबाद की महिमा कभी घट नहीं सकती। हर युग में हर पीढ़ी में इसकी महिमा बनी रहेगी कुछ संगम के नाते कुछ यहाँ के दफ्तरों के नाते और दफ्तरों में भी यू.पी. बोर्ड ऑफिस का तो कहना ही क्या। अवसि देखिये देखने जोगू है। संगम नहानेवालों की भीड़ तो सिर्फ माघ में ही ज्यादा दिखायी देती है लेकिन यू.पी. बोर्ड ऑफिस में धक्का खानेवालों की भीड़ बारहों महीने दिखायी देती हैं आजकल यू.पी. बोर्ड ऑफिस की चाँदी है अभी–अभी परीक्षाएँ समाप्त हुई हैं लोग तरह–तरह की सेवा के लिए तैयार होकर इलाहाबाद आ धमके हैं अपने–अपने बेटे–बेटियों को अव्वल नम्बर दिलाने के लिए उन्हें कहीं से ऐसा पता चला है कि अमुक बाबू पाँच हजार में

इण्टर की और चार हजार में हाई स्कूल का प्रमाण-पत्र धड़ल्ले से दे रहा है और लोग सिर के बल आ रहे हैं लेकर जा रहे हैं मेरे यहाँ भी मेरे कुछ रिश्तेदार डेरा डाले हुए हैं और इस जिद पर अड़े हैं कि जब तक बोर्ड से उनके काम नहीं हो जायेंगे तब तक वे लोग जायेंगे ही नहीं इसमें दुर्दशा मेरी है बोर्ड ऑफिस में मेरी कोई पैठ नहीं है सुना है बिना कुछ लिये-दिये तो चपरासी ही भीतर नहीं जाने देगा और भीतर पहुँचते ही बाबू लोग ऐसे टूटते हैं जैसे बेचारे कई दिनों से भूखे-प्यासे काम कर रहे हों कुछ खाये ही नहीं हों बाबू लोग यजमान को घेरकर बाहर ले जाते हैं दुकान की ओर यानी बकरे को वध-स्थल की ओर और बिना पूछे ही आर्डर देने लगते हैं कोई कहेगा अरे भैया रसगुल्ला समोसा दूसरा कहेगा मैं तो बस लस्सी पीऊँगा तीसरा कहेगा मेरा पेट ठीक नहीं है मुझे फ्रूट जूस भेज दे मुँह क्या देख रहा है यानी जितने मुँह उतनी बातें और जिसकी बदौलत खाने बैठे हैं उससे कोई भकुआ नहीं कहता कि आप भी कुछ ले लीजिये वह बेचारा केवल इन खब्बुओं का मुँह देखता रहता है गटागट दुकान उसी में समाती चली जाती है बेचारे यजमान की गरज है जहाँ वह चार-पाँच हजार खर्च करने की योजना बनाकर आया है वहीं हजार-पाँच सौ अतिरिक्त भी उसे रखने ही पड़ते हैं परदेश में कौन देगा और जरूरत पड़ ही सकती है मान लीजिये यहाँ प्रमाण-पत्रों का रेट ही बढ़ जाये तो इसलिए ऐसा पूजा-पाठ के बाद बाबुओं का झुण्ड लपकता है पान की दुकान की ओर जब तक पान लग रहा होता है तब तक एक-एक सिगरेट भी हो जाती है फिर मुँह में चउचक चार-चार बीड़ा पान भरे मुँह फुलाये बाबू सम्प्रदाय दफ्तर की मन्थर गति से चलना शुरू करता है जैसे मन नहीं हो रहा है भीतर जाने का लेकिन मजबूरी है इसलिए धीरे-धीरे बताशा परग डालते हुए अपनी-अपनी सीट पर लोग पहुँचते हैं।

ये सीटें बड़ी महत्त्वपूर्ण सीटे हैं हर सीट को दो-चार लोग घेरे खड़े हैं कहिये कैसे आये हैं क्या काम है जी साहब मार्कशीट चाहिए सर्टिफिकेट चाहिए तो सब-तो-सब लेकिन यह बनिये की दुकान नहीं है बोर्ड है बोर्ड कुछ कायदे-कानून हैं जाइये दरख्वास्त लगाइये और उनसे मिलिये वह जो कोने में स्टूल पर बैठे-बैठे झपकी ले रहे हैं उन्हें झपकी गुरु कहते हैं वह जब जागेंगे तभी आप लोगों का काम होगा और आपका क्या काम है? जी, मैं साल भर से दौड़ रहा हूँ हाई स्कूल का प्रमाण-पत्र चाहिए रोके हैं। ठीक साल भर से दौड़ रहे हैं आप तो मैं क्या करूँ? यहाँ तो लोग दस साल से सर्टिफिकेट के लिए दौड़ रहे हैं अभी उन्हीं का नम्बर नहीं आया है फिर आपका तो अब दस साल बाद ही नम्बर आयेगा इतना सुनते ही उस बेचारे को चक्कर आ गया और वह वहीं गिर पड़ा दो आदमी आये और उसे उठाकर बरामदे की ओर ले गये एक उसी जेब टटोलने लगा दूसरा उसका झोला शायद कुछ हाथ लग ही जाये जैसे ही उसकी मूर्च्छा दूर हुई वह

बेचारा भी झपकी गुरु के पास हाथ जोड़कर खड़ा हो गया जागिये कृपानिधान की मुद्रा में और थोड़ी ही देर में झपकी गुरु उससे साँय-साँय बतियाने लगे दिनभर की ऐसी-तैसी खबरें रोज मेरे मेहमान मुझे शाम को सुना देते हैं मैं सुनकर दंग रह जाता हूँ वे कहते हैं कि अब पढ़ने और इम्तिहान देने की जरूरत नहीं है जितना उसमें खर्च होगा उससे बहुत कम में ही प्रमाण-पत्र मिल रहे हैं आज आधा पैसा मैने दे दिया है बाकी पैसा कल देना है जिन्होंने परसों दिया था वे आज प्रमाण-पत्र लेकर चले गये मैं भी कल चला जाऊँगा और मैं रामायण की अर्धाली गुनगुनाने लगा हूँ हरि अनन्त हरि कथा अनन्ता।

× × ×

फिर आना फागुन

फागुन आज जा रहा है मन सुबह से भरा-भरा-सा है महीने भर हम दोनों साथ-साथ रहे, लड़े भी, झगड़े भी, रूठे और माने-मनाये भी महीना कैसे बीत गया कुछ पता ही नहीं चला, न दिन खला, न रात खली। देखते-देखते कुहरा छँटा ओस पीछे हटी सर्दी का दिमाग जो सातवें आसमान पर था सहसा जमीन पर आ गया और धूल फाँक रहा है। देखते-देखते खेत पीले हुए फसलें पकीं धुन्ध खुले, कुहनियाँ निकलीं, पसलियाँ चमकीं और ठिठुरा, सिकुड़ा वातावरण खिलखिलाहट में बदल गया देखते-देखते आम ने बौर धारण किया और बौर भी टिकोरेवाले हो गये देखते-देखते बँसवारी, महुवारी दोनों गदरा उठीं लेकिन अमराई सौत साबित हुई उसकी मान-मर्यादा इन दिनों इन दोनों से बहुत ज्यादा देखने में आयी कोयल सबके साथ रही किसी एक की होकर नहीं रही यही तो अफसोस है इसी कोयल ने सारी-सारी रात जगाया गुलबिया को उसे केवल जगाया ही नहीं सताया और रुलाया भी देखते-देखते इन्हीं दिनों घटाएँ भी घिरीं, बिजलियाँ चमकीं, बारिशें हुईं लोग बिछले भी गिरे भी कोई मुँह के बल कोई पीठ के बल संयम से काम लेना बड़ा मुश्किल हो गया बिरले ही इस कसौटी पर खरे उतरे-

सिर पर लेकर भरे कठौते फागुन में,
धीरे गये सुरक्षित लौटे फागुन में

महुवा टेसू आम और कचनारों से
करने पड़े नये समझौते फागुन में
जमी बैठकी छिड़ी बतकही नीम तले
कटी सुपारी बजे सरौते फागुन में

इन तमाम रंगों से, रूपों से, रास्तों, मोड़ों, पड़ावों से होकर आना-जाना पड़ा फागुन भी साथ-साथ था इसलिए सब-कुछ बहुत अच्छा लगा घर में भी और घर के बाहर भी ऐसा होता बहुत कम है या तो तब सम्भव है जब एक जैसी मानसिकतावाले लोग मिलते हैं या फिर तब जब व्यक्ति बिलकुल अकेला होता है और मौसम उसके मन के अनुकूल होता है उसकी संवेदना, उसकी करुणा प्रत्यक्ष जगत् की भाषा बनती है, कथ्य बनती है, मंच बनती है और अभिव्यक्ति बनती है वर्ना यही अकेलापन साँप की तरह चुपके से उसे डस लेता है और उसकी सारी संजीवनी चुक जाती है वह छटपटाकर रह जाता है, ऐंठ जाता है धनुष टंकार के रोगी की तरह न कोई उपचार, न कोई प्रतिकार।

ऐसे मधुर अवसर कई बार आये जब फागुन ने मेरी ओर मुस्कराकर देखा और आँखों-ही-आँखों में पूछा स्मृतियों को जीना कैसा लग रहा है मैंने कुछ कहा नहीं लेकिन धीरे से फागुन का हाथ दबा दिया वह समझ गया एक जैसी मानसिकतावाले भिन्न की तरह जहाँ कुछ भी गोपनीय नहीं रह पाता एक-दूसरे के लिए जल दर्पण होना ही पड़ता है वर्ना डूबकर नहाने का खतरा कौन मोल ले जल जितना ही साफ होता है सतह उतनी ही स्पष्ट दिखायी देता है गहराइयों के बावजूद सुधियाँ पाथेय बनीं और मेरा फागुन और निखर उठा मन को ठीका मिला ठिकाना मिला वर्ना मन बहुत भागता वह भागता तो मैं भी भागता और इस भागा-भागी में करीब रहने का इस बार मौका मिला।

वासन्ती सुधियों के रंग में
डूबी गलियाँ हैं
गलियों के गालों में भी
वासन्ती कलियाँ हैं
कलियों में–
मैं देख रहा हूँ
एक कली कचनार की
ओस नहाये पंछी है
बैठे अमराई में

किसे पता है कौन कहा–
कितनी कठिनाई में
हल्दी जैसे–
देह के रथ पर
मुहर लगी त्योहार की

फागुन की यह छवि मैं भूल नहीं पा रहा हूँ हालाँकि मेरी स्मरण शक्ति कोई बहुत अच्छी नहीं है लेकिन मित्र से मिली है मुस्कराहट, नोक–झोंक, चुटकी-चिकोटी, दरस–परस को अपनी साँस बना लेना मेरी सबसे बड़ी कमजोरी है और शायद मेरी यही कमजोरी मेरे लिये संजीवनी साबित होती है वह दुबारा आयेगा ऐसा विश्वास दिलाती है भले ही यह मेरा भ्रम हो लेकिन ऐसे भ्रम में जितना सुख छिपा है उतना मेरे लिये अन्यत्र नहीं है तभी तो मैं फागुन को छोड़ने स्टेशन आया हूँ वह अपनी सीट पर बैठ भी गया है सिगनल भी हरा है लाइन भी क्लीयर है बस सीटी बजने ही वाली है लीजिये सीटी भी बज गयी ट्रेन प्लेटफार्म छोड़ने लगी है बहुत–से लोग अपने–अपने मित्रों को छोड़ने पहुँचाने आये हैं न जाने कितने हाथ इस समय प्लेटफार्म पर हवा में लहरा रहे हैं मेरा हाथ भी हौले–हौले हिल रहा है होंठों पर शब्द गीत बनकर प्रार्थना के बोल बनकर मित्र की कुशल वापसी की कामना कर रहे हैं–

फिर आना
फागुन तू
फिर आना, गलियों में
गीत लिये आना तुम
फूल लिये आना
रँगारंग वासन्ती
धूल लिये आना
बो जाना चुटकी फिर
अधखुली पसलियों में

× × ×

आदमकद मशाल–डॉ. अम्बेडकर

सौन्दर्य और प्रतिभा किसी खानदान या कुल या जाति या वर्ण–विशेष की बपौती नहीं है। इस पर किसी का कोई कॉपीराइट नहीं है ऐसी अद्‌भुत और अद्वितीय उपलब्धियाँ किसी भी जाति, वर्ण और कुल, समाज की शोभा बढ़ा सकती है और लोगों को दाँते तले उँगली दबाने के लिए विवश भी कर सकती है। ऐसा आदमी के चाहने से नहीं ईश्वर के चाहने से होता है क्योंकि रचता और गढ़ता वही है आदमी तो सिर्फ माध्यम बनता है लेकिन यही माध्यम जब अपने संकल्प और पुरुषार्थ को अप्रतिम उदाहरण के रूप में प्रस्तुत करता है तो उसके व्यक्तित्व में और निखार आ जाता है और वजन आ जाता है और आकर्षण आ जाता है यही सत्य डॉ. अम्बेडकर के साथ भी लागू होता है। डॉ. अम्बेडकर ने अन्ततः अपने को आदमकद मशाल बना ही दिया और देखते–देखते हजारों, लाखों, करोड़ों की भीड़ उस मशाल की रोशनी की छाँह में खड़ी हो गयी ऐसा कभी–कभी ही होता है लेकिन जब होता है तो इस होने को सदियाँ याद करती हैं, पीढ़ियाँ याद करती हैं क्योंकि फिर तो वह एक सार्थक इतिहास रचता है जिसे समाज मन से जीता है स्वीकार करता है और उसी के समान अपने को ढालता बनाता है और धीरे–धीरे कालान्तर में चलकर यही छाप और गहरा जाती है तब इस छाप को जीनेवाली भीड़ अनुयायियों, समर्थकों, पुजारियों, भक्तों और श्रद्धालुओं की भीड़ कही जाती है। ऐसा अनेक बार हुआ है और ऐसा अनेक बार होगा यह प्रक्रिया कभी रुकती नहीं, निरन्तर चलती रहती है और रचती रहती है। यही कारण है कि अपने देश–समाज में एक नहीं अनेक विभूतियाँ ऐसी हुई हैं जिन्होंने जनमानस को प्रेरित किया है, उद्वेलित किया है और वैचारिक ऊर्जा से भरपूर जीवन्त और रसवन्त बनाया है। चाहे वे आदिशंकराचार्य रहे हों, चाहे भगवान महावीर रहे हों, चाहे भगवान गौतम बुद्ध रहे हों, चाहे बाबा गोरखनाथ और कीनाराम रहे हों, चाहे तुलसी, कबीर और रैदास, नानक रहे हों या महात्मा गाँधी, डॉ. अम्बेडकर, जयप्रकाश और डॉ. राममनोहर लोहिया रहे हों, कहीं–न–कहीं इन सबके भीतर वाल्मीकि की करुणा समायी हुई मिलेगी जिसके चलते इन्होंने आदमी को अपने भीतर धारण किया और सम्पूर्ण आदमी बनाने का संकल्प किया और उस संकल्प को स्थापित भी किया लेकिन यह स्थापना बहुत आसान स्थापना नहीं है यहाँ तक विरले ही पहुँचते हैं लेकिन जो पहुँचते हैं वे नक्षत्र ही साबित होते हैं।

डॉ. अम्बेडकर आज हमारे सामने एक नक्षत्र–पुरुष के रूप में दिखायी देते हैं। हो सकता है अपनी तमाम राजनीतिक विसंगतियों, परिस्थितियों और उपलब्धियों के

बीच खड़े हुए आदमी को सैद्धान्तिक और वैचारिक मतभेद से होकर गुजरना पड़े लेकिन इतना सच है कि समर्थक और विरोधी सबके साथ रहे हैं और रहेंगे इससे क्या? हमें तो मार्ग और लक्ष्य की बात करनी है और आज हमारा मार्ग सही रहेगा लक्ष्य सही रहेगा तो हम कभी भी गलत हो ही नहीं सकते भले हमारा संघर्ष नेल्सन मण्डेला होकर जिये लेकिन जियेगा और उसको अपना सार्थक उत्तराधिकार एक-न-एक दिन अवश्य मिलेगा। यही कारण है कि अब तक जिन-जिन आन्दोलनों ने, संघर्षों ने, सभाओं ने, मंचों ने, सम्प्रदायों ने जब-जब समूह की बात की है तब-तब समूह ने उसका साथ दिया है उसकी अहमियत को स्वीकार किया है लेकिन ऐसा तभी सम्भव हुआ है जब ऐसे संघर्षों के नायकों ने अपने को भी सबके लिए सहज, सुलभ और संवेदनशील बनाया है तब वर्ना भीड़ ने ठेंगा दिया है भीड़ संघर्ष पहचानती है संघर्ष भी मुद्रा पहचानती है उसकी भाषा यह जानती है उसका लक्ष्य पहचानती है और उसका परिणाम पहचानती है इसीलिए वह अपनी पीठ पर मुहर धारण करती है और अपनी पहचान बनाती है शैव वैष्णवोनाथ निरंकारी जैसी पहचानें हमारे बीच न जाने कब से चली आ रही हैं और न जाने कब तक चलती रहेंगी और इन्हीं पहचानों के समानान्तर गाँधी, लोहिया, सुभाष और अम्बेडकर की पहचानें भी हमारे जनमानस से बहुत गहरे जुड़ी हुई हैं यहाँ भी एक आदर्श है एक यथार्थ है एक मानवीय संवेदना है और एक युगबोध है सबकी अपनी-अपनी दिशाएँ हैं, अपने-अपने आकाश हैं, अपने-अपने क्षितिज हैं और अपनी-अपनी सीमाएँ हैं। आज अपनी जिन मर्यादाओं, उपलब्धियों और मानवीय संवेदनाओं के साथ डॉ. अम्बेडकर का संघर्ष उनका संकल्प हमें प्रभावित और प्रेरित करता है उनका कहना ही क्या? डॉ. अम्बेडकर का संघर्ष एक अहिंसक योद्धा का संघर्ष है डॉ. अम्बेडकर का संकल्प अगर शुरू होता है एकला चलो ऐसे तो वह कहीं-न-कहीं किसी बहुत बड़े जुलूस के रूप में जाकर बदल जाता है एकवचन बहुवचन तक पहुँच जाता है और डॉ. अम्बेडकर का आदर्श वह आदर्श है, जहाँ असहाय, दलित, अपमानित, उपेक्षित, निराश्रित, निष्कासित, प्रताड़ित, संसक्ति टूटी थकी-हारी मानवता को मुँह खोलने की छूट मिलती है अपने घावों पर लेप लगाने की मोहलत मिलती है और अपनी लड़ाई लड़ने की प्रेरणा मिलती है यह स्वाभाविक भी है अँधेरे में रह रहे आदमी को जिधर रोशनी दिखायी देगी वह उधर ही तो जायेगा वहाँ पहुँचते ही वह अपने को निहारता है, सँवारता है और पलटकर अपने आस-पास देखता है कहाँ-से-कहाँ आ गया और कैसे आ गया उसे लगता है कि वह अँधेरे में अकेला नहीं था बहुत बड़ा समूह था जो अब दिखायी दे रहा है जब रोशनी उस पूरे अँधेरे पर पड़ी है तब शायद सबसे बड़ा उद्धार यही कहा जाता है इससे भी बड़ा कोई और उद्धार होगा क्या? मैं कह नहीं सकता।

आज के सन्दर्भ में डॉ. अम्बेडकर हमारे लिये और आवश्यक और महत्त्वपूर्ण हो गये हैं क्योंकि डॉ. अम्बेडकर ने टूटने-बिखरने से भी बचाया है अगर हमें आत्मनिर्भर और जागरूक बनाया है तो साथ-ही-साथ संवेदनशील भी बनाया है ताकि कहीं भी, कभी भी हमारी करुणा हमसे अलग न हो सके हम जहाँ भी रहें सम्पूर्ण आदमी बनकर रहें क्योंकि सम्पूर्ण आदमी ही सम्पूर्ण समाज और सम्पूर्ण देश की बात कर सकता है जो स्वयं खण्डित होगा वह सम्पूर्ण को कैसे देखेगा और कैसे उसकी बात करेगा? इसलिए डॉ. अम्बेडकर के उस सम्पूर्ण आदमी को आहत होने से बचाना है, क्योंकि वही हमारी पूँजी है, वही हमारी प्रेरणा है और यह तभी सम्भव है जब हम डॉ. अम्बेडकर की लड़ाई को उनके संघर्ष को उनकी संवेदना को उनकी दृष्टि को अपनाकर चलेंगे तब अन्यथा हम आधे-अधूरे ही रह जायेंगे आज इसी आधे-अधूरे से बचने की जरूरत है जिसे हमेशा डॉ. अम्बेडकर सम्पूर्ण बनाते रहे हैं वह कहीं से भी रिक्त न होने पाये हमें सिर्फ इतना ही करना है।

× × ×

अखबारों में छपी बस्ती जिले की दर्दनाक खबर पढ़कर हम सब सकते में आ गये हम सबकी पूरी सहानुभूति उन परिवारों के प्रति है जिनके सदस्य जहरीले भोजन के शिकार हुए हैं इसके लिए किसी एक को दोष देना उचित नहीं है फिर भी यह किसी-न-किसी की लापरवाही का ही नतीजा है क्योंकि अनाजों के भण्डारण में तरह-तरह की जहरीली दवाएँ काम में लायी जाती हैं और बराबर चेतावनी भी दी जाती है लेकिन लोग सावधानी नहीं बरतते और इक्का-दुक्का घटनाएँ कहीं-न-कहीं घट ही जाती हैं इतने के बावजूद आँखें नहीं खुलतीं यह और अफसोस की बात है जब से यह घटना घटी है तब से भोज-भात पर बहुत उलटा असर पड़ा है इसी हफ्ते में अपने ही गाँव में दो बारातें आयीं तीन तिलक चढ़े लेकिन इनमें बहुत नुकसान उठाना पड़ा है क्योंकि खाना तो सबके लिए बना था फिर भी बहुतों की हिम्मत छूट गयी वे नहीं खाये सिर्फ इसी भय से कि कहीं कुछ जहरीला सामान न खाना पड़े आधा से ज्यादा खाना नुकसान हुआ है फेंकना पड़ा है भला सोचिये जिसने बनवाया उसका दिल क्या कह रहा होगा और ऐसे कब तक चलेगा पता नहीं और दूसरे गाँवों में भोज-भात में अब कितना नुकसान हो रहा होगा राम जानें लेकिन जिसको भी नुकसान उठाना पड़ रहा होगा वह

सचमुच बहुत तनाव महसूस कर रहा होगा इतना ही नहीं इसी जुड़ी एक मुसीबत और खड़ी हो गयी है अब ज्यादातर बाराती पका-पकाया खाने से कतरा रहे हैं और पुराने जमाने की तरह सीधा राशन ही माँग रहे हैं और अहरे पर ही स्वयं ही आठ-आठ दस-दस की संख्या में बँटकर पकाने की बात करने लगे हैं यह और झंझटिया हिसाब-किताब है कहाँ से इतनी हाँड़ी-गगरी जुटाया जाये और कहाँ से अहरे के लिए इतना उपरी गोंइठा इकट्ठा किया जाये हम लोग कुछ सोच नहीं पा रहे हैं कि आखिर करें तो क्या करें कैसे बरातियों को इसके लिए तैयार किया जाये भय सबके भीतर समा गया है विश्वास सबका घट गया है।

सम्पादक जी! इस सिलसिले में मैं एक बात और कहना चाहूँगा वह यह कि जब हम इतना सुविधा सम्पन्न नहीं थे और हर घर में जाँत चलाते थे तब गाँव-घर में ऐसे मौकों पर लोगों को खिलाने के लिए कई-कई मन गेहूँ पसेरी-पसेरी भर करके गाँवों में बाँट दिया जाता था वह मौके से पहले पिसकर आ जाता था वह गेहूँ बिना दवा मिलाये रखा जाता था लेकिन पिसने से पहले उसे कम-से-कम दो पानी से खूब मल-मलकर धोया जाता था धोने और पखारने को लेकर कहावतें बन गयीं पाँच पानी के धोवल सात पानी के पखारल वह ख्याल सिर्फ धुलाई से ही घरवालों को विश्वास नहीं होता था बल्कि हर जात की विश्वसनीयता को भी जाँचने-परखने की दृष्टि से और भोजन तैयार करते समय किसी द्वारा भी जाने-अनजाने हुई भूल का शिकार होने से आमन्त्रित अतिथियों को बचाने के लिए भी कुछ विशेष प्रयोग किये जाते थे यह प्रयोग आज भी बहुत-से घरों में किया जाता है भोजन चाहे अपने परिवार के लिए बनता था या पूरा भोज ही होता था तब भी किसी को परोसने से दस-पाँच मिनट पूर्व उस भोजन में से थोड़ा-सा कौर-दो कौर निकालकर गाय को कुत्ते-बिल्ली को पहले खिला दिया जाता था अगर सचमुच पहले खिला दिया जाता था अगर सचमुच उसमें कोई ऐसी-वैसी गड़बड़ हुई रहती थी तो उसका पता तुरन्त चल जाता था लेकिन अब कोई ऐसा नहीं करता अगर ऐसा प्रयोग बस्ती जिले के उस चौधरी परिवार के तिलकोत्सव में हुआ होता तो शायद इतनी बड़ी दर्दनाक घटना नहीं घटित हुई होती लेकिन जो हुआ है उससे अब दूसरों को सबक लेने की जरूरत है ताकि वैसी भूल फिर कहीं न होने पाये।

सम्पादक जी! इस सिलसिले में मैं एक बात और कहना चाहूँगा वह यह कि अनाजों का रख-रखाव वैज्ञानिक तरीके से ही हो उसमें ढील देने की जरूरत नहीं है लेकिन जिन अनाजों में इस तरह की विषैली दवा मिलायी गयी हो उसकी जानकारी परिवारवालों को अच्छी तरह से होनी चाहिए या तो उन बोरों पर साफ-साफ कोई निशान बना होना चाहिए या जहरीला लिख देना चाहिए ताकि वह अनाज केवल बीज के ही काम में आये खाने-बेचने के काम में न आये जब तक ऐसे अनाज को और

अनाजों से अलग नहीं रखा जायेगा और उन पर निशान लगाकर नहीं रखा जायेगा तब तक ऐसी दुर्घटनाएँ भविष्य में फिर अनर्थ कर सकती हैं क्योंकि गाँव-घर में अनाजों के रखरखाव का ज्यादातर काम औरतें ही करती हैं और अगर पुरुष भी कहीं करते हैं तो दोनों अभी इतने जागरूक और समझदार नहीं हुए हैं इसलिए हर गाँव में पंचायत के स्तर पर इस तरह की गाहे-बगाहे ट्रेनिंग जरूरी है जिससे लोग सही जानकारी रख सकें और दुर्घटना का शिकार होने से बच सकें।

अच्छा सम्पादक जी! अब मैं चिट्ठी खत्म करता हूँ थोड़ा लिखा ज्यादा समझना आशा है कि आप स्वस्थ-सानन्द होंगे।

× × ×

आइसक्रीम मेरी कमजोरी है जहाँ देखता हूँ छोटे बच्चों की तरह मचल उठता हूँ मिल गयी तो फिर कहना ही क्या और अगर नहीं मिली तो बस लार टपकाता अपने रास्ते चला जाता हूँ लेकिन मेरी यह कमजोरी मेरे पड़ोसी सहाय साहेब की कमजोरी के मुकाबले कुछ भी नहीं है वह तो जैसे आइसक्रीम के पीछे पागल रहते हैं जिस किसी भी शादी-ब्याह में वह शामिल होते हैं वहाँ सबसे पहले वह यही सूँघते हैं कि आइसक्रीम है कि नहीं अगर आइसक्रीम नहीं रहती तो बेचारे रुआँसे हो जाते हैं और मन-ही-मन सैकड़ों-हजारों इलाहाबादी आशीर्वाद निमन्त्रण देनेवाले को परोस देते हैं कुछ भड़ास निकल जाती है मन शान्त हो जाता है और अनिच्छा से ही सही लेकिन दो-चार कचौड़ियाँ और कलछुल-दो कलछुल पुलाव नहीं-नहीं करते जाते हैं और खाते जाते हैं और जहाँ आइसक्रीम की व्यवस्था रहती है वहाँ तो बस पूछिये मत। सहाय साहेब के पौ बारह रहते हैं वह मेरी ओर देखते हैं मुस्कराते हैं इशारे से बताते हैं है गुरू है यानी अब नो कचौड़ी नो पुलाव सारा लगाव, दबाव और झुकाव आइसक्रीम की ओर ही रहता है उन्हीं की देखा-देखी मैं भी करता हूँ वह आइसक्रीम मुझे परोसते हैं मैं उन्हें परोसता हूँ कभी मैं खाता खाता किनारे निकल जाता हूँ और आइसक्रीम की जूठी प्लेट रखकर फिर वापस आता हूँ वह मुझे बुलाते हैं आइये मुन्शी जी आइसक्रीम तो खाइये जब कि तब तक मैं चार-पाँच बार हाथ साफ कर चुका होता हूँ फिर इसी तरह वह खाते-खाते किनारे चले जाते हैं तब मैं उन्हें पुकारता हूँ और आइसक्रीम की प्लेट उन्हें नये सिरे से फिर पकड़ाता हूँ शहर की दावतों में हम

लोगों की आपस की यह साँठ-गाँठ चल जाती है लोग आसानी से भाँप नहीं पाते वह मेरी ओर देखते हैं मैं उनकी ओर लगभग दस-दस प्लेट आइसक्रीम खाने के बाद कि अब क्या इरादा है और चलेगी आइसक्रीम।

लेकिन कल की दावत में सहाय साहेब ने आते ही फरमाया मुन्शी जी आज से आइसक्रीम बन्द। मेरे आश्चर्य का ठिकाना नहीं रहा मुझे लगा कि सहाय साहेब आज मजाक के मूड में हैं इसलिए जान-बूझकर ऐसा कर रहे हैं मैंने कहा क्या कहते हैं आप, यहाँ लोग प्लेट-पर-प्लेट आइसक्रीम धुन रहे हैं और आप न खाने के लिए कह रहे हैं लगता है आज आप पहले से ही आइसक्रीम खाकर आये हैं और मुझे बेवकूफ बना रहे हैं मैं तो भइया खाऊँगा मेरा जी बिना खाये नहीं मानेगा सहाय साहेब बिगड़ पड़े वाह कैसे खा लेंगे आप मेरे रहते मैं आज इसीलिए आया हूँ वर्ना पूड़ी पोलाव के लिए कौन भागा-भागा आता फिर भी मैंने आइसक्रीम की प्लेट उठा ली सहाय साहेब ने धीरे से कहा चलिये उधर कोने में तो बताता हूँ और कोने में पहुँचते ही उन्होंने मेरे हाथ की आइसक्रीम की प्लेट जमीन पर उछाल दी मैं सकते में आ गया उन्होंने बताना शुरू किया कि इसमें पोस्टर पेण्ट मिलाया जाता है मैं नहीं जानता था आज अपने एक मित्र के यहाँ मैं गया था तो उनके यहाँ पोस्टर पेण्ट के बहुत-से भरे डिब्बे पड़े थे सब-के-सब एक आइसक्रीम बनानेवाला खरीद घर ले गया मेरे मित्र ने ही बताया कि यह पेण्ट सस्ता पड़ता है और आइसक्रीम में बहुत आसानी से खप जाता है सफेद रंगवाला पेण्ट तो और पता नहीं चलता बस मेरी आँख खुल गयी और मैंने कान पकड़ा कि बाप रे बाप अब नहीं आइसक्रीम खायेंगे सहाय साहेब बता रहे थे और दिल मेरा बैठ रहा था पता नहीं कब इस अँधेरे पर रोशनी पड़ेगी और लोग सजग होंगे। आज हम-आप सब केवल अपना-अपना खयाल रखते हैं। अपनी-अपनी चिन्ता करते हैं और अपना-अपना काम बनाने में लगे रहते हैं लोग शब्द आज हमारे लिये कोई खास महत्त्व नहीं रखता। यह करीब-करीब महत्त्वहीन हो चुका है और दिनोंदिन उपेक्षित होता जा रहा है जैसे भारतीय भाषाओं में संस्कृत मनोरंजन के साधनों में रेडियो और ट्रान्जिस्टर दूरदर्शन की सुविधा मिलने के बाद से और भौतिकता के अजगरी आकर्षण की चपेट में आने के कारण हमारी मानवीय संवेदनाएँ जिस तरह से हमसे अलग हो गयीं या हमारे लिये अनुपयोगी और बोझ हो गयीं उदाहरणस्वरूप नैतिकता सहानुभूति करुणा विश्वसनीयता आत्मीयता और कर्त्तव्यनिष्ठा इन सबके आगे एक अच्छा-खासा प्रश्नवाची चिह्न लग गया है। क्योंकि बहुत कम लोग ऐसे हैं जो प्रश्नवाचीचिह्नों को परे ढकेलकर आगे बढ़ते हैं और स्वस्थ मानसिकता से ओत-प्रोत होकर समूचे समाज के सन्दर्भ में निर्णय लेते हैं वर्ना लोग चिकना घड़ा हो गये हैं और मूँदहु आँख कतहु कोऊ नाहीं जैसी मानसिकता के वशीभूत होकर निरन्तर गलत होते जा रहे हैं लोग

क्या कहेंगे अब इसकी चिन्ता कोई नहीं करता वह जानता है कि अब लोगों की सुनता ही कौन है और लोगों में इतना दम ही कहाँ है कि डंके की चोट कुछ कह सके लोग भी तो बयार के सामने पीठ हो जाते हैं यही कारण है कि अब लोग हलके भी हो गये हैं और महत्त्वहीन भी हो गये हैं वर्ना इसी लोग (लोक) शब्द ने राम को भीतर से हिला दिया था और कठोरतम निर्णय लेने के लिए तब लोक का महत्त्व था बहुवचन की अपेक्षा एकवचन नहीं कर सकता था।

यद्यपि शुद्धं लोक विरुद्धम्
न कथनीयम् न करणीयम्

सीता पवित्र हैं इसे राम जानते हैं लेकिन जब जनमानस में से आवाज उठती है तो राम उसी को अपना निर्णय मानते हैं लोक मर्यादा की रक्षा करते हैं उसकी अवहेलना नहीं करते इसी में राम की भी मर्यादा निहित है। लेकिन आज वह मर्यादा स्वयं आहत उपेक्षित है क्योंकि आज लोग इसे फालतू समझते हैं। इसीलिए लोग भी फालतू हो गये हैं और लोग क्या कहेंगे यह वाक्य अपने आप एक लतीफा बन गया है जो इसे अपने भीतर महसूस करते हैं वे भी बहुत बड़े धर्मसंकट से गुजर रहे हैं और जो नहीं महसूस कर रहे हैं उनके पौ बारह हैं। इसके कारण भी हैं ऐसा नहीं है कि इतना बड़ा हादसा अकारण घटित हुआ है इसके कारण है और ठोस कारण है इसके एक छोर से जुड़ा हुआ है हमारा सहज संस्कार जिसके कारण हम गलत होने से डरते हैं, घबराते हैं, भागते हैं और गलत नहीं हो पाते और इसके दूसरे छोर से जुड़ा हुआ है वर्तमान और आगत पीढ़ियों का भविष्य।

मैं अपने इस कथन को दो-एक उदाहरणों से समझाना चाहूँगा मेरे एक परिचित हैं पक्के सिद्धान्तवादी, आदर्शवादी और मानवतावादी बेटी-बेटों के एडमिशन के लिए नौकरी के लिए वह न तो कहीं किसी से सिफारिश कर सकते हैं। न किसी को ऐसे किसी काम के लिए कमीशन या घूस दे सकते हैं। उनसे जब-जब बात होती है वह तब-तब यही कहते हैं कि भाई लोग क्या कहेंगे सचमुच उन्हें लोगों की चिन्ता है अपने से ज्यादा महत्त्व वह लोग को ही देते हैं जब कि उन्हीं के बेटी-बेटे इसके ठीक विपरीत सोचते हैं उनकी दृष्टि में लोग क्या कहेंगे बहुत ही अलग और समय सन्दर्भ से जुड़ा हुआ विशेष अर्थ रखता है उनके पास भी कहने को बहुत-कुछ है साफ-सुथरी तर्क परम्परा है जीवन्त संघर्ष है उपेक्षा और अवहेलना से उपजी हुई निरीह करुणा है। वे साफ-साफ कहते हैं अब आप ही सोचिये पिता होकर ये हमें नकल नहीं करा सकते, अच्छे नम्बरों से पास नहीं करा सकते, किसी अच्छे विद्यालय में दाखिला भी नहीं दिला सकते, नौकरी के लिए सिफारिश तो कर ही नहीं सकते, घूस देना तो बहुत दूर की बात है। लोग

क्या कहेंगे कि हमारे पिता कैसे हैं एक पिता वे भी हैं जिन्होंने अपने बेटों-बेटियों को कहाँ-से-कहाँ पहुँचा दिया है, पिता हो तो ऐसा बच्चों का भविष्य बना दिया। सोर्स से, सिफारिश से, तिकड़म और हिकमत से उन्होंने कभी यह नहीं सोचा कि लोग क्या कहेंगे बल्कि लोग ऐसे पिता की तारीफ ही कर रहे हैं क्योंकि जमाने के लिए हिसाब से ऐसे ही पिता आदरणीय और सराहनीय हैं, वह पिता किस काम का जो केवल कछुआ धर्म जीता, सड़े-गले आदर्श को गले का ढोल बनाये रहे और अपने बाल-बच्चों के भविष्य से खिलवाड़ करता रहे सिर्फ इसलिए कि लोग क्या कहेंगे अरे लोग की इतनी चिन्ता क्यों, लोग किस खेत की मूली हैं हों भी तो हमें अपनी जरूरत देखनी है न कि लोगों का मुँह देखना है।

इन तर्कों और दलीलों के आगे मैं स्वयं नतमस्तक हूँ लेकिन मजबूर हूँ कुछ न कहने के लिए क्योंकि मैं भी पिता हूँ। आदमी होकर जीना सचमुच आज बड़ा मुश्किल हो गया है सहज जिन्दगी जीना और दुश्वार है मुझे अपने कवि मित्र अदम गोडकी का शेर इस समय बरबस याद आ रहा है।

चोरी न करे झूठ न बोले तो क्या करे
चूल्हे पे क्या उसूल पकायेंगे शाम करें।

क्योंकि आदर्श और यथार्थ के बीच का अन्तराल बहुत बड़ा मैदान है और यह मैदान तरह-तरह की दुखियारी आवाजों से निरन्तर गूँज रहा है देखने में भयावह भी लग रहा है जैसे मलबे में दबे-पड़े लोग चीखते-चिल्लाते हैं और फिर हमेशा के लिए शान्त हो जाते हैं फिर भी सड़ाँध और बदबू तो बसी ही रहती है। मैं स्वयं को ऐसे मैदान में महसूस कर रहा हूँ हट इसलिए नहीं रहा हूँ कि लोग क्या कहेंगे साथ छोड़कर पता नहीं किस लोभ में पड़कर इतने बुरे दिनों में कायर की तरह भाग रहा है लोग क्या कहेंगे सिर्फ इसी एक वाक्य के आरम्भ अन्यथा सुविधाएँ किसे काटती हैं सबको अच्छी लगती हैं मुझे भी अच्छी लगती लेकिन क्या करूँ वही सवाल बार-बार टकराता है कि लोग क्या कहेंगे।

× × ×

हिन्दुस्तान की पुलिस निराली है दुनिया के किसी भी देश में ऐसी पुलिस नहीं मिलेगी जैसी हिन्दुस्तान में है, इसीलिए हिन्दुस्तान की पुलिस को सर्वशक्तिमान

सर्व विद्यमान और सर्वज्ञ कहा जाता है ऐसा भी कहा गया है कि एक बार दुनिया के बहुत-से देशों के प्रतिनिधि इकट्‌ठे हुए और आपस में यह तय करने लगे कि सबसे अच्छी पुलिस कहाँ की है चीन के प्रतिनिधि ने बताया कि चीन में जब भी कोई वारदात होती है तो हफ्ते-दस दिन के अन्दर ही अपराधी पकड़ लिये जाते हैं और चोरी-डकैती का माल भी बरामद हो जाता है अमेरिका के प्रतिनिधि ने कहा कि अमेरिका में दो ही तीन दिन में अपराधी पकड़ लिये जाते हैं इंग्लैण्ड के प्रतिनिधि ने कहा कि इंग्लैण्ड में चौबीस घण्टे के अन्दर ही अपराधी पकड़ लिये जाते हैं सबने दाँतों तले उँगली दबा ली और एक-दूसरे की ओर हैरत से देखने लगे कि वाकई पुलिस हो तो ऐसी हो जैसी पुलिस इंग्लैण्ड की है जब सबने अपने-अपने देश की पुलिस की बड़ाई बखान ली तब बारी आयी हिन्दुस्तान की हिन्दुस्तान के प्रतिनिधि ने मुस्कराकर कहा कि अभी आप लोगों का साबिका हिन्दुस्तान की पुलिस से नहीं पड़ा है इस समय दुनिया में सबसे आगे है हिन्दुस्तान की पुलिस हिन्दुस्तान की पुलिस का सारा काम एडवान्स में होता है उसे चौबीस घण्टा पहले पता रहता है कि चोरी कहाँ होनी है, डकैती कहाँ पड़नी है राहजनी किस सड़क पर होगी और कब होगी कत्ल किसका होगा कौन करेगा आदि आदि बातों की पूरी जानकारी हिन्दुस्तान की पुलिस को पहले से रहती है इतना सुनते ही लोग भौचक रह गये और हिन्दुस्तान पुलिस के प्रतिनिधि से हाथ मिलाकर विदा हो गये।

भाई बात चाहे झूठ हो या सच लेकिन उस समय तो उस प्रतिनिधि ने हिन्दुस्तानी पुलिस की धाक दुनिया में जमा ही दी लोग लोहा मान गये और दुम दबाकर खिसक लिये लेकिन अब सवाल उठता है कि अगर सचमुच हिन्दुस्तान की पुलिस इतनी चुस्त-दुरुस्त हो रही है कोई कहता है कि अभी पुलिस सो रही है और घोड़ा बेचकर सो रही है जब सोकर वह उठेगी तो निश्चय ही कुछ करेगी कोई-न-कोई गुल खिलायेगी बस उसके सोकर उठने का इन्तजार करिये देर है अन्धेर नहीं है कोई कहता है कि पुलिस को सब पता है लेकिन कुछ सोचकर चुप है समय के माफिक होने का इन्तजार कर रही है उसे सब मालूम है कितने अपराधी थे कितने बम थे कहाँ बने थे, किसने बनाया था कब फूटे कैसे फूटे और क्यों फूटे लेकिन पुलिस सबको नहीं बतायेगी उसे बतायेगी जो उससे पूछेगा होना भी यही चाहिए बिना पूछे वह किसी को क्यों बताये जब कि कुछ लोगों का ऐसा कहना है कि अभी पुलिस पता लगा रही है। एक साधु ने मुस्कराकर कहा कि मेरे जटाजूट को पुलिस ने मुँड़वा दिया कि शायद इसमें बम निकल आये कमण्डल को लुढ़काकर देखा शायद इसमें कोई छोटा-मोटा बम छिपा हो इसी तरह एक जूड़ेवाली सुन्दरी ने रोकर बताया कि उसका सारा मेकअप बिगड़ गया लोटा मार्का जूड़ा खुल-बिखर गया लेकिन पुलिस को उसमें कोई बम

नहीं मिला बेचारी के इधर-उधर भी उन्होंने टटोला लेकिन सफलता नहीं मिली जब ऐसे खास-खास लोगों के पास पुलिस को बम नहीं मिला तो पुलिस स्कूटरवालों को मोटर साइकिलवालों को कारवालों को सबको रोक-रोककर उनकी तलाशी ले रही है कहीं-न-कहीं कभी-न-कभी उसे सफलता जरूर मिलेगी आज नहीं कल, कल नहीं परसों और भले परसों से बरसों की नौबत आ जाये लेकिन पुलिस माननेवाली नहीं है वह पता लगाकर रहेगी दूधवालों का बाल्टा खाली कराकर वह तलाश रही है पुलिस दूध पी जाती है बाल्टा वापस कर देती है यह कहकर कि इसमें कभी बम मत रखना समझे जाओ, साग-सब्जीवालों का गट्ठर खुलवाकर देखती है साग-सब्जी रख लेती है गठरी का कपड़ा और बोरा वापस कर देती है ऐसी खोजबीन क्या रंग नहीं लायेगी जरूर रंग लायेगी समय आने दीजिये।

आजकल पुलिस की इस चौकसी से ऊबकर लोग शहर के बाहर भाग रहे एक दिन एक ऊँट भागा जा रहा था उससे लोगों ने पूछा भैया क्यों भाग रहे हो ऊँट ने कहा कि दरअसल आजकल यहाँ की पुलिस बिल्लियाँ पकड़ रही है लोगों ने कहा कि तुम तो ऊँट हो तुम क्यों भाग रहे हो तुम तो बिल्ली नहीं थे। उसने कहा कि इस धाँधागर्दी में अगर मैं पकड़ गया तो कई साल मुझे यह साबित करते लग जायेंगे कि मैं बिल्ली नहीं ऊँट हूँ ऊँट की बात सुनकर लोग सकते में आ गये हैं और पुलिस को देखते ही दीवान जी नमस्ते कहकर आगे निकल जाते हैं इसके अलावा और कोई चारा भी तो नहीं है।

× × ×

कल गाँव में रामजन्मोत्सव मनाया गया। पहले ठाकुर जी के मन्दिर गें लगभग सारा गाँव रामजन्मोत्सव में शामिल होता था। लेकिन धीरे-धीरे गाँव कई टुकड़ों में गुटों में बँट गया। गाँव की राम के प्रति श्रद्धा कम हुई कि नहीं, यह बताना तो मुश्किल है, लेकिन इतना जरूर है कि अब चाहे राम-जन्म हो या कृष्ण-जन्म पहले जैसी भीड़ ठाकुर जी के मन्दिर में नहीं होती ले-देकर चार-पाँच घरों के लोग ही अब शामिल होते हैं हाँ, प्रसाद बँटते समय न जाने कहाँ से लोग टपक पड़ते हैं कि बाँटनेवाले खीझ जाते हैं और बड़बड़ाते हैं लगता है जैसे कोई स्कूल छूटा है या कारखाने से छुट्टी मिली है सबसे मजे की बात यह है कि प्रसाद लेते ही भीड़ फिर फुर्र हो जाती

है। भीड़ कहाँ से आती है कहाँ जाती है यह पता नहीं चल पाता मेरा ऐसा अनुमान है कि अब लोग भले बेकार के कामों में अपना समय बिता दें लेकिन किसी अच्छे काम के लिए अब उनके पास समय नहीं है और अगर है भी तो लोग शामिल होने से भागते हैं कारण चाहे जो हो, कुछ तो इसके लिए जिम्मेदार हैं आज की राजनीति जिसके चलते न तो अब किसी का किसी के यहाँ आना-जाना है और न तो अब कोई किसी को बुलाता ही है ऐसा कहीं प्रधानों के चुनाव के कारण है कहीं चकबन्दी के कारण है स्वार्थ ने आदमी को इस कदर जकड़ लिया है कि वह सब-कुछ भूल गया है केवल अपना फायदा देखता है जहाँ उसे अपना मन राम में रमता है न कृष्ण में न गौतम-गाँधी में उसका मन रमता है थाने-तहसील और कचहरी में, भइया जी की बैठकी में गाँव-घर को पंचायत में और तरह-तरह की तिकड़मों में इसीलिए गाँव-घर का हर उत्सव फीका-फीका दिखायी देता है।

सम्पादक जी! जो दस-बीस लोग रामजन्मोत्सव में शामिल भी थे वे भी न राम में लीन थे न रामकथा में लीन थे वे लीन थे अपने-अपने गोरखधन्धे में तिवारी परेशान थे कि आज लाइन नहीं है लाइन होती तो थ्रेशर चलाते मँड़ाई करते। फटाफट काम निबटाना है वह बेचारे लाइन न होने से मजबूर होकर रामजन्मोत्सव में शामिल हुए थे वर्ना वह पलटकर भी इधर नहीं झाँकते लेकिन आकर फँस गये थे। उनकी अकुलाहट और झुँझलाहट दोनों को मैं खूब समझ रहा था, मैंने हल्को से मजाक किया और बैजू अपने खलिहान की ओर भागा जा रहा था लगता है लाइन आ गयी है क्या, इतना सुनते ही तिवारी जी और परेशान हो उठे क्योंकि कुछ ही देर में इधर प्रसाद बँटता। अगर उधर जाते हैं तो प्रसाद छोड़ना पड़ेगा और प्रसाद तो तिवारी छोड़ नहीं सकते। फिर भी बेचारे कसमसाते रहे अपने बगल में बैठे रामचरन को उन्होंने बीड़ी पिलाया और इशारे से समझाते हुए कहा कि जाओ जरा देख आओ की लाइन आ गयी है कि नहीं रामचरन ने उनसे दो-तीन बीड़ियाँ और माँग लीं रास्ते के लिए और गया तो पट्ठा पलटकर फिर आया ही नहीं काने गुरु अलग गाँजा सुलगाये दो-चार का गुट बनाये अपनी टाँके हुए थे कि भइया मैं बस ट्रेन छूटते-छूटते पहुँचा लेकिन गार्ड ने मुझे प्लेटफार्म पर दौड़ते देखकर ट्रेन को धीमा कर दिया और जब मैं उसके डिब्बे के सामने पहुँचा तो उतर आया बेचारा फिर मुझे उसने प्रेम से बैठाया और बोला-हमें क्या पता कि आप इसी ट्रेन के लिए दौड़ रहे हैं वहाँ तो भइया मुझे सब पहचानते हैं दिक्कत मुझे बस अपने गाँव में होती है यहीं कोई ससुरा काने गुरु को घास नहीं डालता और लप्प से गाँजे का एक सुटुक्का मारा चिलम से लौर उठने लगी आस-पास बैठे गँजेड़ी संगी-साथी हाँ-में-हाँ मिलाये जा रहे थे इन्हें न कुछ राम से लेना था न रामजन्मोत्सव से खाली थे आकर बैठ गये, काने गुरु कलकत्ता में काम करते हैं

कई बार उनकी खोज में कलकत्ता से पुलिस अपने गाँव में आ चुकी है लेकिन गुरु कभी कलकत्ता कभी इलाहाबाद और कभी बम्बई, यही हाल गोबिन कहार का है अभी कल ही परसों मेले में चोरी का बैल बेचते हुए पकड़ा गया है लेकिन बतिया रहा था कि भइया भगवान् जितना दे बस उसी में आदमी को सन्तोष करना चाहिए दूसरे का सेन्हुर देख करके अपना लिलाट नहीं फोड़ना चाहिए उसकी बातें सुनकर मुझे हँसी आ रही थी लेकिन मैं पी गया।

सम्पादक जी! पहले रामजन्मोत्सव में खूब जमकर रामायण गाया जाता था नौमी तिथि मधुमास पुनीता और भये प्रकट कृपाल दीन दयाला कौशिल्या शिवकारी ढोल-मजीरा-ढोल के बोल पूरे गाँव को अपनी ओर खींच लेते थे जो जहाँ सुनता वहीं से भागा चला जाता लेकिन अब गाँव में शायद भगतिन आजी के ही पास रामचरितमानस का गुटका मिले तो मिले और कहीं नहीं मिलेगा बड़े हास का रामचरितमानस तो गाँव में है ही नहीं पहले चार थे बरामदे लाल बेढन में बाँटा कर रखे जाते थे कहाँ गये कौन ले गया कुछ पता नहीं न ढोल है न मजीरा है न झाँझ है जिनके पास यह सब है वे अब पेशेवर गायक हो गये हैं अपने गाँव में गाने से उनकी होती है इसलिए वे लोग बराबर गाँव से बाहर-ही-बाहर भागते-पराते रहते हैं गाँव में कीर्त्तन करेंगे तो कौन उन्हें पैसा देगा और पैसा नहीं मिलेगा तो वे गायें ही क्यों, श्रद्धा और भक्ति के नाते तो वे गाने नहीं गाते हैं पेशे के नाते इसीलिए रामजन्मोत्सव में केवल रिकार्ड बजता रहा वह भी जब लाइन रहती तो साफ-साफ सुनायी भी देता बिना बैटरी ऐसी सडहीं थी कि उसके सहारे बजाने पर रिकार्ड सायँ-सायँ करता था फिर भी लोग रस्म पूरी कर रहे थे और तरह-तरह के रिकार्ड सुन रहे थे नथुनिया ने हाय राम बड़ा दुख दीना इन्हीं लोगों ने ले लीन्हा दुपट्टा मोरा तुझे मार दिया जाय कि छोड़ दिया जाय। जुलुम कइले बा गोरी फागुन महीनवा आदि आदि सवित्र विभिन्न गाने बजते रहे लोग रामजन्मोत्सव का प्रसाद पाने के लिए बैठे रहे।

अच्छा सम्पादक जी! अब मैं चिट्ठी खत्म करता हूँ थोड़ा लिखा ज्यादा समझना आशा है आप स्वस्थ-सानन्द होंगे।

× × ×

बहुत दिनों से इच्छा थी माँ विन्ध्यवासिनी के दर्शन करने की, हर नवरात्र में सोचता था लेकिन कोई-न-कोई अड़ंगा लग जाता था, कभी खेत-खलिहान में फँस जाता था कभी हिताई-नताई में जाना पड़ जाता था लेकिन इस साल जैसे-तैसे व्यवस्था बन ही गयी अपने गाँव से कई लोग विन्ध्याचल चलने को तैयार हो गये कलौता की माई चमेला की भउजी, सिधारी गिरधारी, भगतिन आजी, बड़की काकी और मर्दों में राम सुमेर मौसी, उदई, समई, मन्ना, धन्ना और मैं सबने यही तय किया कि वहीं बनाया खाया जायेगा, इसलिए साथ में चावल, दाल, पिसान, घी, अचार, लाई, गुड़ बाँध-बूँधकर सब लोग बस में बैठ गये और बस ऐसी कि बस पूछिये मत-ड्राइवर कभी इधर घुमाता कभी उधर, इसलिए कि जब सवारी पूरी हो जायेगी तब बस चलेगी पूरी सवारी के होने में सुबह से दोपहर हो गयी, तब कहीं बस के चलने की नौबत आयी, जब चली तब थानेवालों ने रोका ड्राइवर ने थाने की पूजा की। बस आगे बढ़ी कुछ दूर और आगे चली तो चेकिंग करनेवाले आ गये, पता चला कि उस बस का कोई कागज सही नहीं है। वह तो सिर्फ थानेवालों की कृपा से चल रही है, बहरहाल ड्राइवर ने चेकिंग करनेवालों की भी पूजा की बस फिर आगे बढ़ी, फिर थानेवालों ने रोका फिर पूजा हुई रास्ते में जितने थाने और चौकीवाले मिलते गये तब भी पूजा गयी कहीं रोककर कहीं-कहीं गिड़गिड़ाकर बेचारा ड्राइवर दाँत चियार-चियारकर सबसे बतियाता, उसे देखकर दया आती थी, यही हाल चुंगीवालों का, पुलवालों का, घाटवालों का और तरह-तरह की पर्ची काटनेवाले बैरियरों का था, मैं बड़े अचरज में था कि हे भगवान् किसी सड़क पर बस चलाने में इतने सारे पापड़ बेलने पड़ते हैं तभी प्राइवेट बस में बैठनेवाले न तो कभी टाइम से दफ्तर पहुँचते हैं न कचहरी न अस्पताल बस में बैठे-बैठे नींद आने लगी, देह अँक गयी खैर जैसे-तैसे हम लोग विन्ध्याचल पहुँचे भूख के मारे बुरा हाल था और सूरज डूबने ही वाला था अभी पूरी सवारी उतरी भी नहीं थी कि बसवाले ने जल्दी मचाना शुरू कर दिया। फटाफट दर्शन करो और फटाफट चल दो मेरे पास बिलकुल समय नहीं है। तमाम सवारियाँ आदमी रोज कमाता है घर में तो बस यही नवरात्र भर।

सम्पादक जी, हम लोग बैठने पर जगह के लिए तरस गये कि कहीं दो खटिया साफ-सुथरी जमीन मिल जाये लेकिन साफ-सुथरी जमीन नहीं मिली तो नहीं मिली चारों तरफ भयंकर गन्दगी न कहीं बैठने लायक न बिछाने लायक, गन्दगी ऐसी कि नाक देना दुश्वार, हम लोग गठरी-मोटरी लादे-लादे घाट पर आये नहाने-धोने के लिए लेकिन यहाँ का हाल और बुरा जैसे तवे से उतरे तो चूल्हे में आ गये। छोटा-सा घाट और भीड़ में भेड़ियाधसान। वहीं कोई थूक रहा है कोई खखार रहा है कोई अँधेरा देखकर झट से लोटा का पानी लिये दिये अँधेरे

में ही बैठा जा रहा है अभी तक हम लोग अपना-अपना सामान उतारकर सोच ही रहे हैं कि क्या करें कहाँ नहायें और कैसे नहायें कि इतने में ही पन्द्रह-बीस लड़कों का झुण्ड हटो बढ़ो कहता घाट पर आया और इधर धक्का-उधर धक्का मारता हुआ निकल गया, उनके जाने के बाद पता चला कि मेरी भी गठरी गायब है और मन्ना की भी गठरी गायब है। उस अँधेरे में आदमी गंगा नहाये कि गठरी देखे जगह इतनी कम है कि आराम से बैठना तो दूर कायदे से खड़ा भी नहीं हो सकता। खैर, जो खो गया सो खो गया उसका रोना कब तक रोते लिहाजा जैसे-तैसे नहा-धोकर हम लोग मन्दिर की ओर आये दर्शन करने के लिए मन्दिर की सीढ़ियों के नीचे जूते-चप्पल इस तरह से पसरे पड़े थे जैसे हमारे गाँव में भोज के बाद गलियों में जूते-चप्पल बिखरे रहते हैं। उनसे होकर मन्दिर पर चढ़ना था। पुलिस अलग सीटी बजाती डण्डा फटकारती मन्दिर के इधर-उधर टहलती रही हम लोगों ने बचा-खुचा सामान माला-फूल, लाची दाना और चुनरी बेचनेवालों को दिखाकर उनसे चढ़ाने के लिए प्रसाद लिया और मन्दिर में प्रवेश किया। वहाँ दर्शन की दो तरह की व्यवस्था देखकर जी और ऊब गया। जिसे पुलिस और पण्डा चाहते थे उसे पिछले दरवाजे से जल्दी-से-जल्दी दर्शन करा देते थे लेकिन दर्शन कराने की अपनी दलाली पहले ऐंठ लेते थे जो पैसेवाले थे वे ज्यादातर यही रास्ता अपनाते थे। चटपट आये और झटपट गये लेकिन जो साधारण लोग हैं उन्होंने तो दर्शन के लिए लाइन में लगना-ही-लगना है बिना लाइन में लगे दर्शन दुर्लभ और अगर किसी ने जरा भी इधर-उधर सिर घुमाया या ताका-झाँका तो बस हवा में लहराता हुआ पुलिस का डण्डा उसके सिर को सही कर देता था दर्शक बेचारा हाय बाप करता और कुछ देर के लिए सब-कुछ भूल जाता था इसी लाइन में खड़ी भीड़ में दो-तीन महिलाओं की जंजीरें छिन गयीं, कितने लोगों की जेबें साफ हो गयीं और पुलिस केवल सीटी बजाती रही, डण्डे लहराती रही और जिसने सामान गायब होने की शिकायत की उसको पुलिस की डाँट भी सुननी पड़ी गाली भी खानी पड़ी दर्शन का असली फल यही है।

सम्पादक जी! हम लोग भी लगभग चार-पाँच घण्टे तक लाइन में लगे रहने के बाद दर्शन किये लेकिन तब तक देह भूसा हो गयी थी। किसी के कुर्ते की बाँह गायब किसी के कुर्ते की पीठ ही झूल गयी वाह री भीड़ और वाह रही कुव्यवस्था घाट पर आदमी कायदे से नहा भी न सके, और सामान लेकर जाये तो बिना सामान के लौटे। कहीं बैठकर खा पका न सके, कहीं कम्बल बिछाकर लेटना भी चाहे तो ऐसी जगह आस-पास कहीं नहीं हर साल लाखों की भीड़ यहाँ होती है लेकिन व्यवस्था ऐसी कि बाप-रे-बाप और-तो-और जब हम लोग दर्शन करके

बाहर आये तो लगभग पौ फूट रही थी और बसवाला भी बस लेकर फरार था उसे तो यात्री चाहिए थे कहीं चला गया होगा जैसे-तैसे हम लोग अपने-अपने घर वापस आये मैं आपको यह सब इसलिए लिख रहा हूँ कि आप न समस्याओं को उजागर करिये और सारी दुर्व्यवस्था को दूर कराइये ताकि तीर्थ की मर्यादा भी बनी रहे और यात्रियों का ताँता भी लगा रहे। अच्छा सम्पादक जी! मैं चिट्ठी खत्म कर रहा हूँ आशा है कि आप स्वस्थ-सानन्द होंगे।

× × ×

आजकल गाँव खिचड़ी नहाने की तैयारी में लगा हुआ है जल्दी-से-जल्दी खलिहान का धान घर पहुँचाने की कोशिश कर रहा है इसी समय गेहूँ भी पानी माँग रहा है आलू भी जो पीछे बोयी गयी है खाद-पानी-दवा सब एक साथ माँग रही है और खिचड़ी इन सबसे अलग राग अलाप रही है प्रयागराज जाकर नहाने की बात लगभग हर घर में चल रही है लाई गुड़ ढुण्ढे चिउड़ा चावल तिलवा सब-के-सब एक गठरी में चलने को तैयार बैठे हैं लेकिन गठरी उतरेगी कहाँ अभी यही नहीं तय हो पा रहा है कोई झूँसी की ठाने है तो कोई अलोपी की कोई अरैल की तो कोई बाँध के नीचे की देखिये किसका जुगाड़ कहाँ बैठता है छबीला की माई अभी से पास-पड़ोस की बहुओं से अपने लायक चप्पल लहाने में लगी है मिल गया तो फिर कहना ही क्या वर्ना नंगे पाँव भी वह चलने को राजी है, कठी बाजा कौड़ा-कौड़ा बैठकी कर रहे हैं किसी के बिलकुल मुँह अँधेरे किसी के यहाँ दो घड़ी रात गये केवल कम्बल के लिए किसी के लिए घर में टाट और पुआल के सहारे पूस माघ को ठेंगा दिखानेवाले अभी मरे नहीं है जिन्दा हैं और इस साल भी बड़े हौसले से अपना संकल्प निभा रहे हैं सूरदास को खिचड़ी नहाने के लिए हकीम गौलवी ने अपना कम्बल भी दिया है और दस रुपया नगद भी दिया है तिवारी-तिउराइन की बड़ी लम्बी तैयारी चल रही है उनका ट्रैक्टर एक दिन पहले ही चल देगा ट्रैक्टर के सहारे न जाने कितने इस बार खिचड़ी नहा लेंगे। तिवारी जी की समधिन भी आयी हैं सरहज भी आयी हैं और छोटी साली भी आयी है आजकल सारा गाँव तिवारी जी का ही कौड़ा ताप रहा है और सुबह-शाम घण्टो

हँसी–मसखरी चलती है, पुजारी जी कहते हैं कि तिवारी बाबा की चाँदी है रोज बीछ बरा रहे हैं और तिवारी जी मुस्कराकर कहते हैं पुजारी बाबा बड़ी साँसत है हम तो निगरानी में ही मरे जा रहे हैं लंगड़ मास्टर सिगरेट का धुआँ उड़ाते हुए बड़े नखरे के साथ कहते हैं क्यों पुजारी बाबा अगर मिठाई बाँटकर खायी जाये तो अपच नहीं होगी और–तो–और कुटियावाले बैरागी बाबा भी फुटानी करने से बाज नहीं आ रहे हैं दण्ड–परनाम के बाद झट पूछ बैठे तिवारी जी इस बार किसके-किसके साथ गाँठ जोड़कर नहाइयेगा? और सुननेवाले फुटेहरा हो जाते हैं और तिउराइन भउजी की धमकी इन सबसे ऊपर है इसी साल तो तिवारी जी की परीक्षा है देखना है ऊँट किस करवट बैठता है अबकी गाँठ गड़बड़ जुड़ी तो वहीं मूँड मुँड़ा लूँगी...।

सम्पादक जी! अपनी गरीबी सकेती भूलकर गाँव खिचड़ी नहाने का मन्सूबा बाँधे है नहानेवाले भी कैसे–कैसे हैं पप्पू के नाना आये हैं वह केवल खिचड़ी-ही–खिचड़ी साल में नहाते हैं वह दो दिन से गणित लगा रहे हैं कि इस साल खिचड़ी कुछ पहले आ गयी है चीलर साह वैसे साल भर अपनी दुकान पर टेनी मारते हैं और टेनी मारने में जितना बचा लेते हैं उतना सब एक बर्तन में रखते जाते हैं चावल–दाल–गेहूँ–चना–मटर सब एक में और टेनी से उपजे बचे अन्न को लेकर जाते खिचड़ी नहाने ग्रहण नहाने अमावस्या नहाने वही अनाज वहाँ दान करते हैं इस साल कुछ उदास हैं उनके पास–पड़ोस में दो दुकाने और खुल गयी हैं इसलिए इस साल इनका टेनी का धन्धा कुछ मन्दा रहा है कभी नये दुकानदारों को गाली देते हैं कभी गाँव के अपने पुराने ग्राहकों को जिन्होंने इनकी दुकान छोड़ दी है और कभी उस न दिखायी देनेवाले ईश्वर को इस साल भी नहायेंगे लेकिन वहीं फिसल पड़े की हर गंगा कुछ लोग गंगासागर की भी तैयारी में हैं लेकिन जब रेलवे से पास का जुगाड़ बैठेगा तब वर्ना अपने हैण्डपम्प पर ही खिचड़ी नहा लेंगे ना गंगासागर ना तिरबेनी मनासा की माई के बहनोई के फूफा रेलवे में पहले कुली थे अब खलासी हो गये हैं वह पिछले तीन साल से गंगासागर ले जाने का वायदा किये हैं इस साल भी मनासा की माई उम्मीद लगाये बैठी है और उनके भरोसे बैठी है चिरकुट की बड़की छोटकी दोनों भौजी चुयेलाकी चाची सितैया की आजी किशोरी बुआ चन्दकला मौसी आदि–आदि देखिये इस साल खलासी बाबू को पास मिलता है कि नहीं नहाने की तैयारी पहलवान भी कर रहे हैं लेकिन उनके चलने में अभी संशय है उनकी भैंस एक हथी है दुहें तो पहलवान ही दुहें दूसरा कोई उसे नहीं दुह सकता मारती भी है छटक भी जाती है भैंस का एक हाथ होना भी ऐसी समस्या है कि आदमी मन मसोसकर रह जाता है कचहरी भी जाता है तो जल्दी–से–जल्दी घर पहुँचने के चक्कर में रहता है पहलवान बेचारे तो पिछले

कई महीनों से रिश्तेदारी में भी नहीं जा सके बल्कि रामजस का उबेरखा बोली बोलता है असली पहलवान वह है जो पहलवान की भैंस दुह दे पहलवान सुनते हैं और ठठाकर हँसते है सही कह रहा है उबेरखा।

सम्पादक जी! मैं भी इस बार कलपवास करने की तैयारी में हूँ और महीने भर में चिट्ठी कल्पवास क्षेत्र से ही लिखूँगा घर-गृहस्थी में रहकर यह करना भी जस्बी होता है असली कमाई तो यही न हवै बाकी सब नकली है अब चिट्ठी खत्म करता हूँ आशा है आप स्वस्थ-आनन्द होंगे।

× × ×

आजकल सबके सिर पर नये साल का भूत सवार है। बधाइयों का तो ताँता लगा हुआ है, दफ्तरों में, घरों में, सड़कों-चौराहों पर जहाँ कोई परिचित दिखायी देता है तुरन्त सुनायी देता है भैया नया साल मुबारक हो जो नहीं निकल पा रहे हैं या अपने को उसी बराबर का समझ रहे हैं जिसे बधाई देना चाह रहे हैं वे हलो-हलो का सहारा लेते हुए टुप से अपनी बधाई फोनियाय देते हैं, ऐसे ही फोनियानेवालों में दो विधायक भी शामिल हैं। एक जीते हुए हैं, दूसरे हारे हुए हैं, हालाँकि वह अपने को हारा हुआ नहीं मानते बल्कि हराया गया हुआ मानते हैं। जीते हुए विधायक ने फोन पर बधाई दी, भाई साहेब, आपको नया साल मुबारक हो, आपका भविष्य मंगलमय हो।

हारे हुए विधायक ने कुछ खीझभरे स्वर में कहा, आपको भी बहुत मुबारक हो नया साल, आज अचानक मेरा ख्याल कैसे आया आपको? आप सचमुच नये साल की बधाई दे रहे हैं कि कटे पर नमक छिड़क रहे हैं?

नमक इतना सस्ता नहीं है हुजूर, फिर मैं यहाँ देख थोड़े ही रहा हूँ कि आपका क्या कटा-फटा है? मेरी बधाई आपको नमक जैसी लग रही है क्या?

नहीं-नहीं, ऐसी बात नहीं है, आपकी बधाई तो मुझे रसगुल्ला जैसी लग रही है लेकिन भाई क्या करूँ डायबिटिक हूँ न? इसलिए चीनी से परहेज है, वैसे बधाई देने का काम पूरा हो गया कि अभी कुछ बाकी है?

वैसे तो बधाई का काम हो ही गया है लेकिन थोड़ा-सा कष्ट है आपको और देना चाहता हूँ।

हाँ-हाँ, कहिये, संकोच क्यों? मैं कष्ट ही उठाने के लिए पैदा हुआ हूँ मैं जनता का सेवक हूँ सेवा ही मेरा धर्म है, फिर आप तो अपने हैं आपका कष्ट तो मैं सबसे पहले दूर करूँगा, फरमाइये क्या तकलीफ है आपको? वैसे मैं कोई डॉक्टर नहीं हूँ और तान्त्रिक या ज्योतिषी भी नहीं हूँ, हाँ, आदमी हूँ गधा नहीं, वैसे भाई साहेब। माफ करियेगा आदमियों में भी गधे पाये जाते हैं, और पहचान में भी बहुत देर से आते हैं कभी-कभी जी हाँ, आप बिलकुल सही कह रहे हैं।

जी हाँ, आप बिलकुल सही कह रहे हैं, देखिये इस बार पहचान में कितनी साल लगते हैं बहरहाल आप काम बताइये...जी, बात यह है कि आप ही वाला फ्लैट मुझे मिला है, घबड़ाइये मत बहुत ही मनहूस फ्लैट है, एक विधायक उसमें एक ही बार रहता है, सन् '५२ से यही होता आ रहा है...लेकिन अभी तो वह बिलकुल ही रहने लायक नहीं है, मैंने इसीलिए फोन किया है आपको, उसमें कालीन नहीं है, दरी नहीं है, सोफा नहीं है, टेबुल नहीं है, शीशे बल्ब राड उसमें दरवाजा और दीवारें हैं न? जी हाँ, जी हाँ, वह तो है।

तो बस उन्हीं से काम चलाइये जो सामान उसमें नहीं है अपनी सरकार से माँगिये आपकी सरकार आपको देगी। मैं भी गया था तो वहाँ कुछ भी नहीं था। जैसे किरायेदार ने घर खाली किया हो, बहरहाल मैंने सरकार से माँगा सरकार ने दिया मेरी सरकार का सामान आप क्यों लेंगे? आपकी सरकार अगर आपको इतना भी नहीं दे सकती तो ऐसी सरकार बेकार है, अच्छा सुबह-सुबह के कष्ट के लिए धन्यवाद। धन्यवाद जी धन्यवाद और दोनों ओर से फोन रख दिये गये।

× × ×

कई दिनों से मुन्शी जी पर घर में डाँट पड़ रही थी तरकारी न ले आने के लिए मुन्शी जी रोज वायदा करते थे और भूल जाते थे लेकिन पिछली रात जबकि बिना तरकारी के मुन्शियाइन ने रोटी दाल की थाली परोस दी तो मुन्शी जी कहकर रह गये क्या करने। सुबह होते ही मोपेड पर सवार हुए और चल पड़े सट्टी की ओर सबसे पहला गाहक होना चाहते थे लेकिन उनकी किस्मत में ऐसा बदा नहीं था उनसे भी पहले से लोग झोला लिये बोरा लिये सट्टी में धँसे पड़े थे। मोपेड स्टैण्ड पर खड़ी करने के बाद जब भीतर धँसे तो बाजार भाव मालूम हुआ मन में ठानकर चले थे कि

आज निमोना भी बनवायेंगे, सलोनी भी, चूड़ा मटर भी यानी जी भरकर मटर का स्वाद लेंगे लेकिन भाव सुनकर सन्न रह गये लगे जेब में हाथ डालकर नोट टोने-टटोलने, कहाँ पसेरी भर मटर खरीदने का इरादा था, अब इरादा बदल गया उतर आये एक किलो पर लेकिन छह भी वाला पाँच किलो से नीचे न ही उतरा वह थोक बेचता था फुटकर नहीं! मुन्शी जी किचकिचाकर रह गये। फुटकर का रेट सुनकर जी धक्क से हो गया और एक किलो का हौसला अब आधा किलो का हो गया। और आधा किलो हरी मटर झोले में आ गयी इसी बीच कुछ आदमी सही में ऐसे भी आ गये जो बड़े-बड़े खाली बोरे लिये हुए थे। हर बोरावाला अलग-अलग किस्म की सब्जी अपने बोरे में मुफ्त बटोरने लगा जैसे एक आदमी केवल आलू बटोर रहा था, दूसरा केवल गोभी, तीसरा टमाटर इसी तरह सब-के-सब कोई-न-कोई सब्जी बटोर रहे थे। मुन्शी जी को यह देखकर और आश्चर्य हुआ कि कितने ऐसे भी लोग थे उन सबके हाथ एक बार भी जेब में नहीं गये। हर दुकानदार अपने से ही उनके बोरे में सब्जी डाल देता, मजा तब आया जब करैलेवाले के पास मुन्शी जी गिड़गिड़ा रहे थे, रे भाई बीमार आदमी हूँ थोड़ा रेट कम कर दो तो कुछ पाव आध पाव करैला मैं भी ले लेता। उसने कहा-हजूर, बिना सीजन की सब्जी सब नहीं खाते, जिन्हें भगवान् खिलाता है बस वही खाते हैं। आपके लिए मैं रेट गिरा दूँ। वाह अरे है ही कितना, कोई आयेगा बिना दाम किये ले जायेगा और हुआ भी वही एक बोरावाला आया और सारा करैला उठाने लगा दुकानदार बोला, भइया ऐसी अनीति न करो लेकिन वह नहीं माने सारे करैला उठा ले गये यह कहकर कि आज छोटे बाबू के यहाँ कुछ खास लोग आनेवाले हैं। दुकानदार भी टुकुर-टुकुर सिर्फ मुँह देखता रह गया और मुन्शी जी भी।

मुन्शी जी से जब नहीं रहा गया तो बोले ये बोरावाले आपके रिश्तेदार थे न तभी बड़े अधिकार से हँस-मुस्कराकर आँखें दिखाकर अपना काम बना ले गये, वैसे कौन लगते हैं आपके बहनोई कि दामाद। तरकारीवाला जैसे गुस्से में भरा बैठा था बिना मुन्शी जी से आँख मिलाये बोला, साले कहते हैं तरकारीवालों को हड्डी की तरह चूसते हैं। बोरावालों को देखते ही दो-चार फुटकर बेचनेवाले अपनी पूरी दुकान गोद में समेटकर खड़े हो गये। बवण्डर आ गया जी सावधान और जब बोरावाले आ गये निकल गये तो फिर दुकान लगाकर बैठ गये, जब मुन्शी जी को यह पता चला कि ये बोरेवाले चुंगी के कर्मचारी हैं साहबों के लिए और अपने लिये सब्जी की झरी वसूल रहे हैं। बाद में सब अपने में इसे बाँटेंगे और घर ले जायेंगे मुन्शी जी अफसोस जाहिर करने लगे कि हाय काश आज वह भी नगर महापालिका की किसी चुंगी पर बाबू या चपरासी होते तो मजा आ जाता, रोज तरह-तरह की सब्जी खाते बिना मौसम की सब्जी तो भरपूर खाते रिश्तेदारों को भी अपने यहाँ बुलवाकर खिलवाते शौकीनी और

रईसी दोनों भी धाक एक साथ जमती लेकिन बेचारे यह सोचकर हैरान परेशान थे कि आखिर कैसे नगरमहापालिका की चुंगी में नौकरी हथियायी जा सकती है। अगर यही समय रहा तो आनेवाले दिनों में केवल चुंगीवाले ही ताजा तरकारी खा सकेंगे और कोई नहीं। मुअलाते–बड़बड़ाते मुन्शी जी स्टैण्ड पर आ गये हर जगह से यहाँ स्टैण्ड का रेट भी ज्यादा था चकरा गये जैसे–तैसे मोपेड स्टार्ट किया और सही भी खरीदारी पर बड़बड़ाते–मुअलाते घर पहुँच गये।

× × ×

मैं नहीं जानता कि बैतरणी नदी कहाँ है और कैसी है, लेकिन बैतरणी पार उतरनेवालों का बहुत बड़ा मेला इन दिनों संगम पर लगा हुआ है। वैसे तो लोग बारहों महीने यहाँ आते रहते हैं बैतरणी पार करने के लिए लेकिन इस समय तो लाखों की भीड़ जुटी हुई है। मै बहुत बार इस भीड़ को देख चुका हूँ। इस भीड़ में गुण्डे भी हैं, चोर–डकैत–हत्यारे भी हैं, घूसखोर और बेईमान भी हैं बलात्कारी और दुराचारी भी हैं। सब–के–सब गाय की पूँछ पकड़े हुए हैं और गाय भी ऐसी कि देखकर दया आती है गाय, गाय नहीं है केवल गाय का ढाँचा है। दुबली–पतली हाड़–हाड़ देर बैठी हुई है अपने से उठने की भी ताकत गाय में नहीं है लेकिन पुरोहितों का दावा है कि सबको बैतरणी पार करायेगी जिन्हें बैतरणी पर विश्वास है उन्हें इस भूखी–प्यासी टूटी–हारी और मरियल गाय पर भी भरोसा है कि निश्चित ही पार लगायेगी इसलिए राशन की लाइन की तरह लान लगाये खड़े हैं एक के पीछे एक बैठी हुई बछिया की पूँछ में एक रस्सी बँधी है उसी रस्सी को एक आदमी पकड़े हुए है बाकी भीड़ एक–दूसरे के पीछे आगेवाले का अँगोछा कुरता–धोती जो भी वह पहने है वही पकड़े हैं यह सिलसिला निरन्तर चलता रहता है पण्डा जी यजमान से नाम–गोत्र पूछते हैं फिर होंठों में बुदबुदाते हैं मन्त्र पढ़ते हैं कि गाली देते हैं राम जाने क्योंकि कुछ सुनायी नहीं देता सिर्फ दिखायी देता है कि होंठ हिल रहे हैं सुनायी तो तब दे जब सचमुच कुछ पढ़ा जा रहा हो बोला जा रहा हो एक–से–एक निरक्षर भट्टाचार्य पुरोहित बने हैं अँगूठा छाप बछिया के ताऊ लेकिन पर लोक का ठेका लिये घाट पर चौकी लगाये बैठे हैं इसलिए परलोक जानेवाले अदबदाकर वहीं पहुँचते हैं पण्डा जी महाराज सीधे–सीधे रामचरितमानस

भी नहीं पढ़ सकते संस्कृत का श्लोक क्या बोलेंगे और संकल्प क्या करायेंगे लेकिन संकल्प के वक्त इतना उन्हें याद रहता है।

माघ मास जे गंग नहाय
सात पुश्त बैकुण्ठे जाय
जे नर धरै गाय के पूँछ
सरगे में फहरावै मूँछ

और इसी के साथ पण्डा जी किसी से इक्यावन, किसी से इक्कीस-इक्कीस और ग्यारह की राशि नगद रखवा लेते हैं, चावल, दाल, आटा, आलू, खिचड़ी, गुड़, ऊपर से चादर फैली रहती है उसी पर दक्षिणा में मिले अनाज की ढेर लगती रहती है। घर-परिवार के लोग इस कमाई के भण्डारण में हाथ बँटाते रहते हैं कोई बोरे में भरता रहता है, कोई बोरी में और यजमान दान-दक्षिणा से मुक्त होकर स्वर्ग पहुँच जाने की खुशी में फूला-भरा अपने ठिकाने पर पहुँचता है अब क्या अब तो वह सारे पापों, दुष्कर्मों से मुक्त हो गया। पण्डा जी ने गाय की पूँछ पकड़ा वह स्वर्ग का अधिकारी हो गया।

सम्पादक जी! मुझे यह सब देख-सुनकर दुःख भी हो रहा है और आश्चर्य भी दुःख इसलिए हो रहा है कि गाय की पूँछ पकड़नेवाली भीड़ ज्यादातर गाँव की है चाहे वह देश के किसी कोने से आयी हुई हो इसी भीड़ का शोषण थाने में है कचहरी में है बैंक और ब्लाक में है बाजार में है और ऐसे नामी-गिरामी छोटे-बड़े मेलों और तीर्थों में है आखिर इसके लिए कौन जिम्मेदार है भीड़ या यह व्यवस्था जिसके चलते भीड़ शिकार होती है धर्म की आड़ में आखिर कब तक हमारा शोषण होता रहेगा जितना दुःख हो रहा है उतना ही आश्चर्य भी हो रहा है आश्चर्य इसलिए हो रहा है कि कहीं-न-कहीं से इसके लिए हम सब ही जिम्मेदार हैं फिर भी हमारी आँखें नहीं खुल रही हैं हजार-पाँच सौ ऐसे मौके पर हम खुशी-खुशी से खर्च कर देंगे लेकिन जहाँ हमें सही माने में खर्च करना होगा वहाँ नहीं करेंगे इसके लिए व्यवस्था नहीं हम स्वयं जिम्मेदार हैं अगर हमें इससे तथाकथित बैतरणी पार का लोभ छोड़कर स्नान-ध्यान करें तो शायद बहुत बड़ा मोक्ष हमें अपने-आप मिल जायेगा लेकिन यह कभी भी सम्भव नहीं है क्योंकि न तो नौ मन तेल होगा न राधा गौने जायेगी गाँव का आम आदमी इतना जागरूक जल्दी नहीं होगा तब तक लोग इसी तरह अन्धविश्वासों के शिकार होते रहेंगे जैसे अब तक होते आ रहे हैं और अभी भी हो रहे हैं इसके लिए कुछ तो हमारे संस्कार जिम्मेदार हैं कुछ परिस्थितियाँ और कुछ हमारा घर-परिवार भी जिम्मेदार है और इन्हीं के चलते तीर्थ पुरोहित भी बरकरार है और वह भावना भी बरकरार है जिसके चलते हम अपने को पापी महसूस करते हैं और उससे मुक्त होने की भरपूर कोशिश भी करते हैं।

सम्पादक जी! एक दिन तो ऐसा भी देखने में आया कि सारी भीड़ चीरती हुई एक बछिया पानी की ओर भागी और पीछे-पीछे पूँछ पकड़े हुए एक यात्री और दोनों के पीछे बहती की पुरोहित जिसकी वह बछिया थी और जिसका वह यजमान था बछिया सिर पर पाँव रखकर भागती रही और यात्री जी-जान से उसकी पूँछ पकड़े हुए था भागती-भागती बछिया संगम में छलाँग लगा गयी और उसी के साथ-साथ यात्री भी लेकिन हुआ यह कि बछिया बिना पूँछ की हो गयी फिर भी आगे ही तैरती चली गयी और हाथ में लिये बिचारा यात्री चिल्लाया-बचाओ-बचाओ। आस-पास चूँकि जल पुलिस थी उसने बचा लिया नहीं पूँछ की भी आबरू जाती और यात्री महाशय तो जाते ही, जाते हमेशा के लिए लेकिन इतना देखने-सुनने के बाद भी लोगों की आँखें नहीं खुल रही हैं उसी तरह अभी भी जुटे हुए हैं।

अच्छा सम्पादक जी! अब मैं चिट्ठी खत्म करता हूँ आशा है आप स्वस्थ-सानन्द होंगे।

× × ×

तीर्थराज की जै

तीर्थों का राजा होने के नाते तीर्थराज प्रयाग में देश दुनिया के लोग आज से नहीं सदियों से सिर के बल भागे चले आ रहे हैं, देव, यक्ष, किन्नर, नर, ऋषि, मुनि, सन्त, योगी, बैरागी, संन्यासी, व्यापारी, अधिकारी, गृहस्थ सब-के-सब यहाँ पहुँचकर धन्य हो जाते हैं। राजा भी सन्तुष्ट और भिखारी भी सन्तुष्ट। संस्कृति-सभ्यता का अद्‌भुत संयोग है प्रयाग।

धन्य धन्य यह धाम यहाँ सब-कुछ बलिहारी है
तीरथ राज प्रयाग तुम्हारी महिमा न्यारी है
अमृत जैसी पावन मीठी कुम्भ कहानी है
यहाँ दूध-का-दूध यहाँ पानी-का-पानी है
पावन है संगम की माटी कण-कण चन्दन है
ऐसे संगम का सौ-सौ वन्दन-अभिनन्दन है
इसके आगे राजा आकर हुआ भिखारी है

लहर–लहर लहराता संगम पुण्य बाँटता है
यही हमारे जनम–जनम के पाप काटता है
जगमग–जगमग दीपशिखा पूजा की थाली में
बारह माधव बैठे हैं इसकी रखवाली में
यही हमारा दूध, बताशा, पान, सुपारी है

न जाने कितने सांस्कृतिक, साहित्यिक, ऐतिहासिक, राजनैतिक और सामाजिक निर्णय इस प्रयाग भूमि में लिये गये हैं, लिये जा रहे हैं और आगे लिये जायेंगे ऐसे निर्णय लेनेवाले और ऐसे निर्णयों को माननेवाले किसी एक धर्म के नहीं होते, एक जाति और वर्म के नहीं होते, किसी एक भाषा और बोली के नहीं होते, किसी प्रदेश के नहीं होते, किसी एक अखाड़े और विद्यालय के नहीं होते, इन्हें किसी विशेष घेरे में घेरा नहीं जा सकता, किसी बन्धन–विशेष में बाँधा नहीं जा सकता। ये सब–के–सब वसुधैव कुटुम्बकम् की डोर में बँधे खिंचे रहते हैं और मानव–कल्याण की भावना से ओत–प्रोत रहते हैं। इस भीड़ का दर्शन करिये, इसे प्रणाम करिये और इसी के साथ–साथ हो लीजिये। यह भीड़ साधारण भीड़ नहीं है यह अपने–आप में इस देश का लघु संस्करण है लोग मन से, वाणी से और कर्म से एक होने का संकल्प लिये हैं।

भीड़ है मराठी कहीं, कहीं गुजराती और
कहीं मदरासी कहीं उड़िया बिहारी है
राग में है, रंग में भीड़ ये उमंग में है
बुढ़ऊ के संग–संग बुढ़िया बिचारी है
गठरी पिसान की है, पगड़ी ईमान की है
भीड़ ये नहान की है, यार बलिहारी है
खेत–खलिहान छोड़ बाग औ दुकान छोड़
अँगना में धान छोड़ कुम्भ की दुआरी है

यह भीड़ निरन्तर आती है और बिना न्योते के आती है इसे किसी प्रकार का निमन्त्रण नहीं दिया जाता फिर भी आती है कचहरी छोड़कर आती है। गौना–ब्याह छोड़कर आती है, यह भीड़ गीत गाती आती है तिरबेनी में लागा नहान चलहु पिया प्यारे इन्हें उन्हें जगाती बुलाती आती है अपनी आदि विजय का उल्लास मनाती आती है अपने को और जीवन्त बनाती आती है यह भीड़ जानती है इसे कब प्रयाग पहुँचना है आने–जाने की तिथियाँ इस भीड़ की साँसों में रची–बसी है।

माघ मकर रबि गत जब होई। तीरथ पतिहि आव सब कोई।।

इन दिनों प्रयाग में आना बहुत माने रखता है। स्नान का सुख, दान का सुख, ध्यान का सुख, पुनरुत्थान और नवनिर्माण का सुख और इस सबसे ऊपर होता है निर्वाण का सुख जो किसी-किसी को मिलता है, मोक्ष की कामना कौन नहीं करता? लेकिन मिलती कहाँ है, प्रयाग मोक्ष देने में समर्थ है।

मज्जन फल पेखिय ततकाला। काक होहि पिक बकउ मराला।।

इससे बड़ा संयोग और सौभाग्य दूसरा कुछ हो ही नहीं सकता इसी संवेदना ने देवताओं को प्रयाग में रहने के लिए विवश किया है। आज भी संकल्प लिये जाते हैं आज भी मनोकामनाएँ पूरी होती हैं–

जाने कितने यज्ञ हुए इस झूँसी नगर में
जै-जैकार सदा होती सन्तों की बखरी में
ये टीले-खँडहर वेद की चर्चा करते हैं
भरते चेतना नयी दुःख-दारिद हरते हैं
संगम देता दूध-पूत दुनिया आभारी है
तीरथराज प्रयाग तुम्हारी महिमा न्यारी है
दूर-दूर से लोग यहाँ पर पैदल आते हैं
भरद्वाज मुनि यहाँ राम की कथा सुनाते हैं
करते हैं स्नान सूर्य को अर्घ्य चढ़ाते हैं
जै-जै गाते हैं रस्ते भर जै-जै गाते हैं
इसी भीड़ में रामराज है नगद उधारी है
तीरथराज प्रयाग तुम्हारी महिमा न्यारी है

अशान्त मन यहीं आकर शान्त होता है यमुना नदी यहीं शान्त हुई है एक पग आगे नहीं बढ़ी ठहर गयी तो ठहर गयी अपनी सम्पूर्ण अस्मिता के साथ न कहीं से आहत हुई न विक्षुब्ध लेकिन एक मन ऐसा भी है जो निरन्तर पश्चात्ताप की सजीव मुद्रा में विचरण करता हुआ दिखायी देता है आखिर उसका दोष क्या है सिर्फ यही न कि विपरीत परिस्थितियों में जी रहा है तलाश उसे भी वास्तविक प्रयाग की है लेकिन मिले तब न?

नहीं हुए काठ नहीं फूटकर बहे
बरसों हम बहरों में रामधुन रहे

सन्तों में हम प्रयाग खोजते रहे
धुआँ-धुआँ वही आग खोजते रहे
मिलते थे रक्तबीज और असलहे

तीर्थराज तुम तो टेरने-गुहारने, हेरने-घेरने में समर्थ हो फिर इस भयहित संवेदना को स्वस्थ और सहज बनाने से हिचकिचाते क्यों हो। यह बहुवचन की संवेदना है इसे दिशा दो, दृष्टि दो, यह तुम्हारी देहरी का दीपक होकर रहना चाहता है देवता देखें तो सही।

× × ×

लेट होना बहुत बड़ा नेता होने की पहचान बन गया है वह भी कोई नेता है जो आयोजन में समय से पहुँच जाता है नेता तो वह है जो समय देता है सुबह का पहुँचता है शाम को और जिनको शाम का समय देता है उनके यहाँ तब पहुँचता है जब मुर्गा और कौवा बोलने लगते हैं कभी-कभी बेचारा बड़ा नेता इसमें भी कटौती कर देता है अपने व्यक्तिगत सम्बन्धों के कारण रिश्तेदारों को जाति-बिरादरीवालों को वह नाखुश नहीं कर सकता इसलिए बहुत-से आयोजनों में कहकर भी वह नहीं शामिल हो पाता व्यस्त जो ठहरा व्यस्तता तो केवल नेताओं, अभिनेताओं और अफसरों को होती है बाकी सब तो बस यूँ ही है कोई काम नहीं कोई जिम्मेदारी नहीं सुबह बुलाइये सुबह हाजिर दोपहर बुलाइये दोपहर हाजिर आधी रात में बुलाइये तब भी यह भीड़ सिर के बल आयेगी क्योंकि इस भीड़ में तरह-तरह के लोग होते हैं नौकरी चाहनेवाले, कोटा-परमिट चाहनेवाले अपने ऊपर लगाये गये गबन और घोटाला के केस को दबवानेवाले, ठेका और एजेन्सी चाहनेवाले, हथियारों के लाइसेन्स चाहनेवाले और कुछ ऐसे भी होते हैं जो किराये पर बुलाये गये रहते हैं नारा लगाने के लिए, जै-जैकार करने के लिए, मालाएँ पहनाने के लिए अगर ऐसे स्वनामधन्य लोग इस देश में नहीं होते तो यह देश बहुत पहले ही रसातल चला गया होता किसी भी तरह का आयोजन हो अगर उसमें कोई बड़ा नेता शामिल होता है तो यह भीड़ अपने-आप उस आयोजन का हिस्सा बन जाती है फर्क सिर्फ इतना होता है कि जिस जाति-बिरादरी का बड़ा नेता होता है उसी जाति-बिरादरी की सत्तर प्रतिशत भीड़ भी आयोजन में शामिल होती है अगर कोई इस सच्चाई का पता लगाना चाहे तो आसानी से लगा सकता है अब तक

के पुराने समारोहों–आयोजनों को नये सिरे से जोड़े–घटाये तो अपने–आप पता चल जायेगा।

हमारे मुल्क में भीड़ और भेंड़ में कोई फर्क नहीं है जिधर एक भेंड जाती है उधर ही धीरे–धीरे एक के पीछे एक की तरह सारी भेंड़ें पलट जाती हैं वही हाल भीड़ का है सरकार चाहे कोई भी हो भीड़ तो हर सरकार की अपनी होती है जिस सरकार के पास भीड़ नहीं वह सरकार नहीं इसलिए भीड़ का अन्योन्याश्रित सम्बन्ध है दोनों एक–दूसरे के पूरक हैं एक–दूसरे के कायल हैं और एक–दूसरे पर निर्भर हैं लेकिन इतने के बावजूद दोनों एक–दूसरे की आँखों में धूल झोंकने की ताक में बराबर रहती है क्योंकि सरकार भीड़ को त्रिशंकु की तरह ऊपर–नीचे में लटकाये रखना चाहती और भीड़ भी अपना काम बनाने के लिए सरकार की टाँग खींचने में तनिक भी कोताही नहीं करती बल्कि और दुगुने उत्साह से आगे बढ़ती है और टाँग खींचती है सरकार धड़ाम से कुर्सी लिये–दिये नीचे लुढ़क जाती है इसलिए न तो यह भीड़ वफादार है न तो सरकार सिर्फ समय की जरूरत को देखते हुए परिस्थितियों की मार के कारण चूहा–बिल्ली, साँप–नेवले, बकरी–बाघ सब–के–सब एक ही तम्बू में एक–दूसरे से सटकर जमे बैठे हैं यह तो आनेवाला समय ही बतायेगा कि किसने किसका कितना बड़ा हित किया कितना बड़ा अहित किया वैसे हित की बात सोचना बेवकूफी ही है अगर किसी की बेवकूफी से किसी दूसरे का हित हो भी गया तो अपनी बेवकूफी पर पछतानेवाला भी सिर्फ पछताता रहेगा और गलती से काम बन गया यह सोचकर दूसरा भी एहसान–फरामोश की तरह पल्लू झाड़कर अलग खड़ा मिलेगा किसी और कन्धे की तलाश में खाली कन्धों की भला क्यों कर है इस देश में मुर्दा होने के लिए कन्धे भले न मिलें बन्दूकें ढोने के लिए जरूर मिलेंगे क्योंकि ऐसे कन्धों पर हमेशा किसी–न–किसी बड़े नेता, अफसर और बड़े व्यापारी का होता है तभी तो फलते–फूलते हैं।

ऐसी ही भीड़ को उस दिन सेवा समिति इण्टर कॉलेज में मैंने देखा हमारे पहलवान मुख्यमन्त्री लेट आये यों किसी बड़े नेता से कम नहीं हैं बल्कि कुछ आगे ही हैं स्वागत–गान गाने के लिए बुलायी गयी लडकियाँ जो सुबह सात बजे से रिहर्सल कर रही थीं दोपहर होते–होते भूखा–प्यास के मारे तिलमिला उठीं लेकिन मुख्यमन्त्री को इससे क्या लेना–देना उन्हें पता भी नहीं होगा कि इन बच्चों को सुबह कुछ घर में भी खाने को मिला होगा कि नहीं वह तो पाव भर बदाम घोटे होंगे, दूध चढ़ाये होंगे और चल दिये होंगे लेकिन यह सब कितनों को मिलता है जितनी उम्र सचमुच दूध और बादाम की है वे खाली पेट स्वागत–गान गा रहे हैं अध्यापक के शिकार हो रहे हैं उन्हें पोलियो रतौंधी और न जाने कितनी–कितनी बीमारियाँ घेरे हुए हैं लेकिन ये बच्चे कभी उफ तक नहीं कर पा रहे हैं स्वागत करने की खुशी में मालाएँ लिये कतार में

खड़े हैं और आये दिन कतार में होते हैं क्योंकि आये दिन कोई-न-कोई बड़ा आदमी इस शहर में आता ही रहता है आखिर शहर उसका स्वागत करेगा कि नहीं भले ही वह शहर के मुँह पर थूक कर चला जाये लेकिन शहर को अपने जीवित बने रहने का प्रमाण तो देना ही होगा इसीलिए शहर स्वागत में भी शामिल होता है और काला झण्डा दिखाने में भी शामिल होता है वह गेट भी बनाता है और चक्काजाम भी करता है क्योंकि उसे दोनों कामों के लिए पैसे मिले हैं इसलिए वह दोनों तरफ भी है इधर भी उधर भी धन्य है ऐसी भीड़ और धन्य हैं ऐसे नेता।

× × ×

शिव का लोक स्वरूप

भारतीय जनमानस में बहुत-से देवी-देवताओं का साधारणीकरण हुआ है। वे हमारे घर-परिवार और बात-व्यवहार के अंग बन गये हैं। इनमें शिव और उनके परिवार का स्थान सर्वोपरि है। बम-बम भोला बउराह-जैसे अनेक सम्बोधन हमारे साथ निरन्तर बने रहते हैं और इन सम्बोधनों के साथ-साथ शिव-पार्वती की अनेक छवियाँ डूबती-उतराती रहती हैं। शिव की साधना सबके बूते की बात नहीं है केवल गौरा-जैसी पत्नी ही ऐसे विचित्र पति के साथ स्वयं भी सध सकती है और अपने अजीबोगरीब हरफनमौला पति को साध भी सकती है इसीलिए हमारा लोकमानस शिव के परिवार से बड़ी गहराई से ज़ुड़कर चलता है जितनी भी पारिवारिक विसंगतियाँ हो सकती हैं सब शिव के परिवार से जुड़ी हुई मिलेंगी और उन विसंगतियों का सहज निराकरण भी उसी परिवार में पाया जाता है। परिवार से बाहर न तो ऐसी विसंगतियाँ हैं और न तो उनका निराकरण है ऐसा लगता है जैसे शिव-परिवार एक दर्पण है अपने को निहारिये और सँवारिये हमारे लोक-मन को इस दर्पण से बहुत बल मिलता है और अगर यह दर्पण कभी हमसे छिन नहीं गया तो निरन्तर हमें इसी तरह बल मिलता रहेगा। प्रेरणा का अगाध स्रोत है शिव परिवार और हर परिवार अपने को अगर इस परिवार से अलग रखकर नहीं चलेगा तो वह न कभी टूट सकता है न बिखर सकता है। विशेषकर दाम्पत्य का तो कल्याण करने के लिए शिव-पार्वती ने बीड़ा ही उठाया है इसीलिए विवाह में गौरी-पूजन की परम्परा आज भी बनी हुई है मानस इसका साक्षी है।

बिनय प्रेम बस भई भवानी। खसी माल मूरत मुस्कानी।।

जबकि इसी भवानी को पार्वती को उनकी माँ पागल बउराह साँप-बिच्छू धारण किये, बिना दाँतवाले बूढ़े बैल पर सवार दूल्हा बने शिव के साथ ब्याहने से इनकार कर देती है अइसे बउराहे वर ले गौरा ना बियहबै भले गौरा रहि हैं कुँवार लेकिन ब्याह होता है क्योंकि इन्हीं के लिए तो पार्वती ने तपस्या की है और अपर्णा बनी हैं फिर पत्नी क्यों नहीं बनेंगी लेकिन पत्नी बनते ही वही सब खटराग उन्हें झेलने पड़ते हैं जो हमारे और आपके परिवारों में आये दिन होते रहते हैं कितनी नाक-नक्श और नखरेवालियाँ झट अटैची उठाती हैं और बाप के घर वापस हो जाती हैं। उन्हें शायद यह परिवेश दिखायी नहीं देता जहाँ शिव-पार्वती होते हैं दोनों एक-दूसरे के प्रति सचेष्ट और आग्रहशील शिव का रूठना और पार्वती का मनाना दोनों सराहनीय है और अपनाने लायक है।

कइसै मैं शिव को मनाऊँ हो
पूड़ी मिठाई शिव के मनही न भावे
भाँग धतूर कहाँ पाऊँ हो
शिव मानत नाहीं

लेकिन पार्वती अटैची उठाकर मायके नहीं भागतीं उसी गृहस्थी में फिर तपस्या करती हैं नयी तपस्या, नयी रीति और नया लक्ष्य सुबह होते ही शिव पार्वती को जगाते हैं और अपनी जरूरत की चीज माँगते हैं।

उठा हो गउरा भइलन राम लबेरा
कहाँ बाटे सीलिया हो कहाँ बाटै लोढ़वा रामा
कहाँ बाटे भँगिया क झोरा
उठा हो गउरा

पार्वती भी बँसली से काम चला लेती हैं। जान-बूझकर नहीं उठतीं और पता भी दे देती हैं।

कोने बाटे सीलिया हो कोने बाटै लोढ़वा रामा
खूँटी बाटै भँगिया क झोरा
उठा हो गउरा

घर की दिनचर्या शुरू हो जाती है शिव अपने काम में व्यस्त हो जाते हैं। पार्वती अपने काम में विपरीत परिस्थितियों में भी कैसे मुस्कराकर जिया जा सकता है दलदल और ऊबड़-खाबड़ में भी कैसे सन्तुलन बनाकर रास्ता पार किया जा सकता है इसका सिर्फ एक ही पाठ है शिव-पार्वती का लोक स्वरूप।

तीज का व्रत स्त्रियाँ रखती हैं अपने सौभाग्य की रक्षा के लिए, पार्वती ने भी तीज का व्रत रखा लेकिन शिव के पास कुछ था ही नहीं। पार्वती ने उनसे वस्त्र और आभूषण का आग्रह किया शिव बनिये की दुकान पर गये और पार्वती के वस्त्र-आभूषण ले आये इसी शर्त पर कि वह बनिये के यहाँ काम करेंगे जब पैसा पट जायेगा तो अपने घर वापस आ जायेंगे यानी एक तरह से उन्होंने अपने को वहाँ गिरवी रख दिया। सामान घर में देकर वह बनिये के पास चले गये, शाम हुई पार्वती ने नख-शिख श्रृंगार किया, नये वस्त्र पहने, नये आभूषण पहने और इधर-उधर खोजने लगीं अपने शिव को अपने श्रृंगार का सुसज्जित रूप दिखाने और उनका सहज स्नेह पाने के लिए लेकिन जब शिव घर में हों तब तो मिलें, उन्हें किसी तरह से पता चला वह उसी वेश-भूषा में भागी-भागी बनिया की दुकान पर गयीं वहाँ सही ढंग से काम न करने के कारण बनिया शिव को डाँट-फटकार रहा था पार्वती को वहाँ देखकर शिव अचकचा गये पार्वती उनका हाथ पकड़कर घर ले चलने लगीं दुकानदार की समझ में कुछ भी नहीं आ रहा था, वह परेशान हो उठा अपने पैसे की वसूली के लिए उसने कहा कि यह आदमी मेरे यहाँ गिरवी है इतना बकाया है पार्वती ने सब-कुछ वहीं उतार दिया और शिव के साथ हँसती-बोलती घर लौट आयीं। इसीलिए इस पर्व को पूरब में भतार बेचनी भी कहा जाता है।

सोचिये भला इस दाम्पत्य का कोई जवाब है इतना बड़ा साहस हमारा लोक-मन भी दिखा सकता है और निभा सकता है यह जोड़ी जहाँ भी रहती है एक-दूसरे के प्रति समर्पित ही दिखायी देती है।

शिवशंकर चले कैलास सावन की बुँदिया
गौरा ने बोयी हरी-हरी मेंहदी
शिवशंकर ने बोई भाँग सावन की बुँदिया

मेंहदी भी जम जाती है, भाँग भी जम जाती है, पार्वती अपने लिये मेंहदी की पत्तियाँ तोड़ती हैं, शिव अपने लिये भाँग की पत्तियाँ तोड़ते हैं और अपने-अपने काम में लग जाते हैं।

गउरा को चढ़ि गयी हरी-हरी मेंहदी
शिवशंकर को चढ़ि गयी भाँग सावन की बुँदिया

कैलास पर्वत पर सावन कैसे बीच जाता है और जब फागुन आता है तो कहना ही क्या-

शिवशंकर खेलै फाग, गउरा संग लिये
गउरा की भंज गयी लाली चुँदरिया

शिवशंकर की भीज गयी पाग गउरा संग लिये मौसम को मन से जीना है दाम्पत्य की मूल संवेदना है और इस संवेदना को शिव-पार्वती का सान्निध्य और सहज और सरस बना देता है घर में तंगी है इसलिए शिव कमाने के लिए अकेले जाते हैं उत्तर की ओर यानी अपनी ससुराल की दिशा में वैसे भी कोई पत्नी नहीं चाहेगी कि उसका पति उसके मायके के आस-पास अपनी गरीबी के दिन काटे लेकिन शिव ने ठान लिया तो ठान लिया पार्वती ने हठ भी नहीं किया।

उत्तर बनिजिया के चललैन महादेव
बीति गईलै बारह मास
दुअरे हो ठाढ़ि गउरा बटिया जे जो है
कब आइहै तपसी हमार

लेकिन शिव एक लम्बे अन्तराल के बाद अपने घर वापस आते हैं। घर के बाहर प्रतीक्षारत पार्वती मिलती हैं दोनों एक-दूसरे का हाल-चाल पूछते हैं। महादेव के पीछे एक दुल्हन बनी नारी खड़ी है पार्वती पूछती है यह कौन है-

किया हो महादेव हमरी दयादिन
किया मोरे पूत बहुवार
घूँघटा उठायी जब देखै गउरा देई
तू त हई बहिनी हमार
उत्तर दिसि हम गइली बनिजिया
हम कइली दूसर बियाह
पहिरा हो गउरा मोरी लाली-लाली चुनरी
सवत परिछि ले हूँ जार

दूसरे विवाह की बात सुनकर और सौत के रूप में अपनी बहन गंगा को देखकर पार्वती बौखला उठती हैं लेकिन अब करें तो क्या करें पति का आदेश भी है कि सौत बनी बहन को सादर घर के भीतर ले जाओ। पार्वती पति के आदेश का पालन करती हैं लेकिन इस ढंग से।

किया हो गंगा तोहे बर नहीं मिलले
मोरी पीठी दरलू अंगार
कब क तू बदला निकललू ए बहिनी

काहे कइलू अइसन बियाह
मँगिया से तू जूड़ा रहिहा हो गंगा
कोखिया से होइहा बिहून
झरिहा बुहरिग तू गोबर कढ़िहा
शिव जी के सेज जिन जाय

यानी आ गयी हो तो स्वागत है अब घर से निकालूँगी नहीं लेकिन तुम्हें मर्यादाओं का पालन करना होगा, घर के काम-काज में हाथ बँटाना लेकिन शिव की सेज को कभी मत छूना। धन्य है यह गृहस्थी और धन्य है यह लोक गणित।

× × ×

सारा मोहल्ला परेशान है सड़क पैदल चलने लायक भी नहीं है। स्कूटर-मोटर का चलना निकलना तो और समस्या है चारों तरफ न जाने कबके कूड़े पड़े हुए हैं। सुना है पहले कभी नगरमहापालिका की कोई मोटर आया करती थी और सारा कूड़ा उठा ले जाती थी। इधर कई महीने से कूड़ा उठानेवाली वह मोटर दिखायी नहीं दे रही है। लगता है राजधानी में चली गयी है या इन दिनों अपने सभासद की तरह कहीं मुँह छुपाकर बैठी है। अपना सभासद जब से चुनाव हुआ है तब से दिखायी ही नहीं दे रहा है फिर इस मोहल्ले की इन समस्याओं का कौन हल निकालेगा। सड़क रसातल में चली गयी है। कूड़े-ही-कूड़े आस-पास हो गये हैं। नल कभी आता, कभी नहीं। ऐसे नल के सहारे कोई कब तक बैठा रहे। यही हाल बिजली का भी है वह भी भूले-भटके कभी हल्की-सी झलक दिखा जाती है फिर हफ्ते-दस दिन के लिए गायब हो जाती है। खोजने से भी नहीं मिलती। खैर, ये सब समस्याएँ अब और हो गयी हैं। प्रमुख है सभासद का न दिखायी देना। मिलते तो उनसे कुछ कहा-सुना जाता। एक दिन उन्हें मोहल्ले का भ्रमण कराया जाता गन्दगी से भरी गलियों में उन्हें घुमाया जाता लेकिन बेचारे मिल ही नहीं रहे हैं वैसे हैं जीवित और सुरक्षित क्योंकि अगर ऐसा न होता तो अब तक नये सिरे से चुनाव की आवाज उठ गयी होती इसी से लगता है कि बेचारे अल्लाह को प्यारे नहीं हुए हैं अभी इसी जमीन पर हैं कहीं किसी खास मकसद से ठहरे हुए हैं

समय आयेगा तो अपने-आप प्रकट होंगे अवतरित होंगे जैसे बरसात में मेंढक अपने-आप प्रकट हो जाते हैं और कान खाने लगते हैं।

कैसे विश्वस्त सूत्रों से पता चला है कि हमारे स्वनामधन्य सभासद जी घर में घोड़ा बेचकर सो रहे हैं उन्हें कौन जगाये और कैसे जगाये, क्या कहकर जगाये, एक साहेब ने अपने मोहल्ले के सभासद के जगाने का तरीका बताया कि वह मुर्गे के बड़े शौकीन हैं उन्हें जब भी जगाना होता है लोग उनके पास मुर्गा लेकर चले जाते हैं मुर्गा बोलता है वह उठकर बैठ जाते हैं फिर वह मुर्गा उनका हो जाता है अब तक वह सैकड़ों मुर्गा डकार चुके हैं और पता नहीं अभी कितने मुर्गे डकारेंगे। यह भी पता चला है कि उनकी छूत धीरे-धीरे बहुत-से सभासदों को लगती जा रही है। अब सभी मुर्गाबाज होने लगे हैं। मैं तो जिस किसी के हाथ में मुर्गा देखता हूँ समझ जाता हूँ कि यह बेचारा अपने सभासद को जगाने जा रहा है मुझे भी अब ऐसा लगने लगा है कि हमारे सभासद भी मुर्गाबाज हो गये हैं। लेकिन इसका पता कैसे लगे लेकिन एक दिन मेरा भ्रम अपने-आप टूट गया। पता चला कि सभासद जी अब आदमी नहीं रहे बाज हो गये हैं और बराबर किसी-न-किसी कबूतरी की ताक में रहते हैं बाज का काम ही क्या है लेकिन पुलिस भी उनके पीछे बहेलिया हो गयी और अन्ततः बेचारे उसके लासों में आ ही गये हैं देखिये न सिर घुटाये मूँछ मुँड़ाये घुटनों में मुँह छुपाये थाने में कितनी शालीनता से बैठे हैं। कोई कहेगा कि ये सभासद हैं और काम बाज का करते हैं नहीं न, हाँ, मैं भी नहीं कहता लेकिन अब तो कहना ही पड़ेगा क्योंकि सब-कुछ उजागर हो गया है।

× × ×

पूस चल रहा है। पानी भी बरस गया है और सर्दी भी कड़ाके की पड़ रही है। वैसे यह पूस भी नया नहीं है। पूस की बारिश भी नयी नहीं है। और यह कड़ाके की सर्दी भी नयी नहीं है। ऐसा अक्सर होता रहा है। और आगे भी होता रहेगा, लेकिन पहले अपने गाँव-देहात में जब ऐसी नौबत आती थी तो हर टोला-पड़ोस में खूँटी डाँटी और प्रदेश के खूब बड़े-बड़े अलाव सुलगा दिये जाते थे और साथ में जलने-सुलगने के लिए लकड़ी के बड़े-बड़े कुन्दे रख दिये जाते थे और हफ्तों आग नहीं

बुझती थी। ऐसे अलाव ऐसी सर्दियों में बड़ा काम देते थे गरीबों के लिए तो ये कपड़े और घर दोनों की जरूरत पूरा करते थे। लेकिन गाँव भी वही है सर्दियाँ भी वही हैं सिर्फ अलाव नहीं है। न वे लोग अब रह गये न गाँव की वह भावना रह गयी। हाँ, गरीब अभी भी हैं और इस सर्दी में भी बहुत-से ऐसे परिवार हैं जो पेड़ के नीचे सोते हैं क्या पहनते हैं क्या ओढ़ते हैं यह मत पूछिये लेकिन जाड़ा तभी सताता था जब अलाव थे अब अलाव नहीं है तो जाड़ा भी महसूस होता है उसका कारण है रामजी की कृपा से (रामजी मेरे गाँव के प्रधान जी का नाम है) गाँव में कच्ची शराब की दुकान खुल गयी है और ठेका भी प्रधान जी ने ही लिया है। सवेरे से रात तक दुकान खुली रहती है चौकी के दो सिपाही वहीं दुकान पर बैठकर आजकल जाड़ा काट रहे हैं। और जो नहीं पीता उसे देखकर बोली बोलते हैं—अरे हरे हरियवा तुझे जाड़ा नहीं सताता का रे। मउमा कहीं का, अबे आज पी के जा घरवाली खुश हो जायेगी...। बहरहाल हरियवा पिये-पिये क्या फर्क पड़ता है सत्तर-पचहत्तर प्रतिशत गाँव तो पी ही रहा है जो बीस-पच्चीस प्रतिशत न पीनेवालों का है उसमें भी कुछ होली-दिवाली शादी-ब्याह में पीनेवाले मिल ही जायेंगे कोई पौवा से कम चलता है कोई अद्धा से, कोई बोतल से और डरेबर के घर तो क्रेन में भरकर आती है। सभी पीते हैं पीने के बाद आपस में सब ताल ठोंकते हैं फिर एक-दूसरे को गालियाँ देते हैं और अब इतने से भी जी नहीं भरता तो पटकी-पटका कर लेते हैं और उनमें पूरे परिवार का जाड़ा इसी तरह कट जाता है ऐसे शुभ मौके पर कोई उन्हें छुड़ाने का साहस नहीं करता दो-एक बार दो-एक लोगों ने ऐसी गलती की और सभी भाई झगड़ा छुड़ानेवाले को पीटने लगे हम आपस में कुछ भी करें दुनिया से मतलब? तब से अब कोई उनके बीच का झगड़ा छुड़ाने नहीं जाता।

सम्पादक जी, मैं सोचता हूँ कि अगर यह देशी शराब की दुकान गाँव में न होती तो पता नहीं कितने बेचारे इस ठण्ढ में टें बोल गये होते। गाँव में शराब की दुकान खोलकर सरकार ने बड़ा उपकार किया है इसे गाँव कभी भूल नहीं सकता। अब तो जिसे भी, जरा-सी भी ठण्ढ महसूस होती है वह उधर ही डोल जाता है और गरम होकर लौटता है यह कहता हुआ कि भइया! रामजी की कृपा से जाड़ा सरवा मेरा कुछ बिगाड़ नहीं सकता। कल शाम मन्दिर के पुजारी भी जब मन्दिर में आरती कर रहे थे तो लिये थे एक हाथ में आरती दूसरे में हनुमान चालीसा और पढ़ रहे थे कटत नाहीं रतिया प्यारी बिना...सारा गाँव तमाशा देख रहा था। गाते-गाते उसी मन्दिर में औंधे हो गये, रामजी की कृपा से पुजारी जी का यह हाल गाँव से छिपा नहीं रहा लेकिन कोई क्या करे, सवाल जाड़ा काटने का है। अगर जाड़ा इसी तरह कट सकता है तो कौन रोक सकता है? अब तो गाँव घर में आये मेहमानों की खातिरदारी भी इसी से की जाती है, न करने पर मेहमान बुरा मानते

हैं। जोखन का साला तो कई महीने से यहाँ टिका है, अपने गाँव गया ही नहीं, वहीं शराब की दुकान के सामने अण्डे का ठेला लगाता है। भुना चना और प्याज रखता है वह आजकल रोज लगभग दो सौ–सवा दो सौ रुपया अलानिया कमा लेता है और कहता है सब रामजी की कृपा है अपना आरक्षण यहीं है दुकानें दोनों बनी रहें सामनेवाली भी यानी देशी शराब की और ये यानी अण्डेवाली क्यों ढोयें साटिक फिटिक का झोला और क्यों बँगले–बँगले सलाम बजायें लेकिन जब तब रह–रहकर पुलिसवालों को गाली भी दे देता है साले अपने बाप की दुकान बनाये हैं अभी चार अण्डे का आमलेट दोपहर में खाये थे और फिर चार अण्डे का आमलेट माँग रहे हैं। मुनाफा बचा होगा ठेंगा सब तो यहीं घुसा जा रहा है। लेकिन फिर शान्त हो जाता है जानता है कि पानी में रहकर मगर से वैर अच्छा नहीं है। इसलिए वह चुप भी चला जाता है।

सम्पादक जी, जाड़ा काटने का अच्छा टॉनिक गाँव में आ गया है लड़के, बूढ़े, जवान सब आजकल यही टॉनिक पी रहे हैं और साँप की तरह लहराते हुए रास्ते चलते हैं सब राम जी की कृपा है। मौसम से लड़ने–जूझने की चीजें अब गाँव के पास ही रखी है यह अच्छी बात है। भले गाँव सूखे से न लड़ सके बाढ़ से न लड़ सके, गरीबी अशिक्षा महँगाई से न लड़ सके कोई बात नहीं जाड़े से तो लड़ रहा है। और ठाट से लड़ रहा है। लड़ो, प्यारे, लड़ो, रामजी की कृपा से तुम्हें ताकत मिल रही है लड़ो और इसी तरह आखिरी साँस तक लड़ो। अच्छा सम्पादक जी, अब चिट्ठी खत्म करता हूँ, थोड़ा लिखा ज्यादा समझना।

× × ×

हमारे गाँव से शहर के लिए पहले कभी एक बस चलती थी लेकिन यह बहुत पुरानी बात है। वह बस महीना–दो महीना ही चली और फिर बन्द हो गयी, क्यों बन्द हो गयी पता नहीं। तबसे आज तक फिर कोई बस नहीं चली। लेकिन इस जिस दिन हमारे माननीय मुख्यमन्त्री जी को इलाहाबाद आना था उस दिन हमारे गाँव के किनारे मुँह अँधेरे ही दो बड़ी–बड़ी बसें आकर लग गयीं और उसमें बैठाये जाने के लिए आदमी खोजे जाने लगे। ज्यादातर तो वही स्कूली लड़के उसमें बैठे। मुसीबत का मारा मैं भी इस लालच में बैठ गया कि कचहरी जाना है शहर में उतर जाऊँगा क्योंकि कभी–कभार कचहरी की नौबत आती ही रहती है। गाँव से लगभग मीलभर सड़क

पड़ती है जहाँ से बस मिलती है। बस इसी मीलभर की दूरी से बचने के लालच में मैं भी उसी बस में बैठ गया। बस चल पड़ी बस बहुत अच्छी थी, खिड़कियों पर पर्दे लगे थे और सीट इतनी गुदगुदी थी बस पूछिये मत। उसी में मैं धँस गया था। कभी इस तरह की बस में मैं बैठा ही नहीं था। शीशा रंगीन बाहर का बस कुछ पर्दा हटाने पर साफ-साफ दिखायी देता था लेकिन बाहरवाले को बस के भीतर का कुछ भी नहीं दिखायी देता था। बस में सिनेमा शुरू हो गया। सबका ध्यान सामने की फिल्म में लग गया। और बस सड़क पर दौड़ने लगी। मैं बड़े असमंजस में था कि क्या करूँ क्या न करूँ। पास-पड़ोस के स्कूलों के मास्टर लोग भी थे और उनके बच्चे भी थे। यानी स्कूली लड़के लोग मुख्यमन्त्री जी की सभा की शोभा बढ़ाने जा रहे थे लेकिन बस में सुख-सुविधा की सारी सामग्री थी कोई महुवा ढाल रहा था कोई अंग्रेजी और सबके नाश्ते का इन्तजाम था। कागज के डिब्बे में पाँच-पाँच पूड़ियाँ और तरकारी-अचार के साथ एक-एक बर्फी भी थी। सबको एक आदमी बाँटता जा रहा था। मैंने भी खाया जिनको ज्यादा चढ़ गयी थी वे रौ में आकर होली चहका गा रहे थे। जिस आदमी ने नाश्ता बाँटा था वही बीच-बीच में जहाँ जरूरत समझता था मुख्यमन्त्री की जै बोलवाता चलता था। लोग बड़ी शान से जै बोलते थे। मैंने भी कई बार जै कहा, मुझे चिन्ता थी जल्दी-से-जल्दी कचहरी पहुँचने की और सवेरे के दस से ज्यादा बज रहे थे। यह भी चिन्ता थी कि कहीं देर से पहुँचने पर मामला गड़बड़ा न जाये और उस बस में पता नहीं क्यों मुझे अच्छा नहीं लग रहा था। लेकिन क्या करता मजबूरीवश बैठा हुआ था बराबर इसी चिन्ता में था कि जल्दी-से-जल्दी शहर पहुँच जाता लेकिन हुआ वही जिसकी मुझे आशंका थी। बसवाले ने हँड़िया में ले जाकर बस खड़ी कर दी। बज रहे थे लगभग साढ़े ग्यारह-बारह। मेरे तो हाथ-पाँव फूल गये और जहाँ बस खड़ी थी वहाँ उसी तरह की न जाने कितनी बसें थीं, कितने ट्रैक्टर थे, कितनी ट्रकें थीं और हजारों की संख्या में आदमी-ही-आदमी सुर्ती ठोंकते, बीड़ी सुलगाते, सिगरेट पीते, कहीं-कहीं लोग बस में ही बैठकर गाँजा भी दमादम झारे हुए थे मुझे तो जैसे चक्कर-सा आने लगा कि हे भगवान् मैं कहाँ फँस गया।

सम्पादक जी, बस में मैंने वकील साहेब को देने के लिए एक दहेड़ी दही और बोरिया में मटर की छीमी रखे हुए था। जल्दी-जल्दी में उतरते समय कुछ ध्यान भी नहीं रहा और ड्राइवर नें यह भी कहा कि यहीं आप लोग उतरिये। मैं बस घुमाकर सामने लगाता हूँ। लेकिन उसने बस घुमाकर कहाँ सामने लगाया कुछ पता ही नहीं चला। किसी ने बताया कि वह दूसरे गाँव गया है और सवारी ढोने। मेरे तो हाथ-पाँव फूल गये, न बस का नम्बर याद रहा, न तो कोई परिचित ही दिखायी दे रहा था किससे पूछता, दही और छीमी से भी हाथ धोना पड़ा। खाली हाथ शहर जाने की हिम्मत नहीं हुई कि वकील साहेब पता नहीं क्या सोंचेगे और उस दिन जल्दी कोई

सवारी भी शहर के लिए नहीं मिल रही थी। प्राइवेट गाड़ियाँ भी आस-पास की भीड़ बटोरने में लगी थीं मैं कसमसाकर रह गया। मरता क्या न करता, कभी इधर जाता कभी उधर। कहीं बैठने लायक भी जगह नहीं मिल रही थी, हर दुकान पर चौगुनी-पँचगुनी भीड़ कायदे की जमीन खाली नहीं थी, बेंच की तो बात ही अलग है। बहुत देर तक घूमता-टहलता रहा। साफ पीने लायक पानी भी नहीं मिल सका। अन्त में ऊबकर एक पेड़ की छाँह में बैठ गया। मुख्यमन्त्री जी समय से करीब चार ही घण्टे देर से आये, बोले और चले गये, उनके जाने के बाद हम जैसे लोगों की बड़ी दुर्दशा हुई। अब कोई न बसवाला दिखायी दिया, न कोई बस दिखायी दी। सब इधर-उधर भाग रहे थे बस की तलाश में लेकिन बसें तो गधे की सींग हो गयी थीं। जब हों तब न मिलें। बटोर करके आनेवाले न मास्टर मिल रहे थे, न नाश्ता बाँटनेवाले सज्जन दिखायी दे रहे थे। दिन भी डूब रहा था। घर पहुँचने की चिन्ता और परेशान किये थी लेकिन कोई चारा नहीं था। मेरी तरह वहाँ सैकड़ों-हजारों अपने-अपने घर पहुँचने के लिए परेशान थे। बस उसी तरह ढोये गये थे जैसे मैं कुछ स्कूलिया लड़के भी जो दूसरे गाँव के थे हमारे ही पास बैठे थे। उन सबों से बात करने पर मालूम हुआ कि उन्हें उनके मास्टर ले आये थे। नारा लगाने के लिए और बीस-बीस रुपया देने के लिए भी उन्होंने कहा था लेकिन मास्टर साहेब शायद मुख्यमन्त्री जी के साथ इलाहाबाद चले गये कि लखनऊ कि कहाँ राम जानें। लड़के बेचारे हँड़िया में पड़े थे। जब पूरी तरह से दिन डूब गया और कोई साधन नहीं मिला तो हम सब पैदल ही अपने गाँव की ओर चले। किसी को दस किलोमीटर, किसी को पन्द्रह-बीस किलोमीटर पैदल चलना पड़ा। कोई रात में दस बजे घर पहुँचा, कोई बारह बजे। महुवा बनकर वही सवेरे की पाँच पूड़ी पेट में पड़ी रही, रात में अन्न से भेंट नहीं हुई। आधी रात में कौन चूल्हा जलवाये और कौन जलाता। मन मारकर सोया। दही छीमी की चिन्ता में नींद नहीं आ रही थी लेकिन थकान इतनी थी कि पुआल पर पड़ते ही मैं ढेर हो गया। सुबह घरवाले पूछने लगे कि क्या हुआ कचहरी में? क्या हुआ? तारीख पड़ गयी क्या? या हाकिम नहीं बैठा। मैं क्या जवाब देता। अपनी बेवकूफी पर हँसूँ कि रोऊँ मैं सोच नहीं पा रहा था।

अच्छा सम्पादक जी, अब चिट्ठी खत्म करता हूँ। आशा है आप स्वस्थ-सानन्द होंगे। थोड़ा लिखना ज्यादा समझना।

•••